全本点校

# 太平御覽

（一）

〔北宋〕李昉 等编著

谦德书院 点校

團结出版社

**图书在版编目(CIP)数据**

太平御览 / (北宋) 李昉等编著；谦德书院点校
. -- 北京：团结出版社，2024.3
ISBN 978-7-5234-0257-3

Ⅰ. ①太… Ⅱ. ①李… ②谦… Ⅲ. ①百科全书-中国-北宋 Ⅳ. ① Z222

中国国家版本馆 CIP 数据核字 (2023) 第 135958 号

---

**出版:** 团结出版社
(北京市东城区东皇城根南街 84 号 邮编: 100006)
**电话:** (010) 65228880 65244790 (传真)
**网址:** www.tjpress.com
**Email:** zb65244790@vip.163.com
**经销:** 全国新华书店
**印刷:** 易阳印刷河北有限公司

---

**开本:** 145×210 1/32
**印张:** 238
**字数:** 5883 千字
**版次:** 2024 年 3 月 第 1 版
**印次:** 2025 年 5 月 第 2 次印刷

---

**书号:** 978-7-5234-0257-3
**定价:** 980.00 元 (全九册)

# 出版说明

《太平御览》是我国北宋初期一部著名的类书，也是学者案头必备的工具书之一。此书于宋太宗太平兴国二年三月十七日（977年4月18日）由中书侍郎平章事李昉、李穆、徐铉等人奉敕编修，完成于宋太宗太平兴国八年十二月十九日（984年1月24日），共用六年零九个多月的时光。此书初名《太平总类》，后因宋太宗每听政之暇，日读三卷，一年阅毕，后赐此书改名为《太平御览》。

《太平御览》被后世称为中国类书之冠，全书以天、地、人、事、物为序加以编排，分为天、时序、地、皇王、偏霸、皇亲、州郡、居处、封建、职官、兵、人事、逸民、宗亲、礼仪、乐、文、学、治道、刑法、释、道、仪式、服章、服用、方术、疾病、工艺、器物、杂物、舟、车、奉使、四夷、珍宝、布帛、资产、百谷、饮食、火、休征、咎征、神鬼、妖异、兽、羽族、鳞介、虫豸、木、竹、果、菜、香、药、百卉等五十五部，可谓包罗万象。每部之下再分子目，大大小小的类目累加在一起多达五千多个，总字数达四千七百多万字。每个子目所采多为经史百家之言，次为小说、杂书及古诗赋铭等。引书的来源，一是从原书辑录，二是间接由北齐的《修文殿御览》、唐代的《艺文类聚》《文思博要》等类书为蓝本，修订增删而成。其引书比较完整，多为整篇整段的文字，且注明出处。这为后世提供了宝贵的文献资料。

《太平御览》保存的大量古书遗文，十之七八今已失传，其中汉人传记百种，旧地方志二百种，更是十分难得的珍贵材料，故被人们誉为辑佚工作的宝山。《太平御览》的缺憾在于成书还有一些错误，有些引用的文献或者出处有误，或者引用重复，引书字句往往与原书不同，或有改写成分，或同引一书往往前后不一，或书名与篇目相混，加上相当一部分材料是转抄前代类书的，未能核对原书，因而袭了许多旧有的错误，今天引用时要加以审别考核。

《太平御览》有十几种版本，此次点校出版采用《四部丛刊三编》影印宋刊本为底本，参考鲍本、《四库全书》本和有关引书的今通行本，择善而从。为保留古籍原貌，对原书引文欠谨严的种种情况，非明显错误者不作改动；原书中如“杨雄”“杨州”之“杨”、“符坚”之“符”之类的文字仍保留，不改作今天通用的“扬”“苻”。对异体字和早已弃用的古体字均改为今天的通用规范字，通假字一般不作修改。简体字中某些容易使人产生歧义的字，保留其繁体字。本次点校保留了夹注小字。

本次出版采用简体字横排，分为九册编定目录，目的在于让读者更方便阅读和查检，使《太平御览》这部卷帙浩繁的古代类书为弘扬中华传统文化发挥更大的作用。

## 《太平御览》原序

谨按：《国朝会要》曰：太平兴国二年三月，诏翰林学士李昉、扈蒙、知制诰李穆、太子詹事汤悦、太子率更令徐铉、太子中允张洎、左补阙李克勤、左拾遗宋白、太子中舍陈鄂、光禄寺丞徐用宾、太府寺丞吴淑、国子监丞舒雅、少府监丞李文仲、阮思道等，同以群书类集之，分门编为千卷。先是，帝阅前代类书，门目纷杂，失其伦次，遂诏修此书。以前代《修文御览》《艺文类聚》《文思博要》及诸书参详条次，分定门目。八年十二月，书成，诏曰："史馆新纂《太平总类》包罗万象，总括群书，纪历代之兴亡，自我朝之编纂，用垂永世，可改名为《太平御览》。"帝每听政之暇，日读《御览》三卷，有故或阙，即追之。虽隆冬短景，必及其数。大臣请少息，帝曰："朕开卷有得，不以为劳也。"凡诸故事可资风教者悉记之，及延见近臣，必援引谈论，以示劝诫焉。

# 宋刻后序

祖宗圣学，其书之大者有二：曰《太平御览》，曰《资治通鉴》。《通鉴》载君臣治道之安危，明天人庶徵之休咎，威福盛衰之本，规模利害之端，无一不备，而其书公传于天下久矣。《太平御览》备天地万物之理、政教法度之原、理乱废兴之由、道德性命之奥，而独以载籍繁夥，无复善本，惟建宁所刊，多磨灭舛误，漫不可考。叔献每为三叹焉！

洪惟太宗皇帝，为百圣立绝学，为万世开太平，为古今集斯文之大成，为天下括事理之至要。四方既平，修文止戈，收天下图书典籍，聚之昭文、集贤等四库。太平兴国二年三月戊寅，诏李昉、扈蒙等十有四人编集是书，以便乙夜之览，越八年十有二月庚辰书成，分为千卷，以《太平御览》目之，所以昭我皇度，光阐大猷者也。

圣学宏博，皆萃此书，宜广其传，以幸惠天下，况吾蜀文籍，巨细毕备，而独阙此书。叔献叨遇圣恩，将漕西蜀，因重加校正，勒工镂板，以与斯世君子共之，以推见太宗圣学之所从，明我宋历圣相承之家法，补吾蜀文籍之阙，而公万世之传云。

庆元五年七月

日朝请大夫成都府路转运判官兼提举学事蒲叔献谨书

## 宋刻后序

古书逸者多矣。迟任之言、南陔之义已弗睹其全，托《诗》《书》以传者止此耳，非幸欤？《太平御览》一书，皆纂辑百氏要言，凡可帙名者一千六百有九十，而一篇一章间见特出者弗与。皆承平缣素之盛，多人间未见之书，颁自宝储，出繇中秘，书成，始得流布世间。

爰自南渡而来，延阁竹帛已费网罗搜采矣。是故君子以为，舍是书则承平之大典、百氏之古书亦无以窥梗概而识仿佛。部使者锦屏蒲公被命将输兼提蜀学，简册之外，澹无他营，凡台中寻常之馈弗可却者，姑外积焉。一日，大斥之募工锲木，以广斯文之传，廷允获与校雠，凡金根亥豕，皆厘正之，字三万八千有奇，其义有弗可猝通而无所援据以为质者，则亦传疑，弗敢臆也。书一千卷，盖月琯六易而竣事。蜀大夫士诧曰：蓄眼未有，猗欤盛哉！

迪功郎前阆州阆中县尉双流李廷允谨跋

# 明刻前序

宋太宗皇帝太平兴国二年三月诏翰林学士李昉等编集《太平御览》，定为千卷。自坟典丘索、六经子史、稗官丛说、前言往行并录兼收，以天文、地理、人事、卉木、昆虫、飞走动植类聚群分，纲条目贯，具载靡遗，使玩索者属目了心，如指诸堂。譬犹驱云雾而仰日月，诚古今旷典也！粤惟宋世右文稽古，故编集四大类书而御览为先。其次为《册府元龟》，为《太平广记》，为《合璧事类》，然《元龟》独纪君臣事实，《广记》尤多怪诞不经，《事类》泛收词人诗赋，各有偏弊。若《御览》则探本穷源，挈裘举领，求端于经，究核于史，尽变于子。推广子诸儒之文集不泛不略，无弊无偏，不惟学士大夫咸所快睹而实可进之，经筵以备睿观者也。奈太平兴国迨我圣明龙兴迄今几六百载，宋世刻本俱已湮灭。近世云间朱氏仅存者亦残缺过半。海内钞本虽多，传写展转讹舛益甚。语曰："传之耳四必将以白为黑"，矧鲁之为鱼，亥之为豕乎？吾锡士大夫有好文者，会此文明盛世，因闽省梓人用活字校刊，始事于隆庆二年，至五年才印其十之一二，浩瀚苦难，闽人散去。于是浙人倪炳伯文，笃信好古，居业于锡。虑斯工未就，毅然谋于郡邑二三大夫士，协力鸠工，锓诸梨枣，经之营之，三阅寒暑矣，度时量力，再期可成。先是孙国子虞允一元博学能文，力任雠校，忽于隆庆六年捐馆，弗克终事。今复苦于舛讹，乃吾同年薛宪副应登甲，抗志理学，游心艺文，校得善本藏诸家塾。其仲子庠生名逢者，善继先志，邃意典籍，方进未止，出所藏本，俾倪氏缮写付刻，其公己公人之心，讵不可想哉？余于宪副又属姻谊。既嘉仲子能成人之美，且喜是书得以板行，为天下公器。故次数语以弁其端云。

万历改元春孟上浣之吉赐进士出身

亚中大夫太仆寺卿前浙江道监察御史大理寺左寺丞右左少卿

侍经筵讲七十准致仕阶进大中大夫资治少尹常郡黄正色著

## 明刻后序

《太平御览》一书，为先朝巨集汇典汇薮也。世祖勉思公为天官大夫时得故本函诸箧，冀欲续我皇明御览以效先哲李公之日进三卷，启沃圣心。无何，外补逡巡未就，伯兄乡进士白江先生病而弗传，储籍散逸。我先君文川公深悼之，时初发解，攻铅椠未暇，讨论中岁抉去时业，博极群书，乃究心是集。从闽贾饶世仁等购得其半，半在锡邑郡伯顾肖严、太学秦虹川家。二公，博雅君子也。请于先君，欲合而梓之。先君曰："余志也。"遂躬校阅，未几而先君作矣。不肖堂惧先志之未酬，丐诸名硕考订厘缉，遂成完书。且辱相国养翁严公畀史馆缮本订正之，并许序以弁诸首。第简帙浩瀚，文辞讹谬，虽经炼石化铅之功，难免鲁鱼亥豕之弊。然俾海内获窥学海，备览词林，是举不无小补云。今所得活板仅百余部，与顾、秦二氏分有之，倘好事者藉稿于兹，更加精校，锓为不刊之典，是所愿也。

时万历甲戌小春吉旦苏熟后学周堂谨识

# 仿宋刻《太平御览》叙

《太平御览》一书，成于太平兴国八年。北宋初，古籍未亡，其所引秦、汉以来之书多至一千六百九十余种，考其书传于今者十不存二三焉。然则存《御览》一书，即存秦、汉以来佚书千余种矣。洵宇宙间，不可少之古籍也。惜世所行者，自明人刻本外鲜有善册。吴门黄荛圃主事有刊本三百六十六卷，乃前明文渊阁宋刻残本，又五百廿卷亦依宋镌，所抄其余缺卷，并从各家旧抄过录。予乙丑丙寅间在雷塘庵取明黄正色本属友人密加誊校，知黄本颠倒脱落至不可读，与明活字板相似，其偏旁之讹更无论矣。且彼本妄据彼时流传经籍凭臆擅改，不知古书文义深奥与后世判然不同。浅学者见为误而改之，不知所改者反误矣，或其间实有宋本脱误者，但使改动一字即不能存宋本之真，不能见重于后世。故余所誊校者，以全依宋本不改一字为主。今鲍君崇城此刻又皆全依余所校者付梓，且精校再三，不滋舛脱，足使艺林称快，后世委心。古籍古人皆藉是更垂不朽矣。

嘉庆十七年岁次壬申十一月扬州阮元序于淮安督署

# 总目

## 第一册

## 第二册

## 第三册

## 第四册

## 第五册

## 第六册

**第七册**

## 第八册

## 第九册

# 目 录

### 卷第五十五 地部二十



### 卷第五十六 地部二丨一



### 卷第五十七 地部二十二



### 卷第五十八 地部二十三



### 卷第五十九 地部二十四



### 卷第六十 地部二十五



### 卷第六十一 地部二十六



### 卷第六十二 地部二十七

卷第八十 皇王部五



卷第八十一 皇王部六



卷第八十二 皇王部七



卷第八十三 皇王部八

**卷第八十四 皇王部九**



**卷第八十五 皇王部十**

### 卷第九十三 皇王部十八



### 卷第九十四 皇王部十九



### 卷第九十五 皇王部二十



### 卷第九十六 皇王部二十一

# 太平御览卷第一 天部一

## 元气

《三五历记》曰：未有天地之时，混沌状如鸡子，溟涬始牙，濛莫孔切鸿胡孔切滋萌，岁在摄提，元气肇始。

又曰：清轻者上为天，浊重者下为地，冲和气者为人。故天地含精，万物化生。

《河图》曰：元气闿音开，阳为天。

又曰：元气无形，汹汹蒙蒙，偃者为地，伏者为天也。

《礼统》曰：天地者，元气之所生，万物之所自焉。

《孝经左契》曰：元气混沌，孝在其中。

《汉书·律历志》曰：黄钟，黄者，中之色。故阳气施于下泉，孳萌万物，为六气元也。故以黄色名元气焉。

又曰：太极运三辰五星于上，元气转三统五行于下。

《家语》曰：夫礼必本之太一，太一分为天地，转为阴阳，变为四时，列为鬼神。太一，谓元气也。

《淮南子》曰：道始生虚廓，虚廓生宇宙，宇宙生元气，无有涯垠。清阳者，薄音博靡音摩而为天。

又曰：古未有天地之时，惟象无形，幽幽冥冥，茫茫昧昧，幕幕闵闵，鸿濛澒洞，莫知其门。有二神混沌生，高诱注曰：二神，经天营地之神。经天营地，孔深也乎莫知其终，滔乎莫知其所止息。于是乃别为阴阳，离为八极。刚柔相成，万物乃形。

《遁甲开山图》曰：有巨灵者，遍得元神之道，故与元气一时生混沌。

又曰：南溟之山，金堂玉室，上无元气，实滋神化。

又曰：丽山氏分布元气，各生次序，产生山谷。

《帝系谱》曰：天地初起，溟涬濛鸿，即生天皇，始万八千岁，以木德王。

《十洲记》曰：昆陵，昆仑山也。上有金台玉阙，亦元气之所合，天帝之居治处。

《六韬》曰：天之为天远矣，地之为地久矣。万物在其间，各自利，何世莫之有乎？夫使世俗皆能顺其有，是乃溟涬濛鸿之时，故莫之能有。七十六圣发起，其所系天下而有之，岂一日哉！

杨泉《物理论》曰：杨雄非浑天而作盖，天圆，其盖左转，日月星辰随而东西。桓谭难之，雄不解。此盖天者，复难知也。元气皓大，则称皓天。皓天，元气也，皓然而已，无他物焉。

杨雄《檄灵赋》曰：自今推古，至于元气。始化，古不览今。名号迭毁，请以《诗》《春秋》言之。

又《解嘲》曰：《太玄》五千文，支叶扶疏，独说十余万言，深者入地底，高者出苍天，大者涵元气，纤者入无伦。等也。

班固《东都赋》曰：万乐备，百礼暨，皇情浃，群臣醉，降烟煴，调元气。

又《汉颂论功歌诗》曰：后土化育兮四时行，修灵液养兮元气覆。冬同云兮春霡霂，膏泽洽兮殖嘉谷。

张衡《玄图》曰：玄者，包含道德，构掩乾坤，橐籥元气，禀受无原。

陈思王《魏德论》曰：元气否塞，玄黄渍薄，星辰逆行，阴阳舛错，国无完邑，陵无掩椁，四海鼎沸，萧条沙漠。

又《七启》曰：有形必朽，有端必穷，茫茫元气，谁知其终。

孙楚《石人铭》曰：大象无形，元气为母，杳兮冥兮，陶冶众有。

陆机《云赋》曰：摅神景于八幽，合洪化于烟煴，充宇宙以播象，协元气而齐勋。

潘岳《西征赋》曰：古往今来邈矣！悠哉廓寥，惚恍化一气而甄三才。

## 太易

《老子》曰：有物混成，先天地生。

《易乾凿度》曰：夫有形者，生于无形；故有太易者，未见气也。

《帝王世纪》曰：天地未分，谓之太易。

《列子》曰：夫有形者生于无形，则天地安从生？自然而生。故有太易、太初、太始、太素。此有物之始，自微至著，变化自相因袭。太易者未见气也，易者，不穷滞之称，凝寂于太虚之域，将何见乎？即如《易系》之太极、老氏之混成。太初者气之始也，阴阳未判。下句所谓浑沦。太始者形之始也，阴阳既判，品物流形。太素者质之始也。质，性也。既为物矣。则方圆刚柔静躁各有其性。气质具，未相离，此直论气之形质，不复说太易，为三者宗本。下句别自明之。故曰浑沦。浑沦者，言万物相浑沦而未相离也。虽浑然一气不相离袭，而三才之道实潜兆乎其中。沦，语助也。视之不见，听之不闻，循之不得，故曰易也。易无形畔，老子曰：视之不见名曰希而曰易。易，简之别称也。太易之义如此而已，故能为万物宗，性真一而不变也。易变而为一，所谓易者，窈冥忽恍，不可变也。一气持之而化变，故寄名变也。一变而为七，七变而为九。九，变者之究也，究，穷也。一变而为七九，不足以次数者全，举阳数顾其都会也。乃复变而为一。一者，形变之始。既涉于有形之域，理数既终，乃复反而为一。反而为一，归形变之始也。此盖明变化往复无极。

## 太初

《易乾凿度》曰：太初者，气之始也。

《帝王世纪》曰：元气始萌，谓之太初。

《诗推度灾》曰：阳本为雄，阴本为雌，物本为魂。宋均注曰：本即原也，变阴阳为雌雄魂也。亦言未有形也。皆无兆朕，故谓之气。雄生八月仲节，号曰太初，行三节。节犹气也。太初者，气之始也。必知生八月仲者，据此时荠麦生以为验也。阳生物行三节者，须雌俱行物乃著也。

《广雅》曰：太初，气之始也，清浊未分。

《庄子》曰：太初有无，言太古之初，上下未形，所有者无。无有无名。

既无有形，人无有名。一之所起，有一而未形。一谓道也。物得以生，谓之德。

《淮南子》曰：稽古太初，人生于无，当太初天地之始，人生于无形，无形生有形也。成形于有，有形而制于物。为物所制。

杨雄《檄灵赋》曰：太易之始，太初之先，冯冯沉沉，奋搏无端。

王阜《老子圣母碑》曰：老子者，道也。乃生于无形之先，起于太初之前，行于太素之元，浮游六虚，出入幽冥，观混合之未别，窥清浊之未分。

陈思王《魏德论》曰：在昔太初，玄黄混并，浑沌濛鸿，兆朕未形。

阮籍《孔子诔》曰：养徒三千，升堂七十，潜神演思，因史作书，考混元于无形，本造化于太初。

又《大人先生传》曰：太初真人，惟太之根，专气一志，万物以存。

又曰：驰骛乎太初之中，休息乎无为之宫。太初何始，无后无先。

## 太始

《易·乾凿度》曰：太始者，形之始也。

又曰：雌生戌仲，号曰太始，雄雌俱行三节。俱行，起自戌仲至亥。

《帝王世纪》曰：气，形之初，谓之太始。

《楚辞·天问》曰：遂古之初，谁传道之？王逸注曰：初，始也。太始之元，虚廓无形，神物未生，谁传此道。上下未形，何由考之？言天地未分，混沌无根，谁考述而知也。

张衡《玄图》曰：玄者，无形之类，自然之根，作于太始，莫之与先。

阮籍《大人先生传》曰：登乎太始之前，览乎忽漠之初，虑周旋于无外，志浩荡而遂舒。

## 太素

《易乾凿度》曰：太素，质之始也。

又曰：雄含物魂，号曰太素。雌雄俱行，故能含物魂而生物也。独言雄雌，主于阳故也。

《帝王世纪》曰：形变有质，谓之太素。太素之前，幽清寂寞，不可为象，惟虚惟无，盖道之根。道根既建，犹无生有，太素始萌，萌而未兆，谓之庞洪，盖道之干。道干既育，万物成体，于是刚柔始分，清浊始位，天成于外，而体阳故圆以动，盖道之实。

《礼斗威仪》曰：二十九万一千八百四十岁而反太素冥茎，盖乃道之根也。

《礼含文嘉》曰：推之以上元为始，起十一月甲子朔旦，夜半冬至，日月五星俱起牵牛之初。郑玄注：上元，太素已来至所求年。

《广雅》曰：太素，质之始也，已有素朴而未散也。

《乐动声仪》曰：作乐制礼时，有五音始于上元，戊辰夜半冬至，北方子。郑玄注曰：戊辰土位，土为宫，宫为君，故作乐尚之以为始也。夜半子，亦天时之始。礼稽命徵起于太素，十一月阏逢之，曰岁在摄提格之纪，是云作乐制礼，盖作乐则有礼，通其文耳。

张衡《灵宪注》曰：太素之前，幽清玄静，寂寞冥默，不可为象，厥中惟灵，如是者永久焉，斯谓冥茎，盖乃道根，道根既建，由无生有，太素始萌，萌而未兆，并体同色，坤屯不分。坤屯，音浑沌。

陈思王《髑髅说》曰：昔太素氏不仁，劳我以体，苦我以生，今也幸变而之死，是反吾真也。

又《魏德论》曰：不能贯道义之精英，穷混元于太素，亦以明矣。

又《魏文帝诔》曰：皓皓太素，两仪始分，冲和产物，肇有人伦。

又《大暑赋》曰：壮皇居之瑰玮兮，步八闳而为宇。节四运之常气兮，逾太素之仪矩。

阮籍《通老论》曰：圣人明于天人之理，达于自然之分，通于治化之体，审于大慎之训，故君臣垂拱完太素之朴，百姓熙怡保性命之和。

又《诗》曰：焉得松乔，熙神太素，逍遥区外，登我年祚。

又《老子赞》曰：阴阳不测，变化无伦，飘摇太素，归虚反真。

陆机《孙权诔》曰：皇圣膺期，有命太素，承乱下萌，清难天步。

又《浮云赋》曰：集轻浮之众采，厕五色之藻气。贯元虚于太素，薄紫微而竦戾。

又《诗》曰：太素卜令宅，希微启奥基。玄冲纂懿文，虚无承先师。

又《诗》曰：澄神玄漠流，栖心太素域。弭节欣高视，俟我大梦觉。

《顾公直答陆机》曰：恢恢太素，万物初基。在昔哲人，观众济时。

## 太极

《易·系辞》曰：易有太极，是生两仪。两仪生四象，四象生八卦。

《汉书·律历志》曰：太极元气，函三为一。

又曰：太极中央元气，故为黄钟。

又曰：元以统始。易，太极之首也。

《帝王世纪》曰：质形已具，谓之太极。

《乐动声仪》曰：神守于心，游于目，穷于耳，往乎万里而至疾，故不得而不速。从胸臆之中而彻太极，援引无题，人神皆感，神明之应，音声相和。

班固《典引》曰：太极之先，两仪始分，烟烟煴煴，有沉而奥，有浮而清。

陈思王《七启》曰：夫太极之初，混沌未分，万物纯纯，与道俱运。

又《画赞叙》曰：上形太极混元之前，却列将来未萌之事。

阮籍《通老论》曰：道者法自然而为化，侯王能守之，万物将自化。《易》谓之太极，《春秋》谓之元，老子谓之道。

陆机《云赋》曰：览太极之初化，判玄黄于乾坤，考天壤之灵变，莫稽美乎庆云。

傅玄《风赋》曰：嘉太极之开元，美天地之定位。乐雷风之相薄，悦山泽之通气。

张华《诗》曰：混沌无形气，奚从生两仪？元一是能分，太极焉得离？玄为谁翁子，道是谁家儿？天行自西回，日月曷东驰？

陆士龙《答士衡诗》曰：伊我世族，太极降精，昔在上代，轩虞笃生。

## 天部上

《释名》曰：天，显也，在上高显也。天，坦也，坦然高而远也。

《易》曰：天垂象，见吉凶，圣人则之。

又曰：观乎天文，以察时变；观乎人文，以化成天下。

又曰：立天之道，曰阴与阳。

又曰：天行健，君子以自强不息。

又曰：本乎天者亲上，本乎地者亲下。

又曰：天地之道，贞观者也。

又曰：天道亏，盈而益谦。

又曰：天地设位，而易行乎其中。

又曰：乾为天。

又曰：时乘六龙以御天。

又曰：天尊地卑，乾坤定矣。

又曰：在天成象，在地成形。

又曰：大哉乾元，万物资始乃统天。

《书》曰：高明柔克，沉潜刚克。高明，谓天也。

又曰：乃命羲和，钦若昊天。

又曰：皇天无亲，惟德是辅。

又曰：皇天震怒，命我文考，肃将天威。

《诗》曰：敬天之威，不敢驰驱。

又曰：天步艰难，之子不犹。

又曰：悠悠苍天，此何人哉！

又曰：谓天盖高，不敢不局；谓地盖厚，不敢不蹐。局，曲也。蹐，累足也。《笺》云：局蹐者，天高而有雷电，地厚而有沦陷，此民疾苦，王政上下皆可畏怖之言。

《礼》曰：天地之道，博也，厚也，高也，明也，悠也，久也。今夫天斯，昭昭之多，及其无穷也，日月星辰系焉，万物覆焉。

又曰：天则不言而信，天无私覆，是天道也。无为而物成。

又曰：天秉阳，垂日星。秉，持也。

又曰：天不爱其道，故天降甘露。

又曰：天有四时，春夏秋冬，风雨霜露，无非教也。

又曰：著不息者，天也。圣人作乐以应天。

又曰：燔柴于泰坛，以祭天也。

又曰：孟冬之月，天气上腾，地气下降。

又曰：祭天于南郊，就阳之义也。祭天扫地，而祭于其质而已矣。

又曰：清明象天。

《传》曰：天有六气，降生五味。六气者，阴阳风雨晦明。

又曰：叔孙穆子梦天压己，弗胜。

又曰：公孙归父会楚子于宋，宋人告急于晋，晋侯欲杀之。伯宗曰："不可。天方授楚，未可与争，虽晋之强，能违天乎？"

又曰：晋侯赐毕万魏。卜偃曰："毕万之后必大。万，盈数也；魏，大名也。以是始赏，天启之矣。"

《尔雅》曰：穹苍，天也。天形穹隆，其色苍苍，因名云。春为苍天，万物苍苍生也。夏为昊天，言气皓旰。秋为旻天，旻犹愍也。愍，万物凋落也。冬为上天。言时无事，在上临下而已。

《语》曰：天何言哉？四时行焉，百物生焉。

又曰：惟天为大，惟尧则之。

又曰：夫子之不可及也，犹天之不可阶而升也。

《易乾凿度》曰：天动而施曰仁，地静而理曰义。

又曰：轻清者上为天，重浊者下为地。

又曰：天有阴阳，地有柔刚，人有仁义，是谓三才。

京房《易传》曰：地动阴有余，天裂阳不足。此臣下盛强，害君上之变也。景帝三年，天东北有赤气，广长十余丈，或曰天裂，其后七国兵起。

《春秋说题辞》曰：天之为言，颠也。居高理下，为人经也。《白虎通》亦云。群阳，精也。合为太一，分为殊名，故立字"一大"为天。

《礼统》曰：天地者，元气之所生，万物之祖也。天之为言，镇也，神也，珍也。施生为本，运转精神，功效列陈，其道可珍重也。

《尚书考灵耀》曰：中央钧天，其星角亢；东方皋天，《吕氏春秋》曰苍天，《广雅》曰上天。其星房心；东北变天，其星斗箕；北方玄天，其星须女；西北幽天，其星奎娄；西方成天，《吕氏春秋》曰皓天。其星胃昴；西南朱天，其星参狼；南方赤天，《吕氏春秋》《广雅》皆曰炎天。其星舆鬼柳；东南阳天，其星张翼轸。《吕氏春秋》曰：天有九野，东方曰苍天，西方曰皓天，南方曰炎天，其余皆同。

《周书》曰：神农之时，天雨粟，神农耕而种之。

《尚书中候》曰：天地开辟，甲子冬至。日月若悬璧，五星若编珠。

《诗纪历枢》曰：箕为天口，主出气。

《大戴礼》曰：放勋，其仁如天，其智如神，就之如日，望之如云。

《春秋感精符》曰：人主与日月同明，四时合信，故父天母地，兄日姊月。父天于圜丘之礼也。母地于方泽之祭也。兄日于东郊，姊月于西郊也。

《春秋繁露》曰：天有十端：天为一端，地为一端，阳为一端，阴为一端，水为一端，土为一端，人为一端，金为一端，木为一端，火为一端，凡十端。天亦有喜怒之气、哀乐之心，与人相副，以类合之，天人一也。春喜气故生，秋怒气故杀，夏乐气故养，冬哀气故藏，四者天人同有之。

《春秋内事》曰：天有十二分次，日月之所躔也。

《春秋元命包》曰：天不足西北，阳极于九，故周天九九八十一万里。

《孝经援神契》曰：周天七衡六间者，相去万九千八百三十三里三分里之一，合十一万九千里。从内衡以至中衡，从中衡以至外衡，各五万九千五百里。

《史记》曰：叔虞母梦天，谓武王曰："余命汝生子，名虞，余与之唐。"及生子，有文在手，曰虞，遂因命之。

《汉书·东方朔答难》曰：以管窥天，以蠡测海，岂能考其文理哉？

又曰：汉惠帝二年，天眼开北，广十余丈。

《后汉书》曰：和熹邓皇后尝梦扪天，荡荡正青，有若钟乳状，乃仰嗽饮之。以讯诸占梦，言尧梦攀天而上，汤梦及天而舐之。斯皆圣王之前占，吉不可言。

《蜀志》曰：吴使张温来聘，秦宓在诸葛亮座。温曰："何人？"亮曰："学者。"温问曰："天有头乎？"宓曰："有《诗》曰：'乃眷西顾'。天若无头，何以顾之？"又曰："有耳乎？"曰："有《诗》云：'鹤鸣于九皋，声闻于天'。无耳，何以闻之天？""有足乎？"曰："有。《诗》云：'天步艰难'。若无足，何以步？""天有姓乎？"曰："有。"曰："何姓？"曰："姓刘。""何以知之？"曰："其子姓刘，故以知之。"温大敬之。

《晋书》曰：世祖登祚，探策得一，群臣失色。吏部郎中裴楷进曰："天得一以清，地得一以宁，王侯得一为天下贞。"上大悦。

又曰：惠帝末，天裂为二，无云，有声如雷。

《晋中兴书·征祥说》曰：大兴二年，天鸣东南，有声，如水相薄。三年，又鸣。后哀帝废。

《后魏书》曰：圣武田于野，见辎軿自天而下，至则见美女，曰："天使我偶君。"遂寝宿，旦乃还。期周年复会于此。既而以所生男授帝，曰："善养之，世为帝王。"子即始祖也。

《齐书》曰：王摛史学博闻，永明中，天忽黄色照地，众莫能解。摛云："是荣光。"世祖大悦，用为永阳郡守。

《陈书》曰：高祖梦天开数丈，有一人朱衣捧日，令帝张口纳之。及觉，犹热，后二百日为帝。

# 太平御览卷第二 天部二

## 天部下

《老子》曰：天得一以清。天无以清，将恐裂。

又曰：域中有四大：道大，天大，地大，王亦大。

《庄子》曰：天之苍苍，其正色耶！以其远而无所至极耶！

《文子》曰：朴至大者无形状，道至大者无度量。故天圆不中规，地方不中矩。

又曰：天明日明，然后能照四方；君明臣明，然后能正万物；域中四明，故能久。

又曰：高莫高于天，下莫下于泽。天高泽下，圣人法之。

又曰：天爱其精，地爱其平，人爱其情。天之精，日月星辰雷霆风雨也；地之平，水火金木土也；人之情，思虑聪明喜怒也。

《列子》曰：杞国有人忧天崩坠，身亡所寄，废于寝食。又有忧彼忧者，因晓之曰："天，积气耳。若屈伸呼吸，终日在天中行止，奈何忧崩坠乎？"其人曰："天果积气，日月星辰不当坠耶？"晓者云："日月星辰亦积气之光耀者也。"长庐子闻而笑曰："虹霓也，云雾也，风雨也，四时也，此积气之成乎天者也。知积气也，何以不坏？夫天地，空中之一细物，有中之最巨也。难穷终始，此固然矣。忧其坏者，亦为远大；言不坏者，亦为未是。天地不得不坏之，则会归于坏时，奚为不忧哉？"列子闻而笑曰："言天地坏亦谬矣，言不坏亦谬矣。坏与不坏，吾所不知也。虽然，彼一也，此一也。故生不知死，死不知生；来不知去，去不知来。坏与不坏。吾何容心哉？"

又曰：汤问夏革曰："四海之外奚有乎？"曰："犹齐州也。"汤曰："汝奚以实之？"革曰："朕东行至营，人民犹是也。问营之东，复犹营也。西行之豳，民人犹是也。问豳之西，复犹豳也。朕以是知四海、四荒、四极之外不异是也。故大小相含，无穷极也。含万物者，亦如含天地。含天地者，亦如含万物也。含万物也故不穷，含天地也故无极。朕亦焉知天地之表不有大天地者乎？亦吾所不知也。天地亦物，物有不足，故昔者女娲氏选五色之石以补阙，断鳌之足鳌，巨龟也。以立四极。其后共工氏与颛顼争为帝，《淮南子》曰：与神农争。怒触不周之山，折天柱，绝地维。故天倾西北，日月星辰就焉；地不满东南，故百川水潦归焉。”

《抱朴子》曰：宣夜之书亡，而《郄萌记》先师相传。《宣夜说》云：“天无质，仰而瞻之。高远无极，眼瞀睛极，苍苍然也。譬旁望远道黄山而皆青，俯察千仞之谷而黝黑。夫青冥色黑，非有体也。日月星象浮生空中，行止皆须气焉。故七曜或住或游，逆顺伏见无常，进退不同，由无所根系故各异也。故辰极常居其所，北斗不与众星西没焉。七曜皆东行，日日行一度，月行十三度，迟疾任性，若缀附天体，不得不尔也。”

又曰：良将刚则法天，可望而不可干；柔则象渊，可观而不可入。

《淮南子》曰：四时天之吏，日月天之使，星辰天之期，虹霓彗星天之忌。

又曰：天有九野，九千九百九十里，四隅去地五万里。

杨子《法言》曰：唯天为聪，唯天为明。夫能高其目而下其耳者，匪天也夫！

又曰：或问天曰：“吾于天欤，见无为之为矣。”或曰：“雕刻众形者，匪天欤？”曰：“以其不雕刻也。如物刻而雕之焉，得力而给诸？”

又曰：天可测，则覆物浅矣。

《申子》曰：天道无私，是以恒正；天常正，是以清明。

《管子》曰：天或维之，地或载之，莫之维，天已坠矣，况于人乎！

《曾子》曰：单居离问曾子曰：“天圆而地方，诚有之乎？”曾子曰：“天之所生上首，地之所生下首，上首之谓圆，下首之谓方，始识天圆而地方，则是四角之不掩也。参尝闻之夫子曰：天道曰圆，地道曰方；

方曰幽，圆曰明。明者吐气，是故外景；幽者含气，是故内景。”

《墨子》曰：飘风苦雨，溱溱而至，此天之所以罚百姓不上同于天者也。

《孔丛子》曰：魏王问子顺曰：“寡人闻：昔者上天神异后稷，而为之下嘉谷，周遂以兴。”

《吕氏春秋》曰：天道圆，地道方，圣人所以立天下。天圆谓精气圆通，周复无杂，故曰圆。地方谓万物殊形，皆有分职，不能相为，故曰方。主执圆，臣处方，方圆不易，国乃昌。

又曰：天地车轮，终则复始，极则复反。

又曰：天地大矣，生而不子，成而不有，万物皆被其泽，得其利，而莫知其所由始，三皇五帝之德也。

又曰：天有九野。何谓九野？中央曰钧天，东方曰苍天，《尚书考灵耀》曰皋天，《广雅》曰上天。东北方曰变天，北方曰玄天，西北方曰幽天，西方曰皓天，《尚书考灵耀》《广雅》皆曰成天。西南方曰朱天，南方曰炎天，《尚书考灵耀》曰赤天。南东方曰阳天。

《太玄经》曰：九天：一为中天，二为羡天，三为顺天，四为更天，五为睟天，六为廓天，七为咸天，八为沉天，九为成天。

又曰：天以不见为玄，地以不形为玄，人以心腹为玄。天奥西北，郁化精也；地奥黄泉，隐营魄也；人奥思虑，含至精也。

《说苑》曰：齐景公问子贡曰：“仲尼贤乎？”曰：“贤。”又问曰：“奚若？”曰：“不知也。”公怪之。子贡曰：“今谓天高，无少长贤愚皆知。若问其高几何，皆曰不知。仲尼之贤，犹天之高也，奚得以知？”又曰：臣事仲尼，犹杯就江海饮，莫知浅深也。“

又曰：齐桓公问管仲曰：“王者何贵？”对曰：“贵天。”桓公仰视天。管仲曰：“所谓天者，非谓苍苍莽莽之天也。居人上者，以百姓为天。”

蔡邕《天文志》曰：言天体者有三家：一曰周髀，二曰宣夜，三曰浑天。宣夜之学，绝无师法。周髀术数具存，考验天状，多所违失，故史官不用。唯浑天者近，得其情，今史官所用，候台铜仪则其法也。立八尺圜仪之度，而具天地之象，以正黄道，名察发敛，以行日月，以步五纬，精微深妙，百世不易之道。

《异苑》曰：陶侃梦飞翔冲天，天门九重，已入其八，余一门不得进，以翼搏天，一翅致折，惊而坠下，左腋肿痛。后威果振主，欲有窥拟之志，每忆折翅之祥，抑心而止。

徐整《三五历纪》曰：天地浑沌如鸡子，盘古生其中，万八千岁。天地开辟，阳清为天，阴浊为地，盘古在其中，一日九变，神于天，圣于地。天日高一丈，地日厚一丈，盘古日长一丈。如此万八千岁，天数极高，地数极深，盘古极长，后乃有三皇。数起于一，立于三，成于五，盛于七，处于九，故天去地九万里。

《广雅》曰：太初，气之始也，清浊未分。太始，形之始也，清者为精，浊者为形。太素，质之始也，已有素朴而未散也。二气相接，剖判分离，清浊为天地。

又曰：天圆广，南北二亿三万三千五百里七十五步，东西短减四步，周六亿十万七百里二十五步。从地至天，一亿一万六千七百八十一里半；下地至厚，与天高等。

又曰：南方曰炎天，西南方曰朱天，西方曰成天，西北方曰幽天，北方曰玄天，东北方曰变天，东南方曰阳天，中央曰钧天，东方曰上天，谓之九天。九天之际曰九垠，垠，堮也。九天之外曰次九垓。垓，阶也。言其阶次九也。

《纂要》曰：天地四方曰六合，四方上下谓之宇，古往今来谓之宙。

《白虎通》曰：男女总名为人。天地所以无总名何？天圆地方不相类也。天左旋，地右周，犹君臣阴阳相向也。

又曰：天所以有灾变何？所以谴告人君，觉悟其过，欲令悔慎思虑也。

黄帝《素问》曰：积阳为天，故曰清阳。

《河图挺佐辅》曰：百世。之后，地高天下，不风不雨，不寒不暑，民复食土，皆知其母，不知其父。如此千岁。之后而天可倚杵，汹汹隆隆，曾莫知其始终。

《汲冢纪年书》曰：懿王元年，天再旦于郑。

东方朔《神异经》曰：昆仑有铜柱焉。其高入天，谓之天柱。

《皇览冢墓记》曰：好道者言：黄帝乘龙升云登朝霞，上至列阙，倒影天体，如车有盖，日月悬著，何可上哉！

张衡《灵宪》曰：天有九位，自地至天一亿万六千三百五十里。悬天之晷、薄地之仪，皆千里而差一寸

孙氏《瑞应图》曰：舜时后稷播植，天降秬秠，故《诗》曰："天降嘉种，惟秬惟秠。"秬音巨，秠音丕。

《论衡》曰：天门在西北，又日月五星随天而西移，行迟天耳。譬若硙石之上，蝼蚁行迟，硙转疾，内虽异行，外犹俱转。

又曰：天行三百六十五度，凡积十三万里也。其行甚疾，无以为验，倘与陶钧之运、弩矢之流相类似乎？

又曰：天平与地无异，若覆盆之状。

《洛书甄耀度》曰：周天三百六十五度，四分度之一。夫一度为千九百三十二里，则天地相去十七万八千五百里。

《关令内传》曰：天地南午北子相去九千万里，东卯西酉亦九千万里，四隅空相去九千万里，天去地四千万里。

又曰：天有五亿五万五百五千五十里，地亦如之，各以四海为脉。

伏侯《古今注》曰：成帝建始三年七月，夜有黄白气，长十余丈，明照地，或曰天裂，或曰天剑。

《五经通义》曰：神之大者，昊天上帝。即耀魄宝也。

又曰：天皇大帝亦曰太一。又曰：其佐曰五帝。东方青帝灵威仰，南方赤帝赤熛怒，西方白帝白招拒，北方黑帝汁光纪，中央黄帝含枢纽。

又曰：天所以有雷霆风雨霜雪雾露何？欲以成岁润万物，因以见灾异也。

邹衍大言天事，号谈《天衍》。

虞昺《穹天论》曰：天形穹隆如笠，而冒地之表，浮元气之上。譬

覆奁以抑水而不没者，气充其中也。日绕辰极，没西而还东，不入地中也。

《天文录》曰：古人言天地之形者有三：一曰浑天，二曰盖天，三曰宣夜。宣夜之说未尝闻也。后有虞昺作《穹天论》，姚信作《昕天论》，虞喜作《安天论》。众形殊象，参差其间。盖天之说又有三体：一云天如车盖，游乎八极之中；一云天形如笠，中央高而四边下；亦云天如欹车盖，南高北下。

桓谭《新论》曰：通人扬子云因众儒之说，天以为盖，常左旋，日月星辰随而东西。乃图画形体行度，参以四时历数，昏明昼夜，欲为世人立纪律，以垂法后嗣。余难之曰："春秋，昼夜欲等。平旦，日出于卯正东方；暮，日入于酉正西方。今以天下人占视之，此乃人之卯酉，非天卯酉。天之卯酉，当北斗极。北斗极，天枢。枢，天轴也，犹盖有保斗矣。盖虽转，而保斗不移。天亦转周匝，斗极常在，知为天之中也。仰视之，又在北，不正在人上，而春秋分时，日出入乃在斗南，如盖转，则北道近南道远，彼昼夜数，何从等乎？"子云无以解也。后与子云奏事，坐白虎殿廊庑下，以寒，故背日曝背。有顷，日光去背，不复曝焉。因以示子云曰："天即盖，转而日西行，其光彩当照此廊下而稍东耳，无乃是反应浑天家法焉！"子云立坏其所作，则儒家以天为左转非也。

杨泉《物理论》曰：天者，旋也，均也，积阳纯刚，其体回旋，群生之所大仰。

又曰：儒家立浑天，以追天形，从车轮焉。周髀立盖天，言天气循边而行，从磨石焉。斗极，天之中也。言天者，必拟之人，故自脐以下人之阴也，自极以北天之阴也。所以立天地者，水也；成天地者，气也。水土之气升而为天。天者，君也。夫地有形而天无体，譬如火焉，烟在上，灰在下也。浑天说天，言天如车轮而转，日月旦从上过，夜从下过，故得出卯入酉。或以斗极难之，故作盖天，言天左转，日月右行，皆缘边为道。就浑天之说，则斗极不正；若用盖天，则日月出入不定。

夫天，元气也，皓然而已，无他物焉。

姚信《昕天论》曰：若使天裹地，如卵含鸡，地何所倚立而自安固？若有四维柱石，则天之运转将以相害。使无四维，因水势以浮，则非立性也。若天经地行于水中，则日月星辰之行，将不得其性。是以有两地之说，下地则上地之根也，天行乎两地之间矣。今地形立于下，天象运乎上，譬如人颐移临胸，而项不覆背，近取诸身。故知天体南低入地，北则高也。冬至极低，天运近南，故日去人远，斗去人近。北气至，故冰寒也。夏至极起，天运近北，故斗去人远，日去人近。南天气至，故蒸热也。极之高时，日所行地中浅，故夜短；天去地高，故昼长。极之低时，日所行地中深，故夜长；天去地下，故昼短。然则天行寒依于浑，夏依于盖也。

《楚辞·天问》曰：圆则九重，孰营度之？言天圆九重，谁度知之。惟兹何功，孰初作之？言此天九重，谁功始之。管维焉系，天极焉加？管，转纲也。言天夜转徙，宁有维纲系其际，极安所加乎也。八柱何当，东南何亏？言天有八山为柱皆何直，东南不足，谁能缺也。

《古乐府诗》曰：天上何所有，历历种白榆。

## 浑仪

《说文》曰：浑者，制仪器也。

《书》曰：正月上日，受终于文祖。在璇玑玉衡，以齐七政。范宁注曰：璇为衡，玑者转也，衡者平也，若今浑天矣。王者所以正天文之器。

《尚书考灵耀》曰：观玉仪之旋，昏明主时。以玉为浑仪，故曰玉仪也。

《文耀钩》曰：高辛受命，重黎说天文，唐尧即位，羲和立浑仪。

《孝经援神契》曰：后偷任威，折其玉斗，失其金椎。后，君也。偷，独苟自专也。玉斗，北斗以玉为之，偷浑仪也。金椎以喻国之重宝也。

《刘氏历·正问》曰：说云颛顼造浑仪，黄帝为盖天，皆以天象盖也。

《浑天仪》曰：天如鸡子，地为中黄，居其天内。天大地小，表里有水，天地各乘气而立，载水而浮，日月星辰绕地下，故二十八宿半见隐，天转如车毂之运。

王蕃《浑天说》曰：浑天之作，由来尚矣。考之于天，信而有证。旧说天地之体，状如鸟卵，天包地外，犹壳之裹黄也。周回如弹丸，故曰浑天，言其形体浑浑如也。周天三百六十五度五百八十九分度之百四十五，东西南北，展转周规，半覆地上，半在地下，故二十八宿半见半隐。以仪准之，其见常一百八十二度有奇，是以知其半覆地上、半在地下也。黄赤二道相与交错，其间相去二十七度。以两仪准之，俱三百六十五度。有赤道见者，常百八十二度半强。又南北考之，天见者亦一百八十二度半强。是知天之体圆如弹丸。北出地三十六度，是知南极入地亦三十六度，而两极相去百八十二度半强也。

虞喜《安天论》曰：太史令陈季胄，以先贤制木为仪，名曰浑天。

又曰：言天体者三家，浑、盖之术具存，而宣夜之法绝灭，有意续之而未遑也。近见姚元道造《昕天论》，又睹族祖河间立《穹天论》，鄙意多嫌。喜以为天高无穷，地深不测，地居卑静之体，则天有常安之象。形相覆冒，无方圆之义。浑、盖之家依《易》立说，云天运无穷，或谓浑然包地，或谓浑然而盖。愚谓若必天裹地，似卵中黄，则地是天中一物，圣人何别为名而配天乎？古之遗语“日月行于飞谷”，谓在地中也。不闻列星复流于地，又飞谷一道，何以容此？且谷有水体，日为火精，冰炭不共器，得无伤日之明乎？此盖天所以为臣难也。或难曰：周礼有方圆之丘，祭天地则知乾坤有方圆体也。答曰：郊祭大报天，而主日配。日月形圆，圆丘似之，非天体也。祭方者，别之于天，尊卑异位，何足怪哉！周髀之术多是盖天，盖天虽与浑异，而星辰有常数。今陈氏见髀上观周，因言周浑。周髀、宣夜，或人姓名，犹星家有甘石也。盖天之体转四方，地卑不动，天周其上，故云周髀。宣，明也。夜，幽之数，其术兼之，故云宣夜。

贺道养《浑天记》曰：昔记天体者有三：浑仪莫知其始，书以齐七政，盖浑体也。二曰宣夜，夏殷之法也。三曰周髀，当周髀之所造，非周家术也。近世复有四术：一曰方天，兴于王充；二曰轩天，起于姚信；三曰穹天，由于虞喜。皆以抑断浮说，不足观也。惟浑天之事，证验不疑。

《晋阳秋》曰：吴有葛衜，字思真，改作浑天，使地居中，以机转之，天转而地止。衜，古道字。

《义熙起居注》曰：十四年，相国表曰：“间者平长安，获张衡所作浑仪、土圭，历代宝器，谨遣奉送，归之天府。”

《梁书》曰：陶弘景尝造浑天象，高三尺许，地居中央，天转而地不动，以机动之，悉与天相会。

又曰：虞僧诞，会稽馀姚人，以《左氏》教授，听者亦数百人，该通义例，当世莫及。先是，儒者论天，互执浑、盖二义，论盖不合浑，论浑不合盖。崔灵恩立义，以浑、盖为一焉。

《隋书》曰：耿询见其故人高智宝，以玄象直太史，询从之，受天文算术。询创意造浑天仪，不假人力，以水转之，施于暗室中，外候天时，合如符契。

《唐书》曰：将军李守忠，奏三殿上所安置浑天仪，铜鼎上津流。事具雨门。

《董卓别传》曰：卓冶铸候望璇机仪。

《益部耆旧传》曰：汉武帝时，洛下闳明晓天文，于地中转浑天，定时节。

《风土记》曰：璇衡，即今浑仪。云古者以玉为之，转运者为机，持正者为衡。一说言以良玉为管，中有光，盖取明以助远察。

张衡《浑天仪》曰：赤道横带天之腹，去极九十一度十九分之五；黄道邪带其腹，出赤道表里各二十四度。故夏至去极六十七度而强，冬至去极百一十五度亦强也。然则黄道邪截赤道者，则秋分之去极也。今此春分去极九十度，秋分去极九十一度。少者就夏至晷景去极之法以为率也。

王蕃《浑天说》曰：浑天遭周秦之乱，师徒断绝而丧其文，唯浑仪常在候台，是以不废，故其扬権可得而言。至于纤微委曲，阙而不传。蔡邕以为精微深妙、百世不易之道。

杨子《法言》曰：或问浑天，曰："落下闳营之，鲜于望人度之，耿中丞象之。"请问盖天，曰："盖哉，盖哉！未几也。"李轨注曰：几，近也。

桓子《新论》曰：杨子云好天文，问之于黄门作浑老工，曰："我少能作其事，但随尺寸法度，殊不晓达其意，后稍稍益愈，到今七十乃甫适知已，又老且死矣。今我儿子爱学作之，亦当复年如我乃晓知已。又且复死焉。"其言可悲可笑也。

颜延之上《立浑天铜仪表》曰：臣昔奉使入关，值大军旋师，浑仪在路，肆观奇秘，绝代异宝。

## 刻漏

《说文》曰：漏，以铜盛水，刻节，昼夜百刻。

《周礼·夏官》：挈壶氏：掌挈壶以令军井。谓军穿井成，挈壶悬其上，令军中士皆望见，知下有井也。壶所以盛饮，故以壶表井也。凡军事，悬壶以序聚柝：凡丧，悬壶以代哭。皆以水火守之，分以日夜。郑司农曰：悬壶以为漏也。以序聚柝，以次更聚系柝备守也。玄谓击柝，两木相敲，行夜时也。丧礼未大敛代哭，以水守壶者为沃漏也，以火守壶者，夜则视刻数也。分以日夜者，异昼夜漏也。

《诗·序》曰：《东方未明》，刺无节也。朝廷兴居无节，号令不时，挈壶氏不能掌其职焉。挈壶氏掌刻漏。

《汉书》曰：董贤为郎，传漏陛下，上见悦之。

又《哀帝纪》曰：诏大赦天下，以建平二年改为太初元年，号曰"陈圣刘太平皇帝"，韦昭曰：敷陈圣刘之德也。刻漏以百二十为度。韦昭曰：旧漏昼夜共百刻，今增其二十也。

《续汉书·律历志》曰：建武十年，诏施行漏刻，以日长短为数率，日南北二度四分而增减一刻一气。永元十年，太史霍融上言官漏刻率，九日增减一等，不与天相应，不如夏历。

《东观汉记》曰：樊英每当直事，常晨驻车待漏。

《汉杂事》曰：鼓以动众，钲以止众。夜漏尽，鼓鸣则起；昼漏尽，钲鸣则息。

《吴录》曰：吴范，字文则，善占候，知风气。关羽将降孙权，问范，范期日中，权立表下漏以待之。及中不至，权问其故，范曰："未正中也。"顷之，有风动帷，范曰："羽至矣。"斯须，外称万岁，传言得羽。

《齐书》曰：武帝时，宫内深隐，不闻端门鼓漏声。置钟于景阳楼，上应五鼓及三鼓，宫人闻钟声，早起妆饰。

《后魏书》曰：自魏初大将行兵，长孙嵩拒宋，武奚斤征河南，独给漏刻。

《隋书》曰：耿询作马上刻漏，世称其妙。炀帝即位，进欹器，帝善之。

《东方朔别传》曰：武帝常饮酎，以八月九月中禾稼方盛熟，夜漏下水十刻，微行乃出。

桓子《新论》曰：漏刻，燥湿寒温辄异度，昼日参以晷景，暮夜参以星宿，则得其正。

陆机《漏赋》曰：激悬泉以远射，跨飞途而遥集；伏阴虫以承波，吞緪流其如挹。

王廙《洛都赋》曰：挈壶司刻，漏樽泻流；仙叟秉尺，随水沉浮。

孙绰《漏刻铭》曰：近取诸物，远赞自然，累筒三阶，积水成渊，器满则盈，承虚赴下，灵虬吐注，阴虫承泻。

# 太平御览卷第三  天部三

## 日上

《说文》云：日者，实也，太阳之精不亏。字从口一，象形也。又君象也。

《易》曰：《离》为日。

又曰：日中则昃。

又曰：日以晅之。

又曰：日月运行，一寒一暑。

又曰：阴阳之义配日月。

又曰：悬象著明，莫大乎日月。

又曰：日月之道，贞明者也。

又曰：日中为市，致天下之民，聚天下之货。

又曰：日往则月来，月往则日来，日月相推而明生焉。

又曰：日昃之离，不鼓缶而歌，则大耋之嗟。凶。

又曰：《丰卦》曰："丰。亨，王假之。勿忧。宜日中。宜照天下也。"以勿忧之德，故宜照天下。

又曰：日月丽乎天。

又曰：日月得天而能久照。

《书》曰：寅宾出日，平秩东作。日中，星鸟，以殷仲春。

又曰：日永，星火，以正仲夏。日短，星昴，以正仲冬。

又曰：寅饯纳日，平秩西成。

《诗》曰：其雨其雨，杲杲出日。

又曰：谓予不信，有如皎日。

又曰：嗈嗈鸣雁，旭日始旦。

又曰：日之夕矣，羊牛下来。

又曰：日居月诸，胡迭而微。

又曰：日出东方，照临下土。

又曰：春日迟迟，采蘩祁祁。

《礼》曰：二月中气，祀朝日于东郊。

又曰：玄端而朝日于东门之外。

又曰：天无二日，土无二王。

又曰：季冬。是月也，日穷于次，月穷于纪。言运行周匝，于故处次舍也。纪犹会也。

又曰：五月中气，是月也日长至，十一月日短至。

《周礼·春官》曰：眡祲：掌十辉之法，以观妖祥、辨吉凶。祆祥，善恶之征。郑司农云：辉谓日光气也。一曰祲，二曰象，三曰镌，四曰监，五曰暗，六曰瞢，七曰弥，八曰叙，九曰跻，十曰想。祲，阴阳气相侵也。象如赤鸟也。镌谓日旁气四面反乡如辉状。监，云气临日也。暗，日月食也。瞢，瞢无光也。弥者，白虹弥天也。叙者，云有次序，如山在日上也。跻者，外气也。想者，耀光者也。

又曰：大司徒：以土圭之法测土深、正日景，以求地中。日南则景短多暑，日北则景长多寒。

《传》曰：酆舒问于贾季曰："赵衰、赵盾孰贤？"对曰："赵衰，冬日之日也；赵盾，夏日之日也。"注曰："冬日可爱，夏日可畏。"

又《哀公六年》：楚有云如众赤乌，夹日以飞，三日。楚子使问周太史，曰："其当王身。若禜之，可移于令尹、司马。"王曰："移腹心之疾，置之股肱，何益？"王弗禜而死。孔子曰："昭王其不失国也，宜哉！"

《尔雅》曰：孤竹、北户、西王母、日下谓之四荒也。郭璞注曰：日下在东，皆四方昏荒之国也。

又曰：岠，齐州以南，戴日为丹穴。岠，去也。齐，中也。东至日所出为太平，西至日所入为太蒙。即蒙汜也。

《易坤灵图》曰：至德之萌，日月若连璧。

《易参同契》曰：日为流珠，青龙之俱。日为阳，阳精为流珠。青龙，东方少阳也。

《尚书考灵曜》曰：黑帝亡，二日并照。

又曰：仲春、仲秋、日出于卯，入于酉；仲夏，日出于寅，入于戌；仲冬，日出于辰，入于申。

又曰：日光照四十万六千里。

《春秋感精符》曰：群臣恣则日黄无光，群臣争则日裂，人主排斥则日夜出。

《春秋元命包》曰：阳数起于一，成于三，故日中有三足乌。

又曰：一岁三百六十五日四分度之一，言阳布散，立数合一，故立字四合其一。

又曰：日左行周天二十三万里。

又曰：七政度，日月明。

《春秋内事》曰：日者，阳德之母也。

《礼统》曰：日者，实也。形体光实，人君之象。

《礼斗威仪》曰：政太平则日五色，政颂平则日黄中而赤晕，政和平则日黄中而黑晕，政象平则日黄中而白晕，政升平则日黄中而青晕。

《孝经援神契》曰：天地至贵，精不两明。注：天精为日，地精为月。

又曰：日中则光溢。

又曰：日神五色，明照四方。

又曰：黄气抱日辅臣忠，德至于天日抱戴。

《易·传》曰：圣王在上，则日光明而五色备。

又曰：日者，众阳之精，内明玄黄，五色无主，以象人君。精精似青，翼翼似黑，玄玄似赤，缟缟似白，煌煌似黄，光照无主，不可以一色名也。

刘向《洪范传》曰：日者，昭明之大表，光景之大纪，群阳之精，众贵之象也。故曰:“日出而天下光明,日入而天下冥晦,此其效也。”故日者天之象,君父夫兄之类,中国之应也。明王之践位,群贤履职,天下和平,黎民康宁,则日丽其精。明扬其景耀,抱珥重光,以见吉祥,君获庆贺。

刘昭《幼童传》曰:晋明帝,讳绍,元帝子。初。元帝为江东都督,镇扬州。时中原丧乱,有人从长安来,帝问洛下消息,潸然流涕。帝年数岁,问泣故,具以东渡意告之。因问帝:“汝意谓长安何如日远?”答曰:“不闻人从日边来,只闻人从长安来,居然可知。”帝异之。明日,集群臣宴会,说以此答,明帝又以为日近。帝动容问:“何故异昨日之言?”答曰:“举头不见长安,只见日,以是知近。”帝大悦。

《搜神记》曰:吴孙坚夫人怀孙策,梦日月入怀。

解道康《齐地记》曰:齐有不夜城。盖古者有日,夜中照于东境。故莱子立此城,以不夜为名。

《七圣记》曰:郁华赤文与日同居,结鳞黄文与月同居。郁华日精,结鳞月精也。

《庄子》曰:阳燧见日则燃为火。金也。摩拭令热,便置日中,以艾就之火生。

又曰:孔子围于陈、蔡,太公任吊之曰:“子其昭昭乎如揭日月而行,故不免。”

又曰:日出东方,入于西极,有目有趾者待是而成功。

又曰:至人神矣。乘云气,骑日月。

《淮南子》曰:日出于阳谷,浴于咸池,拂于扶桑,是谓晨明。登于扶桑之上,扶桑,东方之野。爰始将行,是谓朏音斐明。朏明,将明也。至于曲阿,曲阿,山名。是谓朝明。临于曾泉,曾,重也。早食时在东方多水之地,故曰曾泉。是谓早食。次于桑野,是谓晏食。臻于衡阳,是谓禺中。对于昆吾,昆吾丘,在南方。是谓正中。靡于鸟次,鸟次西南方之山上。是谓小迁。至于悲谷,悲谷,西南方之大壑。是谓晡时。回于女纪,女纪,西方阴地。是谓大迁。经于隅泉,是谓高舂。顿于连烂石,是谓下舂。连石西北山名,言将欲冥，下蒙悉春，故曰下春。爰止羲和，爰息六螭，是谓悬车。日乘车驾以六龙，羲和御之，日至此而薄于虞泉，羲和至此而回六螭，即六龙也。薄于虞泉，是谓黄昏。沦于蒙谷，是谓定昏。日入崦音淹嵫音兹。示日落尝山。经细柳，细柳，西方之野。入虞泉之池，曙于蒙谷之浦。蒙谷，蒙汜之水。日西垂，景在树端，谓之桑榆。言其光在桑榆树上。

又曰：日中有踆乌。踆，七论切。踆者趾也，谓三足乌。

又曰：若木在建木西，末有十日，其华照地。高诱注曰："末，端也，若木端，有十日，状如连珠，华光照其下地。"

又曰：日者，阳之主，是以春夏则群兽除角。

又曰：尧时十日并出，草木焦枯，尧命羿仰射十日，其九乌皆死，堕羽翼。

又曰：日积阳之热气生火，火气之精者为日。

《列子》曰：宋有田夫，曝日于野，美之。不识广厦绵缟之属。谓其妻曰："吾负日之暄，以献吾君，将获重赏。"

又曰：穆王驾八骏之乘，西观日所入处。

又曰：日积气之中有光耀者。

又曰：孔子晨游，见两小儿争辩而斗。孔子问其故，一儿曰："我以日始出时去人近，日中时去人远。"一儿曰："我以为日初出时远，而日中时近。"曰："尔何以知？"曰："日初出，大如车轮；及中，才如盘盖。此不为远者小而近者大乎？"一儿曰："日初出沧沧凉凉，及其中如探汤，此不为近者热而远者凉乎？"孔子不能决。两儿笑曰："丘！孰谓汝多知乎？"

《文子》曰：日出于地，万物蕃息。

《尸子》曰：日五色，至阳之精，象君德也。五色照耀，君乘土而王。

又曰：少昊金天氏邑于穷桑，日五色，互照穷桑。

又曰：圣人以日圆盈尺，光满天下。圣人居室而所烛弥纶六合。

又曰：火在井中不能烛远，目在足下不可以视近。君之于国也，犹天之有日，居不高则不明，视不尊则不远。

又曰：圣人身犹日也。夫日圜尺，光盈天地。圣人之身小，其所烛远矣。

《任子》曰：日月为天下眼目，人不知德；山川为天下衣食，人不能谢。

《符子》曰：盛魄重轮，六合俱照，非日月能乎？

《吕氏春秋》曰：白水之南，建木之下，日中无影，盖天地中也。

《贾谊书》曰：周文王问鬻子曰："敢问君子将入其职，则于其民何如？"对曰："君子将入其职，则于其民也，旭旭然如日之始出也；既入其职，则于其民也。旰旰音汉然如日之正中也；既去其职，则于其民也，暗暗然如日之已入也。故君子将入而旭旭者，义先闻也；既入而旰旰者，民保其福也；既去而暗暗者，民失其教也。"文王曰："受命矣。"

又曰：学圣王之道，譬之如日；静居而独思，譬其若火。夫舍学圣王之道，而静居独思，譬其去日之明于庭而就火之光于室也。然可以小见，不可以大知。

《山海经》曰：东海之外，甘泉之间，有羲和之国，有女子名"羲和"，为帝俊之妻。是生十日，常浴日于甘泉。郭璞注：羲和能生日也，故日为羲和之子，尧因是立羲和之官，以主四时。

又曰：日浴温源谷。温源即汤谷也。汤谷上于扶桑。扶桑在上。一日方至，一日方出，言交会相代也。皆戴于乌。日中有三足乌。

又曰：明星山，日月所出。

又曰：猗天山，苏门山，日月所出。

又曰：汤谷上有扶木，即扶桑。十日所浴。此浴水中有大木，九日居上枝。昔尧使羿仰射九日尽坠死。《汲冢书》曰：本有十日迭次而出，运照无穷，尧时为妖，十日并出，故为射所死。

又曰：夸父逐日，扶饮河渭；不足，北饮大泽；未至，道渴而死。弃其杖，化为邓林。

又曰：岎山，神蓐收居之。是山也，西望日之所入，其气圆，日形圆，故其气象亦然。神经光之所司也。

《汲冢周书》曰：本有十日，迭次而出，运照无穷，尧时为妖，十日并出。

《太玄经》曰：日动而东，天动而西，天日错行，阴阳更巡。错，违也。巡，行也。

又曰：日一南而万物死，日一北而万物生。升北而万物虚，升南而万物盈。升之南也，右行而左还；升之北也，左行而右还。或左或右，或死或生。

《纂要》云：日光曰景，星月之光，通谓之景。日影曰晷，日气曰晛，乃见切。《诗》见晛日消。晛，日气。日初出曰旭，日昕曰晞，大明曰昕，《诗》曰：匪阳不晞。晞，乾也。言日所干湿物也。日温曰煦，在午曰亭午，在未曰昳，日晚曰旰，日将落曰薄暮。日西落，光返照于东，谓之反景；景在下曰倒景。日有爱日、畏日。爱，冬日也。畏，夏日也。《春秋左传》曰：冬日可爱，夏日可畏。

《白虎通》曰：日行迟，月行疾；日行一度，月行十三度十九分度之七。日月径皆千里。

《杂占书》曰：日冠者如半晕也。法当在日上有冠，又有两珥尤吉。

《广雅》曰：日名耀灵，一名朱明，一名东君，一名大明，亦名阳乌，日御曰羲和。

《范子计然》曰：日者寸也，月者尺也。尺者，纪度而成数也；寸者，制万物阴阳之短长也。

又曰：日者火精也。火者外景主昼，居昼而为明，处照而有光。

又曰：日者行天，日一度终而复始，如环无端。

《说苑》曰：师旷对晋平公曰："少而学者如日出之光，壮而学者如日中之光，老而学者如秉烛夜行。"

# 太平御览卷第四 天部四

## 日下

《帝王世纪》曰：文王梦日月着身。

又曰：汉文帝时，日中有王字。

《望气经》曰：日上有黄气，君喜；下有黄气，君永福。

徐整《长历》曰：众阳之精，上合为日，径千里，周围三千里，下于天七千里。

《谈薮》曰：魏文帝为王时，梦日坠地，分为三，已得一分，而内怀中。

《邓析书》曰：君者，当如冬日之阳，夏日之阴，万物归之，莫之使也。

王充《论衡》曰：日不入地也，譬人把火，夜行平地，去人十里，火光藏矣，非灭也。

又曰：夫日月不圆，视之如圆者，去人远也。夫日，火精也，在地火不圆，在天火何故独圆？日月在天犹五星，五星犹列星，不圆，何以明之？春秋之时，星陨宋都，视之石也，不圆。是知日月五星亦不圆也。

又曰：《儒书》言："鲁阳公与韩战，战酣日暮，援戈而麾之，日为之反三舍。"此言虚也。凡人能以精诚感动天者，专心一意，委务积神，通天，天为变动，然尚未可谓然。鲁阳公志在于战，为日暮一麾，安能令日反？使圣人麾日，日终不反。鲁阳公何人，而使日返？

又曰：儒者言："日中有三足乌。"日者，火也，乌入火中燋烂，安得而立？然乌，日气也。

又曰：日中近，出入远。日中小者，光明故也。出入时大者，光暗故也。

又曰：桀无道，两日并照，在东者将起，在西者将灭。费昌问冯夷曰："何者为殷，何者为夏？"冯夷曰："西，夏也；东，殷也。"于是费昌徙族归殷，殷果克隆。

又曰：儒者论：日出扶桑，暮入细柳。扶桑，东方之地，细柳，西方之野。

又曰：日昼行千里，夜行千里，骐骥昼日亦千里，然则日行舒疾，与骐骥步相类。

崔豹《古今注》曰：汉明帝为太子，乐人作《歌诗》四章，一曰日重光，云天子之德，光明如日，太子比德焉，故云重也。

《周髀》曰：日光外照，径八十一万里。

徐干《中论》曰：文王遇姜公于渭阳，若披云见白日。

《物理论》曰：日者，太阳之精也。夏则阳盛阴衰，故昼长夜短；冬则阴盛阳衰，故昼短夜长。气引之也。行阳之道长，故出入卯酉之北；行阴之道短，故出入卯酉之南。春秋阴阳等，故日行中平，昼夜等也。

《地说书》曰：日照四十五万里。

皇甫谧《年历》曰：日者，众阳之宗，阳精外发，故日以昼明，名曰“曜灵”。

《龙鱼河图》曰：阳积精为日。

《汲冢书》曰：胤甲居于河西，天有妖孽，十日并出。又言本有十日，迭次而运照无穷。

《金匮》曰：三苗之时，三月不见日。

《黄帝占书》曰：日中三足乌见者，其所居分野有白衣会。

《楚辞》曰：十日并出，流金铄石。

《战国策》曰：聂政刺韩相，荆轲刺秦王，并白虹贯日。

《史记》曰：汉景帝王夫人妊娠，梦日入怀，以生武帝。

又曰：尧，其仁如天，其知如神，就之如日，望之如云。

《汉书》曰：李寻上疏曰：“夫日者，众阳之长，晖光所烛，万里同晷，人君之表也。故日将旦，清风发晖，群阴退伏。”

又曰：文帝时新垣平上言：“日再中，臣以候知之。”居顷之际，日却复中。乃更以十七年为元年。

又曰：邹阳上书说梁孝王曰："昔荆轲慕燕丹之义，白虹贯日，太子畏之。"

《后汉书》曰：张重，字仲笃。明帝时举孝廉。帝曰："何郡小吏？"答曰："臣，日南吏。"帝曰："日南郡人应向北看日。"答曰："臣闻雁门不见垒雁为门，金城郡不见积金为郡，臣虽居日南，未尝向北看日。"

应劭《汉官仪》曰：太山东南，名曰日观。日观，鸡鸣时见日。

《魏志》曰：程立梦登太山，捧日。立以白太祖，太祖遂加日于立上，因改名"昱"。

《晋书》曰：荀爽曰："日下荀鸣鹤。"

《晋阳秋》曰：建武元年，三日并出。

《三齐略》曰：秦始皇作石桥于海上，欲过海看日出处。有神人驱石去不速，神人鞭之皆流血。今石桥犹赤色。

李尤《九曲歌》曰：年岁晚暮日已斜，安得壮士翻日车。

## 日蚀

《书》曰：乃季秋月朔，辰弗集于房；瞽奏鼓，啬夫驰，庶人走。凡日食，天子伐鼓于社，责上公也。啬夫，主币之官，驰取币礼天神。众人走，供救日食之百役也。

《礼记·昏义》曰：男教不修，阳事不得，谪见于天，日为之蚀。是故日蚀则天子素服，而修六官之职，荡天下之阳事。

《传》曰：鲁昭公十七年，日有蚀之。祝史请用币。叔孙昭子曰："日有蚀之，天子不举，伐鼓于社；诸侯用币于社，伐鼓于朝。礼也。"

又《庄二十五年》曰：夏六月辛未朔，日有蚀之。鼓，用牲于社，非常也。唯正月之朔，慝未作，日有蚀之，于是乎用币于社，伐鼓于朝。注曰："日蚀，历之常也。然食于正阳月，则诸侯用币于社，请救于上，公伐鼓于朝，退而自责，以明阴不宜侵阳，臣不宜掩君。”

《公羊传》曰：六月辛未朔，日有蚀之，以朱丝萦社。或曰胁之，或曰为暗，恐犯之，故萦之。社者土地之主，日者土地之精，上歎于天而犯日，故朱丝萦之，助阳抑阴。

《谷梁传》曰：天子救日，置五麾，陈五兵、五鼓；诸侯置三麾，三兵、三鼓。大夫击柝。凡有声，皆阳事也，以厌阴气也。

《论语》云：日月之蚀，人皆见之。更也，人皆仰之。

《汉书》曰：黄琬祖父香为魏郡守，时日蚀而京师不见。魏郡乃表日食之状，帝问：“日所食多少？”香久而无对。琬年七岁，在傍谓香曰：“何不言日食之馀，如月之初？”遂用其言答诏。

《汉书》曰：日者，德也。故日蚀则修德。

又曰：刘宠、郑弘、徐昉、赵喜、虞延并为三事，以日蚀免官。

《淮南子》曰：麒麟斗则日月蚀。许慎注曰：“麒麟，犬角之兽，故与日相符。”

## 晷

《释名》曰：晷，规也，如规画也。

《说文》曰：晷，日影也。

《周礼·地官》曰：大司徒以土圭之法测土深、正日景，以求地中。日南则景短多暑，日北则景长多寒，日东则景夕多风，日西则景朝多阴。日至之景尺有五寸，谓之地中：天地之所合也，四时之所交也，风雨之所会也，阴阳之所和也。土圭，所以致四时日月之景也。测犹度也。不知广深故曰测。郑司农云：测土深谓南北东西之深也。日南谓立表处，太南近日。日北谓立表处，太北远日。景夕谓日跌景乃中立表处，太东近日。景朝谓未中而景中立表处，太西远日。玄谓昼漏半而置土圭表阴阳，审其南北焉。景短于土圭谓之日南，是地于日为近南，景长于土圭谓之日北，是地于日为近北。东于土圭谓之日东，是地于日为近东。西于土圭谓之日西，是地于日为近西。如是则寒暑阴阳风雨偏而不和，是未得其所求。凡日景于地千里而差一寸。

《易通卦验》曰：冬至晷长丈三尺，郑玄注曰：晷者，所立八尺表阴也。三尺，长之极也。春分晷长七尺二寸四分，夏至晷长尺有四寸八分，秋分晷长二寸四分。

又曰：冬至之日，树八尺之表，日中视其晷。晷如度者，则岁美，人民和顺；晷不如度者，则其岁恶，人民为伪言，政令不平。晷进则水，晷退则旱。

《晋太康记》曰：河南阳城县，是为土中，夏至之景，尺有五寸，所以为候。

《南越志》曰：日南，五月立表望之，日在表北，景居南。

《风土记》曰：郑仲师以为夏至之日立八尺之表，景尺有五寸，谓之地中。一云阳城，一云洛阳。

《淮南子》曰：建木在都广，南方山名。众帝所自上下，日中无景，盖天地之中。日中时，日直无晷，故曰地中。

《山海经》曰：长留之山，其神白帝少昊居之。是神也，主司反景。日西入则景反东照，言司察之也。郑康成谓移一寸，于地千里，景尺五寸，于南戴日下，万五千里。然则千里寸景，已课不效。交州大榷去洛九千馀里，盖水陆曲，非论景度径意也。推直考实，其五千乎？昔交州主簿学士孙悚云："已常立表效景，景在表南，岂古郡以日南为名者，其斯义乎？"此郡又有北景县，北比二字既相似，音又相近，加以蛮土，舌软声浅，事在可疑。

## 月

### 月蚀附

《释名》曰：月，阙也，言满则复缺也。

又曰：朔，月之名也；朔，苏也，月死复苏生也。晦，尽之名也。晦灰也，火死为灰，月光尽似之也。弦，月半之名也。其形一旁曲，一旁直，若张弓弦也。望，月满之名也，日月遥相望也。

《说文》曰：朏，月未成明也；魄，月始生，魄然也。承大月，月生二日谓之魄，承小月，月生三日谓之朏。朏音斐。

《易》曰：坎为月。

《书》曰：月经于箕则多风，离于毕则多雨。

又曰：哉生明。哉，始也。始生明，月三日也。

又曰：哉生魄。魄生明，死十五日 之后。

《诗》曰：月离于毕，俾滂沱矣。

又曰：如月之恒。

《礼》曰：大明生于东，月生于西，此阴阳之分，夫妇之位也。

又曰：天秉阳，垂日星，秉犹持也，言天持阳气，施生照下土也。地秉阴，窍于山川，播五行于四时，和而后月生也，是以三五而盈，三五而阙。窍，孔也。言地持阴气，出内于山川，以舒五行于四时也。此气和乃后月生而上配日若臣，功成进爵位于一，盈也。阙，屈伸之义也。必三五者，播五行于四时，一曰水，二曰火，三曰木，四曰金，五曰土，合为十五之成数也。

又曰：月者三日而成魄，三月而成时，是以礼有三让，建国必立三卿。三宾者，政教之本，礼之大参也。言礼者，阴也。大数取法于月也。

又曰：天子与后，犹日之与月，阳之与阴，相须而后成。

又曰：秋分之日，祀夕月于西郊。

又曰：祭日于坛，祭月于坎，以别幽明，以制上下。幽明者谓日照昼，月照夜。

又曰：太阴之精，上为月。月者，天地之阴，金之精也。

《传》曰：楚晋将战，吕锜梦射中月，退入于泥。占之曰："姬姓日也，异姓月也，必楚王也。"及战，射恭王伤目，吕锜死之。

京房《易飞候》曰：正月有偃月，必有嘉主。

《尚书大传》曰：晦而月见西方谓之朓，朓，条也，条达行疾貌。朓则侯王其舒；朔而月见东方谓之侧匿，侧匿，犹行迟貌。侧匿则侯王其肃。肃，急也。日，君象也。月，臣象也。政急则日行疾，月行徐。臣逡巡不进。朓则侯王其徐，徐缓也。君政缓，日行徐，月行疾，臣放恣也。

《诗推度灾》曰：月三日成魄，八日成光，蟾蜍体就穴鼻始萌。宋均注曰：穴，决也。决鼻，兔也。

《礼斗威仪》曰：政太平则月多耀，政颂平则赤明，政和平则黑明，政象平则白明，政升平则青明。

又曰：君乘土而王，其政平则月圆而多晕。

《春秋考异邮》曰：诸侯谋叛，则月生爪牙；后族专政，则日月并照。

《春秋感精符》曰：月者，阴之精，地之理。

又曰：人主兄日姊月。

《春秋演孔图》曰：蟾蜍，月精也。

《春秋元命包》曰：阴精为月，日行十三度常朏任而受明精在内，故金水内景。

又曰：月之为言阙也，两设以蟾蜍与兔者，阴阳双居，明阳之制阴、阴之倚阳。

《帝王世纪》曰：尧时有草夹阶而生，每月朔日生一荚，至月半则生十五荚，至十六日后，日落一荚，月晦而尽，若月小馀一荚。王者以是占历，唯盛德之君应和气而生，以为尧瑞，名曰蓂荚，一名历荚，一名瑞草。

《会稽先贤传》曰：阚泽年十三，梦见名字炳然在月中。

《搜神记》曰：孙坚妻怀权，梦月入怀。告坚曰："妾昔怀策，梦日入怀，今又梦月。"坚曰："子孙兴矣。"

《文子》曰：百星之明，不如一月之光。

又曰：日月欲明，浮云盖之；丛兰欲秀，秋风败之。

《淮南子》曰：水气之精为月。

又曰：月者，太阴之精。

又曰：蛤蟹珠龟与月盛衰，月晦则鱼脑减。

又曰：月，一名夜光，月御曰望舒，亦曰纤阿。

又曰：日月，天之使也，积阴之寒气，久者为水，水气之精者为月。

又曰：昼随灰而月晕阙。许慎注曰："有军事相围守则月晕，以芦灰环，缺其一面则月晕，亦阙于上。”

又曰：方诸见月，则津而为水。高诱注曰：“方诸，阴燧大蛤也。熟摩拭令热，以向月，则水生也。”许慎注曰：“诸，珠也；方，石也，以铜盘受之，下水数升。”

又曰：日不知夜，月不知昼，日月为明而不能兼也。

又曰：月之光可以远望，而不可以细书。

《抱朴子》曰：昔帝轩候凤鸣调律，唐尧观蓂荚以知月。

又曰：王生云：月不圆，望之圆者，月初生及既亏之后，视之宜加三寸镜，稍稍转大，不当初如破环，渐渐满也。

又曰：俗士多云：今月不及古月之朗。

又曰：月之精生水，是以月盛而潮涛大。

又曰：金华和丹，其光上与日月相连，丹金为盘碗以承日月，得神液如方诸。

又曰：《黄帝医经》有《虾蟆图》言月生始二日虾蟆始生，人亦不可针灸其处。

《范子计然》曰：月，水精内影。

又曰：月行疾二十九日、三十日间，一与日合，取日之度以为月节。

《吕氏春秋》曰：月，群阴之本，月望则蚌蛤实，群阴盈；月晦则蚌蛤虚，群阴废。夫月形乎天而群阴化于渊。

又曰：月，群阴之宗，月晦则鱼脑减。

《符子》曰：盛魄重轮，六合俱照，非日月能乎?

张衡《灵宪》曰：羿请不死药于西王母，羿妻姮娥，窃以奔月，托身于月，是为蟾蜍。

又曰：月者，阴精，积而成兽，象兔、蛤焉，其数偶。

《荆州占》曰：月珥且戴，不出百日，主有大喜。

《山海经》曰：大荒之中有日月山，日月所出入。

《风俗通》曰：吴牛望见月则喘，使之苦于日，见月怖，喘矣。

《河图令占篇》曰：地沦月散，必有立王。

《龙鱼河图》曰：帝淫泆则奎有角，月有足。

又曰：月有九行：黑道二，出黄道北；赤道二，出黄道南；白道二，出黄道西；青道二，出黄道东。立春、春分，月从东，青道；立秋、秋分，从西，白道；立夏、夏至，从南，赤道；立冬、冬至，从北，黑道。天有四表，月有三道，圣人知之，可以延年益寿。

刘义庆《世说》曰：满奋疾，畏风。在武帝坐，北窗作琉璃屏风，实密似疏，奋有难色。帝笑之。奋答曰："臣犹吴牛，见月而喘。"

《白虎通》曰：月所满缺何？归功于日也。三日成魄，八日成光，二八十六转如归功晦朔，至旦受符，得复行也。月有小大何？天左旋，日月右行，日行迟，月行疾，月及日为一月，至二十九日，未及七度。即须三十日过七度，日不可分，故乍大乍小，明有阴阳也。有闰月何？周天三百六十五度四分度之一，岁十二月，日不匝十二度，故三年一闰，五年再闰，名阴不足，阳有馀。闰者，阳之馀也。

《军国占候》曰：若月三珥者，大臣有喜；若月冠而复晕者，天下有喜。

《广雅》曰：夜光谓之月。

《五经通义》曰：月中有兔与蟾蜍何？月阴也。蟾蜍阳也，而与兔并明，阴系于阳也。

《孙氏瑞应书》曰：君不假臣下之权，则日月扬光。

又曰：景星者，大醒也。状如半月，生于晦朔，助月为明，王者不私人则见。

虞喜《安天论》曰：俗传月中仙人桂树，今视其初生，见仙人之足，渐以成形，桂树后生焉。

刘向《七略》曰：京房《易说》云："月与星，至阴也，有形无光，日照之乃有光。喻如镜，照日即有影见。月初光见西方，望已光见东方，皆日所照也。"

皇甫谧《年历》曰：月者，群阴之宗，月以宵曜，名曰夜光。

《遁甲开山图》荣氏解曰：女狄暮汲石纽山下，泉水中得月精如鸡子，爱而含之，不觉而吞，遂有娠，十四月生夏禹。

《论衡》曰：月行一日一夜，行二万六千里，与凫飞相类。

《地说书》曰：月照四十五万里。

徐整《长历》曰：月径千里，周围三千里，下于天七千里。

《楚辞·天问》曰：夜光何德，死而又育？厥利维何，而顾兔在腹？言月中兔何所贪利而居月之腹。顾，望气。

《运斗枢》曰：后族擅权，月生足芒，主势夺于后族。群妃之党横僭则月盈并出，小月承大月，群奸在宫，主若赘旒，人承小，近臣起，谗人横，陪臣执命，三公望气。

崔豹《古今注》曰：汉明帝作太子，乐人歌四章，以赞太子之德。其一曰“日重光”，二曰“月重轮”，三曰“星重曜”，四曰“海重润”。

《汉书》曰：月立夏、夏至，行南方赤道，曰南陆。立秋、秋分，行西方白道，曰西陆。立冬、冬至，行北方黑道，曰北陆。分则同道，至则相过。晦而见西方，谓之朓；朔而见东方，谓之朒，亦谓之侧匿。朓，音他了反。朒，音女六反。朓，健行疾貌也。朒，缩迟貌。侧匿犹缩懦，亦迟貌。

又曰：“月穆穆以金波”，盖光彩貌。

又曰：元后母梦月入怀而生元后。

又曰：高帝七年，月晕围参、毕七重，占曰：“毕，昴间天街也，街北胡也，街南中国也。昴为匈奴，参为赵，毕为边兵。”是岁高祖自将至平城，为冒顿所围，七日乃解。

又曰李寻上书曰：月者，众阴之长，妃后、大臣、诸侯之象也。

《晋书》曰：谢太傅庭中夜坐，月色无玷，叹以为佳。谢景重率尔曰：“意谓不如微云点缀。”太傅曰：“卿居心不净，乃欲滓秽太清！”

又曰：徐孺子年九岁，月下戏，人或曰：“若令月中无物，当极愈明。”徐曰：“不尔。譬如眼中无瞳子，何必不暗？”

《后魏书》曰：天兴五年十月，月晕左角，太史令晁宗奏：“角虫将死。”牛果大疫，麋亦多死。

杨雄《长杨赋》曰：西压月窟，窟，月所出入也。东震日域。

傅玄《拟天问》曰：月中何有玉兔捣药？

傅咸诗曰：团团三五月，皎皎耀清辉。

陆机诗曰：安寝北堂上，明月入我牖。照之有馀辉，揽之不盈手。

宋·谢灵运《怨晓月赋》曰：卧洞房兮当何悦，灭华烛兮弄晓月。昨三五兮既满，今二八兮将缺。浮云褰兮收泛滥，明舒照兮殊皎洁。墀除兮镜监，廊栊兮澄澈。

宋·谢庄《月赋》曰：陈王初丧，应刘端忧多暇悄焉。疢怀弗怡，中夜于时，斜汉左界，北陆南躔。白露暖空，素月流天，沉吟齐章，殷勤陈篇，抽毫进牍，以命仲宣。仲宣跪而称曰："臣闻日以阳德，月以阴灵，擅扶光于东沼，嗣若英于西溟，引玄兔于帝台，集素娥于后庭。若夫气雾地表，云敛天末，洞庭始波，木叶微脱，列宿掩缛，长河韬映，柔祇雪凝，圆灵水镜，连观霜缟，周除冰净。歌曰：美人迈兮音尘阔，隔千里兮共明月。"

宋·鲍照《玩月诗》曰：始见西南楼，纤纤如玉钩。末映东北墀，娟娟似蛾眉。蛾眉蔽珠栊。玉钩隔璅窗。三五、二八时，千里与君同。夜移衡汉落，徘徊帷户中。

梁·沈约《咏月诗》曰：月华临静夜，夜静灭氛埃。方晖竟户入，圆影隙中来。高楼切思妇，西园游上才。临轩映珠缀，应门照绿苔。洞房殊未晓，清光信悠哉。

周·王褒《关山月》诗曰：关山夜月明，愁色照孤城。半形同汉阵，金影逐胡兵。天寒光转白，风多晕欲生。寄言亭上吏，游客解鸡鸣。

## 月蚀

《易》曰：月盈则蚀。

《诗》曰：彼月而食，则维其常。

《礼》曰：妇顺不修阴事，不得谪见于天，月为之蚀。故月蚀则后素服而修六宫之职，荡天下之阴事。

《淮南子》曰: 麒麟斗, 则日月食。

又曰: 月望日夺其光, 月十五日与日相望, 东西中绝则月蚀, 夺光也。

刘向《说苑》曰: 秦胡亥立, 日月薄蚀, 荧惑袭月。

《荆州占》曰: 月蚀, 后自提鼓, 阶前把槌, 击鼓者三。中良人、诸御者、宫人皆击杵救之。月已蚀, 后乃入斋, 服缟素, 三日不从乐, 以应其祥。此先王之所以免天地之诛而解四境之患也。

《晋书》曰· 永嘉元年, 月蚀, 赤如血。二月, 工敬则反。

# 太平御览卷第五 天部五

## 星上

《释名》曰：星，散也，列位布散也。宿，宿也，星各止宿其所也。

《说文》曰：万物之精，上为列星。

《三五历记》曰：星者，元气之英，水之精也。

《易》曰：日中见斗，幽不明也。

又曰：在天成象，在地成形。象况日月星辰，形况山川草木。

《书》曰：尧乃命羲、和：钦若昊天，历象日月星辰，敬授人时。

又曰：日中，星鸟，以殷仲春。

又曰：庶民惟星，星有好风，星有好雨。星民象，故众民惟若星。箕星好风，毕星好雨。亦民所好也。月之从星，则以风雨。月经于箕则多风，月离于毕则多雨。政教失常，以从民欲亦所以乱也。

《诗》曰：睆彼牵牛，不以服箱。注："睆，星明貌。河鼓，谓之牵牛也。"

又曰：维南有箕，不可以簸扬；维北有斗，不可以挹酒浆。

又曰：东有启明，西有长庚。日旦出谓明星为启明，日既入谓明星为长庚。庚，续也。

又曰：嘒彼小星，三五在东。三，心也。五，噣也。嘒，微明儿。噣音昼，柳也。

又曰：子兴视夜，明星有烂。

又曰：三星在户。

又曰：月离于毕，俾滂沱矣。

又曰：定之方中，作于楚宫。定，营室星也。

又曰：维南有箕，载翕其舌；维北有斗，西柄之揭。

又曰：昏以为期，明星煌煌。

《礼》曰：八月中气。是月也，命有司享寿星于南郊。

又曰：十二月。是月也，日穷于次，月穷于纪，星回于天。

又曰：幽禜，祭星也。

又曰：天秉阳，垂日星。

又曰：宿离不忒，无失经纪。注："二十八宿为经，七曜为纪。"

《周礼》曰：保章氏掌天星，以志星辰日月之变动，以观天下之迁，辨其吉凶。以星土辨九州之地，所封、封域皆有分星，以观妖祥。

《左传》曰：鲁庄公七年夏四月辛卯夜恒星不见，夜中星陨如雨，与雨偕也。

又曰：鲁僖公五年，晋侯复假道于虞以伐虢，问于卜偃曰："吾其济乎？"对曰："克之。童谣云：丙子之晨，龙尾伏辰。"杜预曰：龙尾是尾星也。

又曰：十六年春，陨石于宋五，陨星也。

又曰：鲁襄公二十八年春，无冰。梓慎曰："今兹宋、郑其饥乎？岁在星纪，星纪在丑。而淫于玄枵，玄枵在子虚危之次，星纪在斗牛之次。以有时灾，阴不堪阳。蛇乘龙。龙，岁星木也。木为青龙，蛇为玄武，龙失次也。龙，宋、郑之星也，宋、郑必饥。玄枵，虚中也。枵，耗名也。土虚而民耗，不饥何为？"

又曰：昔高辛氏有二子，长曰阏伯，季曰实沉，居于旷林，不相能也。日寻干戈，以相征讨。后帝不臧，后帝，尧也。臧，善。迁阏伯于商丘，主辰。商丘，东地也。主祀辰星。辰，大火也。商人是因，故辰为商星。商人汤先祖因阏伯，故国祀辰星。迁实沉于大夏，主参。大夏，今晋阳县也。唐人是因，故参为晋星。

又曰：火中，寒暑乃退。心以季夏昏中而暑退，季冬旦中而寒退。

又曰：昭三十二年，吴伐越。史墨曰："不及四十年，越其有吴乎！越得岁而吴伐之，必受其凶。"

《谷梁传》曰：列星曰恒星，亦曰经星。恒，经，皆常也。

《尔雅》曰：星纪斗，牵牛也；玄枵，虚也。

又曰：祭星曰布。布，散食于地上。

又曰：西陆，昴也。郭璞曰：“昴，西方之宿，别名旄头。”

《论语》曰：为政以德，譬如北辰，居其所而众星拱之。

《易是类谋》曰：五星合狼张，昼视无日光，虹霓煌煌。太山失金鸡，西岳亡玉羊。太山失金鸡者，箕星亡也。箕者，风也。风动鸡鸣，今箕候亡，故鸡亦亡也。西岳亡玉羊者，羊星在未，未为羊，鸡失羊亡，臣纵恣，万人愁，不祥。

京房《对灾异》曰：人君不行仁恩，破胎伤孕，春杀无辜，则岁星失度。

《尚书考灵曜》曰：岁星木精，荧惑火精，镇星土精，太白金精，辰星水精也。

又曰：岁星得度五谷滋，荧惑顺行甘雨时，镇星得度地无灾。太白出入，当五谷成熟人民昌。

又曰：心火星，天王也，其前星太子，后星庶子也。

《诗纪历枢》曰：箕为天口，主出气。尾为逃臣贤者叛，十二诸侯列于庭。《元命苞》曰：五诸侯。此云十二，则兼他星为数也。

《礼稽命图》曰：作乐制礼，得天心则景星见也。

《礼斗威仪》曰：镇星黄时则祥风至。

《春秋说题辞》曰：星之为言，精也，荣也，阳之精也。阳精为日，日分为星，故其字日生为星。

《春秋元命包》曰：直弧北有一大星为老人星，见则治平，主寿；亡则君危，主亡。常以秋分候之。

又曰：商纣之时，五星聚于房。房者，苍神之精，周据而兴。

又曰：玉衡北两星为玉绳。玉之为言沟，刻也。瑕而不掩，折而不伤。宋均注曰：“绳能直物，故名玉绳。沟，谓作器。”

又曰：心三星五度，有天子明堂布政之宫。

又曰：尾九星，箕四星，为后宫之场，列为南宫。其庭太微。

又曰：蟾蜍阴精，流生织女，立地候。宋均注曰：“地候，镇星别名也。”

又曰：三台星色齐，群臣和；不齐，大乖。

《春秋合诚图》曰：天文地理各有所主，北斗有七星，天子有七政也。

又曰：轩辕，主雷雨之神。旁有一星玄戈，名曰贵人。旁侧郎位，主宿卫、尚书。

《春秋运斗枢》曰：北斗七星：第一天枢，第二璇，第三机，第四权，第五玉衡，第六闿阳，第七摇光。《广雅》又云：枢为雍州，璇为冀州，机为青、兖州，权为徐、扬州，衡为荆州，闓阳为梁州，摇光为豫州。第一至第四为魁，第五至第七为杓，合为斗，居阴布阳，故称北。

又曰：五帝所行，同道异位，皆循斗枢机衡之分，遵七政之纪，九星之法。

又曰：天枢得则景星见，衡星得则麒麟生，万人寿。

《春秋佐助期》曰：萧何禀昴星而生。

《春秋后传》曰：魏人唐雎对秦王曰："专诸之刺王僚，彗星笼月色。"

《春秋文耀钩》曰：老人星见则主安，不见则兵起。

《论语谶》曰：仲尼曰："吾闻尧率舜等游首山，观河渚，有五老游河渚。一老曰：'河图将来告帝期。'二老曰：'河图将来告帝谋。'三老曰：'河图将来告帝书。'四老曰：'河图将来告帝图。'五老曰：'河图将来告帝符。'龙衔玉苞，金泥玉检封盛书，五老飞为流星，上入昴。"

《孝经援神契》曰：岁星守心，则年谷丰。

《广雅》曰：太白谓之长庚，或谓之太嚣。

又曰：荧惑谓之罚星，或谓之执法。

又曰：天宫谓之紫宫，参伐谓之大辰，太微谓之明堂。

《史记·天官书》曰：星者，金之散气。

又曰：汉中四星曰天驷，旁一星王良，王良策马，车骑满野。

又曰：星堕至地则石也。河济之间，时有坠星。

又曰：毕为罕车，为边兵，主弋猎。其大星傍小星为附耳。附耳动，有谗臣在侧。

又曰：四镇星所出四隅，若月始出也。

又曰：咸池曰天五潢，五帝车舍。

又曰：中，端门，门左右，掖门。门内六星，诸侯。其内五星，五帝坐。

又曰：汉武帝以正月上辛祠太一、甘泉。夜祠到明，忽有流星至于祠坛上，使童男女七十人俱歌十九章之歌。

又曰：魁下六星，两两相比者曰三能。苏林曰："能音台。"

又曰：东宫苍龙，房、心。心为明堂，房为天府。

又曰：国皇星，大而赤，状类南极。徐广注曰："南极，老人星也。"

又曰：五星皆大，其事亦大；皆小，其事亦小。早出为盈，盈者为客；晚出为缩，缩者为主。同舍为合，相陵为斗。

《汉书》曰：皇甫嵩为太尉，以流星免官。

又曰：武帝时中星尽摇。占曰：民劳也。后征伐四夷。

又曰：北斗七星，所谓"璇玑玉衡以齐七政"。杓携龙角，孟康曰：杓，斗柄也。龙角，东方宿也。携，连也。殷衡南斗，魁枕参首。

又曰：营室为清庙，亦曰离宫。

又曰：河鼓大星，上将。其北织女。织女，天女孙也。

又曰：高帝七年，月晕，围参、毕七重。占曰："毕、昴间天街也，街北胡也，街南中国也。"后有平城之围。

又曰：太微之十二星，东相西将。

又曰：戴主六星，曰文昌宫：一曰上将，二曰次将，三曰贵相，四曰司命，五曰司禄，六曰司灾。

又曰：危东六星，两两相比，曰司寇。

又曰：古人有言曰：天下太平，五星循度。

又曰：革命创制，三章是纪；应天顺人，五星同轨。

又《郊祀志》曰：汉祖诏御史，令天下立灵星祠，常岁时祠以牛。

又《天文志》曰：金木水火土五星，天之五佐，为经纬，伏见有时。岁星东方春，于人五常仁也，五事貌也。仁亏貌失，逆春令，伤木气，罚见岁星。荧惑南方夏，礼也，视也。礼亏视失，逆夏令，伤火气，罚见荧惑。太白西方秋，义也，言也。义亏言失，逆秋令，伤金气，罚见太白。太白经天，孟康注曰：谓出东入西，出西入东也。太白阳星，出东当伏西，过午为经天，晋灼曰：星尽见午上为经天。天下兵革，更主，是谓乱纪，人民流亡。昼见与日争明，强国弱，小国强，女主昌。辰星北方冬，智也，听也。智亏听失，逆冬令，伤水气，罚见辰星。镇星中央土，主季夏，信也，思心也。仁义礼智以信为主，貌言视听以心为正，四星皆失，镇星乃为之动。

又曰：凡五星色：皆白，为丧为兵为旱。青为忧为水，黑为疾为多死，黄吉。五星同色，天下偃兵，百姓安宁，歌舞以行，不见灾疾，五谷蕃昌。

又曰：天星皆有州国分野：角、亢、氐、房、心，豫州之分。尾、箕，幽州之分。牵牛、婺女，扬州之分。虚、危，青州之分。营室、东壁，并州之分。胃，徐州之分。毕、昴，冀州之分。觜、参，益州之分。东井、舆鬼，雍州之分。柳、七星、张，三河之分。翼、轸，荆州之分。析木之津，燕之分。大火，宋之分。寿星，郑之分。鹑尾，楚之分。鹑火，周之分。鹑首，秦之分。实沉，魏之分。大梁，赵之分。降娄，鲁之分。訾即移反娵子于反，卫之分。玄枵，齐之分。星纪，吴之分。太史掌之，以观妖祥。

又曰：秦地于天官，东井、舆鬼之分野，周地柳、七星、张之分野，韩地角、亢、氐之分野，赵地昴、毕之分野，燕地箕之分野，齐地虚、危之分野，鲁地奎之分野，宋地房、心之分野，卫地营室、东壁之分野，楚地翼、轸之分野，吴地斗、牛之分野。

《汉武故事》曰：西王母使者至，东方朔死。上问使者，对曰："朔是木帝精，为岁星下游人中以观天下，非陛下臣也。"

《汉书音义》曰：瑞星曰景星，亦曰德星。妖星曰孛星、彗星、长星，亦曰搀抢。绝迹而去曰飞星，光迹相连曰流星，亦曰奔星。

《后汉书》曰：严光，字子陵。与光武为友。后光武登祚，忘之，光怨帝。是时，太史云："天上有客星，恨帝。"帝曰："岂非朕故人严子陵乎？"遽命征之，夜与子陵共卧，光以脚加帝腹。太史奏："客星侵御座。"子陵缩脚。客星寻退，竟不仕。

又曰：李固对诏："陛下有尚书，犹天之有北斗。北斗，天之喉舌；尚书，陛下之喉舌。斗斟酌元气，运乎四时。尚书出纳王命，所谓制气之臣也。"

又曰：和帝分遣使者二人，各至州郡，观采风谣。二人当到益州，投候馆吏李郃舍，郃问曰："二君发京师时，知朝廷遣二使耶？"问何以知之，郃指星云："前有二星向益州分野。"

谢承《后汉书》曰：吴郡周敞师事京房，房为石显所谮，系狱，谓敞曰："吾死后四十日，客星必入天市，即吾无辜之验也。"房死后，果如房言。

《东观汉记》曰：光武破圣公，与伯叔书曰："交锋之日，辰星昼见，太白清明。"

《蜀志》曰：汉安二十五年，刘豹、向举上言于先主曰："乃年太白、荧惑、镇从岁。汉初兴，五星聚岁。岁星主义，汉位在西，义之上方，故汉法常以岁星候人主。当有圣主起于此，以致中兴。顷者荧惑复追岁，见在胃昴毕；昴毕为天维，《经》曰：帝星处之，众邪消亡。"于是先主即位。

《续晋阳秋》曰：桓玄庶母马氏，本袁真之妓也，与同列薛氏、郭氏夏夜同出，月下有铜瓮水在其侧，见一流星堕瓮中，惊喜，共视，见星如二寸火珠于水底，冏然明净，乃相谓曰："此吉祥也，谁当应之？"于是，薛郭更以瓢接取，并不得，马最后取星正入瓢中，便饮之，既而若有感焉。俄而怀玄。玄虽篡位不终，而数年之中，荣贵极矣。

## 太平御览卷第六 天部六

### 星中

《天文录》曰：格择星，状如炎火，下大上锐，色黄白，起地而上。占曰："格择星见，不种而获。不有土功，必有大害。

又曰：归邪如星非星，如云非云，名曰归邪，司马迁《天官书》曰："归邪见，必有归国者。"

又曰：六甲六星，主分阴阳，而纪节候，故在帝旁，所以布政教而授民则也。

又曰：平星，《论语谶》曰："平星主法。"《合诚图》曰："主建廷平，主平天下之狱事。若今廷尉之象。"

又曰：鱼星，主理阴阳事，知云雨之期也。故赞曰："汉中鱼星知云雨也。"占曰："鱼星明，大河海水皆出。"又云："鱼星明则大，阴阳气和。鱼星忽不明而在，则鱼多；鱼星亡，则少鱼。"

又曰：郎位一曰哀乌，郎府也。注曰："郎位，周官之元士，汉官之光禄、中散、谏议三署郎中，是其职也。"或曰："郎位，今尚书也。"

《天象列星图》曰：北极五星：一名天极，一名北极，其第一星为太子，第二星最明者为帝，第三星为庶子，余二后宫属也，并在紫微宫中央，故谓之中极。其占：明大则吉，若变动则有忧。今观象之始，始于中极者，先尊以及卑，自中以周外也，其一人为首，谓极，第二星为首也。

又曰：四辅四星，在紫微宫中抱之，纽星也。此为辅臣之位，赞于万机。其占：以小而明则吉，若微暗则官不理。

又曰：钩陈六星，在紫微宫中华盖之下，天帝所居之宫，亦护军将军之象。占以明则吉。

又曰：华盖七星，其杠九星，合十六星，如盖状，在紫微宫，临钩陈以荫帝座。占若正则吉，若倾则凶也。

又曰：女史一星在紫微宫内，柱史北，此妇人之官，常记宫中之事；占以明则为记史直词，若不明则反是。

又曰：柱下史一星在紫微宫内，近尚书，此左右掌记君之过。其占以明则为史直词，若不明则词不依过，无真实也。

又曰：尚书五星在紫微宫内东南之隅。此八座大臣之象。故赞曰："尚书纳言，夙夜咨谋。"占以小而明，则君臣和。

又曰：北斗七星，近紫微宫南，在太微北。是谓帝车，以主号令，运乎中央而临制四方，建四时，均五行，移节度，定诸纪，皆系于北斗。其魁四星为璇玑，其杓三星为玉衡。故《书》云："在璇玑玉衡以齐七政。"又其魁第一星为枢；亦曰正星，主阳德，天子之象；二曰璇，亦曰法星，主阴刑，女主之位；三曰玑，亦曰令星，主祸；四曰权，亦曰伐星，主天理，伐无道；五曰衡，亦曰杀星，主中央，助四旁，杀有罪；六曰开阳，亦曰应星。又一主天，二主地，三主火，四主水，五主土，六主木，七主金。又一主秦，二主楚，三主梁，四主吴，五主隋，六主燕，七主齐。

又曰：文昌六星在北斗魁前，如匡形，故史迁曰："斗魁戴匡。"其第六星，名曰司禄，此天之府计集所会也。

又曰：宦者四星，次帝座西南，主侍者，帝旁阉人也。占以不明为吉，若明则内臣专权。

又曰：势四星在太阳西兆，主刑馀人而用事者也。占以不明为吉，若明则阉宦用权。

又曰：辅一星，附北斗杓第六星，大臣之象也。占：欲其小而明则吉，若大而明，则臣夺君政；若小而不明，则臣不任职；若明大与斗合者，则国兵暴起。

又曰：八谷八星，在紫微蕃之外，五车之北，其八星：一主稻，二主黍，三主大麦，四主大豆，五主小豆，六主小麦，七主粟，八主麻子。占其明则八谷成，若暗则不成；若一星不见，则一谷不登；若八星不见，则国人有糊口之忧。

又曰：房四星，去氐十五度，为明堂、布政之宫。占：若移徙则国流逆，均明则天下大同。

又曰：传说一星在尾后河中也，盖后宫女巫也。主祝祠，神灵祈祷，以求子胤。占：若大而明，则后宫多祷祈。

又曰：杵三星，在箕南，主舂杵之用。占：若其纵则为丰，若其横则为饥。

又曰：农丈人一星在南斗南，主农正官也。占：明则为丰稔，若暗则为饥歉。

又曰：南斗六星，去牵牛二十六度四分之一，为天庙丞相太宰之位，主荐贤良、授爵禄。又主兵机。魁南二星为天梁，中央二星为天相，北二星杓曰天厨庭，亦为寿命之期，将有天子之事。占：其斗星盛明则王道和平，爵禄行；若不然，反是也。

又曰：河鼓三星在牵牛北，主军鼓，盖天子三将军也。中央，大将军也；其南左星，左将军也；其北右星，右将军也。所以备关梁而拒难也。昔传牵牛、织女七月七日相见者，则主是也。故《尔雅》云："河鼓谓之牵牛。"又古歌曰："东飞伯劳西飞燕，黄姑织女时相见。"其黄姑者，即河鼓也，为吴音讹而然。今之言者，谓是列舍牵牛而会织女，故为此分析，令知断其疑焉。

又曰：臼四星在人星东南，主舂臼。占：若覆则岁中人饥荒，若仰则天下熟。

又曰：内杵三星在人星旁，主军粮。占：若正直下对臼口则吉，若偏与臼不相当，则军粮绝。

又曰：渐台四星属织女左足，主晷刻律吕。占：若明则阴阳调而律吕和，不然则否也。

又曰：弧九星在狼东南，谓天弓也。主备贼盗，常属矢向狼星。

又曰：天钱十星在北落西北，主钱帛所聚。占：若明则府藏盈，若不明则为虚耗。

又曰：东壁二星，去宫室十六度，天子图书之秘府也。占：若明则图书集，道术行，小人退，君子入；若不然，则天子好武臣，贱文士，稽古忠正之臣隐，亲党邪曲之人用也。

又曰：羽林四十五星，二三而聚，在垒壁南，主天军。占：若星聚明则国安宁；若星稀而动摇，则兵革出。

又曰：进贤一星在太微宫东、华门东、平道之西，主访贤荐士也。占：若明则贤人进，若不明则否也。

又曰：太微宫垣十星，在翼、轸北，主天子之宫庭，五帝之座十二诸侯府也。其外藩南二星间，名曰端门；东第一星为左执法，廷尉之象也。

又曰：轩辕十七星，在七星北，如龙之体，主雷雨之神，后宫之象。阴阳交感，震为雷，激为电，和为雨，怒为风，乱为雾，凝为霜，散为露，聚为云气，立为虹霓，离为背矞，分为抱珥。此十四变，皆轩辕主之。

又曰：天街二星在毕、昴间，主国界也。街南为华夏之国，街北为戎夷之国。

又曰：玉井四星在参西，主水泉。

《石氏星经》曰：卷舌六星在昴北，主谗佞言语之吏。若移动，多口舌，兵起。舌直，天下无口舌。星繁，天下兵乱；星少，兵废。

又曰：天谗星在卷舌中，亦主诽谤。

又曰：天廪四星在昴南，主积聚黍稷、供享祀及御膳。星明，丰；暗，俭。

又曰：天苑十六星在昴、毕，如环状，主天子苑囿。五星守苑牛马死。

又曰：参旗九星，在参、毕间。一曰天弓星，不欲明；明则白衣会，边兵动。

又曰：阙丘二星在南河，主天子门阙，诸侯之两观也。

又曰：文昌六星，如半月形，斗魁前，为天府。主天下集计事，第一星名上将，第二名次将，第三名贵相，第四名司禄，第五名司命，第六名司法。星光润则天下安。

又曰：大理四星在斗中，亦为贵人牢，又为执法之宫。

又曰：库楼十五星，在左角南，器府东。一名天库，兵车之府，星芒角兵起。

又曰：招摇一星在梗河北，主远狄，芒角则兵起。

又曰：贯索九星，在七公前，为贱人牢。牢旦星为门，门欲开，开即有赦星总见，狱事繁。

《豫章列士传》曰：周腾，字叔达，为御史。桓帝欲南郊平明出，叔达仰首曰："王者象星，今宫中宿策马星不出动，帝何出焉？"四更，皇子卒，遂止。

《关令内传》曰：北斗一星面百里，相去九千里，置二十四气，四宿行四时，五方立五星，主五岳也。

《黄石公记》曰：黄石，镇星之精也。

王子年《拾遗记》曰：禹铸九鼎，择雌金为阴鼎，雄金为阳鼎，太白星见，九日不没。

《庄子》曰：夫道可传而不可受，可得而不可见。傅说得之以相武丁，奄有天下，乘东维，骑箕尾，而比于列星。

《列子》曰：星，积气之中有光耀者。

《抱朴子》曰：辰星，水精，生玄武。岁星，木精，生青龙。

又曰：人初受气皆应列宿之精，值圣宿则圣，值贤宿则贤也。

《尸子》曰：自井中视星，所见不过数星；自丘山以望，则见始多也。非明益也，势使然也。私井中也；公丘上也。

《淮南子》曰：太微者，太一庭也；紫宫者，太一之居也；轩辕者，帝妃之舍也；咸池者，水鱼之囿也。天河者，群神之阙也；天河，星名也，阙犹门也。

又曰：令雨师洒道，使风伯扫尘。高诱注曰："雨师，毕星也；风伯，箕星也。"

又曰：岁星之所居，五谷丰昌；其对为衡，岁乃殃。

又曰：四守者，所司赏罚。许慎注曰："四守：紫宫、轩辕、咸池、天河也。"

《家语》曰：巫马期为单父令，戴星出入以理人。

刘向《说苑》曰：玄象著明，莫大于日月；察变之动，莫著于五星也。

又曰：秦胡亥立，日月薄食，山林沦亡，枉矢光夜，荧惑袭月。

《景帝通纪》曰：彗星者，天地之旗也。

《国精符》曰：地为山川，山川之精，上为星，各应其州城分野，为国作精神符验也。

《五姓占》曰：君薄德义，懦弱不胜任，则太白失度经，天作变易之象。

《乐汁图》曰：天宫，紫微宫也。钩陈，后宫也。大当，正妃也。大当，钩陈末大星也。阁道北斗，辅天理，贵人牢。为贵人作牢狱也。文昌宫，天五曹会府也。玄戈招摇也。皆备兵难之星。梗河，天矛也。梗河，一名天矛。织女、连营、贱人牢。连营贯索。咸池、五车、五车，咸池别名。天关、参旗，伐也。觜觿，天庙也。奎，天豕也；娄，天矢也；胃，天仓也。狼弧、鱼陵、天船、天苑、卷舌、天老人，皆西方星名也。柳主材木。柳星，主材木也。

郑玄注曰：日月遗其珠囊。珠谓五星也；遗其囊者，盈缩失度也。

《黄石公阴谋秘诀法》曰：荧惑者，火之精，御史之象，主禁令刑罚。

蔡邕《月令章句》曰：天官五兽之于五事也，左有苍龙、大辰之貌，右有白虎、大梁之文、前有朱雀、鹑火之体，后有玄武、龟蛇之质，中有大角、轩辕、麒麟之信。

《风俗通》曰：月与星并无光，日照之乃光耳。如以镜照日，则影见壁。月初见西方，月望后光见东北，一照也。

又曰：东方朔，太白星精，黄帝时为风后，尧时为务成子，周时为老子，越为范蠡，齐为鸱夷，言其变化无常也。

祖台之《志怪》曰：吴未亡前，常有紫赤气见斗牛之间，星官及诸善占者咸忧。吴方兴，惟张茂先于天文尤精，独知为神剑之气，非江南之祥。

# 太平御览卷第七 天部七

## 星下

《河图》曰：以德布精，上为众星。

《龙鱼河图》曰：太白之精，下为风伯之神，主司非星辰之气。下为灵星之神，主得土。

《河图·帝秘微篇》曰：帝淫泆，政不平，则奎有角。

《异苑》曰：陈仲弓从诸子侄造荀季和父家。于时，德星聚，太史奏："五百里内有贤人聚。"

《杂兵书》曰：春，斗为天关，轸为地梁。夏，角为天关，参为地梁。

又曰：四帚星，四向守之，君有德，天下丰熟。

《古辩异》曰：仰观天形如车盖，众星累累如连珠。

张衡《灵宪》曰：星者，体生于地，精成于天，列居错峙，各有攸属。中外之官常明者百有二十，可名者三百二十，为星二千五百，微星之数盖一万一千五百二十。庶类蠢蠢，咸得系命，不然，何以总而理诸？

徐整《长历》曰：大星径百里，中星五十，小星三十，北斗七星间相去九千里，皆在日月下。

《天文要集》曰：七公，天之相也；三公，廷尉之象也；上星上公也，次星中公也。星明则七辅强。

《天官·星占》曰：岁星其国齐，其位东方，苍帝之子，人主之象也。其色明而内实暗，天下安宁。夫岁星所居国，人主有福，不可加以兵。岁星一曰摄提，一曰重华，一曰应星，一曰经星，一曰修人。岁星动，人主怒。无光，仁道失。岁星顺行，仁德加也。岁星，农官也。主五谷，春不劝农则岁星盈缩，所在之国不可以罚。小则民多病，大则喜。

又曰：荧惑主夏，位在南，赤帝之子，方伯之象也。为天侯，主岁成败，司察妖孽，所往有兵为乱，为贼、为疾、为丧、为饥、为兵，盖天下不理也。东西南北无有常，出则有兵，入则散，周旋止息，乃为死丧。

又曰：镇星主德，女主之象也。所居国有德，不可以军加也。

又曰：辰星，北之位，黑帝之子，宰相之祥也。一名安调，一名熊星，一名钓星，一名伺晨，主德，常行四仲。当出不出，天下旱，色黄，五谷熟；色白，中谋泄；色青，大臣忧。

又曰：太白，位在西方，白帝之子，天将之象也。一名天相，一名大正，一名大臣，一名大皓，一名明星。

又曰：紫微者，天之帝座也。一名天营，一名长垣。

又曰：北辰者，一名天关，一名北极。极者，紫宫太一座也。太微者，天阖也。南端门间十星，分为左右掖。太微之宫，天子之庭，五帝之座也。北斗为帝车，运于中央，临制四方。北斗魁第一星少微，一名处士。星明大而黄泽，即贤士举，忠臣用。招摇者，常阳也。一名矛盾，胡星也。

《荆州星占》曰：五星，天府，一名天法，主察奸谋。

又曰：轩辕，主雷雨之神，旁侧郎位，主宿卫。

又曰：河鼓，一名三武，一名天鼓。

又曰：市，天子旗帜也，大明则籴贱。

又曰：五车，一名天库，凡十四星。五车中有三柱、三星，若不见，兵尽起。

又曰：心为天王，其宿三星，一名天司空。

又曰：箕舌一星，动则大风至，不出三日。

又曰：箕宿四星，第二星一名风后。

又曰：太白出东北为观星，出东南为明星，出西方为太白。

杨泉《物理论》曰：星者，元气之英，水之精也。

又曰：日月之精为星辰，星辰生于地。

又曰：星，元气之英，日精也。二十八宿度数有常，故谓恒星。

《盐铁论》曰：常星犹公卿也，众星犹万民也，列星正则众星齐，常星乱则众星坠矣。

崔豹《古今注》曰：汉明帝为太子时，令乐人作歌诗曰“星重辉”，言太子比德，故云重也。

庾阐诗曰：玄景如映璧，繁星如散锦。

## 瑞星

《易坤灵图》曰：至德之萌，五星若贯珠。

《尚书中候》曰：帝尧即政，景星出翼。

《尚书考灵曜》曰：天地开辟，元历名月首，甲子冬首。日月五星，俱起牵牛。初，日月若悬璧，五星若编珠。

《史记》曰：黄帝时，景星见，形如半月，可以夜作。

又曰：南极老人星见，则天下安。

《汉书》曰：高祖初入关，五星聚于东井，秦分野。

司马迁《天官书》曰：景星，其状无常，常出有道之国。

朱宣《帝王世纪》曰：神农氏之末，少昊氏娶附宝，见大电光绕北斗，枢星照郊，感附宝，孕二十月，生黄帝于寿丘。

《魏志》曰：桓帝时有黄星见楚宋之分，殷馗言：“后五十岁当有真人起梁沛间，其锋不可当。”其后五十年，曹公破袁绍，天下莫敌矣。

《晋中兴书》曰：元帝渡江，岁、镇、辰、太白等四星聚于牛女间。

《禹时钧命决》曰：星累累若贯珠，炳焕如连璧。

《帝命验》曰：有人雄起，戴玉英，履赤矛。郑玄注曰：“赤矛，瑞星名。”

《河图》曰：大星如虹，下流华渚，女节意感，生白帝也。

孙氏《瑞应图》曰：景星者，大星也。状如半月，生于晦朔，助月为明，王者不私人则见。

又曰：王者承天，则老人星临其国。

《天文录·星占·甘氏》曰：五星同色，天下偃兵，百姓安宁，歌舞以行，不见疾疹，五谷大昌。

《文子》曰：精诚内形，气动于天，则景星见。

《列星图》》曰：流星贯昴，修纪感而生禹。

## 妖星

刘向《洪范传》曰：彗者，去秽布新者也。此天所以去无道而建有德也。

郑玄曰：彗星主扫除。

又曰：彗星者，君臣失政浊乱，三光五星逆错，变气之所生也。

《传》曰：昭十七年，冬，有星孛于大辰，西及汉。申须曰："彗，所以除旧布新也。"

又曰：昭二十六年，齐有彗星，齐侯使禳之。晏子曰："无益也，只取诬焉。天道不慆，不贰其命，若之何禳之？且天有彗也，以除秽也。君无秽德，又何禳焉？《诗》曰：'唯此文王，小心翼翼。昭事上帝，聿怀多福。厥德不回，以受方国。'君无违德，方国将至，何患于彗？"

《尔雅》曰：彗星为搀枪。

《春秋考异邮》曰：鲸鱼死而彗星出。亦出《淮南子》。

《尚书帝命验》曰：天鼓动，玉弩发，天下惊。

《史记》曰：蚩尤旗类彗，而后曲，象旗。见则王者征伐四方。

又曰：齐景公三十二年，彗出。公坐柏寝，叹曰："堂乎，堂乎！谁有此乎？"群臣皆泣，晏子笑。公怒，晏子曰："臣笑群臣谀甚。"景公曰："彗星出东北，当齐野，寡人以忧。"晏子曰："君高台深池，赋敛如弗得，刑罚恐弗胜，茀星将出，彗星何惧乎？"公曰："可禳乎？"晏子曰："使神可祝而来，亦可禳而去也。百姓苦怨以万数，而君今一人禳之，安能胜众口乎？"

又《天官书》曰：天狗状如奔星，有声，其下止地，类狗。望之如火光炎炎冲天。其下圆如数顷田处，上兑则黄色千里，破军杀将。

又曰：长庚如一匹布著天，见则兵起。

《汉书》曰：献帝初平四年有流星八九丈，西北行，有声如雷，望如火照地，是曰天狗。金门之山有赤犬，其声下者，有兵也。

又曰：哀帝建平二年，彗出牵牛，日、月、五星所从起，历数之元三，正之始。彗而出之，改更之象也。其后王莽篡国。

又曰：枉矢，类大流星，蛇行而苍黑，望如有毛。

又曰：邹阳上书曰："卫先生为秦画长平之事，太白食昴，昭王疑之。"

《汉书·天文志》曰：凡月蚀五星，其国皆亡：岁以饥，荧惑以乱，镇以杀，太白强国以战，辰以女乱。

又曰：始皇之时，十五年间彗星四见，久者八十日，长或竟天。后秦并六国，外攘四夷，死者如乱麻。

《后汉书》曰：安帝永初二年正月，太白昼见，占云：为强臣。是时邓氏方盛，此其应也。

《续汉书》曰：灵帝光和中，国星见东南，如炬，十馀日。其后黄巾张角起，袁绍、董卓乱。

《西汉词圃》曰：项籍之败，星孛大角。

《吴志》曰：孙权时有长星从东南出，群星从之。

又曰：司马宣王围公孙渊，夜有大流星，长数十丈，坠襄平东。及渊走，当流星处斩之。

《晋书》曰：张华为司空，中台星拆，少子韪劝华逊位，华云："天道玄远，须修德以应之。"

孙氏《晋阳秋》曰：有星赤而芒角，自东北往西南没于诸葛亮营，俄而亮卒。

又曰：会稽谢敷，字庆绪，隐若耶山。初，月犯少微星，少微一名处士星。时戴逵名著于敷，时人忧之。俄而敷死，故会稽人士嘲曰："吴中高士，求死不得死。"

《宋书》曰：吴孙休，永安元年，有诸子群嬉，中有异眼，光芒爚爚，外射诸儿，问之，曰："我荧惑也，将示尔三公归于司马。"言毕乃耸身而跃，仰视之，若曳一匹练，有顷而没。后四年蜀亡，六年魏废，二十一年吴平，是归司马也。

又《沈怀文传》曰：时荧惑守南斗，上乃废西州旧馆，使西阳王子尚移居东城以厌之。怀文曰："天道示变，宜应之以德。今虽空西州，恐无益也。"

《唐书》曰：有星孛于虚、危，历于氐，百馀日乃灭。太宗谓群臣曰："天见彗星，是何妖也？"虞世南曰："昔齐景公时有彗星见，公问晏婴。"对曰："公穿池沼畏不深，起台榭畏不高，刑罚畏不重，是以天见彗星，为公诫耳。"景公惧而修德，后十六日而星没。臣闻天时不如地利，地利不如人和，若德义不修，虽获麟凤，终是无补。但政事无阙，虽有灾，何损于时？然愿陛下勿以功高古人而自矜伐，勿以太平渐久而自骄怠，慎终如始，彗星虽见，未足为忧。

又曰：元和八年，太白犯上，相历执法，占者言："今之三相皆不利，始轻末重。"月馀，李绛以足疾免；明年十月，李吉甫以暴疾卒。九年六月，武元衡为盗所害。

又曰：李晟初屯渭桥，时荧惑守岁，久之方退，宾介或劝曰："今荧惑已退，皇家之利也，可速用兵。"晟曰："天子外次，人臣但当死节，垂象玄远，吾安知天道耶！"至是，谓参佐曰："前者士大夫劝晟出兵，非敢拒也，且军可用之，不可使知之。常闻五纬盈缩无准，晟惧复来守岁，则我军不战而自溃矣。"参佐叹服，皆曰："非所及也。"

又曰：傅奕，相州邺人也。尤晓天文历数。隋开皇中，以仪曹事汉王谅。举兵，谓奕曰："今兹荧惑入井，是何祥也？"奕对曰："天上黄道经其中，正是荧惑行路所涉，不为怪异，若荧惑入地上井，是为灾也。"

《郭子横洞冥记》曰：武帝尝见彗星，东方朔折指星之木以授帝，帝以指彗，彗遂没。星出之夜，野兽皆鸣，或说为兽鸣星。

《吕氏春秋》曰：宋景公时，荧惑在心，公召子韦问焉，子韦曰：“祸当君，可移于相。”公曰：“相所与理国家也。”曰：“可移于百姓。”曰：“百姓死，寡人将谁为君？”曰：“可移于岁。”公曰：“岁饥，人饿必死焉。为人君而杀其人，谁以我为君乎？”子韦曰：“君有至德之言三，天必三赏君。荧惑必徙三舍。”后果三徙。

《晏子春秋》曰：景公时，荧惑守虚，期年不去。晏子曰：“虚，齐之分野，当强为善。公乃去冤聚之狱，振孤敬老。行之三日，而荧惑迁。

《尉缭子》曰：昔楚将军子正与齐战，未合，初夜，彗星出，柄在齐。所在胜，不可击。子正曰：“彗何知？”明日与齐战，大破之。

《天文录》曰：积尸，大陵之尸也。石氏曰：积尸明，有大丧，死人如立丘山也。

又曰：孛星者，彗星之属也。偏指曰彗，芒气四出曰孛。孛，谓孛孛然也。

又曰：五星反羽，其下之国不可久处。反羽者，光芒上大下小，状如反羽也。

又曰：昴者，天之耳也，主西方。故《尔雅》曰：“西陆，昴也。”

《星赞》曰：昴主狱事，典治囚也，又胡星也。一曰旄头。旄头者，天执罕毕，前驱者之所罚也。

《河图稽耀钩》曰：辰为枉矢，流射所诛。

又曰：荧惑散为蚩尤旗，主惑乱。

又曰：太白散为天狗，主兵。

又曰：岁星流为国皇，主内难。

# 太平御览卷第八 天部八

## 云

《释名》曰：雲犹云，云众盛意也。

《说文》曰：云，大泽之润气也。

又曰：云，山川气也。从雨。云，象回转形也。“霒于金反云覆日”也。霃音沉淹丁检反，云久阴也。淒，雨云起也。雨，云貌也。《诗》云：有淹凄凄，兴雨祁祁。

《易》曰：云行雨施，品物流形。

又曰：云从龙，风从虎，圣人作而万物睹。

又曰：召云者龙。

又曰：云上于天，需。

又曰：《坎》为云。

又曰：密云不雨，自我西郊。密，静也。云静止不加雨，喻纣恩泽不加于民也。不雨之灾自其君也。西郊，亦谓文王也。

《诗》曰：荟兮蔚兮，南山朝跻。注曰：“荟蔚，云兴貌；南山，曹南山；跻，升云也。

又曰：上天同云，雨雪纷纷。

又曰：英英白云，露彼菅茅。英英，白云貌。露亦有云，言天地之气无微不著，无不覆养也。

《礼》曰：天降时雨，山川出云。

又曰：山林、川谷、丘陵。能出云，为风雨。

《周礼》曰：保章氏以五色云物，辨吉凶之祲祥。郑氏注曰：“占视日旁云气，青为虫，白为丧，赤为兵荒，黑为水，黄为丰。”

《传》曰：凡分、至、启、闭，必书云物，为备故也。分谓春秋分，至谓冬夏至，启立春夏也，阳气用事为名，闭立秋冬也，阴气用事为闭。云，五云也，风气日月星辰也。分至启闭天地之大节，阴阳之分也。故遂登观台望气以审妖祥，变祸乱之气，先见于八节，书其云物之形，言其所致，务为之备也。

又曰：鲁哀公六年，有云如众赤鸟，夹日以飞，三日。楚使问周太史。太史曰："其当王身乎？日为君，妖气守之，云在楚，若上祸不及他国也。若禜之，可移于令尹、司马也。"王曰："除心腹之疾，而置诸股肱，何益？"终不禜。孔子曰："楚昭王知天道矣！不失国，宜哉！"

又曰：黄帝氏以云纪官，故为云师而云名。有景云之瑞。

《公羊传》曰：触石而出，肤寸而合，不崇朝而遍雨乎天下者，惟泰山云尔。

《语》曰：不义而富且贵，于我如浮云。

《易通卦验》：冬至阳，云出箕，如树木之状。小寒合冻苍阳，云出氐。大寒降雪黑阳，云出心。立春青阳，云出房，如积水。雨水黄阳，云出亢。惊蛰赤阳，云出翼。春分正阳，云出张，如积白鹄。清明白阳，云出奎。谷雨大阳，云出张，如车盖。立夏常阳，云出觜，赤如珠。小满上阳，云出七星。芒种长阳，云出维。夏至少阴，云出如水波。小暑，云五色出。大暑阴，云出南赤北苍。立秋浊阴，云出如赤缯。处暑赤云出。白露黄阴云出。秋分白阴云出。寒露正阴，云出如冠缨。霜降大阴，云出上如羊，下如磻石。立冬阴，云出而黑。大雪阴，雪出而分。冬至日谨候，见云送迎，从其乡，来岁美民和。

《京房易飞候》曰：凡候雨，有黑云如群羊，奔如飞鸟，五日必雨。

又曰：视四方常有大云五色，其下贤人隐也。青云润泽蔽日，在西北，为举贤良。黄云如覆车，大丰也。

又曰：凡候雨，以晦朔弦望，有苍黑云、细云如杼轴，蔽日月，五日必雨。

《尚书中候》曰：尧沉璧于河，白云起，回风摇落。

又曰：周成王举尧舜礼，沉璧于河，白云起而青云浮至，乃有苍龙负图临河也。

《尚书大传》曰：舜为宾客，禹为主人，百工相和而歌卿云，十时，八风循通，卿云藂丛。注：言和气应也。丛，或为簇。

又曰：五岳皆触石出云，肤寸而合，不崇朝而雨。

又曰：舜时卿云见，于时百工和歌。舜歌曰："卿云烂兮纠漫漫。"或以云为出岫回薄而难名状也。

《礼统》曰：云者，运气布恩普博也。

《礼斗威仪》曰：人君乘水而王，其政和平，则景云见也。

又曰：景，明也，言云气光明也。

又曰：周成王治平，观于河，青云浮于河也。

《春秋文耀钩》曰：楚有苍云如霓，围轸七蟠，中有荷斧之人向轸而蹲，于是楚唐史画遗灰而云灭。故曰："唐史之策，上灭苍云。宋均注曰：轸，楚分也。云，水气；灰，火气。画遗灰，故云灭。

《春秋元命包》曰：阴阳聚为云。

《春秋说题辞》曰：云之为言，运也。触石而起，谓之云；含阳而起以精运也。

《春秋合诚图》曰：帝尧之母曰庆都，生而神异，常有黄云覆上。

《春秋孔演图》曰：舜之将兴，黄云升于堂。

又曰：汤将兴，白云入房。白云金精，入汤房也。

《孝经援神契》曰：王者德至山陵，则景云见。

又曰：天子孝则景云见。

《史记》曰：若烟非烟，若云非云，郁郁纷纷，萧索轮囷，是谓卿云。卿云，喜气也。

又曰：高祖过沛，击筑自为歌曰："大风起兮云飞扬，威加海内兮归故乡，安得猛士兮守四方。"

又曰：范增云："高祖之上有云为龙虎之形，此天子气也。"

又曰：黄帝与蚩尤战于涿鹿之野，常有五色云气，金枝玉叶止于帝上，有花葩匹加反之象，因作华盖。

《汉书·郊祀志》曰：武帝封泰山，夜有光，昼有白云，起于封中。

又曰：封泰山后，云气成宫阙。

《汉书》曰：相如作《大人赋》，帝览之，飘飘有凌云之气。

又曰：武帝迎汾阴鼎至甘泉宫，黄云盖其上。

又曰：宣帝祠甘泉，有顷，紫云从西北来，散于殿前。

范晔《后汉书》曰：樊英隐于壶山之阳，曾有暴风从西方起。英谓学者曰："成都市火甚盛。"因含水西向嗽之。时客有从蜀郡来者，云是日大火，有黑云卒从东方起，须臾大雨，火灭。

《魏志》曰：文帝生于沛国谯县，上有云气青色而圆盖，终日不解，望气者以为至贵人之证，非人臣之气。

《蜀志》曰：齐备为儿，戏于桑树下，上有云覆，童童如车盖。

《晋书》曰：乐广有风姿。卫瓘曰："此人若披云雾而睹青天。"

又曰：阮咸性旷达不拘，颜延年《五君咏》曰："仲容青云器。"

又曰：咸和元年，云斗，声如暴风雨。

《宋书》曰：大明八年，宣太后陵前后数有光及五色云，芳香四满，又五彩云在松上，如车盖。

又曰：孝康建元二年二月乙未日上，有云如锦文，光色润泽。

又曰：世祖在江州起义，建牙军，有紫云二段落于身上。

《穆天子传》曰：天子觞西王母于瑶池之上。王母为谣曰："白云在天，丘陵自出，道路悠远，山川间之。"

《东方朔传》曰：凡占长吏东耕，当视天，有黄云来覆车，五谷大熟。青云致兵，白云致盗，乌云多水，赤云多火。

《长沙耆旧传》曰：祝良为洛阳令，时大旱，告诫引罪，紫云沓起。

《汉武帝内传》曰：帝登寻真之台，斋戒到七月七日夜，忽见天西南如白云起，直来趣宫。须臾，闻云中箫鼓之声，复半食。顷，西王母至，乘紫云之辇。临发，云气勃郁，尽为香气。

《汉武故事》曰：上幸梁父祠地主，其日山上有白云，又有呼万岁声，封禅之上肃然，白云为盖。

东方朔《十洲记》曰：天汉三年，月氏音支国献神香。使者曰："国有常占，东风入律，百旬不休，青云干吕，连月不散。意中国将有好道君，故搜奇蕴而贡神香也。"

《西京杂记》曰：瑞云曰庆云云五色曰庆，曰景云，或曰卿云。云外赤内青谓之矞云。云二色曰矞，亦瑞云也。矞，以律反。雨云曰油云，《孟子》曰：油然作云，霈然下雨。雪云曰同云，《诗》云：上天同云，雨雪氛氛。同云谓云阴竟天，同为一色。云师曰屏翳，《吕氏春秋》曰：屏翳曰雨师。云将亦云之师。司马彪注《庄子》云：云将，云之主帅。

刘澄之《扬州记》曰：娄县有马鞍山，天将雨，辄有云起，来映此山。山出云，应之，乃大雨。

《抱朴子·玉策记》曰：千岁之龟，五色具焉。浮于莲叶之上，或在蘩蓍之下，其上时有白云。

《风土记》曰：乌程县岕音卞山，望气云有黄气、紫云，大吴故改葬焉。

王子年《拾遗记》曰：昆仑山有九层，从上来一层有云气五色，从下望之，皆有城阙之象。

又曰：昆仑者，西方曰须弥山，九层。其第七层有景云出，以映朝日。

又曰：烂石色红似肺，烧之有香烟，闻数百里，烟气升天则成香云，香云遍润，则成香雨。

《搜神记》曰：蓟子训至洛，见公卿数十处，去后皆白云起。

王韶之《始兴记》曰：尧山长岭，望之如云。

张野《庐山记》曰：有白云冠带峰岩，呼为上带。

《洞冥记》曰：吉云之国，俗常以云占吉凶，有吉事则满室五色照人，着草木，皆成五色露。

《庄子》曰：广成子谓黄帝曰："汝治天下，云气不待族而雨，草木不待黄而落，奚足语至道？"

又曰：华封人谓尧曰："夫圣人鹑居而鷇饮，鸟行而无章。天下有道，与物皆昌。千岁厌世，去而上仙，乘彼白云，至于帝乡。”

《抱朴子》曰：俗有见游云西驰，而谓月之东行。

《孟子》曰：油然作云，霈然下雨。

又曰：汤一征，自葛始。天下从之，人望之若大旱之望云霓。

《淮南子》曰：周云之茏力孔反苁七孔反，寮力交反摷士交反彭步光反薄而为雨。周云，密也。寮摷彭薄，蕴积之貌。

又曰：伯益作井，而龙登玄云。龙在黄泉下，恐害及，故云。

又曰：山云蒸，柱础润。

又曰：八极之云，是雨天下。

《吕氏春秋》曰：山云草莽，水云鱼鳞，旱云烟火，雨云水气，无不比类其所生以示人。

又曰：至乱之化，君相贼，其云状有若犬马，若白鹄车者。

《遁甲开山图》曰：辽东有襄平山，多饶鬼目之菜，生而有神虎、龙蛇、大鱼守之，云气覆之，食之令人不饥。荣氏注曰：鬼目菜，形似鱼，守之草，常有气，如龙虎蛇鱼之状。

《河图帝通纪》曰：云者，天地之本也。

《河图始开》曰：黄泉之埃，上为黄云；青泉之埃，上为青云；赤泉之埃，上为赤云；白泉之埃，上为白云；玄泉之埃，上为玄云。

《河图括地象》曰：昆仑山出五色云气。

《兵书》曰：有云如丹蛇，随车后大战，杀将。

又曰：韩云如布，赵云如牛，楚云如日，宋云如车，鲁云如马，卫云如犬，周云如轮，秦云如美人，魏云如鼠，齐云如绛衣，越云如龙头，蜀云如囷。言当处云似之。

又曰：云如雄雉，或如雄鸡，临城，其城必降。

《魏武兵书节要》曰：孙子称司云气，非云，非烟，非雾，形似禽兽，客吉，主人忌。

车频《秦书》曰：符坚时有黄云五色，时以为瑞，赐民酺五日。

黄子发《相雨书》曰：四方有濯鱼云疾者，立雨；濯雨云迟者，雨少难至江汉。云疾者，即日雨。

《洛书》曰：苍帝起，青云扶日；赤帝起，赤云扶日；黄帝起，黄云扶日；白帝起，白云扶日。

《军国占候》曰：若王子曰："有黑云似一匹布者，其国兵起。"

《天文要集》曰：河有黑云，状似船，若一匹布维河，不出十日大雨。

又曰：北斗者，不欲云覆之，有黑云覆之，天大雨。

《地图》曰：望石气如浮云，其珠玉之精也。

京房《风角要诀》曰：候雨法：有黑云如一匹帛，日中即一日大雨，二匹为二日雨，三匹为三日雨。

《黄帝岐伯经》曰：岐伯乘绛云之车，驾十二白鹿游于蓬莱之上。

徐干《中论》曰：文王遇姜公于渭阳，灼然如披云见白日。

孙氏《瑞应图》曰：景云者，太平之应也。一曰非气非烟，五色氤氲，谓之庆云。

《瑞应图》曰：矞云，瑞云也。有状外赤内黄。

《归藏》曰：有白云自苍梧入大梁。

《论衡》曰：龙无云雨，不能参天。

吴范《占候风气秘诀》曰：有青云，如雉兔临城，营军散走。

《山海经》曰：符阳之山，怪云所出。

陆贾《新语》曰：邪臣之蔽贤，犹浮云之障日月也。

宋玉《高唐赋·叙》曰：楚襄王与宋玉游云梦之台，望高唐之观。上有云气，须臾之间，变化无穷，王问曰："此何气也。"玉曰："朝云也。""昔者先王尝游高唐，怠而昼寝，梦见妇人，曰：'妾巫山之女也，为高唐之客，闻君游高唐，愿荐枕席。'王因幸之，去而辞曰：'妾在巫山之阳，高丘之岨，朝为行云，暮为行雨，朝朝暮暮，阳台之下。'旦朝视之，如言。故为立庙，号曰朝云。"

孙卿《云赋》曰：圆者中规，方者中矩。

又曰：托地而游宇，反风而下雨。

《楚词》曰：青云衣兮白霓裳。

又曰：冠青云之崔巍。

汉武帝《秋风辞》曰：秋风起兮白云飞。

司马相如《封禅颂》曰：自我天覆，云之油油，云行貌。

魏文帝诗曰：西北有浮云，亭亭似车盖。

应玚诗曰：清朝浮四海，日暮归故山。

张孟阳诗曰：流波恋旧浦，行云思故山。

傅玄诗曰：浮云合愁气，悲风坐自叹。

又《玄歌》诗曰：青云徘徊为我愁。

又曰：云为车兮风为马，玉为山兮兰在野。云无期兮风有止，思心多端谁能理？

陆机《云赋》曰：望九畿以远肆，明皇极而永舒。蔽阳光于旸谷，暗天文于帝居。齐濛荒于无极，等浑昧于太初。

又《浮云赋》曰：若层台高观，重楼叠阁；或如钟首之郁律，乍似塞门之寥廓。若灵园之列树，攒宝耀之炳粲。金柯分，玉叶散，龙逸蛟起。熊厉虎战，鸾翔凤翥，鸿惊鹤奋。

成公绥《云赋》曰：舒则弥纶覆四海，卷则消液入无形。狎猎鳞次，参差交错。状崔巍其不安，吁可畏而欲落。龙伸蠖屈，蜿蜒逶迤。连翩凤飞，虎转相随。或绣文锦章，衣微要妙，绵邈凌虚，轻翔缥缈。

陶潜《归去来》曰：云无心而出岫，鸟倦飞而知还。

## 霄

《关令尹喜内传》曰：当喜在胎之始，其母梦绛霄流绕其身，有长人谓曰："汝咽之。"既觉，口盈味，屋生双光，若日，飞流满堂。良久不知所在。

《抱朴子》曰：凌厉九霄。

《淮南子》曰：阴阳为驺，乘云凌霄，与造化俱。

《广雅》曰：赤霄，常霄，气与造化俱。许慎注曰：霄其雾。

《杂字诂训》曰：霄，摩天赤气也。

《楚辞》曰：若王乔之乘云，载赤云而凌青霄

杨雄《甘泉赋》曰：腾青霄而轶浮景。

孙楚《鹤赋》曰：假使此鸟生自昆仑，长于丹穴，游遨玄圃、缥霄之际。

左思《蜀都赋》曰：干青霄而秀出，舒丹气而为霞。

郭璞《游仙诗》曰：寻仙万馀日，今乃见子乔。振发载翠霞，解褐披绛霄。

## 汉

《诗》曰：倬彼云汉，昭回于天。倬，明也。

又曰：倬彼云汉，为章于天。

《传》曰：昭公四年，星孛及汉，水祥也。贾逵解曰：天汉，水也。或曰天河。

《尔雅》曰：析木谓之津，箕斗之间，汉津也。郭璞注曰：津，汉津也。箕，龙尾，斗，南斗，天汉之津梁。

《大戴礼》曰：夏小正，秋七月，汉案户。汉，天河也。案户，言直南北也。

《孝经援神契》曰：河者，水之伯，上应天汉。

《史记·天官书》曰：汉者，金之散气，其本曰水。汉，星多，则多水；少，则旱。孟康曰：汉，河汉也。水生于金也。

《汉书》曰：项羽封高帝为汉王。帝不悦。萧何谋曰："《语》曰天汉。其称甚美，愿大王王汉，抚其民，还定三秦，天下可图也。"

《搜神记》曰：谢端少丧父母，为邻人所养，年十七未婚。后感天汉中白水素女，潜为其炊，以备饮食。端后怪而潜候之，得见。言曰："天哀忍汝孤贫、恭顺，使我相为守舍，今既见，便去。"留不可。

《博物志》曰：旧说天河与海通。近世有居海者，年年八月有人浮

查来，甚大，往反不失期。此人乃多赍粮，乘查去，忽忽不觉昼夜，奄至一处，有城郭、居舍。望室中多见织妇。见一丈夫牵牛渚次饮之。牵牛人惊问此人何由至此，此人即问为何处，答曰：“君可诣蜀访严君平，则知之。”此人还问君平，君平曰：“此织女支机石也，某年某日有客星犯牵牛宿，即此人到天河时也。”

《抱朴子》曰：天河从北极分为两头，经于南极，其一经南中过，其一经东井中过。河者，天之水也，随天而转入地下过。

张衡《灵宪》曰：水精为天汉。

《河图括地象》曰：河精，上为天汉。

《三辅黄图》曰：始皇都咸阳，端门四达，以则紫宫；渭水贯都，以象天河；横桥南渡，以法牵牛。

《物理论》曰：星者，元气之英，水之精也。气发而升，精华上浮，宛转随流，名之曰天河，一曰云汉，众星出焉。

《集林》曰：昔有一人寻河源，见妇人浣纱，以问之，曰：“此天河也。”乃与一石而归。问严君平，云此织女支机石也。

古诗曰：河汉清且浅，相去讵几许。盈盈一水间，脉脉不得语。

傅玄《拟天问》曰：七月七日，牵牛织女时会天河。

唐宋之间《明河篇》曰：明河可望不可亲，愿得乘槎一问津，更将织女支机石，还访成都卖卜人。

## 霞

《释名》曰：霞，白云映日光而成赤色，假日之赤光而成也。故字从雨，叚声。

《汉武内传》曰：上元夫人谓西王母曰“阿琼”，有六甲之术，用之可以游景云之宫，登流霞之堂。

《十洲记》曰：昆仑山之上有琼华之室，紫翠丹房，景云烛日，朱霞九光。

王子年《拾遗》曰：燕昭王二年，海人乘霞舟，献龙膏。

又曰：昆山第八层有五色霞。

《抱朴子》曰：咀六气于丹霞。

《楚辞》曰：漱正阳而含朝霞。

《河图》曰：昆仑山有五色水，赤水之气上蒸为霞而赫然。

《论衡》曰：河东蒲坂项曼都好道学仙，去三年而反。家问其状，都曰："欲饮食，仙人辄饮我以流霞，每饮一杯，数日不饥。"

杨雄《甘泉赋》曰：吸青云之流霞兮，饮若木之露英。

王延寿《鲁灵光殿赋》曰：霞驳云蔚，若阴若阳。

魏文帝辞曰：丹霞蔽日，彩虹垂天。

曹子建《洛神赋》曰：远而望之，皎若太阳升朝霞。

阮籍《清思赋》曰：厌白玉以为面，霏丹霞以为裳。

左思《蜀都赋》曰：舒丹气而为霞。

陆机《列仙赋》曰：即绛阙于朝霞。

陆机《云赋》曰：外聚紫霞。

郭璞《江赋》曰：抚凌波而凫跃，吸翠霞而夭矫。

孙绰《天台山赋》曰：赤城霞起以建标。

张孟阳诗曰：朝霞迎白日，丹气临旸谷。

郭璞《游仙诗》曰：朝霞升东山，朝日何晃朗。

嵇含《悦晴诗》曰：朝霞炙琼林，夕影映灵芝。

# 太平御览卷第九 天部九

## 风

《易》曰：挠万物者，莫疾乎风。

又曰：风以动之。

又曰：风行天上，《小畜》。君子以懿文德。

又曰：《巽》为风。

又曰：云从龙，风从虎。

又曰：风行地上曰《观》。

《尚书·金縢》曰：周公居东二年，则罪人斯得。于后，公乃为诗以遗王，名之曰《鸱鸮》。王亦未敢诮公。秋，大熟，未获。天大雷电以风，禾尽偃，大木斯拔，邦人大恐。王与大夫尽弁以启金縢之书，乃得周公请代武王之说。王执书以泣，曰："其勿穆卜！昔公勤劳王家，唯予冲人弗及知。今天动威以彰周公之德，朕小子其新迎，我国家礼亦宜之。"王出郊，天乃雨，反风，禾则尽起。

又《舜典》曰：纳于大麓，烈风雷雨弗迷。

又《洪范》曰：休征：曰圣，时风若。咎征：曰蒙，常风若。孔安国曰：君能通理，则时风顺之。君行蒙暗，则常风顺之。

《诗》曰：大风有隧，贪人败类。

又曰：终风且曀。终日而风为终风。又曰：习习谷风，以阴以雨。

又曰：凯风自南，吹彼棘心。南风谓之凯风。

又曰：冬日烈烈，飘风发发。

《礼记·月令》曰：秋行春令，则暖风来至。

又曰：立春之日，东风解冻。

又曰：春行秋令，则人有大疫，飘风暴雨总至。

又曰：夏行春令，则虫蝗为灾，暴风来至。

又曰：前有尘埃，则载鸣鸢。注：鸢鸣则风生。

又《礼运注疏》曰：享帝于郊而风雨节，寒暑时。五帝主五行，五行之气和而庶征得其序也。

《左传》曰：楚侵郑，甚雨，楚师多冻，役徒几尽。晋人闻有楚师，师旷曰："不害。吾骤歌北风，又歌南风。南风不竞。"注曰：歌者吹律以咏八风。南风音微，故曰不竞。师旷惟歌南北风者，听晋楚之强弱也。

又曰：僖公十六年春，六鹢退飞过宋都，风也。

又《昭公四年》：申丰曰："大冰以风壮，而以风出。其藏之也周，其用之也遍，则冬无愆阳，夏无伏阴，春无凄风，秋无苦雨。今藏川池之水，弃而不用，则风不越而杀。"

《尔雅》曰：祭风曰磔。今俗当大道中磔狗以止风，此其象也。

又曰：南风谓之凯风，《诗》曰：凯风自南。东风谓之谷风，《诗》曰：习习谷风。北风谓之凉风，《诗》曰：北风其凉。西风谓之泰风。《诗》曰：泰风有隧。焚轮谓之颓，暴风从上下也。扶摇谓之飙。暴风从下上也。风与火为庉，炖炖炽盛之貌。回风为飘，旋风。日出而风为暴，《诗》曰：终风且暴。风而雨土为霾，《诗》曰：终风且霾。阴而风为曀。《诗》曰：终风且曀。

又曰：四气和为通正，道平畅也。谓之景风。所以致景风也。

《论语》云：曾点曰："暮春者，春服既成，冠者五六人，童子六七人，浴乎沂，风乎舞雩，咏而归。"

又曰：君子之德风，小人之德草。草上之风，必偃。

又曰：迅雷风烈必变。

《易稽览图》曰：太平时，阴阳和，风雨咸同，海内不偏。地有险易，故风有迟疾。虽太平之政，犹有不能均同也。唯平均乃不鸣条。

《易通卦验》曰：冬至，广莫风至，诛有罪，断大刑。立春，条风至，赦小罪，出稽留。春分，明庶风至，正封疆，修田畴。立夏，清明风至，出币帛，礼诸侯。夏至景风至，辩大将，封有功。立秋，凉风至，报土功，祀四乡。秋分，阊阖风至，解悬垂，琴瑟不张。立冬，不周风至，修宫室，完边城。八风以时，则阴阳变化道成，万物得以育生。王当顺八风，行八政，当八卦也。

京房《易候》曰：何以知圣人隐也？风清明，其来长久不动摇物。此有龙德在下也。

《易纬》曰：八节之风，谓之八风。立春条风至，东北风。春分明庶风至，东方风。立夏清明风至，东南方风。夏至景风至，南方风。立秋凉风至，西南方风。秋分阊阖风至，西方风。立冬不周风至，西北方风。冬至广莫风至，北方风。又《吕氏春秋》说八风：东北曰焱风。高诱注曰：亦曰融风。东方曰滔风，东南方曰薰风，南方曰巨风，西方曰飗风，西北方曰厉风，北方曰寒风。

《尚书大传》曰：舜将禅禹，八风循通。

又曰：王者德及皇天，则祥风起。

又曰：成王时，越裳重译而来朝曰："久矣，天之无烈风澍雨，意中国有圣人乎？"

《大戴礼》曰：正月时有浚风，浚者大也；大风，南风也。何大于南风也？曰合冰必于北风，解冰必于南风，故大之也。

《礼稽命征》曰：出号令，合民心，则祥风至。

《礼说》曰：风，萌也，养物成功，所以八风象八卦也。《礼纬》同。

《礼斗威仪》曰：人君政颂平则祥风至。宋均注曰："即景风也。"

《春秋考异邮》曰：八风杀生以节翱翔。距冬至四十五日条风至，条者，达生也。距犹起也。自冬至后四十五日而立春，此风应其方而来，生万物。四十五日明庶风至，明庶迎惠。春分之侯，言庶众也，阳以施惠之恩德迎众庶而生之。四十五日清明风至，精芒挫收。立夏□之后也。挫犹止也。时荠麦之属秀出已备，故挫止其锋芒，收之使成实。四十五日景风至，景风强也，强以成之。夏至之候也。强言万物强盛也。四十五日凉风至，凉风者，寒以闭也。立秋之候也。闭，收也。言阴寒收成万物也。四十五日阊阖风至，阊阖者，当寒天收也。秋收之候也。阊阖，盛也。时盛收物盖藏之，阊或为当。四十五日不周风至，不周者，不交也，阴阳未合化也。立冬候也。未合化，言消息纯，坤无阳也。《月令》曰：天地不通而闭塞成冬也。四十五日广莫风至，广莫者，精大满也。冬至之候也。言冬物无见者，风精大满美无偏。风之为言，萌也。其立字，虫动于几中者为风。虫动于几，言阳气无不周也。明昆虫之属得阳乃生，遇阴则死，故风为阴中之阳者也。

《春秋元命包》曰：阴阳怒为风。

《春秋繁露》曰：恩及金石则凉风出；王者与臣无礼，身不肃敬则木不曲直，而夏多暴风。风者，木之气，其音角，故应。

《孝经援神契》曰：德至八方则祥风至。

《史记》曰：项王围汉王三匝，于是风从西北起，折木、发屋、扬沙石，楚军大乱，而汉王乃得与数十骑遁去。

又曰：蚩尤氏能征风召雨，与黄帝争强，灭之中冀。

又曰：庶女者，齐之寡妇，养姑。姑女利母财，而杀母以告寡妇，妇不能自解。以冤告天，而大风袭于齐殿。

又曰：荆轲入秦，燕太子丹送别易水上，歌曰："风萧萧兮易水寒，壮士一去兮不复还。"

《汉书》曰：燕王都蓟，大风拔宫中树七围已上十六枚，坏城楼。后王诛。

又曰：高祖过沛，击筑自歌曰："大风起兮云飞扬，威加海内兮归故乡。"

《魏志·管辂传》曰：辂过清河倪太守。时大旱，辂言："树上已有少女微风，树间又有阴鸟和鸣，其雨应至矣。"果如其言。

《晋书》曰：永和元年，大风拔柳树百馀枚，若风从八方来者。时王敦害刁协、周顗等，故风从横拔树，非一处也。

又曰：贾谧家数有妖异，飘风吹其朝服上数百尺，大蛇出被中，后果及祸。

《晋阳秋》曰：袁宏为东郡守，谢安执宏手授扇，宏曰："谨当奉扬仁风，慰彼黎庶。"

《宋书》曰：明帝猜虑，肥体，憎风，夏月常着小皮衣，拜左右二人为司风令史，风起方面，辄先启闻。

又曰：宗悫，字元干，征士炳兄子也。少时问悫所志，答曰："愿乘长风，破万里浪。"

《前秦录》曰：术士盖钦，符坚召至长安，因宴会，以其惑众，将诛之。酒酣，将执钦，钦化为旋风飞去。

《前凉录》曰：永嘉五年，枹罕令严羌妾产一龙一鹫。鹫寻飞去，龙十五日雷雨迎之。大风吹拔张掖郡大树，经宿还立。

《赵录》曰：石勒时忽有旋风下属地，隐隐雷声，良久，视之，见大石。

《神仙传》曰：老子将去周而出关，以升昆仑。关令尹喜占风逆知当有神人来过，乃扫道见老子。老子知喜命应得道，乃停关下以长生之事授之。

又曰：葛玄行过神庙，乘车不下，须臾有大回风逐玄，埃尘涨天。玄大怒，曰："小邪敢尔！"即举手指风，风便止。

《益部耆旧传》曰：蜀杨由善风云占候，文学令丰持鸡酒以奉由。时有客不言，客去，丰起欲取鸡酒。由止之曰："向风吹削柿，当有持鸡酒来者，度是二人。"丰曰："实在外，须客去乃取尔。"

王子年《拾遗记》曰：伏羲坐于方坛之上，听八风之气，乃画八卦。

又曰：昆山有四面风，又有祛尘之风，若衣服尘污，风至吹衣则净。

又曰：瀛洲时有香风，泠然而来，张袖受之，则历纪不歇，着肌肤必软滑。

《十洲记》曰：南海中有炎洲，洲上有风生兽，形似狗，青色，状如狸。以铁椎锻其头，数十下乃死。张口向风，须臾即起。

《风土记》曰：南中六月则有东南长风，风六月止，俗号黄雀长风。时海鱼变为黄雀，因为名也。

庾仲雍《湘州记》曰：零陵山有石燕，遇风雨则飞，雨止还，化为石。

《交州记》曰：风山在九真郡，风门在山顶，上常有风。

又曰：风母出九德县，风母似猿，见人若惭而屈颈；若打杀之，得风还活。

《南越志》曰：熙安间多飓风，飓者，具四方之风也。一曰惧风，言怖惧也。常以六七月兴。未至时，三日鸡犬为之不鸣，大者或至七日，小者一二日。外国以为黑风。

盛弘之《荆州记》曰：宜都佷山县山有风穴，张口大数尺，名曰风井。夏则风出，冬则风入。风出之时，吹拂左右，常净如扫。暑月经之，凛然有衣裘想。《宜都山记》曰：袁山太公以六月至此穴，便思衣裘。

又曰：沮阳县黄竹山，常肃肃有风，名曰风门。

《西京杂记》曰：董仲舒曰："太平之世，风不摇条，开甲破萌而已。"

《老子》曰：飘风不终朝。

《庄子》曰：列子御风而行，泠然善也，经旬五日而后返。司马彪注曰：列子，郑人列御寇也。泠然，凉貌。

又曰：北溟有鱼，其名曰鲲。化而为鸟，其名曰鹏。抟扶摇而上者九万里。司马彪云：扶摇，上行风也。风之积也不厚，则其负大翼也无力。故九万里则风斯在下矣。

又曰：大块噫依界反气，其名曰风。是唯无作，作则万窍怒号，而独不闻之翏翏乎长风之声。

又曰：汤之问棘也是已！穷发之北，有冥海者，天池也。有鱼焉，其广数千里，其名为鲲。有鸟焉，其名为鹏，背若太山，翼若垂天之云，抟扶摇羊角而上者九万里。扶摇，羊角，风也。今旋风上如羖羊角也。

《列子》曰：列子师老商氏，友伯高子；进二子之道，乘风而归。《庄子》曰：列子御风而行，泠然善也，至旬又五日而后发。

《管子》曰：吾不能以春风风人，夏雨雨人，吾道穷矣。

又曰：夫两尧不能相王，两桀不能相亡。木虽蠹，无疾风不折；墙虽隙，无大雨不坏。

《淮南子》曰：物类之相应，玄妙深微，论辩不能解。故东风至，而酒沉溢。东风，大风也。酒沉，清酌酒也。米物下沉，木味酸，酸风入酒故酢而沉者沸，盖物类相感也。

又曰：乌鹊识岁之多风，去乔木而巢扶枝。扶，傍。

又曰：禹沐淫雨，栉扶风。扶风，奔风。

又曰：腾蛇雄鸣上风，雌鸣下风，而化成形。

又曰：虎啸而谷风至。高诱注曰："虎，阳兽也，与风同类。"

又曰：人王之精通于天，故诛暴则多飘风。

《抱朴子》曰：用兵之要，唯风为急。扶摇独鹿之风大起军中，军中必有反者。风高者道远；风下者道近。风不鸣叶者十里，鸣条摇枝百里，大枝五百里，仆大木千里，折大木五千里。三日三夕，天下尽风；二日二夕，天下半风；一日一夕，万里风。

周生《列子》曰：夫猎叶之风，不应八节。

《吕氏春秋》曰：何谓八风？东北曰炎风，一曰融风。东方曰滔风，一曰庶风。东南曰薰风，一曰清明。《淮南子》作景风。南方曰巨风，一曰凯风。西南曰凄风，《淮南子》作凉风。西方曰飂风，一曰阊阖。西北方曰厉风。一曰不周风。

《风俗通》曰：风或清明来，久长不摇树木枝叶，离地三二丈者，此有龙德在其下。风或清明不及二三尺者，此君子之风也。

又曰：猛风曰颲音列，凉风曰浏音刘，微风曰飉音辽。小风曰飕音搜，小风从孔来曰颰。呼穴反。

《周书时训》曰：小暑之日温风至，立秋之日凉风至。

又曰：小暑之日温风不至，国无宽教。

《淮南万毕术》曰：欲致疾风，焚鸡羽。

《帝王世纪》曰：尧时厨中自生肉脯，薄如翣，摇则生风，使食物寒而不臭，名曰翣脯。

又曰：舜弹五弦琴，歌南风曰："南风之薰兮，可以解吾人之愠兮。"

《括地图》曰：钟山之神，名曰“烛龙”，视为昼，瞑为夜，吹为冬，吁为夏，息为风。

又曰：奇肱民，能为飞车，从风远行。汤时西风吹奇肱车至于豫州。汤破其车，不以示民。十年，西风至，乃复作车，遣赐之，去玉门四万里。

《黄帝风经》曰：调长、祥和，天之喜风也；折扬、奔厉，天之怒风也。

《山海经》曰：法岳之山有兽，其名曰山狎音粹，其行如风，言疾。见则天下大风。

又曰：大荒之中有山，名曰鞠陵于天。有人名曰折丹。处东极以出入风。

又曰：扶阳之山多怪风。

又曰：大极山东有温水，汤风不可过也。

《河图帝通纪》曰：风者，天地之使。

《六韬》曰：人主好田猎射戈，则岁多大风，禾谷不实。纣时如此。

陆机《要览》曰：列子御风，常以立春归于八荒，立秋游乎风穴。是风至，草木皆生，去则摇落，谓之离合风。

《潜夫论》曰：排䍐障风，揲沙拥河，无御也。

又曰：黄帝梦大风吹天下尘土，得风后以为相。

汉武帝《秋风辞》曰：秋风起兮白云飞，草木摇落兮雁南归。泛楼船兮济汾河，横中流兮扬素波。

《龙鱼河图》曰：风者，天之使也。

《荆山图》曰：佷山县山下有石床，傍生野薤。人往乞者，神许则风吹制其分，齐随偃而剪，不得过越。

《广雅》曰：风伯谓之飞廉。

《法训》曰：利物诱人，犹飘风之加庶草也。惟有直慎者，然后不回。

《潜潭巴》曰：疾风拔木，谗臣恣，忠臣辱。

崔豹《古今注》曰：武王伐纣，大风折盖。太公因折盖之形而制曲盖。

《养性经》曰：治身之道，春避青风，夏避赤风，秋避白风，冬避黑风。

《盐铁论》曰：太平之时，风不鸣条，雨不破块。

又曰：林中多疾风，富贵多谀言。

《乐动声仪》曰：风气者，礼乐之使，万物之首也，物靡不以风成熟也，风顺则岁美，风暴则岁恶。

《国语》曰：海鸟曰"爰居"，止于鲁国东门之外，臧文仲使国人祭之。展禽曰："今兹海岛有灾乎？夫广川鸟兽，恒知避其灾也。"是岁也，海多大风。

又曰：飘风之末，不能举鸿毛。

又曰：火见而清风戒寒，清风至而修城郭。

《物理论》曰：风者，阴阳乱气激发而起者也。犹人之内气，因怒喜哀乐激越而发也。故春气温，其风温以和，喜风也。夏气盛，其风熛以怒，怒风也。秋气劲，其风清以贞，清风也。冬气石，其风惨以烈，固风也。此四正之风也。又有四维之风：东北明庶，庶物出幽入明也；东南融风，其道以长也；西南清和，百物备成也；西北不周，方潜藏也。此八风者，方土异气，徐疾不同，和平则慎，违逆则凶，非有使之者也。气积自然怒，则飞沙扬砾，发屋拔树；喜则不摇枝动草，顺物布气。天地之性，自然之体也。

楚宋玉《风赋》曰：楚襄王游于兰台之宫，宋玉景差侍。有风飒然而至，王乃披襟而当之曰："快哉，此风！寡人所与庶人共者耶！"宋玉对曰："此独大王之风耳，庶人安得而共之？夫风生于地，起于青苹之末，侵淫溪谷，盛怒于土囊之口，缘于太山之阿，舞于松柏之下，故其清凉雄风，则飘忽升降，乘凌高城，入于深宫，徘徊于桂椒之间，翱翔于激水之上。猎蕙草，离秦衡，概新夷，被荑杨。徜徉中庭，北上玉堂；跻于罗帷，经于洞房。故其风也，清清泠泠，愈病析酲，发明耳目，宁体便人。此谓大王之雄风也。夫庶人之风，塕然起于穷巷之间，堀堁扬尘，勃郁烦冤，动沙坻，吹死灰，此谓庶人之雌风也。”

《楚辞》曰：光风转蕙，泛崇兰些。

又曰：袅袅兮秋风，洞庭波兮木叶下。

## 相风

崔豹《古今注》曰：司风鸟，夏禹所作。

王子年《拾遗记》曰：帝与娥皇泛于海上，以桂枝为表，结芳茅为旍，刻玉为鸠，置于表端，言知四时之候。今之相风，此遗像也。

《晋书》曰：废帝初即位，有野雉集于相风，后为桓温所废。

沈约《宋书·舆服志》曰：案《周礼》辨载法物，莫不详究，然无相风、毕旍头之属。此非古制明矣。愚谓战国并争，师旅数出，县乌之设，务察风祲，疑是秦制矣。

《梁书》曰：长沙王懿孙孝俨，字希庄。射策甲科，除秘书郎、太子舍人。从幸华林园，于坐献《相风乌》《华光殿》《景阳山》等颂，其文甚美，帝深赏之。

《晋令》曰：车驾出入，相风已前侍御史、令史。

《淮南子》曰：故终身隶于人，譬若綄之见风也。綄音缓，候风者也。世所谓五两。

《述征记》曰：长安宫南灵台，上有相风铜乌，或云此乌遇千里风乃动。

郑玄《相风赋》曰：昔之造相风者，其知自然之极乎，其达变通之理乎？上稽天道阳精之运，表以灵乌物象。其类下凭地，体安贞之德，镇以金虎，玄成其气，风云之应，龙虎是从，观妙之征，神明所通。夫能立成器，以占吉凶之先见者，莫精乎此。乃构相风，因象设形，蜿盘虎以为趾，建修竿之亭。亭体正直而无桡度，劲挺而不倾，栖神乌于竿首，候祥风之来征。

张华《相风赋》曰：太史候部有相风，在西城上，而作者弗为，岂以其托处幽闲，违众特立，无羽毛之饰，而丹漆不为之容乎？

傅咸《相风赋》曰：相风之赋，盖亦多矣，然辞义大同。唯中书张令，以太史相风，独无文饰，故特赋之。太仆寺丞武君宾树一竹于前庭，其上颇有枢机，插以鸡毛，于以占事，知来与彼无异，斯乃简易之至。有殊太史相风张氏之赋，非其至者也。翟翟竹竿，在武之庭。厥用自然，既修且贞。插羽其首，丹漆弗营。经之营之，不日而成。

庾阐《杨都赋》曰：云虎之门，双竿内启。祥乌司飚，丹墀竟陛。

# 太平御览卷第十 天部十

## 雨上

《释名》曰：雨，羽也。如鸟羽，动则散。

又曰：雨，水从云下也。雨者，辅也。言辅时而生养。

《说文》曰：零，徐雨也。⿱雨鲜音斯，小雨裁落也。⿱雨沉一林木反，霖雨也。南阳名霖雨曰䨙。䨘音酸，小雨也。⿱雨戋子廉反，微雨也。⿱雨资音资，雨声也。溟，小雨也。澍，时雨也。滑子八反，雨下也。

《易》曰：密云不雨，自我西郊。

又曰：匪寇，婚媾。往遇雨则吉。

又曰：云行雨施。

又曰：雨以润之。

《书》曰：若岁大旱，用汝作霖雨。

又曰：《洪范》休征，曰肃，时雨若。

又曰：纳于大麓，烈风雷雨弗迷。

《诗》曰：有渰凄凄，兴雨祁祁，雨我公田，遂及我私。渰，阴云兴貌。凄凄，云行之貌。祁祁犹徐徐也。

又曰：月离于毕，俾滂沱矣。月离阴星则雨。

又曰：我来自东，零雨其濛。鹳鸣于垤，妇叹于室。郑玄注曰："将阴，则穴处者先知之。鹳好水，将雨，长鸣而喜也。"

又曰：习习谷风，以阴以雨。

《礼记·月令》曰：仲春之月，始雨水。孟春行夏令，则雨水不时；行秋令，则暴雨总至；行冬令，则水潦为败。

又曰：季春行夏令，则时雨不降；行秋令，则淫雨早降。

又曰：时雨将降，下水上腾。

又曰：立夏，命有司祀雨师。

又曰：孟夏行秋令，则苦雨数来。

又曰：六月中气后五日，大雨时行。

又曰：仲秋行春令，则秋雨不降。

又曰：仲冬行秋令，则天时雨汁，瓜瓠不成。

又曰：诸侯朝天子，雨沾服失容则止。

又曰：天降时雨，山川出云。

又曰：风雨不节则饥。

又曰：疾风、迅雷、甚雨则必变。

《传》曰：隐公九年三月癸酉，大雨霖以震，书始也。

又曰：宋大水，鲁庄公吊焉，曰："天作淫雨，以害于粢盛，若之何不吊？"

又曰：如百谷之仰膏雨。

又曰：雨三日以往为霖。

又曰：卫大旱，卜，有事于山川，不吉。宁庄子曰："昔周饥，克殷而年丰。今邢方无道，欲使卫讨邢焉？"从之，师兴而雨。

又曰：臧武仲如晋，雨，过御叔。御叔，鲁大夫。御叔在其邑，将饮酒，曰："焉用圣人！武仲多智，时人谓圣人也。我将饮酒而已，雨行，何以圣为？"

《公羊传》曰：触石而出，肤寸而合。侧手为肤，案指为寸，信触石理而出无有肤寸而不合也。不崇朝而遍雨天下者，惟泰山云尔。

《谷梁传》曰：春正月不雨。不雨者，勤雨也。欲雨之心勤也。夏四月不雨。言不雨者，闵雨也。经一时不雨，民之至忧也。闵，忧。六月雨，喜雨也。

《尔雅》曰：甘雨时降，万民以喜，谓之醴泉。

又曰：暴雨谓之冻，小雨谓之霢霂，久雨谓之霪，霪雨谓之霖。

《易稽览图》曰：降阴为雨。降阴之雨，润而不破块。

京房《易飞候》曰：凡候雨，以晦朔弦望云汉四塞者，皆当雨。东风曰雷雨，有黑云，气如覆船于日下，当雨。有黑云，气如牛彘，当雨暴。有异云如水牛，不出三日大雨。有黑云如群羊，奔如飞鸟，五日必雨，有云如浮船，皆为雨。北斗独有云，不出五日大雨。四望见青白云，名曰天塞之云，雨征也。有苍黑云，细如杼轴，蔽日月，五日必雨。云如两人提鼓持桴，皆为暴雨。

又曰：太平之时，十日一雨，凡岁三十六雨，此休征时若之应。

《尚书说》曰：淮雨。淮，暴雨之名也。

《尚书大传》曰：五岳皆触石而出云，不崇朝而雨。

又曰：成王时，有越裳氏来朝，曰："久矣，天之无烈风，东西南北来也，无澍雨。暴雨也。意中国有圣人乎？"

《礼统》曰：雨者，辅时生养均遍，故谓之雨。

《大戴礼》曰：天地之气和即雨。

《礼斗威仪》曰：君乘金而王，其政象平，则嘉雨时至。

《春秋说·题辞》曰：一岁三十六雨，天地之气宣；十日小雨，应天文；十五日大雨，以升运也。

又曰：阳制阴，故水为雨。

《春秋元命包》曰：阴阳和而为雨。

《春秋繁露》曰：木有变则春多雨。此徭役众、赋敛重故也。

《史记》曰：秦始皇时，置酒而天雨，陛楯者皆沾寒。优旃见而哀谓之曰："汝欲休乎？"陛楯者曰："幸甚"。优旃曰："我即行，呼汝，汝疾应曰诺。"居有顷，殿上上寿呼万岁。旃大呼曰："陛楯郎！"郎曰："诺。"优旃曰："汝虽长，何益，幸雨立。我虽短，幸休居。"于是始皇使得半相代。

又曰：夫子当行，命弟子持雨具，既而果雨，曰："昨夜月不宿毕，故知之。"

范晔《后汉书》曰：高凤，字文通，家贫，好学不休。其家曝麦，令凤守鸡，以竿授其手中。凤执竿读书，雨大至，凤读书不觉，执竿如故。其妻还，麦流，甚以为怒，凤亦不愧。

《后汉书》曰：郭林宗尝于陈梁间行，遇雨，巾一角垫。时人乃故折角以为林宗巾，其见慕如此。

谢承《后汉书》曰：百里嵩，字景山，为徐州刺史。境旱，嵩出巡，遽甘雨辄澍。东海、祝其、合乡等三县父老诉曰："人等是公百姓，独不迁降？"回赴雨，随车而下。

《东观汉记》曰：王郎起，光武自蓟东南驰，及至南宫，遇大风雨，而引车入道傍舍。冯异抱薪，邓禹爇火，光武对灶燎衣。

又曰：顺帝阳嘉元年，立顺烈皇后。是时，自冬至春不雨，尊后之日，嘉澍沾渥。

又曰：沛献王辅善《京氏易》。永平五年，京师少雨，上御云台，自卦，以《周易林》占之。其繇曰："蚁封穴户，大雨时至。"上以问辅，辅上书曰："《蹇》，艮下为山，坎上为水。山云为雨，蚁穴居，知雨将至，故以蚁为兴。"

《汉书名臣奏》曰：天阴雨，人之病为之先动，是阴相应而起也。天将阴雨，又使人睡卧者，阴气也。

《魏志》曰：曹真伐蜀，从子午道南入。司马宣王溯汉水，当会南郑。诸军或从斜谷道，或从武威入。会大霖雨四十馀日，栈道断绝，诏真还。

又曰：太祖在长安使曹仁讨关羽于樊。秋，大霖雨，汉水溢，平地水数丈，六军皆没。

《晋书》曰：诏以王雅为太子少傅，将拜，遇雨，请以伞入。王珣不许，因冒雨而拜。

又《后汉书》曰：樊英隐壶山，尝有暴风从西南起，英谓学者曰："成都市火甚盛。"因含水西向漱之，乃令记其时日。后有从蜀郡来者，云："是日大火，有云从东起，须臾大雨。"

《神仙传》曰：栾巴，蜀人，征为尚书。大朝得酒不饮，西南噀之。诏问巴，巴曰："臣本县成都大火，臣以酒为雨救之。"帝惊，驿问咸云："是时雨从北来，犹有酒气。"

《襄阳传》曰：巫山神女，朝为行云，暮为行雨。

《西京杂记》曰：董仲舒曰："太平之时，雨不破块，津茎润枝而已。"

又曰：董仲舒曰："阴阳二气之初蒸也，若有若无，若实若虚，团攒聚合，其体稍重，乘虚而坠，风多则合速，故雨大而疏；风少则合迟，故雨细而密。"

《湘州记》曰：零陵山有石燕，遇风雨则飞，止还为石。

王采《安城记》曰：萍乡西津，名玉女岗，天当雨，辄先涌五色气于石间，俗谓玉女披衣。

《搜神记》曰：武王伐纣至河上，雨甚疾，雷晦冥，扬波于河。众甚惧，武王曰："余在，天下谁敢干余者。"风波立济。

《述异记》曰：庐山有康王谷，北岭上有一城，号刘城。天每有雨，辄闻山上有鼓角笳箫之声，村人以为常候。

《武昌记》曰：武昌城东南有金牛岗，西有石鼓山，上有三石鼓，石鼓鸣，天必雨。

《罗浮山记》曰：山有龟渊，渊有神龟，龟鼻贯铜环。若有人秽此渊，即注雨。

周处《风土记》曰：榆荚雨，春雨。黄雀风，濯梅雨。

又曰：六月有大雨，名濯枝雨。六月之风雨也。

《荆楚岁时记》曰：六月必有三时雨，田家以为甘泽，邑里相贺，曰嘉雨。

王子年《拾遗记》曰：甘雨蒙蒙，似露委草木，则滴沥雨也。

又曰：香云成香雨。

《帝王世纪》曰：黄帝游洛水上，见大鱼，杀五牲以醮，天乃甚雨，七日七夜，鱼流始得图书，今河图是也。

《家语》曰：孔子将行，遇雨，不假盖于子夏，护其短也。

又曰：齐有一足之鸟，集于殿前，舒翅而跳，齐侯异之，使聘鲁访诸孔子，曰："此鸟名曰商羊。昔童儿有屈一脚振讯两臂而跳且谣曰："天将大雨，商羊鼓舞，今齐有之，其应至矣。"急告民趣治沟渠，修堤防，将有大雨水为灾。”果大霖雨，水溢泛诸国，伤害人民，唯齐有备不败。景公曰：“圣人之言，信而有征矣。”

《老子》曰：暴雨不终日。

《庄子》曰：宋景公时大旱三年，卜云：“以人祀乃雨。”公下堂顿首曰：“吾所求雨者，为人。今杀人，不可！将自当之。”言未卒，天大雨，方千里。

又曰：尧让天下于许由，由曰：“日月出矣，而爝火不息，其于光也，不亦难乎？时雨降矣，而犹浸灌，其于泽也，不亦劳乎？

《文子》曰：若与俗处，犹走逃雨也，无之而不濡。

《列子》曰：赤松子，神农时雨师也。

《广成子》曰：黄帝时，云不待族而雨。

《尸子》曰：神农理天下，欲雨则五日为行雨，旬为谷雨，旬五日为时雨。万物咸利，故谓之神雨。

《孟子》曰：油然作云，霈然下雨。

《抱朴子》曰：军始发，大风甚雨起于后，大胜之征也。军始出，雨沾衣者，是谓润兵，军有功。雨不足沾衣裳，是谓泣军，必败。

又曰：无云而雨，是谓雨血，将军当扬兵讲武以应之；雨军中尤甚者，将军战必无功也。

《管子》曰：冬作土功，发地藏，则夏多暴雨，秋霖不止。

又曰：春秋五政：一曰论幼孤，赦有罪；二曰赋爵列，授禄位；三曰修沟洫，复亡人；四曰治封疆，正阡陌；五曰无杀麑卵，无绝华蕚。五政徇时，春雨乃来。

《淮南子》曰：失火遇雨，祸中有福。

又曰：人莫鉴于沫雨而鉴于止水者，以其净也。沫雨，雨潦上沫起覆盖也，言其浊扰不见人形也。

又曰：朱鳖浮于水上，必大雨。

又曰：天，且雨也，鱼已噞喁。音宜脸反。

又曰：黑蜧神虬，潜泉而居，将雨而跃。蜧，音丽。

《邹子》曰：朱买臣孜孜修学，不觉雨之流粟。

《韩子》曰：荆人伐陈，吴救之。军间三十里，雨十日夜。左史倚相谓子期曰："雨十日，甲辑兵聚，吴人必至，不如备之。"乃为阵，未成，而吴人至，见荆有戒，而反。

《傅子》曰：昔者伯牙子游于泰山之阴，逢暴雨，止于岩下，援琴而鼓之。为淋雨之音，更造崩山之曲。每奏，钟期辄穷其趣曰："善哉，子之听也。"

《孔丛子》曰：子思答悬子曰："以子产仁爱譬夫子，犹浸水之与膏雨。夫浸所及则生，不及则死，民皆知焉；膏雨之所生也，广莫大焉，民之受赐也普矣，莫识其由也。"

《吕氏春秋》曰：武王伐纣，至鲔水。使胶鬲候周师，问武王曰："西伯何时至？"曰："将以甲子日至。"胶鬲行矣，大雨，日夜不休，武王疾行不辍。军吏谏，武王曰："吾疾行以救胶鬲之死也。"

扬子《法言》曰：震风凌雨，然后知夏屋之帡幪。震雨凌暴也。夏，大也。帡，彰。幪，覆。

《广雅》曰：雨师谓之屏翳。

《纂要》曰：疾雨曰骤雨，徐雨曰零雨，雨久曰苦雨，亦曰愁霖，雨晴曰启，雨水曰潦，雨云曰渰云，亦曰油云。

《战国策》曰：文侯与虞人期猎。是日天雨，文侯将出，左右谏止曰："吾与虞人期，不可失。"乃往，魏于是始强。

《易林变占》曰：雷公出装，隐隐西行，霖雨不止，流为江河。

《周易集林·杂占》曰：占天雨否，外卦得阴为雨，得阳不雨。其爻发变。得坎为雨，得离不雨，坎化为巽，先雨后风。

《博物志》曰：太公为灌坛令，武王梦妇人当道，夜哭问之，曰："吾是东海神女，嫁于西海神童，今为灌坛令当道，废我行。我行必有大风疾雨，大风疾雨是毁君之德也。"武王觉，召太公问之，果有疾雨暴风在太公邑外而过。

《六韬》曰：武王问散宜生卜伐纣吉乎？曰："不吉。"钻龟，龟不兆，数蓍交加而折。将行之日，雨，辎车至轸。行之日，帜折为三。散宜生曰："此卜四不祥，不可举事。"太公进曰："是非子之所知也。祖行之日，辎车至轸，是洗濯甲兵也。"

师旷占曰：候月知雨多少，入月一日二日三日，月色赤黄者，其月少雨。月色青者，其月多雨。常以五卯日候，西北有云如群羊者，即有雨至矣。冬戊巳、春辰巳日雨，蝗虫食禾稼。立春日雨伤五木，立秋日雨害五谷。常以戊巳日，日入时、出时欲雨，日上有冠云，大者即雨，小者少雨。

《天文要集》曰：北斗之旁有气，往往而黑，状如禽兽，大如皮席，不出三日必雨。

又曰：河有云黑状似船，若一匹布维河，不出十日大雨。

又曰：辰口守心，有水灾，一日大雨不可当。

又曰：北斗者，不欲云覆之，黑云覆之，大雨。

《范子计然》曰：风为天气，雨为地气。风顺时而行，雨应风而下，命曰：天气下，地气上，阴阳交通，万物成矣。

刘义庆《世说》曰：谢太傅无嗔喜，曾送兄征西葬还，日暮，雨，驭人皆醉，不可处分。公乃于车中手取车柱撞驭人，声色甚怒。

刘义庆《幽明录》曰：河南人赵良与其乡人诸生至长安。至新安界，遇霖雨，粮乏。相谓曰："饥，那得美食邪！"应时羹饭备具。有人声语云"进疏食"。

黄子发《相雨书》曰：常以戊申日候日欲入时，日上有冠云，不问大小，视四方黑者大雨，青者小雨。候日始出，日正中有云覆日而四方有云，黑者大雨，青者小雨。四方有云如羊猪，雨立至。四方北斗中有云，后五日大雨。四方北斗中无云，唯河中有云三枚相连，状如浴猪狶，三日大雨。以丙丁之辰，四方无云，唯汉中有者，六十日风雨和常。以六甲之日平旦清明，东向望日，始出时日上有云大小贯日中青者，以甲乙日雨，赤者丙丁日雨，白者以庚辛日雨，黑者壬癸日雨，黄者以戊己日雨。六甲日四方云皆合者，即雨。以天方雨时，视云有五色，黑赤并见者即雹，黄白杂者风多雨少，青黑杂者雨随之，必滂沛流潦。

又曰：四方有濯鱼云游疾者，即日雨；游迟者雨少至。

《说苑》：管仲曰："吾不能以春风风人，夏雨雨人，吾道穷矣。"

又曰：楚庄王伐陈，吴救之，雨十日十夜晴。左史倚相曰："吴师必夜至，甲裂垒坏，彼必薄我，何不行列鼓出待之。"吴师至，见楚军成陈而还。

又曰：武王伐纣，过隧则斩岸，过水则析舟，示人无反志也。至于有戎之隧，大风折旆，散宜生谏曰："此其妖欤？"武王曰："非也，天落兵也。"风霁而乘以大雨。散宜生又谏曰："此非妖欤？"王曰："非也，天洗兵也。"《风俗通》曰：雨师为玄冥。

《山海经》曰：羽山，其上多雨。将阳之山多怪雨。

《括地图》曰：谷山有簇云甘雨。

# 太平御览卷第十一　天部十一

## 雨下

《河图帝通纪》曰：雨者，天地之施也。

《遁甲开山图》曰：霍山南岳有云师雨虎。荣氏解曰：云师如蚕，长六寸，有毛，似兔。雨虎如蚕，长七八寸，似蛭，云雨之时，出在石上，肉甘，可熟而食。

又曰：郑有不毛山，上有无为之君，分布云雨于九州之内。荣氏曰：不毛山，不生树木，古无为君常处其上，布洒云雨，九州之内平均。

《河图秘征》曰：君急恚怒，无云而雨。

《黄帝素问》曰：清阳为天，浊阴为地。地气上为云，天气下为雨。雨出地，气出天。

又曰：天气下而为雨。

《太公金匮》曰：武王师到牧野，阵未毕，而暴风疾雨，雷电幽冥前后不见。太公曰："善。雷电者，是吾军动应天也。"

《太公伏符阴谋》曰：纣常以六月猎于西土，西土之老少相与谋曰："君王逆天，此其命固不寿也。"后数日而暴风大雨发屋拔木，漂杀人民六畜。明年，诸侯谋合，四海兵起。

又曰：武王兵入商都，前歌后舞，甲子进兵，乙丑而雨。

《太公兵法》曰：将有三礼。武王曰："敢问三礼。"太公曰："将冬日不服裘，夏日不操扇，天雨不张幔盖，名将礼。"

《太公对敌权变逆顺法》曰：夫军出逢天无云而雨，天泣也。军没不还。

《魏武帝兵书接要》曰：大军将行，雨濡衣冠，是谓洒兵，其师有庆。

又曰：三军将行，其旗垫然若雨，是谓天露。三军失徒，将阵，雨甚，是谓浴尸，先阵者败亡。

又曰：大将始行，雨而薄，不濡衣冠，是谓天泣。其将大凶，其卒散亡。

《杂兵书》曰：诸云气，诸变晕，日月蚀，风散之，云振之，雨压之，皆解。

又曰：大人之兵如虎如狼，如风如雨，如雷如电，振振暝暝，天下尽惊。

又曰：军始营，风雨从后来，沾衣裳，大吉。

又口：有大云雨，军内滂沱甚者，军罢无功。

桓宽《盐铁论》曰：孔子，大圣也。尝居上位，相鲁三月，不令而行，不禁而止，沛若时雨之灌万物，莫不兴起也。

王充《论衡》曰：道至天者，翔风起，甘雨降，霁而阴曀者，谓之甘雨，非谓雨水味甘也。

又曰：太平之时，五日一风，十日一雨。

又曰：周公时，雨不破块，风不鸣条，旬而一雨，雨必以夜，丘陵高下皆熟。

《神异经》曰：西海上有人焉，乘白马朱鬣，白衣素冠，从十二童子，驰马西海上如飞，名曰河伯使者。其所至之国，雨水滂沱。

《乐动声仪》曰：焦明至，为雨备。焦明，水鸟。

《楚辞》曰：雷填填兮雨冥冥。

潘尼《苦雨赋》曰：瞻中堂之浩汗，听长霤之涔涔。

成公绥《阴霖赋》曰：沉灶生蛙，中庭运舟。

傅咸《愁霖诗》曰：举足没泥泞，市道无行车。兰桂贱朽腐，柴粟贵明珠。

张孟阳《杂诗》曰：云根临八极，雨足洒四溟。霖沥过二旬，散漫亚九龄。阶下伏泉涌，堂上水衣生。尺烬重寻桂，红粒贵瑶琼。

又诗曰：腾云似涌烟，密雨如散丝。

刘桢诗曰：和风从东来，玄云起西山。夜中发此气，明旦飞甘泉。

应璩《与韦诞书》曰：夫以原宪悬磬之居，而值皇天无已之雨。室宇渐而作漏，堂馆洽而为泥。

## 祈雨

《礼记·月令》曰：孟夏大雩，帝命有司祷祀山川，古之卿士有益于人者，以祈谷实。雩者，祭天祁雨之名。大雩，为用盛乐也。

《汉书》曰：董仲舒为江都相，理国以《春秋》灾异之变推阴阳所错行，故求雨，闭诸阳，纵诸阴，其止雨反是者。义云，祈雨，闭南门止雨。

范晔《后汉书》曰：谅辅仕郡，为五官椽。时夏大旱，太守自出祷山川，连日而无所降。辅乃自暴庭中，慷慨咒曰："辅为股肱，不能进谏纳忠，和调阴阳，至令天地否隔，万物焦枯，咎尽在辅。今敢有所请，若至日中不雨，乞以身塞无状。"于是积薪聚艾茅以自环，构火将自焚。未及中时，天云晦合，须臾澍雨。

谢承《后汉书》曰：戴封，字平仲，迁西华令。其年大旱，祷请无获，乃积薪坐其上以自焚。火起而大雨，远迩叹服，迁中山相。

又曰：爰延转议郎。徐州遭旱，延使持节到东海请雨。丰泽应澍雨，与京师同日俱霈，还拜五官中郎将。

又曰：周畅性仁慈，为河南尹。夏旱，久祷无应，因收葬洛城傍客死骸骨万余人，应时澍雨，岁乃丰稔。

又曰：章和元年有诏以郑弘为大尉。时旱，朝廷百僚皆暴请雨，夏炎热，小雨，群官即还舍。弘弥日不旋，大雨澍，稼穑遂丰。

又曰：汝南周获善占天文，为郡门下椽，鲍昱为汝南太守。时郡境天旱，昱自往问，何以致雨，获曰："急罢三部督邮，明府当自北出，到四十里亭，雨可致也。"昱从之，果得大雨，每行县，辄轼其间。

《东观汉记》曰：曹褒为河内大守，时旱，春至六月无雨，谷贵，百姓颇流离。褒到，省吏职，退去贪残，屡得澍雨。其秋大熟，百姓给足，流民皆还。

又曰：和熹邓后，永初二年三月，京师旱，至五月朔，太后幸雒阳，省狱举冤。未还宫，澍雨大降。

司马彪《续汉书》曰：永元六年，张奋代刘方为司空。时岁灾旱，祈雨无应，乃表即时引见，口陈时政之宜。明日和帝召太尉、司徒幸洛阳，即大雨三日。

《蜀本纪》曰：秦王诛蜀侯恽后迎葬咸阳，天雨三月，不通，因葬成都，故蜀人求雨祠蜀侯必雨。

王隐《晋书》曰：束皙。太康中，郡大旱，苗稼败，皙乃命邑人躬共请雨，三日中雨水三尺。众人以其有术数，精诚感于神明，百姓欢喜，为之歌曰："束先生，通神明，请天三日甘雨零。我黍以萌，我稷以生。何以酬之，报束长生。"

高闾《燕志》曰：太平十五年，自春不雨，至于五月。有司奏右部王荀妻产妖，傍人莫觉，俄而失之，乃暴荀妻于社，大雨普洽。

鱼豢《典略》曰：旧制求雨，太常祷天地宗庙社稷山川，已赛，如其常祭，牢礼。四月立夏旱，乃求雨，立秋虽旱不祷。求雨到七月毕，赛之。秋冬春三时不求雨。

崔鸿《春秋前燕录》曰：建熙七年五月，慕容暐下书曰："朕以寡德，莅政多违，亢阳三时，光阴错绪，农植之辰而零雨莫降。其令有司彻乐，太官以菜食常供祭奠。"既而澍雨大降。

又《前凉录》曰："张植为西城校尉，与奋威将军牛霸率骑救张冲，六月至于流沙，无水，士卒渴甚。植乃剪发肉袒徒跣升坛，恸泣请雨，俄而云起西北，雨水成川。植杀所乘马祭天而去。

又《前秦录》曰：沙公，西域沙门也。有秘术，每旱，苻坚常使咒龙，龙便下钵中，天辄大雨。

《后魏书》曰：孝文太和二年，京师旱，祈雨，天子于北苑亲自礼焉，减膳，避正殿，澍雨大洽。三年，帝祈雨于北苑，闭阳门，是日大澍雨。

《益都耆旧传》曰：赵瑶为阆中令，遭旱，请雨于灵星，应时大雨。

《葛仙公传》曰：吴主曾与仙公坐于榭上，望见道间人民请雨，土人累时不得。仙公曰:“雨可得耳。”即书符着社庙中,日午大雨,尺馀水。

《长沙耆旧传》曰:祝良为洛阳令。时亢旱,天子祈雨不得。良暴身阶庭,告诫引罪,紫云沓起,甘雨乃降。

《佛图澄传》曰:石虎时,自正月至六月不雨,澄诣滏口祠,稽首暴露,即有二白龙降祠下,于是雨遍数千里。

干宝《搜神记》曰:汤既克夏,大旱七年,洛川竭。汤乃以身祷于桑林,剪其发,自以为牺牲,祈福于上帝。于是大雨总至,洽于四海。

又曰:湘东新平县有一龙穴,穴中有黑土。岁旱,人则共壅水于此穴,穴淹则立大雨。

《宋永初山川记》曰:鄱阳长寿山,山形似马,白云出于鞍中,不崇朝而雨。

盛弘之《荆州记》曰:佷山县有一山独立峻绝,西北有石穴,北行百步许,二大石其间相去一丈许,俗名其一为阳石,一为阴石。水旱为灾,鞭阳石则雨,鞭阴石则晴。

又曰:湘东有雨母山,山有祠坛,每祈祷无不降泽,以是名之。

又曰:耒阳县有雨濑,此县时旱,百姓共壅塞之,则甘雨普降。若一乡独壅,雨亦偏应,随方所祈,信若符刻。

顾微《广州记》曰:郁林郡山东南有一池,池边有一石牛,人祭祀之,若旱,百姓杀牛祈雨,以牛血和泥,泥石牛背,祀毕则天雨大注。

《抱朴子》曰:使者甘宗所奏西域事云:方士能神祝者临泉禹步吹气,龙即浮出,长数十丈;更吹,龙辄缩至长数寸,乃掇取著壶中,壶中或有四五龙,以少水养之。闻有旱处,便赍龙往卖,一龙直数十斤金。发壶出一龙,著潭中,复禹步吹之,长数十丈,须臾而云雨四集。

又曰:历阳有彭祖仙室,请雨必得。

《晏子春秋》曰:齐景公时,旱欲祠灵山。晏子曰:“山以石为身,草木为发,天苟不雨,发焦身热,独不欲雨乎,祠之何益?”公曰:“祠河伯可乎?”曰:“河伯以水为国,鱼鳖为民,久旱,国将亡,民将灭,独不欲雨乎?君避殿暴露,其索雨乎?”公出野暴露,天果大雨。

《淮南子》曰：土龙致雨。许慎注曰："汤遭旱，作土龙以象云从龙也。"

又曰：董仲舒请雨，秋用桐木鱼。

《山海经》曰：东荒北隅有山名土丘，应龙处南极，杀蚩尤与夸父不得，复上，故下数旱，旱而为应龙之状，乃得大雨。今之土龙本此也。

《遁甲开山图》曰：绛北有阳石山，有神龙池。黄帝时遣云阳先生养于此，帝王历代养龙之处，国有水旱不时，即祀池请雨。

《尔雅》孙炎注曰：摄木生江上，有奇枝高三四丈，生毛，一名枫子，天旱以泥涂之即雨。

傅咸《自叙》曰：太始九年，自春不雨，涉夏节，圣皇劳虑，分使祈祷。余以太子洗马兼司徒莅事，三朝，雨大降，退作《喜雨赋》。

## 霁

《说文》曰：霁，雨止也；霎，雨齐也。霩，雨止云罢貌。

《魏略·五行志》曰：延康元年，大霖雨五十馀日，魏有天下乃霁，将受魏祚之应也。

《晋中兴征祥记》曰：咸和四年，阴霖五十余日，苏峻灭，乃霁。

《长沙耆旧传》曰：文度，字仲儒，为郡功曹吏。时霖雨，废人业，太守忧悒，召度补户曹。度奉教斋戒，在社三日，夜梦白头翁谓曰："尔来何迟！"翌旦，度具白所梦于太守，曰："昔禹梦青绣文衣男子，称苍水使者，禹知水脉当若椽。此梦将其比也。"明日果大霁。

《扶南日南传》曰：金陈国入四月便雨，六月乃止，少有晴日。六月不雨常晴。岁岁如此。

# 太平御览卷第十二 天部十二

## 雪

《释名》曰：雪，绥也。水下遇寒凝，绥绥然下也。

《诗》曰：北风其凉，雨雪其滂。

又曰：上天同云，雨雪雰雰。雰雰，雪貌也。丰年之冬，必有积雪。

又曰：文王以天子之命，命将帅歌《采薇》以遣之。“昔我往矣，杨柳依依。今我来思，雨雪霏霏。”

又曰：蜉蝣掘阅，麻衣如雪。郑玄注曰：“喻曹昭公君臣朝夕变易衣服。麻衣，深衣也。”

《礼》曰：孟春行冬令，则水潦为败，雪霜大挚。

《传》曰：隐公九年三月庚辰，大雨雪。平平地尺为大雪。三月，今正月也。大雪失时也。

又曰：楚子次于乾溪。雨雪，王皮冠，秦复陶，秦所遗羽衣也。翠被，豹舄，执鞭以出。

《易通卦验》曰：《乾》得《坎》之蹇，则当夏雨雪。

《诗推度灾》曰：逆天地，绝人伦，当夏雨雪。

《大戴礼》曰：天地积阴，温则为雨，寒则为雪。

《春秋元命包》曰：阴阳凝而为雪。

《史记》曰：东郭先生久待诏公车，贫困饥寒，衣弊，履不完。行雪中，履有上无下，足尽践地，道中人笑之。

《汉书》曰：汉女者，居东海养姑，姑女谗之于姑。姑诣太守。诉而杀之，五月下雪。

又曰：苏武使于单于，单于幽武置大窖中，绝，不与饮食。天雨雪，武卧啮雪，与毡毛并咽之，数日不死，匈奴因以为神。

又曰：壶广鞮单于，自将领万骑击乌孙，会天大雪，一日深丈馀，人民畜产冻死。

《续汉书》曰：赤眉入安定北地，逢大雪，坑谷皆满，多冻死。

《晋书》曰：王恭衣鹤氅，雪中行，时人谓之神仙中人。

又曰：太傅谢安，雪骤降，公欣然曰："白雪纷纷何所似？"兄子客儿曰："撒盐空中差可拟。"兄女道韫曰："未若柳絮因风起。"

又曰：东瀛公腾公姓司马，名腾。伐石勒，于常山屯营。时天大雪，有一处方数丈，融液，怪而掘之，得一玉马高尺许，以为晋家之瑞。

《晋朝杂事》曰：太康七年，河阴雨赤雪二顷。

《宋书》曰：大明中元日，雪花降殿庭，左将军谢庄下殿，雪集衣白。上以为嘉瑞，群臣皆作《雪花诗》。

崔鸿《北凉录》曰：先酒泉南有铜驼山，大雨雪。沮渠吗、蒙逊遣工取之，得铜数万斤。

《宋齐语》曰：孙康家贫，常映雪读书。

《唐书》曰：郭元振为安西大都护。时西突厥首领乌质勒部落强盛，款塞通和，元振就其牙帐计会军事。时天大雪，元振立于帐前，与乌质勒言议。须臾，雪深风冻，元振未尝移足。乌质勒年老，不胜寒苦，会罢而死。

《录异传》曰：汉时大雪积地丈馀，洛阳令自出案行，见民家皆除雪出，有乞食者至袁安门，无有行路，谓安已死。令人除雪入户，见安僵卧，问何不出？安曰："大雪，人皆饿，不宜干人。"令以为贤，举为孝廉。

《韩诗外传》曰：凡草木，花多五出，雪花独六出，雪花曰霙。

皇甫谧《高士传》曰：世莫知焦光所出，野火烧其庐，先因露寝。冬雪大至，先袒卧不移，人以为死，就视如故。

《穆天子传》曰：日中大寒，北风雨雪，有冻死人，天子作《黄竹诗》三章以哀民，曰："我徂黄竹，负闷寒。"閟，闭也。音秘。

又曰：雨雪，天子猎于钘山之西河。

《汉武内传》曰：西王母曰："仙之上药有玄霜绛雪。"

《烈士传》曰：羊角哀、左伯桃相与为死友。闻楚王好士，欲往仕之，道遇雨雪，计不俱全，乃并衣粮与角哀，入树而死。

《陆机别传》曰：机诛日，平地尺雪，时人以为冤。

《曹摅别传》曰：摅为洛阳令，于时大雪，而宫门夜忽失行马。摅曰："此非他窃，理可保明，必是门士以疗寒。"验之而具服。

王子年《拾遗记》曰：穆王东至大巇音奇之谷，西王母来进嵰州甜雪。嵰州去玉门三十万里，地多寒，雪霜露著木石之上，皆融而甘，可以为果也。

又曰：周灵王起昆明之台，召诸方士。有二人乘飞游之辇，王迎之上席，酣醒。时天赤旱地裂，其一人先唱能为霜雪，王乃请焉。于是引气一吸，则云起雪飞。

又曰：广延之国去燕七万里，在扶桑东，其地寒，盛夏之日冰厚至丈。常雨青雪，冰霜之色，皆如绀碧。

《沙洲记》曰：自龙涸至大浸川一千九百里，昼夜萧萧，常有风寒。七月，雨便是雪，遥望四山，皓然皆白。

《西京杂记》曰：董仲舒曰："太平之世，雪不封条，凌弭毒害而已。"

《庄子》：藐姑射之山有神人居焉，肌肤若冰雪，绰约若处子。

《曾子》曰：阴气胜则凝为雪。

《孟子》曰：滕文公卒，葬有日矣，天大雨雪，至牛目。群臣请弛期，太子不许，惠公谏曰："昔王季葬涡山之尾，滦水啮其墓，见棺。文王曰：先君欲见群臣百姓矣。乃出为帐，三日而后葬。今太子亦宜曰先王，欲少留而抚社稷，故使雪甚，弛期而更为日，比文王义也。"太子曰："善！"

又曰：齐宣王见孟子于雪宫。王曰："贤者亦有此乐乎？"孟子曰："为人上而不与民同乐者，非也。"

《晏子春秋》曰：景公时雨雪三日，公被狐白之裘见晏子。公曰："怪哉，雨雪三日不寒。"晏子曰："古之贤君饱而知人饥，温而知人寒。”公曰：“善！”乃脱裘，发粟以与饥寒者。

《秦子》曰：今欲驰光日下，显白雪中，不可得也。

《孙子》曰：昔卫君重裘累茵而坐，见路有负薪而哭之者，问：“何故也？”对曰：“雪下衣薄，是以哭之。”于是卫君惧见于颜色曰：“为君而不知民，孰以我为君！”于是开府金，出仓粟，以赈贫。

《淮南子》曰：欲灭迹而走雪中。

《金匮》曰：武王伐纣，都洛邑，阴寒，雨雪十馀日，深丈余。甲子平旦，不知何五大夫乘马车从两骑止门外，王使太师尚父谢五大夫，宾幸临之，失不先闻，方修法服，太师尚父使人持一器粥出，进五车两骑曰：“先生大夫在内方对天子，寒，故进热粥却寒。”粥皆毕，使者具以告尚父，尚父问武王曰：“客可见矣！五车两骑，四海之神与河伯雨师耳！”王曰：“不知有名乎？”曰：“南海神曰祝融，东海神曰勾芒，北海曰玄冥，西海曰蓐收。”河伯雨师请使谒者于殿下门内引祝融五神，皆惊，相视而叹。

《语林》曰：王子猷居山阴，大雪夜开室命酌，四望皎然，因咏《招隐诗》。忽忆戴安道时在剡，乘兴棹舟，经宿方至。既造门而返，或问之，对曰：“乘兴而来，兴尽而返，何必见戴安道。”

《氾胜之书》曰：取雪汁渍原蚕屎五六日，待释手挼之，和谷种之，能御旱，故谓雪为“五谷精”也。

《山海经》曰：由首之山，小咸之山，空桑之山，并冬夏有雪。

《论衡》曰：云雾，雨之征也。夏则为露，并冬则为霜，温则为雨，寒则为雪。雨露冻凝者，其由地发，不从天降。

《琴操》曰：曾子耕太山下，雨雪，不得归，思父母，作《梁山操》。

《广志》曰：云南郡四五月犹积皓雪，代郡以五月山阴犹宿雪，八月末复雪。

宋玉对问曰：客有歌于郢中，始曰下俚巴人，国中属而和者数千人；及为阳春白雪，国中属而和者不过数十人。是其曲弥高而和弥寡。

宋谢惠连《雪赋》曰：岁将暮，时既昏；寒风积，愁云繁。梁王不悦，游于兔园，乃置旨酒，命宾友，召邹生，延枚叟。相如末至，居客之右。俄而微霰零，密雪下，王乃歌《北风》于卫诗，咏《南山》于周雅。相如于是避席而起，逡巡而揖曰："臣闻雪宫建于东国，雪山峙于西域，岐昌发咏于来思，姬满申歌于黄竹。曹风以麻衣比色，楚谣以幽兰俪曲。盈尺则呈瑞于丰年，袤丈则表沴于阴德。其为状也，散漫交错，氛氲萧索，蔼蔼浮浮，瀌瀌奕奕，联翩飞洒，徘徊委积。始缘甍而冒栋，终开帘而入隙；既因方而为圭，亦遇圆而成璧。眄隰则万顷同缟，瞻山则千岩俱白。于是台如重璧，逵似莲璐，庭列瑶阶，林挺琼树，皓鹤夺鲜，白鹇失素。"

《楚辞·九辩》曰：雪霰纷糅女救反。

又曰：魂来归兮，北方不可止。增冰峨峨，飞雪千里些。

又曰：霰雪纷其无垠些，云霏霏而承宇些。

司马相如《美人赋》曰：时既西夕，玄阴晦冥，凉风萧然，素雪飘零。

伏系之《雪赋序》曰：结阴凝雪，皎如帔素。

谢灵运诗曰：明月照积雪，朔风劲且哀。

乐府歌诗曰：皑如山上雪，皎如云间月。闻君有两意，故来相决绝。

庾肃之《雪赞》曰：皓若天汉，色逾玉粲。

李颙《悲四时》曰：云黮徒敢反霨徒对反。以时兴，雪联翩而聚密。枯林皦如琼幹，空岫朗若玉室。

王韶之《咏雪离合》曰：霰先集兮雪霏霏，散辉素兮被檐庭。曲室寒兮朔风厉，川陆涸兮百籁鸣。

## 霰

《释名》曰：霰，星也。冰雪相搏补各反，如星而散。

《说文》曰：霰，积雪也。从雨散声。

《诗》曰：如彼雨雪，先集维霰。霰，暴雪也。《笺》云：雪自上遇温气而抟谓之霰。

《尔雅》曰：雨霰为消雪。郭璞注云：霰，冰雪杂下，故谓消雪。

又曰：雨雪相和为霰。

《尚书·洪范·五行传》曰：盛阴，雨雪凝滞，而冰寒。阳气薄之，不相入，则散而为霰。故沸汤之在闭器而湛于寒泉，则为冰；及雪之销，亦冰解而散。此其验也。

《韩诗》薛君注曰：霰，霙也。

《曾子》曰：阴之专气为霰。

## 露

《释名》曰：露，虑也，覆虑物也。

许慎《说文》曰：露，润泽也，从雨，路声。

《诗》曰：厌浥行露，岂不夙夜？谓行多露。

又曰：蒹葭苍苍，白露为霜。

又曰：《湛露》，天子燕诸侯也。"湛湛露斯，匪阳不晞。"

又曰：野有蔓草，零露抟徒官反。兮。

又曰：野有蔓草，零露瀼瀼。如章反。

《礼》曰：立秋后五日白露降。

又曰：季冬行秋令，则白露早降。

又曰：天不爱其道，故天降甘露。

又曰：春雨露既濡，君子履之，必有怵惕之心焉。如将见之感时念亲也。

又曰：王所以为顺而弗悖也，天降甘露。

《易通卦验》曰：立秋白露下。

《尚书中候》曰：尧时甘露降。

《诗含神雾》曰：阳气终，白露为霜。宋均曰：白露，行露也。阳终阴用事，故曰白露凝为大霜也。

《大戴礼》曰：露，阴阳之气也。夫阴气胜则凝为霜雪，阳气胜则散为雨露。

《礼斗威仪》曰：君治政，则轩辕之精散为甘露。

《春秋繁露》曰：恩及于物，顺于人而甘露降。

《春秋序》曰：桀无道，露冬下。

《春秋元命包》曰：霜以杀木，露以润草。

又曰：阴阳散为露。

《五经通义》曰：和气津液凝为露，露从地出。

《吴越春秋》曰：子胥谏吴王，王怒，暮归，举衣出宫，宫中群臣皆曰："天无霖雨，宫中无泥露，相君举衣，行高何为？"子胥曰："吾以越谏王，王心迷，不听。吾言，宫中生草棘，雾露沾吾衣。"群臣闻之，莫不悲伤。

《汉书》曰：宣帝元康元年，甘露降未央宫，大赦天下。

又曰：平帝永平十七年，自春迄夏，多甘露降。谒元陵，太常丞上言陵树叶上有甘露，令百官采之。

又曰：成帝幸河东，祠后土，甘露降京师。

又曰：宣帝诏曰："乃者，凤凰集太山、陈留，甘露降未央宫，宜赦天下。"

《后汉书》曰：桓帝永康元年秋八月，魏郡言嘉禾生，甘露降。

范晔《后汉书》曰：明帝永平十七年，甘露降于原陵。

谢承《后汉书》曰：吴郡沈丰为零陵太守，至官一年，甘露降，膏润草木。

《东观汉记》曰：光武帝时，甘露降四十五里。

又曰：明帝永平十七年，梦见先帝、光烈皇后，梦中喜觉，悲不能寐明旦上陵，其日甘露降于陵树，帝令百官采之。帝伏御床流涕也。

《魏志》曰：明帝铸承露盘，茎长一十二丈，铜龙绕其根，立于芳林园，甘露乃降。

又曰：明帝与东阿王诏曰："昔先帝时，甘露屡降于仁寿殿前，灵芝生芳林园中。自吾建承露盘已来，甘露复降于芳林园仁寿殿前。”

《晋书》曰：皇甫谧幼时有甘露降其柳树，谧母以食之，谓蜜也。

《晋中兴书》曰：王者敬养耆老则甘露降于松柏，尊贤容众则竹苇受之。甘露者，仁泽也，其凝如脂，其美如饴。

《宋书》曰：文帝元嘉中，甘露频降，状如细雪。

《隋书》曰：李德饶，赵郡柏人人也。性至孝。丁父忧，单縗徒跣，后甘露降其树，白鸠巢其庐。

《豫章耆旧传》曰：太守陈蕃临郡二年甘露降。

《汝南先贤传》曰：新蔡郑敬、都尉高懿厅前槐树有白露，类甘露。懿问掾属，皆言是甘露，敬曰：“明府德政未致甘露，但树汁耳。”懿不悦，因称疾而去。

《洞冥记》曰：勒毕国人长三寸，有翼，善言语戏笑，因名“语国”。饮丹露为浆。丹露者，日初出有露汁如珠也。

又曰：东方朔游吉云之地，汉武帝问朔曰：“何名吉云？”曰：“其国俗常以云气占吉凶。若吉乐之事，则满室云起，五色照著于草树，皆成五色露，露味甘。”帝曰：“吉云五色露可得以尝不？”朔乃东走，至夕而还，得玄、黄、青露，盛之琉璃器以授帝。帝遍赐群臣，得露尝者，老者皆少，疾病皆愈。

又曰：元封二年，数过国献能言龟一头，长一尺二寸。东方朔曰：“唯承树露以饮之。”

王子年《拾遗记》曰：昆仑山有甘露，望之色如丹，着木石则皎然如霜雪，宝器承之如饴，人君圣德则下。

周处《风土记》曰：白鹤性警，至八月露降，流于草上滴滴有声则鸣。

《述仙记》曰：八月一日作五明囊，盛取百草头露，以之洗眼，眼明也。

《老子》曰：天地相合，以降甘露。

《庄子》曰：姑射之山有神人焉，不食五谷，吸风饮露。

《鹖冠子》曰：圣德上及太清，下及太宁，中及万灵，则膏露下。

《苏子》曰：夫人一代，若朝露之托桐叶耳，其与几何！

《吕氏春秋》曰：伊尹说汤曰："水之美者有三危之露，三危，西极山名。和之美者揭雩之露，揭雩之露其色紫。"

《淮南子》曰：方诸取露于月。高诱注曰：方诸，阴燧也。

东方朔《神异经》曰：西北海有人长二千里，两脚中间相去千里，腹围一千六里，但日饮天酒五斗。张华云：天酒，甘露也。

又曰：黄父以雾露为浆。

《古史考》曰：太古之初，民吮露精，食草木实。

刘向《说苑》曰：吴欲伐荆王，令曰："敢有谏者死！"舍人有少孺子者欲谏，怀弹于后园，露沾其衣者三朝。王曰："子求何苦，露沾衣如是？"对曰："园中有树，其端有蝉，蝉高居悲鸣，饮风噏露，不知螳螂在其后曲跗，方无反。欲取其蝉。而螳螂又不知黄雀居其后，延颈欲啄之。然黄雀又不知臣操弹丸在其下，臣但捕其黄雀，不觉露隰衣。此者为窥其利而不思后患。"王闻之，遂不伐荆。

又曰：腾蛇游于雾露，千里不止。

《汉武帝故事》曰：帝作金茎擎玉杯，以承云表之露，拟和玉屑服之以求仙。

又曰：作铜承露盘，上有仙人掌以承露也。

蔡邕《月令章句》曰：露者，阴液也，释为露，凝为霜。

《白虎通》曰：甘露者，美露也，降则物无不盛。

又曰：露者霜之始，寒即变为霜。

《论衡》曰：甘露味如饴，王者之太平应则降。

《地镜图》曰：视山川多露无霜，其下有美玉。

徐整《长历》曰：北斗当昆仑山，气运注天下，春夏为露。

崔豹《古今注》曰：《薤露》，丧歌，言人命如薤上露，易晞灭也。其一章曰："薤上露，何易晞，明朝更复落，人死何时归。"

《瑞应图》曰：露色浓甘者，谓之甘露。王者施德惠则甘露降其草木。

又曰：甘露者，美露也，神灵之精，仁瑞之泽。其凝如脂，其甘如饴，一名膏露，一名天酒。

又曰：王者德至于天，和气感则甘露降于松柏。

《山海经》曰：仙丘降甘露，人常饮之。

又曰：诸沃之野，摇山之民，甘露是饮，不寿者八百岁。

《列星图》曰：天乳一星在氐北，主甘露。占：若明而润，则甘露降；不然，则否也。

《楚辞》曰：朝饮木兰之坠露，夕采秋菊之落英。

《张衡奏事》曰：飞尘增山，雾露增海。

曹植《魏德论》曰：玄德洞幽，飞化上蒸，甘露以降，蜜淳水凝，睹阳弗晞，琼爵是承，献之帝朝，以明圣征。

曹植《承露盘铭叙》曰：夫形能见者莫如高，物不朽者莫如金，气之清者莫如露，盛之安者莫如盘，乃诏有司，铸铜建承露盘于芳林园。

《束皙集》曰：薄冰凝池，非宗庙之宝；零露垂林，非缀冕之饰。

张载《羽扇赋》曰：濯以云精，拂以芝露。

# 太平御览卷第十三 天部十三

## 雷

《释名》曰：雷者，如转物有所硠音郎，雷之声也。

《说文》曰：霆雷，馀声铃铃，所以挺出万物。

《易》曰：雷电皆至，《丰》。君子以折狱致刑。

又曰：震为雷。

又曰：动万物者，莫疾乎雷。

又曰：鼓之以雷霆。

又曰：洊慈见反雷《震》。君子以恐惧修省。

又曰：震来虩虩许逆反。

又曰：雷出地奋，《豫》。先王以作乐崇德。

又曰：雷电，《噬嗑》。先王以明罚敕法。

又曰：云雷，屯。君子以经纶。

又曰：雷在地中，《复》。先王以至日闭关，商旅不行，后不省方。

又曰：天地解而雷雨作，雷雨作而百果草木皆甲坼。

又曰："震惊百里。"惊远而惧迩也。

又曰：雷以动之。

又曰：雷雨之动满盈。

又曰：雷风不相悖。

又曰：雷风相薄。

又曰：泽中有雷，《随》。君子以向晦入宴息。

《书》曰：纳于大麓，烈风雷雨弗迷。

《诗》曰：殷其雷，在南山之阳。

又曰：虺虺其雷。

《礼》曰：仲春，日夜分，雷乃发声。先雷三日，奋木铎以令兆民曰：

“雷将发声，有不戒其容止者，生子不备，必有凶灾。”主戒妇人有娠者，止犹动静。

又曰：君子若有疾风迅雷甚雨则必变，虽夜必兴衣服，冠而坐。谓敬天之怒。

又曰：秋分之日，雷乃收声。

《传》曰：藏冰以时，则雷出不震；弃冰不用，则雷不发而震。

《谷梁传》曰：阴阳相薄，感而为雷，激而为霆。

《尔雅》曰：疾雷为霆。郭璞注曰：“疾雷谓雷之急激者。”

《论语》曰：迅雷风烈必变。

京房《易传》曰：当雷不雷，阳德弱也。

又曰：五星占雷电杀人何？雷天拒难，折冲之臣也。君承用节度，即雷以节；暴人威福，则雷电杀人。

《易妖占》曰：天冬雷，地必震。教令挠则冬雷，民饥。

《书·洪范》曰：雷于天地为长子，以其首长，万物与其出入也。雷出地百八十三日而复入，入则万物亦入；入地百八十三日而复出，出则万物亦出。此其常经也。

又曰：秦二世元年，天无云而雷。雷，阳也；云，阴也。有云然后有雷，象君臣也。故云雷相托，阴阳之合也。今二世不恤人，人臣叛之，故无云而雷也。

又曰：凡大风雷雨为不敬也。

又曰：春后十日，雷乃发声。

又曰：正月雷微动而雉雊。

又曰：夫雷，人君相也，入能除害，出能兴利。

《尚书中候》曰：秦穆公出狩，天震，大雷下，有火化为白雀，衔丹书集公车。

《大戴礼·夏小正》曰：雷震雉鸣雊，鼓其翼也。正月必雷，雷不必闻，唯雉必闻之。

《春秋元命包》曰：阴阳合为雷。

《春秋合诚图》曰：轩辕星，主雷雨之神。

《论语谶》曰：雷震百里声相附。宋均注云："雷动百里，故因以制国也。雷声，谓诸侯之政教所至相附也。"

《史记》曰：高祖母刘媪常息大泽之陂，梦与神遇。是时雷电晦冥，太公往视，见蛟龙于其上，已而有娠，遂孕高祖。

《汉书》曰：迅雷妖风，怪云变气。此皆阴阳之精，本在地而上发于天。

《续汉书》曰：桓帝建和三年六月乙卯，雷震宪陵寝屋。是时，梁太后听兄冀诛李固、杜乔。

《晋书》曰：晋人王褒母生时畏雷，至母终后，天雷辄绕墓曰："褒在此，褒在此！"

《齐书》曰：永明八年六月十日晡时，雷有黄光照地，状如金色，占曰："人君有德，或谓之荣光。"

周裴《汝南先贤传》曰：蔡顺母平生畏雷，自亡后每有雷震，顺辄环冢泣曰："顺在此。"

《韩诗外传》曰：东海之上有勇士，曰菑丘䜣，以勇游于天下。过神渊饮马，马沉，䜣去朝服，拔剑而入，三日三夜，杀二蛟一龙而出，雷神随而击之，十日十夜，眇其左目。

王歆《孝子传》曰：竺弥，字道纶。父生时畏雷，每至天阴，辄驰至墓，伏坟哭，有白兔在其左右。

《搜神记》曰：义兴人周永和出行，因日暮，路旁小屋中有女子留宿。一更后，有唤阿香，女应诺，"官唤女推雷车"。女遂辞周云："有官事须去。"俄而大雷。既明，周自异其处，返寻，唯见一新冢，冢上有马迹。

东方朔《神异经》曰：八方之荒有石鼓，其径千里，撞之，其音即雷也。天以此为喜怒之威

盛弘之《荆州记》曰：朝阳县樊重母畏雷，重为母立石室以避之，悉以文石为阶砌，至今犹存。

孟奥《北征记》曰：凌云台南角一百步，有白石室，名“避雷室”。

又曰：临贺有石方二丈。石有磨刀斧迹，春夏常明净，其迹甚新。秋冬则苔秽，故为雷公磨石。

《庄子》曰：阴阳交争为雷。

《文子》曰：夫目察秋毫之末，耳不闻雷霆之声；耳调金石之音，目不见太山之形。小有所志，必大有所忘。

曾子曰：阴阳之气俱，则为雷。

《淮南子》曰：阴阳相薄，感而为雷。

又曰：荫不祥之木，为雷霆所扑。

又曰：庶女叫天，雷电下击，景公台殒，支体伤折，海水大出。庶贱之女，齐之少寡妇人也。无子不嫁，事姑谨敬，姑无男有女，女利母财，令母嫁妇，妇终不肯。女杀母以诬寡妇，妇不能自明，冤结叫天，天为作雷电下击景公之台。殒，坏之也。伤毁景公支体，水为之溢。

又曰：雷霆之声可以钟鼓写也，风雨之变可以音律和也。

《抱朴子》曰：雷，天之鼓也。

《鹖冠子》曰：昔者有道之君取政，非取于耳目也。夫耳之生聪，目之生明。两叶蔽目，不见太山；两豆塞耳，不闻雷霆。

《孙子》曰：击电无停光，疾雷无馀声。

《河图帝通纪》曰：雷，天地之鼓。

《河图》曰：玉虎晨鸣，雷声也。

又曰：黄帝以雷精起。

《六韬》曰：武王伐纣，雨甚雷疾，武王之乘，雷震而死。周公曰：“天不祐周矣！”。太公曰：“君秉德而受之，不可如何也。”

伏侯《古今注》曰：成帝建始四年，无云而风，天雷如击连鼓，音可四五刻，隆隆如车声。

《山海经》曰：羭音榆次之山有皋名櫜蜚，服之不畏电。蜚音肥、匪、备三音。

又曰：飞鱼如豚，赤文无羽，食之辟兵，不畏雷。

师旷占曰：春雨初起，其音恪恪，霹雳者，所谓雄雷，旱气也。其鸣依依，音不大，霹雳者，谓之雌雷，水气也。

又曰：春分有音如雷非雷，音在地中，其所住者，兵起其主，无云而雷，名曰天狗。行不出三年，其国亡。

又曰：初，雷从金门起，上旬旱，下田熟，一曰岁中兵革起也。

《风俗通》曰：雷不盖酱。俗说令人腹中雷鸣。

《世说》曰：曹爽将诛，梦二虎御雷公，若二升碗放着庭中。

《华阳国志》曰：曹公从容谓先主曰："今天下英雄，唯使君与操耳。本初之徒，不足数也。"先主方食，尖匕箸。会雷大震，先主曰："圣人言迅雷风烈必变，良有以也。一震之威，乃可致此！"公亦悔失言。

《郦炎对事》曰：或曰："雷震惊百里，何以知之？"炎曰："以其数知之：夫阳动为九，其数三十六；阴静为八，其数三十二。一阳动二阴，故曰百里雷。"

《杂兵书》曰：雷电霹雳，破军中树木屋舍者，徙去，吉也。雷电风所从来不可逆而相代，宜慎之也。

《物理论》曰：积风成雷。

王充《论衡》曰：子路感雷精而生，尚刚好勇，亲涉卫难，结缨而死，孔子闻而覆醢，每闻雷鸣乃中心恻怛，亦复如之。故后人忌焉，以为常也。

又曰：盛夏之时，雷电疾击杀人，谓之有阴过；饮食不洁则天怒，杀之。隆隆之声，天怒之音也。此虚言也。道士刘春，楚王英使食不洁，春死，未必遇雷也。建武四年六月夏，雷击会稽鄞县羊五头，羊有何阴过而雷击之乎？俗以为天取龙杀人，罚阴过，与取吉凶不同，非实道也。

又曰：图画之工，图雷之状，累累如连鼓形。

又曰：一人若力士之容，谓之雷公，使之左手引连鼓，右手椎之。世人信之，莫不谓然。始复原之，虚妄之象也。

## 霹雳

《释名》曰：霹雳，析也。震，战也。所击辄破，若攻战也。

《说文》曰：震，霹雳振物也。

《谷梁传》曰：震，雷为。

《尔雅》曰：疾雷为霆霓。郭璞曰：雷之急激者为霹雳。

《春秋繁露》曰：王言下不从则金不从，革而秋，多霹雳。霹雳者，金气，其音商，故应霹雳。

《五经通义》曰：震与霆，皆霹雳也。

《晋安帝纪》曰：义熙二年六月，震太庙鸱尾，彻壁，柱若有文字。

《晋朝杂事》曰：元康七年，霹雳破城南高禖石。高禖，中宫求子象也。贾后将诛之应。

曹嘉之《晋纪》曰：诸葛诞以气迈称，常倚柱读书。霹雳震其柱，诞自若。

《列女后传》曰：河南李叔卿为功曹，应举孝廉。同时应人害之，使婢宣言叔卿淫其寡妹。同举人诣尹，以骨肉相奸，不合应孝廉。叔卿杜门自绝，女妹伤被淫之名，遂到府门自杀，叔卿亦自杀，明己无愆也。后三年，霹雳杀害叔卿者，以其死尸置叔卿冢前。其家收而葬之，秋又雷发其冢。

《玄中记》曰：玉门之西有一国，国中有山，山上有人，岁岁出石砧子林反数千输庙中，名曰霹雳砧。给霹雳用，从春雷出，砧日减，至秋而尽。

《搜神记》曰：扶风杨道和，夏于田中值雨，霹雳下击之，道和以锄格，折其左肱，遂落地，不得去。色如丹，目如镜，毛角，长三尺，状如六畜，似猕猴。

《续搜神记》曰：吴兴人章苟者，五月中于田耕，以饭萝置菰里。晚于菰中伺之，见一大蛇偷其食。苟即以鈚步悲反乂之，蛇便走，去。苟乘船逐之，至一坂，有穴，蛇便入穴，但闻号哭，云人斫伤某甲，或云当如何，或云付雷公，令霹雳杀奴。须臾，云雨冥合，震电伤苟。苟于是跳梁大骂云:“天公!我贫穷展力耕垦,蛇来偷食我饭,罪在蛇,反来霹雳我,是无知!雷公若来,今当以鋌斫汝腹破。”须臾,云雨辄开,乃更霹雳向穴中,诸蛇死者数十。

《庄子》曰:阴阳错行,天地大骇。于是有雷有霆。

刘义庆《世说》曰:夏侯玄,字太初,尝倚柱读书。时暴雨,霹雳破所倚柱,衣服焦,然玄神色无变,读书如故。

《异苑》曰:佛佛虏凶虐暴忍,常自言国名佛佛,则是狒中之佛。寻被震而死,既葬而后就冢中,霹雳其柩,引身出外,题背四字,表其凶逆之国也。

又曰:滕放,太元初夏枕文石枕卧,忽暴雨雷震其枕,枕四解,傍人莫不怖慑。而放微觉有声,不足为惊。

又曰:元嘉十九年,京口霹雳杀人,亦自题背。

《世说》曰:王丞相见郭景纯:“君可试为作一卦。”卦成,郭意恶,云:“公有震厄。”王问:“可有消伏理否?”郭曰:“公能命驾西出数里,得一柏树,截短如公长,置寝处,灾可消。”王悉依其言。数日中,果震柏树碎,门内子弟皆称庆。

桓谭《新论》曰:天下有鹳鸟,群国皆食之,三辅俗独不敢取之。或取即雷霹雳起,原夫天,不独左彼而右此,杀鸟适与雷遇耳。

《博物志》曰:九真有狸牛出溪上,或斗岸上家牛,皆怖。或遮捕,即霹雳,号曰“神牛”。

《山海经》曰:半石之山有草,名曰嘉荣,服之不畏霆。不畏霹雳。

《琴操》曰:楚高梁子出游九皋之泽,览渐水之台,张罛置罟于荆山,临曲池而渔。而疾风賁于敏反。雹雷电奄冥,天火四起,霹雳下臻。玄鹤翔其前,白虎吟其后。乃援琴而歌叹,作《霹雳引》。

《正论》曰:里语云:州县符如霹雳,得诏书,但挂壁。

## 电

《释名》曰:电,殄也,乍见则殄灭也。

《说文》曰：电，阴阳激耀也。从雨，申声。

《易》曰：离为电。

又曰：雷电皆至，《丰》。君子以折狱致刑。

《诗》曰：烨烨震电。

《礼记·月令》曰：春分之日玄鸟至，后五日，雷乃发声，后五日始电。

《传》曰：隐九年三月癸酉，大雨震电。

《易稽览图》曰：阴阳和合，为电辉辉也，其光长。

《春秋元命包》曰：阴阳激为电。

《史记·天官书》曰：电者，阴阳之动也。

《帝王世纪》曰：黄帝有熊氏母曰附宝，有蟜氏之女也。见大电光绕北斗，枢星照郊野，感附宝而孕。

《汉书·李寻传》曰：寻说王根曰："窃见往者盛冬雷电，潜龙为孽。"

《晋书》曰：王戎幼而颖悟，神彩秀彻，视日不眩，裴楷目之曰："戎眼烂烂如岩下电。"

《神异传》曰：东王公与玉女投壶，误而不接，天为之笑，开口流光，今电是也。

《汉武内传》曰：西王母曰："东方朔为太山仙官，太仙使至方丈，助三天司命。朔但务山水游戏，擅弄雷电，激波扬风，风雨失时。"

《西京杂记》曰：董仲舒曰："太平之世，电不眴目，宣示光辉而已。"

《庄子》曰：阴气伏于黄泉，阳气上通于天，阴阳分争，故为电。

《文子》曰：肾为电主鼻。

《曾子》曰：阴阳交则电。

《抱朴子》曰：良将去如收电，可见不可追；立如丘山，可瞻不可动。

《淮南子》曰：电以为鞭策。电击反也。

《物理论》曰：风清热之气，散为电。

《楚辞》曰：凌惊雷，轶骇电。

杨雄《河东赋》曰：奋电鞭，骖雷辎，鸣洪钟，建五旗。

张衡《思玄赋》曰：凌惊雷之砊苦浪反。礚苦大反。兮，弄狂电之淫裔。

傅玄诗曰：童女掣电。

夏侯孝若《电赋》曰：攒云间而飞火，绛烟起于云中。

曹毗《霖雨诗》曰：紫电光牖飞，迅雷中天奔。

顾恺之《电赋》曰：天怒行，凌云赤光发。

李颙诗曰：黮徒感反霨徒对反重云阴，碎棱震电咤陟嫁反。

# 太平御览卷第十四 天部十四

## 霜

《释名》曰：霜，丧也，其气惨毒，物皆丧也。

《说文》曰：霰，竹入反。早雪、皑霜，雪之白者。

《易·坤卦》曰：履霜，坚冰至。《象》曰：“履霜坚冰，阴始凝也。驯致其道，至坚冰也。”

《诗》曰：纠纠葛屦，可以履霜。郑玄注曰：“魏俗，至冬犹谓葛屦可用履霜，利其贱也。”

又曰：九月肃霜。肃，缩也，霜降而收缩万物也。

又曰：蒹葭苍苍，白露为霜。

《礼》曰：季秋之月霜始降，则百工休。郑玄注曰：谓胶漆之作行。

又曰：孟冬行秋令，则雪霜不时。

又曰：孟春行冬令，则雪霜大挚。

又曰：霜露既降，君子履之，必有凄怆之心，非其寒之谓也。郑注云：感时念亲也。

又曰：天子大社，必受霜露，以达天地之气也。

京房《易传》曰：诛不原情，有霜附木，不下地。不教而诛，其霜反在草下。

又曰：兴兵妄诛，厥灾不霜；圣贤遭害，其霜附木不下也。

《大戴礼》曰：霜是阴阳之气也。阴气胜则凝而为霜。

《春秋元命包》曰：阴阳凝为霜。

又曰：霜以杀木，露以润草。

《春秋考异邮》曰：霜者，阴精，冬令也。四时代谢，以霜收杀。霜之为言，亡也，物以终也。

又曰：僖公即位，陨霜不杀草，臣威强也。

《春秋感精符》曰：霜，杀伐之表。季秋霜始降，鹰隼击，王者顺天行诛，以成肃杀之威。

《孝经援神契》曰：霜以挫物。

《五经通义》曰：寒气凝以为霜，霜从地升也。

《五经钩沉》曰：天霜树落叶，而鸿雁南飞。

《家语》曰：霜降而妇功成，嫁娶者行焉。季秋霜降，娶者始也。《诗》曰：将子无怒，秋以为期。

《国语》曰：驷见而霣于敏反。霜，霣霜而冬裘具。贾逵曰："驷，房星也。"

《汉武内传》曰：西王母云："仙之上药，玄霜绛雪。"

王子年《拾遗记》曰：广延国有霜，色绀碧。

又曰：嵰立俨反。州霜甘。

又曰：员峤之山名环丘，有冰蚕，以霜雪覆之，然后作茧，其色五采，织为文锦，入水不濡，以投火，经宿不燎。唐尧之代，海人献以为黼黻。

《庄子》曰：马，蹄可以践霜雪，毛可以御风寒。

《曾子》曰：阴气胜则凝为霜。

《淮南子》曰：芝兰以芳，未尝见霜。先霜刈之。

又曰：圣人行于水无迹，众人行于霜有迹。

又曰：至秋三月，青女乃出，降以霜雪。高诱注曰：青女天神，青天玉女主霜雪也。

又曰：邹衍事燕惠王，尽忠，左右谮之王，王系之狱，仰天哭。夏五月，天为之下霜。

《地镜图》曰：视屋上瓦独无霜者，其下有宝。

《山海经》曰：丰山有九钟，霜降其钟即鸣。

《命历序》曰：桀无道，夏陨霜。

《师旷占》曰：春夏一日有霜雪者，君治政太严刻，太杀天以示之。宜损威杀，重人命。

崔豹《古今注》曰：鹧鸪常向日而飞，畏霜露；夜栖则以树叶覆其背上。

蔡邕《月令章句》曰：露凝为霜。

徐整《长历》曰：北斗当昆仑山，气运注天下，秋冬为霜雪。

《唐书》曰：宁王宪疾，时京城寒甚，凝霜封树。时学者以为，春秋雨木冰即此，是亦名树介，言其象介胄也。宪见而叹曰："此俗谓树稼者也。谚曰：树稼达官怕，必有大臣当之，吾其死矣。"十一月薨。

《琴操》曰：《履霜》者，伯奇之所作也。伯奇者，尹吉甫之子也。吉甫听其后妻之言，疑其孝子伯奇，遂逐之。伯奇编水荷而衣，采楟音亭，山梨木也。花而食之，清朝履霜，自伤无罪见放逐，乃援琴而鼓之。

《楚辞》曰：秋既戒之以白露，冬又申之以严霜。

《古艳歌辞》曰：秋霜白露下，桑叶郁为黄。

何瑾《悲秋夜》曰：霜凝条兮璀璀，露沾叶兮泠泠。

## 雹

《释名》曰：雹，炮匹巧反，又音雹。也。其所中物皆摧折，如人所蹙炮也。

许慎《说文》曰：雹，雨冰也，从雨包声。

《礼》曰：仲夏行冬令，则雹动伤谷。

《传》曰：昭四年正月，大雨雹。季武子问于申丰曰："雹可御乎？"对曰："圣人在上，无雹，虽有，不为灾。古者，日在北陆而藏冰；西陆，朝觌而出之。其出入也时。今藏川池之冰，弃而不用。风不越而杀，雷不发而震。雹之为灾，谁能御之。"

《谷梁传》曰：僖公二十九年秋，大雨雹。雹者阴胁阳，臣侵君之象也。

京房《易传》曰：飞雹下尽树木之枝、害五谷者，君赋敛刻民也。

焦贡《易林》曰：阴雨泥寒，常冰不温，凌人惰怠，大雹为灾。

《尚书·洪范·五行传》曰：阴阳相胁而为雹霰，盛阴而雪，凝滞而冰寒。阳气薄之不相入，则散而为霰。盛阳，雨水温暖而汤热。阴气胁之不相入，则转而为雹。霰者，阳胁阴也；雹者，阴胁阳也。

又曰：人君妒贤疾善，在下谋上，则日蚀而雹杀走兽。

《春秋感精符》曰：大臣擅法则雨雹。

又曰：九月十月日色青则寒，有雪雹。

《春秋考异邮》曰：阴阳专精，凝合成雹。雹之言，合也。

《春秋汉含孳》曰：专一精并气凝为雹。宋均注曰："谓若鲁僖公胁于齐，以妾为妻，尊重齐，胜无回曲之心，感阴水气，乃使结而不解散。"

《史记》曰：景帝二年秋，雨雹，大者五寸，深二尺。

又曰：凡雹皆冬之愆阳，夏之伏阴也。

《汉书》曰：成帝河平二年四月，楚国雨雹，大如斧，蜚鸟皆死。

又曰：宣帝地节四年五月，山阳济阴雨雹，如鸡子，深二尺五寸，杀二十人，蜚音飞，与飞同。鸟皆死。

又《汉书·五行志》曰：武帝元封三年，雹大如马头。

范晔《后汉书》曰：青蛇见于御座轩前，又大风雨雹，霹雳拔树。张奂上疏曰："臣闻风为号令，动物通气。木生于火，相须乃明。蛇能屈伸，配龙腾蛰。顺至为休征，逆来为殃咎。阴气专用，则精凝为雹。故大将军窦武、太傅陈蕃，或志宁社稷，或方直不回，前以谗胜，并伏诛戮，海内默默，人怀震愤。昔周公葬不如礼，天乃动威。今武、蕃忠贞，未被明宥，妖眚之来，皆为此也。宜急为改葬，徙还家属。其从坐禁锢，一切蠲除。又皇太后虽居南宫，而恩礼不接，朝臣莫言，远近失望。宜思大义顾复之报。"天子深纳奂言。

又曰：时频有地震陨雹。蔡邕上封事曰："臣闻天降灾异，缘象而至。霹雳雹数发，殆刑诛繁多之所生也。"

又曰：安帝延光元年夏，京师及郡国三日大雨雹。

又曰：献帝初平二年五月，雹如扇、如斗。

《东观汉记》曰：和帝永元五年六月，郡国大雨雹，大如雁子。

又曰：韩棱，字伯师，除为下邳令。视事未期，吏民爱慕。时邻县皆雹伤稼，棱县界独不雹。

《晋书》曰：太元二十一年四月雨雹。时道子专政，奸佞竞进，烈宗不能禁，终至大乱。

《晋中兴书》曰：大兴二年，海盐雨雹，大如鸡子。

崔鸿《前赵录》曰：刘曜光初三年夏四月，长安雨雹，大如鸡子。

《后魏书》曰：鲜卑兵投鹿侯，从匈奴三年，其妻在家有子，怪，欲杀之。妻言："常行仰天视，而雹入口，吞之而生子，号檀石。"槐后遂为鲜卑大人。

郭氏《玄中记》曰：东方有柴都焉，在齐国，有山，山有泉水如井状，深不测。至春秋时，雹从井中出，常败五谷。人常以柴塞之，不塞柴则出也，故号为柴都。

《陈留风俗记》曰：雍丘县夏后公祠，有神井，能兴雾雹。

伏琛《齐地记》曰：安丘城南三十里有雹都渊，其雹或出，亦不为灾异。

《西京杂记》曰：鲍敞问董仲舒曰："雹何物也？"曰："阴气胁阳也。"

《凉州异物志》曰：有一大人生于北边，在丁零北千五百里。偃卧于野，其高如山，顿脚成谷，横身塞川，长万余里，顿脚之间，乃成大谷。近之有尖，铜雹击之也。惟可遥看，不可到下，下则雷电流，铜铁之丸为雹，以击杀人。

《曾子》曰：阳之专气为雹。雹者，气之化也。

《淮南子》曰：北方之极有九泽，有积雪雹。

《孔丛子》曰：永初二年夏，河西县大雨雹，皆如棬杯，大者或如斗。杀畜生雉兔，折树木。于是天子责躬省过。

《风俗通》曰：成帝问刘向曰："俗说文帝时天下断狱三人米一斗一钱，有此事否？"对曰："不然。后元年雨雹，如桃李，深三尺，寻景帝代之，不可为升平。"

《历代记》曰：石遵袭位于邺，暴风雨震电，雹如斗，其太武殿及两厢端门，光艳照天，金石皆消为火，月馀乃灭。

《纪年》曰：夷王七年冬，雨雹大如砺。

《白虎通》曰：自上而下曰雨雹。

《风角占》曰：徵动羽，有雹霜。

陈陆琼《和张湖孰雹诗》曰：惟徵动羽，惟阴胁阳，雨冰作冷，凝气为祥。

## 虹霓

《释名》曰：虹，攻也，纯阳功阴气故也。阴阳不和，昏姻错乱，淫风流行，男女互相奔随，则此气盛。霓，齧也。其体断绝，见于非时。此灾气伤害物，如有所食齧。

《说文》曰：霓，屈虹青赤，或白色，阴气者也。

《河图稽耀钩》曰：镇星散为虹霓，虹霓主内淫。又霓者，气也，起在日侧，其色青赤白黄。

《周书》曰：清明后十日虹始见，小雪日虹藏不见，虹不收藏，妇不专一。

《诗》曰：蝃蝀在东，莫之敢指。蝃蝀，虹也。夫妇过礼则虹气盛，君子见戒而讳之，莫之敢指。

《礼》曰：小雪之日，虹藏不见。

又曰：玉气如白虹，天也。

又曰：清明后十日虹始见。

《尔雅》曰：蝃蝀，虹也。霓为挈贰。

《易通卦验》曰：虹不时见，女谒乱公。虹者，阴阳交接之气，阳唱阴和之象。今失节不见，似君心在房，内不修，外事废，礼失义，夫人淫恣而不敢制，故曰“女谒乱公”。

《诗含神雾》曰：瑶光如霓贯月，感女枢，生颛顼。

《尚书考灵曜注》曰：日傍白者为虹，日傍青赤者为霓。

《春秋演孔图》曰：霓者，斗之乱精也。斗失度，则投霓见。宋均注曰：投，应也。

《春秋元命包》：阴阳交为虹霓。

《春秋运斗枢》曰：枢星散为虹霓

蔡邕《月令章句》曰：虹，蝳蝀也。阴阳交接之气着于形色者也。雄曰虹，雌曰霓。虹常依阴云，昼见于日冲，无云不见，大阴亦不见。霓常依蒙浊，见日旁，白而直曰白虹。凡日旁者，四时常有之。唯雄虹起季春见，至孟冬乃藏。

《史记》曰：荆轲慕燕丹之义，白虹贯日，太子畏之。如淳注曰：“虹，臣象；日，君象。”

《烈士传》曰：荆轲发，后太子见虹贯日不彻，曰：“吾事不成矣。”后闻轲死，事不立，曰：“吾知之矣。”

《汉书》曰；武帝游东莱，临大海，是岁虹气苍黄色，若飞鸟集城阳宫南。

又曰：上官桀谋废昭帝，迎立燕王，是时天雨虹下，属宫中饮水井，井水竭。

又：《天文志》曰：虹霓者，阴阳之精光。如淳注曰：雄曰虹，雌曰霓。

张璠《汉纪》曰：灵帝和光元年，虹昼见御座殿庭前，色青赤，上引蔡邕问之，对曰：“虹霓，小女子之祥。”又名臣蔡邕奏诏曰：“有黑气堕温德殿东，庭中如车盖腾起奋迅，五色，有头，体长十馀丈，形似龙。占者以虹霓对，虹著于天而降于庭。以臣之闻，则天所投虹者也。”

《吴志》曰：诸葛恪围新城不克，引军出往东兴，有蛇见其船，还拜蒋陵，白虹复绕其车。

《晋阳秋》曰：建武元年，虹长弥天。

《晋·安帝纪》曰：义熙二年七月，夜，彩虹出西方，蔽月。

《前凉录》曰：张骏六年有彩虹，五里隆隆，如钟鼓之声。

沈约《宋书》曰：刘义庆在广陵有疾，而白虹贯城，野麕入府。心甚恶之，因自陈求还。

《庄子》曰：阳炙阴为虹。

《文子》曰：天地二气即成虹，人二气即生病。

《淮南子》曰：昔者冯夷，大丙之御也。皆古得道，能御阴阳。乘雷车，驾云虹。

又曰：太古二皇得道之柄立于中央，二皇：伏羲、神农。神与化游以抚四方，是故虹霓不出，贼星不行，贼星，妖星。含德之所致也。含，怀也。

又曰：虹霓者，天之忌也。

《孟子》曰：汤东面而征，西夷怨；南面而征，北狄怨。民之望汤也，若大旱之望云霓。

《战国策》曰：唐睢谓秦王曰："聂政刺韩相，白虹贯日。"

《搜神记》曰：孔子修《春秋》，制《孝经》，既备，斋戒向北斗星而拜，告备于天。天乃有赤气如虹，自上而下，化为玉璜，上有刻文。孔子跪而受之。

又曰：庐陵巴丘民陈济者，作州吏。其妇姓秦，独在家，忽疾病，恍惚发狂，后渐差，常有一丈夫，长大，仪貌端正，着绛碧袍，彩色炫耀来从之。常相期于一山涧之旁，至于寝处，不觉有人道，感接忽忽如眠耳。如是积年，春每往期会，不复畏难。比邻人观其所至，辄有虹见。秦云至水侧，丈夫金瓶引水共饮，后遂有娠，生儿如人，多肉，不觉有手足。济寻假还，秦惧见之，乃内儿着瓮中。因见此丈夫以金瓮与之，令覆儿。济时醉眠在牖下，闻人与秦语，语声至怆，济亦不疑也。又丈夫语秦云："儿小，未可得将去，不须作衣，我自衣之。"即以绛囊与裹之，令可时出与乳，于时风雨晦冥，邻人见虹下其庭。秦常能辨佳食，肴馔丰美，有异于常。丈夫复少时将儿去，亦风雨晦冥。人见二虹出其家，从此遂疏。

《异苑》曰：古语有之曰："古者有夫妇，荒年菜食而死，俱化成青虹，故俗呼为美人"。

又曰：晋陵薛愿，义熙初有虹饮其釜㷉，吸响便竭。愿辇酒灌之，随投便竭，吐金满器。于是灾弊日祛而丰富岁臻。

《述异记》曰：有黑虹下乐辑营，少日辑病卒。

《纪年》曰：晋定公十八年，青虹见。

《瑞应图》曰：大虹竟天，握登见之，意感生帝舜于姚墟。

《太玄经》曰：紫霓围日，其疾不割。

《杂兵书》曰：日晕有白虹贯内出外者，从所止战胜。

《华阳国志》曰：李特生长子荡，字仲平；少子雄，字仲俊。初，特妻罗氏妊雄，梦双虹自地升天，一虹中断。罗曰："吾二儿有先亡者，有贵者。"后雄王蜀。

《黄帝占军诀》曰：攻城，有虹从南方入饮城中者，从虹攻之胜。白虹绕城不匝，从虹所在击之胜。谨守其缺，贼乃从其地破走。

《文子》曰：父无丧子之忧，兄无哭弟之哀；童子不孤，妇人不孀；虹霓不见，盗贼不行。含德之所致也。

《楚辞》曰：青云衣兮白霓裳。

《楚辞·天问》曰：白霓婴茀，胡为此堂？王逸注曰：霓，云之有色似龙者，茀，白云逶迤似蛇者，言有此霓茀气气逶迤相婴，何为于此堂乎？盖屈原所见祠堂也。安得失夫良药，不能固臧？臧，善也。崔文子学仙于王子乔，子乔化为白虹，而加婴茀持药与崔文子。文子惊怪，引戈击霓中之，因堕其药，俯而视之，王子乔之履也。故言得药之善也。

杨雄《甘泉赋》曰：曳虹彩之流离。

左思《吴都赋》曰：虹霓回带于云馆。潘尼《苦雨赋》曰：收绛霓于汉阴。

杨文《云赋》曰：浮素霓之逶迤。

# 太平御览卷第十五 天部十五

## 气

《释名》曰：气犹饩也，饩然有声而无形也。

《易》曰：天地絪緼，万物化醇。

又曰：潜龙勿用，阳气潜藏。

又曰：精气为物，游魂为变。精气烟熅，聚而成物，聚极则散，而游魂为变。

又曰：天地定位，山泽通气。

《礼》曰：仲春行秋令，则其国大水，寒气总至。

又曰：三月之节，是月也，生气方盛，阳气发泄，勾者毕出，萌者尽达。

又曰：三月之节，是月也，命国傩九门磔攘，以毕春气。

又曰：季春行冬令，则寒气时发，草木皆肃。

又曰：孟秋行冬令，则阴气大胜；行春令，则其国乃旱，阳气复还。

又曰：八月之节。是月也，天子乃傩，以达秋气。杀气浸盛，阳气日衰。

又曰：九月之节。霜始降，则百工休。乃命有司曰："寒气总至，人力不堪，其皆入室。

又曰：季秋行春令，则暖风来至，人气懈惰。

又曰：小雪之日后五日，天气上升，地气下降。

又曰：孟冬行春令，则冻闭不密，地气上泄。

又曰：地气且泄是谓发天地之房，诸蛰则死。

又曰：十二月中气，命有司大傩旁磔，出土牛，以送阴气。

又曰：社祭土而主阴气也。

又：《乡饮酒》曰：天地严凝之气，始于西南而盛于西北，此天地之义气也。天地温厚之气，始于东北而盛于东南，此天地之仁气也。

《周礼》曰：视祲掌十辉之法，以观妖祥、辨吉凶。妖祥善恶之征。郑司农云：辉谓日光之气。

又曰：视祲之官，春分望气。

《传》曰：节宣其气。

《尚书中候》曰：尧沉璧于河，休气四塞。

《春秋繁露》曰：气之清者为精，人之精者为贤。治身以贤，积精为道。

《春秋元命包》曰：阴阳聚为云气。

《史记》曰：海旁蜃气象楼台，广野气成宫阙。

又《项羽本纪》曰：范增说项羽曰："沛公志不在小，吾令人望其气，皆为龙虎，成五彩，此天子气也。宜急击勿失。"

又《秦纪》曰：始皇东游，望气者云："五百年后金陵有天子气。"于是始皇东游以厌之，改金陵为秣陵，堑之以绝其气。

《汉书》曰：武帝巡狩，过河间，见紫云青气自地属天，望气者云下有奇女，求之，得拳夫人，后生昭帝。

又曰：宣帝幼时号曰皇曾孙。生数月，遭巫蛊事。虽在襁褓，犹系郡邸狱。邴吉为廷尉监，治巫蛊，怜曾孙无辜。至后元二年，武帝疾，望气者言长安狱中有天子气，上遣使者分条中都官诏狱系者亡轻重皆杀之。内谒者令郭穰夜至郡邸狱，吉闭门拒，使者不得入，曾孙赖吉得全。

应劭《汉官仪》曰：世祖封禅，夕有青气，上与天属，遥望不见山巅。

又曰：高祖在沛，隐芒砀山，每游，上辄不欲令吕后知，常在深僻处，后亦常知所在。高祖问曰："何以知之？"后曰："君所居处，上有紫气。"

又曰：孝灵熹平八年八月辛未，白气如匹练冲北斗第四星，为大兽状。明年，扬州刺史臧旻攻盗贼，斩首数千级。

《东观汉记》曰：和帝永和元十二年，癸酉夜，白气长三丈，起国东北，指军市十日。是月，西域蒙奇、疏勒二国归义。

谢承《后汉书》曰：郎顗上书曰："去年闰月，白气从天汉入玉井西，将有叛戾之患、金精之变。太尉所掌，宜责以灾异。

《汉书·五行志》曰：永兴二年，光禄勋舍壁下有青气，视之得玉钩玦。

《汉光武封禅仪》曰：元年封禅，昼有白气，夜有赤光。

又曰：建武三十二年二月十九日之山虞。此日山上云气成宫阙，百官皆见之。二十一日夕牲时有白气广一丈，东南极望。二十二日礼毕，正直坛所，有气与天属，遥望不复见山。

《楚汉春秋》曰：亚父谋曰："吾望沛公，其气冲天，五色相掺，或似龙，或似蛇，或似虎，或似云，或似人，此非人臣之气也。"

王隐《晋书》曰：武帝咸宁元年，洛阳太祖庙中有青气，占者云以为东莞王后当有天子。后改封琅邪，江东之应也。

又曰：鲁胜，字叔时。以岁日望气，乃长叹，知将来多故，便称疾去官。中书令张华敬之，欲用之，遣二子谕意，遂不动。

又曰：张华察牛斗间有紫气，乃丰城之剑气也。

《吴志》曰：朝宫井上，旦有五色气，孙坚令浚之，得汉传国玺。

又曰：孙坚葬富春城东，冢有光，上属天，下蔓数里。皆曰："非凡气也，孙氏其兴乎！"

《蜀志》曰：刘豹、向举等上言："建安二十二年，数有气，必有天子出其方。"

《南中八郡志》曰：永昌郡有禁水，水有恶毒气，中物则有声，中树木则折，名曰"鬼弹"。中人则奄然溃烂。

宋《永初山川记》曰：宁州瘴气茵露，四时不绝。

《西升记》曰：老子西出关，关令尹喜，占气，知神仙过。

《荆州记》曰：夷道县有望州山，山下有泉，欲雨，泉中有赤气腾上于天。

《庄子》曰：若夫乘天地之正而御六气之辨，以游无穷者，彼恶乎待哉！郭象曰：御六气之辨，即是游变化之涂也。

又曰：人之生气聚则为生，散则为死。

《列子》曰：太初者，气之始也。

又曰：天，积气之成者也。

《孙卿子》曰：水火有气而无生，草木有生而无知。

《抱朴子》曰：军上气黑如楼，将军移军必败。其将勇则气如火，火势如张弩，云如日月，赤气绕之，所见之地大，胜不可攻也。

又曰：或问登陟之道，曰："或用枣心为飞车，存念则五蛇六龙至乘之，上升三十里，名为太清。其气甚刚，胜人也。师言鸢飞渐高，直舒两翅而自进，渐乘刚气也。

《淮南子》曰：土地各以类生人，是故山气多男，泽气多女，水气多喑，于金反。风气多聋，林气多癃，木气多伛，高诱曰：自此上至山气多，男皆生子，乃有此疾也。下气多尰，岸下下湿，肿足曰尰。石气多力，象石也。险阻气多瘿，暑气多殀音夭，寒气多寿，谷气多痹，丘气多狂，广气多仁，下而平者为广。陵气多贪，象陵积聚也。轻土多利，利，疾也。重土多迟，清水音小，浊水音大，湍水人重，湍，急流悍水也。中土多圣人，皆应其类也。

又曰：太清之始世，天覆以德，地载以乐，四时不失其序，风雨不降其虐，日月淑清而扬光，五星循轨而不失其行，此时玄元气至休气者也。

《吕氏春秋》曰：天圆为精气圆通，周复无杂，故曰圆。

魏子曰：北夷之气象群羊，南夷之气类船，山海之气象楼台，宫阙、都邑之气象林木。

《家语》曰：食气者，神明而寿。

《洛书》曰：有气象人，青衣无手，在日西，天子之气也。

《遁甲开山图》曰：巨灵者，偏得元气之道，故以元气一时生混沌。

又曰：自老子生周，青气凌迟，俗儒道士，无所通验。

《河图》曰：昆仑山有水，水气上蒸为霞。

《地镜图》曰：望百姓家黄气者，蘖栀子树也。山有白气而郁郁，中有神龙。

《三辅旧事》曰：汉作灵台，以四孟月登而观黄气，为疾病、赤兵、黑水。

《荆州图》曰：宜都郡望州山，袁山松《宜都记》曰锺山。山根有涌泉成溪，溪注丹水，天阴欲雨，辄有赤气，故名丹溪。

《论衡》曰：陈留虞延，字君人。夜生，母见其上气如一匹绢径上天，以问人，人曰吉气与天通。后仕至司徒。

《楚辞》曰：餐六气而饮沆瀣兮，漱正阳而含朝霞。王逸曰：餐吞曰精，食元符也。《凌阳子明经》曰：春食朝霞，朝霞者，日始出赤气也。秋日食沦汉，沦汉者，日没后赤黄气也。冬食沆瀣，沆瀣者，北方半夜气也。夏食正阳，正阳者，南方日中气也。

又《天问》曰：伯强安处？惠气安在？注曰："伯强，是大疫鬼也。所至淴恶气，伤和气。"

## 雾

《释名》曰：雾，冒也。气蒙冒覆地物也。昏暗之时则为妖灾，明王圣主则为祥瑞。

《礼记·月令》曰：仲冬行夏令，则其国乃旱，氛雾冥冥。

《尔雅》曰：地气发，天不应，曰雾。

《尚书中候》曰：桀无道，地吐黄雾。

《春秋元命包》曰：雾，阴阳之气也，阴阳怒而为风，乱而为雾。

《汉书》曰：爰盎谏文帝勿迁淮南王，恐其逢雾露病死。

又曰：王氏五侯同日俱封，其日黄雾四塞。

又曰：汉高祖至平城，匈奴围上七日，天大雾，汉使人还往，胡不觉，后得免平城之难。

又曰：孝成帝建始元年，夏四月，黄雾四塞。上问杨兴等，对曰：“阴盛侵阳之气也。”

《东观汉记》曰：马援谓官属曰：“吾在浪泊、西里间，下潦上雾，毒气薰蒸，仰视乌鸢跕跕都叶、吐叶二音。堕水中。”

谢承《后汉书》曰：河南张楷，字公超。性好道术，能作五里雾。于华阴时关西人裴优亦能作三里雾。

《魏略》曰：刘雄鸣每出云雾中，识道不迷惑，时人因谓能为云雾。

王隐《晋书》曰：乐广为尚书令，卫瓘见而奇之，因令诸子造焉，曰：“此人之水镜也。每见令人莹然，若开云雾，睹青天。”

又曰：大宁元年，黄雾四塞，王敦之应也。

《宋元嘉起居注》曰：盱眙民王彭先丁母艰，居丧至孝。元嘉之始，父又丧亡。彭兄弟二人土工未就，乡人助彭作砖，砖事须水济，值天旱，穿井尽力不得水。彭号穷无计，一旦天雾，雾消之后，于砖灶前自然生水。

沈约《宋书》曰：后汉正月朝，天子临德阳殿受朝贺。舍利从南方来，戏于殿前，激水化成比目跳跃，嗽水作雾翳日。

《燕书·烈祖后纪》曰：元玺六年，蒋干遣侍中缪高、太子詹事刘猗赍传国玺诣晋求救。猗负引行数百里，黄雾四塞，迷荒不得进，乃还易取行，玺始得去。

《帝王世纪》曰：凡重雾三日必大雨，雨未降，雾不可冒行。

又曰：帝沃丁八年，伊尹卒，年百有馀岁，天雾三日。沃丁葬以天子之礼，祀以太牢，亲自临丧，三年以报大德焉。

又曰：黄帝时，天大雾三日，帝游洛水之上，见大鱼，杀五牲以醮之，天乃甚雨，七日七夜，鱼流，始得《图》《书》，今河图也。世传大雾三日必有甚雨，自此始也。

《汉武内传》曰：东方朔乘云飞去，仰望天，雾覆之，不知所在。

刘向《列女传》曰：陶答子妻者，陶大夫答子之妻也。答子仕陶三年，名誉不兴，家富三倍。其妻数谏曰：“夫子能薄而官大，是谓婴害；无功而家富，是谓积殃。昔楚令尹子文之仕，家贫而国富，福结于子孙，名垂于后代。今夫子贪富务大，不顾后害，妾闻南山有玄豹，雾雨七日不下食者何也？欲以泽其衣毛而成其文章，故藏以远害。今君与此背，不无后患乎？”

葛洪《神仙传》曰：栾巴为尚书郎，一旦天大雾，对坐不相见，失巴所在。后问其故，乃是巴还成都，与亲故别也。

又曰：淮南王闻有道术之士，必卑辞厚币以致之，于是八公乃往，一人能坐致风雨，立起云雾，王试之无不效。

《李先生传》曰：先生名广，字祖和，本南阳人。刘备遣军欲取先生，先生起雾半天，备骑自相杀，先主因此乃入吴。

《宜都山川记》曰：郡西北三十里有丹山，天晴，山岭忽有雾起，回转如烟，不过再朝雨必降。

王烈之《安城记》曰：“县人有谢廪者，行田归路中忽遇云雾，雾中有一人乘龟而行。廪知神人，拜请随去。父曰：汝无仙骨，不得去也。”

《湘州记》曰：曲江县有银山，山常多素雾。

《嵩高山记》曰：有猎师在山，见浮图奇妙异常，有金象比来，寻求，白雾忽起，不知寺处。

东方朔《十洲记》曰：汉武帝天汉中，西胡国献猛兽，使者曰：“猛兽之出生昆仑，或生玄圃，食气饮雾，解人语。当其神也，立起风云，吐嗽雾露，百邪迸走，因名猛兽。”

王粲《英雄记》曰：曹公赤壁败，行至云梦大泽中，遇大雾，迷失道路。

王子年《拾遗记》曰：平沙千里，色如金，细如粉，风吹起如雾，亦曰金雾。

《西京杂记》曰：太平之代，雾不塞望，浸淫被薄而已。

又曰：东海人黄公立兴云雾，坐成山河。

段龟龙《凉州记》曰：吕光幸天渊池，时天清朗，忽然起雾，有五色云在光上。

《陈留风俗记》曰：雍丘县有祠名夏后公祠，有神井，龙能致雾雹。

《博物志》曰：王尔、张衡、马均者，昔俱冒雾行，一人无恙，一人病，一人死。无恙者饮酒，病者食，死者空腹。

《庄子》曰：腾水上溢故为雾。

《抱朴子》曰：白雾四面围城，不出百日，人兵至城下。

又曰：与善人游，如行雾中，虽不濡湿，潜自有润。

又曰：通天犀角有白理如线自本彻末者，以此角大雾重云之夜，置中庭终不沾濡。

《苏子》曰：蜀郡邓公，呼吸成雾。

《韩子》曰：飞龙乘云，腾蛇游雾，云罢雾散，与螾与蚓字同蚁同矣。

《淮南子》曰：甚雾之朝，可以细书，不可以望寻常之外。

又曰：腾蛇游雾，困于蝍蛆。

又曰：昔者冯夷，大丙之御也。皆古得道，能御阴阳。游微雾、经霜雪而无迹，照日光而无影。

《魏子》曰：雾之盛须臾而讫，暴雨之盛不过终日。是以人君喜怒不见于容。

《鱼龙河图》曰：山冬天雾，十日已上不除者，山崩之后出水脉也。京房《易占》曰：大雾君迷惑，云雾四起，则时多隐士。

伏侯《古今注》曰：汉元帝竟宁元年，大雾，树皆白。

《潜潭巴》曰：大雾三日群猾起，上下相蒙，上少下多，故群猾也。

《志林》曰：黄帝与蚩尤战于涿鹿之野，蚩尤作大雾，弥三日，军人皆惑。黄帝乃令风后法斗机，作指南车以别四方，遂擒蚩尤。

《望气经》曰：十月癸巳，雾赤为兵，青为殃。

又曰：六月三日有雾则岁大熟。

《地镜图》曰：古王之千岁者，行游诸国，其所居国必三日变为日中之雾。

《汉武帝故事》曰：武帝葬茂陵，芳香之气异常，积于坟埏之间，如大雾。

《黄帝玄女战法》曰：黄帝与蚩尤九战九不胜。黄帝归于太山，三日三夜雾冥。有一妇人，人首鸟形，黄帝稽首再拜，伏不敢起。妇人曰："吾玄女也，子欲何问？"黄帝曰："小子欲万战万胜。"遂得战法焉。

徐干《中论》曰：文王遇姜公于渭阳，执竿而钓。文王得之灼若，披云而见白日，霍若开雾而睹青天。

《温峤与陶侃笺》曰：雾气过差则君道幽晦。

## 霾

《释名》曰：霾，晦也。如物尘晦之色也。

《诗》曰：终风且霾，惠然肯来。

《尔雅》曰：风而雨土为霾。

崔豹《古今注》曰：汉昭帝元凤三年，天雨黄土，昼夜昏霾。

## 曀

《说文》曰：曀，天阴沉也。

《诗》曰：终风且曀，惠然肯顾。

又曰：曀曀其阴。

《尔雅》曰：阴而风为曀。

# 太平御览卷第十六 时序部一

## 律

《吕氏春秋》曰：黄帝命伶伦作为律。伶伦自大夏之西，乃之阮隃之阴，取竹于嶰谷，以生空窍厚均者，断两节间，其长三寸九分而吹之。以为十二筒，听凤鸣，以别十二律，其雄鸣为六，雌鸣亦六。故曰，黄钟之宫，律之本也。凤有雌雄，故律有阴阳。

《书》曰：肆觐东后，协时月正日，同律度量衡。

又曰：帝曰：夔！命汝典乐，教胄子。诗言志，歌永言，声依永，律和声。八音克谐，无相夺伦，神人以和。伦，理也。八音能谐，理不错夺，则神人咸和。命夔使勉之。

又曰：予欲闻六律五声八音，在治忽，以出纳五言，汝听。孔氏曰：言以六律和声音，察天下治理及忽怠者。又以出纳仁义礼智信五德之言，汝当听审之也。

《礼》曰：孟春之月，律中太蔟。蔟，凑也，言万物始大而凑也。

《周礼》曰：大司乐以六律、六吕、五声、八音、六舞，六代舞。大合乐致鬼神。

又注曰：律吕相生者，上生者，三分益一，下生者，三分减一。黄钟律长九寸，下生林钟，六寸律也。

《左传》曰：六律、七音、八风、九歌，以相成也。清浊大小，长短疾徐，哀乐刚柔，迟速高下，出入周疏，以相济也。君子听之，以平其心。

《尔雅》曰：律谓之分。郭璞注曰：律管，可以分气者也。

《易是类谋》曰：圣人兴起，不知姓名，当吹律听声以别其姓。律者，六律也。

《春秋元命包》曰：律之为言率也，所以率气令达也。率，犹导也。

《春秋孔演图》曰：孔子曰："丘援律吹，命阴得羽之宫。"

《孝经援神契》曰：圣王吹律有姓。

《汉书·张苍传》曰：苍乃自秦时为柱下御史，明习天下图书计籍，又善用算律历，故令苍以列侯居相府，领主郡国上计。

又曰：张苍代灌婴为丞相，汉兴二十余年，天下定，公卿皆军吏。苍为计相时，正绪律历。故汉家言律历者法张苍。苍凡好书，无所不观，无所不通，而尤邃律历。邃，深。

又《京房传》曰：房字君明，东郡顿丘人。好钟律，知音声。房本姓李，推律自定为京氏。

又曰：夫五音生于本姓，分为十二律，转生六十二律，皆所以纪升气，效物类也。天效以影，地效以响，响即律也。阴阳和则影至以律，气应则灰除。是故天子常以冬夏至御前殿，合八能之士，陈八音，听乐均，度晷影，候钟律，权土灰，校阴阳。冬至阳气应则均清景长极，黄钟通，土灰轻而衡仰；夏至阴气应则均浊景短极，蕤宾通，土灰重而衡低。进退于先后五日之中，八音能各以候状闻，太史合封上效则和，否则占。候气之法，为室三重，户开涂釁必周密，布缇幔室中，以木为案，每律各一，内庳外高从其加律，其上以葭莩灰抑其内端，案历而候之，气至者灰去。其为气所动者，其灰散；风所动者，其灰聚。殿中候用玉律十二，唯二至乃候灵台，用竹律六十。

又曰：凡律度量衡用铜，铜为物也精，不为燥湿寒暑变其节，不为风雨曝露改其形，介然常似于士君子之行，是以用铜也。用竹为引者，事之宜也。

又曰：至治之世，天地之气，合以生风，天地之风气定十二律。

王隐《晋书》曰：荀勖以魏杜夔所制律吕，检校太乐总章，鼓吹八音，与律吕乖错。始知后汉至魏，度渐长于古四分余，而夔依为律吕，故致不韵，部佐著作郎刘恭依周礼制尺，所谓古尺也。依古尺作新律吕，以调声韵，以律量黍，以尺度古器，皆与本铭尺寸无差。又故冢得古玉律，钟声亦与新律暗合，遂班下太常，使太乐总章鼓吹清商施用。勗遂典知乐事。

《晋诸公赞》曰：世祖时，以荀勗所造律班示朝臣，散骑侍郎阮咸唱议，谓勗所造声高，必由古今尺有长短所致，然勗亦依案经典算而制之，又求古器得周时玉律比较正同。荀勗奏曰："中所出御府铜竹律二十五具，部太常乐郎正刘秀等校试，其三具与杜夔、左延年法同，其二十二具视其铭题尺寸，是笛律也。"问协律中郎将列和云："昔魏明帝时，令和丞受笛声，以作此律，欲使学者别居一坊，歌咏讲习，依此律调至丁都合乐时，但识其尺寸之名，则丝竹歌皆得均合。歌声沖者用长笛长律，歌声轻者用短笛短律。凡弦歌调张清浊之制，不依笛寸尺名之，则不可知也。"

《赵书》曰：刘曜筑建德殿，取土城西南郭内，得圆石，状若水碓，其铭曰："律推石重四钧，同律度量衡，有辛氏造。"议者未之详，或以为瑞。参军事续咸曰主莽时物。

东方朔《十洲记》曰：武帝时有西胡月氏国遣使曰："臣国去此三十万里，国有常占，东风入律百旬不休，青云干吕，连月不散者，阎浮国将有好道之君矣。"

《孟子》曰：师旷之聪，不以六律，不能正五音。

《淮南子》曰：夔合六律，调五音，通八风。

又曰：《天文》曰："帝张四维，帝，天帝也。运之以斗，运，提。月徙一辰，复反其所。正月指寅，十一月指子，一岁而匝，终而复始。指寅，则万物螾螾也，蚓，虫也。律受太蔟。蔟者，凑而未出也。太蔟，正月律。指卯，卯则茂茂然，律受夹钟。夹钟者，钟始夹也。夹钟，二月律。指辰，辰则振振之也，律受沽洗。沽洗者，陈去而新来也。沽洗，三月律。指巳，巳则生已定也，律受中吕。中吕者。中充大也。中吕，四月律。指午，午者，忤也，律受蕤宾。蕤宾者，安而服也。蕤宾，五月律。指未，未者，味也。律受林钟。林钟者，引而正之也。林钟，六月律。指申，申者，呻也，律受夷则。夷则者，易其则也，德去矣。夷则，七月律也。德以去，生气尽也。指酉，酉者，饱也，律受南吕。南吕者，任苞大也。南吕，八月律。指戌，戌者灭也，律受无射。无射者，入之无厌也。无射，九月律。指亥，亥者阂也，律受应锺。应锺者，应其锺也。应钟，十月律。指子，子者，兹也，律受黄，黄锺者，钟已黄也。黄钟，十一月律。指丑，丑者，纽也，律受大吕。大吕者，旅旅而去也。大吕，十二月律也。

又曰：一律而生五音，十二律而为六十音。因而六之，六六三十六，故三百六十音以当一岁之日。故律历之数，天地之道。

《国语》曰：天王将铸无射，王，景王也。问律于伶州鸠。律，钟律也。对曰："律所以立均出度也。律谓六吕，六律也。均钟木长七尺，有弦，击之以均钟者，度钟大小清浊也。汉大子乐官有之也。纪之以三，三，天地人也。平之以六，平之以六律。成以十二，十二律吕也。天之道也。天之大数不过十二。夫六，中之色也，故名之曰黄钟，六者，天地之中，天有六气，降生五味，天有六甲，地有五子，十一而天地毕矣，而六气中。故六律六吕而成天道也。所以宣养六气九德也。宣，遍也。六气，阴阳风雨晦明也。九德，九功之德，水火金木土谷正德利用厚生之者也。由是第之，由，从也。第，次也。次其日也。二曰太蔟，所以金奏赞阳出滞也。三曰沽洗，所以修洁百物，考神纳宾也。四曰蕤宾，所以安靖神人，献酬交酢也。五曰夷则，所以咏歌九则，平民无二也。六曰无射，所以宣布哲人之令德，示民轨仪也。为之六间，以扬沉伏而黜散越也。六间，六吕在阳律之间。沉，滞也。黜，出也。越，扬也。吕阴律，所以吕间阳成其功，发扬滞伏之气而去越散者也。元间大吕，助宣物也；二间夹钟，出隙之细也；四时之间气微细。三间中吕，宣中气也；四间林钟，和展百事，俾莫不任肃纯恪也；五间南吕，赞阳季也；六间应钟，均利器用，俾应复也。律吕不易，无奸物也。"

蔡邕《月令》曰：律，率也，声之管也。中，应也，太蔟钟名。上古本阴阳，别风声，审清浊。别风声，不可以文载口传也，故铸金作钟，以正十二月之声，然后以效升降之气，而钟不可用，乃截竹为管曰律，为清浊之率也。以律长短为制，正月之律，与太蔟相中也，言出于钟。乃置深室，葭莩为灰，以实其端，其月气既至，则灰飞管通。古以钟律齐其声，后人不能，则数以正其度，度正则音亦正矣。仲春中夹钟，仲春，夹钟也。管长七寸四分强。夹钟，类分也。季春中沽洗，管长七寸一分强，故鲜也。言万物去故就新，莫不鲜明也。孟夏中仲吕，管长六寸二分，阳气将极，后中难。仲夏中蕤宾，六寸一分小二分。阳气上极，阴始起，故宾敬之。蕤，下也。季夏中林钟，长六寸九分。物成熟，钟，类也。林钟，众也。孟秋中夷则，长五寸六分二分。夷，伤。则，法也，万物始伤。仲秋中南吕，长四寸三分小三分。南，任也。言阳气尚有任也，生孳长也。季秋中无射，长四寸八分小三分。射，终也。言万物随阳终也。孟冬中应钟，长四寸八分。言万物应阳而动下藏。仲冬中黄钟，长九寸，律之始。言阳于黄泉下动也。钟，动也。季冬中大吕。长八寸。吕，拒也。言阳气欲出，阴不许也。

《京氏律术》曰：律难以度调，故作准以代之，准之状如瑟，长丈而十三弦，隐间九尺，中共一弦，下画分寸，均中其弦，使应黄钟之声，然案分寸以求诸律，则稍皆如画而应矣。然则上古有钟，其次有律，近古有准，皆稍简易之，意其相生也。黄钟下生林钟，林钟上生太蔟，太蔟下生南吕，南吕上生沽洗，沽洗下生应钟，应钟上生蕤宾，蕤宾下生大吕，大吕下生夷则，夷则上生夹钟，夹钟下生无射，无射上生中吕，中吕上生黄钟，上下相生，终六十。执始以下四十八律，文多不载。孟春之月，则太蔟为宫，沽洗为商，蕤宾为角，南吕为征，应钟为羽，大吕为变宫，夷则为变徵，他月效此也。

《六韬》曰：武王问太公曰："听律之音声，何以知三军之消息，胜负之决乎？"公曰："深哉，王之问也。夫律管十二，其要以五，宫商角徵羽，此其正声也。万物不易五行之神，道之常也，可以知敌，金木水火，各以其胜攻之。其法以天清静无雾雨风云，夜遣轻骑往至敌之垒。九百步，遍持律管，横管当耳，大呼惊之，有声应管，其来甚微，角管声应，当以白虎；徵管声应，当以朱雀；羽管声应，当以勾陈；五管尽不应，无有应声，当以青龙。此五行之符，佐胜之征，成败之机也。"

《白虎通》曰：十一月律，谓之黄钟何？黄，中和之色；钟者，动也，言阳于黄泉之下动，养万物也。十二月律，谓之大吕何？大者，太也。吕者，距也。言阳气欲出，阴不许也。正月谓之太蔟何？太者，大也，蔟者，凑也，言万物始大，凑地而出也。二月谓之夹钟何？夹者，物孚夹，言万物孚夹种类分也。三月谓之沽洗何？沽者，故也，洗者，鲜也，言万物去故就新，莫不鲜明也。四月谓之中吕何？言阳气将极，故复中难之也。五月谓之蕤宾何？蕤者，下也，宾者，敬也，言阳气上极，阴气始起，故宾敬之。六月谓之林钟何？林者，众也，万物成熟，其类众多也。七月谓之夷则何？夷，伤也，则，法也，言万物始伤，被刑法也。八月谓之南吕何？南，任也，言阳气尚有任也。生，孳长也，故阴之也。九月谓之无射何？射，终也，言万物随阳而终也，当复随阴起，无有终也。十月谓之应钟何？应者，动也，言万物应阳而动下藏也。

蔡邕《月令章句》曰：钟以斤两尺寸，中所容受升之数为法，律亦以寸分大小长短为法故也。黄钟之管长九寸，孔径三分，围九分，其余皆稍短，唯大小围数无增减，以度量者，可以文载口传，与众共知，然不如耳决之明也。

《周官》曰：太师掌六律六吕，文以五声，播以五教，以六诗六德为之本，以六律为之音也。

刘向《别录》曰：邹子在燕，燕有黍谷，地美而寒，不生五谷，邹子居之，吹律而温气至，今名黍谷。

《论衡》曰：孔子推律，自知殷之苗裔。

杨泉《物理论》曰：听清浊五声之和，然后制为钟律，取弘农宜阳县金门山竹为管。

夏侯玄《辩乐论》曰：阮生云："律吕协，则阴阳和；音声适，则万物类。天下无乐而欲阴阳和调，灾害不生，亦已难矣。"此言律吕音声，非徒化治人物，乃可以调和阴阳，荡除灾害也。夫天地定位，刚柔相摩，盈虚有时，尧遭九年之水，忧民阻饥，汤遭七年之旱，欲迁其社。岂律吕不和，音声不通哉？此乃天然之数，非人道所招也。

杨雄《太玄经》曰：调律者，度竹为管，芦莩为灰，列之九闭之中，漠然无动，寂然无声，微风不起，纤尘不形，冬至夜半，黄钟以应矣。

## 历

《世本》曰：容成作历。容成，黄帝臣。

《易》曰：君子以治历明时。

《书》曰：乃命羲和，钦若昊天，历象日月星辰，敬授民时。

又曰：天之历数在尔躬。

又曰：叶用五纪，其五曰历数。

《易乾凿度》曰：尧以甲子天元为推术。注云：甲子为蔀首，起十月朔。

又曰：历原名握先，握先为历始之名，始，言无前者也。纪曰甲子，七十六岁为一纪，二十纪而一蔀首。

《易是类谋》曰：其触耀而出师旷，历推音算，以度知旦。触耀而出，谓师旷得圣人之一体，故触耀而生其人，能历数枢机之事，能推五音，知将来之事。

《汉书·律历志》曰：历数之起上矣。传述颛顼命木正重司天，火正黎司地。其后三苗乱德，二官咸废，而闰余乖次，孟陬殄灭，摄提失方。摄提，星名。随斗柄所指，建十二月。若历误，春三月当指辰乃指巳，是为失方也。尧复育重、黎之后，使纂其业。后以授舜，舜亦以命禹。至周武王访箕子，箕子言大法九章，而五纪明历法。岁月日星辰为五纪也。五伯之末，史官丧纪，畴人子弟分散，如淳曰：家业世相传为畴。律，年三十三传之，畴官各从父事。或在夷狄，故其所记，有黄帝、颛顼、夏、殷、周及鲁历。战国扰攘，秦兼天下，未遑暇也。亦颇推五胜，五行相胜。秦以周为火，用水胜之也。而自以为获水德，乃以十月为正，色尚黑。汉兴，方纲纪大基，庶事草创，袭秦正朔。以北平侯张苍言，用颛顼历，比于六历，疏阔中最为微近。然正朔服色，未睹其真，而朔晦月见，弦望满亏，多非是。至武帝元封七年，汉兴百二岁矣，太中大夫公孙卿、壶遂、太史令司马迁等言，“历纪坏废，宜改正朔”。遂诏卿、遂、迁与侍郎尊、大典星射姓等，师古曰：姓射名姓。议造汉历。乃定东西，立晷仪，下刻漏，以追二十八宿，相距于四方，举终以定朔晦分至，躔离弦望。应劭曰：躔，径也。离，远。臣瓒案，离，历也。日月之历也。姓等奏不能为算，愿募治历者更造密度，各自增减，以造汉太初历。乃选治历邓平及长乐司马可，酒泉侯宜君、侍郎尊及与民间治历者，凡二十余人，方士唐都、巴郡洛下闳与焉。晋灼曰《史记历书》云，唐都分天部，而巴郡洛下闳运算推历也。都分天部，谓分部二十八宿为距度也。而闳运算转历。乃诏迁用，邓平所造八十一分律历，罢废尤疏远者十七家，使校历律昏明。宦者淳于陵渠复覆太初历，晦朔弦望皆最密，日月如合璧，五星如连珠。谓太初上元甲子夜半朔旦冬至时，七曜皆会聚斗牵牛中，如合璧连珠也。陵渠奏状，遂用邓平历，以平为太史丞。后二十七年，元凤三年，太史令张寿王上书言："历者天地之大纪，上帝所为。传黄帝调律历，汉元年以来用之。今阴阳不调，宜更历之过也。"诏下，主历使者鲜于妄人，请与治历大司农中丞麻光等二十余人，杂侯日月晦朔弦望、八节二十四气，钧校诸历用状。奏可。诏与丞相御史、大将军、右将军史各一人，杂候上林青台，课诸历疏密，凡十一家。以元凤三年十一月朔旦冬至，尽五年十二月，各有第。寿王课疏远。案汉元年不用黄帝调历，寿王非汉历、逆天道，非所宜言，大不敬。有诏勿劾。复候，尽六年。太初历第一，即墨徐万且、长安徐禹治太初历亦第一。寿王及待诏李信治黄帝调历。课皆疏阔。寿王历乃太史官殷历也。至孝成世，刘向总六历，列是非，作《五纪论》，向子歆究其微眇，作《三统历》及谱。

又曰：路温舒从祖父受历数天文，以为汉厄三七之间，张晏曰：三七二百一十岁也。自汉初至哀帝元年，二百一十年也。至平帝崩，二百一十一岁也。上封事以豫戒。成帝时，谷永亦言如此。

又《王莽传》曰：莽见盗贼多，乃令太史推三万六千岁历纪，布天下，下书曰："《紫阁图》曰：太一、黄帝皆仙而上天，张乐昆仑处山之上。后世圣主得瑞者，当张乐秦终南山上。长安南山，《诗》所谓终南，南故秦地，故言秦。予之不敏，奉行未明，乃今谕矣。"

又《孝武纪》曰：夏五月正历，以正月为岁首。郑玄曰：先是以十月为岁首。色上黄，数用五。张晏曰：汉据土德，土数五。定官名，协音律。

又曰：历谱有序四时之位，正分至之节，以会日月五星之辰，以考寒暑杀生之实。故圣王必正历，以深知五星日月之会，凶厄之患，其术皆出焉。此圣人知命之术也。

《续汉律历志》曰：自太初元年，始用三统历，施行百余年。历稍后，天朔先于历，朔或在晦，月或朔见。建武八年，中太仆朱浮、太中大夫许叔等数上书，言朔历不正，宜当改更。时分度觉差尚微，上以天下初定，未遑考正。至永平五年，官历署七月十六日月蚀，待诏杨岑见时月食多先历，即缩用算，因上言月当十五日食。官历不中。诏书令岑普候，与官历课。起七月，尽十一月，弦望凡五，官历皆失，岑皆中。庚寅，诏书令岑署弦望月食官，复令待诏张盛、景防、鲍业等六四分法，与岑课岁余，盛等所中，多岑六事。

又曰：黄帝造历，元起辛卯，而颛顼用乙卯，虞用戊午，夏用丙寅，殷用甲寅，周用丁巳，鲁用庚子，汉初用乙卯，至武帝中元以丁丑。王莽之际，刘歆作三统，追太初前世一元，得五星会。庚戌之岁以为上元。太初历到章帝元和，旋复疏阔，征能术者，课效诸历，定朔稽元，追汉四十五年庚辰之岁，退朔一日，乃与天合，以为四分历。

又曰：昔者圣人之作历，观璇玑之运，三光之行，道之发轫，景之长短，斗纲所建，青龙所躔，参五以变，错综其数，而制术焉。日月相推，日舒月速，当其同，所谓之合。朔舒速先后，近一远三谓之弦。相与为衡，分天之中谓之望。以远及舒，光尽体伏谓之晦。朔合离，斗建移辰谓之朔。

《魏略》曰：太史上言汉历不及天时，固更推步弦望朔晦，为太和历。帝以高堂隆学问优深，于天文又精，乃诏使隆与尚书郎杨伟、太史待诏骆禄，参共推校，更相刻奏。纷纭数岁，禄得日蚀，而月晦不尽；隆不得日蚀，而晦尽。诏从太史隆所推，虽不得，而远近犹知其精微。

又曰：景初元年，山茌音在狸切县言黄龙见，有司奏，以为魏得地宜，以建丑之月为正，乃定历年，改太和历为景初历。

《吴志》曰：孙权黄武二年，改四分历，用乾象历。

王隐《晋书》曰：张载弟前乌程令亢，依蔡邕注《明堂月令》、《中台要缀》诸说历数，而为历赞，秘书监荀崧见赞异之，亦信该罗历义。

《唐书》曰：王勃聪警绝众，于推步历算尤精，尝作大唐千岁历，言唐德灵长千年，合承周汉运历，不合承周隋短祚。其论大旨云，“以土王者，五十代而一千年，金王者，四十九代而九百年，水王者，二十代而六百年，木王者，三十代而八百年，火王者，二十代而七百年，此天地之常期，符历之大数也。自黄帝至汉，并是五运真主，五行之匝，土运复归，唐德承之宜矣。魏晋至于周隋，咸非正统，五行之沴气也，故不可承之”。大率如此。

《鸿范·五行传》曰：圣人，所以揆天行而纪万国也。孔子作《春秋》，正春正秋，所以重历也。五家之历多疏阔，唯颛顼历为微近，故张苍用颛顼历。元封中立太初历，测弦望皆最密。

《益部耆旧传》曰：巴郡洛下闳，汉武帝时改颛顼历，更作太初历。曰：“后八百岁，此历差一日，当有圣人定之。”

《风土记》曰：自黄帝颛顼，下逮三王，治历十有一家。考课损益各有变，衰非运之错，考察意异故也。

《尸子》曰：造历者，羲和之子也。

杨泉《物理论》曰：畴昔神农始治农功，正节气，审寒温。以为早晚之期，故立历日。

《董巴议》曰：武王作周历，周公作鲁历。

《蔡邕议》曰：邕以为历数精微，去圣人久远，得失更迭，术无常是。汉承秦正，历用颛顼，元用乙卯，百有二岁；孝武皇帝始改正朔，历用太初，元用丁丑，行之百八十九岁；孝章皇帝用清河李梵之言，改从四分，元用庚辰。今冯光、陈晃，各以庚辰为非，甲寅为是，案历法黄帝、颛顼、夏、殷、周、鲁、凡六家，各自有元，先晃所据，则殷历元也。他元虽不明图谶，各自一家之术，皆当有效于当时。昔太初始用丁丑， 之后六家纷错，争讼是非。太史令张寿王挟甲寅元以非汉历，杂候清台，课在下第，卒以疏阔，连见劾奏。太初效验无所漏失，是则非图谶之元，而有效于前者也。及用四分以来，考之行度，密于太初，是知新元有效于今者也。延光元年，中谒者亶诵亦非四分，庚申上言当用命历，序甲寅元。公卿百寮参议正处，竟不施行。且三光之行迟迟进退，不必若一，术家以算追而求之，取合于当时而已，故有古今之异，而行不能上通于古，犹古术不能下通于今也。由此言之，有文于谶无验于今，未必为是，有验于今无文于谶，未必为非。

# 太平御览卷第十七 时序部二

## 五行

《释名》曰：五行者，言五气于其方各施行者。

《尚书·洪范》曰：五行，一曰水，二曰火，三曰木，四曰金，五曰土。皆其生数。水曰润下，火曰炎上，言其自然之常性也。木曰曲直，金曰从革，木可以揉曲直，金可以改更者。土曰爰稼穑。种曰稼，敛曰穑，可以种可以敛也。润下作咸，水卤所生。炎上作苦，焦气之味。曲直作酸，木实之性。从革作辛，金之气味。稼穑作甘。甘味生于百谷，五行以下箕子所陈也。

《礼》曰：五行之动，迭相竭也。五行，四时，十二月，还相为本也。

又曰：五行之秀气。

《传》曰：秋，龙见于绛郊。魏献子问于蔡墨，蔡墨对曰："古有豢龙氏，有御龙氏。"献子曰："今何故知之？"对曰："五行之官，是谓五官，实列受氏姓，封为上公，祀为贵神，社稷五祀，是尊是奉。木正曰勾芒，正，官长也。取木生勾曲而有芒角。火正曰祝融，融，明貌也。金正曰蓐收，初秋摧折而可收也。水正曰玄冥，水出而阴幽冥也。土正曰后土"。土为群物之主，故曰后土。献子曰："社稷五祀，谁氏之官也？"对曰："少皞氏之子有四叔，曰重，曰该，曰修，曰熙，实能理金木及水，使重为勾芒，该为蓐收，修及熙为玄冥，二子相代为水王也。世不失职，遂济穷桑，此三祀也。穷桑，少昊之号，四子能治其官。颛顼氏有子号曰黎，为祝融，共工氏有子号曰勾龙，为后土，此其二祀也。后土为社稷田正也。掌播殖也。有烈山氏之子曰柱，为稷，自夏已上祀之；周弃亦为稷，弃，周之始祖，能播百谷。汤既胜夏，废柱而以弃代之也。自商以来祀之。"

《汉书》曰：五行者，五常之形气也。

又《律历志》曰：天以一生水，地以二生火，天以三生木，地以四生金，天以五生土。

《魏略》曰：诏以汉火行，火忌水，故去洛水而加隹；魏于行次为土，水得土而流，土得水而软，故除隹加水，变雒为洛。

《家语》曰：季康子问于孔子曰："旧闻五帝之名而不知其实，请问何谓？"孔子曰："昔丘也闻诸老聃，天有五行，木金水火土，分时化育以成万物，一岁三百六十日，五行，行至七十三日化生长育，万物莫不成也。其神谓之五帝。五帝，五行之神，佐天理万物者也。而说皆谓之名字，亦为妖怪而妄也。古之王者易代改号，取法五行更王，终始相生，亦象其义也。法五行更王，终始相生，以木德王天下，其次所生之行转相承。故其生为明王者，死配五行。是以太皞配木，炎帝配火，少皞配金，颛顼配水，黄帝配土。"康子曰："太皞氏其始之木，何也？"孔子曰："五行用事，先起于木，木，东方也，万物之初皆出焉。是故王者作而首以木德王天下，则以所生之行转相承也。"康子曰："吾闻勾芒为木正，祝融为火正，蓐收为金正，玄冥为水正，后土为土正，此则五行之主也，而不称何？"孔子曰："凡五正者，五行之官名也。言但王五行之官名，安得同名为帝。五行佐成上帝而称五帝，太皞之属配焉，亦云帝，从其号。昔者，少皞氏有四叔，曰重，曰该，曰熙，曰修，实能理金木水火土。使重为勾芒，该为蓐收，修及熙为玄冥，颛顼氏之子曰黎为祝融，共工氏子曰勾龙为后土，此五者，各以所能业其官职，生为上公，死为贵神，别称五祀，不得同帝也。"五祀，上公之神耳，故不得称帝。五正不及五帝，五帝不及天地也。

《遁甲开山图荣氏解》曰：五龙受爰皇后君也。兄弟四人，皆人面龙身。长曰角龙，木仙也；次曰羽龙，水仙也；父曰宫龙，土仙也。父子同得仙，治在五方，今五行之神也。

《白虎通》曰：五行者，何谓也？谓金木水火土。言行者，欲言为天行气之义也。地之承天，犹妇之事夫，臣之事君也，其位卑，卑者亲视事，故自同于一行，尊于天也。《尚书》一曰水，二曰火，三曰木，四曰金，五曰土。水位在北方者，阴气在黄泉之下任养万物。水之为言准也，阴化沾濡任生木。木在东方者，阳气始动，万物始生，木之为言触也。阳气动跃。火在南方，阳在上，万物垂枝，火之为言委随也。万物布施，火之为言化也，阳气用事万物变化也。金在西方者，阴始起，万物禁止，金之为言禁也。土在中央，中央者土，土主吐万物，土之为言吐也。

《乐记》曰：春生夏长秋收冬藏，土所以不名时者，地，土之别名也，比于五行最尊，故自居部职也。

又曰：万物怀任交易，变化始起，先有太初，然后有太始，形兆既成，名曰太素。混沌相连，视之不见，听之不闻，然后剖判。清浊既分，精耀出布，庶物生。精者为三光，粗者为五行。五行生情性，情性生汙中，汙中生神明，神明生道德，道德生文章。

## 四时

《释名》曰：四时，四方各一时。时，期也，不失期也。

《书》曰：乃命羲和，敬授民时。

《礼》曰：天有四时，春秋冬夏，无非教也。

《周礼》曰：典瑞掌玉器之藏，土圭以致四时日月。度其影至不至，以知其形失也。

《尔雅》曰：四时和为玉烛。

又曰：春为青阳，夏为朱明，秋为白藏，冬为玄英。

《论语》曰：天何言哉？四时行焉，万物生焉。

《周礼》曰：凡四时成岁，岁者春夏秋冬，各有孟、仲、季，以名十有二月。月中气以著时应，春三中气，雨水，春分，谷雨；夏三中气，小满，夏至，大暑；秋三中气，处暑，秋分，霜降；冬三中气，小雪，冬至，大寒。闰无中气，斗指两辰之间。万物春生夏长，秋收冬藏，天地之正，四时之极，不易之道。

《春秋繁露》曰：四时天之四选，春者少阳之选，夏者太阳之选，秋者少阴之选，冬者太阴之选。四时之行，父子之道也；天地之志，君臣之义也；阴阳之理，圣人之法也。

《广雅》曰：四方各一时，时，期也，物之生死各应节期而止也。

又曰：时，司空也。司空，主也。各主一方物之生死。

京房《易妖占》曰：海燕自来，众燕随之，谷不登。君失春政则苍燕见于邑，民多流亡，失夏政则赤燕见于邑，失秋政则白燕见于邑，失冬政则黑燕见于邑，皆如春占。

《管子》曰：岁有四秋而分四时。故曰，农事既成，农夫赋其耜铁，此之谓春之秋；大夏且至，丝纩之所作，此之谓夏之秋；秋成五谷之所会，此之谓秋之秋；营室中，女事纺绩，缉缕之所作也，此之谓冬之秋。

又曰：东方曰岁星，其时曰春，其气曰风，风生木。南方曰日，其时曰夏，其气曰阳，阳生火。西方曰辰，其时曰秋，其气曰阴，阴生金。北方曰月，其时曰冬，其气曰寒，寒生水。

《淮南子曰时则》曰：六合：孟春与孟秋为合，仲春与仲秋为合，季春与季秋为合，孟夏与孟冬为合，仲夏与仲冬为合，季夏与季冬为合。孟春始盈，孟秋始缩，盈，长也。缩，短也。仲春始出，仲秋始内，二月播植也，八月取敛也。季春大出，季秋大内，孟夏始缓，孟冬始急，缓，四月阳炎也。急，十月寒缩也。仲夏德毕，季冬刑毕。德毕，阳施穷也。刑毕，阴杀尽也。

又曰：阴阳之专精为四海，四时之散精为万物。四时者，天之吏也。

又曰：以天为盖，以地为舆，四时为马。

又曰：日回而月周，时不与人游。

徐整《三五历记》曰：北斗当昆仑，昆仑气连注云天下，春夏为露，秋冬为霜。

晋张华诗曰：四气鳞次，寒暑环周。

晋陆机诗曰：年往迅劲矢，时来谅急弦。

## 闰

《说文》曰：馀分之月，五岁再闰也。告朔之礼，天子居宗庙门中，故其字从王在门中也。

《白虎通》曰：月有闰何？周天三百六十五度四分度之一，十二月日不匝十二度，故三年一闰，五岁再闰也。明阴不足，阳有余。闰者，阳之余也。

《书·尧典》曰：帝曰："咨，汝羲暨和，期三百有六旬有六日，以闰月定四时成岁。"咨，嗟；暨，与也。匝四时曰期，一岁十二月，月三十日，正三百六十日，除小月六为六日，是为一岁。有十二日未盈，三岁足得一月则置闰焉。以定四时之节气，成一岁之历象。

《传》曰：闰月不告朔，非礼也。先王之正时也，履端于始，举正于中，归馀于终。杜预注曰：步历之始，以为术之端首也。日月之行，有迟有速，必分十二月，举中气以正月也。余日则归于终，积为闰也。履端于始，序则不愆；举正于中，人则不惑；归馀于终，事则不悖。

又曰：闰月戊寅，济于阴阪。注以为门五日，盖惧以门字与五字合为闰月也。

《公羊传》曰：闰月不告朔。曷为不告朔？天无是月也。闰月者，何以谓之天无是月？月非常月也。所在无常，故无正也。

《谷梁传》曰：闰月者，附月之余日也，一岁三百六十日，余六日，又有小月，积五岁得六十日而再闰，故曰附月之余日也。积分而成于月者也。天子不以告朔，而丧事不数也。

《礼·玉藻》曰：听朔于南门之外，诸侯听朔于庙，天子听朔于明堂，诸侯告朔于祖，则天子告朔于文武也。闰月则阖门左扉，立乎其中。闰无中气无时令，故不听于堂也。门谓庙门，立其中当视朝。

《周礼·春官》曰：闰月，太史诏王居门终月。门谓路寝门也。郑司农云：《月令》十二月令在青阳明堂总章玄堂左右之位，惟闰无，居于门。故于文，王在门谓之闰。

《春秋元命包》曰：三年一闰以起纪。宋均注曰：纪，法也。三年加以一闰以会成岁也。

《史记》曰：黄帝起消息，正闰余。

《汉书音义》曰：岁之余为闰。

《文士传》曰：陆续，字公纪，作《浑天说》，曰："闰月无中气，斗斜指二辰之间。"

《荆楚岁时记》曰：周礼云，王出居寝门，故为字门中从王也。是月也，不举百事，以非中气也。

## 岁

《释名》曰：岁，越也，越故限也。年，进也，进而前也。祀，祀已也，新气生，故气已也。载，载生物也。

《白虎通》曰：年者，仍也，年以纪事。岁者，以纪气物，据日为岁，据月言年。载之为言成也，载成万物终始也。五帝言载，三王言年。《世本》曰："后益作占岁。"

《易》曰：寒往则暑来，暑往则寒来，寒暑相推，而岁成焉。

《洪范》曰：叶用五纪，一曰岁。孔安国曰：所纪四时也。

《礼》曰：日穷于次，月穷于纪，星回于天，数将几终，岁且更始。岁者四时一终日一周天之名也。言前至孟春之月，日复在营室，月复建寅，昏复参中，旦复尾中，故曰更始也矣。

《尔雅》曰：太岁在甲曰阏逢，在乙曰旃蒙，在丙曰柔兆，在丁曰强圉，在戊曰著雍，著，孙炎音猪略切，《郭璞音义》曰：著者，或作祀黎是也。在己曰屠维，在庚曰上章，在辛曰重光，在壬曰玄黓，郭璞音翼。在癸曰昭阳。太岁在寅曰摄提格，在卯曰单阏，在辰曰执徐，在巳曰大荒落，在午曰敦牂，郭璞音子郎反。在未曰协洽，在申曰涒滩，郭璞曰：涒音汤昆反。滩音汤干反。在酉曰作噩，孙炎音愕。在戌曰阉茂，在亥曰大渊献，在子曰困敦，在丑曰赤奋若。

又曰：夏曰岁，商曰祀，周曰年，唐虞曰载。郭璞注曰：岁取星行一次，祀取四时一终也，年取禾一熟也，载取物终岁更始者也。

《史记·天官书》曰：腊之明日，人众卒岁一会，饮酒发阳气，故曰初岁。

《魏略》曰：董遇好学，读书常以三余，冬岁之余，夜与阴雨日之余。

《晋书》曰：博士张亮议曰："俗谓腊之明日为初岁，秦汉以来有贺，此皆古之遗语也。"

《易乾凿度》曰：孔子曰："岁三百六十日而天气周，八卦用事，各四十五日而备岁事。"

《尚书大传》曰：凡六沴之作，岁之朝，月之朝，日之朝，后王受之；岁之中，月之中，日之中，则正卿受之，岁之夕，月之夕，日之夕，则庶民受之。郑玄曰：自正月尽四月为岁之朝。后志曰：凡六气相伤谓之沴。

《尚书考灵耀》曰：天地开辟，元历纪名，月首甲子，冬至日月五纬俱起牵牛。初，日月若悬璧，五星若编珠，青龙甲子摄提格孳。青龙，岁也。岁在寅曰摄提格。孳犹生也。

《春秋元命包》曰：岁之为言遂也。遂，出也。出行事于所直辰也。

《淮南子》曰：太阴治春，则欲行仁惠温良；木德仁，故柔良。太阴治夏，则欲布施宣明；火德阳也，故布德遍明。太阴治秋，则欲修备缮兵；金德刚断，故修兵也。太阴治冬，则欲猛毅坚强。水德纯阴，冰冻闭固，故坚强也。三岁而改节，六岁而一衰，衰，疫疾也。十二岁而一荒。蔬不熟为荒也。

《淮南子》曰：见一叶之落，知岁之将暮。

《吕氏春秋》曰：天行不信，莫能成岁。

《师旷占》曰：黄帝问师旷曰："吾欲知岁苦乐善恶，可知否？"师旷对曰："岁欲丰，甘草先生，荠也；岁欲饥，苦草先生，葶苈也；岁欲恶，恶草先生，水藻也；岁欲旱，旱草先生，蒺藜也；岁欲溜，溜草先生，蓬也；岁欲病，病草先生，艾也。"

《广志》曰：青龙、天一、太阴，太岁也。

《袁子正书》语曰：岁在申酉，乞浆得酒；岁在辰巳，嫁妻卖子。夫盛衰更代，丰荒相半，天之常道也。

《楚辞》曰：献岁发春兮。献，进也。

又曰：开春发岁兮。承阳施惠，养百姓也。

## 岁除

《吕氏春秋注》曰：前岁一日，击鼓驱疫疠之鬼，谓之逐除，亦曰傩。《论语》曰：乡人傩，孔子朝服立于阼阶。张衡《东京赋》曰：卒岁大傩。

《荆楚记》曰：岁暮家家具肴蔌，谓宿岁之储，以迎新年，相聚酣饮。

又曰：岁前又为藏钩之戏。《辛氏三秦记》曰：昭帝母钩弋夫人手拳而国色，帝披之得钩。人人学藏钩亦法此。钩亦作驱。

又曰：留宿岁饭至新年，十二月则弃之街衢，以为去故纳新也。

唐太宗文皇帝《守岁诗》曰：暮景斜芳殿，年华丽绮宫。寒辞去冬雪，暖带入春风。阶馥舒梅素，盘花卷烛红。共欢新故岁，迎送一宵中。

又曰：岁阴穷暮纪，献节启新芳。冬尽今宵促，年开明日长。冰消出镜水，梅散入风香。对饮欢终宴，倾壶待曙光。

又《于太原召侍臣赐宴守岁诗》曰：四时运灰琯，一夕变冬春。送寒余雪尽，迎岁早梅新。

梁庾肩吾《岁尽应令诗》曰：岁序已云殚，春心不自安。聊开百叶酒，试奠五辛盘。金薄图神燕，朱泥印鬼丸。梅花应可折，惜为雪中看。

隋薛道衡《岁穷应教诗》曰：故年随夜尽，初春逐晚生。方验从军乐，饮至入西京。

# 太平御览卷第十八 时序部三

## 春上

《释名》曰：春之言蠢也，万物蠢然而生。

又曰：正月少阳建寅，寅者，演也。律中太蔟，律之言率也，所以率气也。太者，大也，蔟者，凑也，言万物始大，凑地而出也。

《书》曰：每岁孟春，遒人以木铎徇于路。注云：遒人，宣令之官。木铎，金铃木舌，所以振文教也。

又曰：分命羲仲，宅嵎夷，曰旸谷，平秩东作。日中星鸟，以殷仲春。

《诗》曰：春日迟迟，采蘩祁祁。郑注曰：迟迟，舒缓也。

又曰：有女怀春，吉士诱之。

又曰：春日载阳，爰求柔桑。

又曰：嗟嗟保介，维暮之春，亦又何求，如何新畬。田二岁曰新，三岁曰畬。《笺》云：保介，车右也。

《月令》曰：正月之节，日在虚，立春为正月之节，谨按《春秋传》曰：履端于始，谓节也。举正于中，谓气也。归余于终，谓闰也。既有闰，则立春进退不恒在正月朔日，气不定为孟春之月，但得立春，则是正月之节，可以行春令矣。昏昴中，晓心中，凡记昏昴晓心中，为人君南面而听天下，观时候以授人事也。斗建寅位之初，地有十二辰，斗柄杓常左旋指地位，故立春正月之节，则斗建寅位之初。《书》云：璇玑玉衡七政，此之谓矣。其日甲乙，《春秋传》曰：天有十日，谓甲乙丙丁戊己庚辛壬癸。甲乙属木，主春，故云其日甲乙也。其帝太皞，其神勾芒，昔太皞氏以木德继天而王，故为春帝。高辛氏有天下，置五行之官而木正曰勾芒，故勾芒为木神，佐太皞于春。律中太蔟。律者，候气之管，以竹为之。中犹应也。正月气至，则太蔟之律应。应谓吹灰也。太蔟者，林钟所生，三分益一，管长八寸，空径三分，围九分。立春之日，东风解冻。后五日蛰虫始振。后五日鱼上水。昔在周公作时训，定二十四气，辨七十二候，每候相去各五日，以明天时，将验人事，言圣人奉顺天时，则万物及节候也。命有司祭风师。立春之丑日，祭风师于国城东也。正月中气，日在危，雨水为正月中气，凡中气前后去节十五日，《春秋传》曰：举正于中，此之谓也。昏毕中，晓尾中，斗建寅位之中，雨水之日，獭祭鱼。后五日，鸿雁来。后五日，草木萌动。天子乃以元日祈谷于上帝，元，吉也。谓上辛祈谷，郊祀昊天上帝于国丘。高祖神尧皇帝配坐，以五方帝从祀于坛。《春秋传》曰：启蛰而郊，郊而后耕，此之谓也。命乐正习舞，春夏尚舞，故命习之。禁止伐木，为盛德所在。无麛无卵，无伤芒勾之类。掩骼埋胔。为死气逆生气。枯骨曰骼，肉腐曰胔。

《释名》曰：二月之夹钟何？夹者孚也，言万物孚甲，种类分也。

《礼》曰：二月之节，日在营室，惊蛰为二月之节。昏东井中，晓箕中，斗建卯位之初，律中夹钟。二月之气至则夹钟之律应。夹钟者，夷则之所生，三分益一，管长七寸四分。其日、其音、其数，并同孟春。惊蛰之日，桃始华。后五日，仓庚鸣。后五日，鹰化为鸠。省囹圄，去桎梏，省，减也。囹圄所以禁守系者，今之狱矣。木在手曰梏，在足曰桎。上丁释奠于国学，释谓置也，置牲币之奠于文宣王。上戊释奠于太庙。庙亦用牲币之奠。

又曰：二月中气，日在奎，春分为二月中气。昏东井中，晓南斗中，斗建卯位之中。春分之日，玄鸟至，雷乃发声，祀朝日于东郊，春分日祭之。献羔开冰，谓立春藏冰，在春分方温，故献羔以祭司寒，而后开冰。《春秋传》曰：日在北陆而藏冰，西陆朝觌而出之，先荐寝庙。祠高禖，昔高辛氏之代，玄鸟遗卵，简狄吞之而生高辛氏，后王以为禖官嘉祥而立其祠焉。祭马祖。谓仲春祭马祖于大泽，用刚日。无竭川泽，无漉陂池，无焚山林。顺阳养物也。蓄水曰陂，穿地通水曰池。

又曰：三月之节，日在娄，清明为三月之节也。昏柳中，晓南斗中，斗建辰位之初，律中沽洗。三月气至，沽洗之律应。沽洗者，南吕之生也。三分益一，管长七寸一分。其日、其音、其数，并同孟春。

又曰：清明之日，桐始华，田鼠化为鴽。后五日，虹始见。天子居青阳右个。是月也，天子乃荐鞠衣于先帝。鞠衣，衣名，盖黄桑之服。荐于先帝者，为进字太庙。天子始乘舟，荐鲔于寝庙，进时美味。聘名士，礼贤者。聘谓问也。名士，谓有名誉也。

又曰：三月中气，日在胃，谷雨为三月中气。昏张中，晓南斗中，斗建辰位之中。谷雨之日，萍始生。后五日，鸣鸠拂其羽。后五日，戴胜降于桑。命有司无伐桑柘，受蚕食。乃修蚕器，择吉日大合乐。大合乐者，言行射礼。

《礼》曰：仲春之月，天子乃献羔开冰，先荐寝庙。

又曰：季春之月，蚕事既登，分茧秤丝效功，以供宗庙之服。

又曰：季春之月，天子乃为麦祈实。郑玄注曰：于含秀求其成也。

又曰：春生夏长，仁也；秋敛冬藏，义也。

又曰：天子五年一巡狩。天子以海内为家，时一巡狩省之。五年者，虞夏之制也。周制十二岁一巡狩也。岁二月，东巡狩至于岱宗，柴而望祀山川。柴祭天，告至也。觐诸侯，觐，见也。问百年者就见之。就见老人。命太师陈诗以观民风，陈诗，谓采其诗而视之。命市纳贾以观民之所好恶，志淫好辟。市典者贾，谓知物贵贱厚薄也。质则用物贵，民则侈。物贵民之志淫邪，则其所好者不正。

《周礼》曰：媒氏掌万民之判，判，半也。合成夫妇也。仲春月会男女。成春礼。是时奔者不禁，无故而不用令者罚之。

又曰：仲春诏后率内外命妇，始蚕于北郊，帅六宫之夫人，生穜稑之种，而献之于王。

又曰：罗氏仲春献鸠以养国老。郑玄注云：春鹰化而为鸠，变旧为新，宜以养老，助生气。

又曰：司烜氏掌仲春以木铎修火禁。

又曰：籥章掌仲春昼击鼓，歌豳诗以逆之。

又曰：四时皆有厉疾，春时有痟首疾。厉疾，气不和之疾。痟，酸削也。

《传》曰：春蒐、夏苗、秋狝、冬狩，皆于农隙，以讲武事也。

《谷梁传》曰：鲁桓公十有四年春正月，无冰。皆君不明去就，政治舒缓之所致。《五行传》曰：视之不明，是谓不哲，厥咎舒，厥罚常燠。无冰，时燠也。

又曰：四时之田，皆为宗庙之事也。春曰田，取兽于田。夏曰苗，因为苗时除害，故曰苗。秋曰蒐，蒐，择之，舍小取大。冬曰狩。狩，围狩也。冬物毕成，获则取之无所择。

《语》曰：莫春者，春服既成，冠者五六人，童子六七人，浴乎沂，风乎舞雩，咏而归。

《尔雅》曰：春为青阳，一曰发生。

又曰：春猎为蒐。搜索取也。

又曰：春祭为祀。荐尚韭柳，《礼疏》曰：祀者，思也。思向所以设之曰祀也。

《大戴礼》曰：三代之礼，天子春朝朝日，秋暮夕月，祭日东坛，祭月西坛，故别外内，以端其政位。所以明有敬也。教天下之臣也。

又曰：司徒典春，以教民之不时不若不全，成长幼老疾孤寡，以时通于四疆，有阖而不通，有烦而不治，则民不乐生，不利衣食。凡民之藏贮，以及山川之神加于民者，发图功谋斋戒必敬，会时必节，日历巫祝执伎以守官俟命而作，祈王年，祷民命，及畜谷蜚征庶虞草。方春三月，缓施生育，动作百物，于时有事，享于皇祖皇考朝，孤子八人，以成春事。

又曰：二月祭鲔，鲔者鱼之先至也。

又曰：三月参则伏不见。

又曰：古者，天子孟春论吏之德行，能法者为有行，能理得法者为有能，盛法德者为有功。故论吏而法行，事治而功成。季冬正法，孟春论吏，治国之要也。春论班赏，冬考量刑，则莫不惩劝也。

又曰：诸侯相见，治卿为介，以其教士毕行，使仁者守会朝于天子。天子以岁二月为坛于东郊，建五色，设五兵，具五味，陈六律，品奏五声，听明教，置离抗，大长侯，规鹄竖物。九卿佐三公，三公佐天子，天子践位，诸侯各以其局就位，乃升诸侯之教，士执弓挟矢，揖让以升，履物以射其地，以心端色容正，时以效技有庆以地，不时有让以地，天下之有道也。

《开元礼》曰：仲春上丁，释奠于太学，孔宣父为先圣，颜子为先师。上戊，释奠于齐太公。以张良配。

《易通统图》曰：日春行东方青道曰东陆。

《易说》曰：春有白鹤云。

京房《易占》曰：春当退贪残，进柔良，恤幼孤，赈不足，求隐士，则万物应节而生，随气而长，所谓春令也。春取榆柳之火。

《尚书大传》曰：万物非天不生，非地不载，非春不动，非夏不长，非秋不收，非冬不藏。故《书》禋于六宗，此之谓也。禋，祭也。字当为禋。马氏以为六宗谓日月星辰泰山河海也。经曰：肆类于上帝，禋于六宗，望秩于山川，遍于群神。《月令》：孟冬，天子祈来年于天宗。如此，则六宗近谓天神也。以《周礼》差之，则为星辰，司人，司命，风师，雨师也。

又曰：东方者何？动方也，物之动也。何以谓之春，春出也，物之出也。故谓东方春也。

《尚书说》曰：东方春，龙房位，其规仁，好生不贼。五灵，东方曰苍龙，五均，东曰规，五姓，曰仁也。其帝青，表圣明，行趋德。表，德也。春好生，故曰德。

《尚书考灵耀》曰：春佩苍璧，苍佩玉，以象德也。乘苍马，以出游，发令于外，春行仁政，顺天之常，以安国也。

又曰：鸟星为春候。

《诗含神雾》曰：齐地处孟春之位，海岱之间，土地汙泥，流之所归，利之所聚。律中太蔟，音中宫角。陈地处季春之位，土地平夷，无有山谷，律中沽洗，音中宫徵。

《韩诗外传》：简主曰：夫春树桃李，夏得荫其下，秋得食其实；春树蒺藜，夏不可采其叶，秋得其刺焉。由此观之，在所树也，今子所树非其人也。故君子择而后种。

又曰：天有四时，春夏秋冬，风雨霜露，无非教也。

《韩诗章句》曰：溱与洧，方涣涣兮。谓三月桃花水下时，郑国之俗，三月上巳于此水招魂续魄，祓除不祥之故也。

《三礼义宗》曰：五行之官也，木正曰勾芒者，物始生皆勾屈而芒角，因用为官名。

又曰：祭六宗之礼，寒暑有往来之期，可退则祭禳却之命退，应至而不至，则祭求之命至。故春则送寒而迎暑，秋则送暑而迎寒。

又曰：东岳所以谓之岱者，代谢之义。阳春用事，除故生新，万物更生，相代之道，故以代为名也。

又曰：天子诸侯宫寝之制，若春气三月之中居正寝，退息之时常居东北之寝，三月之末，土王之日则居中寝，夏之三月则居东南之寝，秋之三月则居西南之寝，冬之三月则居西北之寝。此三时后，土王之日，亦各居中寝，以从时气。

又曰：古之学者，干戈之舞得从春夏，羽籥之职得入秋冬，四事之中有文有武，故得分之。

# 太平御览卷第十九 时序部四

## 春中

《史记》曰：孝惠帝曾春出游离宫，叔孙生曰："古者有春尝果，今方樱桃熟，愿陛下因取樱桃献宗庙。"上乃许之。诸果献由此兴也。

又曰：正月为端月。端，首也。《春秋左传》曰：履端于始。

又《天官书》曰：明庶风居东方，明庶，明众物尽出也。二月律中夹钟者，言万物阴阳相夹厕也。其于十二子为卯，卯之为言万物茂也。其于十母为甲乙，甲者，万物剖孚甲而出也，乙者，言万物生轧轧也。南至于氐，氐者，言万物皆至也。

又曰：汉武帝以正月上辛，祠太一甘泉，以昏祠到明而终，常有流星经于祠坛上，使童子童女七十人俱歌，春歌青阳，夏歌朱明，秋歌西皓，西方少昊。冬歌玄冥。

《汉书》曰：孟春之月，群居者将散，行人振木铎徇于路，以采诗献之。太师比其音声以闻于天子。

又曰：王温舒事张汤为酷吏，及为河内太守，及春，温舒顿足曰："嗟呼！令冬益展一月，足了吾事矣。"其不爱人如此也。

又曰：宣帝时，魏相奏请明经通知阴阳者四人，各主一时，时至明言所职以和阴阳，如高祖时，令谒者赵尧举春，李辞举夏，倪阳举秋，贡禹举冬之类。宣帝从之。

《东观汉记》曰：章帝行幸，敕御史司空道桥所过历树木，方春月无得有所伐，辂车可引避也。

《后汉书》曰：张奂为武威太守，其俗多妖忌，凡二月五日产子及与父母同月者，悉杀之。奂示以义方，严加赏罚，风俗遂改，百姓为立祠。

又曰：章帝建初三年正月，祀五帝于明堂，遂登灵台，望云物，赦天下。

又曰：元初二年春正月诏曰："今人有产子者，后无算三岁；诸怀妊者，赐月养谷，复其夫勿算一岁。著以为令。

又诏三公曰：方春生养万物莩甲，宜助萌牙，以育时物。其令有司，罪非殊死，且勿案验。

又丙午诏曰：畿内七十已上，暮春赴京师，将行养老之礼。

又曰：王莽下书曰：夫三皇象春，五帝象夏，三王象秋，五伯象冬。皇王德运也。伯者，继空续乏以成历数，故其道驳。

谢承《后汉书》曰：郑弘为临淮太守；春行，有两白鹿随车夹毂而行。弘后为太尉。

《续汉书》曰：太守常以春行县，所至县劝人农桑，振救乏绝。第五伦为太守，因春行见郑弘，奇之，署督邮。郑弘时为邹啬夫。

又《律历志》曰：日行东陆谓之春。

《魏略》曰：孟康为弘农守清平，领群吏二百余人，涉春遣休，常四分遣一分，无宿诺。

《晋书》曰：郭麐奴郎反，西平人也，少明于《易》，仕郡主簿。张天锡末年，苻氏每有西伐之问，太守赵凝使麐筮之。麐曰："若郡内二月十五日失囚者，东军当至，凉祚必终。"凝乃申条属县。至十五日，鲜卑折掘送马于凝，凝怒其非骏，幽之厩内。鲜卑惧而夜遁。凝以告麐，麐曰："是也。国家将亡，弗可复振。"

《春秋繁露》曰：春，喜气故生。

又曰：春之犹言偆偆者，偆，音蠢，又凝准反。喜乐之貌也。

《春秋元命包》曰：春者，神明推移，精华结纽。神明犹阴阳也。相推，使物精华结成纽，结，要也。

又曰：春含名出位，东方动，春明达，春之言蠢，东之言动，合此名以自明自达也。六合俱生，万物应节，虽于时为春，以其蠢动无节，应此时节也。五行并起，各以名利，自六合俱生，以通五行，各有阴阳交合，故能然也。其精青龙，龙之言萌也，兽之妙莫若龙，故就青萌以名之。阴中之阳也。

《老子》曰：众人熙熙，若享太牢，如登春台。

《庄子》曰：夫春气发而百草生，正得秋而万宝成。夫春与秋岂无得而然哉？天道已行矣。春秋主生成，皆得自然之道，故不为。

又曰：春夏先，秋冬后，四时之序也。万物化而萌区有壮，盛衰之杀，变化之流也。

又曰：舜以天下让善卷。善卷曰："予立于宇宙之中，冬日衣皮毛，夏日衣葛絺，春耕夏种，形足以劳动，秋收冬敛，身足以休食，日出而作，日入而息，逍遥于天地之间，而心意自得，吾何以天下为哉？"

《文子》曰：政失于春，岁星盈缩，不居其常。春政不失，禾黍滋。

又曰：因春而生，因秋而杀，所生不德，所杀不怨，则几于道矣。

《尸子》曰：翔风，瑞风也，一名景风，一名惠风。春为发生，夏为长赢，秋为收成，冬为安宁。《尔雅》以为四时之别名也。

又曰：春为忠也，东方为春，春动也。是故鸟兽孕，荣华生，万物遂，忠之至也。

《鹖冠子》曰：斗柄指东，天下皆春。

《列子》曰：荆之南有冥灵者，五百岁为春，五百岁为秋。上古有大椿者，以八千岁为春，八千岁为秋。

《管子》曰：孟春之朝，君自听朝，论爵赏。

《管子》曰：邻人谓展禽曰："鲁聘夫子，夫子三黜，无忧色何？"展禽曰："春风鼓，百草敷蔚，吾不知其茂；秋霜降，百草零落，吾不知其枯。枯茂非四时之悲欣，荣辱非吾心之忧喜。"

《淮南子》曰：何谓五星？东方木也，其帝太昊，太昊，庖牺氏王天下号也。死托于东方帝也。其佐勾芒，执规而治春。《汉书》：魏相上书，太昊乘震，执规治春。

又曰：日，阳之主也，是故春则群兽除。除冬毛，微堕也。

又曰：太阳治春，则欲行柔惠温凉。木德人也，故柔凉也。

又曰：春为规，规之为度也，转而不复，圆而不规，复，遏也。规，转也。复而不纵，广大以宽，感动有理，发通有纪，优优简简，百怨不起，优优，简简，宽舒之貌也。规度不失，生气乃理。气类理达。

又曰：六合，孟春与孟秋合，孟春始盈，孟秋始缩。盈，长也。缩，短也。故正月失政，七月凉风不至。

又曰：仲春始出，仲秋始内。出，二月播种；内，八月始收敛。

又曰：春肃秋荣，冬雷夏霜，皆贼气之所生。

又曰：四时者，春生夏长，秋收冬藏，取与有节，出入有时，开阖张歙，不失其序。歙，读曰翕。

又曰：春女悲，秋士哀，知物化矣。《周礼》：仲春之月，令媒氏会男女，女当外成于夫家，骨肉相离，故女悲。秋金气用事，战士执兵，胜败若化，故士哀也。

又曰：孟春之月，东宫御女青色，衣青采，鼓琴瑟，春王东方，故处东宫也。琴瑟木也。春木生，故鼓。其兵矛，有锋锐，以万物钻地如生也。其畜羊。羊，木土之母，故蓄之也。二月官仓，其树杏；二月播种，故官仓也。杏有核在中，象阴在内，阳在外也，故其树杏也。三月官乡，其树李。三月析民户口，故言乡也。李亦有核，说与杏同。

又曰：季春三月，丰隆乃出，将其雨也，丰隆，雷也。至秋三月，地气不藏，乃收其杀，百虫蛰伏，静居闭户，杀气安静。青女乃出，以降霜雪。青女天神，青天玉女，主霜雪也。十二时之气，以至于仲春二月之夕，乃布收其藏而闭其寒，收敛其所藏而出布之，闭其阴塞全不得发泄也。女夷鼓歌，以司天和，以长百谷禽兽草木。女夷主春夏，养长之中也。

蔡邕《月令章句》曰：季春戴鵟降于桑。

又曰：仲春之月，天子献羔开冰。

又曰：仲春玄鸟至。玄鸟，燕也。

崔寔《四人月令》曰：二月祠太社之日，荐韭卵于祖祢。

《五行志》曰：于《易》震在东方，为春，为木者也。兑在西方，为秋，为金。离在南方，为夏，为火。坎在北方，为冬，为水。春与秋日夜分，寒暑平，是以金木之气易以相变。故貌伤则致秋阴常雨，言伤则致春阳常早也。至于冬夏，日夜相反，谓夏日长夜短，冬日短夜长。寒暑殊绝，水火之气不得相并，故视伤常燠，听伤常寒者，其气然也。

又曰：夹钟言阴夹助太蔟，宣四方之气而出钟物也。位于卯，在二月。

《东阳记》曰：山南有春草岩，出龙须，多药物。

《西京杂记》曰：贾佩兰云："在宫时，正月上辰出池边盥濯，食蓬饵，以去妖邪。"

《荆州记》曰：陆凯与路晔为友，在江南寄梅花一枝，诣长安与晔，并赠诗云："折花奉驿使，寄与陇头人。江南无所有，聊赠一枝春。"

《荆州岁时记》曰：正月夜多鬼鸟，度家家槌床打户，捩狗耳，灭灯烛以禳之。《云中记》云：此鸟名姑获，一名无帝女，一名隐飞鸟，一名夜行游女，好取人女子，养之，有小儿之家，即以血点其衣以为志，故世人名为鬼鸟。荆州弥多，斯言信矣。

又曰：正月未日夜，芦苣火照井厕中，百鬼走。

《博物志》曰：宋国有田夫，常衣黂分衮反缊，仅以过冬，暨春东作，自曝于日，不知天下之有广厦奥室，绵纩狐貉。顾谓其妻曰："背日之暄，人莫知者，以献吾君，将有赏。"

《临海异物志》曰：鶗鴂一名田鹃，春三月鸣，昼夜不止。音声常自呼，俗言取梅子涂其口，两边皆赤，上天自言乞恩，至当梅子熟，鸣乃得止耳。

又曰：春风甘露，生育万物。

《吕氏春秋》曰：天行不信，不能成岁；地安不信，草木不茂；春风不信，其华不盛，则果实不生。

又曰：仲春之月，玄鸟至之日，以太牢祀于高禖。蔡邕曰：高禖，神名也。

又曰：仲春之月，先雷三日，奋铎以令于兆民曰："雷且发声，有不戒其容止者，生子不备，必有凶灾。不戒容止，谓以雷霆合房室之者，生子必有喑，躄凝狂之疾矣。耕者少舍。皆耕在野，少有舍于都邑者也。”

《晏子春秋》曰：齐景公夏游猎，又起大台之役。晏子谏曰：“春夏起役、游猎，夺民农时，国家空虚，不可。”景公曰：“吾闻相贤者国治，臣忠者主逸，吾年无几矣，言将老。欲遂吾所乐，卒即律反。吾所好，子其息矣。”晏子曰：“文王不敢盘于游田，故国昌而民安；楚灵不废乾溪之役，起章华之台，而民叛之。今君不思，将危社稷而为诸侯笑。臣闻忠不避死，谏不违罪。君不听臣，臣将逝矣。”景公曰：“唯唯”。惟惟，从其谏也。

杨子《法言》曰：或曰：“为政先杀后教与？”曰：“於乎！天先秋而后春乎？将先春而后秋乎？”

《梁元帝纂要》曰：春亦曰发生、芳春、青春、阳春、三春、九春；风曰阳风、暄风、柔风、惠风；景曰媚景、和景、韶景；时曰良时、嘉时；辰曰良辰、嘉辰、芳辰；节曰芳节、嘉节、韶节、淑节；草曰弱草，芳卉；木曰华木、华树、芳林、芳树；林曰茂林；鸟曰阳鸟、时鸟、阳禽、候鸟、时禽、好禽。

《夏书》曰：龟人之职，凡攻龟用春时，各以其物入于龟室。六龟各异室也。秋取龟，及万物成也。攻，治也。治龟骨以春，是时干，解不发伤也。上春衅龟，祭祀先卜。衅者，杀牲以血涂之也。郑司农云：祭祀先卜者，卜其日与其牲。玄谓先始用卜筮者，言祭祀尊天地也。《世本》作日巫咸作筮卜，未闻其人也。是上春者，夏正建寅之月，《月令》孟冬云衅祀龟策相互矣。秦以十月建亥为岁者，则《月令》秦世之书，亦或欲以岁首衅龟耳。筮人上春相筮。相谓更选择其蓍龟，岁易者欤？

《周书时训》曰：惊蛰二月节，桃始花。时训云：桃若不花，是谓否塞。又云仓库灾。鸧鹒鸣。时训云：若不鸣，即下不从上。鹰化为鸠。时训云：若不化，即寇贼数起。春分二月中，玄鸟至。时训云：玄鸟不至，即妇人不娠。雷乃发声。时训云：雷不发声，即诸侯失民。始电。时训云：电若不见，即人无威振。

# 太平御览卷第二十 时序部五

## 春下

《说苑》曰：管仲曰："吾不能以春风风人，夏雨雨人，吾道穷矣。"

《白虎通》曰：嫁娶以春何？春者，天地交通，万物始生，阴阳交接之时也。

京房《易占》曰：春当退贪吏，进柔良，恤幼孤，赈不足，求隐士，即万物应节而生，随气而长，所为春令也。

《司马法》曰：春不东征，秋不西伐，月食班师，所以省战也。谓春不成生，秋不伐熟。夫兵阴象也，月食则阴毁，故息战也。

《颜氏家训》曰：夫学者，犹种树也。春玩其华，秋取其实。讲说文章，春之华也；修身利行，秋之实也。

《徐子中论》曰：夫名之系于实也，犹物之系于时也。生物者春也，吐华者夏也，布叶者秋也，收成者冬也。斯无为而自成者，若强为之，则伤其性矣。

《风俗通》曰：赤春，俗说赤春从人假贷，家皆自乏之时。谨案《诗》曰："春日载阳，有鸣鸧鹒"。《月令》："衣青衣，服苍玉。"又《尔雅》"春日青阳"，凡三春时不得夏赤也。今里语曰："相斥角牛"，原其所以言，不当角牛，春从人求索也。斥与赤音相似。

周生《烈子》曰：仁如春风，惠如冬日。

《汜胜之书》曰：三月榆荚雨，高地强土可种木。

《投荒录》曰：南方春时晴霁即如夏，阴雨即如冬，不复有韶光丽景。若通四时言之，夏多而微有冬，春与秋不复辩矣。

陆机《要览》曰：九花树生南岳，虽经雪凝寒，花必开便落，时人谓之应春花。

《真诰》曰：正月庚申，上帝杀害日，不可请乞，百事无益。

《登真隐诀》曰：正月午，天地凶门日，不可建造穿凿。

又曰：正月亥，地破日，不可开山动土。

虞世南《史略》曰：北齐卢士深妻，崔林义之女，有才学，春日以桃花靧儿面，靧，荒内切，洗面也。咒曰："取红花，取白雪，与儿洗面作光悦。取白雪，取红花，与儿洗面作光华。取雪白，取花红，与儿洗面作华容。

《楚辞》曰：献岁发春兮，汩吾南征。

又曰：目极千里兮伤春。

又曰：开春发岁兮，承阳施惠养百姓兮。

又曰：王孙游兮不归，春草生兮萋萋。

又曰：青春受谢谢，去也。白日昭。昭者，明也。

崔骃《临洛观春赋》曰：迎夏之首，末春之垂，桃之夭夭，杨柳依依。

张衡《归田赋》曰：仲春令月，时和气清，原隰郁茂，百草滋荣。王雎鼓翼，鸧鹒哀鸣，交颈颉颃，关关嘤嘤。于焉逍遥，聊以娱情。

湛方生《惜春赋》曰：夫荣凋之感人，由色象之在镜。事随化而迁回，心无主而虚映。眄秋林而情悲，游春泽而心令。孰云知其所以，乘天感而叩性。

《古乐府诗》曰：青青园中葵，朝露待日晞。阳春布德泽，万物生光晖。

张衡《歌》曰：浩浩阳春发，杨柳何依依。百鸟自南归，翱翔萃我枝。

李充《春游赋》曰：盖适性莫畅乎游，而时和莫逾乎春。

陆机《乐府诗》曰：游春芳草林，春芳伤客心。和风飞清响，鲜云垂薄阴。蕙草饶淑气，时鸟多好音。翩翩鸣鸠羽，喈喈鸧鹒吟。

王廙《春可乐》曰：春可乐兮，乐孟月之初阳，野晖赫以挥绿，山翠倩以发苍。

## 立春

《礼记·月令》曰：孟春之月，是月也，以立春。太史先三日，谒于天子曰："某日立春，盛德在木。"天子乃齐。太史，礼官之属。谒，告。立春之日，亲率公卿诸侯大夫以迎春于东郊。迎春，祀春帝灵威仰于东郊之北。《周礼》迎郊五十里也。还乃赏公卿大夫于朝，令相布德和令，行庆施惠，下及兆民。

《传》曰：凡分至启闭，必书云物，为备故也。立春为启，立冬为闭。

又曰：郯子对孔子曰："少皞挚为鸟师而鸟名，青鸟氏，司启者也。"青鸟，仓鹒也，以立春鸣，立夏止。

《开元礼》曰：立春祀青帝于东郊，以太昊配以勾芒氏，岁星、三辰七宿从祀。立春后丑日，祀风师于国城东北。

《易通卦验》曰：立春条风至。宋均注曰：条风者，条达万物之风也。

《孝经钩命决》曰：先立春七日，敕狱吏决词讼，有罪当入，无罪当出。立春，敕门栏无关籥，以迎春之精，下弓戴楯鼓，示音声，动昆虫也。

《孝经纬》曰：周天七衡六间曰立春。后十五日，斗指寅为雨水。后十五日，斗指甲为惊蛰。后十五日，斗指乙为清明。后十五日斗指辰为谷雨。

《续汉书·礼仪志》曰：立春之日，夜漏未尽五刻，京都百官皆衣青，郡国县官下至令史，皆服青帻，立青幡，施土牛耕人于门外，以示兆民。

又曰：立春之日，下宽大书曰：制诏三公，方春东作，敬始慎微，动作顺之，罪非殊死，且勿案验。

《汉书》曰：元始中故事，兆五帝郊于洛阳，四方坛皆三尺无等。立春于东郊祭东帝勾芒，《月令章句》曰：东郊，去邑八里，木数也。车骑服饰皆青，歌青阳八佾，舞云翘之舞，返因赐文官太傅司徒以下，缣各有差。《汉官名秋》曰：赐司徒、司空帛三十匹，九卿十五匹，《古今注》曰：建武八年立春，敕赐公十四，卿七匹也。

又曰：立春之日，皆青幡帻，迎春于东郭外，令一童男冒青衣，先在东郭外野中，迎春至自野中，则迎者拜之而还，弗祭，三时不迎。

又郎𫖮上疏曰：今立春之后，火卦用事，当温而寒，违反时节，由功赏不至，而刑罚必加也。宜须立秋顺气行罚，臣伏案飞候，参察众政，京房作《易飞候》。以为立夏之后当有震裂涌水之害。

又曰：自司徒居位，阴阳多谬，时刘峤为司徒，至阳嘉二年荣免。久无虚己进贤之策，天下兴议，异人同咨。咨，嗟叹也。且立春以来，金气再见。谓元年十二月己丑夜，白气入玉井，二年正月己丑，白虹贯日，此金气再见也。金能胜木，必有兵气，宜黜司徒，以应天意。

又郎𫖮对问曰：方春东作，报德之始，元气开发，养导万物，王者因天视听，奉顺时气，务崇温柔，遵行月令。《礼记月令》：孟春，天子命相布德和令行庆施惠，下及兆人。仲春，安萌芽，养幼少，存诸孤，省囹圄，去桎梏，止狱讼。而今立春 之后，考事不息，秋冬之政行乎春，故虹春见，掩蔽日曜。凡邪气乘阳，则虹霓在日，斯皆执事刻意所致，殆非朝廷优宽之本，此其变常之咎也。

又曰：孔子作《春秋》，书正月者，敬岁之始也。《公羊传》曰：元年春王正月，元年者何？君之始年也。正月者何？岁之始。王者则天之象，因时之序，宜开发德号，爵贤命士，流宽大之泽，垂仁厚之德，《礼记》迎春于东郊，还乃赏公卿诸侯大夫于朝。相布和令行庆施惠，下及兆民。庆赏遂行，无有不当。顺助元气，含养庶类。如此则天文昭烂，星辰显列，五纬循轨，四时和睦。五帝，五星。否则太阳不光，天地溷浊，时气错逆，霾雾蔽日。《尔雅》曰：风而雨土为霾也。自立春以来，累经旬朔，未见仁德有所施布，但闻罪罚考掠之声。夫天之应人，疾于影响，而自从入岁，常有蒙气，月不舒光，日不宣曜。日者太阳，以象人君，政变于下，日应于天，清浊之占，随政抑扬，天之见异，事无虚作。岂独陛下倦于万机，帷幄之政有所阙软？

《晋书·礼志》曰：太史每岁上其年历，先立春……读五时令，服各随方色。帝升御座，尚书以下就席讫，赐酒一卮。

《唐书》曰：景龙中，中宗孝和帝，以立春日宴别殿，内出剪彩花，令学士赋之。

又曰：景龙四年正月八日立春，上令侍臣自芳林门经苑东度入仗，至望春宫迎春。内出彩花树，人赐一枝。

《荆楚岁时记》曰：立春日，悉剪彩为燕以戴之，帖宜春之字，傅咸《燕赋》，有其言矣。傅咸《燕赋》云：四气代至，敬迎其始。彼应运而方臻，乃设燕以迎止。翚轻翼之歧歧，若将飞而未起。何夫人之功巧，式仪形之有似。衔青书以赞时，著亘春之嘉祉。

《周书时训》曰：立春之日，东风不解冻，号令不行。蛰虫不震，阴气奸阳。鱼不上冰，甲胄私藏。雨水之日，獭不祭鱼，国多盗贼。鸿雁不来，远人不服。草木不萌动，果瓜不熟。

《国语》曰：农祥晨正。唐固注曰：农祥，房星也。晨正，谓晨见南方。谓立春之日。

《齐人月令》曰：凡立春日食生菜，不可过多，取迎新之意而已，及进浆粥，以导和气。

《四时纂要》曰：立春贮水，谓之水神，酿酒不坏。

《修真入道秘言》曰：以立春日清朝北望，有紫缘白云者为三元君三素飞云也，乘八舆之轮，上诣天帝。是太素三元君女真也。天帝，是天地玉清君。天子候见，再拜自陈，某乙乞得侍给轮毂。以意云云，若虽不见典服之形，亦宜拜乞之。他放此。三过见元君之辇者，白日升天。按举场常试，立春日望三素云，诗取此事。

《真诰》曰：立春日，勿行威刑。八节同此。

《论衡》曰：立春为土象人，男女各二，秉耒锄，或立土牛。象人土牛，未必耕也，顺气应时，示率下也。

## 春分

《礼》曰：春分之日玄鸟至。后五日，雷乃发声；后五日，始电。

《传》曰：玄鸟氏，司分者也。春分来，秋分去。

《易通卦验》曰：震，东方也，主春。春分日，青气出直震，此正气也。气出右，物半死。气出左，蛟龙出。震气不出，则岁中少雷，万物不实，人民疾热。

《孝经说》曰：春分之日，日在中衡。

又曰：斗指卯为春分。

《齐人月令》曰：春分不杀生，不吊疾。君子齐戒，衣夹衣，导引，不食生冷。

《白虎通》曰：明庶风，春分至，王者修封疆，理田畴。

# 太平御览卷第二十一 时序部六

## 夏上

《尔雅》曰：夏为朱明。孙炎曰：夏气赤而光明。

又曰：夏为昊天。

又曰：夏为长嬴。

又曰：夏祭曰荐。荐上帝鱼，初薄也。夏时百谷未登，可荐者薄也。

《释名》曰：五月谓之蕤宾，蕤者，下也，宾者，敬也。言阳气下，阴气上，极阴气始，宾敬之也。

《书》曰：夏暑雨，小民亦唯日怨嗟。

又《尧典》曰：申命羲叔，宅南交。申，重也。交，言夏与春交。平秩南讹。讹，化也。掌夏之官，平序南方化育之事。日永星火，以正仲夏。永，长也，谓夏至之日也。苍龙之中星，举中则七星见可知也。厥民因，鸟兽稀革。因，谓老弱因就在田，夏时鸟兽毛羽稀少。

《诗》曰：四月秀葽。不荣而实曰秀。葽，草也。

又曰：正月繁霜，我心忧伤。正月，夏之四月建巳之月，纯阳用事，而霜多急恒寒若之异，伤害万物，故心为之忧伤。民之讹言，亦孔之将。

又曰：绸缪束楚，三星在户。三星，五月中直户也。《笺》云：心星在户，谓五月之节，六月之中。今夕何夕，见此粲者。

又曰：维此六月，既成我服。我服既成，于三十里。

又曰：六月食郁及薁。郁，棣属。薁，蘡薁也。

又曰：六月莎鸡振羽。

又曰：四月维夏，六月徂暑。徂，往也。六月火星中，暑盛而往矣。《笺》云：徂，犹始也，六月乃始盛，与人为恶亦有渐，非一朝一夕。

又曰：无冬无夏，值此鹭羽。

又曰：冬之夜，夏之日，百岁之后，归于其室。

《传》曰：龙见而雩。龙，角、亢，星也。建巳月，昏见东方。

《礼》曰：四月之节，日在卯，立夏为四月节。昏翼中，晓牵牛中，斗建巳位之初，其日丙丁，丙丁属火，主夏，故云其日丙丁。其帝炎帝，其神祝融，昔炎帝神农氏以火德王，继天而王，故为夏帝。火正为祝融，佐炎帝于夏。其虫羽，南方朱鸟羽虫之长，凡有羽之类皆属于火，故曰其虫羽。其音徵，三分宫去其一以生徵，徵数五十四属火，以其徵清，事之象也。夏和则徵声调。《乐记》曰：徵乱则哀，其事勤。律中仲吕。四月气至，则仲吕之律应。仲吕者，无射之所生，三分益一，管长六寸六分。立夏之日，蝼蝈鸣，后五日蚯蚓出，后五日王瓜生，盛德在火，迎夏于南郊，迎夏为祀赤帝。命乐正习盛乐。为将大雩，先习盛乐。自鼗鞞至柷吾戈皆作曰盛乐。中气，日在毕，小满，为四月中气。昏轸中，晓须女中，斗建巳位之中。小满之日，苦菜秀，后五日靡草死，后五日小暑至，挺重囚，出轻系，挺犹宽也。重囚宽之，至秋方决。轻系出而舍之。无起土功，无发大众，无伐大树。为妨蚕农之事。天子初衣暑服，《论语》曰：当暑袗絺绤。谓暑服。无大田猎，恐伤生类。以含桃先荐寝庙。含桃，樱桃也。先荐寝庙，后乃食之。蚕事既登，后妃献茧。后妃献茧，进其成功也。天子饮酎，用礼乐。酎之言醇也。春酒至此始成，与群卧饮之。

又曰：五月之节，日在参，芒种为五月节也。昏角中，晓危中，斗建午位之初，律中蕤宾。五月气至，则蕤宾之律应。蕤宾者，应钟之所生，三分益一，管长六寸三分，其日、其音、其数并同孟夏。芒种之日，螳螂生，后五日鵙始鸣，后五日反舌无声，絷腾驹，恐相踶啮。班马政，马政，谓掌十二闲养马之政教。聚蓄百药。因草木蕃庑之时，则采聚百药。中气日在东井，夏至为五月中气。昏亢中，晓营室中，斗建午位之中。夏至之日，鹿角解，后五日蜩始鸣，后五日半夏生。祀皇地祇于方丘。夏至之日祀皇地祇于方丘，以高祖神尧皇帝配坐，以岳渎等神从祀。日长至，阴阳争，死生分。夏至之日，漏刻长，阳气欲衰，阴气欲兴，阳日生，阴日死，至之日相与分。君子齐戒，以阴阳相争之时，务欲安静。薄滋味，无致和，谓阴气始兴，身尚静，味尚薄。节嗜欲，定心气。微阴扶精不可散。无用火于南方，阳气盛，又用火于其方，害微阴。可以居高明，可以远眺望，可以升山陵，可以处台榭。是月暑气方盛，可以登远望，顺阳居上。

又曰：六月之节，日在东井。小暑为六月之节。昏氐中，晓东壁中，斗建未位之初，律中林钟。六月气至，则林钟之律应。林钟者，黄钟之所生，三分去一，管长六寸，其日、其音、其数，并同孟夏。小暑之日，温风至，后五日蟋蟀居壁，后五日鹰乃学习。中气日在柳，大暑为六月中气。昏尾中，晓奎中，斗建未位之中。大暑之日，腐草为萤，后五日土润溽暑，后五日大雨时行。命有司入山行木，无有斩伐。为其未坚成也。中央土，火休而盛德在上。其日戊巳，戊巳属土，故云其日戊巳。其帝黄帝，其神后土，昔黄帝轩辕氏以土德继天而王，故为黄帝，土官之神曰后土。其虫裸，无毛羽，鳞介之类。其音宫，音始于宫，宫数八十一，属土，以其最大。《乐记》曰：宫乱则荒，其君骄。律中黄钟之宫，黄钟主十一月，土在林钟、夷则之间，各有分主，不可假借，故引黄钟之清宫为土律，其管半黄钟之管，长四寸五分，则黄钟之清宫也。故季夏十八日已后土王，气至，则黄钟之宫应之也。其祀中霤，祭先心。中溜，犹中室也。祭中溜之礼为祀，先进心也。

又曰：乐正崇四术，立四教，春夏教以《诗》《书》。春夏阳也。《诗》、《书》者，声亦阳也。

又曰：凡学，春夏学干戈。干，盾也，戈，勾子戟也。干戈万舞，象武也，用动作之时学之。

又曰：春诵夏弦，太师诏之。诵谓歌乐也，弦谓以丝播诗。阳用事，则学之以声。

又曰：春作夏长，仁也。

又曰：《明堂位》曰："季夏六月，以禘礼周公于太庙，朱干玉戚，冕而舞《太武》，皮弁素积，裼而舞《大夏》。

《周礼》曰：蕤宾，午之气，五月建焉，而辰在鹑首。

又曰：山虞以仲夏斩阴木。郑众曰：阴木，秋冬生者。郑玄曰：阴木，生山北者。冬斩阳，夏斩阴，坚濡调也。

又曰：凌人掌冰，凌，冰室也。夏颁冰。暑气盛，王以冰颁赐也。

又曰：柞氏掌攻草及林麓。夏日至，令刊阳木而火之。

又曰：夏见曰宗。宗，尊也。义取主火。《大行人》云：夏宗以陈天下之谟。

《谷梁传》曰：四时之田，皆为宗庙之事也。夏田曰苗。因为苗稼除害，故曰苗。

《皇览逸礼》曰：夏则乘赤辂，驾赤骝，载赤旗，以迎夏于南郊。其祭先黍与鸡。居明堂正庙，启南户。

《尚书大传》曰：南方者，何也？任方也。任方者，物之方。任，何以为之夏？夏者，假也。吁荼万物养之外者也。故曰南方夏也。

又曰：主夏者火，火昏中，可以种黍菽。上告乎天子，而下赋之民。

《三礼义宗》曰：夏，大也，谓万物长大也。夏谓南者，南，任也。

又曰：火正曰祝融者，祝，甚也，融，明也。言夏时物气甚明也。

又曰：南岳谓之霍，霍者，护也。言阳气用事，盛夏之日，护养万物，故以为称。

又曰：六月小暑为节者，此以相形为名，形大暑，故谓之小暑。六月之初，暑气热未极，故以小为名。大暑为中者，自十一月一阳爻生，从地下而出，至此之时，方始上彻，阳气并出地上，大暑既极，故大暑为中。

《大戴礼》曰：夏以教士车甲士执伎论力，循四卫，强股肱，质射御，才武聪慧治众长，平可以为仪缀于国，出可以为率诱于军旅。四方诸侯之游士，国中之贤者充焉。方夏三月，养长莠，蕃庶物。于时有事，享于皇考，爵士之有庆者七人，以成夏事。

《易通统图》曰：夏日月行东南赤道，曰南陆。

《尚书考灵耀》曰：火星为夏，期专阳相助，同精感符。

《诗含神雾》曰：曹地处季夏之位，土地劲急，音中徵，其声清以急。

《春秋繁露》曰：夏乐气故养也。

《孝经说》曰：斗指午为夏。

《鹖冠子》曰：斗柄南指，天下皆夏。

《史记》曰：墨者亦尚尧舜，言德行，曰：夏日葛衣，冬日鹿裘。

又曰：田婴有子四十余人，其贱妾有子名文，以五月五日生。婴告其母曰："勿举也。"其母窃举生之，及长，因其兄弟而见其子文于田婴。田婴怒其母曰："吾令若去此子，敢生之何也？"文顿首，因曰："君所不举五月子者，何故？"婴曰："五月子者，长及户齐，将不利其父母。"文曰："人生受命于天，君何忧焉？必受命于户，则可高其户耳。谁能至户者？"婴曰："子休矣。"

《汉书》曰：荧惑曰南方夏火，礼也，视也。礼亏视失，逆夏令，伤火气，罚见荧惑。逆行二舍为不祥，居之三月国有殃，五月受兵，七月国半亡地，九月地太半亡。

又曰：汉武始幸雍，郊见五帝，以孟夏四月答礼焉。

又曰：贾谊既以谪居长沙，长沙卑湿，自以为寿不得长，伤悼之，乃为赋以自广。曰："单阏之岁兮，四月孟夏；岁在卯曰单阏。庚子日斜兮，鵩集余舍。"

《五行志》曰：秦始皇九年四月大寒，人多冻死，时嫪毐及大臣二十余人车裂以徇而灭宗，放迁四千余家于房陵。

《汉书食货志》曰：朝错曰："今农人五口之家，其服役者不下二人，其能耕者不过百亩，百亩之收，不过百石。春耕夏耘，秋获冬藏，伐樵薪，治官府，给役使。春不得避风尘，夏不得避暑热，秋不得避阴雨，冬不得避寒冻，四时之间，无日休息。"

《汉书》魏相上书曰：南方之神炎帝，乘离执衡司夏。

又曰：昔鲁昭公十七年六月朔日食。说曰：正月谓周六月，夏四月，正阳纯乾之月也。止慝谓阴爻也，冬至阳爻起初，故曰复，至建巳之月为纯乾，亡阴爻，阴侵阳，为灾重，故伐鼓用币，责阴之礼。刘歆以为六月二日，鲁分也。

又汉元帝永初元年四月，日色青白无景，韦昭曰：下无景也。景谓惟质见耳。正中时有景亡光。韦昭曰：无光耀也。是夏寒，至九月，日乃有光。

《续汉书·律历志》曰：日行南陆谓之夏。

《续汉书·礼仪志》曰：五月五日，朱索五色桃印为门户饰，以止恶气。

又曰：仲夏之月，阴气萌作，恐物不茂，其礼以朱索连苇以施门户。

又曰：立夏之日，夜漏未尽五刻，京都百官皆衣赤衣，迎夏于南郊。

《后汉书》张纯奏议：礼三年一祫，五年一禘，禘祭以夏四月。夏者，阳气在上，阴气在下，四月乾卦用事，故言阳气在上。故正尊卑之义也。

谢承《后汉书》曰：羊茂，字季实，为东郡守，夏处单板榻。

又曰：宋均为九江太守，五日一视事，夏以平旦。

《晋书》曰：魏末有孙登，字公和，汲郡人，无家属，时人于汲县北山上土窟中得之，夏则编草为裳。

又曰：肃慎国一名抱楼，夏则巢居。

《晋书》曰：山涛将去选官，举嵇康自代。康与涛书告绝。且曰："性巧而好锻。"宅中有一柳树甚茂，乃激水圜之，夏月居其下以锻。东平吕安服康高致，每一相思，千里命驾。每锻而向秀为佐。

又《五行志》云：晋义熙时，桓玄既篡位。谣曰："草生及马腹，乌啄桓玄目"。及玄败走，至江陵，时当五月中被诛。

《晋阳秋》曰：车胤，字武子，家贫读书，不常得油，夏月则练囊盛数十萤，以夜继日。

沈约《宋书》云：羊欣，字敬元，父不疑为乌程县令，欣时年十二，王献之为吴兴守，甚知爱之。尝夏月入县，欣着新练裙，昼寝。献之书数幅而去。欣本工书，因此弥善。

又曰：刘敬宜八岁丧母，四月八日入寺，乃下头上金镜为母灌佛，因泣下，悲不自胜。

《北齐书》曰：仆射魏收，字伯起。初习武不成，改节读书，夏月坐板床，随逐树阴，讽读累年，床为之锐，遂工辞令也。

《南史》曰：梁何远为武昌太守，武昌俗皆汲江水，盛夏，水远患水温，每以钱买人井寒水，不受钱者，则以水还之。其他事率多此类。

陆翙《邺中记》曰：石季龙于冰井台藏冰，三伏之月，以冰赐大臣。

《赵书》曰：汲桑六月盛暑而重裘累茵，使十余人扇之，患不得清凉，斩扇者。军中为之谣曰："奴为将军何可羞，六月重茵被狐裘，不识寒暑断人头。"

《三十国春秋》曰：燕王慕容熙后苻氏，尝季夏思冻鱼脍，仲冬须生地黄，皆下有司切责之，不得，加之以辟焉。

《隋书》曰：炀帝大业十二年五月，上幸玉华宫，征求萤火，得数斛，夜出游于山而放之，光遍岩谷。

《续会要》曰：贞元六年五月朔，御紫宸殿受朝。先是上以五月一阴生，臣子道长，君父道衰，非善月也。因创是月朝见之仪也。

《国语》曰：鲁宣公夏滥于泗渊，渍罟于泗水之泉以取鱼。里革断其罟而弃之，曰："古者大寒降，土蛰发，寒气发，谓季冬建丑之月。土蛰发，谓孟春建寅之月。水虞于是乎讲罛罶，取名鱼，登川禽，而尝之寝庙，行诸国人，助宣气也。水虞，渔师也。罟，鱼网罾笱也。言阳气起，鱼负冰，故令国人取之。今鱼方别孕，不教鱼长，又行网罟，贪无艺也。"公曰："吾过矣"。艺犹极也。

《吴越春秋》曰：越王念吴之复，夏则握火。

《说苑》曰：赵简子谓阳虎曰："桃李，春夏得休息，秋得食；树蒺藜者，夏不得息，秋得刺。今子种树蒺藜耳。"

《太公金匮》曰：纣常以六月猎于西土，发民逐禽。民谏曰："今六月天务覆施，地务长养，今盛夏发民逐禽，而元元悬于野，君残一日之苗，而民百日不食。天子失道，后必无福。"纣以为妖言而诛之。后数月，天暴风雨，发屋折木。

《六韬》曰：武王伐殷，得二大夫而问之。曰：“殷国常雨血、雨灰、雨石，小者如鸡子，大者如箕。尝六月雨雪，深丈余。”武王曰：“大哉妖也！”其一人曰：“是非大妖也。殷国大妖三十七章，雨血、雨灰、雨石，盛夏雨雪，臣不以为妖灾。”武王踧然而问三十七章之妖。对曰：“殷君好射人以倭虎，喜割人心，喜杀孕妇，喜煞人父、孤人之子。”上数事，皆三十七章之事。

又曰：夏不操扇，冬不服裘，天雨不张盖，名曰礼将。

又曰：冬冰可折，夏条可结。

《傅子》曰：夏令披裘，冬令披褐，虽有严令，终不从者，逆也。

《世说》曰：郗嘉宾三伏之月诣谢公，炎暑方盛，虽复当风交扇，犹沾汗流离。

又曰：周镇罢临川还都，泊清溪，时夏暴雨，舡舫狭小而漏，殆无坐处。丞相王导曰：“胡威之清，何以过此。”

又曰：刘真长始见王丞相，时盛暑之月，丞相以腹熨弹棋局，曰：“何如乃淘。”吴人以冷为淘也。音楚敬反。刘既出，人问见王公如何？刘曰：“未见他异，唯作吴语耳。”

又曰：胡广本姓黄，五月生，父母恶之，乃置之瓮投于江。胡翁见瓮流下，闻有小儿啼声，往取，因长养之以为子。遂七登三司，流中庸之号。广后不治其本亲服，云：“我本亲以已为死人也。”世以为深讥焉。

又曰：谢遏按谢朗小名遏。夏月常仰卧。谢公清晨卒来，未暇著衣，跣出屋外，方蹑履问讯。公曰：“汝可谓前踞后恭”。

《语林》曰：何平叔美姿仪而绝白，魏文帝疑傅以粉，夏月与热汤饼，既啖，大汗出，随以朱衣自拭，色转皎然。

又曰：陆机夏在洛，忽思东头竹筱饮，语刘宝曰：吾思乡转深矣。

《公孙尼子》曰：孔子有病，哀公使医视之，医曰：“子居处饮食何如？”孔子曰：“春居葛笼，夏居密阳，秋不风，冬不炀，饮食不匮，饮酒不勤。”医曰：“是良药也。”

《太玄经》曰：蒙，南方也，夏也，物之修长也，皆可得而载也。谓长出向上也。

《括地图》曰：天毒国最暑热，夏草木皆干。

《白虎通》曰：六月谓之林钟，林者众也，万物成熟类众多也。

蔡邕《月令章句》曰：百谷各以其初，生为春，熟为秋。故麦以孟夏为秋。

《祠令》曰：季夏土王日，祀黄帝于南郊，帝轩辕配后土从之。

又曰：季夏迎气日，祀中霤。

# 太平御览卷第二十二 时序部七

## 夏中

《庄子》曰：井鱼不可以语海，夏虫不可以语冰。

《文子》曰：政失于夏，荧惑逆行。夏政不失，则降时雨。

《列子》曰：郑师文学琴于师襄，当夏而叩羽弦以召黄钟，霜雪交下，川池暴冱。

《管子》曰：夏日不炀，非爱火也；冬日不盥，非爱水也，为不适于身，不便于体也。夫明王不美宫室，非喜小也，为伤本也。

又曰：南方，其时曰夏，夏气阳，阳生火，其德施舍，是谓曰德。

又曰：春不收枯骨朽胔，伐枯木而去之，则夏旱至矣。

《邹子》曰：季夏取桑柘之火。

《尸子》曰：夏为乐，南方为夏。夏兴也，南任也。是故万物莫不任兴蕃殖充盈，乐之至也。

《韩子》曰：季孙相鲁，令五月掘长沟，子路私秩饮之。孔子覆其饮，曰："鲁有民焉，汝辄扰之，何也？"

《淮南子》曰：明庶风后四十五日，清明风至，则出币帛，使诸侯。立夏长养布恩惠，故聘问诸侯。巽卦之风。

《抱朴子》曰：洪从祖仙公，每大醉，夏辄入源泉底，一日许乃出。能闭气胎息故耳。

又曰：谓夏必长而蒜麦枯，谓冬必凋而竹柏茂。日盛阳宜暑，夏天未必无凉；日极阴宜寒，隆冬未必无暂温也。

又曰：世之豪士，暑夏之日，露首袒身，唯在樗蒲弹棋，不离绮纨之侧也。

又曰：或问不热之道。答曰："或以立夏日服六壬六癸之符，或服玄冰之丸，或服飞霜之散。

《幽求子》曰：扇翣微动，凉风夏生。

范子《计然》曰："德取象于春夏，刑取象于秋冬。"

《周书时训》曰：六月节，温风至；温风不至，即时无缓政。蟋蟀居壁；若不居壁，即恒急之暴。

又云：门户不通，鹰乃学习；若不学习，即寇戎不备。

又曰：六月中气后五日，腐草化为萤；若不化萤，即谷实鲜落。土润溽暑；若不溽暑，即急应之罚。大雨时行；若不时行，即恩不及下。

又曰：夏取枣杏之火。

《符瑞图》曰：麟夏鸣曰养绥。

《隐诀》曰：四月戌日，天地凶门日，不可入山建创。四月十一日，地破日，不可开山动土。

又曰：立夏之日，日中五帝会诸仙人于紫微宫，见四真人，论求道之功罪。

董勋《问礼俗》曰：五月俗称恶月，俗多持斋放生。案《月令》仲夏阴阳交，生死分，君子斋戒，止声色，节嗜欲。

《素问》曰：岐伯曰："夏三月，此谓萧季，天地气交，万物华实，夜卧蚤起，毋厌于日，使志毋怒，使英华成秀，使气得泄。若所爱在外，此夏气之应也，养生之道也。逆之则伤心，秋为痻疟，冬至重疾。夏三月，天地阴阳之气交合者，万物华实，故言夏生长，于万物成实者也。夜卧早起，是贪于夏气，不厌于日者也。是夜卧早起，明于阳气之盛者也。人志气毋怒，阳气成结，秀实以成，其气得泄，阳者也万物成结，于夏受之，因此夏阳气之所应也。能合其气，则是养生之道也。逆之，则阳损于心，心者，夏王也。故言伤心，伤心则秋必病喑虐，故言夏伤于暑，秋病喑虐者，不从其气则火为逆也。是故伤逆深皆损于阳气，故冬至阴盛必重病。

《大衍星分图》曰：五月午日，日月会于鹑首。

又曰：六月，日月会于鹑火。

《岭表录异》云：枹木履，其轻如通草，夏月着之，隔卑湿地气，如杉木。今广州诸郡牧守，初到任，下檐皆有枹履。

又曰：南中夏秋多恶风，彼人谓之飓，《南越志》云：风起则人心恐惧。或云，风来则四面具足。二义皆有理也。坏屋折树，不足喻也，甚则吹屋瓦如飞蝶。或三二年不一风，或二年两三风，亦系廉帅政德之否臧者。然发则自午及酉，夜半必止，此乃飘风不终朝之义也。

《南荒录》曰：新州男子妇人，皆缜发如云，每沐，以灰投水中，遂就水而沐之，以彘膏涂其发，五六月秔秫未获时，民饥，尽髡，取发鬻于市，既髡，即复以彘膏涂之，来年五六月又可鬻矣。

《投荒录》：岭南方盛夏，率一日十余阴十余霁。虽大雨倾注，顷即赫日，已复骤雨。大凡岭表夏之炎热，甚于北土，且以时热多又蒸郁，此为甚恶。自三月至九月皆蒸热。

《梁元帝纂要》曰：夏曰朱明，气赤而光明。亦曰长嬴。以征切。朱夏、炎夏、三夏、九夏。天曰昊天。言气浩汗。风曰炎风。节曰炎节。草曰茂草、杂草。木曰蔚林、茂林、密树、茂树。孟夏亦曰维夏、首夏。季夏亦曰徂暑。徂，往也。言暑始往。

《四时纂要》曰：四月也，是谓乏月。冬谷既尽，宿麦未登，宜赈乏绝，救饥穷，九族不能自活者救之。无固蕴畜而忍人之贫，贪货殖之宜，忘种福之利，君子弗取也。

陆机《纂要》曰：夏树名连阴，夏雨名绵雨。

《摄生月令》曰：四月为乾，生气卯，死气酉。是月也，万物以成，天地化生。勿冒极热，勿大汗后当风，勿暴露星宿，皆成恶病。勿食大蒜，勿含生薤，勿食鸡肉，勿食蛇蟮。是月肝藏以病，神气不行，火气渐临，水力渐衰，稍补肾助肺，调和元气，无失其时。是月八日，不远行，宜安心静念，沐浴斋戒，必得福庆。

《齐人月令》曰：四月八日，不宜杀草木，始服生衣，宜进温酒，服温药。是月也，无坏麛卵，无伐大树。是月也，宜以夙兴。

《酉阳杂俎》曰：俗忌五月上屋。言人五月蜕精神，如上屋，即自见其形，魂魄则不安矣。

《穷神秘苑幽明录》曰：汉武帝与群臣宴于未央殿，方食枣，帝见梁上有一老翁，长八九寸，仰观屋宇，俯视帝脚。东方朔曰："此水木之精，其名藻兼，夏乃巢林，冬即居河。此来诉尔，所视殿名未央，下视脚者，足于此也。"上乃悉罢诸役。

徐整《长历》曰：北斗当昆仑，气注天下，春夏为露，秋冬为霜。

《兵书》曰：夏出兵，赤旗在前，执前行。

《地镜经》曰：五月中，草木叶有专厚而无汁，枝下垂者，其地有玉。

《师旷占》曰：春夏一日有霜雪者，君父治政大殿大杀，天以示之。何以言之？霜威杀万草，坐大杀也。见变如此，宜损威杀，重人之命也。

焦赣《易林》曰：仲春孟夏，和气所在，生我嘉福，国无残贼。

又曰：六月采芑，征伐无道，张仲方叔，克胜饮酒。

又曰：六月种黍，岁晚不雨，秋不缩酒，神失其所。

赵自勉《造化权舆》云：潮者，阴阳气所激。五月无潮，阴气微也；八月最大，则阴盛也。

陆机《要览》曰：昔羽山有神人焉，逍遥于中岳，与左元放共游子训所，坐欲起，子训应，欲留之，一日之中三雨。今呼五月三时雨亦为留客雨。

桓谭《新论》曰：汉中送王仲都，时夏大暑，使曝日坐，又环以十炉火，不言热，而身不汗出。

《五行大义论》曰：未者昧也，阴气已长，万物稍衰，其体暖昧于未，又时物向成，皆有气味也。

《五行体性论》云：土在四时之中，处季夏之末，阳衰阴长，居位之中，总于四德，谓金木水火。积尘成实。积则有间，有间故水火成实所能持也。故土以含散持实为体，稼穑为性。

又曰：土包四德，故其体能兼虚实也。

《论衡》曰：夫虎出有时，犹龙见有期也。阴物以冬见，阳虫以夏出，出应其气，气动其类。参、伐以冬出，心、尾以夏见。参、伐则虎星，心、尾则龙象，星出而物见，气至而类动，天地之性也。

又曰：盛夏之时，当风而立，隆冬之月，向日而坐。其夏欲得寒，冬欲得温也。或当风鼓翣，向日燃炉，然而天终不为冬夏易气者，寒暑有节，不为人变故也。

又曰：阳燧取火，于五月丙午日中之时，消炼五石，铸以为气，摩励生光，仰以向日，则火来至，此真取火之道也。

又曰：阳燧取火于天，消炼五石，五月盛夏，铸以为器，乃能得火。今又但取刀剑铜钩之属，摩以向日，亦得火焉。

又曰：以夏进炉，以冬奏奏亦进也。扇，此无益人君，不遇灾患幸矣。

又曰：方今盛夏，雷雨时至，龙多登云，云雨与龙相应，乘云雨而行，物类相致，非有为也。

又曰：夏末蜻蛚鸣，蟋蟀也。寒螿啼，感阴气也。雷动而雉惊，启蛰而蛇出，感阳气也。

又曰：世俗之事，亦有缘也。夫正月岁始，五月阳盛，子以此月生，精盛炽热烈，厌胜父母，父母不堪，将受其患，相仿效莫谓不然。有空讳之言，无实凶之效，世俗惑之，误非之甚也。讳举正月五月子，以为正月五月子杀父与母，不得举也。以举之，父母偶死，则信而谓之真矣。夫正月五月子，何故杀父与母，人之含气在肠腹之内，其生十月而产，共元气也。正月与二月何殊？五月与六月何异？而谓之凶，世传此言久矣。

又曰：实说雷者，太阳之微气也。何以明之？正月始雷，五月阳盛，故五月雷迅，冬乃雷潜。盛夏之时，太阳用事，阴气乘之，阴阳分争则相激射为毒，毒中人辄死，中木木折，中屋屋坏。

诸葛亮《出师表》曰：五月渡泸，深入不毛之地。

《陶潜集》曰：潜常言，五月六月中，北窗下卧，凉风暂至，自谓羲皇上人。

《穆天子传》曰：季夏丁卯，天子北升于舂山之上，以望四野。曰："舂山是惟天下之高山也。"孽木华不畏雪，天子乃取孽木华之实，持归种之。

又曰：天子四月休于濩泽，今平阳濩泽县是也。濩音获。于是射鸟获兽。

宋躬《孝子传》曰：何子平事母至孝，母丧，年六十，有孺子之慕，夏避清凉。

《永昌郡传》曰：朱提郡有堂狼山，山多毒草，盛夏之月，飞鸟过之不能得去。

嵇康《高士传》曰：被裘公者，吴人。延陵季子出游，见道中有遗金，顾而谓公曰："取彼金。"公投镰瞋目拂手而言曰："何子之高而视之卑，五月被裘而负薪，岂取金者哉？"季子大惊，既谢而问姓名。公曰："吾子皮相之士，而安足语姓名也？"

《襄阳耆旧传》曰：黄穆，字伯开，博学，为山阳守，有德政。弟奂，字仲开，为武陵太守，贪秽无行。武陵人谚曰："天有冬夏，人有二黄。"言不同也。

周处《风土记》曰：仲夏雨濯枝荡川。注云：此节常有大雨，名濯枝。

又曰：梅熟时雨，谓之梅雨。

又曰：仲夏长风扇暑。注云："此节东南常有风至，俗名黄雀长风。"

盛弘之《荆州记》曰：宜都银山县有风穴，穴口大数尺，名为风井，夏则风出，冬则风入。樵人有冬过者，置笠穴口，风吹之，经日还，涉长阳溪而得其笠。

又曰：橘州在郡南四里对南津，常看如下，及至夏水怀山，诸洲皆没，橘洲独在。

《荆楚岁时记》曰：四月也，有鸟名获谷，其名自呼，农人候此鸟鸣，则云梨根岸。《尔雅》云：鸣鸠鹄鵴。郭璞云：今布谷也。江东呼获谷，崔寔《正论》云：夏扈趣耘锄，即窃脂，玄鸟，鸣获谷则其夏扈也。

又曰：俗忌五月曝床荐席。

《异苑》云：新野庾寔，尝以五月曝席，忽见一小儿死在席上，俄失之，其后寔子遂亡，或起于此。或问董勋曰：俗五月不上屋，云五月人脱上屋见影魂便亡。勋答曰：盖秦时王自为之禁夏不得行，汉魏未改，案《月令》仲夏可以居高明，可以远眺望，可以升山陵，可以处台榭。郑玄云：顺阳在上也。今云：不得上屋，正与礼反。敬升云见死小儿而禁曝荐席，何以与于此乎？俗人月讳，何代无之，但当矫之归于正。

《洞冥记》曰：东方朔母田氏寡，梦太白星临其上，因有娠。田氏叹曰："无夫而孕，人得弃我。"乃移向代郡之东方里，五月生朔，仍以所居为姓。

《搜神记》曰：夫金锡之性一也，以五月丙午日中铸，为阳燧；以十一月壬子夜半铸，为阴燧。言丙午日铸为阳燧，可取火。壬子日铸为阴燧，可取水。

又曰：吴猛性至孝，小儿时在父母边卧，时夏月多蚊虻，而不摇扇，惧蚊虻去我，及父母。

王子年《拾遗记》曰：洞庭之山浮于水上，其下有金堂数百间，帝女居之。四时闻金石丝竹之音，彻于山顶。楚怀王时，举群才赋诗于水湄。故云潇湘洞庭之乐，听者令人难去，虽咸池、箫韶，不能比焉。每四仲之节，王常绕山以游宴，各举四仲之气以为乐章。推仲夏律中夹锺，乃作轻风流水之诗，宴于山南。时中蕤宾，乃作皓露秋霜之曲。

《武昌记》曰：樊山东有小溪，盛夏时凛然，常有寒气，故谓之寒溪。

《洽闻记》云：驩州安远县西北百六十里，有温山。其山冬夏常雨，山傍有水，冬夏常热，水气腥臭。至寒时，野兽依集水边，取其暖气。

《西京杂记》曰：天子夏设羽扇。

宋王玄谟《寿阳记》曰：明义楼南有明义井，夏有冷浆、甜饮、米饮、罗扇、羽扇，有三浴室，上以清王侯宰吏，中以凉君子士流，下以凉庶类也。

《楚辞》曰：滔滔孟夏兮，草木莽莽。滔滔孟夏四月，纯阳用事，煦然蒸万物草木之类，莫不莽莽然盛茂。伤怀永哀兮，汩徂南土。汩，行貌。徂，往也。

# 太平御览卷第二十三 时序部八

## 夏下

《淮南子》曰：中央土，其帝黄帝，黄帝以土德王天下，号曰轩辕氏，死托祀于中央之帝。其佐后土，执绳而制四方，其神为镇星，其兽黄龙，土色黄也。其音宫，其日戊己。音，土也。戊己，土日也。

又曰：孟夏之月，南宫御女赤色，衣赤采，吹竽笙，火生南方，故处南宫也。竽笙中空象阳，故吹。其兵戟。戟有枝干，象阳布散也。四月官田，其树桃。四月勉农事，故官田也，桃，说与杏同。五月官相，其树榆。是月养气长养，故官相佐也。榆，说未闻也。季夏之月，中宫御女黄色，衣黄采，其兵剑。季夏，中央也。剑有两刃，喻无所不主也。

又曰：贫人则夏被褐带索，含菽饮水，支暑热；冬则羊裘蔽体，短褐不掩形，而炀灶口。

又曰：邹衍事燕惠王尽忠，左右谮之，系之。仰天而哭，夏五月，天为之降霜。

又曰：阳气为火，阴气为水。水胜，故夏至湿，火胜，故冬至燥。八尺之表，影修尺有五寸，影修则阴气胜，短则阳气胜，阴气胜则为水，阳气胜则为旱。

又曰：南方之极，自北户孙之外，北户、孙，国名也。曰所在其北，皆为北向户。贯颛顼之国，南至委火炎风之野，夏赤。

又曰：夏赤帝祝融之所司者，万二千里。赤帝，炎帝，少典之子，号为神农。南方火德之帝也。祝融颛顼之孙，老童之子吴回也一。名黎，为高辛氏火正，号为祝融，死为火神也。其令曰：爵有功，赏有德，惠贤良，救饥渴，举力农，振贫穷，惠孤寡，忧罢音疲。疾，出大赏，起毁宗，立无后，封建侯，立贤辅。应阳施也。

又曰：夏行春令则多风。象春木气多风。

又曰：孟夏之月，招摇指巳，盛德在火。

又曰：六月失政，十二月草木不脱。不脱，叶著树，不零落也。

又曰：景风至，则施爵位，赏有功。夏至，阴气在下，阳胜于上，象阳布施。故赏有功，封建诸侯。

又曰：夏治以衡，衡者所以平万物也。衡之为度也，缓而不后，平而不怨，施而不德，匝而不责，常平民禄，以继不足，勃勃扬扬，惟得是行，养长化育，万物蕃昌，以成五谷，以实封疆，其政不失，天地乃明。明，理也。

《吕氏春秋》曰：杜厉叔事莒闵公，以为不知，去居海上，夏食菱芡，冬食橡栗。

《吕氏春秋》曰：季夏之月，令渔师伐蛟升龟。渔师，掌渔官。蛟有能害人，难得，故言伐。龟神，可以决吉凶，入宗庙尊之，故言升。蛟则害，龟则神也。

傅玄《述夏》曰：四月维夏，运臻正阳，和风穆而扇物，麦含露而飞芒，凤皇升而王萯秀，王萯，草名。龙辰中而萤火翔。

魏文帝诗曰：夏时饶温和，避暑就清凉。北坐高阁下，延宾作名倡。嘉肴重迭来，珍果在一旁。棋局纵横陈，博弈合双杨。功拙更胜负，欢美乐人觞。从朝至日夕，安知夏节长。

贾谊《鵩鹏鸟赋》曰：单阏音遏之岁兮，四月孟夏，庚子日斜兮，鵩鹏集予舍。

## 立夏

《礼记·月令》曰：四月之节，日在昴，立夏为四月节。昏翼中，晓牵牛中，斗建巳位之初，其日丙丁。立夏之日，蝼蝈鸣。太史以先立夏三日谒于天子曰："某日立夏，盛德在火。"天子乃斋。立夏之日，天子亲率三公九卿大夫，迎夏于南郊。还乃赏公卿诸侯大夫于朝，庆赐遂行，无不欣悦。命相赞杰俊，遂贤良，举长大，赞犹扬也。遂犹远也。杰俊，谓才兼于人者。行爵出禄必当其位。无虚授也。

《易说》曰：立夏清明风至而暑，鹳鸣博谷飞，电见龙升天。龙，心星名。

《易通卦验》曰：立夏雨，蝼蛄鸣。

《三礼义宗》曰：四月立夏为节者，夏，大也，至此之时，物已长大，故以为名。小满为中者，物之生长小得并满，故以小满为名也。

《孝经纬》曰：谷雨后十五日，斗指辰东南维为立夏，后十五日，斗指巳为小满。

《续汉书·礼仪志》曰：立夏之日，夜漏未尽五刻，京师百官皆衣赤，至季夏衣黄。

《抱朴子》曰：或问不热之道。答曰："立夏之日，或服玄冰丸，或服飞霜散及六壬六癸之符，则不热。幼伯子、王仲都，此二人衣之以重裘，曝之于夏日之中，周以十炉之火，口不称热，身不流汗，盖用此方者也。"

《淮南子》曰：春分加四十六日而立夏，大风济，济，止也。音比夹钟，夹钟，二月律也。万物去阴夹阳而生也。加十五日指巳则小满，满，冒也。音比太蔟。太蔟，正月律也。蔟之言阴衰阳发，万物蔟地而生。

《周书时训》曰：立夏之日，蝼蝈不鸣，水潦淫漫；蚯蚓不出，臣夺后命；王瓜不生，害于百姓。小满之日，苦菜不秀，仁人潜伏，靡草未死，国从盗贼。若小暑不至，是谓阴慝。

刘玄之《行军月令》曰：立夏日得金，五谷不成，夏旱多风；得木，夏寒草生；得火，多妖言，兵戈起；得土，远臣不朝，国无政令；得水，上下相和顺，天下安宁。

《登真隐诀》曰：立夏之日，日中五帝会诸仙人于紫微宫，见四真人论求道之功罪。五帝之位，诸宫皆有之。此五方之帝非三十六天帝限也。亦主学道者，故诣太极紫微宫，奉见四真人，论扶其功罪之多少。

## 夏至

《周易·复卦》曰：雷在地中，复。先王以至日闭关，商旅不行，后不省方。冬至阴之复也。夏至阳之复也。

《左传》曰：昭二十一年秋七月壬午朔，日有食之。公问于梓慎曰："是何物也？物，事也。祸福何为？"对曰："二至二分，二至，冬至、夏至。二分，春分、秋分。日有食之不为灾。日月之行也，分同道也，至相过也。二分，日夜等，故言同道。二至，长短极，故相过。其他月则为灾，阳不克也，故常为水。"阴侵阳，是阳不胜阴。

《传》曰：少昊氏鸟名官，伯赵氏，司至者也。伯赵，伯劳也。以夏至鸣，冬至止。

《周礼地官》曰：夏至日影尺有五寸。郑氏云：土圭之长也，尺有五寸。夏至日立八尺表，其影适与土圭等，谓之地中。今颍川阳城地为然。

又《春官大司乐》曰：孤竹之管，云和之琴瑟，冬至日于地上圆丘奏之。孙竹之管，空桑之琴瑟，夏至日于泽中方丘奏之。阴竹之管，龙门之琴瑟，于宗庙奏之。

又曰：宗伯以夏至致地祇物魅，以禬国之凶荒，民之礼丧。

又曰：柞氏，夏至令刊阳木而火之，冬至令剥阴木而水之。

又曰：薙氏掌杀草，夏日至而夷之。

《易通卦验》曰：夏至景风生，蝉始鸣，螳螂生，鹿角解，木槿荣。

又曰：夏至小暑，虾蟆无声。

又曰：鹿者，兽之阴也，贵臣之象，鹿应阴解角也。夏至太阳始屈，阴气始升，阴阳相向，君之象也。今失节不解，臣不承君之象，故为贵臣作奸也。

又曰：离，南方也，夏至日中，赤气出直离，此正气也。气出右，万物半死，气出左，赤地千里。

又曰：夏至之日，清明风至。

《易稽览图》曰：夏至后三十日，极温。

《易稽览图》曰：夏至景风至，蝉始鸣，螳螂生。

京房《易占》曰：夏至离王，去声。景风用事，人君当爵有德，封有功。

《春秋感精符》曰：冬日至，成天文；夏日至，成地理。

《春秋考异邮》曰：夏至井水跃。

《五经通义》曰：夏至，阴始动而未达，故寝兵鼓，不设政事，所以助微气之养也。

《三礼义宗》曰：五月芒种为节者，言时可以种有芒之谷，故以芒种为名。夏至为中者，至有三义，一以明阳气之至极，二以助阴气之始至，三以见日行之北至，故谓之至。

又曰：夏至之时，祭昆仑之神于泽之中，配以后土。

《孝经说》曰：夏至之日在内衡。

又曰：斗指午为夏至。

《续汉书·礼仪志》曰：夏至日浚井改水，冬至钻燧改火，可去温病也。

又曰：夏至阴气萌作，恐物不成，以朱索连以桃，印文以施门户，代世所以尚为饰也。故汉以五月五日，朱索五色印为门户饰，以止恶气。

《宋书》元嘉四年，断夏至日五丝缕之属。

《南史》曰：沈林子父穆夫，为沈预所陷死，林子与兄田子还东报仇。五月夏至节日至预家，正大集会，子弟盈堂，林子兄弟挺身直入，斩预首，男女无论老幼，悉屠之，以预首祭祖父墓。

周处《风土记》曰：夏至之日雨，名曰黄梅雨。

《荆楚岁时记》曰：夏至日取菊为灰，以止小麦虫蠹。按：干宝《变化论》乃云："稻成蛩，麦为蛱蝶。"其验乎？

《舆地志》曰：郭弘常夏至于射的钓鱼供母，将饵闻笳角声，鱼跃而出。

《管子》曰：夏而麦熟，天子祈天宗，其盛以麦。盛，粢盛也。麦者，谷之始。

《抱朴子》曰：魏武收左元放，左慈，字元放。桎梏之而自解，盖或用夏至日霹雳榍也。

又曰：见潮来去或有早晚，辄言有参差，非也。水从天边来，一月之中，天再东再西，故潮再大再小也。夏至天高，故夏潮大也。冬时天卑，故潮水小也。

《范子》曰：《周髀》云：冬至三光微，夏至三光盛。

《淮南子》曰：夏至则斗南中绳，阳气极，阴气萌，故曰，夏至为刑。刑，始杀也。

又曰：夏至则火从之，故五月火正而水漏。火正，火王也。故漏水，二说，火星正中也，漏，湿也。阳气为火，阴气为水，水胜，故夏至湿。

又曰：夏至而流黄泽，石精出，流黄，土之精也。阴气作于下，故流泽而出也。石精，五色之精也。蝉始鸣，半夏生，蚊虻不食驹犊，鸷鸟不搏黄口。五月微阴在下，未成驹犊黄口，肌血脆弱未成，故鸷鸟应阴，不食不搏也。

又曰：毛羽者，飞行之类也，故属于阳。故曰，夏至日，鹿角解。

又曰：夏至加十五日指丁，则小暑，音比大吕；加十五日指未，则大暑，音比太蔟；加十五日指庚，背阳之维，则夏节尽。

《风俗通》曰：夏至著五彩，辟兵，题曰游光，厉鬼知其名者，无温疾，五彩辟五兵也。按人取新断织系户，亦此类也。谨按织取始断二三寸帛，缀着衣衿，以已织縒告成于诸姑也，后世弥久，易以五彩。又永建中，京师大疫，云厉鬼字野重游光，亦但流言，无指见之者。其后岁岁有病，人情愁怖，后增题之，冀以脱祸。今家人织新缣，皆取著后缣绢二寸许，系户上，此其验也。

《抱朴子》曰：予祖彬为汲令，以夏至日请主簿杜宣赐酒，北窗壁上有悬赤弩，照于杯中，形如蛇，宣恶之，及饮得疾。后彬知之，使宣于旧处设酒，杯中犹有蛇。因谓宣曰："此弩影耳"。宣遂意解。

《古今历术》曰：夏至之日，昼六十五刻，夜三十刻。

郦道元注《水经》曰：丹水出丹鱼，先夏至前十夜伺之，鱼浮水侧，赤光上照如火。

《神异经》曰：北方荒中有石湖，方千里无凸徒结切。凹，校交切。平满无高下，岸深五丈余，冰唯夏至左右五六十日解耳。

《历疏》曰：芒种，谓谷芽始出，故曰芒种，夏至其日，日之行天至于艮维东北角，言曰行极于北，故曰夏至。

竺法真《罗山疏》曰：荔枝以冬青，夏至日子始赤，六七日可食。

《杂说》曰：百舌鸟一名反舌，春始㖞，夏至则止。唯食蚯蚓。正月以后冻开则来，蚯蚓出故也；十月已后则藏，蚯蚓蛰故也。物之相感，不知所由。

《酉阳杂俎》曰：猫目睛旦暮圆，及午竖敛如綖，其鼻端常冷，唯夏至一日暖。

蔡邕《独断》曰：夏至阴气始起，鹿角解，故寝兵鼓，身欲宁，志欲静，不听事送迎五日。

又曰：夏至阴气起，君道衰，故不贺。

又曰：夏至之日，离卦用事。日中时，南方有赤云如马者，离气至也，宜黍。离气不至，日月无光，五谷不成，人病目疼，冬中无冰，应在十一月内。夏至之日，风从离来为顺，其年大熟。夏至前六日，夏至后十日，十六日为穷日。

《月令占候图》曰：夏至：朔日夏至，并二日、三日至六日夏至，五谷熟。二十二日、二十四日夏至，五谷不熟。二十五日、三十日夏至，时价平和。晦日夏至，五谷贵。

《天文录》曰：大寒在冬至后，二气积寒而未温也。大暑在夏至后，二气积暑而未歇也。寒暑和乃在春秋分后，二气寒暑即未平也。譬如火始入室，未甚温，弗事加薪，久而愈炽，既迁之，犹有余热也。冬至之日，日出辰入申，昼行地上百四十六度强，夜行地下二百一十九度少弱，故昼短夜长也。夏至之日，日出寅入戌，昼行地上二百一十九度少弱，夜行地下一百四十六度强，故昼长夜短。春秋之日，日出卯入酉，昼行地上夜行地下，皆一百八十二度半强，昼夜长短同也。

# 太平御览卷第二十四 时序部九

## 秋上

《释名》曰：秋者緧音秋也，緧迫万物，使得时成也。

又曰：七月谓之夷则何？夷者，伤也，则者，法也，言万物始伤，被刑法也。

又曰：八月谓之南吕何？南者，任也，言阳气尚有任，生荠麦也。

《说文》曰：天地反物为秋，字从禾，㷂省声。

《易》曰：兑，正秋也，万物之所说也。王弼曰：欲万物成，所以悦也。

《书》曰：分命和仲，宅西曰昧谷，寅饯纳日，平秩西成，宵中星虚，以殷仲秋，厥民夷，鸟兽毛毨。毨，理，毛更生整理也。

《诗》曰：秋日凄凄，百卉具腓。腓，病也。凉风用事而众草皆病兴也。贪残之政行，而万民困病。

又曰：七月流火。流，下也。火星中而寒暑退。

又曰：彼采萧兮，一日不见，如三秋兮。

《礼》曰：七月之节，立秋为七月之节。日在张，昏尾中，晓娄中，斗建甲位之初，其日庚辛。庚辛属金，主秋，故云其日庚辛。其帝少皞，其神蓐收，昔少皞氏以金德继天下而王，故为秋帝。金正曰蓐收，故蓐收为金神，佐少皞于秋。其虫毛，西方白虎，毛虫之长，凡有毛之类皆属于金，故曰其虫毛。其音商，三分徵一益以生商，商数七十二，属金，以其浊，次宫，臣之象也。秋气和则商声调。《乐记》曰：商乱则陂，其官坏。律中夷则，七月气至，则夷则之律应。夷则者，大吕之所生也。三分去一，管长五寸六分。其数九，金生数四成数九，自言九者率其成数。其性义，其事言，《洪范五行传》曰：西方金，其性义，其事言。言曰从，从作者，王者言从义和则神龟至。其味辛，其臭腥，凡臭味辛腥者，皆属于金。其祀门，祭先肝。秋阴气出，祀之于门外阴也。祭先肝者，秋为阴中，于藏值肝，凡祀门为祖，先进肝。立秋之日，凉风至，后五日白露降，后五日寒蝉鸣。天子居总章左个，乘戎辂，驾白骆，载白旗，衣白衣，服白玉，食稻与鱼，其器廉以深。总章左个当申上之室，乘白辂，衣白衣，从秋色也。食稻与鱼，秋味之宜也。其器廉以深，象金伤害，物入藏。太史以先立秋三日，谒于天子曰："某日立秋，盛德在金。"天子乃斋。立秋之日，天子亲率诸侯大夫以迎秋于西郊，迎秋为祖白帝白招拒于西郊，以少皞配坐，以蓐收、太白、三辰、七宿从祀。还乃赏军帅武人于朝，乃命将帅选士厉兵，简练杰俊，专任有功，以征不义，诘诛暴慢，以明好恶，顺彼远方。诘谓问其罪，顺犹服也。

又曰：七月中气，日在张，处暑为七月中气。昏箕中，晓卯中，斗建申位之中。处暑之日，鹰乃祭鸟，后五日，天地始肃，后五日，禾乃登，修宫室，坯垣墙。为经夏雨损，立秋后修补。

又曰：八月之节，日在翼，白露为八月之节。昏南斗中，晓毕中，斗建酉位之初，律中南吕。八月气至，则南吕之律应。南吕者，大蔟之所生，三分去一，管长五寸三分，其日、其音、其数并同孟秋。白露之日，鸿雁来，后五日，玄鸟归，后五日，群鸟养羞。是月也，养衰老，授几杖，行糜粥饮食。行犹赐也。天子乃傩，以达秋气，此傩，傩阳气，恐阳暑至此不衰，害亦将及人，故傩通秋气。方欲助秋，故不磔犬。命乐正习吹。春夏尚舞，秋冬尚吹，习之为将释奠。

又曰：八月中气，日在轸，秋分为八月中气。昏南斗中，晓东井中，斗建酉位之中。秋分之日，雷乃收声，后五日，蛰虫坯户，后五日，水始涸。是月也，祀夕月于西郊，秋分日祭之。命有司享寿星于南郊。秋分日，祀寿星于南郊，寿星，南极老人星。日夜分，则同度量，平权衡，因秋分昼夜平，则正之。祭马社。谓仲秋祭马社于大泽，用刚日。

又曰：九月之节，日在角，寒露为九月节。昏牵牛中，晓东井中，斗建戌位之初，律中无射。九月气至，则无射之律应，无射者，夹钟之所生，三分去一，管长四寸九分。其日、其音、其数，并同孟秋。寒露之日，鸿雁来宾，后五日，雀入大水化为蛤，后五日，菊有黄花。是月也，命有司伐蛟、取鼍，登龟，取鼋。四者甲类，秋乃坚成，故是月登取。

又曰：九月中气，日在氐，霜降为九月中气。昏须女中，晓柳中，斗建戌位之中。霜降之日，豺乃祭兽，后五日，草木黄落。后五日，蛰虫咸俯。是月也，霜始降，则百工休。谓胶漆之作停。天子尝稻，先荐寝庙，稻初熟。藏帝藉于神仓，祗敬必饬。重祭祀之谷。是月也，乃伐薪为炭。伐必因杀气。

又曰：秋敛冬藏，义也。

又曰：西方者秋，秋之为言愁也。

《周礼》曰：大司马之职，仲秋教理兵，掌建邦国之九法，以佐王平邦国。

又曰：司裘，掌为大裘，以供王祀天之服。仲秋献良裘，季秋献功裘。

又曰：籥章氏，掌仲秋击土鼓，吹豳诗以迎寒气。郑玄注曰：迎寒以夜，来诸侯也。

又曰：司矢，仲秋献矢箙。弓弩成于秋，矢箙成于坚。箙，盛矢器也。以兽皮为之。箙，音服。

又曰：南吕，酉之气，八月建焉，而辰在寿星。

又曰：秋见曰觐。觐之言勤也，其勤王之事。《大行人》云：秋觐以比天下功也。

又曰：秋献龟鱼。

又曰：司爟音贯，掌行火之政令，季夏内火。九月黄昏，心星伏在戌，上使民内。

《传》曰：岁云秋矣，我落其实，而取其材。

《尔雅》曰：秋为白藏。

又曰：秋曰收成。

又曰：秋为旻天。李巡曰：秋万物成熟皆有文章。郭璞云：旻，愍也。万物皆可愍。

又曰：秋猎日狝。狝，杀也。顺秋气。

《汉书》曰：太白西方秋金，义也，言也，义亏言失，逆秋令，伤金气，罚见太白。

又曰：秋䲨，如淳曰：䲨，音焦也。物䲨敛，乃成熟也。

《汉书》曰：八月赐大臣羊酒，以助衰气。

《后汉书》曰：范式，字巨卿，与汝南张元伯为友。二人春别京师，以暮秋为期。元伯以九月十五日，杀鸡以待巨卿。母曰："相去千里，汝何信之也。"言未卒，而巨卿至，相随上堂再拜。母极欢悦。

《续汉书》曰：仲秋祀老人星于国南郊。

孟康《汉书义律》曰：春日朝，秋日请，如古诸侯朝聘也。师古曰：请，音才性反。吴王濞不朝，使人为秋请是也。

《晋书》曰：袁宏孤贫，运租自业。谢尚时镇牛诸，秋夜乘月泛江，会宏在舫中讽咏，遣问即其咏史之作，尚迎升舟，与谈申旦不寐，自此名誉日茂。

《梁书》曰：朱异除中书郎，时秋日始拜，有飞蝉正集异武冠上，时咸谓蝉珥之兆。

焦赣《易林》曰：秋风生哀，花落悲心。

《易通统图》曰：日行西方白道曰西陆。

《尚书大传》曰：万物非秋不收。

《尚书》曰：寅饯入日，辩秩西成。《大传》曰：天子以秋命三公，将率选士厉兵，以征不义，决狱讼，断刑罚，趣收敛，以顺天道，以佐秋杀。

又曰：西方者，何也？鲜方也。鲜，讯也，讯者，始入之貌。始入者何以谓之秋？秋者，愁也，愁者，物方愁而入也。故曰，西方者，秋也。秋，收敛貌。

《尚书中候》曰：周文王为西伯，季秋之月甲子，赤雀衔丹书入丰鄗，止于昌户，乃拜稽首受取，曰："姬昌苍帝子，亡殷者，纣也。"

《尚书考灵曜》又曰：政失于秋，太白出入不常。

《尚书考灵曜》曰：虚星为秋候，昴星为冬期，阴气相佐，德乃弗邪，子助母，母合子符。虚星，北方宿也。昴星，西方宿也。阴，称母也。

《毛诗传》曰：壮士悲秋，感阴气也。

《诗含神雾》曰：秦地处仲秋之位，男懦弱，女高膫，白色身，音中商，其言舌举而仰，声清而扬。

《三礼义宗》曰：九月大享帝于明堂之中。

《孝经》云：宗祀文王于明堂，是也。

《三礼义宗》曰：秋曰庚辛者，庚，更也，辛，新也，言物皆改更而新也。

又曰：周袷以秋者，万物新成，可以奉荐宗庙，故合先祖之神而祭之，故袷宜在秋也。

又曰：九月寒露为节者，九月之时，露气转冷，故谓之寒露节。霜降为中，露变为霜，故以霜降为中。

《春秋繁露》曰：秋之为言犹湫湫者，忧悲之状。

又曰：秋，怒气，故杀。

《春秋元命包》曰：尧为天子，季秋下旬，梦白帝遗以鸟喙子，其母索扶始升高丘，白帝上有云如虎，感己生皋陶，索扶始问之，如尧言。又《淮南子》云：皋陶鸟喙。

《春秋感精符》曰：霜，杀伐之表，季秋霜始降，鹰隼击，王者顺天行诛，以成肃杀之威。

《穆天子传》曰：仲秋甲戌，天子东游，次雀梁，一宿为舍，再宿为信，过信为次。蠹书于羽陵。谓暴书蠹虫，因曰蠹书也。

《圣贤记》曰：冯夷，弘农潼乡堤首里人，服八石得道，为水仙河伯。又一说华阴人，八月上庚日渡河溺死，天帝署为河伯。

《荆楚岁时记》曰：八月十日，四民并以朱点小儿头，名为天灸，以厌疾也。

又曰：以绵彩为眼明囊赤松子，以八月囊承柏树露为宜服，后世以金薄为之，递相饷遗。

《西京杂记》曰：贾佩兰云："在宫时，八月四日出雕房北户竹林下围棋，胜者终年有福，负者终年疾病。"

又曰：汉宗庙八月饮酎，用九十牢。

王子年《拾遗记》曰：汉武尝以季秋之月，泛灵鹢之舟于淋池之上，穷夜达昼，以昼达夜。于桂台之下，以香金为钩，缩纫丝为轮，以丹鲤为饵，不逾旬，钓一白蛟，长三四丈，若大蛇，无鳞甲。帝曰："非龙也。"于是付太官为鲊，而肉紫骨清，香美无伦，诏赐臣下。时以上为神感所获，后更不得。

《续齐谐记》曰：弘农邓绍，八月朝入华山，见一童子，以五色囊承取柏叶下露，露皆如珠子，亦云赤松先生，取以明目。今八月朝作眼明囊，象此也。

邓明德《南康记》曰：平固县有湖，中有石雁，浮在湖中，每至秋，石雁飞鸣如候时也。

《庄子》曰：舜以天下让善卷，曰："余立于宇宙之中，冬日衣皮毛，夏日衣葛絺，春耕种足以劳，秋收之足以休，日出而作，日入而息，逍遥于天地之间，何以天下为哉？"入深山，莫知其处。

又曰：荆之南有冥灵者，以五百岁为春，五百岁为秋。上古有大椿者，以八千岁为春，八千岁为秋。

《管子》曰：东方曰岁星，其时曰春，其气曰风，风生木。南方曰日，其时曰夏，其气曰阳，阳生火。西方曰辰，其时曰秋，其气曰阴，阴生金。北方曰月，其时曰冬，其气曰寒，寒生水。

《管子》曰：秋三月，以庚辛之日发五政；一政曰禁博赛，二政曰无见五兵之刃，三政曰慎旅农，趋聚收，四政曰补缺塞坼，五政曰修垣墙，谨门闾。五政徇苟时，五谷皆入也。

又曰：岁有四秋：春农事既成，农夫赋耜铁，此春之秋；夏至蚕纩之所作，此夏之秋；秋成五谷之所会，此谓大秋；冬营室中，女事纺绩之所作，此谓冬之秋。

《文子》曰：日月欲明，浮云盖之，藂兰欲茂，秋风败之。

又曰：政失于秋，太白出入无常。

《文子》曰：因春而生，因秋而杀，所生不德，所杀不怨，即几于道矣。春秋无心，生杀有时，人主无为，当罚必当，远违其理，近合其道。

又曰：唯神化为贵，精至为神。精之所动，若春气之生，秋气之杀。其生也，暄然如春物得其生；死也，肃然如秋物终于死。故生不祈报，死无归怨，生之死之，以其无心也。

《幽求子》曰：秋风晨厉，则惨然多凄。

《抱朴子》曰：南海之中，萧丘之上，有自生火。火常以秋起而秋灭。

《邹子》曰：秋取柞楢之火。

《淮南子》曰：春气发而百草生，得秋而万物成实。

又曰：春女怨，秋士悲，感物化矣。

又曰：至秋三月，青女乃出，降霜雪。青女，乃天神青霄玉女，主霜雪。

又曰：一叶落而知天下秋。

又曰：太阴治秋，则欲修备缮兵。金德断割，故修兵也。

又曰：孟秋之月，西宫御女白色，衣白采，撞白钟。其兵钺，其畜狗。八月官尉，其树柘。九月官候，其树槐。

又曰：秋为矩者，所以方物也。

又曰：九月失政，三月春风不济。济，止也。

又曰《时则》曰：六合：孟春与孟秋为合，仲春与仲秋为合，季春与季秋为合，孟夏与孟冬为合，仲夏与仲冬为合，季夏与季冬为合。孟春始盈，孟秋始缩；仲春始出，仲秋始内；出，二月播植也。内，八月收敛也。季春大出，季秋大内；孟夏始缓，孟冬始急；缓，四月阳炎。急，十月寒肃。仲夏至修，仲冬至短；夏至北极，冬至南极。季夏德毕，季冬刑毕。德毕，阳施穷也。刑毕，阴杀尽也。

又曰：西方金也，其帝少昊，其佐蓐收，执矩而治秋，其神为太白。

又曰：西方之极，自昆仑，绝流沙沉羽，西至三危之国，流沙盖在昆仑之西南也。石城金室，饮气之民，不死之野，少昊蓐收之所司者，万二千里。其令曰：审用法，诛必辜，备寇贼，禁奸邪，饬群牧，谨积聚，修城郭，补决窦，塞蹊径，遏沟渎，壅溪谷，守门闾，陈兵甲，选百官，诛不法。应金断也。

《鹖冠子》曰：斗柄西指，天下皆秋。

《尸子》曰：秋为礼，西方为秋。秋，肃也，万物莫不肃敬，礼之至也。

《商子》曰：螟螣春生秋死，出而民失食。今一民耕而百人食焉，螟螣大矣。

《吕氏春秋》曰：秋早寒，冬必暖。春多雨，夏必旱。

《太玄经》曰：酉，西方也，秋也，物皆成象而就也。有形则复于无形，故曰冥也。谓物终岁。

# 太平御览卷第二十五 时序部十

## 秋下

蔡邕《月令章句》曰：仲秋白露节，盲风至。秦人谓蓼风为盲风。

崔寔《政论》曰：秋风厉而赏武臣。

《颜氏家训》曰：或问何故名治狱参军为长流乎？答曰：《帝王代纪》云："帝少昊崩，其神降于长流之山，事出《山海经》。于祀主秋。"按《周礼秋官》司寇主刑罚，长流之职也，汉魏捕贼掾耳，晋宋已来始为参军，上属司寇，故取秋帝所居为嘉名焉。

《夏小正》曰：八月丹鸟羞白鸟，羞，进也。白鸟，蚊蚋。辰则伏，辰，房星。鴽为鼠也。九月内火。

《汉旧仪》曰：八月饮酎，车驾夕牲以绣衣之，皇帝暮视牲。以阴燧取水于月，以阳燧取火于日，为明水火，左袒，以水沃牛右肩，手执鸾刀，以切牛毛血荐之，而即更衣。

李雕《四部》曰：吊鸟山，俗传曰，凤死其上，每至七月九日晦望，群鸟常来集其上鸣呼也。

应劭《风俗通》曰：周秦常以八月，輶轩使采异俗方言，藏之秘府。

刘歆《钟律书》曰：春宫秋律，百卉必凋，秋宫春律，万物必荣。

魏丁仪《刑礼论》曰：上天垂象，圣人则之，岁先春而后秋，宫之为理，先礼而后刑。

《论衡》曰：秋气击杀谷草，谷草不任凋伤而死，此言失实。夫物以春生夏荣，秋而熟老，适自枯死，阴气适盛，与之会遇。何以验之？物有秋不死者，生性未极也。

陆机《要览》曰：秋树名成，秋雨名愁。

《地镜经》曰：八月中，草木独有叶枝下垂者，必有美玉。又云：

八月后草木死者，亦有玉。

《梁元帝纂要》曰：秋曰白藏，气白而收藏万物。亦曰收成，万物成而收敛。亦曰三秋、九秋、素秋，素商，高商；天曰旻天；旻，愍也。愍万物之凋零。风曰商风、素风、凄风、高风、凉风、激风、悲风；景曰朗景、澄景、清景；时曰凄辰、霜辰；霜辰可施九月。节曰素节，商节；草曰衰草；木曰疏木，衰林，霜柯，霜条。七月孟秋，亦曰初秋，首秋，上秋，肇秋，兰秋；八月仲秋，亦曰仲商；九月季秋，亦曰暮秋，秋末，暮商，季商，杪秋，亦曰授衣，此时妇功毕，始授衣。亦曰玄月。

《卢公范馈饷仪》曰：凡八月旦，上承露盘，赤松子柏上露为囊，以膏面皮，古人用点炙枝，以梨枝为之，及银盏中有朱砂银枝子也。卢公范者，卢怀盛之家。

《临海异物志》曰：黄雀常以八月入海化为鱼。

《博物志》曰：旧说天河与海通，近世有人居海渚者，年年至八月浮槎来，至甚大，往返不失期，其人乃至槎上，赍粮食，乘槎而去，至天河。

《世说》曰：张季鹰辟齐王东曹掾，在洛见秋风起，因思吴中莼菜羹，鲈鱼鲙。曰："人生贵适志耳，何能从宦数千里以要名爵？"遂命驾便归，俄而齐王败，人皆谓见机而作。

又曰：王子敬云：从山阴道上行，山川自相映发，使人应接不暇，若值秋冬之时，尤难为怀。

《阴阳五行历》曰：一时皆三月，一月为一秋，三月为三秋。又以一日为三秋，故三日有九秋之名也。

《明堂之制》曰：治秋以矩，矩之为度也，肃而不勃，刚而不匮，取而无怨，内而无害，威厉而不慑，令行而不废，杀伐既得，仇敌乃克，矩正不失，百诛乃服。

《乙巳占》曰：太白主秋。人君当秋之时，顺太白以施政则吉，逆则凶。秋时行冬令，则辰星之气干于太白，色黑而有芒角，阴气太胜，戎兵乃来，风灾数起，国多盗贼，边境不宁。亡地震坼而国有大丧重狱。秋时行春令，则岁星之气干于太白，色青昧小则国旱，君有大忧，阳气凌迟，五谷不实，秋雨不降，草木生荣，非时矣。以秋时行夏令，则荧惑之气干于太白，色赤而怒，国多火，寒热不节，人多疟疾，蛰虫不藏矣。

《大衍星分图》曰：八月酉，日月会于寿星。

《天文录》曰：胃、昴，赵之分野。自胃七度止毕十二度，于辰在酉，大梁之疆也。八月之时，白露始降，万物坚成而疆大，故曰大梁。

汉李陵《与苏武书》曰：穷秋九月，塞外草衰，夜不能寐，侧耳远听，胡笳互动，牧马悲鸣，吟啸成群，边声四起。晨坐听之，不觉流泪。

《楚辞》曰：袅袅兮秋风，洞庭波兮木叶下。言秋风疾则草木摇，湖水波而木叶落矣。

又曰：悲哉秋之为气也，萧瑟兮草木摇落而变衰。憀栗兮若在远行，登山临水兮送将归。泬寥兮天高而气清，寂寥兮收潦而水清。憯凄增欷兮薄寒之中人，怆怳旷浪兮去故而就新。坎壈兮贫士失职而不平，廓落兮羁旅而无友生，惆怅兮而私自怜。燕翩翩其辞归，蝉寂寞而无声。雁噰噰而南游，鹍鸡啁哳上张流切，下陟辖切。鸟鸣声也。而悲鸣，独申旦而不寐，哀蟋蟀之宵征。

又曰：皇天平分四时兮，窃独悲此凛秋。白露既下降百草兮，奄离被此梧楸。去白日之昭昭兮，袭长夜之悠悠。

魏曹植《秋思赋》曰：四节更王兮秋气悲，遥思惝怳兮若有遗。云高气静兮露凝衣，野草变色茎叶稀，鸣蜩抱木雁南飞，西风凄唳郎计切朝夕臻，扇篷屏弃絺绤捐。

晋潘岳《秋兴赋》曰：嗟秋月之可哀，良无愁而不尽。野有归燕，隰有翔隼，游气朝兴，槁叶夕殒。于时乃屏轻箑，释纤絺，藉莞蒻，御夹衣，庭树槭所责切。殒落儿。以洒落，劲风戾而吹帷。蝉嘒嘒以寒吟，雁噰噰而南飞。天晃朗而弥高，日游旸而浸微，何微阳之短晷，觉凉夜之方永。月朣胧以含光，露凄清以凝冷。熠耀粲于阶闼，熠耀，萤也。蟋蟀鸣于轩屏。听离鸿之晨吟，望流火之余景。

王愆期《怀秋赋》曰：哀时来之惨凄，悼秋风之可悲。

古乐府歌诗曰：秋风萧萧愁杀人，出亦愁，入亦愁。胡地多飚风，树木何萧萧。离家日趣远，衣带日趣缓。心思不能言，肠中车轮转。

魏应璩杂诗曰：秋日苦促短，遥夜邈绵绵，贫士感此时，慊慨不能眠。

晋陆机《为顾彦先作诗》曰：肃肃素秋节，湛湛浓露凝。太阳夙夜降，少阴忽已升。

又：悼亡诗曰：皦皦窗中月，照我室南端。清商应秋至，溽暑随节阑。懔懔凉气升，始觉夏衾单。

晋张载诗曰：灵象运天机，日月如激电。秋风兼夜戒，微霜凄旧院。嘉木殒兰圃，芳草悴芝苑。嘤嘤南翔雁，翩翩辞归燕。玉肌随爪素，嘘气应口见。敛襟思轻衣，出入忘华扇。睹物识时移，顾已知节变。

晋孙绰诗曰：萧瑟仲秋月，飂戾风云高。山居感时变，远咏兴长谣。疏林积凉气，虚岫结凝霄。零露洒庭林，密叶辞荣条。抚菌悲先落，攀松羡后凋。

宋刘铄诗曰：旻天清旦高，秋气发初凉。白露下微津，明月流素光。凝烟泛城阙，凄风入轩房。朱叶先零落，绿草就芸黄。纤罗还笥箧，轻纨改衣裳。

宋江逌诗曰：祝融改炎辔，蓐收起凉驾。长林悲素秋，茂草思朱夏。鸣雁薄云岭，蟋蟀吟深榭。寒蝉向夕号，惊飚激中夜。感物增人怀，凄然无忻暇。

宋谢惠连《怀秋诗》曰：平生怀苦心，矧复值秋晏。皎皎天月明，弈弈河宿烂，萧瑟含风蝉，嘹唳度云雁。寒商动清闺，孤灯暖幽幔。

又曰：《捣衣诗》曰：衡纪无淹度，晷运倏如催。白露滋园菊，秋风落庭槐。肃肃莎鸡羽，烈烈寒螿啼。夕阴结空幕，霄月皓中闺。美人式常服，端饰相招携。簪玉出北房，鸣金步南阶。檐高砧响发，楹长杵声哀。

宋汤惠休《白纻舞歌诗》曰：秋风袅袅入曲房，罗帐含月思心伤。蟋蟀夜鸣断人肠，长夜思君心飞扬。它人相思君相忘，锦衾瑶席为谁芳。

又《古歌八变》曰：北风初秋至，吹我章华台。浮云多暮色，似从崦嵫来。

宋鲍照答汤惠休诗曰：枯桑叶易零，疲客心易惊。今兹亦何早，已闻络纬鸣。回风灭且起，卷蓬息复征。怆怆簟上寒，凄凄帐里清。物色延暮思，霜露逼朝荣。百物方萧瑟，长叹从此生。

又《和王护军秋夕诗》曰：散漫秋云远，萧萧霜月寒。惊风西北起，孤雁夜往还。金气方劲杀，降阳微且殚。泉涸甘井竭，节后芳草残。

何瑾《悲秋夜》曰：欣莫欣兮春日，悲莫悲兮秋夜。

## 立秋

《易说》曰：坤，西南也，主立秋。

京房《易占》曰：立秋坤王，主凉风用事。

《易通卦验》曰：立秋日凉风至，白露下。

《春秋考异邮》曰：立秋趣织鸣，女功急趣之。

《春秋元命包》曰：瑶光星也散为鹰，立秋之日鹰鹯击。

《三礼义宗》曰：七月立秋，秋之言揫缩之意，揫，音秋，聚也。阴气出地，始杀万物，故以秋为节名。

《五经要义》曰：磬，立秋之乐也。

《白虎通》曰：磬者，夷则之气，象万物之成。

《月令占候图》曰：立秋坤卦用事，其神摄提，二宫荆州分也。晡时申，西南凉风至，黄云如群羊，宜粟谷。若晴朗，风云不至，万物不成。望西南坤上有黄云气，是正气，立秋应节，万物皆荣，豆谷熟。赤气出其右，万物半死，豆谷半收，地动，人民不安。坤气衰，万物不成，地频动，牛马多病，应在十二月。坤气见于江湖，乍存乍亡。江湖水必竭。坤气退则地裂，泉涌。申时西南有赤黄气，或白润厚白泽者，粟大熟。

又曰：立秋日午时，竖八尺竿，影得四尺五寸二分半，五谷熟。立秋后四十五日内，土气在坤，不得修造动土及远行，出军事凶。

《汉书》曰：孙宝为京兆尹，请侯文为掾，进见如宾。礼数月，以立秋日署文东部邮，且曰："今日鹰隼始击，当顺天气取奸恶以成严霜之诛。掾部讵有其人乎？"文曰："无其人，不敢受职。"宝曰："谁也？"文曰："霸陵杜稚季。"宝问其次，文曰："豺狼横道，不宜复问狐狸。"

《后汉书》曰：申屠建等与御史大夫隗嚣合，欲以立秋日貙膢时，共劫更始。《前汉书》音义曰：貙兽以其立秋日祭兽，王者亦此日出猎，用祭宗庙。冀州北八月朝作饮食为膢。其俗谓曰膢猎。社伏貙音丑于反。膢，音娄。

《续汉书》曰：立秋之日，夜漏未尽五刻，京都百官皆衣白絁皂领缘中衣，迎气于西郊。

又曰：立秋之日，西郊毕，始有司，斩牲于郊东门，以荐陵庙。其仪乘舆御戎辂，白马朱鬣，躬执弩射牲，牲以鹿麛。太宰令谒者令一人获，驰驷送陵庙，还宫，遣使者赍束帛以赐武官，肄兵习战阵之仪。斩牲之礼，名曰貙刘，如淳曰：膢，《汉仪注》立秋貙膢。许慎曰：俗以二月祭饮食，冀州北部或以八月作饮食为膢也。

《祠令》曰：立秋祀白帝于西郊，帝少昊配，蓐收从祠。

又曰：立秋后辰祀灵星于国城东南。

《登真隐诀》曰：立秋之日，日中五岳诸真人诸黄老君，于黄房灵庭山，会仙官于日中，定天下神图灵药。

《符瑞图》曰：立秋，西方阊阖风至。一名飂风。

《白虎通》曰：凉风立秋至，王者报地德，礼西郊。

《周书时训》曰：立秋之日凉风至，又五日白露降，又五日寒蝉鸣。凉风不至，国无严政；白露不降，民多咳病；寒蝉不鸣，人臣力争。白露之日，鸿雁来，又五日玄鸟归，又五日群鸟养羞。鸿雁不来，远人背叛；玄鸟不归，室家离散；群鸟不羞，臣下骄慢。秋分之日，雷始收声，又五日蛰虫附户，又五日水始涸。雷不收声，诸侯淫汏；蛰虫不附，民靡有赖；水不始涸，介虫为害。

《五行休王论》曰：立秋坤王，兑相，乾胎，坎没，艮死，震困，巽废，离休。

陆机《要览》曰：列子御风，常以立春归乎八荒，立秋游乎风穴。是风至，草木皆生，去则摇落，谓之离合风。

## 秋分

《说文》曰：龙春分而登天，秋分而入渊。

《易说》曰：秋分阊阖风至，雷始收声，鸷鸟击，玄鸟归。

又曰：兑，西方也，主秋分。

《孝经说》曰：斗指酉为秋分。

又曰：秋分日在内衡。

《文子》曰：阴阳调，日夜分，故万物春分而生，秋分而成，生与成必得和之精。故积阴不生，积阳不化。阴阳交接，乃能成和。此天地之气和平，故万物得生成故也。

京房《易候》曰：虹八月出西方，粟贵。

又京房《易占》曰：秋分而人君释钟鼓之悬。

孔安国《尚书注》曰：虚玄武之中星，皆以秋分日见，以正三秋。

《天文录》曰：仲秋秋分暮，出角、亢、氐、房，东四舍为汉中。

《周书时训》曰：秋分八月中，雷乃收声；不收声，即人民不安。又云诸侯骄逸，放荡于上。蛰虫坯户；不坯户，即边方不宁。又云人靡有赖。水始涸；水不涸，即人多痼疾。

《历日疏》曰：秋分，八月之中气也。秋分之时，日出于卯，入于酉，分天之中，阴阳气等，昼五十刻，夜五十刻，一昼一夜，二气中分，故谓之秋分也。

# 太平御览卷第二十六 时序部十一

## 冬上

《释名》曰：冬曰上天，其气上腾，与地绝也。故《月令》曰："天气上腾，地气下降。"

又曰：冬，终也，物终成也。

《说文》曰：冬，终也，尽也。字从夂，古终字。从仌。古冰字。

《书》曰：申命和叔，宅朔方，曰幽都，平在朔易，北称朔，亦称方，则三方见矣。北称幽，则南方称明从可知也。都谓所聚也。易谓岁改易于此也。平，均；在，察。政以从天常。上总言羲和敬顺昊天，此分别仲叔，各有所掌也。日短，星昴，以正仲冬，日短，冬至之日也。昴，白虎中星。以七星并见，正冬之三节。厥民奥，鸟兽氄毛。奥，室也。民改岁入此室处，以避风寒，鸟兽皆生耎毛、细毛，以自温之。

又曰：冬祁寒，小民亦惟曰怨咨。

《诗》曰：我有旨蓄，亦以御冬。

又曰：丰年之冬，必有积雪。

又曰：十月纳禾稼，黍稷穜稑，上音童，下音陆。禾麻菽麦。

又曰：二之日，凿冰冲冲。冰盛水腹坚，命取冰于山林之中。冲冲，凿冰之音。二之日夏之十二月也。

又曰：冬日烈烈，飘风发发。笺云：烈烈犹栗烈也。发发，疾貌。言王为酷虐惨毒之政，如冬之日烈烈矣。

又曰：坎其击鼓，宛丘之下。无冬无夏，植其鹭羽。值，持也。鹭鸟之羽可认为翳。笺云：翳，舞者所持以指麾。坎其击缶，宛丘之道。无冬无夏，值其鹭翿。翿，亦翳也。

《礼月令》曰：十月之节，日在房。立冬为十月节。昏虚中，晓张中，斗建亥位之初。其日壬癸，壬癸属水。主冬。其帝颛顼，其神玄冥，昔颛顼氏以水德继天而王，故为冬帝。水正曰玄冥，故立冥为水神，佐颛顼于冬。其虫介，北方玄武，介虫之长，凡有甲之类，皆属于水，故曰其虫介。介，甲也。其音羽，三分商去一，以生羽，数四十八，属水，以为最清物之象也。冬气和则羽声调，《乐记》曰：羽乱则危，其财匮。律中应钟。十月气至，则应钟之律应。应钟者，姑洗之所生，三分去一，管长四寸七分。其味咸，其臭朽，凡臭味咸朽者，皆属于水。其祀行，祭先肾。冬阴气盛寒于外，祀之于行，从辟除之类。行谓道也，祭先肾者，阴谓在下，肾亦在下，凡祀行俎，先进肾。立冬之月，水始冰，后五日地始冻，后五日野鸡入大水为蜃。食黍与雁，冬味之宜。其器闳以掩。太史以先立冬三日谒于天子曰："某日立冬，盛德在水。"天子乃迎冬于北郊。迎冬为祭黑帝叶光纪于北郊，以颛顼配坐，以玄冥恒星三辰七宿从祀。可以筑城郭，造宫室，穿窦窖，修囷仓。谓改筑城郭，创造宫室，修囷仓以备积贮。天子始裘。谓初衣寒衣。

又曰：十月中气，日在尾，小雪十月中气。昏危中，晓翼中，斗建亥位之中。小雪之日，虹藏不见，后五日天气上腾，地气下降，后五日闭塞而成冬，谨关梁，塞蹊径。蹊径谓山泽禽兽道。

又曰：十一月之节，日在箕，大雪为十一月之节。昏营室中，晓轸中，斗建子位之初，律中黄钟。十一月气至，则黄锺之律应。黄锺者，律之始也。管长九寸，其日其音其数并同孟冬。大雪之日，鹖鸟不鸣，后五日虎始交，后五日荔挺出。十一月中气，日在南斗，冬至为十一月中气。昏东壁中，晓角中，斗建子位之中。冬至之日，蚯蚓结，后五日麋角解，后五日水泉动。是月也，祀昊天上帝于圆丘，谓冬至日祀昊天上帝于圆丘，以高祖神尧皇帝配坐，以五方帝及日月星辰及内外星官等从祀于坛。命有司祭马步，谓仲冬祭马步于大泽，用刚日。伐木取竹箭。此时坚成，可伐取。

又曰：十二月之节，日在南斗，小寒为十二月之节。昏奎中，晓亢中，斗建丑位之中，律中大吕。十二月气至，则大吕之律应。大吕者，蕤宾之所生，三分益一，管长八寸四分，其日其音其数，并同孟冬。小寒之日，雁北乡，后五日鹊始巢，后五日野雉始鸲。天子乃命将帅讲武习射角力，讲武角力，校武士材力。所以备田猎之礼。天子乃厉饰执弓挟矢以猎，厉饰，谓衣戎服尚威武以猎。修祭禽之礼。谓所猎得禽兽以供禘祭。

又曰：十二月中气，日在婺女，大寒为十二月中气。昏娄中，晓氐中，斗建丑位之中。大寒之日，鸡始乳，后五日鸷鸟厉疾，后五日水泽腹坚，天子亲往尝鱼，时鱼洁美。冰方盛，取而藏之。《春秋传》曰：月在北陆而藏冰。计耦耕，修耒耜，寒气过，农事将兴。出土牛以示农耕之早晚。若立春在十二月望，则策牛人近前示其农早也。立春在十二月晦及正月朔，则策牛人当中示其农平也。立春近正月望，则策牛人近后，示其农晚也。天子乃与公卿大夫共饬国典，论时令，以待来岁之宜。《周官》建寅之月悬法于象魏，以示人四时之令皆以此为准。故以建丑之月与公卿先饬之。命有司大傩旁磔，以送寒气。大傩为岁终逐除阴疫，以送寒气。故《周官》命方相氏率百隶索室驱疫以逐之。旁谓磔犬于门，春磔九门，冬礼大，故遍磔于十二门，所以扶阳抑阴之义。犬属金，冬金尽春兴，春为木，故杀金以助木气。

《礼》曰：季冬之月，命告人出五种，命农计耦耕，修耒耜，具田器。

又曰：是月也，日穷于次，月穷于纪，星回于天，数将几终，岁且更始，专其农人，无有所使。

又曰：孟冬之月，天子乃祈年于天宗。注云：天宗，日月星辰也。

又曰：孟冬命有司循，行积聚，无有不敛，坯城郭，戒门闾。

又曰：夫为人子之礼，冬温夏凊。

又曰：冬之为言中也。中者，藏也。

又曰：国子冬夏教诗书，秋冬学羽籥。

又曰：儒有居处齐庄，其坐起恭敬，言必诚信，行必笃敬。道途不争险易之利，冬夏不争阴阳之和。

又曰：昔者先王未有宫室，冬则居营窟，夏则居曾巢。

《大戴礼》曰：季冬听狱论刑者，所以正法。

又曰：方冬三月，草木落，庶虞藏，五谷必入于仓，于时有事蒸于皇祖考，息国老六人，以成冬事。

又曰：司空司冬，以制度制地事，准揆山林，规表衍沃，畜水行，表灌浸，以节四时之事。理地远近，以任民力，以节民食。

又曰：古者，天子常以季冬考德，以观治乱。德盛者，治也，德不盛者，乱也。德盛者，得之也，德不盛者，失之也。

《周礼》曰：小司寇：孟冬祀司民，献民数于王，王拜受之，以图国用而进退之。司民星谓轩辕角也。

又曰：凌人掌冰，正岁十有二月斩冰，三其凌。正岁，季冬火星中；大寒，冰方盛之时。《春秋传》曰火星中而寒暑退。凌，冰室也。三之者为消释度也。三其凌，三倍其冰。

又曰：占梦职，季冬聘王梦，献吉梦于王，王拜而受之。聘，问也。梦者事之祥，凶吉之占在日月星辰。季冬日穷于纪星回于天，数将几终。于是发弊而问焉，若休庆之云耳。献群臣之吉梦于王归美焉。《诗》云，牧人乃梦，众维鱼矣，旐维旟矣。此所献吉凶。

又曰：天府掌季冬陈玉，以贞来岁之美恶。郑玄注曰：问事之正曰贞，问岁美恶，谓问于龟。

又曰：大吕，丑之气，十二月建丑，而辰在玄枵。

又曰：冬官，其属六十，掌邦事。

又曰：以玉作六器，以礼天地四方。以玄璜礼北方。注曰，礼，北方谓黑精之帝，颛顼玄冥配食焉。半璧曰璜，象冬闭藏地上无物，惟天半见。

又曰：冬见曰遇。遇者偶也。义取不期而偶至，大行人云，冬遇以协诸侯之虑。

《传》曰：公叔、定叔出奔卫，三年而复之。曰："不可使共叔无后。"使以十月入。曰，良月也，就盈数焉。

《传》曰：酆舒问于贾季曰："赵衰、赵盾孰贤？"对曰："赵衰冬日之日，赵盾夏日之日。"冬日可爱，夏日可畏。

《尔雅》曰：冬为上天。言时无事，在上临下。孙炎曰：冬天藏物，物伏于下，天清于上。

又曰：冬为玄英。气黑而清英。

又曰：冬为安宁。四时之别名。《尸子》以为太平祥风名。

又曰：冬猎为狩。狩，守也。冬物毕成，围守取，无简择。

《易通卦验》曰：大雪，鱼负冰。郑玄曰：鱼负冰，上近冰也。

《易通统图》曰：日冬行北方黑道，曰北陆。

京房《易》曰：冬至坎王，广莫风用事，人君决大刑，断狱讼，缮宫殿。

《尚书大传》曰：殷以季冬为正月。

又曰：周以仲冬为正月。

又曰：北方者，何也？伏方也。伏方也者，万物之方伏。物之方伏，则何以为之冬？冬者，中也。中也者，物方藏于中也。故曰北方冬也。阳盛则吁荼万物而养之外也，阴盛则呼吸万物而藏之内也。吁荼气出而温，呼吸气入则寒。温则生，寒则杀也。故曰，呼吸也者，阴阳之交接，万物之始终。

《尚书大传》曰：冬者，昴昏中，可以收敛，盖藏，田猎，断伐，当告乎天子，而天子赋之民。故天子南面而视四星之中，知民之缓急；急则不赋籍，不举力役。籍，公家之常徭。故曰“敬授民时”，此之谓也。

又曰：辩在朔易，日短，朔始也。

《传》曰：天子以冬命三公，谨盖藏，闭门闾，固封境，入山泽田猎，以顺天道，以佐冬固藏也。

《诗含神雾》曰：魏地处季冬之位，土地平夷。

又曰：唐地处孟冬之位，得常山太岳之风，音中羽，其地硗确上苦交切，下苦角切。而收，故其民俭而好畜，此唐尧之所起。

《三礼义宗》曰：冬日壬癸者，壬，任也，癸，揆也，言万物更任生于黄泉，皆有法度也。

又曰：十二月小寒为节者，亦形于大寒，故为之小，言时寒气犹未是极也。大寒为中者，上形于小，故谓之大。自十一月一阳爻初起，至此始彻，阴气出地方尽，寒气并在上，寒气之逆极，故谓大寒也。

《逸礼》曰：冬则衣黑衣，佩玄玉，乘玄辂，驾铁骊，载玄旗，以迎冬于北郊。其祭先豕，居明堂后庙，启北户。

《春秋繁露》曰：冬气衰，故藏。

又曰：木有变春凋冬荣，此徭役众，赋敛重也。

《春秋考异邮》曰：冬风曰广莫风。

《春秋感精符》曰：天统。十一月建子，天始施之端也。谓之天统者，周以为正。《汉书》记律，黄钟为天统。

《史记》曰：汉高祖既定天下，叔孙通定朝仪。群臣朝，十月仪于长乐宫，执戟尊卑次序，诸侯王以下莫不震恐。帝曰："吾乃今日知为皇帝之贵也。"

《前汉书》曰：魏相上书曰："北方之神颛顼，乘坎执权司冬。"张晏曰：水为智，智者谋，谋为重，故为权。

又曰：东方朔上书云："臣朔年十三，读书三冬，文史足用。"

又曰：冬，民既入，妇人同巷相从夜绩女工。一曰四十五日必相从者，所以省费燎火，同巧拙而合习俗也。

又曰：龚遂为渤海太守，劝民冬益收果实菱芡，民皆赖之。

《续汉书》曰：严延年，字次卿，为河内太守，冬月传属县囚会府下，流血数里，河南号为屠伯。

又曰：宋均为九江守，五日一听事，冬以日中，夏以平旦。

《后汉书律历志》曰：日行北陆谓之冬。

又曰：季冬之月，星回岁终，阴阳以交，劳农大腊，先腊一日大傩，谓之逐疫。《汉旧仪》曰：颛顼有三子而去为疫鬼，一居江水是为虎，一居若水为罔魎蜮，一居人宫室区隅，善惊小儿。《月令章句》曰，日行北方之宿，北方大阴，恐为所抑，故命有司大傩，所以扶阳抑阴也。卢植注《礼记》曰，所以逐衰而迎新也。

又曰：是月也，立土牛六头于国都郡县城外丑地，送大寒。《月令章句》曰：是月之会建丑，丑牛寒将极，故出其物类形象，以示送达之，且以升阳也。

《后汉书》曰：钟离意辟大司徒侯霸掾，诏令部送徒诣河内，时冬寒，徒病不能行，路过弘农，辄移属县使作徒衣，县不得已，与之上书言状，意亦具以闻。光武得奏以见霸曰："君所使掾，何乃仁于用心，诚良吏也。”

又曰：汝南旧俗，十月飨会，百里内县皆赍牛酒，到府宴饮。

又曰：段颎《对桓帝讨先零东羌术略》曰：三冬两夏，足以破之。

又曰：黄香，举孝廉，为郡五官，贫无奴仆，香身执勤苦，冬无袴裤，而亲极滋味。

《魏略》曰：颜斐，字文林，为京兆尹，课民当输租时，车各因便致薪两束，为冬寒冰炙笔砚，风化大行。

又曰：贾逵世为著姓，少孤贫，冬常无裤。

又曰：吉茂，字叔畅，从少至长，冬则披裘，夏则短褐，臣役妻子，室如悬磬。

又曰：邴原就师学，一冬讲《孝经》《论语》，自在龆龀有异。及长，金玉其行。

又曰：董遇好学，人从学，遇不肯教。曰：当先读书百遍而义自见。从者云：苦难得暇日。遇曰：当以三余。冬，岁之余；夜，日之余；雨，时之余。

《吴志》曰：左台御史孟宗有孝道，母性嗜笋。及母亡，冬节至，宗入林哀泣而笋生，得以供祭祀。

《晋书》曰：王敦素惮周顗，每见辄面热，虽复冬月，扇面不得休。

又曰：吴隐之冬月无被，常盖衣披絮，勤苦同于贫庶。

又曰：公孙凤，字子鸾，隐昌黎之九城山，冬夜草布，寝处山林，弹琴吟咏，陶然自得。

又曰：刘殷母王氏，盛冬思堇而不言，食不饱者一旬矣。殷怪而问之，母言其故。殷时年九岁，乃于泽中恸哭，声不绝者半日，于是忽若有人云，止声。殷收泪视地，便有堇生焉，因得斛余而归。

《宋书》曰：朱百年与孔凯友善，百年家室素贫，母以冬月亡，衣并无絮，自此不衣绵帛。尝寒时就凯宿，衣悉夹布，饮酒眠，凯以卧具覆之，百年不觉也。既觉，引卧具去体，谓凯曰：绵定奇温。因流涕悲恸，凯亦为之感伤也。

《齐书》曰：沈瑀为扬州从事，湖熟县方山埭高峻，冬月公私行旅以为艰。明帝使瑀循行，乃开四港，断行客就作，三日便办。

又曰：齐孝子王虚之庭中杨梅树，隆冬三实，又每夜所居白光如烛，墓左树柰，一冬再实。时人咸以为孝感所致。

梁安城王萧秀为郢州刺史，务行德义，每冬月，常作裤襦，以赐贫冻者。

又任昉素清贫，卒后，其子西华冬月著葛帔练裙。道逢平原刘孝标，泫然矜之，谓曰："我当为卿作计。"乃著《广绝交论》，以讥其旧交也。

《吴越春秋》曰：越王念复吴怨非一旦也，苦身劳心，夜以接日，目卧则攻之以蓼，足寒则渍之以水，冬则抱冰。

《韩诗外传》曰：冬不浴，非恶水，清有余也。

《穆天子传》曰：季冬甲戌，天子东游，饮于留祁，射于丽虎，读书于藜音犁丘。君举必书也。西王母献酒于天子，奏广乐，天子遗其灵鼓，乃化为黄蛇。《周礼》曰，灵鼓四面。《洪范》以为鼓妖。

嵇康《高士传》曰：善卷，古之贤人也。舜以天下让之。善卷曰："予立宇宙之中，冬则衣皮毛，夏则衣絺葛，何以天下为哉？"

《汝南先贤传》曰：周举为并州刺史，太原一郡旧俗以介子推焚骨，有龙忌之禁，至其亡月，咸言神灵不乐举火。由是士人每至冬中辄一月寒食，莫敢烟爨，老少不堪，岁多死者。举既到，乃作吊书，以置子推之庙，言盛冬止火，残损人命，非贤者之意，以宣示愚民，使还温食。于是众惑稍解，风俗颇革。

《列士传》曰：孟尝君食客三千人，齐市有乞食冯谖，经冬无裤，面有饥色。

皇甫谧《高士传》曰：焦先，字孝然，冬夏不着衣，卧不设席。

《祢衡别传》曰：十月朝黄祖于艨冲舟上，会设黍臛，衡年少在坐，黍臛至，先自饱，食毕，抟弄戏掷，其轻慢如此。

《列仙传》曰：丁次都不知何许人，为辽东丁氏作人，丁氏尝置葵，问曰："冬何有葵？"云从日南买来

《神仙传》曰：王仲都，汉中人，少修道术。元帝时常以隆冬单衣载驷马车于上林昆明池，环水而驰，御者狐裘犹寒振欲死，而都无变色，背上蒸气休休然。休休，气盛貌。

师觉《孝子传》曰：王祥少有德行，早失母，后母憎而谮之，祥孝弥谨。盛寒河水坚冰，网罟不施，母欲得生鱼，祥解褐扣冰求之，忽冰小开，有双鱼出游，祥垂纶而获之。时人谓之至孝所致也。

宗躬《孝子传》曰：何子平事母至孝，母丧，年六十，有孺子之慕，夏避清凉，冬不衣絮。

盛弘之《荆州记》曰：宜都银山有风穴，大数尺，名风井，夏则风出，冬则风入。樵人有冬过者，置笠穴口，风吸之，经日还长阳溪而得笠。

# 太平御览卷第二十七 时序部十二

## 冬下

《吕氏春秋》曰：冬之德寒，寒不信，其地不成刚；地不成刚，则冻闭不开。天地之大，四时之化，而犹不能以不信成物，又况人乎？

《周书时训》曰：小寒十二月节，雁北乡；雁不北乡，即臣不怀忠。鹊始巢；鹊不巢，即边方不宁。又云一国不宁。野鸡始鸲；野鸡不鸲，即国乃大水。又云：不雊，来年雷乃收声。

又曰：大寒十二月中，鸡始乳，鸡不乳；即淫妇乱男。鸷鸟厉疾；鸟不厉疾，即国不除人。水泽腹坚；不腹坚，即言无所从。

《梁元帝纂要》曰：冬日玄英，亦曰安宁，亦曰玄冬、三冬、九冬；天曰上天；风曰寒风、劲风、严风、厉风、哀风、阴风；景曰冬景、寒景；时曰寒辰；节曰严节；鸟曰寒鸟、寒禽；草日寒卉，黄草；木曰寒木、寒柯、素木、寒条。

又曰：十月孟冬，亦曰上冬，亦曰阳月。此时纯用事，嫌其时无阳，故曰阳月。十二月季冬，亦曰暮冬、杪冬、余月、暮节、暮岁。

《风俗通》曰：夏宫冬律，雨雹必降；冬宫夏律，雷必发声。夫音乐至重，所感者大。故曰：知礼乐之情者能作，识礼乐之文者能述。

又曰：赵仲让为梁冀从事中郎，冬月坐庭中向日，解衣捕虱。

又曰：十月之应钟何？应者，应也，钟者，动也，言万物应阳而动，不藏也。《论衡》曰：阳气动于下，而阴气应之也。

又曰：十二月律谓之大吕何？大者，太也，吕者，拒也，言阳气欲出，其阴不许也。吕之言拒者，旅抑即拒难之也。

《太玄经》曰：罔，北方也，冬也，未有形也。罔，无也。未有形，故为罔也。言冬万物深藏黄泉。

《庄子》曰：鲁遽弟子曰："我得夫子之道，吾能冬爨鼎而夏造冰矣。”鲁遽曰：“是直以阳召阳，以阴召阴，非吾所谓道也。”

又曰：古者民不知衣服，夏则积薪，冬则炀之。故命之曰知生之民。

又曰：宋人有善为不龟手之药者，世世以洴澼絖为事。吴人有百金买不龟手之药，以说吴王。越有难，吴王使之将，令与越人水战，大败越人，裂地而封。能不龟手，一也，或以封，或不免于洴澼絖，则所用之异也。按纩古纩字，絮也。洴澼，浣漂斫絮于水中也。洴，扶经切。澼，普历切。

《太公金匮》曰：夏桀之时，有芩山之水，桀常以十月发民凿山穿陵通于河。民谏曰：“孟冬凿山穿陵，是泄天气，发地之藏，天子失道，后必有败。”桀杀之。期年芩山崩为大泽，汤率诸侯伐之。

《文子》曰：冬冰可折，夏条可结。

又曰：民有饥者，食不重味；民有寒者，冬不被裘。与民同苦乐，即天下无哀民。

《列子》曰：瓠巴学琴于师襄，当冬而叩徵弦，以激蕤宾，阳光炽烈，坚冰立散。

《孟子》曰：子产听治国之政，以其乘舆济人于溱洧。孟子曰：“子产惠而不知为政。岁十一月徒杠成，十二月舆梁成，民未病涉也。”徒杠，独木小桥，可通徒行。舆梁，通车之桥。十一月，夏九月。十二月，夏十月。

《鹖冠子》曰：斗柄北指，天下皆冬。

《邓析子》曰：为君自当若冬日之阳，夏月之阴，万物自归，莫之使也。恬卧而功自成，优游而政自治。岂在振目扼腕，手操鞭朴，而后为治欤？

《管子》曰：冬作土功，发地藏，则夏多暴雨，秋霖不止。

《邹子》曰：冬取槐檀之火。

《尸子》曰：冬为信，北方为冬，冬，终也。北方，伏方也，是万物冬皆伏，贵贱若一，美恶不伐，信之至也。

《傅子》曰：夏令披裘，冬令披褐，虽有严令，终不肯从者，逆时也。

《韩子》曰：帝尧之王天下，冬月鹿裘。

又曰：管仲、隰朋从桓公而伐孤竹，春往冬返，迷惑失道。管仲曰："老马可用也"，乃放老马而随之，遂得道。行山中无水。隰朋曰："蚁冬居山之阳，夏居山之阴，蚁壤一寸而仞有水。"乃掘地，遂得水。

《荀卿子》曰：天不为人之恶寒而辍其冬。

《淮南子》曰：以冬铄胶，以夏造冰，天道无私就也，无私去也。能者有余，拙者不足。言以非时，铄胶造冰难也。成天道无私就，无私去，能行道者有余，不能者不足。

又曰：贫人冬则羊裘蔽体，短褐不掩形，而炀灶口。冬日之阳，夏日之阴，万物归之而莫使之然。冬日仁，物归阳，夏日猛，物归阴，非使之然，自如是也。

又曰：稷辟土垦草，以为百姓力农，然不能使禾冬生。岂其人事不至哉？其势不可也。

又曰：孟冬之月，招摇指亥，爨松燧火。

又曰：冬为权，权者，所以权万物也。

又曰：阊阖风，四十五日不周风至，四十五日广莫风至。坎卦之风。不周风至则修宫室，缮边城。立冬节土功其始，故治宫室，修边城，备寇难也。广莫风至则闭关梁，断刑罚。象冬闭藏，不通关梁也。罚刑之疑者，于是顺时而决之。

又曰：古之君人者，其惨怛于民也。国有饥者，食不重味；民有寒者，冬不披裘。与同饥寒。冬伐薪蒸，以为民资。大者曰薪，小者曰蒸。资，用。

又曰：北方水也，其帝颛顼，颛顼，黄帝之孙，以水德王天下，号曰高阳氏，死托田祀于北方也。其佐玄冥，执权而治冬。

又曰：冬行春令泄，象春气布散发泄也。行夏令旱，旱象阳炎。行秋令雾。秋气阴，故乱雾。

又曰：太阴理秋，则欲修备缮兵。金德断刚，故修兵也。太阴理冬，则欲猛毅刚强。纯阳闭固，水泽冰，故刚强。

又曰：北方之极，自九泽穷夏晦之极，北至令正之谷，九泽，北方之泽。夏，大也。晦，暝也。有冻寒、积冰、雪雹、霜霰、漂润、群水之野。颛顼，玄冥之所司者，万二千里。颛顼，黄帝之孙也，以水德王天下，号为高阳氏，死为北方水德之帝。其神玄冥者，金天氏有适子曰昧，为玄冥师，死祀为主水之神也。

《月令》曰：申群禁，固闭藏，修障塞，缮关梁，禁外徒，断罚刑，守门闾，大搜客，止交游，禁夜乐，早闭晏开，以索奸人，已得，报之必固，天节已几，刑杀无赦，虽有盛尊之亲，断以法度。毋发藏，毋释罪。应阴杀也。

又曰：十月失政，四月草木不实。实，长也。

《语林》曰：羊稚舒冬日酿酒，令人抱瓮，须臾复易人，速成而味好。

《说苑》曰：卫灵公天寒凿池。宛春谏曰："天寒起役，恐愈民也。"公曰："寒乎？"春曰："公衣狐裘，坐熊席，是以不寒；民寒甚矣。"公乃罢役。

《世说》曰：石崇为客冬天设萍齑，王恺乃密贿崇帐下都督及御车人，问所以。对曰："萍齑是捣韭根杂以麦苗耳。"

殷芸《小说》曰：晋孝武帝即位，时年十三四，冬天昼日不着复衣，但着单绢裙衫五六重，夜则累茵褥。谢公云："体宜令有常。陛下昼过冷，夜过热，非摄养之术。"帝曰："夜静故也。"谢公叹曰："上理不减先帝。"

崔鸿《前赵录》曰：王延九岁事母，母冬月思生鱼，杖延流血。延寻汾河扣凌而哭，得鱼而馈母。

《山海经》曰：钟山之神，名曰烛阴。烛，龙也，是烛九有因名云。视为昼，瞑为夜，吹为冬，呼为夏。不饮不食不息，息则为风。息，气息也。身长千里。

《地镜经》曰：十二月中，草木独有枝叶垂者，下有美玉。

蔡邕《月令章句》曰：冬，终也，万物于是终也。

崔寔《四人月令》曰：十月农事毕，五谷既登，家备储畜，乃顺时令也。

《祠令》曰：季冬藏冰，仲春开冰，并用黑牡秬黍，祭司寒之神于冰室。其开冰加以桃弧棘矢，设于神座。

又曰：七日祀，祀行以冬。

汉·桓谭《新论》曰：太原民以隆冬不火食五月，虽有疾病急缓，犹不敢犯，为介子推故也。

汉·崔寔《政论》曰：仆前为五原太守，土人不知缉绩，冬积草伏卧其中，若见吏，以草缠身，令人酸鼻。吾乃卖储峙，得二十余万，诣雁门、广武迎织师，使巧手作机，乃纺以教民织。

《汉书》曰：于定国饮酒至数石不乱。冬月治狱请谳，饮酒益精明。

《后汉书》曰：虞诩祖父经，为郡县狱吏，案法平正，务存宽恕。每冬月上状，恒流涕随之。尝称曰："东海于公高为里门，而其子定国卒至丞相。吾决狱六十年矣，虽不及于公，其庶乎！子孙何必为九卿耶？"故字诩升卿。

晋·皇甫谧《玄晏春秋》曰：余家贫，昼则愍于劳作，夜则甘于寝寐，以三时之务，卷帙生尘，箧不解缄，唯季冬末才得一旬学尔。

晋《嵇康集序》曰：孙登于汲郡北山土窟中住，夏则编草为裳，冬则披发自覆。

《论衡》曰：夫云出于丘山，降散则为雨矣。人见从上，则谓之天雨水。冬日天寒，则雨凝为雪。皆由云气发于丘山，不从天降集于地，明矣。

《瑞应图》曰：芝草常以六月生，春夏紫，秋白，冬黑。

《历义疏》曰：小寒，月之初气也，阴气小极，故曰小寒。大寒，月之中气也，言十二月已半，阴气大极，故曰大寒。

《三辅决录》曰：孙辰，字允公，家贫不仕，居杜城中，织箕为业。明《诗》、《书》，为郡公曹。冬月无被，有藁一束，暮卧其中，旦收之。

《会稽典录》曰：盛吉为廷尉，每至冬月，罪囚当断，其妻执烛，吉持丹笔，相向垂泣。

《齐民要术》曰：孟冬之月，天气上腾，地气下降，天地不通，闭塞而成冬。劳农以休息之。党正属民饮酒，正齿位次序也。

《荆楚岁时记》曰：十二月八日沐浴，转除罪瘴。

干宝《搜神记》曰：汉代十月十五日，以豚酒入灵女庙，击筑而奏曰：上弦之曲，连臂蹋地，歌赤凤来，乃巫俗也。

《皇览冢墓记》曰：蚩尤冢在东郡寿张县阚城中，人常以十月朔，望见有气如匹绛，自上属下，号曰蚩尤旗。

《独异志》曰：晋武帝哭羊祜，冬月涕泗交下，凝须为冰。

《博物志》曰：宋国有田夫，常衣黂缊，仅以过冬，暨春，每自曝于日，不知天下有广厦奥室，绵纩狐貉。顾谓其妻曰："负日之暄，人莫知者，以献吾君，将有重赏。"

《乙巳占》曰：人君当以冬时，候辰星为政，则辰星见伏以时。天子当以冬时赏死事，恤孤独，察阿党，谨盖藏，修积聚，坯城郭，戒门闾，修键闭，慎管籥，固封疆，备边境，防要害，谨关梁，塞蹊径，饰丧纪，不为淫泆，命伏藏之处，讲武习射御角力战事，省妇事，则辰星顺行矣。人君淫泆，非道纵恣，不禁近习，不恤刑狱，起众发征，开池藏气，则辰星失行。伏见不常而有芒角，则民多疾疫，随之以丧亡，国不昌也。人君以冬时行春令，则岁星之气干之，色青而君忧，刑狱变动，生死不当，地疏不密，人乃流亡，虫蝗为灾，水泉咸竭，民多疥疠，胎夭多伤，国多固疾，断狱官凶。以冬时行夏令，则荧惑之气干之，色赤而小昧，刑祸并起，兵旱荐臻，国多暴风，方冬不雪不寒，氛雾冥昧，雷乃发声。以冬行秋令，则太白之气干之，色白而有芒，野战并作，狱讼军旅同时而兴，霜雪不时，小兵时起，土地侵削，四鄙入保。

《辇下岁时记》曰：此月户部奏，大阅天下贡物于都堂，其日放朝，宰相与百官皆赴户部宴馔，一时特盛。开元中，曾以大阅一日贡物赐李林甫，九州任土尽归人臣之家，国史书其事也。

晋·陆机《感时赋》曰：悲夫冬之为气，亦何憯懔以萧索。天悠悠而弥高，雾郁郁而漠漠。夜绵邈其难终，日晼晚而易落。敷曾云之萎蕤，坠零露之挥霍。寒冽冽而浸兴，风谡谡而屡作。谡，起也。所六切。

陆云《岁暮赋》曰：沦重阳于潜户，征积阴于司寒。

袁宏《北征赋》曰：于时天高地涸，木落水凝；繁霜夜洒，劲风晨兴。日暧暧其已颓，月亭亭而虚升。

鲍照《舞鹤赋》曰：穷阴杀节，急景凋年。凉沙振野，箕风动天。岩岩苦雾，皎皎悲泉。冰塞长河，雪满群山。既而昏霁夜歇，景物澄廓，星翻汉回，晓月将落。感寒鸡之早晨，怜霜雁之违漠。临惊风之萧条，对流光之照灼。

傅玄诗曰：季冬时惨烈，猛寒不可胜。严风截人耳，素雪坠地凝。林上飞霜起，波中自生冰。未夕结重衾，崇朝不敢兴。

鲍照《登岘山诗》曰：孟冬十月交，杀盛阴欲终。风冽无劲草，寒甚有凋松。军井冰昼结，士马毡夜重。晨登岘山首，霜照凝未通。

王褒《岁暮诗》曰：岁晚悲穷律，他乡念索除。寂寞灰心尽，摧残生意馀。产空交道绝，财殚密戚疏。空悲赵一赋，还著虞卿书。

# 太平御览卷第二十八 时序部十三

## 立冬

《礼记·月令》曰：孟冬之月，是月也，以立冬先三日，太史谒于天子曰："某日立冬，盛德在水。"天子乃齐。立冬之日，亲率公卿大夫以迎冬于北郊。还乃赏死事，恤孤寡。

《左传》曰：仲尼问，郯子曰："丹鸟氏司闭者也。"以立秋来，立冬去。

《易说》曰：乾，西北也，主立冬。

《易通卦验》曰：立冬，不周风至，水始冰，荠麦生，燕雀入水为蛤。

京房《易占》曰：立冬乾王，不周风用事，人君当兴边兵，治城郭，行刑决罪。

《三礼义宗》曰：十月立冬为节者，冬，终也，立冬之时，万物终成为节名。小雪为中者，气序转寒，雨变成雪，故以小雪为中。

《后汉书续礼仪志》曰：立冬之日，夜漏未尽五刻，京都百官皆衣皂，迎气于北郊。

《家语》曰：鱼游于水，鸟游于云，故立冬则燕雀入于海化为蛤。

《符瑞图》曰：八风，循通八方之风，应时而至也。立冬，北方广莫风至。一名寒风。

《周书时训》曰：立冬十月节，水始冰；水若不冰，即阴之有负，国用匮乏。地始冻；地若不冻，即灾咎之征。野鸡化蜃；若不为蜃，即时多淫妇。

《五行休王论》云：立冬，乾王、坎相、艮胎、震没、巽死、离囚、坤废、兑休。

## 冬至

《周易》曰：先王以至日闭关，商旅不行，后不省方。谓夏至日，冬至日也。

《尚书》曰：日短星昴，以正仲冬。孔安国注曰：日短，冬至日也。星昴，白虎之中星，亦以七星并见，以正冬之三节也。

《礼记》曰：仲冬之月，日短至，阴阳争，诸生荡。争者，阴方盛，阳欲起也。君子斋戒，处必掩身，身欲宁。去声色，禁嗜欲，安形性，事欲静，以待阴阳之所定。

《周礼》曰：冬至，日在牵牛，景长一丈三尺。夏至，日在东井，景长尺有五寸。

又曰：薙氏去草，春始生而萌之，夏日至而夷之，秋绳而芟之，冬日至而耜之。若欲其化也，则以水火变之。谓以火烧其所芟剃之草，已而水之，则其士亦和美矣。《月令》：季夏乃烧剃行水利杀草，如以热汤，是其一时著之。

又《司徒职》曰：日至之景，尺有五寸，谓之地中，天地之所合也，四时之所交也，风雨之所会也，阴阳之所和也。然则百物阜安，乃建王国焉，制其畿方千里而封树也。景尺有五寸者，南载日下万五千里，地舆星辰四游升降于三万里之中，是以半之得地之中也。畿方千里，取象于日一寸方正树，树木沟上，所以表助阻固也。郑司农云：土圭之长尺有五寸，以夏至之日立八尺之表，其景适与土圭等，谓之地中。今颍川阳城地为然。

《春秋左传》曰：僖公五年，春，王正月。辛亥朔，日南至。周正今十一月，冬至之日曰南极。公既视朔，遂登观台以望，而书，礼也。视朔，亲告朔也。观台，台上摄屋，可以远观者也。朔旦冬至，历数之所始，治历者因之，则可以明其术数，审别阴阳，叙事训民。鲁君不能常修此礼，故善公之得礼。凡分至启闭，必书云物，分，春秋分也。至，冬夏至。启，立夏立夏。闭，立秋立冬。云物，气色灾变也。《传》重申周典，不言公者，曰官掌其职。为备故也。素察妖祥，逆为之备。

《易通卦验》曰：冬至之日，见云送迎从下向来，岁美，人民和，不疾疫；无云送迎，德薄，岁恶。故其云赤者旱，黑者水，白者为兵，黄者有土功，诸从日气送迎其征也。

又曰：冬至始，人主致八能之士，或调黄钟，或调六律，或调五行，或调律历，或调阴阳，或调正德。郑玄注曰：致八能之士者，言选于人众之中，取习晓者，使之调为谐，调和之意也。

又曰：冬至始，人主与群臣左右从乐五日，天下之众，亦家家从乐五日，以迎日至之礼。郑玄注曰：从者，就也。冬至君臣俱就大司乐之宫，临其肆乐，祭天圜丘之乐，以为祭事，莫大于此。

又曰：冬至成天文。郑玄注云：天文谓之三光，运照行天下，冬至而数讫。于是时也，祭而成之，所以报也。

又曰：冬至之日，立八神，树八尺表，日中视其晷如度者，岁美，人和顺；晷不如度者，岁恶，晷入则水，晷退则旱，进二寸则月食，进尺则日食。进，谓长于度也。

京房《易妖占》曰：冬至缮宫殿，封仓库。

《易说》曰：坎，北方也，主冬至。

《尚书考灵曜》曰：冬至日则五星俱起，牵牛日月若悬璧，五星若编珠。

《孝经说》曰：斗指子为冬至。至有三义：一者阴极之至，二者阳气始至，三者日行南至，故谓为至。

《孝经援神契》曰：冬至阳气动。

又曰：冬至日在外衡。

《三礼义宗》曰：十一月大雪为节者，形于小雪为大雪，时雪转甚，故以大雪名节。冬至中者，亦有三义：一者阴极之至，二者阳气始至，三者日行南至，故谓之冬至也。

又曰：冬至日祭天于圆丘，玉用苍璧，牲同玉色，乐用夹钟，为宫乐，作六变。

《五经通义》曰：冬至寝兵鼓，商旅不行，君不听政事。曰冬至阳气萌，阴阳交精，始成万物，气微在下，不可动泄。王者承天理，故率天下静而不扰也。

《史记》曰：冬至短极，县土灰，孟康曰：先冬至三日，悬土灰于衡两端轻重适均，冬至日阳气至则灰重，夏至日阴气至则土重。晋灼曰：蔡邕律历记候钟律权上土灰，冬至阳气应，黄钟通，土灰轻而衡仰，夏至阴气应，蕤宾通，土灰重而衡低，进退先后五日之中。灰动，麋解角，兰根出，泉水踊。晷以知日至，要诀晷景。

又曰：凡候岁美恶，候谓岁始，或冬至日产气始萌，腊明日，人众卒岁壹会饮食，发阳气，故口初岁。

又曰：黄帝得宝鼎宛朐，问于吏区。对曰："帝得宝鼎，神策，是岁己酉朔旦冬至，得天子纪终而复始。"于是黄帝迎日推策，后率世岁复朔旦冬至。

《汉书》曰：宦者淳于陵渠覆太初历，晦朔望最密，五星如连珠。应劭注云：谓太初上元甲子夜半朔朝冬至，七曜皆会牵牛。

又曰：冬至阳气起，君道长，故贺。夏至阴气起，君道消，故不贺。

司马彪《续汉书》曰：天子常以冬夏至日御前殿，合八能之士，陈八音听乐，均度晷景，候钟律，权土炭，效阴阳也。

《续汉书礼仪志》曰：冬至前后，君子安身静体，百官绝事，不听政。择吉辰而后省事。绝之日，夜漏未尽五刻，京都百官衣皂，听事之日，百官皆衣绛。

《后汉书》曰：傅贤，字仲舒，迁廷尉，每冬至断狱，迟回流涕。

魏之帝黄初元年，冬至日，黄雀集于文昌殿前。见曹植表。左思《魏都赋》云：翩翩黄雀，衔书来谇。綦母氏云：黄鸟衔书具吾台。

后魏崔浩《女仪》曰：近古妇人，常以冬至日上履袜于姑舅，践长至之义也。

《晋书》曰：周嵩母李氏，尝冬至饮酒，举觞赐三子曰："吾本渡江托足无所，不谓尔等并贵，列吾目前，吾复何忧？"嵩起曰："恐不如尊旨。伯仁志大而才短，名重而识暗，好乘人之弊，此非自全之道。嵩性抗直，亦不容于世。唯阿奴碌碌，当在阿母目下耳。”阿奴，谟小字也。后果如其言。

沈约《宋书》曰：魏晋冬至日，受万国及百寮称贺，因小会，其仪亚于岁朝也。

又曰：冬至朝贺享祀，皆如元日之仪。又进履袜，崔骃《袜铭》有建子之月，助养元气之事。后魏北京司徒崔《女仪》云，近古妇人常以冬至日进袜履于舅姑，皆其事也。袜亦作袜，并亡伐反。作赤豆粥。《荆楚记》云：共工氏有不才子，以冬至死，为人厉，畏赤豆，故作粥禳之。

《南史》曰：梁傅岐为始新令，有囚当死，会冬至，岐乃放其还家，狱曹掾固争曰：“古者有此，今不可行。”岐曰：“其若负信，县令当坐。”竟如期而反。太守深相叹异，遽以状闻。

《梁书》曰：席阐出为东阳太守，在郡有能名，冬至悉放狱中囚，依期而至。

《齐书》曰：库狄伏连，冬至之日亲表称贺，其妻为设豆饼。伏连问此豆何因而得。妻对曰：“于马豆中分减。”伏连大怒。

《唐玄宗实录》曰：上御含元殿受朝。太史奏曰：“朔日至，历数之元，嘉辰之会。按《乐计图征》云：‘朔日冬至，圣主厚祚。’又按《春秋感精符》云：‘冬至阴云祁寒有云迎日者，来岁大美。’此并圣德光被，上感天心，请付有司，以彰嘉瑞。”从之。

《荆楚岁时记》曰：十一月冬至日，作赤豆粥。

《洽闻记》曰：赤土国，直崖州南渡海，经鸡笼岛。冬至之日影在北，夏至之日影在南，开户皆向北。

《西域诸国志》曰：天竺国以十一月六日为冬至，冬至则麦秀。

《管子》曰：以冬至之日始，数四十六日，冬尽春始，教民钻燧，谨灶泄，所以寿人也。

《淮南子》曰：冬至之日，北宫御女黑色，衣黑采，击磬石。水王北方，故处北宫也。其兵铩，其畜彘。锻者即内象彘。彘，水畜。

又曰：阳气为火，阴气为水，水胜故夏至湿，火胜故冬至燥。燥故灰重。日冬至井水盛，盆水溢，鹊始巢。八尺之修臬，日中而景文三尺。

又《天文》曰：冬至日，数来岁正月朔日，满五十者民食足，不满五十者减一升。余日，日益一升，其为岁伺也。伺，候也。

《吕氏春秋》曰：冬至后五旬七日，菖蒲生，百草之先生也。于是始耕。高诱注曰：菖蒲，水草也。

又曰：冬至日行远道，周四极，命之曰玄明天。

又曰：仲冬命之曰畅月。阳气在上，人民空闲，无所事作，故曰畅月。

《太玄经》曰：冬至及夜半以后者，近玄之象也。进而未极，往而未至，虚而未满，故谓之近玄也。玄以子午为昼夜分，冬至以前癸亥之日出，玄道好谦，夜半以后，大道始迈，虽进未及，虽往未至，犹在冲虚而未盈满也。是为近玄则休也。《释文》曰：冬至斗指子，夜半加午者也。

又曰：调律者度竹为管，芦莩为灰，列之九间之中，漠然无动，寂然无声，微风不起，纤尘不形，冬至夜半，黄钟以应。

《白虎通》曰：冬至，广莫风冬至，断其大辟，行刑狱也。

又曰：冬至前后，君子安身静体，百官绝事，不听政，择吉辰而后省事。

又曰：冬至阳始起，反大寒，何也？阴气推而上，故大寒。

《玉烛宝典》云：十一月建子，周之正月，冬至日南极，南影极长。阴阳日月，万物之始，律当黄钟，其管最长，故有履长之贺。

《神农书》曰：冬至阴阳合精，天地交让，天为不温，地为不冻，君为不朝，百官为不亲事。不可出游，必有忧悔。

《符瑞图》曰：冬至，东北方融风至。一名焱风。

崔寔《四人月令》曰：冬至之日，荐黍羔，先荐玄冥，以及祖祢，其进酒尊老，及谒贺君师耆老，如正旦。

又曰：先后冬至各五日，买白犬养之，以供祖祢。

《周书时训》曰：大雪之日，鹖鸟犹鸣者，国有讹言；虎不交，将帅不和；荔挺不出，卿士专权。冬至之日，蚯蚓不结，君政不行；麋角不解，兵不藏；水泉不动，阴不承阳。

《历义疏》曰：大雪十一月节，月之初气也，言太阴之气以大，水凝为雪，故曰大雪。冬至十一月之中气也，言冬至者，极也，太阴之气上干于阳，太阳之气下极于地，寒气已极，故曰冬至。气当易之，是以王者闭门闾，商旅不行，以其阳气乘踊，君寿益长，是以冬贺也。亦以日之行天，至于巽维东南角，极之于此，故曰冬至。

颜师古《匡谬正俗》曰：郑氏《笺》云："鹊之作巢，冬至加功，至春乃成。"此言始起冬至，加功力为巢，盖直言耳。而刘昌宗、周读等，音加为架，名从以构架为义，则不应云架功也。

《黄帝针灸经》云：冬至日，风从南来者，名为虚贼，伤人也。

《周角书》曰：候赦法，冬至后，尽丁巳之日，有风从巳上来，满三日以上，必有大赦。

《养生要集》曰：南阳张平子云：冬至阳气归内，腹中热，物入胃易消化。

又曰：通历数家算法推考，其纪从上古天元来，讫十一月甲子夜半朔冬至，日月若连璧。

魏武帝《明罚令》曰：闻太原、上党、西河、雁门，冬至后百有五日皆绝火寒食，云为介子推。

晋潘尼《长至诗》曰：浑仪赋四气，玉衡运招摇，灵晷修期夕，日南始今朝。

宋鲍照《冬至诗》曰：景移风度改，日至晷迁换。眇眇负霜鹤，皎皎带云雁。长河夜阑干，层冰如玉岸。哀哀故老容，惨惨愁岁暮。

陈新淦妻李氏《冬至诗》曰：灵象寻数回，四气凭时散。阴律鼓微阳，大明将启旦。感兴时来多，心随逝花难。式宴集中堂，嘉宾盈朝馆。

魏曹植《冬至献袜履颂表》曰：伏见旧仪：国家冬至献履贡袜，所以迎福践长，先臣或为之颂。臣既玩其嘉藻，愿述朝庆。千载昌期，一阳嘉节。四方交泰，万汇昭苏。亚岁迎祥，履长纳庆。不胜感节，情系帷幄，拜表奉贺，并献纹履七量，袜若干副。上献以闻，谨献。

# 太平御览卷第二十九 时序部十四

## 元日

《书》曰：正月上日，受终于文祖。上日，朔日也。终，谓尧终帝位之事。文祖者，尧，文德之祖庙。

又曰：正月元日，受格于文祖。月正，正月。元日，上日也。舜服尧丧三年毕即政，故复至文祖庙告。

又曰：正月朔旦，受命于神宗，受舜终事之命，神宗文祖之宗庙，言神尊之也。率百官若帝之初。顺舜初摄帝位故事奉行之。

《汉书》曰：正月朔，岁首。立春，四时之首。

又曰：哀帝时，鲍宣以正旦日蚀地震，宣上书曰："陛下父事天，母事地，子养庶人。今父亏明，母震动，子讹言。三朝始，小民正月朔日俗忌，器破尚恶之，况日之亏缺乎？"三朝，日、月、岁也。

《东观汉记》曰：戴凭，字次仲。为侍中，正旦朝贺，百僚毕会。帝令群臣能说经史，更相难诘。义有不通，辄夺其席，以益通者。凭遂重坐五十余席。

《后汉书》曰：陈翔拜侍御史，时正旦朝贺，大将军梁冀威仪不整，翔奏冀恃贵不敬，请收治罪。时人奇之。

《续汉书》曰：永平四年诏曰："比来水旱饥馑，加有军旅，正旦无陈朝贺之仪。"

又曰：岁正日为大射朝受贺，其仪夜漏未尽七刻，钟鸣受贺及贽，公侯璧，中二千石羔，千六百石雁，四百石已以下雉。百官贺正月，二千石已上上殿，称万岁，举觞御座前，司空奉羹，大司农奉饭，奏食举之乐，百官受赐，宴饮大作乐。

《魏书》曰：建安中，刘邵为计吏诣许，太史言，正旦当日蚀。邵时在荀彧所，坐者数十人，或云当废朝，或云宜却会，邵曰："梓慎、禆灶，古之良史犹占水火，错失天时。然则圣人垂制，不为变豫废朝礼者，或灾消异伏，或推术谬误也。”彧善其言，敕朝会如故。日亦不食。

臧荣绪《晋书》曰：熊远议曰：履端元日，正始之初，有识之士于是观礼乐，荣耳目之观，崇玩弄之好。

又曰：晋元会设白兽樽于殿上，樽盖上施白兽。若有能献直言者，则发此樽饮酒。案礼：白兽樽乃杜举之遗式也。为白兽盖，后代所为，示不忌惮也。

《晋载记》曰：南燕慕容超，末年，正会群臣于正殿，方奏乐，超叹，曲终不已。其年为宋高祖所擒。

沈约《宋书》曰：旧时岁朔，常设苇茭、桃梗、磔鸡于宫及百寺之门，以禳恶气。

又曰：孝武帝大明五年正月旦雪，江夏王义恭以衣承雪，作六出花，进以为瑞，帝大悦。

又曰：元嘉三十年正月旦，上朝万国。平旦东南有青黑云气非常，广数丈，过北，覆映宫上。

《北齐书》曰：神武既平并州，尔朱兆北保秀营，神武扬声讨兆，既出而止者数四，兆意怠。神武揣其岁首当宴会，遣窦泰以精骑袭之，一日一夜行三百里，神武继至。兆军人因宴飨休息惊走，遂破之，兆自杀。

又曰：张华原为兖州刺史，狱有系囚，乃谓之曰：三元之始，念卿幽闭，今给假五日，足得展谒亲族，期尽当还也。囚果应期而至。

《梁书》曰：天监十四年正月朔旦，帝临轩冠太子于太极殿。旧制，太子著远游冠，金蝉翠緌缨，至是，别加昭明太子冠金博山冠，以太子美姿容，善举止故也。

《唐书》曰：贞元六年正月戊戌朔。先是有司奏，元日太阳亏，遂罢朝会。至时不食，百僚称贺。

又曰：天后朝，王方庆议告朔仪曰：“今每岁首元日，通天宫受朝，读时令，布政事，京官九品以上，诸州朝集使等，咸列于庭，此听朔之礼毕，而合于《周礼玉藻》之文矣。

又曰：新罗俗以元日拜日月神。

《易通卦验》曰：正月五更，人整衣冠，于家庭中爆竹，帖画鸡子，或镂五色土于户上，厌不祥也。

《尚书大传》曰：正月上日，受终于文祖，在璇玑玉衡，以齐七政，璇玑者，何也？传曰，璇者，还也，玑者，几也，微也，其变微微，而所动者大，谓之璇玑。是故璇玑谓之北极。受谓舜也；上曰元日。

又曰：夏以孟春为正，殷以季冬为正，周以仲冬为正。夏以平旦为朔，殷以鸡鸣为朔，周以夜半为朔。不以二三月后为正者，万物不齐，莫适所立。故必以三微月之三正之相承若连环也。

又曰：周以至动，殷以萌，夏以芽。谓三王之正也。至谓冬至日物动也。物有三变，故正色有三。天有三生三死，异时生者，怕异时死。是故周以日至为正，殷以日至三十日为正，夏以日至六十日为正。天有三统，土有三正。统，水也。统者，所以序生也。三正者，所以统天也。是故三统三正也，若循连环，周则又始，穷则反本也。夏以孟春为正者，贵形也。

《春秋感精符》曰：人统月建寅，物生之端，谓之人统，夏以为正。《汉书》云，于律太蔟为人统也。

《白虎通》曰：正朔有三，何谓？夫天有三微之月也。三微者何？言阳气始施黄泉而未上也。十一月阳气始养黄泉之下，万物皆赫赫然感阳之气也。故周为天正，色尚赤。十二月之时，万物时牙而白，故殷为地正，色尚白。正月之时，万物始达孚甲而出，皆黑，人得加力，故夏为人正，色尚黑也。后之人不以二三月为正者，以其万物不齐，莫有所立，故必以三微月也。

《汉官仪》曰：正月旦，天子御德阳殿临轩，公卿大夫百官各陪位朝贺，蛮貊胡羌朝贡必见，属郡计吏皆陛觐。

又曰：元日朝贺，三公拜璧，殿上献寿觞。

又曰：正月朔贺，三公奉璧上殿向御西北。太常赞曰：皇帝为三公兴，三公伏。皇帝坐，乃前进璧。古语曰，御坐则起，此之谓也。

《魏略》曰：正始元年，南风大起数十日，发屋折树，动太极殿东阁，正旦大会又甚，倾杯案，曹爽将诛之征也。

《典略》曰：魏明帝使博士马均作司南车，水转百戏。正月朝，造巨兽，鱼龙蔓延，弄马倒骑备，如汉西京故事。

《晋起居注》曰：太始元年诏曰："朕遭悯凶，奉承洪业，追慕罔极，正日虽当受朝，其伎乐一切，勿有所设。又殿前反宇及文武织成帷帐之属，皆不须施。

又曰：太始四年正月，上临轩朝群臣于太极前殿，诏安平王载舆车升殿，上迎拜于阼阶。王坐，上亲奉觞上寿，皆如家人之礼。王拜，上皆跪而止之。

又曰：永和元年正月辛未朔，雨，不会。甲戌，皇太后登太极前殿，施纱帏鄣，与上临飨群臣。

又曰：咸康四年，尚书仓部奏下扬州调胡米一升，至五年正旦进御，诏停。

又曰：十二月丙子正旦会百僚，增赐绿醽酒，人二升。

又曰：咸康七年十二月，尚书乐谟奏，八年正会仪注，唯作鼓钟，其余伎乐尽停不作。诏曰：若元日大飨万国，朝宗庭废钟鼓之奏，朕闻起居之节，朝无磬折之音，宾无蹈履之度，其于事仪，不亦阙乎？卿诸人当准量轻重，以制事中，则情典并随，国无滞仪矣。

又曰：永和中，廷尉王彪之与扬州刺史殷浩书曰：太史上元日告朔，谈者或有疑应却会与否？昔建元元年，亦元日合朔，庾车骑写刘孔才所论，为不得礼，苟令从之，是胜人之一失。何者？《礼》云：诸侯旅见天子，入门不得终礼而废者四：太庙大飨，日蚀，后之丧，雨沾服失容。寻此四事之指，自谓诸侯虽已入门，而卒暴有之，则不得终礼，非为先存其事而侥幸史官推术错谬，故不豫废朝礼也。夫三辰有灾，莫大日蚀，史官告谴而无惧容，不修豫防之礼，而废消救之术。方大飨华夷，君臣相庆，此岂为敬虔天灾罪己之谓。且检之事实，唯合朔之仪，至尊静躬殿堂，不听政事。冕服御坐门闼之制，与元会礼异，自不得兼行，当权其事宜。合朔之礼不轻于元会，元会有可却之礼，唯合朔无可废之义。谓应依建元故事，却元会。浩从之，竟却会。

又曰：咸和二年正月飨万国，有鸥鸟五集殿，明年苏峻反。

《三齐略》曰：荥阳有免井，汉沛公避项羽追，逃于井中，有双鸠集其上，人云，沛公逃入井。羽曰："井中有人，鸠不集其上"。遂下道，沛公遂免难。后汉世元日放鸠，盖为此也。

《列子》曰：邯郸之民以正月之旦献鸠于简子，简子大悦，厚赏之。客问其故。简子曰："正旦放生，示有恩也。"客曰："民知君欲放之，故竞而捕之，死者众矣。君而欲生之，不若禁民勿捕。捕而放之恩，不过不相捕矣。"简子曰："善。"

《孔丛子》曰：邯郸民以正月旦献雀于赵王而缀以五彩。王大悦。申叔告子顺，子顺曰："王何以为也？"对曰："正旦放之，求有生也。"子顺曰："此委巷之鄙事，非先王之法，且又不顺。夫雀者，取其名则宜受之于上，不宜受之于下。一国之王受民雀，将何悦焉？"

《淮南子》曰：以日冬至数至来岁正月朔日五十日者，民食足；不满五十日，日减一升；有余日，日益一斗。《四时纂要》曰：此占最有据也。

《世说》曰：元帝正会，引王丞相登御床，王公固辞，中宗引之弥苦。文献曰："太阳与万物同辉，臣下何以瞻仰！"文献，王导谥。乃止。

又曰：陶公作荆州时，敕船官使锯木屑，不限多少悉藏之，时咸不解此意。后正会值积雪，会日始晴，厅事前除雪地甚润湿，于是悉用木屑覆之，都无所妨。

《桂阳列仙传》曰：成武丁正旦大会，以酒沃庭中，有司问其故。对曰："临武县失火，以酒救之。"遣验果然。

又曰：永宁元年，西南夷献乐及幻人，能吐火，自支解，易牛马头。时元会作之于庭，安帝与群臣观，大奇之。唯陈禅独离席，曰："帝王之庭，不宜作夷狄伎。"

《荆楚岁时记》曰：元日庭前爆竹，以辟山魈恶鬼也。山魈，按《神异经》在西方深山中，长尺余，犯人则病，畏爆竹声。又俗爆竹燃草，起于庭燎。

又曰：元日至于月晦，民并为酺酺饮食，名又似之矣。出钱为醵，出食为酺。竟分明掷樗，名为博射，艺经为掷博。

又曰：元日镂悬苇炭桃棒门户上，却疠疫也。

又曰：元日服桃汤，桃者五行之精，厌伏邪气，制百鬼。今人进屠苏酒、胶牙饧，盖其遗事也。

又曰：正月一日，三元之日也，元，始也。鸡鸣而起。案《周书纬通卦》云："鸡，阳鸟也，以为人候四时，使人得以翘首结带正衣常也。注云：案《礼·内则》云，子事父母，妇事姑舅，鸡初鸣，咸盥漱栉縰笄，则惟其常，非独此日，但元正之朝存亡庆吊，官有朝贺，私有祭享，虔恭宜早，特重于余辰，所以标而异焉。先于庭前爆竹，帖画鸡或斫镂五彩及土鸡于户上。

庄周云：有挂鸡于户，悬苇炭于其上，树桃其旁而鬼畏之。

《括地图》曰：桃都山有大桃树，盘屈三千里，上有金鸡，日照此则鸣。下有二神，一名郁，一名垒，并执苇索以伺不祥之鬼，得则杀之。

又曰：《崔氏月令》云：过腊一日，是谓小岁，拜贺君亲，进椒酒，从小起。按成子安《椒花铭》曰："肇惟岁首，月正元日，厥味惟新，蠲除百疾。"是知小岁用之。

周处《风土记》曰：元日造五辛盘，正元日五荤炼形。注曰：五辛所以发五藏气。

《庄子》曰：春月饮酒茹葱，以通五藏。

又曰：乃有鸡子，五荤练形。正旦皆当生吞鸡子一枚，谓之练形，又晨食五辛菜，以助发五藏气。

又曰：《玄中记》曰："今人正朝作两桃人，立门旁，以雄鸡毛置索中，盖遗象也。"

应劭《风俗通》曰：有桃人苇炭画虎郁垒，以此鬼食虎，今或画虎于门，此并其事。猛兽之声，有如爆竹。

《神异经》云：西方深山中有人焉，其长尺余，性不畏人，犯之令人寒热，名曰山魈。以竹著火挂熚音必，扑也。而山魈惊惮。《玄黄经》云，谓此鬼是也，俗人以爆竹起于庭燎，不应滥于王者。魏时人问议郎董勋云：今正腊月门前作烟火桃人绞索松柏杀鸡著门户逐疫，礼也？勋答云：礼，十二月索室逐疫衅门户磔鸡。汉火行，故作火助行气。桃，鬼所恶，画作人首，可以有所收缚，不死之祥。勋又曰：正月一日为鸡，二日为狗，三日为羊，四日为猪，五日为牛，六日为马，七日为人。正旦画鸡于门，七日帖人于帐，当为此日。今一日不杀鸡，二日不杀狗，三日不杀羊，四日不杀猪，五日不杀牛，六日不杀马，七日不行刑，亦此义。但古乃磔鸡今畏鬼，今则不杀，未知孰是。北间人于此日向辰至门前呼牛马鸡畜令来，乃置粟豆于灰散之宅内，云以招牛马，未知所出也。于是，长幼悉正衣冠，以次拜贺，进椒酒，饮桃汤及柏，故以桃汤柏叶为酒。董勋云，俗以岁首用椒酒、椒性芬香，人中为药，咒而饮之，亦一时之礼。故于此日采椒花以贡尊者。晋海西令又问董勋曰：俗人正日饮酒，先饮小者何也？勋云：俗人小者得岁，先酒贺之，老者失岁，故后与酒，然则从小起，意在于斯乎？其敷子散出葛洪《炼化篇》，方用柏子人，麻人，细辛、干姜、附子等分为散，井花水服之。又方，江夏刘次卿受弹鬼丸方，武都雄黄丹砂二两五钱，合捣净五两蜡和令调如弹丸。正月旦令男左女右带之。又云，敷子散出胡洽方。于是，下五辛菜，胶牙糖，各进一鸡子。梁有天下，不食荤，荆自此不复食鸡子，以从常则。周处《风土记》云：正旦当生吞鸡子一枚，谓之练形。又晨啖五辛菜以助发五藏气，则行之久矣。胶牙者，盖以使之牢固不动，今北人亦如之，熬麻子大豆兼糖散之。案《练化篇》云：正月旦吞鸡子赤豆各七枚辟温气。又《肘后方》云：且及七日吞麻子小豆各二七枚，消疾疫。张仲景方云：岁有恶气中人，不幸便死，取大豆二七枚，鸡子白麻并酒吞之，然麻豆之设当起于此，今则熬之，未知所据也。又以钱贯系床脚。回以投粪扫上，云令如愿。

《录异记》云：有商人区明者，过彭泽湖，有车马，自称青洪君，要明过，厚礼之，问何所须，有人教之，但乞如愿，及问，以此言答之。青洪君甚惜“如愿”，不得已许之，乃其婢也。既而送出。自尔商人或有所求，如愿并为即得。后至正旦，如愿起晚，乃打如愿，如愿走入粪中，商人以杖打粪扫，唤如愿，竟不还也。此如愿遗事。今北人正月十五日夜立于粪扫边，令人执杖打粪堆上，云以治腰痛，意者亦为如愿故事。

邓德明《南康记》曰：昔有卢躭仕州为治中，少学仙术，身能奋飞，每夕辄凌虚归家，晓则还州。尝赴元会，至晓不及预朝列，化为白鹄，至阁前回翔欲下，威仪以帚掷之，得一只履，躭乃惊还就列，内外左右，莫不骇异。时步骘为广州刺史，意甚恶之，便以状闻，遂至诛灭。

王子年《拾遗记》曰：尧在位七年，有鸾凤而来集，麒麟游于薮泽，鸱枭逃于绝漠。有祇友之国献重明之鸟，一名重精，双睛在目，状如鸡，鸣似凤，时解落毛羽，以肉翮而飞，能搏逐猛虎，使妖恶不能为害。食以琼膏，或一岁数来，或数岁不至，国人莫不扫洒门户以望重精之集。其来至之时，国人或刻铸金宝为此鸟之状，置于户牖之间，则魑魅鬼类自然退伏。今人每岁元日刻画为鸡于户牖之上者，盖重精之遗像也。

《西京杂记》曰：汉置宗庙饮酎，用九十太牢，皇帝侍祠。以正月旦作酒，八月成，名曰酎，一曰醖。

《邺中记》曰：石虎正会，虎于正殿南面临轩，施流苏帐，皆窃拟礼制，整法服，冠通天，佩玉玺，玄衣纁裳，画日月山龙黼黻华虫粉米。寻改车服，著远游冠，前安金博山，蝉翼丹纱里服。太昕行礼，公执珪，卿执羔，大夫执雁，士执雉，一如旧礼。充庭车马，金银玉辂，革辂数千。

董勋《答问》曰：岁首，祝椒酒而饮之，以椒性芬芳，又堪为药。又折松枝，男七女二七，亦同此义。

又：《杂修养书》曰：正月一日，取五木香作汤以浴，令人至老须发黑。案道家谓青木香为五木香，亦云五木，道家多以此浴，是其义也。

《杂五行书》曰：常以正月旦及正月半，以麻子、赤豆二七颗置井中，辟温病甚效。

《万岁历》曰：汉成帝诏除正旦杀鸡与雀，可谓仁于用心。谓非正旦则禁杀。

崔寔《四人月令》曰：元日进椒柏酒，椒是玉衡星精，服之令人身轻，能音柰。老，柏是仙药。又云：进酒次第，当从小起，以年少者为先。

又曰：正月之朔，是谓正日，躬率妻孥洁祀祖祢，及祀日进酒降神毕，乃室家尊卑无大无小，以次列于先祖之前，子妇曾孙各上椒酒于家长，称觞举寿，欣欣如也。

《玉烛宝典》曰：正月为端，《春秋传》曰：履端于始也。其一日为元日，元者善之长也，先王体元以居正，又元者元也，始也，一也，首也。亦云上日，亦云正朝，亦云三元，岁之元，时之元，日之元。亦云三朔。《尚书大传》曰：夏以平明为朔，殷以鸡鸣为朔，周以半夜为朔。

又曰：元日造桃板着户，谓之仙木，象郁垒山桃树，百鬼畏之。

王羲之《月仪书》曰：日往月来，元正首祚，大蔟告辰，微阳始布，罄无不宜，和神养素。

李膺《家录》曰：膺坐党事，与杜密、荀翊同系新汲县狱。时岁日，翊引杯曰："正朝从小起。"膺谓翊云："死者人情所恶。今子无吝色者何？"翊曰："求仁得仁，又谁恨也？"膺乃叹曰："汉其亡矣！汉其亡矣！善人天地之纪，而多害之，何以存国！"

裴玄《新言》曰：正旦县官杀羊，悬其头于门，又磔鸡以覆之，俗说厌疠气。今以问河南伏君。伏君曰：是日也，土气上升，草木萌动。羊吃百草，鸡啄五谷。故杀之助生气。

《古史考》曰：元日，太史乃占气象，以知水旱吉凶，随分野书之。

《王浑集》曰：诏问明正旦会，四方计吏入见，临朝当何所宜？浑奏：旧正会前，计吏轩下，侍中读诏书，计吏跪奏，臣以诏当次对承，陛下留心访问之意，可令中书恒诏问方士所有，士人贤才隐伏未达，风俗好尚，礼教之宜。劝农务本，以尽垦殖之利，刑狱清理，无枉滥之失。郡守长吏，勤心治政，为民兴利除害。训化之绩，授以纸笔，尽意陈闻，以明圣旨，垂心四远。

刘臻妻正旦献《椒花颂》曰：昊穹周回，三朝肇建。青阳散晖，澄景载焕。美此灵花，爰采爰献。圣容映之，永寿于万。

后汉张衡《东京赋》曰：于是孟春元日，群后旁戾，百僚师师，于斯胥洎，孟春，元日正旦也。旁，四方也。戾，至也。蕃国奉聘，要荒来质，音致。时惟帝臣，献琛执贽，当觐于殿下者，盖数万以计。尔乃九宾重，谓朝，公至侯卿二千石以上，六百石以下，及郎吏匈奴侍子，凡九等。胪人列，鸿胪所主羌胡之人皆胪列也。崇牙张，镛鼓设，郎将司阶，虎戟交铩。虎贲中郎将主夹阶而立，虎贲，或执戟杀相对立也。

晋傅玄《元日朝会赋》曰：前三朝之夜中，夜燎晃以舒光，华灯若乎火树，炽百枝之煌煌。六钟隐其骇奋，鼓吹作乎云中。

晋庾阐《杨都赋》曰：岁惟元辰，阴阳代纪，履端归馀，三朝告始。皇帝乃坐露寝，御组帷，冠华冕，戴翠蕤，袭日月，佩玉綅，怀六玺，纫文龟。

魏曹植《正会诗》曰：初岁元祚，吉日惟良。乃为嘉会，宴此高堂。尊卑列叙，典而有章。衣裳鲜洁，黼黻玄黄。清酤盈爵，中坐腾光。珍膳杂沓，充溢圆方。笙磬既设，筝瑟俱张。悲歌厉响，咀嚼清商。俯视文轩，瞻仰华梁。愿保兹善，千载为常。欢笑尽娱，乐哉未央。家室荣贵，寿若东王。

# 太平御览卷第三十 时序部十五

## 人日

《荆楚岁时记》曰：正月七日为人日。董勋《问礼俗》曰：正月一日为鸡，二日为狗，三日为猪，四日为羊，五日为牛，六日为马，七日为人。以七种菜为羹，翦彩为人，或镂金薄为人，以贴屏风，亦戴之头鬓。董勋《问礼俗》云，人入新年形容改从新。又造华胜相遗。起于晋代，见贾充李夫人《典戒》云，像瑞图金胜之形。又取像西王母戴胜也。旧以正月七日为人，故名为人日。今北人此日亦有讳食菜者，与楚俗正反，剪彩镂金薄为人，皆符人日之意，与正旦镂鸡于户同。北人亦有至人日讳食，故岁菜唯惟新菜者。又余日不刻牛羊狗猪马之像。而二日独施人鸡，此则未喻。郭缘生《述征记》云：寿张县安民山魏东平王凿山顶为会望处，刻文于壁，文字犹在，所载铭辞即此处。《老子》云：众人熙熙，如登春台，如享太牢。《楚词》云：目极千里伤春心。则春日登临自古为通，但不知七日竟起何代。晋代桓温参军张望亦有正月七日登高诗。近代以来南北同耳，北人此日食煎饼，于庭中作之，云薰大，未知所出也。又造华胜相遗。

《杂五行书》曰：正月七日，男吞赤豆七颗，女二七颗，竟年无病。

又曰：宋武帝女寿阳公主，人日卧于含章殿檐下，梅花落公主额上，成五出花，拂之不去。皇后留之，看得几时。经三日洗之乃落。宫女奇其异，竞效之，今梅花妆是也。

《谈薮》曰：北齐高祖，七日升高宴群臣，问曰："何故名人日？"魏收对以董勋正月一日为鸡，七日为人。按一说云：天地初开，以一日作鸡，七日作人也。

刘臻妻陈氏《进见仪》曰：正月七日，上人胜于人。

魏东平王《是日登寿张安仁山铭》曰：正月七日，厥日惟人，策我良驷，陟彼安仁。

隋阳休之《正月七日登高侍宴诗》曰：广殿丽年辉，上林起春色。风生拂雕辇，云回浮绮翼。

隋薛道衡《人日思归诗》曰：入春才七日，离家已三年。人归落雁后，思发在花前。

晋李充《正月七日登剡西寺诗》曰：命驾升西山，寓目眺原畴。

## 正月十五日

《史记乐书》曰：汉家祀太一，以昏时祠到明。

《荆楚岁时记》曰：正月十五日，作豆糜加油膋其上，以祠门户。

《齐谐记》曰：正月半有神降陈氏之宅，云是蚕室，若能见祭，当令蚕桑百倍。疑非其事，祭门备之，七祠。今州里风俗，望日祠门，其法先以杨枝插门而祭之。《齐谐记》曰：吴县张成见一妇人，立宅东南角，谓成曰：此地是君蚕室，我即地神矣。正月半日可作白粥泛膏于上以祭之，当令君家蚕桑百倍。言讫而去，绝失所在。或谓作膏粥，已后年年大得蚕。世人正月半作粥祷之，加以肉覆其上，登屋食之，咒云：登膏糜，挟鼠脑，欲来不来，待我三蚕老。则以为禳鼠与《齐谐记》相符，又覆肉亦是覆膋之理。石虎《邺中记》正月十五日有登高之会，则登高又非今世而然者也。其夕则迎紫姑以卜。刘敬叔《异苑》云：紫姑本人家妾，为大妇所妒，正月十五日感激而死。故世人作其形迎之，云子婿不在，曹夫人已行，紫姑可出。《异苑》又云：于厕间或猪栏边迎之，捉之觉重，是神来也。平昌孟氏，尝以此日迎之，遂穿室而肖其象，著以败衣，盖为此也。《洞览》云：帝喾女将死，云生平好乐，正月可以见迎。又其事也。俗云：溷厕之间必须净，然后能致紫姑。

《异苑》曰：世人以十五日迎紫姑，捉者觉重，便是神来，奠设酒果，亦觉貌辉辉有色，即跳躁不住。能占众事，卜将来蚕桑，又善射钩，好即大舞，恶则仰眠。平昌孟氏恒不信，躬试往捉，便自跃穿顶，永失所在也。

《唐两京新记》云：正月十五日夜，敕金吾弛禁，前后各一日以看灯，光若昼日。

《世说》：正月十五日，祢衡被魏武谪为鼓吏，于此日试鼓渔阳桴，作鱼阳参挝，渊渊有金石声。《后汉书》注曰：文士传曰：衡击鼓为渔阳参挝蹋地来，蹑足跛脚，容态不常，鼓节甚悲，易衣单复击鼓参挝而去。至今有渔阳挝，自衡始也。参音七甘切。

《青琐集》曰：陈太子舍人徐德言之妻，叔宝之妹，封乐昌公主，才色冠绝。时陈政方乱，德言知不相保，谓其妻曰："以君之容，国亡必入权豪之家，倘情缘未断，犹冀相见，宜有以信之。"乃破一镜，人执其半。约曰："他日必以正月望日卖于都市，我当在，即以是日访之。"及陈亡，其妻果入杨素之家。德言遂以正月望日访于都市，有苍头卖半镜者，大高其价，人皆笑之。德言直引至其居，出半镜以合之。仍题诗曰："镜与人俱去，镜归人不归。无复姮娥影，空余明月辉。"陈氏得诗，涕泣不食，素知之，还其妻，仍厚遗之。与德言归江南，竟以终老。

《玉烛宝典》曰：正月十五日，作膏粥以祠门户。

《西域记》曰：摩竭陀国正月十五日，僧徒俗众云集观佛舍利放光雨花。

唐苏味道《正月十五日夜诗》曰：火树银花合，星桥铁锁开。暗尘随马去，明月逐人来。游骑皆秾李，行歌尽落梅。金吾不惜夜，玉漏莫相催。

崔液《正月望夜游诗》曰：玉漏铜壶且莫催，铁关金锁彻明开。谁家见月能闲坐，何处闻灯不看来。

又曰：神灯佛火百轮张，刻像图形七宝装。影里如闻金口说，空中似散玉毫光。

又曰：金勒银鞍控紫骝，玉轮朱幰驾青牛。骖驔始散东城曲，倏忽还逢南陌头。

## 晦日

《荆楚岁时记》曰：元日至于月晦，并为酺聚饮食。每月皆有弦望晦朔，以正月初年时，俗重以为节。士女泛州，或临水宴乐。《玉烛宝典》曰：元日至月晦，人并为酺食，渡水，士女悉湔裳，酹酒于水湄以为度厄，今世人惟晦日临河解除，妇人或湔裙。

后魏卢元明《晦日泛舟应诏诗》曰：轻灰吹上管，落蓂飘下蒂。迟迟春色华，晼晼年光丽。

北齐魏收《晦日泛舟应诏诗》曰：裊裊春枝弱，关关新鸟呼。棹唱忽逶迤，菱歌时顾慕。睿赏方月色，宴言忘日暮。犹豫慰人心，照临康国步。

唐太宗《月晦诗》曰：晦魄移中律，凝暄起丽城。罩云朝盖上，穿露晓珠呈。笑树花分色，啼枝鸟合声。披襟勤眺望，极目畅春情。

## 中和节

《唐书》云：贞元五年正月十一日诏曰："四序嘉辰，历代增置，汉宗上巳，晋纪重阳。或说攘除，虽因旧俗，与众宴乐，诚洽当时。朕以春方发生，候维仲月，勾萌毕达，天地同和，俾其昭苏，宜均畅茂。自今已后，以二月一日为中和节，内外官司并休假一日，先敕百僚以三令节集玄。今宜以中和节代晦日。"中和之节，自兹始也。

又曰：其月二十八日，中书侍郎李泌奏："伏以仲春初吉，制嘉节以征之，更晦日于往月之终，揆明辰于来月之始。请令文武百辟以是日进农书，司农献穜稑之种，三公戚里上春服，士庶以刀尺相遗，村社作中和酒，祭勾芒神。聚会宴乐，名为飨勾芒，祈年谷。仍望各下州府所在，颁行从之。"

又云：贞元六年，上以中和节宴百僚于曲江，上赋诗以赐之，百官皆和焉。是岁，戴叔伦为容州刺史，素有诗名，上乃令录其诗以赐之。

## 社

《孝经纬》曰：社，土地之主也。土地阔，不可尽祭，故封土为社，以报功也。

《礼记月令》曰：二月之节，是月也，择元日命人社。为祀社稷也。春事兴，故祭之以祈农祥。元日，谓近春分前后戊日元吉也。

又曰：王为群姓立社曰太社，王自立社曰皇社。诸侯为百姓立社曰国社，自立社曰侯社。大夫以下立社曰置社。

《尚书》曰：用命则赏于祖，不用命则戮于社。社主阴，阴主杀。

《论语》曰：鲁哀公问社于宰我。对曰："夏后氏以松，殷人以柏，周人以栗，曰，使民战栗。"

《史记》曰：共工氏之子为后土，能平水土，故祀以为社。故天子曰大社，必受霜露风雨以达天地之气也。社所以亲地也，地载万物，天垂象，取法于天，所以尊天而亲地也。社共粢盛，所以报本反始也。

《汉书》曰：陈平为里中社宰，分肉甚均，父老善之。平曰：使平得宰天下，亦如此肉。

又曰：高祖天下定，诏御史令治榆社，春用羊彘祠之。

《魏志》曰：王修年七岁丧母，母以社日亡，来年邻里社，修感念母悲哀，其邻里闻，为之罢社。

《晋书》曰：阮修，字宣子，伐社树，或止之。修曰："或社为树，伐树则社移，树而为社，伐树则社亡也。"

《荆楚岁时记》曰：社曰四邻并结综会社牲醪，为屋于树下，先祭神，然后飨其胙。

郑氏云：百家共一社，今百家所社综，即共立之社也。

## 寒食

《荆楚岁时记》曰：去冬节一百五日，即有疾风甚雨，谓之寒食。据历合在清明前二日，亦有去冬至一百六日。

陆翙《邺中记》曰：寒食三日作醴酪，又煮粳米及麦为酪，捣杏仁煮作粥。案《玉烛宝典》，今日悉为大麦粥，研杏仁为酪，引饧沃之。

又孙楚《祭子推文》云：黍饭一盘，醴酪二盂。是其事也。

又曰：并州俗，冬至一百五日，为介子推断火，冷食三日，作干粥，是今之糗也。

范晔《后汉书》曰：周举迁并州刺史，太原一郡旧俗，以介子推焚骸，有龙忌之禁，至其月，咸言神灵不乐举火。举移书于子推庙云："春中食寒一月，老小不堪，今则三日而已。"

魏武帝《刑罚令》曰：闻太原、上党、西河、雁门，冬至后百有五日，皆沍寒之地，老少羸弱将有不堪之患，令人不得寒食，若犯者，家长半岁刑，主吏百日刑，令长夺一月俸。

周裴《汝南先贤传》曰：太原旧俗，以介子推焚骸，一月寒食，莫敢烟爨。

刘向《别录》曰：寒食蹋蹴，黄帝所造，本兵势也。或云起于战国。案鞠与球同，古人蹋蹴以为戏。

《古今艺术图》云：寒食秋千，本北方山戎之戏，以习轻趫者也。

又按周举移书及魏武《明罚令》，陆翙《邺中记》，并云寒食断火，起于子推。《琴操》所云子绥，绥即推也。

又云：五月五日，与今有异，皆因流俗所传。据《左传》及《史记》，并无介子推被焚之事。按《周礼》"司烜氏仲春以木铎修火禁于国中。"注云："为季春将出火也。"今寒食准节气是仲春之末，清明是三月之初，然则禁火，盖周之旧制。

《玉烛宝典》曰：寒食此节，城市尤多斗鸡之戏。《左传》有季郈斗鸡，其来远矣。

《周书时训》曰：清明之日桐不华，岁有大寒；田鼠不化，国多贪残；虹不见，妇人乱色；戴胜不降桑，政教不平。

唐李崇嗣《寒食诗》曰：普天皆灭焰，匝地尽藏烟。不知何处火，来就客心燃。

又宋之问《途中寒食诗》曰：马上逢寒食，途中属暮春，可怜江浦望，不见洛桥人。

又沈佺期《岭表逢寒食诗》曰：岭外逢寒食，春来不见饧。洛阳新甲子，何日是清明。

## 三月三日

《汉书》曰：武帝即位数年，无子，平阳公主求良家女十余人，饰置于家，帝祓灞上而过焉。还过平阳公主，见所待美人，帝不悦。既饮，讴者进，帝独悦卫子夫。应劭云：祓，除也。今月上巳祓禊是也。

又《汉书·礼仪志》曰：三月上巳日，官人并禊，饮于东流水。

又曰：太后春幸蚕馆，率皇后列侯夫人桑，遵灞水而祓除。

又曰：三月上巳，官民皆洁于东流水上，自洗濯祓除，去宿垢为大洁。洁者，言阳气布畅，万物既出，始洁之也。

《续汉书》曰：上巳大会宾从于薄落律。

《后汉书》曰：梁商上巳日会宾客于洛水，酒酣，继以薤露，坐者闻之，皆为掩泣，曰："此所谓哀乐失时，非其所也，殃将及乎商。"至秋，果薨。

《魏志》曰：袁绍三月上巳大会宾从于薄洛律，闻魏郡兵及黑山贼于毒等数万人，共覆邺城，杀守。坐中客家在邺者，皆忧怖失色，或起而泣；绍容貌自若，不改常度。

又《晋中兴书》曰：王导谓从兄敦曰："王仁德未著而名位犹轻，兄名已振，宜有以共相匡举。"会三月三日中宗出禊，乘肩辇，敦、导并骑从。纪瞻使人觇之，既闻敦、导骑从，乃大惊，自出拜于道左。中宗从容谓导曰："卿，吾之萧何也。"

《宋书》曰：武帝三月三日登八公山刘安故台望，曰："城郭如匹帛之绕藁花也。"

崔鸿《十六国春秋》曰：李暠三日宴于曲水，命群僚赋诗，暠为之序。

《韩诗》曰：溱与洧，方洹洹兮。洹洹，盛貌也。谓三日桃花水下之时到盛也。惟士与女，方秉蕳兮。秉，执也。简，兰也。当此盛流之时，众士与众女，方执兰拂除邪恶。郑国之俗，三月上巳之辰，此雨水之上招魂续魄，除拂不祥，故诗人愿与所悦者俱往观之。

《荆楚岁时记》曰：三月三日，四人并出江渚池沼间，为流杯曲水宴。

《续齐谐记》曰：晋武帝问尚书郎挚虞曰："三日曲水，其义何指？"答曰："汉章帝时，平原徐肇以三月初生三女，至三日而俱亡，一村以为怪，乃相携之水滨盥洗，因水以泛觞，曲水之义，起于此也。"帝曰："若如所谈，便非好事。"尚书郎束皙曰：挚虞小生，不足以知之。臣请说其始。昔周公城洛邑，因流水以泛酒，故逸诗云："羽觞随波。"又秦昭王三日置酒河曲，见有金人出捧水心剑曰："令君制有西夏。"及秦霸诸侯，乃因此处立为曲水，二汉相缘，皆为盛集。帝曰："善。"赐金五十斤，左迁挚虞为阳城令。

《夏仲御别传》曰：夏仲御诣洛，到三月三日，洛中王公以下，莫不方轨连轸并南浮桥边禊，男则朱服耀路，女则锦绮粲烂。仲御时在船中曝所市药，虽见此辈，稳坐不摇。贾充望见，深奇其节，顾相与语，此人有心胆，有似冀缺。走往问，"船中安坐者为谁？"仲御不应。重问，徐乃答曰：会稽北海间民夏仲御。

《风土记》曰：汉末有郭虞者，有三女，一女以三月上辰，一女以上巳二日，而三女产乳并亡。迄今时俗以为大忌，故到是月是日，妇女忌讳，不复止家，皆适东流水上，就通远地祈祓，自洁濯也。

丘渊之《征齐道里记》曰：城北十五里有柳泉，符郎常以为解禊处。

《邺中记》曰：石虎三月三日临水会，公主妃主名家妇女无不毕出，临水施张幔，车服粲烂，走马步射，饮宴终日。

陆翙《邺中记》曰：华林园中千金堤上，作两铜龙，相向吐水，以注天泉池，通御沟中，三月三日，石季龙及皇后百官临池会赏。

《续搜神记》曰：卢充猎，见麞便射中之，随逐不觉远，忽见一黑门如府舍，问铃下，铃下对曰："崔少府宅也。"进见少府，语充云，尊府君为索小女婚，故相迎耳，三日毕，车送充至家，母问之，具以状对，与崔别正四年。而三月三日临水戏，遥见傍水有犊车，充往开车户，见崔女与三男共载，情意如初，抱儿还充，又与金碗，乃别。

戴延之《西征记》曰：天泉之南，有东西沟，承御沟水，水之北有积石坛，三月三日，御坐流杯之处。

《杂五行书》曰：欲知蚕善恶，当三月三日，天阴而无日，不雨，蚕大善。

《风俗通》曰：谨按《周礼》女巫掌岁时以祓除疾病。禊者，洁也，故于水上盥，洁之也。巳者，祉也，邪疾已去，祈介祉也。

《竹林七贤论》曰：王济尝解禊洛水。明日，或问王曰："昨日游有何语议？"答曰："张华善说《史》、《汉》，裴逸民叙前言往行，衮衮可听。"

晋王羲之三月三日《兰亭序》曰：永和九年，岁在癸丑，暮春之初，会于会稽山阴之兰亭，修禊事也。群贤毕至，少长咸集。此地有崇山峻岭，茂林修竹。又有清流激湍，映带左右，引以为流觞曲水。列坐其次，虽无丝竹管弦之盛，一觞一吟，亦足以畅叙幽情。是日也，天朗气清，惠风和畅。仰观宇宙之大，俯察品类之盛，所以游目骋怀，足以极视听之娱，信可乐也。

宋颜延之《三日曲水诗序》曰：日缠胃维，月轨青陆，皇祗发生之始，后土布和之辰，思对上灵之心，以答庶萌之愿。有诏掌故，爰命司历，献洛饮之礼，具上巳之仪，南除辇道，北清禁林，略亭皋，跨芝田，宛太液，怀层山，山居峻垝，葱翠幽烟。于是，离宫卫设，别殿周徼。然后升秘驾，引缇骑，摇玉鸾，发流吹，天动神移，渊渟云委，以降于行所礼也。

梁沈约《三日率尔成篇》曰：丽日属元巳，年芳具在斯。开花已匝树，流莺复满枝。洛阳繁华子，长安轻薄儿，东出千金堰，西临雁鹜陂。游丝映空转，高柳拂地垂。丝萍文照曜，紫燕光陆离。清晨戏伊水，薄暮宿兰池。象筵排宝瑟，金瓶泛羽卮。宁忆春蚕起，日暮桑欲萎。

梁简文帝《三月曲水诗序》曰：窃以周成洛邑，自流水以禊除，晋集华林，同文轨而高宴，莫不礼具义举，沓矩重规，照动神明，雍熙钟石。是节也，上巳属辰，余萌达壤，仓庚应律，女夷司候。尔乃分阶树羽，疏泉泛爵，羽觞沿溯，蕙肴沓来，宾仪式序，盛德有容，舞艳七盘，歌浮六变，游云驻彩，仙鹤来仪，都人野老，云集雾会，结轸方衢，飞轩照日。

晋张华《三月三日后园会诗》曰：暮春元日，阳气清明。祈祈甘雨，膏泽流盈；习习祥风，启滞导生。禽鸟逸豫，桑麻滋荣，纤条被绿，翠华含英。于我皇后，钦若昊乾，顺时省物，言观中园。宴及群辟，乃命初筵。合乐华池，祓濯清川，泛彼龙舟，溯游洪源。

又张华《上巳篇》曰：仁风导和气，勾芒御昊春。沽洗应时月，元巳启良辰。明从自远至，童冠八九人。伶人理新乐，膳工献时珍。春醴逾九醖，冬青过十旬。

晋闾丘冲《三月三日应诏诗》曰：暮春之月，春服既成。升阳润土，冰涣川盈。余萌达壤，嘉木敷荣。后皇宣游，既宴且宁。光光华辇，侁侁从臣。上荫丹幄，下藉文茵。临池挹盥，濯故洁新。俯镜清流，仰睇天津。蔼蔼华林，岩岩景阳。業業峻宇，奕奕飞梁。垂荫倒影，若翱若翔。浩浩白水，泛泛龙舟。皇在灵沼，百辟周游。激棹清歌，鼓枻行讴。闻乐咸和，具醉斯柔。在昔帝虞，德被遐荒。干戚在庭，苗人来王。今我哲后，古圣齐芳。惠此中国，以绥四方。元首既明，股肱惟良。乐只君子，今日惟康。

又潘尼《上巳日帝会天渊池诗》曰：青春暮月，六气和理。律应姑洗，日惟元巳，谷风散凝，微阳戒始。春服既成，明灵降祉。

又陆机《櫂歌行》曰：迟迟暮春日，天气柔且嘉，元吉逢初巳，濯秽游黄河。龙舟浮鹢首，羽旗垂藻葩。乘风宣飞景，逍遥戏中波。

隋卢思道《上巳禊饮诗》曰：山泉好风日，城市厌嚣尘。聊持一樽酒，共寻千里春。余光下幽桂，夕吹舞青苹。何时出关后，重有入林人。

唐沈佺期《三月三日梨园亭侍宴诗》曰：九门驰道出，三巳禊堂开。画鹢中川动，青龙上苑来。野花飘御座，河柳拂天杯。日晚迎祥处，笙镛下帝台。

后汉张衡《南都赋》曰：于是暮春之禊，元巳之辰，方轨齐轸，祓于阳滨。朱帷连网，曜野映云。男女妖袨服，络绎何缤纷。

晋成公绥《洛禊赋》曰：考吉日，简良辰，祓除鲜禊，同会洛滨。妖童嫒女，嬉游河曲，或涣纤手，或濯素足。临清流，坐沙场，列垒樽，飞羽觞。

又张协《禊赋》曰：夫何三春之令月，嘉天气之絪缊，流水清泠以汪濊，原隰葱翠以龙鳞。于是缙绅先生，啸畴命友，携朋接党，童冠八九。主希孔、墨，宾慕颜、柳。权戚之家，豪侈之族，采骑齐镳，华轮方毂，青盖云浮，参差相属。集于长洲之浦，曜乎泠川之曲。遂乃停舆蕙渚，息驾兰田。朱幔虹舒，翠幕霓连。浮素舟以蔽水，洒玄醪于中河，水禽为之骇踊，阳侯为之动波。

又阮瞻《上巳会赋》曰：临清川而嘉宴，聊暇日以游娱。荫朝云而为盖，托茂树以为庐。

又王廙《洛都赋》曰：若乃暮春嘉禊，三巳之辰，贵贱同游，方骥齐轮，丽服靓妆，祓乎洛滨，流芳塞路，炫日映云。

又褚爽《禊赋》曰：伊暮春之令月，将解禊于通川。川回澜以澄映，岭峭崿以霏烟。轻霞舒于翠崖，白云映于青天。风透林而自清，气扶岭而载鲜。

# 太平御览卷第三十一 时序部十六

## 五月五日

《大戴礼》曰：五月五日，畜兰为沐。

谢承《后汉书》曰：陈临为苍梧太守，推诚而理，导人以孝悌。临征去后，本郡以五月五日祠临东城门上，令小童洁服舞之。

又《礼仪志》曰：五月五日，朱索五色桃印为门户饰，以止恶气也。

沈约《宋书》曰：元徽五年五月五日，皇太后赐帝玉柄毛扇，帝嫌其毛柄不华，因此欲加酖害。

《宋略》曰：王镇恶以五月五日生，家人欲弃之。其祖猛曰："昔孟尝君以此日生，卒得相齐，此儿必兴吾宗，以镇恶为名。"

《唐书》曰：崔信明以五月五日正中时生，有异雀数头，身形甚小，五色皆备，集于庭树，鼓翼齐鸣，其声清亮。隋太史良使至青州，遇而占之曰："五月为火，火为离，离为文采，日正中，文之盛也。又有雀五色，奋翼而鸣，此儿必文藻焕烂，声名播于天下。雀形既小，禄位殆不高矣。"及长，博闻强记，下笔成章。乡人高孝基有知人鉴，每谓人曰："崔信明才学富赡，虽名冠一时，但恨其位不达耳。"

《孝子传》曰：纪迈五月五日生，其母弃之，村人纪淳妻养之。年六岁，本父母云，汝是我儿，迈涕泣，佣所得，辄上母。

《续齐谐记》曰：屈原五月五日投汨罗而死，楚人哀之，每至此日，竹筒贮米投水祭之。汉建武中，长沙欧回，见人自称三闾大夫，谓回曰："尝见祭甚善，但常患蛟龙所窃。今若有惠，可以练树叶塞其上，以五彩丝约之，此二物蛟龙所惮也。"回依言，后乃复见感之。今人五日作粽子，带五色丝及练叶，皆是汨罗之遗风也。

《西京杂记》曰：王凤以五月五日生，其父母欲不举。其叔曰：

“昔田婴敕其母勿举田文，文后为孟尝君。以古事推之，非不祥。”遂举之。

《邺中记》曰：并州俗以介子推五月五日烧死，世人为其忌，故不举火食饲，非也。北方五月五日自作饮食祠神，及作五色缕，五色辛盘相问遗，不为介子推也。

《荆楚岁时记》曰：五月五日，西人并蹋百草，今人又有斗百草之戏。

又曰：五月五日竞渡，俗为屈原投汨罗日，伤其死所，并命舟楫以拯之，舸舟取其轻利，谓之飞凫。一自以为水军，一自以为水马。州将及士人悉临水而观之。

又曰：是月俗忌盖屋及曝荐席。《风俗通》云：五月盖屋，令人头秃。又《异苑》云：新野庾寔家尝以五月暴席，忽有一小儿死于席下，俄失所在，其后寔女子遂亡。相传弥以为忌此条通五月之事，今附于此。

又曰：五月五日，荆楚人并蹋百草，将艾以为人悬门户上，以攘毒气。故《师旷占》曰：“岁病，则艾草先生也。”

《风土记》曰：仲夏端五，端，初也。俗重五日与夏至同。先节一日，又以菰叶裹粘米，以栗枣灰汁煮令熟，节日啖。煮肥龟令极熟，去骨加盐豉麻蓼，名曰葅龟。黏米一名粳，一曰角黍，盖取阴阳尚包裹未之象也。龟表肉里，阳内阴外之形，所以赞时也。

《抱朴子》曰：或问辟五兵之道。答以五月五日作赤灵着心前。

又曰：蟾蜍万岁者，头上有角，颔下丹书八字再重，五月五日中时取之，阴干百日，以其足画地，即为流水。

《风俗通》曰：五月五日，以五彩丝系臂者，辟兵及鬼，令人不病温。

又曰：亦因屈原，一名长命缕，一名续命缕，一名辟兵缯，一名朱索。又有条达等织组杂物，以相赠遗。《孝经援神契》云：仲夏始出妇人染练，或有作务。《玉烛宝典》云：此节备擬甚多，其尚矣。又曰：日月星辰鸟兽之状文绣金缕帖画，贡献所尊，古诗云：绕臂双条达是也。

又曰：五月五日，集五色缯辟兵。余问服君，服君曰：“青赤白黑以为四方，黄为中央，襞方缀于胸前，以示妇人蚕功也。织麦䴰悬于门，以示农工成。转声以襞为辟兵耳。”按麦䴰音涓，麦茎也。

《养生要集》曰：术味苦，小温，生汉中南郑山谷，五月五日采之。

《琴操》曰：介子绥割腓股以啖重耳。重耳复国，子绥独无所得。绥甚怨恨，乃作龙蛇之歌以感之，终不肯出，文公令燔山求之，子绥遂抱木而烧死。文公令民五月五日不得发火。

《玉烛宝典》曰：五月五日，采艾悬于户上，以攘毒气。按《荆楚岁时记》云：“宗则，字文度，常以五月五日未鸡时采艾，见似人处揽而取之，用灸有验。是日竞渡，采杂药。”

《夏小正》曰：此月畜药，以蠲除毒气也。

《异苑》曰：五月五日，剪鸲鹆舌，以能学人语。

又曰：田文母嬖，五月五日生文，父敕令勿举之，后母私举，文长成童，以实告之，文遂启父曰：“不举五月子何？”父云：“生及户，损父。”文曰：“寿命于天，岂寿命于户？若寿命于户，何不高其户，谁能至其户耶？”父知贤，为嗣。齐封为孟尝君。

《世说》曰：胡广本姓黄，五月五日生，父母恶之，置瓮中投于江，胡翁闻瓮中有儿啼，往取之，养为子，遂七登三司。

《会稽典录》曰：女子曹娥者，会稽上虞人，父能弦歌为巫。汉安帝二年五月五日，于县江溯涛迎波，沉溺死，不得尸。娥年十四，沿江号哭，昼夜不绝声七日，遂投江而死。

习凿齿《与褚常侍书》曰：想往日与足下及江州，五月五日共澡浴戏处，追寻宿眷，仿佛玉仪，心实悲矣。

《国史补》曰：扬州旧贡江心镜，五月五日扬子江中所铸也。或言中有百炼者，六七十炼则已易破难成，往往有自鸣者。

郦道元注《水经》曰：如深水有异鱼。按正光元年五月五日，天气清爽，闻池中枪枪若钲鼓声，池水惊而沸，须臾雷电晦冥，有五色蛇，自池上属于天，久之乃灭，波上水定，惟见一鱼在，其一变为龙。

## 伏日

《历忌释》曰：伏者，何也？金气伏藏之日也。四时代谢，皆以相生。立春木代水，水生木；立夏火代木，木生火；立冬水代金，金生水。至于立秋以金代火，金畏火，故至庚日必伏。庚者，金也。《阴阳书》曰：候夏至后第三庚为初伏，第四庚为中伏，立秋后初庚为后伏，谓之三伏。曹植谓之三询也。

《史记》曰：张子房始见下邳圯上老人与一编书，曰："读是为王者师，后十三年济北殿谷城山下黄石，即我也。"良后从高帝过济北，果见谷城下黄石，良取宝而祠之。留侯死，并黄石葬之。每上冢，伏腊祠黄石。

又曰：秦穆公始为伏祠。

《汉书》曰：东方朔为郎，伏日诏赐诸郎肉，朔独拔剑割肉，谓其同官曰："当早归，请受赐。"即怀肉而去。上问朔曰："赐肉不待诏而去，何也？"上令自责。朔曰："受赐不待诏，何无礼也；拔剑割肉，一何壮也；割之不多，又何廉也；归遗细君，又何仁也。"上笑曰："令生自责而反自誉。"复赐酒一卮，肉百斤，遗细君。

又曰：杨恽《报孙会宗书》曰："田家作苦，岁时伏腊，烹羊炮羔，斗酒自劳。"去声。

《汉官仪》曰：伏日万鬼所行，故伏。汉魏日有饮食之会。故《汉书》杨恽《闲居》曰："养羊沽酤，供伏腊之费。"

《典略》曰：大驾都许，使光禄大夫刘松北镇。袁绍军与绍子弟日共宴饮，常以三伏之际，昼夜酣饮极醉，至于无知，云以避一时之暑。故河朔有避暑饮。

王朔《邺中记》曰：石季龙于冰井台藏冰，三伏之月，以冰赐大臣。

《荆楚岁时记》曰：六月伏日并作汤饼，名为辟恶。

宋王玄谟《寿阳记》曰：明义井，三伏之日，炎暑赫曦，男女行来，其气短急，望见义井，则喜不可言。未至而忧，既至而乐，号为欢乐井。

《世说》曰：郗嘉宾三伏之日诣谢公，炎暑熏赫，复当风交扇，犹沾汗流离。谢著故绢衣，食热白粥，晏然无异。郗谓谢公曰："非君，几不堪此。"

崔寔《四民月令》曰：初伏，荐麦瓜于祖祢也。

《风俗通》曰：汉中、巴蜀自择伏日。俗说汉中、巴蜀、广汉土地温暑，草木蚤生晚枯，气异中国，夷狄畜之。故令自择伏日也。谨案《汉书》高帝分四都之众，用良平之策，还定三秦，席卷天下。盖君子所因者本也，论功定封，加以金帛，重复宠异，令自择伏日，不同于风俗也。

《书仪》曰：六月三日伏日。昔贾谊在湘南，六月三庚日，有鸱鸟来，时以南方毒恶，以助太阳销烁万物，故损人，因避之。

晋稽含《困热赋序》曰：三伏之节始奏，商秋之辰未期，余下俚贫生，居室卑陋，狭巷不来清风，短庑不足增荫。叹彼夏屋之士，体逸高廊，并天而寒暑殊，同世而忧乐异矣。

程晓诗曰：平生三伏时，道路无行车，闭门避暑卧，出入不相过。今世褦襶子，触热到人家，主人闻客来，颦蹙奈此何。摇扇臂中疼，流汗正滂沱。传戒诸高明，热行宜见呵。

晋潘岳《怀县诗》曰：南陆迎修景，朱明送末垂。初伏启新节，隆暑亦赫曦。

## 七月七日

《汉武帝故事》曰：景帝尝梦高祖谓己曰：王美人生子可名为彘。以乙酉年七月七日旦，生武帝于猗兰殿。谨按《洞冥记》汉武帝未生之时，景帝梦一赤彘从云中直下如林木蔽户牖，望阁上有丹霞蓊郁，既而乃改崇芳阁为猗兰殿，后王夫人生武帝也。

又曰：七月七日，上于承华殿斋，其日忽有鸟从西方来集殿前。上问东方朔。朔曰："此西王母欲来也。"有顷，西王母至，有二青鸟如凤，夹侍王母旁也。

又曰：王母遣谓帝曰："七月七日，我当暂来。"帝至日扫宫内，燃九华之灯。

又曰：《汉武帝内传》曰：帝登寻真之台斋，至七月七日夜，忽见天西南如白云起，郁郁直来趋宫。有顷，西王母至，乘紫云之辇。

又曰：七月七日，乃扫除宫掖之内，张云锦之帷，燃九光微灯。夜二唱后，西王母驾九色之班龙上殿。

又曰：七月七日，西王母降，武帝戴太真晨缨之冠，履玄琼凤文之舄。

宋卜子《杨园苑疏》曰：太液池西，有武帝曝衣阁，常至七月七日宫女出，后登楼曝衣。

《晋书》曰：魏武帝辟高祖。以汉祚将终，不欲屈节于曹氏，辞以风痺不能起居。魏武遣亲信令史微服于高祖门下树荫下息，时七月七日，高祖方曝书，令史窃知，还具以告。乃重遣辟之，敕行者曰：若复不动，便可收之。高祖惧而应命。

《后魏书》曰：太祖道武皇帝韩珪，七月七日生于参合陂。

又曰：任城王澄为雍州，功縗在身，故以七月七日集文武骑射。张普惠，字洪赈，为录事参军，奏记请停。

《列仙传》曰：陶安公者，六安铸冶师也。一朝火散，冶上紫色冲天，安公伏冶下求哀，须臾，朱雀止冶上，曰："安公冶与天通，七月七日迎汝以赤龙。"至日龙来，安公骑之东南而去，邑中数万人预共送之，皆与辞诀。

又曰：王子乔，周灵王太子晋也。好吹笙作凤鸣。游伊洛之间，浮丘公接以上嵩高山。二十余年后，于山中谓桓良曰："告我家，七月七日待我缑氏山头。"是日，果乘白鹤驻山岭，望之不得到，举手谢时人，数日而去。

又曰：吴蔡经去家时已老，及还更少壮，头发皆黑。语家中，言七月七日王君当来，可作数百斛酒饮之。至期日，王方平果来，乘羽车，驾五龙，闻金鼓箫管人马之声。

《荆楚岁时记》曰：七夕，妇人结彩缕，穿七孔针，或以金银瑜石为针，宋孝武七夕诗曰，迎风披采缕，阿月贯玄针。陈瓜果于中庭以乞巧。有喜子网于瓜上，以为符应。

周处《风土记》云：七月初七日，其夜洒扫中庭。然则中庭乞愿，其旧俗乎？

又曰：魏时人或问董勋云："七月七日为良日饮食，不同于古，何也？"勋云："七月黍熟，七日为阳数，故以糜为珍。今北人唯设汤饼，无复有糜矣。"

又曰：陆云与兄平原书曰：机为平原相。一日按视曹公器物，书刀五枚，硫璃笔一枝，景初二年七月七日，刘婕妤云，见此使人怅然。案魏武帝于汉为相，不得有婕妤。又景初是魏明帝年号。如此，则文帝物也，与曹公器玩同处，故致舛杂矣。

《日纬书》曰：牵牛星，荆州呼为河鼓，主关梁；织女星主瓜果。尝见道书云：牵牛娶织女，取天帝钱二万备礼，久而不还，被驱在营室是也。言虽不经，有是为怪也。

《西京杂记》曰：戚夫人侍儿贾佩兰云："在宫时见戚夫人侍高祖，至七月七日，临百子池作于阗乐毕，以五色缕相羁，谓为连爱。"

又曰：汉彩女常以七月七日穿针于开襟楼，俱以习俗也。

《舆地志》曰：齐武帝起层城观，七月七日，宫人多登之穿针，世谓之穿针楼。

《淮南子》曰：七月七日午时，取生瓜叶七枚，直入北堂中向南立以拭面靥，即当灭矣。

又《万毕术》曰：七月七日采守宫阴干之，合以井华水和涂女身有文章，即以丹涂之，不去者不淫，去者有奸。

晋周处《风土记》曰：七月初七日，其夜洒扫于庭，露施几筵，设酒脯时果，散香粉于筵上，以祈河鼓《尔雅》曰：河鼓谓之牵牛。织女。言此二星辰当会，守夜者咸怀私愿，咸云，见天汉中有弈弈白气，有光耀五色，以此为征应。见者便拜，而愿乞富乞寿，无子乞子，唯得乞一，不得兼求，三年乃得言之，颇有受其祚者。

梁吴均《齐谐记》曰：桂阳成武丁有仙道，忽谓其弟曰："七月七日，织女何事渡河？"答曰："暂诣牵牛。"世人至今云，织女嫁牵牛也。

《韦氏月录》曰：《龙鱼河图》云：七月七日，取赤小豆，男吞一七，女吞二七，令人毕岁无病。

又曰：七月七日晒曝，革裘无虫。

又曰：合乌鸡药：是七月七日取乌鸡血和三月三日桃花末涂面及遍身，三二日肌白如玉。此是太平公主法，曾试有效。

《世说》曰：郝隆七月七日见邻人皆曝晒衣服，隆乃仰，出腹卧，云晒书。

崔寔《四民月令》曰：七月七日作麹合蓝丸及蜀漆丸，暴经书及衣裳，习俗然也。

又曰：世传窦后少小头秃，不为家人所齿，遇七夕，人皆看织女，独不许后出，乃有神光照室为后之瑞。

《竹林七贤论》曰：阮咸，字仲容，籍兄子也。诸阮俱世儒学，善居室，内足于财，唯籍一巷，尚道业，好酒而贫。旧俗七月七日法当曝衣，诸阮庭中灿然，莫非绨锦。咸时总角，乃竖长竿，标大布犊鼻裈于庭中，曰："未能免俗，聊复共尔。"

《酉阳杂俎》曰：魏仆射收临代，七月登舜山徘徊顾眺，谓主簿崔抚曰："吾所经多矣，于山川沃壤，襟带形胜，天下名州不能过此，唯未审东阳何如？"抚对曰："青得古名，齐得旧号，二处山川形势相似，曾听所论，不能逾越。"公遂命笔为诗。

《杂异书》曰：时有女子尚幼，七夕见家人出庭望候天门开，独在室中不出，曰："若合当见者，虽暗室中亦应见之。"至夜深，忽见天上门开，云气赫弈，因求富。及长嫁而富，既寡，家累钜万。有贾客货其绢百匹去，而船覆溺，资货皆没。其女子偶开后房，见绢在其中，但湿耳。后贾客归而自首。女子曰："绢归矣。"验之而信。亦出《夷坚录》亦是开元以后事。

《国史补》曰：兴元元年七月七日，斩伪官乔琳，将临刑，叹曰："琳以七月七日生，亦以此日死，岂非命也夫！"

古诗曰：迢迢牵牛星，皎皎河汉女，纤纤擢素手，札札弄机杼。终日不成章，涕泣零如雨。河汉清且浅，相去复几许。盈盈一水间，脉脉不得语。

晋潘尼《七月七日侍皇太子宴玄圃园诗》曰：商风初授，辰火微流。朱明送夏，少昊迎秋。嘉木茂园，芳草被畴。于时我后，以豫以游。

宋孝武《七夕诗》曰：开庭镜天路，余光不可临。沿风披弱缕，迎曜贯玄针，薄艺诚无取，时务聊可寻。

宋谢惠连《咏牛女诗》曰：落日隐檐楹，升月照帘栊。团团满叶露，淅淅振条风。蝶梦恒栩栩，终年阙相从。遐川阻昵爱，修渚旷清容。弄杼不成藻，耸辔骛前踪。昔离秋已两，今聚夕无双。倾河易回斡，款情难久悰。沃若灵驾旋，寂寞云幄空。留情顾华寝，遥心逐奔龙。

宋颜延之《织女赠牵牛诗》曰：婺女丽经星，嫦娥栖飞月。惭无一媛灵，托身侍天阙。阊殊阖未央，银河岂沐发。汉阴不夕帐，长河为谁越？有促宴归期，万顷凉风发。非怨杼柚劳，但念芳菲歇。

宋谢庄《七夕咏牛女应诏诗》曰：辍机起春暮，停箱动秋襟。琥车照汉右，芝驾肃河阴。珠殿釭未暗，瑶庭露已深。夜清岂淹抑，弦徽无久临。

苏彦《七月七日咏织女诗》曰：火流凉风至，少昊协素藏。织女思北征，牵牛叹南阳。时来嘉庆集，整驾巾玉箱。琼佩垂藻蕤，雾裙结云裳。金翠耀华辎，軿轩散流芳。释辔紫微庭，解襟碧琳堂。忻燕未及究，晨晖照扶桑。仙童唱道情，盘螭起腾骧。怅怅一宵促，迟迟别日长。

梁简文帝《七夕穿针歆疑诗》曰：怜从帐里出，想见夜窗开。针歆疑月暗，缕散恨风来。

梁刘孝仪《咏织女诗》曰：金钿已照耀，白日未蹉跎。欲待黄昏至，含娇渡浅河。

梁庾肩吾《七夕诗》曰：玉匣卷悬衣，针缕开夜扉。姮娥随月落，织女逐星移。离前看促夜，别后对空机。寄语雕凌鹊，填河未可飞。

隋庾信《七夕赋》曰：兔月先上，羊灯次安。睹牛星之曜景，视织女之阑干。于是秦娥丽妾，赵艳佳人，窈窕名燕，逶迤姓秦。娥丽装而半故，怜晚饰之全新。此时并舍房栊，共往庭中，缕条紧而贯中，针鼻细而穿空。

隋王眘《七夕诗》曰：天河横欲晓，凤驾俨应飞。落日移妆镜，浮云动别衣。欢逐今宵尽，愁随还路归。犹将宿昔泪，更上去年机。

张文恭《七夕诗》曰：凤律惊秋气，龙梭静夜机。星桥百枝动，云路七香飞。映月回雕扇，凌霜曳绮衣。含情向华幄，流态入重闱。欢余夕漏尽，怨结晓骖归。谁念分河汉，还意两心违。

# 太平御览卷第三十二 时序部十七

## 七月十五日

《荆楚岁时记》曰：七月十五日，僧尼道俗悉营盆供诸寺。按《盂兰盆经》云：有七叶功德，并幡花歌鼓果食送之，盖由此也。

又《盂兰盆经》曰：目连见其亡母生饿鬼中，即钵盛饭往饷其母，食未入口，化成火炭，遂不得食。目连大叫驰还白佛。佛言尔母罪重，非尔一人奈何，当须十方僧众威神之力，至七月十五日，当为七代父母危难中者，具百味五果以著盆中供养，十方大德佛，敕众僧皆为施主咒愿七代父母行禅定意，然后受食。是时目连白佛未来世佛，弟子行孝顺者，亦应奉盂兰盆供养。佛言大善。故后代人因此广为华饰，乃至刻木割竹，饴蜡彩镂缯，模花叶之形，极工妙之巧。

《道经》：七月十五日中元之节，地官校阅，搜选众人，分别善恶；诸天圣众，普诣宫中，简定劫数，人鬼簿录。饿鬼囚徒，一时俱集。以其日作玄都大斋，献于玉京，及采诸花果，世间所有奇异之物，玩弄服饰，幡幢宝盖，庄严供养之具，清膳饮食，百味芬芳，献诸众圣，及与道士。于其日，夜讲诵是经，十方大圣，高咏灵篇。囚徒饿鬼，当时解脱，一俱饱满，免于众苦，得还人中。若非如斯，难可拔赎。

《唐书》曰：代宗七月望日，于内道场造盂兰盆，饰以金翠，所费百万。又设高祖已下七圣神座，备幡节龙伞衣裳之制。各书尊号于幡上以识之。舁出内庭，陈于寺观。是日排仪仗，百僚序立于光顺门以俟之。幡花鼓舞，迎呼道路，岁以为常，而识者嗤其不典。

唐杨盈川《盂兰盆赋》曰：浑元告秋，羲和奏晓。太阴望兮圆魄皎，阊阖开兮凉风袅。四海澄兮百川皛，阴阳肃兮天地窅。扫离宫，清重阁，设皇邸，张翠幕。鸾飞凤翔，睒旸倏烁，云舒霞布，翕赫習霍。陈法供，饰盂兰。壮神功之妙物，何造化之多端。青莲吐而非夏，赪果摇而不寒。铜铁铅锡，璆琳琅玕。映以甘泉之玉树，冠以承露之金盘。宪章三极，仪刑万类。上寥廓兮法天，下安身兮象地。殚怪力，穷神异。少君王子，掣曳兮若来；玉女瑶姬，翩仙兮不至。鸣鹔鷞与鸑鷟，舞鹍鸡与翡翠。毒龙怒兮赫然，狂象奔兮沉醉。怖魍魉，潜魑魅。离娄明目，不足见其精微；匠石洗心，不足征其奥秘。缤缤纷纷，氤氤氲氲，五色成文，若荣光休气，发彩于重云；蒨蒨粲粲，焕焕烂烂，三观壮丽，若合璧连珠，耿曜于长汉。夫其远也，天台嵥起，绕之以赤霞；夫其近也，削城孤峙，覆之以莲华。晃兮瑶台之帝室，赩兮金阙之仙家。其高也上诸天于大梵，其广也遍法界于常沙。上可以荐元符于七庙，下可以纳群动于三车。

## 九月九日

《续齐谐记》曰：汝南桓景随费长房游学累年，长房谓之曰："九月九日，汝家当有灾厄，宜急去令家人各作绛囊盛茱萸以系臂，登高饮菊花酒，此祸可消。"景如言，举家登山，夕还，见鸡牛羊一时暴死。长房闻之曰："此可以代矣。"今世人每至九月九日登高饮酒，妇人带茱萸囊，因此也。

《晋书》曰：孟嘉为桓温参军，既和而正，温甚重之。九月九日，温游龙山，僚属毕集，风吹嘉帽落不觉，如厕。孙盛时在坐，温授纸笔命嘲之，著嘉坐处，嘉归见之，笑而请纸即答，了不容思。言速成。

《续晋阳秋》曰：陶潜九月九日无酒，宅边东篱下菊丛中摘盈把，坐其侧，未几，望见白衣人至，乃王弘送酒也，即便就醉而后归。

又曰：宁康三年九月九日，上尝讲《孝经》，谢安侍坐，陆纳并下耽执读，谢石袁宏并执经，车胤王温摘句。

《南齐书》曰：高祖以九月九日登高，飚馆在孙陵寺冈，世呼为九日台。在县北三里一百步，当孙陵冈曲街也。

又曰：南齐以九月九日马射，或说秋金气讲习武事，象汉立秋之礼。

又曰：宋武帝为宋公，在彭城，九月九日出项羽戏马台，至今相承，以为故事。

《荆楚岁时记》曰：九月九日，四民并藉野饮宴。杜公瞻云：九月九日宴会未知起于何代，然自汉世来未改，今北人亦重此节，近代多宴设于台榭。

《风土记》曰：九月九日，律中无射而数九，俗于此日以茱萸气烈成熟，当此日折茱萸房以插头，言辟恶气而御初寒。

《西京杂记》曰：汉武帝宫人贾佩兰，九月九日佩茱萸，食饵，饮菊花酒，云令人长寿。盖相传自古，莫知其由。

《豫章记》曰：龙沙在郡北带江，沙甚洁白，高峻而陂，有龙形，俗为九日登高处。

又曰：郡北龙沙，九月九日所游宴处，其俗皆然也。案南阳郦县有菊水，民居其侧者寿并百二三十岁。汉时刘宽、袁隗尝临此郡，月致三十斛水以自供。

《续搜神记》曰：有一书生居吴，自称胡博士，以经传教授，假借诸书经传，涉载忽不复见，后九日人相与登山游观，但闻讲诵声，寻觅有一空冢，入数步，群狸罗坐。见人迸走，唯有一狸独不能去，是常假书者。

《集异记》曰：明皇天宝十三年重阳日，猎于沙苑，云间有孤鹤回翔焉，上亲御弧矢，一发而中，其鹤则带箭徐坠，将及地丈许，欻然矫翰西南而游，万众极目，良久乃灭。益州城距郭十五里有明月观焉，依山临水，松桂深寂，道流非修习精悫者，莫得而居。观之东廊第一院尤为幽绝，每有自称青城道士徐佐卿者，风局清古，一岁率三四至，观之耆旧，因虚其院之正堂以俟其来，而佐卿至则栖焉。或三五日，或旬朔言归青城，甚为道流之所倾仰。一日忽自外至，神爽不怡，谓院中人曰，吾行山中，偶为飞矢所加，寻已无恙矣，然此箭非人间所有，吾留之于壁上，后年箭主到此，即宜付之，慎无坠失。仍援毫记壁云：留箭之时则十三载九月九日也。玄宗避狄幸蜀，暇日命驾行游，偶至斯观，乐其佳境，因遍幸道室，既入此堂，忽睹挂箭，则命侍臣取而玩之，盖御箭也。上深异之，因询观之道士，皆以实对，即是佐卿所题，乃前岁沙苑纵畋之日也。佐卿盖中箭孤鹤耳。究其题处，沙苑翻飞，日集于斯欤？上大奇之，因收其箭而宝焉。自后蜀人亦无有逢佐卿者。

《襄阳记》曰：望楚山有三名，一名马鞍山，一名灾山。宋元嘉中，武陵王骏为刺史，屡登之。鄙其旧名望郢山，因改为望楚山。后遂龙飞。是孝武。所望之处，时人号为凤岭。高处有三磴，即刘弘山简九日宴赏之所也。

《姑熟记》曰：县南十里有九井山，殷仲文九日从桓公九井赋诗，即此山是也。

《临海记》曰：郡北四十里有湖山，山形平正，可容数百人坐。民俗极重九日，每菊酒之辰，宴会于此山者，常至三四百人。登之见邑屋悉委，江海分明。

《寿阳记》曰：州有义门社，有数百人，每至九日，于明义楼街作乐，以受施以供令。

《齐人月令》曰：重阳之日，必以糕酒登高眺迥，为时宴之游赏，以畅秋志。酒必采茱萸甘菊以泛之，既醉而还。

《太清诸草木方》曰：九月九日，采菊花与茯苓松柏脂丸服之，令人不老。

《卢公范》曰：凡重阳日，上五色糕，菊花枝，茱萸树。饮菊花酒，佩茱萸囊，令人长寿也。

魏文帝《九日与钟繇书》曰：岁往月来，忽复九月，为阳数而日月并应，俗嘉其名，以为宜于长久，故以享宴高会。是月律中无射，言群木庶草，有射地而生于芳菊，纷于独秀。非夫含乾坤之纯和，体芬芳之淑气，孰能如此？故屈平悲冉冉之将老，思餐秋菊之落英。辅体延年，莫斯之贵，谨奉一束，以助彭祖之术。

宋谢瞻《九月从宋公戏马台诗》曰：风至授寒服，霜降休百工。巢幕无留燕，遵渚有归鸿。轻霞冠秋日，迅适薄清穹。圣心眷嘉节，鸣銮戾行宫。四延沾芳体，中堂起丝桐。扶光迫西泛，余欢宴有穷。

又谢灵运《九日从宋公戏马台送孔令诗》曰：季秋边朔苦，旅雁违霜雪。凄凄阳卉腓，皎皎寒潭洁。良辰感圣心，云旗兴暮节。鸣笳戾朱宫，兰卮献时哲。归客逐海隅，脱冠谢朝列。河流有急澜，浮骖无缓辙。

梁庾肩吾《九日侍宴诗》曰：辙迹光周颂，巡游盛夏功。钩陈万骑转，阊阖九门通。秋晖逐行漏，朔气绕相风。献寿重阳节，回銮上苑中。疏山开辇道，间树出离宫。玉醴吹花菊，银床落井桐。饮羽山西射，浮云冀北骢。尘非金埒满，叶破柳条空。

又刘苞《九日侍宴乐游苑诗》曰：上郡良家子，幽并游侠儿。立乘争饮羽，侧骑竞纷驰。明珂饰华眊，金袍映玉羁。膳羞殚海陆，和齐视秋宜。云飞雅琴奏，风起洞箫吹。曲终高宴罢，景落树阴移。微薄承嘉惠，饮德良不赀。取效绩无纪，感恩心自知。

后周王褒《九日从驾诗》曰：黄山猎地广，青门官路长。律改三秋节，气应九钟霜。射马垂双带，丰貂佩两璜。苑寒梨树紫，山秋菊叶黄。华露霏霏冷，轻飙飒飒伤。终惭属车对，空假侍中郎。

隋江总《衡州九日诗》曰：秋日正凄凄，茅茨复萧瑟，姬人荐秋醖，幼子问残疾。园菊抱黄华，庭榴剖珠实。聊以著书情，暂遣他乡日。

又《九日至微山亭诗》曰：心逐南云逝，形随北雁来。故乡篱下菊，今日几花开。

# 太平御览卷第三十三 时序部十八

## 腊

许慎《说文》曰：腊，冬至后壬戌，腊祭百神也。

《礼记月令》曰：孟冬，是月也，天子乃祈来年于天宗，大割牲，祠于公社及门间，腊先祖五祀。此《周礼》所谓蜡祭也。天宗，日月星辰也。大杀群牲，割之也。腊谓以畋猎所得禽祭也。五祀，门户溜井灶也。或曰祈年，或曰大割，或曰腊，互其文也。劳农休息之。党正属民饮酒，正齿位也。天子乃命将帅讲武，习射御，角力。讲武角力，校武士材力，所以备畋猎之礼。

又曰：郊特牲：天子大蜡八，伊耆氏始为蜡。伊耆氏，古天子号也。蜡也者，索也。谓求索也。岁十二月合聚万物而索飨之也。岁十二月，周之正月谓建亥之月，飨者祭其神也。万物育功民者，神使为之也，祭之以报焉。蜡之祭也，主先啬也。先啬，若神农者，司啬，后稷神也。

又曰：昔者仲尼与于蜡宾，蜡者索也。岁十二月索合聚万物而索飨之。亦祭宗庙，孔子仕鲁在助祭之中。事毕出游于观之上，喟然而叹。观，阙也。子见鲁君于祭礼有不备于此，又睹象魏旧章之处，感而叹之。仲尼之叹，盖叹鲁也。

又曰：子贡观于蜡。蜡，索也，岁十二月索，群神而祀之腊也。孔子曰："赐也乐乎？"对曰："一国之人皆若狂，赐未知其为乐也。"孔子曰："百日之劳，一日之泽，非尔所知。"言民皆勤稼穑，百日之劳，喻久也。今一日使之饮酒宴乐，是君之恩泽也。

《周礼》曰：国祭蜡，则吹《豳》颂，击土鼓，以息老物。郑玄曰：十二月，礼谓建亥之月也。索万物而祭之者，万物助天成岁事，至此为其老而劳，其祀以息之也。《豳风七月》又有获稻作酒觥觞万寿无疆之事，是亦歌其类矣。谓之颂者，以其言岁终又功成也。周以今之十一月为正月以今十月为腊月。

《传》曰：晋侯复假道于虞以伐虢。宫之奇谏，弗听，以其族行。

曰:“虞不腊矣。”腊,祭名也。日月会于龙尾,百物备合,国于是祭群神也。

《史记》曰:秦惠文王十二年初腊,始皇三十一年十二月更名腊曰嘉平。太原真人《茅君内记》曰:始皇三十一年九月庚子,君鲁祖父蒙乃于华山之中乘云驾龙白日升天。先是其邑歌谣曰:神仙得者茅初成,驾龙上升入太清,时下玄虚戏赤城,继世而往在我嬴,帝若学之腊嘉平。始皇闻谣而问其故,父老具对此仙人之谣,劝帝求长生之志也。于是始皇欣然乃有寻仙山之志,因改腊曰嘉平也。

又曰:张良见老父出一编书曰:“读是书,为王者师。后十三年济北城山下黄石,即我也。”良后得黄石,取宝而祠之。及死,葬黄石,每上冢,伏腊祠黄石焉。

《汉书》曰:高祖十年春,有司奏令县道常以春二月及腊祠社稷以羊彘。

又曰:严延年为河南太守。初,延年母从东海来,欲从延年,腊到洛阳,适见报囚,母大惊,便止都亭,不肯入府。延年出至都亭谒母,母闭阁不见,延年免冠顿首。良久乃见之,因数责延年曰:“幸得备郡守,专治千里,不闻人爱,多刑杀人,欲以立威,岂为民父母意哉?”延年重谢,自为母御,归府舍。母毕正腊已,谓延年曰:“天道神明,人不可独杀,我不意自当老见壮子被刑戮也。行矣,去汝东归,扫除墓地耳。”后岁余,延年遂败。

司马彪《续汉书》曰:季冬之月,星回岁终,阴阳已交,劳农夫,享腊,以送故焉。

又《礼仪志》曰:先腊一日大傩,谓之逐疫。

又《旧仪》曰:腊者,报诸鬼神,古圣贤有功于民者,皆享之。

袁山松《后汉书》曰:韩卓,字子助,陈留人。腊日,奴窃食祭其母,卓义其心,即日免之。免,从良也。

谢承《后汉书》曰:第五伦,母老不能之官,至腊日,常悲恋垂涕。

又曰:沛国陈咸为廷尉监,王莽篡位,还家杜门不出。莽改易汉法令。及腊日咸常言,我先祖何知王氏之腊乎?

又《东夷列传》曰：三韩俗以腊日家家祭祀。俗云：腊鼓鸣，春草生也。

《东观汉记》曰：甄宇，字长文，北海人。建武中，自青州从事征拜博士。每腊，诏书赐博士羊人一头，羊有大小肥瘦，时博士祭酒，议欲杀羊称分其肉。宇曰："不可。"又欲投钩，宇复耻之，因先自取其最瘦者。所在京师，因以号之。

高堂隆《魏台访议》曰：诏问何以用未祖丑腊？臣隆对曰：按《月令》孟冬十月，腊先祖五祀，谓荐田猎所得禽兽谓之腊。《左传》曰："虞不腊矣。"唯见此二者，而皆不书日。闻先师说曰：王者各以其行之盛祖，以其终腊。水始生于申，盛于子，终于辰，故水行之君，以子祖辰腊。火始生于寅，盛于午，终于戌，故火行之君，以午祖戌腊。木始生于亥，盛于卯，终于未，故木行之君，以卯祖未腊。金始生于巳，盛于酉，终于丑，故金行之君，以酉祖丑腊。土始生于未，盛于戌，终于辰，故土行之君，以戌祖辰腊。今魏据土德，宜以戌祖辰腊也。

又曰：华歆常以腊日宴子弟，王朗慕之。盖其家法，由来渐矣。杜公瞻云：蜡者，息民之祭。故孔子云，百日之劳，一日之怿。其所祭八神者，皆报其成功。则于十月农隙是也。后世腊有新故交接之义，遂移于夏正十二月。晋博士张亮说蜡聚飨，腊者祭庙，初云蜡则黄服，蜡腊不同总非也。腊宜在新故交接，二祭月同而名异，祭俱而服殊。今推诸经传无正说。蜡腊之文，《月令》云蜡腊，此则同日祭，但互名耳。据田猎取兽之名为腊，因索飨百神号之曰蜡，其日上祭先祖旁享百神下息万民，无别祭也。即郑玄云既蜡腊先祖五祀，于是劳农者也。近日蜡腊兼设，蜡在十月，腊在岁终。隋开皇四年始停建元之蜡，直为建丑之腊，依五行，火衰于戌而用戌日故也。

《晋书》曰：范乔，字伯孙，乔邑人。腊夕，盗斫其树，有告者，乔佯不闻，邑人愧而还。乔曰："节日取柴与父母相欢耳，何以愧乎？"遂与之。

又曰：陈轸问方士戴洋曰："江南有贵人顾彦先、周宣珮是否？"洋曰："顾不及腊，周不及明年八月。"其年十二月十九日顾卒，明日腊。宣珮以明年七月晦亡。

又《晋起居注》曰：安帝安隆四年十二月辛丑腊祠作乐。

又博士张亮议曰：腊，接也，登宜在新故交接也，俗谓之腊，明日为初岁，秦汉以来有贺，此古之遗语。

《晋宋旧事》曰：魏帝逊位，祖以酉日，腊以丑日，魏名臣奏曰：大司农董遇议曰，土行之君，故宜以未祖，以丑腊，为得盛终之节，不可以戌祖辰腊。

《梁书》曰：何凤为建安太守，物不敢忤。伏腊每放囚还家，依期而返。

《唐会要》曰：贞元九年十一月，上曰：比来京兆府每年及腊日，府县捕养狐兔，以充进献，自今已后宜停。

又曰：贞元十一年十二月腊日，畋于苑中，止多杀，行三驱之礼，军士无不知感。

《郑玄列传》曰：玄年十二，随母还家，正腊宴会，同列十余人，皆美服盛饰，语言闲适，玄独漠然如不及。母私督数。乃曰：此非我志，不在此愿。

《列女传》曰：鲁之母师者，鲁九子之寡母也。腊日休家作，悉召诸子谓曰："妇人之义，非有大故不出夫家，然吾父母家多幼稚，岁时祀不理，吾从汝谒谒告诸子欲往。往监之，慎房中之守，吾夕而返。"于是天阴还，失早，至闾外而止，待夕而入。鲁大夫从台上见而怪之，使人问。对曰：妾归视私家，与诸妇孺子期夕而反。妾恐其醻歠醉饱，人情所有也。妾反早，故止闾外，期尽而入。"大夫美之，言于穆公，公赐母尊号曰母师。

《搜神记》曰：宣帝时，阴子方者，当腊日晨炊而灶神形见，子方再拜受庆，家有黄羊，因以祠之。自是以后，暴至巨富。故后常以腊日祠灶。

《风土记》曰：醇以告蜡，竭恭敬于明祀，乃有藏彄。盖因妇人所作金环以錔指而缠者，彄音钩。腊日之后，叟妪妪皆男子妇人之老称。各随其侪为藏彄，分二曹以校胜负。

《荆楚岁时记》曰：又为藏彄之戏。辛氏以为钩弋夫人所起，周处、成公绥并作彄字，《艺经庾阐》则作钩字，其事同也。俗云：戏令人生离，有禁忌之家，废不修也。《辛氏三秦记》曰：汉昭帝母钩弋夫人，手拳有国色，世人藏钩，因此安汉。钩弋夫人姓赵，为武帝婕妤，生昭帝。《汉武故事》云：上巡狩河间，见青气自地属天，望气云，下有贵子，求之莫舒，上自披即舒，号拳夫人，善素女术，大有宠，即钩弋夫人也。周处《风土记》云：呼为行彄，盖妇人所用，银作环以锴指而缝者，腊日祭后叟妪儿息皆藏彄戏，分为二曹，以效胜负，为一筹为一都，负者起拜谢胜者。

又曰：孔子所为预于蜡宾，一岁之中，盛于此节。

又曰：俗又以此月为腊月。按《史记陈胜传》有腊月之言，是谓此也。谚云：腊鼓鸣，春草生，村人并击细腰鼓，戴明头及作金刚力士，以逐大疫。

《华阳国志》曰：王长文，字德俊。元康初，守江源，令县收得盗马贼及发冢贼，长文引见诱慰。时适腊晦，皆遣归家，狱先有系囚，亦遣之。谓曰："教化不厚，使汝等如此，长吏之过也。蜡节庆祚，肆汝归于家善相欢乐，过节来还，当为汝思他理。郡吏惶怖，争请不许。"寻有赦，无不感恩。

《三十国春秋》曰：江州刺史胤自武昌以一疾被征为右将军，而王舒未至，犹在盆口，后将军郭默旋而过胤，胤不礼之。腊日遗默酒五升，犴一头。默大怒，投之于江。遂与故将张丑宋、侯孟纯等矫诏入城门，莫有御者，胤独与其妾寝，默至斩于床下，及其司马张满，参军荀楷、李纂，傲默故也。

王肃《议礼》曰：季冬大傩，旁磔鸡，出土牛以送寒气，节令之腊，除逐疫。磔鸡，苇绞桃梗之属。

《风俗通》曰：夏日清祀，殷曰嘉平，周曰大蜡，汉曰腊，腊者，猎也，因猎取兽以祭先祖。或曰：腊，接也，新故交接，故有腊大祭以报功也。汉火行衰于戌，故以戌为腊也。

又曰：兔髌。俗说腊正旦祖，食得兔髌者，名之曰幸，赏以寒酒。幸者善祥，令人有利也。髌，毗忍切。髌，膝盖。

又曰：上古之时，有神荼与郁垒昆弟二人，性能伏鬼，度朔山桃树下简阅百鬼，鬼无道理妄为人祸者，神荼与郁垒缚以苇索，执以食虎。于是县官常以腊除文饰桃人，垂苇绞，画虎于门。皆追效前事，冀以御凶也。

《会稽典录》曰：陈修，字奉迁，乌阳人，家贫为吏，常步担上下，恒食乾糒。音备，乾饣乍也。每至正腊，偃卧不起，同僚以饮食请，不往，其志操如此。

《世说》曰：王朗中年，以识度推伏华歆，歆蜡日常会集子侄宴饮，王亦教之。有人向张茂先称此事。张曰："王之学华，皆是形骸之好，去之所以更远。"

《玉烛宝典》曰：腊者祭先祖，蜡者报百神，同日异祭也。

蔡邕《独断》曰：腊者所以，岁终大祭，纵吏民宴饮，非迎气，故但送不迎也。

崔寔《四民月令》曰：十一月上辛，命典馈清曲酿冬酒，以供腊祀。

又曰：腊明日谓小岁，进酒尊长，修刺贺君师。

又曰：十二月腊时祠，祝炙蓬树瓜田四角，去甘虫。

蔡邕《王乔录》曰：汉永和元年十二月腊夜，王乔墓有哭声。王伯闻而往视之，天大雪，见大鸟迹，并祭祀处。采薪者尹秃见人衣冠曰："我王乔也，汝莫取吾墓树。"忽不见。

徐爰《家仪》曰：蜡本施祭，故不贺。其明日为小岁贺，称初岁福始，罄无不宜。正旦贺，称元正首庆，百物惟新。小岁之贺，既非大庆，礼止门内。

《西域诸国志》曰：天竺国以十二月十六日为腊，腊则麦熟。

《卢公家范》曰：凡腊日，上澡豆带及头膏、面脂、口脂。

《淮南万毕术》曰：岁暮腊，埋圆石于宅隅，杂以桃弧七枚，则无鬼疫。

《养生要术》云：腊夜持椒卧井傍，勿与人言，投于井中，除温疫。

盛翁子《藏钩赋叙》曰：以腊之后，因祭祀余胙，要命中外，以行钩为戏。

嵇含《蜡赋序》曰：大蜡之夕，虽天地同有至，携金兰以齐馨利，得贵意以遗荣势，孰尚我哉！

裴秀《大蜡诗》曰：有肉如丘，有酒如渊，有肴如林，有货如山。

## 小岁膢

《说文》曰：膢，楚十二月祭饮食也。一曰尝新。始杀食新曰貙膢。貙，敕俱切。

《汉书》曰：武帝太初二年，令天下酺五日，膢五日，祠门户比腊。如淳曰：膢者溇，《汉仪注》立社貙膢。许慎曰：俗以十二月祭饮食，冀州北部或以八月朝作饮为膢，其俗语曰膢腊社伏。蔡邕曰，貙兽常立秋日逻食，其母猛虫搏鸷，时王者亦以此腊，还以祭庙膢刘。刘，杀也。言击杀之时者也。

《续汉书礼仪志》曰：立秋之日，郊礼毕，始扬威武，斩牲于郊东门以荐陵庙。其仪乘舆御戎辂，白马朱审，躬执弩射牲荐庙，太宰令、谒者各一人，载获车驰驷送庙。还宫，遣使者赍束帛以赐武官，肆兵习战阵之仪。斩牲之礼名曰貙刘。

《风俗通》曰：谨案《韩子书》曰，山居谷汲者，膢腊寡水，楚俗常以十二月祭饮也。

又曰：尝新，始杀也。食新，曰貙膢也。

又曰：谨案：自郊貙膢，春秋貔射，天子射麑掩雉，献诸宗庙，扶阳发滞，养老致敬，化之至也。

# 太平御览卷第三十四 时序部十九

## 热

《释名》曰：热，爇也，如火之烧爇也。或曰，暑，煮也，如煮物也。

《说文》曰：溽，湿暑也。

《易》曰：暑往则寒来。

《书》曰：哲时燠若。

又曰：豫恒燠若。君行逸豫，常暖顺之。

《诗》曰：谁能执热，逝不以濯。

《礼》曰：季夏之月，土润溽暑。郑玄注曰：润溽涂湿。

又曰：仲春行夏令，则国乃大旱，暖气早来。

又曰：仲秋行夏令，则其国火灾，寒热不节。

《汉书》曰：罽宾国，武帝时剽杀汉使，成帝时复遣使奉献谢罪。杜钦说大将军王凤，不令使上声。使去声。向罽宾国，曰："此国道经大小头痛之山，赤土热身之坂，令人头痛欧吐。"

《唐书》曰：代宗时有迎凉草、凤首木，迎凉草干如竹，叶细于杉，干枯而未尝凋落，盛暑而刺之窗户间，则凉风自至。

《易稽览图》曰：夏至 之后三十日极温。

京房《易飞候》曰：有云大如车盖十余，此阳火之气，必暑，有暍音谒者。

《礼斗威仪》曰：君喜怒无常时则常热。

《五经通义》曰：冬至阳动于下，推阴而上之，故大寒于上；夏至阴动于下，推阳之上，故大热于上。故《易》云："日月运行，一寒一暑。"日在牵牛则寒，在东井则暑。牵牛外宿远人故寒，东井内宿近人故温也。

《白虎通》曰：夏至阴始起，反大热何？阴起阳气推而上，故大热也。

又曰：至人神矣，入大泽不濡，焚而不能热也。

又曰：暍者反冻于冷风。

《管子》曰：善为国者，使农寒耕而热耘。

《淮南子》曰：热焦沙，寒凝水。

《抱朴子》曰：洪从祖仙公每大醉及夏天盛热，辄入深渊之底，一日许乃出，以能闭气胎息故耳。

又曰：或问不热之道，或服玄冰丸，或服飞雪散。幼子伯、王仲都用此方也。

《桓子新论》曰：元帝被病，广求方士，汉中送道人王仲都者。诏问所能。对曰："但能忍寒暑耳。"因为待诏，至夏天大暑日，使暴坐，又环以十炉铸火，不言热，而身不汗出。

《益州记》曰：泸水即武侯渡处，水有热气，暑不敢行。

《广州志》曰：南方炎洲，炎气薰数万里为瘴。

又曰：南方地暑热，交趾麦不成秀，蒜不生，芜菁无根。

《括地图》曰：天毒国最大暑热，夏草木皆干死，民善收水以避，将暑，常入寒泉之水。

《语林》曰：刘真长见王丞相，时盛夏，王公以腹熨弹棋局，曰："何乃渹？"吴人以冷为渹。渹音楚敬切。刘既出，人问见王公如何？对曰："未见他异，唯作吴语耳。"

《山海经》曰：寿林之国，爰有大暑，不可以往。

《世说》曰：荀奉倩与妇至笃。冬月，妇病热，倩乃出庭中自取冷，还以身熨之。

《黄帝素问》曰：黄帝问歧伯曰："人伤于寒而转为热，何也？"曰："夫寒盛则生热也。"

《楚辞招魂》曰：东方不可托些，些，语助，苏贺切。十日代出，流金砾石些。铄，销也。言东方有扶桑之木，十日并在其上，其热酷烈，金石刚皆为销铄也。彼皆集之，魂往必释些。释，解也。魂往必解烂。

宋鲍照《苦热行》曰：赤坂横西阻，火山燃南威。身热头且痛，鸟堕魂未归。汤泉发云泽，焦烟起石沂。日月有恒昏，雨雾未尝晞。丹蛇逾百尺，玄蜂盈十围。含沙射流影，吹蛊病行晖。瘴气昼焦体，菵露夜沾衣。饥猿莫暇食，晨禽不敢飞。毒淫尚多死，渡泸宁具腓。病也。生躯蹈死地，昌志登祸机。

魏王粲《大暑赋》曰：或赫戏以瘅炎，或郁术而燠蒸，兽狼望以倚喘，鸟垂翼而弗翔。根生苑而焦炙，岂含血而能当。仰庭槐而啸风，风既生其如汤。气呼吸以祛暍，汗雨下而沾裳。就清泉以自沃，犹淟涊而不凉。体烦茹以於悒，心愤闷而窘惶。

又曹植《大暑赋》曰：大暑赫其遂蒸，元服革而尚黄。蛇拒鳞于灵窟，龙解角于皓苍。遂乃温风赫戏，草木垂干。山拆海沸，沙融砾烂。飞鱼跃渚，潜鼋浮岸。鸟张翼以远栖，兽交逝而云散。

晋傅咸《感凉赋》曰：践朱明之中月，暑郁隆以肇兴。赫融融以弥炽，乃沸海而焦陵。

嵇含《困热赋序》曰：夫闰于夏则崇暑，在冬则增寒。永熙元年，闰在仲夏，三伏之节始奏，商秋之辰未期。余以下里贫生，居室卑陋，小巷不来清风，短庑不足增荫，外困流汗，内怀烦盱。叹彼夏屋之士，口餍珍味，体逸高廊。并天而寒暑殊，同世而忧乐异。

卞伯玉《大暑赋》曰：体沸灼乎如燎，汗流澜兮珠连。

程晓诗曰：平生三伏时，道路无行车。闭门避暑卧，出入不相过。今世能䙁。能音柰，䙁音戴。子，触热到人家。主人闻客来，颦蹙奈此何，谓当行起去，安坐止跸跨。跸音盘，跨音夸。所说了无急，喈吟一何多。疲倦向之苦，甫问居极那。摇扇臂中疼，流汗正滂沲。莫谓此小事，亦是人一瑕。传戒诸高明，热行宜见呵。

晋傅玄诗曰：朱明运将极，溽暑昼夜兴。裁动四支废，举身若山陵。珠汗洽玉体，呼吸气郁蒸。尘垢自成泥，素粉随手凝。

魏曹植《九咏》曰：温风翕兮煎沙石，翕，热貌也。鸟罔窜兮兽无跖。跖，之石切，足履践我也。言天暖石、焦地、热鸟无所逃，兽无所蹈履也。

## 寒

《释名》曰：寒，捍也，捍格也。

《说文》曰：霴，寒也。从雨，执声。又曰：凛、清，寒也。霴，丁念切。

《书》曰：曰休征，曰谋，时寒若。曰咎征，曰急，恒寒若。孔安国曰：君能谋，则时寒顺之。君行疾，则常寒顺之。

又曰：冬祁寒，小民亦惟曰怨咨。

《诗》曰：一之日觱发，风寒也。二之日栗烈。寒气也。

又《邶风序》曰：《北风》，刺虐也。卫国并为威虐，百姓不亲，莫不相携持而去焉。《诗》曰：北风其凉，雨雪其滂。北风，寒凉之风也。滂，盛貌也。笺云：寒凉之风病害万物，喻君政教酷暴，使民散乱而去。

《礼记》曰：天地严凝之气，始于西南而盛于西北。此天地之义象也。

又：《月令》曰：仲春行秋令，则寒气总至。

又曰：季冬之月，命有司大傩，旁磔出土牛，以送寒气。郑玄曰：丑为牛言岁正者也，送犹毕也。

又曰：九月中气，是月也，霜始降，则百工休。谓胶漆作停。乃命有司曰：寒气总至，人力不堪，其皆入室。霜降后清风戒寒，将以令人入室。

又曰：孟冬行夏令，则国多暴风，巽为风，立夏巽用事，故行夏令则多暴风。方冬不寒，夏气干时，方冬而温。蛰虫复出。虫以寒蛰，温而复出。

又曰：大寒之日，鸡始乳，雁北向。

又曰：是月也，乃命有司曰：寒气总至，民力不堪，其皆入室。

又曰：季春行冬令，则寒气时发，草木皆肃。

又曰：孟冬行夏令，则国多暴风，方冬不寒，蛰虫复出。

《传》曰：楚庄王围萧。申公巫臣曰："师人多寒，王巡三军拊而勉之，三军之士，皆如挟纩。"

《史记》曰：须贾见范雎曰："今叔何事？"范雎曰："臣为人佣赁。"须贾意哀之，留与坐饮食，曰："范叔寒如此哉！"乃取一绨袍以赐之。

《汉书》曰：上闻韩王信降匈奴，上自将击之，连战乘胜逐北至楼烦，会大寒，士卒堕指者十二三。

又曰：邴吉为廷尉，时有老人年八十余无子，妻死娶后妻生一子，而翁老死，其子年数岁，有前妻女曰："非我父之胤。"遂上闻。吉曰：吾闻老人之子而不耐寒，日中无影。遂令验之，皆如其言。

又曰：晁错上书曰：夫胡貉之地，积阴之处也。木皮三寸，文颖曰，土地寒故也。冰厚六尺，食肉而饮酪。其人密理，鸟兽毳毛，其性能寒。

又曰：王莽天凤四年八月，莽亲之南郊铸作威斗。铸日大寒，百官人马有冻死者。

又曰：云南郡有熊仓山，特寒。四月五月中，犹积雪皓然。

谢承《后汉书》曰：盛夏多寒，韦彪上疏谏曰："臣闻治政之本，必顺阴阳。伏见立夏以来，当暑而寒，迨刑罚刻急，郡国不时令之所致也。"

《东观汉记》曰：王郎起兵，上自东南驰，夜至无蒌亭，时天寒冽，众皆饥疲。冯异上豆粥。明旦上谓诸将曰："昨得公孙豆粥，冯异，字公孙。饥寒俱解。"

《续汉书·五行志》曰：献帝初平四年六月，寒风如冬时。

又曰：和光六年冬大寒，北海、东莱、琅琊井中冰厚尺余，大有年。

又曰：穷谷之地，固阴沍寒。

《赵书》曰：汲桑，六月盛暑，重裘累茵，使人扇之，患无清凉，斩扇者。军中谓之谣曰：奴为将军何可羞，六月累茵披貂裘，不识寒暑斩人头。

《易稽览图》曰：冬至之后三十日极寒。

京房《易妖占》曰：春夏寒，政教急。

又京房《易传》曰：有德遭险，兹谓逆命，厥异春寒。

《春秋运斗枢》曰：日行失，则虽当燠反寒。

《春秋考异邮》曰：缪公即位，仲夏大寒冰。错乱甚也。

《老子》曰：躁胜寒，静胜热。

《文子》曰：妇人当年不织，天下有受其寒者。

《尸子》曰：雨雪，楚庄王披裘当户曰："我犹寒，彼百姓宾客甚矣。"乃使巡国中，求百姓宾客之无居宿绝粮者赈之。国人大悦。

又曰：朔方之寒，冰厚六尺，木皮三寸，北极左右，有不释之冰。

《晏子》曰：景公时，雪三日，公被狐白裘。晏子入，公曰："怪哉，雨雪三日不寒！"晏子曰："古之贤君，饱而知人饥，暖而知人寒。"公曰："善！"出裘发粟，以与饥寒者。

又曰：景公起大台，岁寒，役人冻死者有焉。

《管子》曰：大寒大暑，大风大雨，其至不时，此谓四刑。

《淮南子》曰：北方有北极之山，曰寒门。积寒所在，故曰寒门。

又曰：夏虫不可与语寒。蜩蝉不知寒雪。

又曰：青女，天神青女玉女。仲春二月之夕，乃闭其寒。

《吕氏春秋》曰：卫灵公天寒凿池。宛春曰："天寒恐伤民。"公曰："寒哉？"春曰："君衣狐裘，坐熊席，取火，是故不寒。民衣弊不苴，君则不寒，民则寒矣。"公曰："善。"命罢役。左右曰："是德必归于春，不可。"公曰："春而有之善，乃寡人之善也。"卫人悦，当时谓公得君道矣。

又曰：冬之德寒。

又曰：见瓶水之冰，而知天下之寒。《淮南子》又载也。

《国语》曰：火见而清风戒寒，火，心星。清风，寒风也。清风至而修城郭。

《战国策》曰：田单为齐相，过淄水，有老人涉淄而寒，不能行。单乃解裘衣与之。襄王曰："单之厚施，欲取我国乎？"有贯珠者闻之，曰："不如因以为己。"下令曰："寡人忧民之寒，单解裘衣与之，称寡人之意。"于是闾里相与语曰："单之爱人，乃王之教也。"

《周书时训》曰：小寒之日，雁不北向，民不怀主；鹊不始巢，国家不宁；雉不始鸲，国乃大水。大寒之日，鸡不乳，淫女乱男；鸷鸟不厉，国不除兵；水泽不坚，言乃不从。

《说苑》曰：国有五寒，而水冻不与焉。一曰政外，二曰女广，三曰谋泄，四曰不敬卿士而国败，五曰不能治内而务外。此五者一见，惟祸无福。

桓谭《新论》曰：元帝时，汉中送道人王仲都，能忍寒。乃于盛寒日令袒衣，载以驷马，于昆明湖上环水而走，御者厚衣狐裘甚寒，而仲都独无变色，此耐寒也。

《方言》曰：裋，寒也。

《论衡》曰：说寒温者曰：人君喜则温，怒则寒。

又曰：河东项曼都好道学仙，去家三年而反。曰："去时有数仙人将上天，离月数里而上月之旁，其寒凄凄。"

《穆天子传》曰：天子游黄室之丘，日中大寒雨雪，有冻死人，天子作黄竹诗以愍之。

《葛仙公别传》曰：公与客谈语，时天大寒。仙公谓客曰："居贫不能人人得炉火，请作一大火，共致暖者。"仙公因吐气，火赫然从口出，须臾火满屋，客皆热，脱衣。

《孝子传》曰：闵子骞事后母，絮骞衣以芦花，御车，寒失纼，父怒笞之，后抚背之衣单，父乃去其妻。骞启父曰："母在一子寒，母去三子单。"

《石虎别传》曰：十三年春二月，虎率三公九卿躬耕籍田，后率二夫人命妇，先蚕近郊。是岁八月雨雪大寒，行旅冻死。

《钟离意别传》曰：严遵昔与光武俱为诸生，暮夜宿息，二人寒不得寝卧。更相谓曰：后日豪贵，忆此勿相忘。别后数年，光武有天下，征遵不至也。

《西京杂记》曰：淮南王好方士，士皆以术见，嘘吸为寒暑。

刘向《别录》曰：燕地寒谷，不生五谷，邹衍吹律以暖之，乃生禾黍，因名黍谷。

《广志》曰：挹楼国地寒，人多穴居也。

又曰：北方寒，冰厚三尺，地冻入一丈，气出口为凌，马首常创。

《洪范五行传》曰：秦始皇九年四月寒冻，民有死者。

又曰：听不聪，事不谋，厥罚恒寒。

《晋朝杂事》曰：永宁二年十二月大寒，凌破河桥。

又曰：大兴四年大寒，伤民冰厚，时王敦肆乱，杀戮忠良。

《神异经》曰：北方有层冰万里，厚百丈，下有鼷在冰下土中，其形如鼠，食冰草，肉重万斤，作脯食之已热，其毛长八尺，可以为褥，卧之可以却寒。

又曰：东南方海中烜兴远切。洲上有湖，其中唯有鲫鱼，长八尺，食之宜暑而避风寒。寻阳有林湖，鲫鱼大二尺余，食之肥美，可以已已寒。

《黄帝素问》曰：地气上为寒。

《太公金匮》曰：武王伐纣，纣驻洛邑，天阴寒，雨雪十余日。

汉张奂《与延笃书》曰：太阴之地，冰厚三尺，木皮三寸，风威寒冽，捐肌伤骨，非老惫者所堪，而复加之以师旅，因之以饥馑，众艰罄集，不可一二而言也。

后汉张衡《思玄赋》曰：逼区中之隘陋兮，将北度而宣游。宣，遍也。行积冰之皑皑兮，清泉泫而不流。寒风凄其永至兮，拂穹岫之骚骚。玄武缩于毂中兮，螣蛇宛而自纠。龟与蛇交曰玄武也。鱼矜鳞而并凌兮，鸟登木而失条。凌，冰也。

晋潘岳《寡妇赋》曰：夜漫漫以悠悠兮，寒凄凄以凛凛。

魏应璩《新诗》曰：岚山寒折骨，面目尽生疮。岚山，羌中山名。

傅玄诗曰：季冬时惨烈，猛寒不可胜。严风截人耳，素雪随地凝。床上飞霜起，波中自生冰。未夕结重衾，崇朝不敢兴。

又陆机《乐府苦寒行》曰：北游幽朔城，凉野多险艰。俯入穹谷底，仰陟高山盘。凝冰结重涧，积雪被长峦。阴云与岩侧，悲风鸣树端。不睹白日景，但闻寒鸟喧。猛虎凭林啸，玄猿临岸叹。夕宿乔木下，惨怆恒鲜叹，喝饮坚冰浆，饥啖零露餐。

又《连珠》曰：沉寒凝海，不能结风。

《琴操》曰：曾子尝耕于泰山之下，遭天雨雪寒冻，旬日不得归，乃作忧思歌也。

宋袁淑《七言咏寒雪》曰：渚幽寒兮石烟聚，日华收兮山气深。边亭哀兮夜燧灭，孤松振兮空岫吟。鱼戢鳞兮鸟矜翰，虹蛰火兮龙藏金。

# 太平御览卷第三十五 时序部二十

## 丰稔

《诗序》曰：华黍，时和岁丰，宜黍稷也。

诗曰：我黍与与，我稷翼翼。我箱既盈，我庾维亿。露积为庾，十万曰亿。

又曰：彼有不获稚，此有不敛穧；彼有遗秉，此有滞穗：伊寡妇之利。秉，把也。郑笺云：成王之时言百谷既多穗同齐，然收刈促遽，力皆不足，而有不获不敛遗秉滞穗，寡妇取之以利也。

又《诗序》曰：丰年，秋冬报也。报者谓尝也，蒸也。《诗》曰丰年多黍多稌，亦有高廪，万亿及秭。数万至万曰亿，数亿至万曰秭。《笺》云：丰年，大有年也。万亿及秭，言谷多也。为酒为醴，烝畀祖妣。以洽百礼，降福孔偕。偕，遍也。《笺》云：蒸，进也。畀，与也。

《谷梁传》曰：宣公十六年冬，大有年，五谷大熟。

《汉书》曰：宣帝即位，用吏多选，百姓安土，岁数丰穰，谷每石数钱。

《汉记》曰：鲍德修志节，有名绩，累官为南阳太守。岁荒灾，唯南阳丰稔，吏民爱悦，号为神父。

又曰：建武二年秋，天下野谷旅生，麻菽尤盛。或生瓜菜果实，野蚕成茧被山，民收其絮，采获谷果，以为畜积。

京房《易逆刺》曰：天雨谷，岁大熟。

《尚书考灵耀》曰：春政不失，五谷孳；初夏政不失，甘雨时；季夏政不失，地无菑；灾谓土不稼穑。秋政不失，人民昌；冬政不失，少疾丧。五政不失，百谷稚熟，日月光明。晚熟曰稚。《诗》曰：稙稚菽麦。

《礼稽命征》曰：天子祭天地宗庙，六宗五岳得其宜，则五谷丰，雷雨时至，四夷贡物。

《礼斗威仪》曰：君乘木而王，则草木丰茂，嘉谷并生。

《春秋元命包》曰：咸池主五谷，其星五者，各以其职以精委为谷也。宋均曰：谷有五，故五星主之。咸池之为言皆多也，言谷生于子，水含秀怀实，至秋精垂，故一名五车，取以载归之之义为言，扶而化之。

《孝经援神契》曰：岁星守心，年谷丰。

《晏子春秋》曰：景公伐鲁，得东门无泽，公问鲁年谷。对曰："阴冰厥阳，冰厚五寸。"公问晏子。晏子曰："君问年谷，答以冰，礼也。阴冰厥阳，冰厚五寸者，寒温节。寒温节则政平，政平则上下和，上下和则年谷熟。臣恐疲兵而无成，君盍盍，何不也。礼鲁以息吾怨？"遂不伐鲁。

《汝南先贤传》曰：袁安为楚相，会楚王坐事互相牵引拘系者千余人。安受命即奔辔而行，先决狱，应时理遣，一旬之中，延千人之命。其时甘雨滂沛，岁大丰稔。

《南越志》曰：高兴县野多客鸡，其形如鸡而五彩，至则年穰。

《临海异物志》曰：独春鸟声有似舂，鸣声多者五谷伤，鸣声少者五谷熟。

《袁子正书》曰：语曰，岁在辛酉，乞浆得酒。

梅陶书曰：古人就食于安里，今三州米流出门，无如今年丰也。若以古人用之，则累年之储也。

《广雅》曰：年、稔、秋，谷熟也。

《桓子新论》曰：世俗咸曰，汉文帝躬俭约，修道德以先天下，天下化之。故致充实殷富，泽加黎庶，谷至石数十钱，上下饶羡。

《物理论》曰：正月朝，四面黄气，其岁大丰，此黄帝用事，土气均和，四方并熟。

《盐铁论》曰：周公时，天下太平，丘陵高下皆熟。

《山海经》曰：鳐鱼见，天下大穰。

古歌词曰：长安城西双员阙，上有一双铜雀宿，一鸣五谷生，再鸣五谷熟。

## 凶荒

《礼》曰：岁凶年谷不登。君膳不祭肺，马不食谷，驰道不除，祭事不悬，大夫不食粱，士饮酒不乐。皆为自损忧民，礼杀生则祭先，有虞氏以首，夏后氏以心，殷人以肝，周人以肺，不祭肺则不杀生也。天子食曰少牢，朔曰太牢，诸侯食曰特牲，朔曰少牢，除治道为妨民，取蔬食，悬乐器钟磬之属也。不乐，去琴瑟也。

又曰：凶年，则乘驽马，祀以下牲。自贬损，亦取易供也。驽，马六种最下也。下牲少牢，若特豕特豚也。

《传》曰：五年春无冰。梓慎曰：今兹宋其饥乎？岁在星纪而淫于玄枵，以有时灾，阴不堪阳。时灾无水也。阴盛用事而温无冰，是阴不胜阳，地气发泄也。蛇乘龙，蛇，玄武之宿，虚危之星，龙，岁星，岁星木也，为青龙。星失次为蛇所乘。龙，宋、郑之星，宋、郑必饥。

又曰：晋荐饥，麦米皆不熟也。使乞籴于秦，秦伯谓百里奚与诸乎？对曰："天灾流行，国家代有，救灾恤邻，道也。行道有福。"丕郑之子豹在秦，请伐晋。秦伯曰："其君是恶，其民何罪？"秦于是乎输粟于晋，自雍及绛相继，命之曰泛舟之役。后秦饥，晋闭之籴。

又曰：宋公子鲍礼于国人，宋饥，竭其粟以贷之，年自七十已上，无不馈诒也。

《谷梁传》曰：一谷不熟谓之歉，歉，食不足。二谷不熟谓之饥，三谷不熟谓之馑。

《尔雅》曰：谷不熟为饥，蔬不熟为馑，果不熟为荒，仍饥为荐。

《汉书》曰：高祖二年，关中大饥，米斛万钱。

又曰：汉兴，接秦之弊，诸侯并起，民失作业而大饥馑，米石五千，人相食，死者过半。高祖乃命民得卖子就食蜀汉。

又曰：岁饥，民贫，卒食半菽。或曰：半，五升器名也。臣瓒案，士卒食蔬菜，以菽杂半之。

又曰：元帝二年，齐地饥，米石三千余。

又曰：王莽时，雒阳以东，米石二千，莽遣三公将运关东诸侯仓，赈贷贫乏。又分遣大夫谒者救民煮木为酪，服虔曰：煮木实为酪。酪不可食，重为烦扰。流民入关者数十万人，置养赡官以廪之，盗发其廪，民饿死者十七八。

《东观汉记》曰：王莽末，南方枯旱，民多饥饿，郡人于野泽掘蔦水草实也。茨而食。

又曰：赤眉还入长安，邓禹与战败走，至高陵，军士饥饿，皆食藻菜。帝乃征禹还。敕曰："赤眉无谷，自当来降，吾折之舌反。捶笞之，非诸将忧也。"

谢承《后汉书》曰：赵典兄子温，遭岁大饥，散家粮以赈穷饿，所活万余人。

王隐《晋书》曰：永嘉五年，洛中大饥。五月，挚虞饿死。

又曰：刘琨与丞相笺曰："夏则桑椹，冬则莹音劳。豆，视此哀叹，使人气尽。

《晋中兴书》曰：中原乱，中宗初镇江左，假郄鉴龙骧将军、兖州刺史镇邹山。又徐龛、石勒左右交侵，百姓饥馑，野无生草，时或掘野鼠蛰燕而食之。

又曰：太兴元年诏曰："亢旱谷贵，百姓嗷嗷，有资者贵籴，贫羸之民益困。汉世谷贵官贱籴，使价不超越，谓之平准。今虽无此，可出邸阁米万斛，使三分减一，以平其价，令贫困者悉行足以至秋也。"

《吴志》曰：骆公绪年八岁，与亲客归会稽，事嫡母甚谨。时饥荒，多有困乏，公绪为之饥，饮食衰少。其姊仁爱有行，寡居无子，公绪见其哀之，姊问其故，公绪曰："士大夫糟糠不足，我亦何必独饱？"姊曰："诚知如是，何不告我，而自苦若此。"乃自以私粟与公绪。又以告母，母亦贤之。遂使分施，由是显名。

《周书》曰：天有四殃，水、旱、饥、荒，其至无时，非积畜何以备之。

《夏归藏》曰：士无兼年之食，遇天饥，妻子非其妻子也。大夫无兼年之食，遇天饥，舆马臣妾非其有也。国无兼年之食，遇天饥，百姓非所有也。戒之哉!

《国语》曰:大夫种谋曰:今吴既罢音疲,罢,劳也。而大荒荐饥,市无赤米,米之恶也。而囷篾空虚,圆者为囷,方者为篾。其民必移就食蒲蠃于东海之滨。蒲,蒲子。蠃,蚌蛤之属。滨,海涯。

又曰:鲁饥,臧文仲以玉磬如齐告籴。宋庙馨鸣球也。

《典略》曰:从兴平元年至建安二年,其间四岁中,咸阳萧条,后贼李堪等始将部曲入长安,居卓故坞中,拔取酸枣梨藋藋,从吊切。以给食,发冢取衣盖形。

崔鸿《三十国春秋》曰:诸州自建武元年十一月不雨雪,至十二年八月谷价踊贵,金斤值米二升,民流散死者十有五六,百姓嗷然,人无生赖。

又曰:建元元年,襄国大饥,谷二升直银一斤,肉一斤直银一两。

《韩子》曰:秦大饥,应侯请发五苑果枣栗以活民。王曰:"秦法赏有功,诛有罪,今发五苑,是有功无功俱赏也。"

《墨子》曰:百谷不收谓之旱,三谷不收谓之凶,四谷不收谓之馈音匮,五谷不收谓之饥。

《淮南子》曰:畜者欲岁之荒饥。谓将取厚利。

《袁子正书》曰:问滑鳌曰:"今当凶年,有欲与子随侯之珠者,又有欲与子一钟之粟者,子将何择?"鳌曰:"吾取粟可以救穷。"

《河图》曰:日月两重晕者,饥之祥也。

《魏名臣奏》曰:太尉司马懿奏云,秋涝伤五谷,又无菜蔬,北方民已有食桑皮者。

《英雄记》曰:李傕等相次战长安中,盗贼不禁,白日掳掠。是时,谷一斛五十万,豆麦二万,人相食啖,白骨委积,臭秽满路。

又曰:幽州岁岁不登,人相食,有蝗旱之灾,民人始知采稆音吕,以枣椹为粮,谷一石十万钱。公孙伯圭开置屯田,稍稍得自供给。

又曰:建安七年邺中大饥,芋一亩二万钱。

《博物志》曰:荒年暂辟谷法,但食蜡半斤,辄支十日不饥。

汉《应享应立豫赞序》曰：王莽居摄，以病告归，后赤眉贼攻其所居城，粒尽以私谷数十万斛赈城中，于时粟斛钱数万，莫不称其仁。

晋《王洽集》曰：洽临吴郡上表曰："编户僵尸，葬埋无主。或阖门饿馁，烟火不举。"

## 旱

《春秋考异邮》曰：旱之言悍也，阳骄蹇所致也。

《诗》曰：旱既太甚，悠悠山川。

又曰：旱魃为虐，如惔如焚。我心瘅暑，瘅，病也。忧心如熏。熏，灼也。

又曰：旱既太甚，蕴隆虫虫。雷而非雨。

《书说命》曰：若岁大旱，用汝作霖雨。

又曰：僭恒旸若。君行僭差则常阳顺之。

《礼》曰：缪公召弦子问曰："天久不雨，吾欲暴尪而奚若？"对曰："天则不雨，而暴人之病子，虐，无乃不可乎？"暴巫而奚若？"对曰："天则不雨，望之愚妇人，于以求之，无乃已疏乎？"

《周礼》曰：司空掌群巫之政令，若国大旱，则率巫而舞雩。

又曰：女巫旱旰舞雩。

《传》曰：卫大旱。宁庄子曰："昔周饥，克殷而年丰。今邢方无道，天其或者欲使卫讨邢乎？"从之，师兴而雨。

又曰：鲁僖公三年，自十月不雨，至于五月，不曰旱，不为灾。

又曰：卫大旱，卜有事于山川，不吉。

又曰：僖公二十一年夏大旱，公欲焚巫尪。臧文仲曰："非旱备也。修城郭，贬食省用，务啬俭也劝分，无有相济，此其务也。巫尪何为？天欲杀之，则如勿生，若能为旱，焚之滋甚。"公从之。是岁饥而不害。

又曰：鲁文公十年正月不雨，至于七月。周正月，今之十一月。周十月，今之五月。

又曰：鲁宣公九年，葬我小君敬嬴，旱，无麻，始用葛茀。茀，所以引柩也。

又曰：鲁昭公十六年秋，郑大旱，使屠击有事于桑山祭山也，斩其木，不雨。子产曰："有事于山，艺山林也，养护令繁殖也。而斩其木，其罪大矣。"夺之官邑。

《汉书》曰：百里嵩，字景山，为徐州刺史。时旱，嵩行部传车所经，甘雨辄澍。东海祝其、合乡二县在山间，嵩不往，二县独不得雨，父老请之，入界即雨澍。

又曰：和帝永元六年秋旱。时洛阳有冤囚，帝录囚理冤未还宫，雨澍。邓太后事同。

《续汉书》曰：郡国旱，公卿行雩礼求雨。闭诸阳门，衣皂衣，兴土龙，立土人，舞童二佾，七日一处。

又曰：郡国旱，各扫除社稷，公卿官长以次行雩礼，求雨也。

《魏志》曰：卫玠见黥面者，其妻子没为官僮。玠曰："使天下不雨者，盖由此也。"太祖乃怒玠。

《晋书》曰：督运令史淳于伯刑于建康市，百姓喧哗，咸曰伯冤，于是大旱三年。

《京氏易》曰：人君无惠泽于下，则小旱。

《管子》曰：春不收枯骨朽胔，伐枯木而去之，则夏旱至矣。

《尸子》曰：汤之救旱也，乘素车白马，着布衣，身婴白茅为牲，祷于桑林之野。此时弦歌鼓舞者禁之。

《孟子》曰：七八月之间旱，则苗槁。槁，干也。

《晏子春秋》曰：齐景公时旱，欲祀灵山及河伯。晏子曰："夫山以石为身，以草木为毛发，今久不雨，毛发将焦，身且热，岂山不欲雨乎？祀之何益。君宜避殿暴露以索雨也。"公从之，出野，果大雨。

《世说》曰：汤时大旱七年，雒川竭，煎沙烂石，乃使持三鼎祀山川，祝词曰：政不节邪？使人疾邪？贿赂行邪？谗夫昌邪？宫室荣邪？荣，华也女谒成邪？何不雨之甚？

《洪范五行传》曰：鲁宣公十年秋大旱，时公兴师与齐伐叶。夫伐国亢阳，益师旅、百姓所不欲也，应是而大旱。

《益部耆旧传》曰：赵瑶为阆中令，大旱。瑶请雨于灵星，应时降雨。

《搜神记》曰：周畅为河南尹，元初二年大旱。畅乃葬路旁露骸，为立义冢，应时注雨。

又曰：谅辅，字洪儒，新都人，为郡五官掾。时大旱，太守自暴中庭而雨不降。辅自誓曰，日中雨不降，请以身塞无状。无状，谓祈雨不降。乃积薪柴自焚，至日中时大雨，一郡沾润。

《神农求雨书》曰：春甲乙不雨，东为青龙，又为大龙，东方老人舞之，壬癸雨。

又曰：如此不雨，命巫祝雨，曝之不雨，祷山神，积薪其旁，击鼓而焚之。

《瑞应图》曰：遇旱，责躬引咎，理察冤枉，退去贪残，侧修惠政，则降以零雨。如其有道术，祷祝山川，致龙转石，闭阳从阴之类，诚非瑞应。是以鲁侯有暴尫之诮，齐景以祠山见讥。

董仲舒曰：春旱求雨，令县邑以水日令民祷社，家人祠户，无伐名木，无斩山林，曝巫聚尫八日，于邑东门外为四通之坛，方八尺，植苍缯八，其神共工，祭以鱼八。夏求雨亦以水日，家人祠灶，无举土功，浚井，曝釜鬲杵臼于街七日，为四通坛于邑南门外，方七尺，植赤缯七，其神蚩尤，祭以赤雄鸡七。凡求雨之大礼，丈夫欲藏匿，女子欲和而乐。

《师旷占旱》曰：岁欲旱，旱草先生，旱草者，蒺藜是也。

《山海经》曰：太华之山，削成四方，有蛇名肥遗，六足四翼，见则天下大旱。汤时也。东荒之北隅，有山名凶犁，应龙处南极，杀蚩尤与夸父，不得复上，故下数旱。旱而作应龙之状，乃得大雨。上无作雨者故也。今云土龙大此。

又曰：傒昆之山有人，衣青衣，名曰黄帝女妖，蚩尤伐黄帝，请风伯雨师，帝乃下天女曰妖，雨止，遂杀蚩尤，妖不得复上，所居不雨。

又曰：鱄鱼，鸡山黑水多焉，彘尾，音如豚，出则天下大旱。东荒之北隅有焉。有子德元，中牟平秩人也。姑夫。

# 太平御览卷第三十六 地部一

## 地上

《释名》曰：地，底也，言其底下载万物也。亦言谛也，五土所生，莫不审谛也。亦谓之坤，坤，顺乾也。

《说文》曰：元气初分，重浊为地，万物所陈列也。

《易》曰：坤元亨，利牝马之贞。马在下而居者也，而必牝者，顺之至也。至顺而后乃亨。

又曰：至哉坤元，万物资始，乃顺承天，坤厚载物，德合无疆，含弘光大，品物咸亨。牝马地类，行地无疆。《象》曰，地势坤，地形不顺，其势顺也。君子以厚德载物。《文言》曰，坤至柔而动也刚，至静而德方，后得主而有常，含万物而化光。坤道其顺乎？承天而时行。又云："阴虽有美，含之以从王事，弗敢成也。地道也，妻道也，臣道也，地道无成，而代有终也。"

又曰：夫玄黄者，天地之杂色也，天玄而地黄。

又曰：立地之道，曰柔与刚。

又曰：坤，地也，故称乎母。陆绩注曰：取含养也。

又曰：本乎地者亲下。

又曰：在地成形。郑玄注云：形谓草木鸟兽。王广注：形谓山川等。

《礼记》曰：人道敏政，地道敏树。郑玄注云："树，谓植草木。"

又曰：今夫地，一撮土之多，及其广厚，载华岳而不重，振河海而不泄，万物载焉。此言地之博厚，本由撮土，山之广大，本由拳石，水之不测，皆由一勺。皆合少成多，自少至大，至诚者亦如此乎？

又曰：地载物，天垂象，取财于地，取法于天。是以尊天而亲地。

又曰：博厚所以载物也，高明所以覆物也。博厚配地，高明配天。

又曰：成子高谓庆遗曰：生无益于人，死不害于人，我死则择不食之地而葬我焉。

又曰：燔柴于泰坛，祭天也，瘗埋于泰折，祭地也。

又曰：天地不合，万物不生。

又曰：子夏曰："三王之德参于天地，敢问何如斯可谓参天地矣？"孔子曰："奉三无私以劳天下。"子夏曰："敢问何谓三无私？"子曰："天无私覆，地无私载，日月无私照。"

又曰：凡四海之内，断长补短，方三千里，为田八十万亿一万亿亩。九州之大计。方百里者，为田九十亿亩，山陵林麓川泽沟渎城郭宫室涂巷，三分去一，其余六十亿亩。

《周礼》曰：土训掌道地图，以诏地事。道，说也。说地图九州形势，山川所宜，告王以施其事也。

又曰：以天产作阴德，以中礼防之，以地产作阳德，以和乐防之。以礼乐合天地之化，百物之产。

又曰：大司徒掌天下土地之图，周知九州之地域，广轮之数，东西为广，南北为轮。辩五地之生物。一曰山林，其动物宜毛，其植物宜皁；二曰川泽，动物宜鳞，植物宜膏；三曰丘陵，动物宜羽，植物宜核；四曰坟衍，动物宜介，植物宜荚；五曰原隰，动物宜羸，植物宜藂。

《尔雅》曰：东至泰远，西至邠国，南至濮铅，北至祝栗，谓之四极。觚竹，北户，西王母，日下，谓之四荒。九夷，八狄，七戎，六蛮，谓之四海。距齐州以南戴日为丹穴，北戴斗极为空桐，东至日所出为太平，西至日所入为太蒙。郭璞注云：极四方极远国也。觚竹在北，北户在南，西王母在西，日下在东，皆四方昏荒之地；次四极者，九夷在东，八狄在北，七戎在西，六蛮在南。次四荒者。距，去也。齐，中也。犍为舍人注曰：晦冥无识不可教诲，故曰四海。自中州以南，日光所照故曰丹穴。

《尚书考灵异》曰：地有四游：冬至地上，北而西三万里；夏至地下，南而东复三万里；春秋分，则其中矣。地恒动不止，人不知。譬如人在大舟中，闭牖而坐，舟行不觉也。

《诗含神雾》曰：天地相去亿里。

《春秋感精符》曰：冬至成天文，夏至成地理。

《春秋元命包》曰：神农世，怪义生白阜，怪义，白阜之母名也。图地形脉道。白阜为神农图画地形，通水道之脉，使不壅塞也。

又曰：土无位而道在，故太一不兴化，人主不任部。地出云起雨，以合从天下，勤劳出于地，功名归于主。土以谦自正，以卑自敛，终不自伐生养之苦，乃兴云雨不以为功，一归于天中。

又曰：地所以右转者，气浊精少，含阴而起迟，故转迎天佐其道。地生于离，既而不敢当阳动，退居少阴，则亦宜右行而迎阳者，受其施育而成阳，故曰佐其道也。

又曰：地不足东南，阴右动终而入灵门。地不足东南故言立子午以相明之。子午者，阴阳之众所见处也。故以二辰回转所不同以为门也。右动，动而东也。灵门巳也，阴藏于巳也。

又曰：地者，易也，言养物怀任交易变化，含吐应节，故其立字土力于一者为地。地加土以力，又加一者，言奉天一也。

《春秋说题辞》曰：地之为言婉也，承天行其义也，居下以山为位，道之经也。山陵之大，非地不制，含功以牧生。故其立字，土力于一者为地。力，勤也，即天也。

《春秋内事》曰：地有十三分，王侯之所居也。

《孝经援神契》曰：地顺受泽，谦虚开张。开张九窍，受流洒润，是其谦虚也。

又曰：计校九州之别，土壤山陵之大，川泽所注，莱沛所生，鸟兽所聚，凡九百一十万八千二十四顷，硗埆不垦者千五百万二千顷。

《家语》曰：子夏曰："商闻《山书》曰，地东西为纬，南北为经，山为积德，川为积刑，高者为生，下者为死，丘陵为牡，川谷为牝，蚌蛤龟珠，与日盈虚。是故坚土之人刚，弱土之人肥，虚土之人妙，实土之人细，息土之人美，硗土之人丑。"

《史记》曰：颛顼养材以任地，载时以象天。

《汉书》曰：天道贵信，地道贵贞，不信不贞，万物不生。

又曰：秦地于《天官》，东井、舆鬼之分野，周地柳、七星、张之分野，韩地角、亢、氐之分野，赵地昴、毕之分野，燕地尾、箕之分野，齐地虚、危之分野，鲁地奎、娄之分野，宋地房、心之分野，卫地营室、东壁之分野，楚地翼、轸之分野，吴地斗、牛之分野。

《晋书》曰：裴秀《禹贡九州地域图论》曰："图书之设，由来尚矣。自古垂象立制而赖其用，三代置其官，国史掌其职。暨汉祖屠咸阳，丞相萧何尽收秦之图籍。今秘书既无古之地图，又无萧何所得秦之图籍。唯有汉氏《舆地》及《括地》诸杂图，各不设分率，又不考正准望，亦不备载名山大川。其所载列，虽有粗形，皆不精审，不可依据；或称外荒迂诞之言，不合事实，于义无取。今制地图之体有六：一曰分率，所以辩广轮之度也；二曰准望，所以正彼此之体也；三曰道里，所以定所由之数也；四曰高下；五曰方斜；六曰迂直，此三者，各因地而制，以校夷险之数也。有图象而无分率，则无以审远近之差；有分率而无准望，虽得之于一隅，必失之于他方；有准望而无道里，则施于山海绝隔之地，不能以相通；有道里而无高下、方斜、迂直之校，则径路之数，必与远近之实相违，失准望之正矣。故必以此六者参而考之，然后远近之实，定于分率，彼此之实，定于道理，度数之实，定于高下、方斜、迂直之算。故虽有峻山巨海之隔，绝域殊方之迥，登降诡曲之因，皆可得举而定者，准望之法既正，则曲直远近无所隐其形也。

《抱朴子》云：太极初构，清浊始分，故天先成而地后定。

《河图括地象》曰：八极之广，东西二亿三万三千里，南北二亿三万一千五百里。夏禹所治四海内地，东西二万八千里，南北二万六千里。

又曰：天有五行，地有五岳；天有七星，地有七表；天有四维，地有四渎；天有八气，地有八风；天有九道，地有九州。

又曰：昆仑山为柱，气上通天。昆仑者，地之中也。下有八柱，柱广十万里，有三千六百轴，互相牵制，名山大川，孔穴相通。

又曰：地广东西二万八千，南北二万六千，有君长之州有九，阻中土之文德，及而不治。

《河图挺佐辅》曰：百世之后，地高天下，不风不雨，不寒不暑，民复食土，皆知其母，不知其父。如此千岁之后，而天可倚杵，匈匈隆隆，莫知始终。

《河图》曰：元气无形，匈匈蒙蒙，偃者为地，伏者为天。

《黄帝素问》曰：积阴为地，故地者，浊阴也。

《洪范五行传》曰：地者，成万物者也。

《周髀算经》曰：天不可阶而升也，地不可尺寸而度。

《楚辞》曰：地方九则，何以坟之？王逸注曰：坟，分也。谓九州之地凡九品，禹贡何以能分别之也。康回冯怒，地何以东南倾？康回，共工也。昔共工与颛顼争为帝，怒而触不周山，天柱折，地维绝，故倾也。见《淮南天道篇》也。

《盐铁论》曰：古者制地足以养民，民以承其上，千乘之国，百里之地，公侯伯子男，各欲其欲。秦兼万国之地，有四海之富，而意不赡者，嗜欲多而下不堪其求也。

《太玄经》曰：天以不见为玄，地以不形为玄，人以心腹为玄。天奥西北，郁化精也；地奥黄泉，隐魄荣也；人奥思虑，含至精也。

又曰：九地：一为沙泥，二泽浼，三征崖，四下田，五中田，六上田，七下山，八中山，九上山。

蔡邕《月令章句》曰：总丘陵原隰阪险曰地。范子计然曰，夫地有五土之宜，各有高下。

郑玄注《孝经》曰：分别五土，视其高下，若高田宜黍稷，下田宜稻麦，丘陵阪险宜种枣栗。

杨泉《物理论》曰：凡居地有大利而无小害者，上地也。

《山海经》曰：帝令竖亥步，自东极至于西极，五亿十选，九千八百八十步。竖亥左手抱算，右手指青丘北。

又曰：天地之东西二万八千里，南北二万六千里，出水者八千里，受水者八千里。

《物理论》曰：地者，底也，底之言著也，阴体下著也。其神曰祇，祇，成也，育生万物备成也。其卦为坤，其德曰母。地形有高下，气有刚柔，物有巨细，味有甘苦。镇之以五岳，积之以丘陵，播之以四渎，流之以四川。盖气，自然之体也。地发黄泉，周伏回转，以生万物。地，天之根本也，形西北高而东南下，东西长，南北短，其尽四海者也。

又曰：地者，其卦曰坤，其德曰母，其神曰祇，亦曰媪。大而名之曰黄地祇，小而名之曰神州，亦名后土。黄地柢牵八极之内地，神州王畿千里内地神也。后土，祇也，社地主也，所在皆得言之。

《诗推度灾》曰：上清下浊，号曰天地。

《博物志》曰：地祇之位，起形于昆仑，从广万里，高万一千里，神物之所生，圣人仙人之所集。昆仑之东北，地转下三千六百里，有八玄幽都，方二十余万里，下有四柱，柱广十万里，地有三千六百轴，互相牵制也。

又曰：地以名山为之辅佐，石为之骨，川为之脉，草木为其毛，土为其肉，三尺以上为粪，三尺以下为地，重阴之性也。

又曰：中国之域，左滨海，右通流沙，方而言之，万五千里，面二千五百里，东至蓬莱山，西至陇右，后跨蓟北，前及衡岳，若计共四万有三亿之余。降朝鲜岷山，东治可西也，陇川以南及北海之国，此是尧舜，土及万里，汤时七千里，此后亦无常，随德优劣也。

《论衡》曰：地户在东南。

又曰：地之最下者，有扬兖二州，洪水之时，此二土最被水害。

又曰：山川陵谷，为之地理。

又曰：地性生草，山性生水。

《白虎通》曰：地者，元气所生，万物之祖也。地之言施也，谛也，应施变化，审谛不误，敬始重终，故谓之地也。

《老子》曰：地得一以宁。地无以宁，将恐发。

《庄子》曰：天地非不广且大也，人所容足耳。

又曰：海水三岁一周流，波相薄，故地动。

《列子》曰：共工与颛顼争为帝，怒而触不周之山，天柱折，地维绝。地不满东南，故百川归焉。

又曰：地积块耳，充塞四虚，无处无块。

《文子》曰：地承天故定宁，地定宁，万物形，地广厚，万物聚。定宁无不载，广厚无不容。

又曰：地方而无涯，故莫能窥其门。

《管子》曰：地或维之，地莫之维，地亡必矣。

又曰：地者，政之本也，是地可以正。地不均平和调，则政不可正也。

桓公问管子曰：地数可得而闻乎？曰：东西二万六千里，出水者八千里，受水者八千里，出铜山四百六十七，出铁山三千六百九处，封禅之王，七十二家。

《墨子》曰：禽子问天与地孰仁？墨子曰："翟以地为仁，民衣焉，食焉，死焉，家焉，地终不责德焉，故翟以地为仁。"

《淮南子》曰：禹使大章步，自东极至于西极，二亿三万三千五百七十里。使竖亥步，自北极至于南极，二亿三万三千五百七十里。

又曰：重浊者淹滞而为地。

又曰：天有九部八纪，地有九州八柱。九州之外有八埏，东方曰沙海，东南方曰沅泽，南方曰浩泽，西南方曰丹泽，西方曰泉泽，西北方曰海泽，北方曰寒泽，东北方曰无通泽。

又曰：扶桑之上，众帝所自上下，日中无景，呼而无响，盖天地之中也。弱水在东，建木在西，末有十日，其华照下地。九州之大。纯纯，缘，边也。方千里。九州之外，乃有八寅，一曰不温曰寅泽。亦方千里：自东北方曰大泽，无渐茄曰泽也。曰无通；东方曰大渚，曰少海；东南曰具区，曰元泽；南方曰大梦，曰浩泽；西南方曰注资，日丹泽；西方曰九瓯，曰泉泽；西北方曰大夏；曰海泽；北方曰大冥，曰寒泽。凡八寅八泽之云，是雨九州。八寅之外，乃有八纮，纮，维纮也。亦方千里：自东北东曰和丘，曰荒土；东方曰棘林，曰桑野；东南方曰大穷，曰众女；民少男多女也。南方曰都广，曰反户；在日之南，为北向户。西南方曰焦侥，曰炎土；焦侥人长三尺，衣冠带剑。西方曰金丘，曰沃野；金丘，金所出也。西北方曰一目，曰少所；其人一目。北方日积冰，曰委羽。积冰至寒也。委羽，山名，委羽之北盖不见日也。凡八纮之气，是出寒暑，以合八正，必以风雨。八纮之外，乃有八极：自东北方曰方土之山，曰苍门；东方曰东极之山，曰开明之门；东南方曰波海之山，曰阳门；南方曰南极之山，曰暑门；西南方曰南极编驹之山，曰白门；西方曰西极之山，曰阊阖之门；西北方曰不周之山，曰幽都之门；北方曰北极之山，曰寒门。凡八极之云，是雨天下；八门之风，是节寒暑；八纮、八寅、八泽之云，以雨九州，而和中土。东方之美者，有医无闾之眴玗琪焉；医无闾，东夷之山也。珣玕琪，玉名也。东南方之美者，有会稽之竹箭焉；南方之美者，有梁山之犀象焉；西南方之美者，有华山之金石焉；西方之美者，有霍山之珠玉焉，西北方之美者，有昆仑虚之璆琳、琅玕焉；璆琳、琅玕，珠名也。北方之美者，有幽都之筋角焉；东北方之美者，有徒格山之文皮焉。文皮，虎豹文皮也。

# 太平御览卷第三十七 地部二

## 地下

《淮南子》曰：东方之极，自碣石碣石山，在东北海中。过朝鲜，朝鲜，东夷。贯大人之国，东方有大人之国也。东至日出之次，扶木之池，青土树木之野，皆日所出之地。太皞、勾芒所司者，万二千里。其令曰：挺群禁，开闭阖，通穷窒，达障塞，行优游，弃怨恶，解役罪，免忧患，休罚刑，开关梁，宣出财，和外怨，抚四方，行柔惠，止刚强。南方之极，自北户乌孙之界，北户，日在其北，向以为户。贯颛顼之国，南至委火炎风之野，赤帝、祝融之所司者，万二千里。帝赤著明审諟也。祝，属也。融，工也。万物盛长属续而工也。其令曰：爵有德，赏有功，惠贤良，救饥渴，举力农，振贫穷，惠孤寡，养老疾，出大禄，行大赏，起毁宗，立无后，封建侯、立贤辅。中央之极，自昆仑东绝恒山，昆仑山在西方。恒山，北岳也。日月之所道，谓二十八宿舍在地之分野。江、汉之所出，人民之野，五谷之所宜，龙门、河、济相贯，以息壤堙鸿水之州，禹以息土堙洪水，以为中国九州，洲，水中可居也。东至于碣石，黄帝、后土之所司者，万二千里。黄，中色；帝道諟，地道载物，故称后也。其令曰：平而不阿，明而不苛，包裹覆露，无不囊怀，普大无私，正静以和，行糜粥，养老衰，吊死问疾，以送万物之归。西方之极，自昆仑绝流沙、沉羽，沉羽，弱水也，其弱至沉毛羽也。西至三危之国，石城金室，饮气之民，不死之野，少皞、蓐收之所司者，万二千里。少皋，白帝之号。少皋阴用事，物浩成也。蓐茂也，万物茂可收用也。其令曰：审用法，诛必辜，备盗贼，禁奸邪，敕群牧，谨贮聚，修城郭，补决窦，塞蹊径，堤沟渎，止流水，壅溪谷，守门闾，陈兵甲，选百官，诛不法。北方之极，自九泽北方之泽也，穷夏海之极，夏海，大海也。北至令止之俗，令止，丁令北海胡地。有冻寒积冰、雪雹霜霰、漂润群水之野，颛顼、玄冥所司者，万二千里。颛顼黑帝之号，顼大，言大阴用事，振翕而寒之也。

阴闭不见，故神为玄冥也。其令曰：申群禁，固闭藏，修塞障，缮关梁，禁外徙，断罚刑，杀当罪，闭关闾，大搜客，止交游，禁夜乐，早闭晏开，以索奸人，奸人已得，执之必固。天节已几，几，终也。刑杀毋赦，虽有盛尊之亲，断以法度，毋行水，毋发藏，毋释罪。

又曰：任一人之能，不足以治三亩之宅也；循道理之数，因天地之自然，则六合不足均也。均，平也。

又曰：卢敖游乎北海，卢敖燕人，秦始皇帝召以为博士，使求神仙，亡而不返也。径乎太阴，入乎玄阙，太阴，北方玄也。至于蒙谷之上，见一士焉，深目而玄鬓，渡注而鸢肩，丰上而杀下，轩轩然，迎风而舞。顾见卢敖，慢然下臂，遁逃乎碑。卢敖就而视之，方倦龟壳而食合梨。合梨，海蚌。卢敖与之语曰："唯！敖为背群离党，穷观于六合之外者，非敖而已乎？敖幼而好游，至长不渝解，周行四极，唯北阴之不窥，今卒睹夫子于是，子殆可与敖为友乎？"若士者龤音拳然叹曰："噫，子中州之民，宁肯而远至此，此犹光日月言太阳之地，尚见日月。而载列星，阴阳之所行，四时之所生，此其比夫不名之地，犹突奥也。言我所游不可字名之地，以卢敖所行之，则如突奥中也。若我南游乎罔罠之野，北息乎沉墨之乡，西穷冥冥之党，东开澒濛之光，此其下无地而上无天，听焉无闻，视焉无瞩，此其外犹有汰沃之汜。状沐汰沃四海与天地之际流声也。汜，涯也。其余一举而千万里，千万里，汰沃之外也。吾犹未能之在。吾尚未至此地。今子游始于此，乃于语穷观，岂不亦远哉？然子处矣哉！吾与若汗漫期于九垓之上，吾不可以久居。汗漫，不可知之也。九垓，九天也。"士举臂而竦身，遂入云中。卢敖仰而视之，弗见，乃止驾。止其所驾而居。

《尸子》曰：八极之内，有君长者，东西二万八千里，南北二万六千里。故曰：天左舒而起牵牛，地右辟而起毕、昴。

《孟子》曰：天子之地方千里；不方千里，不足以待诸侯。诸侯之地方百里；不方百里，不足以守宗庙。

《吕氏春秋》曰：凡四极之内，东西五亿有九万七千里，南北五亿有九万七千里。

又曰：长庐子曰：山海岳河，水金石火木，此积形成乎天地也。

又曰：冬之德寒；寒不信，其地不成刚。地不成刚，则冻闭不开。天地之大，四时之化，而犹不能不以信成物，又况于人。

《关令内传》曰：地厚万里，其下得大空，大空四角下有自然金柱，辄方圆五千里。

## 土

《释名》曰：土，吐也，吐生物也。徐州贡土五色，色有黄青白赤黑也。土赤者，鼠肝色也。土色黑曰卢，卢然解散也。土黄而细密曰埴，埴，职也，如脂之职也。土色青曰黎，似藜草也。土色白曰漂，漂，轻散也。

《尚书·禹贡》曰：冀州土白壤，孔安国曰：无块白壤。兖州土黑坟孔安国曰：色黑而坟起。青州土白坟，徐广曰：黎土也。扬州土涂泥，马融曰：渐如也。荆州土涂泥，豫州土惟壤下坟垆，孔安国曰：卢，疏也。马融曰豫州地青三等下者。坟，卢也。雍州土黄壤，徐州土赤戠坟，谢沉注：埴戠志。梁州土青骊。孔安国曰：色青黑。

又《洪范》曰：五行，其五曰土，土爰稼穑，稼穑作甘。孔安国曰：土可以种，可以敛甘味，生百谷。

《尚书帝命验》曰：土者，金之父也。

《周书作雒》曰：周公作太社于国中，其壝东青土，南赤土，西白土，北骊土，中央以黄土，将建诸侯，凿其方一面土，苴以白茅，以土封之，故曰裂土。

《诗》曰：溥天之下，莫非王土。

又曰：孔乐韩土，川泽汻汻。

《周礼地官上》曰：太司徒辩十二土名，以相民宅，知其利害，以任土事。

《礼记》曰：范金合土，以为台榭。

又曰：土弊则草木不长。

又曰：地，一撮土之多，及其广厚，载华岳而不重。

又曰：众生必死，死必归土，此之谓鬼。骨肉毙于下阴为野土。阴，荫也。

蔡邕《月令章句》曰：色别曰土。言五方土色各异也。

崔寔《四民月令》曰：正月雨水中，地气上腾，土长昌撅，陈根可拔。

《春秋元命苞》曰：土为言吐也，言子成父道也，气精以辅也。阳立于三故成生，其立字十夹为土。

《春秋繁露》曰：天有十端，其土为之一端。

《春秋考异邮》曰：后族专则土踊。宋均注曰：阴盛也。

《论语·里仁》曰：君子怀德，小人怀土。

《家语》曰：孔子曰：尧以土德王而尚黄，黄，土之色也。

又曰：食土者无心而不息。

又曰：宰我问于孔子曰："闻鬼神之名而不知其所谓，敢问。"孔子曰："人生有魂气，有魄气，气也者，神之盛也。众生必死，死必归土，此之谓鬼；魂气归天，此之谓神。"

《战国策》曰：孟尝君将入秦。苏秦曰："臣来过于淄上，有土偶人与桃梗相与语。桃梗语土人曰："子岸上土也，八月降雨，淄水至则汝城矣。"土人曰："吾西岸之土也，残则复为岸矣。今子东国之桃梗也，淄水至，则水漂何所之也？"

《汉书·张释之传》曰："文帝拜释之为廷尉，人有盗高庙坐前玉环，文帝怒，下廷尉治，奏当弃市。上大怒，释之顿首谢曰："假令愚民盗长陵一抔土，陛下复何以加其法乎？"

《后汉书》曰：朱浮《与彭宠书》曰："亦犹河滨之人，捧土以塞孟津。"

谢承《后汉书》曰：东郡赵咨病，自置小素棺，使人取干黄土二十石，细捣筛之，遗令亡后置土棺底，厚一尺，内尸于中，以土壅上。

又曰：范训母亡，以布囊盛土，负以成圹。

《魏志》曰：魏明帝起芳林园，建昭阳殿，公卿以下至于学生，莫不展力，帝乃躬自握土以率之。

《后魏书》曰：高昴父次同语人曰："吾四子皆五服，我死后，岂有人与我一锹土邪？"及次同死，昴大起冢，对之曰："此老平生畏无一锹土，今日被压，竟知之否？"

《唐书》曰：天宝十三载，册杨国忠为司空，其日雨土。

《江表传》曰：孙权讨袁术，举兵攻皖城。术闭门自守，粮食乏尽，士女或丸土而吞之。

《晋安帝纪》曰：刘敬宣在鲜卑，梦丸土而服之。既而占焉，或答曰："此服土吞丸也。"既觉而喜，曰："丸者，桓也，桓既吞矣，我复本土也。"旬日中闻桓玄败，得来归。

《世本》曰：廪君名务相，姓巴，与樊氏、晖氏、相氏、郑氏，凡五姓俱出，皆争神，以土为船，雕文画之而浮水中，其船浮，因立为君。他船不能浮。独廪君船浮，因立为君。

《蜀王本纪》曰：蜀王猎于褒谷，见秦王，以金一笥遗蜀王，蜀王报以礼物，尽化为土，秦王大怒，臣下拜贺曰："土，地也，今秦当得蜀矣。"

崔鸿《十六国春秋后赵录》曰：建武十二年，沙门吴进言于帝曰："胡运将衰，晋当复兴，当苦役晋人，以厌其气。"帝于是使尚书张群发近郡男女十六万，车十万乘，运土筑华林园及长墙于邺北，广长五里。

《白虎通》曰：土在中央，中央者，主吐含万物。

《圣证论》曰：孔晁云，能吐生百谷谓之土。

《河图挺佐辅》曰：自此百世之后，地高天下，山陵消去，不风不雨，不寒不暑，民复食土，皆知其母，不知其父。

《雷焕别传》曰：焕与张华见异气起牛斗之间。焕曰："此宝剑也。"拜焕丰城令，到县掘屋基入四十余尺，得一石函，中有双剑，琢错文采，翳而未明。君初经南昌，遣人取西山北岩下土二升，黄白色，拭剑，光艳照耀，莫不惊愕。张公得剑，喜置坐侧。曰：“此土南昌西山北岩土也，不如华阴山赤土，封一斤与君。”答书云：“详观剑体，真干将也。君更用赤土磨拭，逾益精明。”

《晋书·苻坚传》曰：初，秦之未乱也，关中土无火而烟气火起数十里，月余不灭。

宋躬《孝子传》曰：宗承，字世林，父资丧，葬旧茔，负土作坟，不役童仆。一夕间，土壤高五尺，松竹生焉。

《荆州先德传》曰：罗献守巴东，吴遣盛曼说献合从之计，诣献求借城门，献遣参军杨宗谩曰：“城中土一撮不可得，何言城门乎？”

《三辅旧事》曰：成帝作延陵及起庙，窦将军有青竹田在庙南，恐犯蹈之，言作陵不便，乃徙作昌陵，取土十余里，土与粟同价。

《关中记》曰：未央宫萧何所造，周回二十三里，疏龙首山土为殿基；殿基出长安城上也。

《宣城记》曰：江矩吴时为庐江太守，以清称征还，船轻皆载土，时岁暮，逐除者就乞，所获甚少，江乃语之，逐除人见而去。

盛弘之《荆州记》曰：武当县有一溪，岸土色鲜黄，乃可啖。

《义兴记》曰：阳羡县塘西潜壤中有黄土，色如精金。

《法显记》曰：阿育王在小儿时，当道戏遇迦叶佛乞食，小儿欣喜，即以一掬土施佛，佛持还泥经行地，因此果报作铁轮王。

《晋太康地记》曰：城阳姑募县有五色土。

《吴郡记》曰：吴县馀杭山出白土，光润如玉。

《墨子》曰：商王纣不德，兼夜十日，雨土于亳。

《孙卿子》曰：子贡问于孔子。曰：“赐未知为人下者，其犹土也。深掘之而得甘泉，树之而五谷蕃，草木植焉，禽兽育焉，生则主焉，死则入焉，多其功而不德，为人下者犹土也。”《韩诗外传》《说苑》并载也。

《申子》曰：四海之内、六合之间曰奚贵？曰：贵土，土，食之本也。

《淮南子》曰：伊尹曰，兴土功也，修脚者，使之蹠锌；强脊者，使之负土。

《淮南万毕术》曰：东行马蹄中土，令人卧不起。取东行白马蹄下土，三家井中泥，合土和之，置卧人脐上，即不能起。

又曰：灶之土不思故乡。取灶前三寸方半寸取中土持之远出，令人不思故乡。

裴玄《新言》曰：俗间有土公之神，云土不可动。玄有五岁女孙，卒得病，诣市卜，云犯土。玄即依方治之，病即愈。然后知天下有土神矣。

《物理论》曰：游浊为土，土气合和而庶类自生。

《抱朴子》曰：土饭瓦胾，不疗于饥。

## 壤

《说文》曰：壤，软土也。

《尚书·康诰》曰：宾奉珪币执壤奠。孔安国曰：宾诸侯执壤地所出而奠宾。

《尚书》孔安国注曰：土无块曰壤。

《周礼·地官上·司徒职》曰：大司徒辨十二壤之物而其种，教稼穑树艺。

《史记》曰：李斯上书曰："太山不让土壤，故能成其高；河海不择细流，故能就其深。"

王隐《晋书》曰：解结问别驾治中曰："河北白壤高良，何故少人士，每以三品为中正。"

《山海经》曰：洪水滔天，鲧窃帝息壤以堙洪水，不待帝命。帝命祝融杀鲧于羽郊。郭璞注曰：息壤谓土自长，故可以堙水也。汉元帝时临除县北埆长六里高二丈，即息壤类。

《帝王世纪》曰：禹葬会稽，下不及泉，上不通臭。既葬，收余壤为垄。

萧广济《孝子传》曰：巴郡文让母死，坟土未足，耕一亩地为壤，群鸟数千，衔所作壤以着坟上。

《关中记》曰：长安地皆黑壤，城今赤如火，坚如石。

《韩子》曰：蚁冬居山之阳，夏居山之阴，蚁壤寸而有水，乃掘，遂得水。

## 块

《礼记·檀弓上》曰：寝苫枕块。

《左传》曰：晋文公过卫，出五鹿，乞食于野，野人予之块。公怒。咎犯曰："天赐也。"稽首，受而载之。

《国语》曰：楚灵王不君，三军叛王于乾溪，彷徨于山林，枕畴人之股。畴人枕王以墣而去之。贾远曰：墣块也。

徐整《长历》曰：黄帝时，风不鸣条，雨不破块也。

《淮南子》曰：土胜水者，非一块塞江也。许慎注曰：墣块也。

## 尘

《诗》曰：无将大车，维尘冥冥。

《礼记》曰：前有埃尘，则载鸣鸢。郑玄注曰：鸣则将风。

又曰：为长者粪之礼，必加帚于箕上，以袂拘而退，其尘不及长者。

《左传》曰：晋楚战，狐毛设二旆而退之，栾枝使曳柴而伪遁。曳柴起尘，诈言聚众走。

又曰：潘党望其尘，使骋而告曰："晋师至矣！"楚人惧，遂出陈。

《史记》曰：钩弋夫人死云阳，暴风扬尘。

《汉书酷吏传》曰：长安中奸猾浸多，受财报仇，相与探丸，得赤丸者斫武吏，黑者斫文吏。城中薄暮尘起，死伤横道，枹鼓不息。

谢承《后汉书》曰：范史雲为莱芜长，闾里歌曰："甑中生尘范史云。"《魏志》曰：岁朝西北大风，尘埃蔽天。十余日间，何晏乃诛。

《晋书王导传》曰：庾亮以望重地逼，出镇于外。南蛮校尉陶称闻，说亮当举兵，劝导密为之防。导曰："吾与元规休戚是同，悠悠之谈，宜绝智者之口。元规若来，吾便角巾还第，复何惧哉？”时亮执朝廷之权，趋向者多归之。导内不能平，常遇西风尘起，举扇自蔽。徐曰：“元规尘污人。”

《家语》曰：颜回拾甑中尘。

《博物志》曰：徐州人谓尘土为蓬块，吴人谓尘土为土夭坱。

崔鸿《十六国春秋·前秦录》曰：慕容冲叛，苻坚遣平原公晖讨之。冲乃令妇人各将一囊盛尘，皆令骑牛，服文采衣，执持长槊于陈后。冲晨攻晖，兵刃交接，昌言班队何在，于是奔竞而进，皆毁囊扬尘，埃雾连天，莫测多少，晖众大溃。

《玄晏春秋》曰：余家素贫，昼夜苦于作劳，夜则甘于疲寝，三时之际，书皆生尘。

《山海经》曰：黑水之南，有玄蛇食尘。

又曰：大人国有青蛇，头方，食尘。

《帝王世纪》曰：黄帝梦大风，吹天下尘埃皆去。又梦人执千钧之弩，驱羊数万群。帝叹曰：风为号令，垢去土后在也。岂有姓风名后者哉？千钧之弩，异力能远驱，羊数万群，牧民为善，岂有姓力名牧者哉？得风后于海隅，得力牧于大泽。

《神仙传》曰：王方平曰：圣人言海中复扬尘。

《老子》曰：和其光，同其尘。

《庄子》曰：野马也，尘埃也。

《淮南子》曰：地不满东南，故水潦尘埃归焉。

又曰：蒙尘而欲无眯，涉水而欲无濡，不可得也。

《语林》曰：刘道真年十五六，在门前弄尘，垂鼻涕至胸。

葛洪《肘后方》曰：治暍死方，取道中热尘土，以积暍人心下，即活。

《楚辞》曰：安能以皓皓之白，而蒙世俗之尘埃也？

宋谢庄《月赋》曰：陈王初丧应刘，端忧多暇，绿苔生阁，芳尘凝榭。

曹子建《洛神赋》曰：罗袜生尘。

古诗云：君为清路尘，妾为浊水泥。

又曰：京洛多风尘，素衣化为缁。

《世说》曰：虞公善歌，发声动梁尘。

李康《游仙序》曰：人生天地之间，若流电之过户牖，轻尘之栖弱草。

《兵书》曰：名将望尘，知马步之多少也。

《晋书》曰：潘岳谄事贾谧，望尘而拜。

又曰：简文帝性冲澹，所居凝尘，满席湛如也。

# 太平御览卷第三十八　地部三

## 叙山

《释名》曰：山顶曰冢，亦曰巅，亦曰椒。山脊曰冈。山大而高曰嵩，嵩高称也，今中岳嵩山盖依此，亦作崧。小而高曰岑，锐而高曰峤，卑而大曰扈，小而众曰岿，上大下小曰巘。山有草木曰岵音户，无草木曰垓。古来切。石载土曰岨，土载石曰崔嵬。此因形而名之。山东日朝阳，山西日夕阳。随日照而名之。山足曰麓，山穴曰岫，山边曰崖。崖之高曰岩，上秀曰峰，陬隅高者曰屺，山坡日坂。山三袭曰陟，山再成曰莫，一成曰坯。山中绝曰陉，未及上曰翠微。一说山色青缥色曰翠微。山属曰峄，言骆绎相连，今鲁国有峄山，绝石相积构连属成山，盖谓此也。山狭而高曰峦，小曰隓。它果反。谓山形长狭者，荆州人谓之蛮。《诗》云堕山乔岳。土山曰阜，阜，厚也。言其高厚。曲阜曰阿。大阜曰陵，小陵曰丘。山精曰夔，亦曰跂，亦曰云阳。祭山曰庋悬。角毁反。自山顶曰冢，已下并出《说文》、《尔雅》、《释名》。

《易》曰：兼山艮。

又曰：地中有山谦。

又曰：《说卦》曰：山泽通气。

又曰：艮为山。

《诗》曰：如南山之寿，不骞不崩。

又曰：节彼南山。

杨义《易卦序论》云：险而止，山也。险而动，泉也。动静皆蒙险，故曰山。

《书·禹贡》曰：道岍及岐，至于荆山，逾于河。孔安国注曰：此谓梁山龙门也。壶口雷首，至于太岳，三山在冀州南河之地。太行恒山，至于碣石，入于海。此二山者，连延东北，接碣石而入沧海，百川经此众山，禹皆治之也，不可胜名，故以沧海山川言之也。西倾朱圉鸟鼠，西倾朱圉在积石以东，鸟鼠谓所出，在陇西，三者雍州之南。至于太华，相首尾而东也。熊耳外方桐柏，至于陪尾，四山相东南，在豫州，洛经熊耳，经外方淮南桐柏，经陪尾，凡此皆先举施功之山，而后条列所治水于下以相备也。导嶓冢至于荆山，漾山嶓冢山梁州，经荆山，荆山在荆州也。内方，至于大别，内方大别二山名，在荆州，汉所出。岷山之阳，至于衡山。岷山，江所出，在梁州。衡山，江所经，在荆州。

《春秋传》曰：山有木，工则度之。

《礼记》曰：今夫山，一拳石之多，及其广大，草木生之，禽兽居之，宝藏兴焉。

又曰：天子祭名山大川，五岳视三公。视，视其牲器之数。

又曰：天不爱其道，地不爱其宝，人不爱其情。故山出器车。

又曰：居山不以鱼鳖为礼。

《尔雅》曰：土高有石曰山。

《释名》云：山，产也，言产万物。

《说文》曰：山，宣也。宣气散，生万物，有石而高。

《春秋元命包》曰：山者气之苞，所以含精藏云，故触石而出。

《春秋说题辞》曰：山之为言宣也，含泽布气，调五神也。

《韩诗外传》曰：夫山，万人之所观仰，材用生焉，宝藏植焉，飞禽萃焉，走兽伏焉，育物群而不倦，有似乎仁人志士，是仁者所以乐山也。

《尚书大传》曰：孔子曰："夫山者嵬嵬然，草木生焉，鸟兽蕃焉，财用殖焉，四方皆无私与焉。出云雨以通乎天地之间，阴阳和合，雨露之泽，万物以成，百姓以飨。此仁者之乐于山也。"

《国语》曰：禹封九山，山者土之聚也。

《河图》曰：嶓冢山，上为狼星。武开山为地门，上为天高星，主囹圄。荆山为地雌，上为轩辕星。大别山为地理，以天合地以通。三危山在鸟鼠之西南，上为天苑星。岐山在昆仑东南，为地乳，上为天糜星。汶山之地为井络，帝以会昌，神以建福，上为天井星。桐柏山为地穴，鸟鼠同穴山之干也，上为掩毕星。熊耳山，地门也，精，上为毕附耳星。

《庄子》曰：函车之兽，分而离山，不免网罟之患。

又曰：山积卑而成高。

《管子》曰：凡天下名山五千三百七十，出铁之山三千六百有九。上有丹砂者，下有黄金。上有磁石者，下有铜金。上有绿石者，下有铅锡。上有赭，下有铁。

《淮南子》曰：牛蹄之涔，无径尺之鲤，魅父之山无文林，营宇狭小，而不能容巨大也。

《孙卿子》曰：不登高山，不知天之高；不临深溪，不知地之厚；不闻先王之道，不知学问之大。

《吕氏春秋》曰：何谓九山？会稽、泰山、会稽，今会稽也。泰山，今泰山郡，是为东岳也。王屋、首山、泰华、岐山、太行、羊肠、孟门。岐山在右扶风美阳县西北，周家所邑也。太行在河内野王县北。羊肠，其山盘纡如羊肠状。在太行晋阳北，孟门太行是。

《说苑》曰：土积成山，则豫章生焉。

又曰：五岳者，何谓也？泰山，东岳也；霍山，南岳也；华山，西岳也；恒山，北岳也；嵩高山，中岳也。五岳何以视三公？能大布云雨焉，能大敛云雨焉，触石而出，肤寸而合，不崇朝而雨天下，施得博大，故视三公也。

《白虎通》曰：东岱山，岱者，言万物相代于东方。南衡山者，上承景宿，铨德均物，故曰衡也。西华山，华者，获也，万物熟成，乃有获也。北恒山，恒，常也，言万物伏藏于北方，有常度也。中嵩山，嵩者，高也，言峻大矣，处中以领四方。

《地镜》曰：入山必斋五十日，牵白犬，抱白鸡，以白盐一升，山神大喜，芝草异药宝玉为出。未到山百步，呼曰林兵，此山王主者名，知之却百邪。

《关令尹喜内传》曰：五百岁天下名山一开，开时金玉之精涌出。

《晏子春秋》曰：齐大旱，景公召群臣问曰："天久不雨矣，民且有饥色，吾卜旅在高山广泽，寡人欲祠灵山，可乎？"晏子曰："夫灵山以石为身，以草木为毛发。天不雨，发毛将焦，身将热，独不欲雨乎？祠之何益。"

《山海经》曰：周穆王周历四荒，名山大川靡不登跻，东升天夫之堂，西宴王母之庐。

《列子传》曰：共工与颛顼争天下，怒而触不周山。

《魏志》曰：明帝起景阳山于芳林园。

《晋书》曰：顾恺之好游会稽。人问山川之美。对曰："千岩竞秀，万壑争流。"

《宋书》曰：谢灵运好登山，常着木屐，上山则去前齿，下山则去后齿。

《汉书》曰：李广利刺山而泉涌。

《楚词》曰：山中兮不可以久留。

古诗曰：上山采蘼芜，下山逢故夫。

## 昆仑山

《尔雅》曰：西北之美者，有昆仑之璆琳、琅玕焉。

《史记：禹本纪》曰：河出昆仑，其上有澧泉华池。

《汉书》曰：张安世《房中歌》诗云："天马来兮开远门，竦余身兮游昆仑。"

《博物志》曰：昆仑从广万一千里，神物集也。出五色云气，五色流水，其白水东南流入中国，名为河也。

《河图括地象》曰：昆仑之山为地首，上为握契，满为四渎，横为地轴，上为天镇，立为八柱。

《河图始阖图》曰：昆仑之墟，有五城十二楼，河水出焉，四维多玉。

《龙鱼河图》曰：昆仑山，天中柱也。

《纪年》曰：周穆王十七年西征，至昆仑丘，见西王母。

《穆天子传》曰：天子升于昆仑之丘，以观黄帝之宫，增封于昆仑山上。

又曰：天子遂宿于昆仑之阿，赤水之阳。

《山海经》曰：周穆王至昆仑之丘，游轩辕之宫，眺钟山之岭，勒石西王母之山，纪迹玄圃之上。

又曰：槐江之山，实惟帝之平圃，南望昆仑，其光熊熊。有木焉，其状如棠，黄华赤实，其味如李而无核，名曰沙棠，食之令人不溺。草之美者，名曰沙棠之实。

又曰：昆仑之墟，方八百里，高万仞，上有木，木长五寻，大五围。面有井，以玉为槛。面有五门，门有开明兽守之，百神所在。

又曰：昆仑之丘有神，人面虎身文尾，其下有弱水泉。

徐整《长历》曰：北斗当昆仑上。

《真人关尹内传》曰：万亿万岁，有一大水，昆仑飞浮。是时飞仙迎取天王及善民，安之山上也。

《葛仙公传》曰：昆仑山一曰玄圃台，一曰积石瑶房，一曰阆风台，一曰华盖，一曰天柱，皆仙人所居。

《列仙传》曰：赤松子者，神农时雨师也。服水石以教神农，能入火不烧，至昆仑山上，常止西王母石室中，随风雨上下，炎帝少女追之亦得仙俱去。至高辛时，复为雨师，今之雨师是也。

又曰：西王母者，神人也。人面蓬头发，虎爪豹尾，善啸，穴居，名曰西王母，在昆仑山下。

《神仙传》曰：东郭延者，山阳人也。服云飞散，能夜书。有数十人乘虎豹来迎，比邻尽见之。与亲友辞别而去，云诣昆仑山。

《神异经》曰：昆仑有铜柱焉，其高入天，所谓天柱也。围三千里，员周如削，铜柱下有屋，壁方百丈。

《搜神记》曰：昆仑之山，是惟帝之下都，环以炎火山。

《十洲记》曰：昆陵。昆陵山也。上有金台玉阙，亦元气之所合，天帝君治处。

《玄元记》曰：昆仑西南，山周回三万里，巨蛇绕之三周，蛇长九万里。

《尸子》曰：赤县州者，实是昆仑之墟，玉红之草生焉，食其一实而醉，卧三百岁而后寤。

《吕氏春秋》曰：菜之美者，有昆仑之蘋也。

《淮南子》曰：昆仑山上有层城九重，上有木禾，其条五寻。珠树、玉璇树、不死树在其西，沙棠、琅玕在其东，绛树在其南，瑶树在其北。

又曰：昆仑之玉瑱，而尘垢不能污也。

《抱朴子》曰：蔡诞者，自云被谪至昆仑。初，诞还，人问云："昆仑似何？"答曰："天不问其高几里，要于仰视之，去天过十数里也。"

崔鸿《十六国春秋·前赵录》曰：东平王刘约癸亥卒，一指犹暖，遂不殡敛，至于甲戌乃苏。言见刘渊于不周山，经五日，遂复从至昆仑山，三日而复返于不周，见诸王公卿将死者悉在焉。

又曰：酒泉太守马岌上言酒泉即昆仑之体也。周穆王见西王母，乐而忘归，即在此山，山有石室，王母堂珠玑镂饰，焕若神宫。

## 钟山

《穆天子传》曰：自密山以至钟山，四百六十里，其间尽泽，多怪兽奇鱼。

又曰：天子北升于舂山之上，望四野。郭璞注曰：舂音钟也。曰：是惟天下之高山。

《山海经》曰：黄帝取密山之玉荣，投之钟山之阴。以为玉种。

又曰：钟山其子曰鼓，此亦神名，名之为钟山之子耳，其类皆见《归藏》《启筮》也。其状人面而龙身，帝乃戮之钟山之东也。

又曰：钟山之神名曰烛阴，烛，龙也。是烛九阴也。视为昼，瞑为夜，吹为冬，呼为夏。

《鲁女生列传》曰：钟山之枣，其大如瓶。

《十洲记》曰：北海外有钟山，自生千芝及神草。此洲受太玄生符录，仙家数十万，耕田种芝草，课计顷亩种稻。

《玄中记》曰：北方有钟山焉，山上有石，首如人首，左目为日，右目为月，开左目为昼，开右目为夜，开口为春夏，闭口为秋冬。

《淮南子》曰：钟山之玉，灼之以炉炭，三日三夜，其色不变。

《论衡》曰：钟山之上，以玉抵鹊，彭蠡之滨，以鱼食犬。

## 玉山

《穆天子传》曰：天子西征来还，乃循黑水至于群玉之山。天子于是取玉板玉器服物，载玉万倏。双璧为珏，半璧为倏。见《左传》。

《山海经》曰：玉山是西王母所居。此山多玉石，因以为名。

《帝王世纪》曰：昆仑之北，玉山之神，人身、虎首、豹尾、蓬头。

《外国图》曰：西王母国前弱水中，有玉山白兔。

阚骃《十洲记》曰：赤水西有白玉山，山有西王母堂室。

## 蓬莱山

《汉书·王莽传》曰：有奇士，大十围，自言巨无霸，出于蓬莱山，轺车不能载，三马不能胜。

又：《武帝纪》曰：太初元年十二月祀后土，东临渤海，望祀蓬莱。

《十洲记》曰：蓬莱山外别负海，谓之溟海，无风而洪波百丈，有九气丈人，九天真君宫。

《玄中记》曰：东海之大者，有巨鳌焉，以背负蓬莱山。

《列子》曰：渤海之东有大海，其中有山，一曰岱舆，二曰员峤，三曰方壶，四曰瀛洲，五曰蓬莱。其上台观皆金玉，禽兽皆纯缟，珠玕之树皆聚生，实皆有滋味，食之不老不死，人皆仙圣，一日一夕，飞翔来往。

《山海经》曰：蓬莱山，海中之神山，非有道者不至。

《列仙传》曰：安期生，琅琊阜乡人，时人皆言千岁，秦始皇与语，赐金璧数千万，出阜乡亭，皆置去，留以赤玉舄一量为报。曰："后千岁，求我蓬莱山下。"

又曰：负局先生，语似燕岱间人，吴市中摩镜，一钱因摩之，辄问主人得无有疾苦，辄出紫赤药与之，莫不时愈，后上吴山，悬药下与万姓。欲去时，语下人曰："吾欲还蓬莱山。"

《神仙传》曰：麻姑谓王方平曰：自接侍已来，三见海水变桑田，蓬莱之清浅也。

## 方丈山

《汉书》曰：太液池有方丈、瀛洲，像海中神山焉。

《列仙传》曰：服闾者，不知何许人。常止莒，往来海边诸祠中。有三仙人于祠中博，赌瓜，使服闾担黄瓜十枚，令瞑目，乃止方丈山，在蓬莱山南，时往莒取珍宝卖之。

## 瀛洲山

《史记封禅书》曰：齐宣王、燕昭王使人求蓬莱、方丈、瀛洲，此三神山，传在海中，去人不远，望之如云中，及至则三山反在水下，欲至则风引船而去，莫能至者。仙人不死药皆在焉，黄金白玉为宫阙。

## 终南山

《书》曰：终南惇物，至于鸟鼠。谓终南、敦物二山，西出至于鸟鼠山。

《诗》曰：终南何有？有条有枚。

《汉书》曰：太一山又为终南山。《五经要义》：太一山在扶风武功县，则终南、太一不得为一山明矣。盖终南，南山之总名；太一，山之别号。

《唐书》曰：卢藏用初隐终南山，后出仕。道士司马子微归天台山，群公祖道，藏用指终南山曰："此中甚有佳处，何必天台？"子微笑曰："以吾观之，此乃仕宦之捷径尔。"藏用有惭色。

又曰：文宗开成二年诏曰："每闻京师旧说，以为终南山兴云，祈必有雨。若晴霁，虽密云至他，竟不沾濡，况兹山北面阙庭，自当以时修其望祀，宠数宜及。今闻都无祠宇，终南山未备礼秩，命有司即时建立。

《关中记》曰：终南山一名中南，言在天中，居都之南也。

又曰：终南、太一，左右三十里内名福地。

皇甫谧《高士传》曰：四皓共入商洛，隐地肺山，以待天下定。汉高祖征之不至，乃深自匿终南山。

《辛氏三秦记》曰：太一在骊山西，去长安二百里，山之秀者也。中有石室，常有一道士，不食五谷，自言太乙之精，斋洁乃得见之，其状似仙人。山一名地肺，可避洪水。俗云上有神人乘船行，追之不可及。

《方舆记》曰：东方朔谓天之大阻其终南，多金银铁玉石樟檀异类之物，此百工取给，万姓所仰足也。

《风土记》曰：王莽以皇后有子，通子午道，从杜陵直抵终南。

# 太平御览卷第三十九 地部四

## 嵩山

《释名》曰：嵩字或为崧，山大而高曰嵩。

《诗》曰：嵩高维岳，峻极于天。维岳降神，生甫及申。

《国语》曰：夏之兴也，祝融降于崇山。韦昭注曰："崇、嵩字古通用，夏都阳城，嵩山在焉。"

《白虎通》曰：中央之岳独加嵩高字者何？中央居四方之中高，故曰嵩高山也。

《续汉书》曰：武帝礼祭中岳，闻有呼万岁声三。于是以三百户封《奉祠命》曰：嵩高为嵩呼也。

孙严《宋书》曰：高祖表曰：沙门释法义于嵩高庙所石坛下得玉璧三十二枚，黄金一饼，符彩润洁。河南太守毛修之以灵岳降瑞，送诸神府。

《列仙传》曰：王乔，周灵王太子晋也。好吹笙作凤鸣，游伊洛之间，浮丘公接以上嵩高山，三十余年后，于山上见桓良曰："告我家，七月七日待我缑氏山头。"果乘白鹤驻山巅，望之不得到，举手谢时人，数日而去。

《汉武内传》曰：汉武帝夜梦与少君俱上嵩高山，半随有绣衣使者乘龙持节，从云中下，言太一请少君。觉告近臣曰：如朕梦，少君将舍朕而去矣。

刘义庆《世说》曰：嵩高山北有大穴，晋时有人误堕穴中，见二人围棋，有一杯白饮，与堕者饮，气力十倍。棋者曰："汝欲停此否？"堕者曰："不愿停。"棋者曰："从此西行有大井，自当出。若饿，取井中物食之。"堕者如言，可半年，乃出蜀中，因入洛问张华。华曰："此仙馆也。所饮者玉浆耳，所食者，龙肉石髓。"

崔鸿《十六国春秋·前秦录》曰：王猛至深山，见一老父据胡床，须鬓皓然。猛进，拜，老父曰："王公何因拜也？"遣人送猛出山，顾视，乃嵩高山也。

《山海经》曰：太室之山，即中岳嵩山，今在阳城县西也。其上有木焉，叶状如梨，赤理，服者不垢。有草焉，其状如禾，服者不昧，上多美石。次玉者也。

《嵩高山记》曰：汉有道士，从外国将贝多子来，于嵩岳西脚下种之，并立浮图。今有四树，与众木有异，一年三花，花白色，其香甚桂。嵩山最是栖神灵薮也。东出一里，有自然五谷神芝仙药。东脚下有众果树，云是汉果园。后有小石山，名牛山，多香树，昔有妇女妊身三十月，生子五岁，便入嵩高学道，通神明，为母立祠，号开母祠。又有三台山，汉武东巡过此山，见三学仙女，遂以为名。又一石室，有自然经书饮食。至前石柱，似承露盘，有石暗滴下，食之一合，与天地相毕。中顶南下二百步，亦有岳庙，画为神像。有玉人高五寸，玉色光润，相传曰明公山人。或失之，经旬乃见。

《山海经》曰：少室之山有木焉，名曰帝休，叶状如杨，枝五衢，黄花黑实，服者不怒。其上多玉，其下多铁，其中多鯑鱼，得其食者无蛊疾，可以御恶，服之不怒。郭氏注云，阳城西谷名季室，亦曰少室，山巅有白玉膏，服之仙。山有周昭王陵。

又戴延之《西征记》曰：少室山中多神药，汉武帝筑登仙台，在其峰。

《郡国志》云：少室山一名黍室山，负黍城在南，故因山以名城也。

又曰：少室有金像，人往视则有白露起，迷人。

《杂道书》曰：少室之阳，高于平地八百六十丈，方十里，可避兵水之灾。

## 华山

《礼记》曰：地之广厚，戴华岳而不重。

范晔《后汉书》曰：张楷，字公超，隐居弘农山，学者随之，所居成市。能为五里雾，后华山南遂有公超雾市。

《唐书》曰：李适之，代牛仙客为右相，累封清和县公，与李林甫争权不叶。适之性疏，为其阴中。林甫常谓适之曰："华山有金矿，采之可以富国，上未知。"适之心善其言，他日从容奏之。玄宗大悦，顾问林甫。对曰："臣知之久矣。然华山陛下本命，王气所在，不取穿凿，臣不敢上言。"帝以为爱己，薄适之言，疏之。

《白虎通》曰：西方为华山者何？少阴用事，万物生华，故曰华山。

《武帝传》曰：鲁女，长乐人。初饵麻及水，绝谷八十余年，日更少壮，色如桃花。一旦与故人别，云入华山，去后五十年，先相识者逢女华山庙前，乘白鹿，从玉女三十人，并谢其乡里亲戚故人。

崔鸿《十六国春秋·前燕录》曰：石虎使人探策于华山，得玉板。

《山海经》曰：华山，冢也，冢者，神鬼之所舍也。其祀之以太华。

又曰：泰华之山，削成而四方，其高千仞，其广千里。郭璞注曰：山上明星玉女主持玉浆，得服之即神仙之道险无不通也。有蛇曰肥遗，六足四翼，见则天下旱。

《列仙传》曰：马明生从安期先生受金液神丹方，乃入华阴山中，合金神丹升天也。

又曰：修羊公者，蜀人也，止华阴山石室中，中有悬石榻，卧其上，石尽穿陷。

又曰：毛女者，在华阴山中，猎师世世见之，体生毛，自言秦始皇宫人也。

又曰：呼子先者，汉中阙下卜师也，寿百余岁。临去呼酒家妪曰：急装，当与妪共应中陵王召，夜有仙人持二茅狗来，先持一与酒家妪，得俱骑，乃龙，上华阴山也。

《周礼》曰：豫州，其镇山曰华山。

《华山记》云：山顶有池，生千叶莲花，服之羽化，因曰华山。

又曰：山有三峰。谓莲花，毛女，松桧也。

《辛氏三秦记》曰：华山在长安东三百里，不知几千仞，如半天之云。

《晏子春秋》曰：君子若华山松柏，既多望之，自不知厌。

薛综注《西京赋》曰：华山对河东首阳山，黄河流于二山之间。古语云：本一山当河，河水过之而曲行，河神巨灵以手擘开其上，以足蹈离其下，中分为两，以通河流。今睹手迹于华岳上，足迹在首阳山下，俱存焉。

《韩子》曰：秦昭王使工人施钩梯上华山，以松柏之心为博，箭长八尺，棋长八寸。勒之曰："昭王尝与天神博于此。"

《周易是谋类》曰：西岳亡玉羊。郑玄注曰："玉羊，华山之精。"

《山海经》曰：小华山即少华也。其木多荆杞，鸟多赤鷩，可以御火。

## 泰山

《诗》曰：泰山岩岩，鲁邦是瞻。

《传》曰：郑伯请释泰山之祀而祀周公，以泰山之祊易许田。

《公羊传》曰：山川有能润于百里者，天子秩而祭之。触石而出，肤寸而合，不崇朝而遍雨天下者，唯泰山乎！

《语》曰：季氏旅于泰山。子谓冉有曰："汝不能救欤？"旅，祭名也。礼，诸侯祭山川在其封内者，今陪臣祭泰山，非礼也。冉有孔子时仕季氏。救犹止也。对曰："不能。"子曰："呜呼！曾谓泰山不如林放乎？"孔子意云，泰山之神知礼过于林放之贤远也。

《白虎通》曰：王者功成封禅，必于泰山者何？万物之始，交代之处也。

《史记》曰：汉武帝封泰山，白云起封中。

《汉书》曰：武帝封泰山，禅石闾。应劭注曰：石闾在泰山下，南方土人言仙人闾。

应劭《汉官仪》曰：泰山东南名日观者，鸡一鸣时，见日始欲出，长三丈所。观者望见长安，其高如视浮云，其峻如无道径，望人如盂升，或以为小白石，或以为冰雪。视岩石松树，郁郁苍苍如云中。

《晋书》曰：张忠隐于泰山，教授弟子，教以形，不以言。符坚征之，及至，坚赐以衣冠。辞曰："年朽发落，不堪衣冠，请以野服入觐。"从之。后乞还，坚以安车送之。行达华山，叹曰："我东岳道士，殁于西岳，命也。"及关而死。

《道书福地记》曰：泰山多芝草，五石下有洞天，周回三千里，鬼神之府。

袁山松《后汉书》曰：光武封泰山，云气成宫阙。

《风俗通》曰：古封泰山，禅梁甫。旧说岱宗上有金箧玉策，能知人年寿修短。汉武帝探策得十八，因倒读曰八十，其后果寿长八十。

《博物志》曰：泰山，一曰天孙，言为天帝孙也，主召人魂。东方万物始成，故知人生命之长短。

《五经通义》云：一曰岱宗，言王者受命易姓，报功告成，必于岱宗也。东方万物始交代之处。宗，长也，言为群岳之长。

《白虎通》曰：王者受命必封禅，封者，广厚也。禅，除地为坛。字本为墠，以为祭神，故从示。皆刻石纪号，著己之功绩以自效也。天以高为尊，地以厚为德，故增泰山之高以报天，禅梁甫之阯以报地也。《史记》曰：无怀氏封泰山禅云云，伏牺氏封泰山禅云云，神农氏封泰山禅云云，炎帝封泰山禅云云，黄帝封泰山禅云云，颛顼封泰山禅云云，帝喾封泰山禅云云，尧封泰山禅云云，禹封泰山禅云云，禹封泰山禅会稽，周成王禅梁甫，肃然及蒿里，石闾，后又凡五修封泰山。

《后汉书》曰：光武封泰山，禅梁甫。凡云云、亭亭、肃然、嵩里、社首、梁甫，皆泰山下小山也。石闾在西岩下。

《汉官仪》及《泰山记》曰：泰山盘道屈曲而上，凡五十余盘，经小天门、大天门，仰视天门，如从穴中视天窗矣。自下至古封禅处，凡四十里。山顶西岩，为仙人石闾；东岩为介丘；东南岩名日观，日观者，鸡一鸣时，日始欲出也，长三丈许。又东南名秦观，秦观者，望见长安。吴观者，望见会稽；周观者，望见齐。黄河去泰山二百余里，于祠所瞻黄河如带，若在山阯。山南有庙，悉种柏千株，大者十五六围，相传云汉武所种。小天门有秦时五大夫松，见在。《茅君内传》云：仙家凡有三十六洞天，岱宗之洞周回三千里，名曰三宫空洞之天。

《列仙传》曰：稷丘君者，泰山道士也。武帝时以道术受赐。后上东巡泰山，稷丘君乃冠章甫，衣黄衣，拥琴来拜武帝，曰："陛下勿上也，上必伤足。"上必欲上，及上数里，左右足指果折，乃止。

《列仙真人传》曰：马明灵者，齐国临淄人也。本姓和，字君贤，为县吏捕贼，为所伤，当时殆死。良久，忽于道间见一女，以肘后管中一丸药，大如小豆，与明服之，于是即愈，血绝疮合。随神女还岱宗石室中，上下悬绝，重岩深隐，去地千余丈，其中金床玉枕，乃人迹所不能至。

《神仙传》曰：刘冯者，沛人。学道于稷王子，服石桂英及中岳石硫黄，年三百余岁而有少容，后入泰山中。

又曰：泰山下老父者，失其姓名。汉孝武皇帝巡狩，见老父锄于道间，头上白光高数丈。因问之。父对曰："臣年八十五时，衰老垂死，头白齿落。有道者教臣绝谷，但饮水，并作神枕，枕中有三十二物，其二十四物以当二十四气，其八物当八风。臣行之转少，日行三百里，今九十矣。"帝受其方，赐缣帛去。父入岱宗山十年，五年时还乡里，三百余年，乃不复返也。

《上党记》曰：太行坂东头，即泰山也。避世者，区种而食，或射熊于岩间。

《泰山记》曰：泰山庙在山南，悉种柏树千株，大者十五十六围。长老传云，汉武所种。庙及东西房三十余间，并高楼三处，春秋飨祀泰山君常在此坛。

《周易是谋类》曰：泰山失金鸡。郑玄注曰："金鸡，泰山之精。"

丘渊之《齐记》曰：泰山，东岳也。瀛博二县共界。汉武封禅，割此县以供祀泰山。故曰，奉高三十里有延陵儿冢。

伍辑之《从征记》曰：泰山于所经诸山非最高，而岑崿轩举，凌跨众阜，云霞草木，霭然灵异，苑囿神奇，故无螫虫猛兽。

《孟子》曰：孔子登东山而小鲁，登泰山而小天下。

《尸子》曰：泰山之中，有神房阿阁帝王录。

《淮南子》曰：清之为明，杯水而见眸子；浊之为暗，河水不见泰山。

《孟子》曰：挟泰山以超北海。

**恒山**亦名常山

《史记》曰：赵简子谓诸子曰：吾藏宝符于常山，往得者立焉。诸子竟往，无所得。无恤曰："常山临岱可取也。"简子曰："是知符矣。"遂立之。

《白虎通》曰：北方为常山者何？阴终阳始，其道常久，故曰常。

《后魏书》曰：道武立庙于上，置侍祀九十九人，岁时祷水旱。至文成帝东巡，亲礼其神焉。

《春秋元命苞》曰：昴、毕散为冀州，分为赵国，立为常山。

崔鸿《前燕录》曰：慕容儁寿光三年，常山寺大树根下，得璧七十二，圭七十，光色精奇，有异常玉。

《孙子兵法》曰：常山之蛇，名曰率然，一身而两头，击其一头，则一头至，击其中，则两头俱至。

《神农本草》曰：常山有草，名神农，置之门上，每夜叱人。

《常山图经》曰：北岳恒山，在县西北一百四十里。

《尚书·禹贡》曰：太行恒山，至于碣石，有恒水出焉，其下有祠。

《恒山记》曰：高三千九百丈，上方三十里，周回三千里，上有泰玄之泉，神草十九种，道者服之成仙。

又太史公云：北岳有五名：一名兰台府，二名列女宫，三名华阳台，四名紫微宫，五名太一宫。或云：太茂山山北四百余里，号飞狐之口，有率然蛇，孙吴喻兵势。

《管子》曰：其山北临岱，南俯赵，东接河海之间，早生而晚杀，五谷之所蕃熟，四种五获焉。

阳固《北都赋》曰：茂丘，茂山也。盖恒岳之别名，泒水从西来，甚大，至茂山之西，沉伏于地，过山而复出，其大如初。世言避恒岳之灵。

## 衡山

《周官》曰：荆州，其山镇曰衡山。

徐灵期《南岳记》曰：衡山者，五岳之南岳也，其来尚矣。至于轩辕，乃以灊音潜。霍之山为副焉。故《尔雅》云："霍山为南岳"，盖因其副焉。或云衡山亦名霍山。至汉武南巡，又以衡山辽远，道隔江汉，于是乃徙南岳之祭于庐江灊山，亦承轩辕副义也。干宝《搜神记》曰：汉武徙南岳之祭著卢江潜县之霍山，郭璞《尔雅注》云：霍山在卢江郡潜县，别名天柱山。汉武以衡山辽远，谶纬以霍山为岳，故祭之也。

《晋书》曰：刘驎之尝采药至衡山，深入忘返，见有一涧水，南有二石囷，一开一闭，水深广不得过，欲还失道，遇伐弓人问道，仅得还家。或说囷中皆仙灵方药，驎之欲更寻，终不复知处。

罗含《湘中记》曰：衡山、九疑皆有舜庙，太守至，常遣户曹致祀，则如弦歌之声也。

《吴越春秋》曰：禹伤父功不成，登衡山，血白马以祭之。忽然而卧，梦赤绣文衣男子，称玄夷苍水使者，谓禹曰："欲得我山书者，斋于黄帝之岳。"禹乃退，斋三日，登宛委发石，得金简玉字之书，得治水之要也。

盛弘之《荆州记》曰：衡山有三峰：其一名紫盖，每见有双白鹤徊翔其上；一峰名石菌，下有石室，寻山径，闻室中有讽诵声；一曰芙蓉，上有泉水飞流，如舒一幅白练。

《山海经》曰：衡山一名岣嵝山，其上多青雘鸟，多鸜鹆。岣音矩，嵝音缕。

《湘中记》曰：衡山、九疑皆有舜庙，遥望衡山如阵云沿湘千里，九向九背，乃不复见，有玉牒焉。禹按其文，以治水也。

刘敬叔《异苑》曰：湘东姚祖，太元中为郡吏，经衡山，望岩下数少年并执笔作书。祖行旅休息，乃过之。未至百步，少年相与飞飏，遗一纸书，其字皆鸟迹。

《郡国志》云：衡山，南岳也。《南岳记》云：当翼、轸，度机、衡，谓之衡山。山有锦石，斐然成文。

## 霍山

《白虎通》曰：南方为霍山者何？太阳用事，护养万物，故为霍山。

《尔雅》曰：大山宫，小山霍。郭璞注曰：宫谓围绕也。《礼记》曰：君为庐宫是也。

《汉书》曰：武帝以衡山敻远，谶记皆以霍山为南岳，故祭其神于此。

《宋书》曰：霍山数年来，常有钟声潜发重壤，山崩间六钟自出，制度合古式，声中律吕。

《山海经》曰：霍山有兽焉，其状如狸，白尾方鬣，名曰朏朏，养之可以忘忧。音沛，谓畜之也。

《黄庭内景经》曰：霍山下有洞台，方二百里，司命君之府也。

《白虎通》曰：小山绕大山为霍。

# 太平御览卷第四十　地部五

## 王屋山

《列子》曰：太行王屋二山，方七百里，高万仞。北山愚公者，年且九十，面山而居。惩山北之塞，出入之迂也。聚室而谋曰：“吾与汝毕力平险，可乎？”杂然相许。杂，犹佥也。其妻曰：“以君之力，曾不能损魁父之丘，如太行王屋何？且焉置土石？”杂曰：“投诸渤海之尾，隐土之北。”遂率子孙荷担者三夫，叩石垦壤，运于渤海之尾。邻人京城氏之孀妻，有遗男，始龀，往助之。寒暑易节，始一反焉。河曲智叟笑而止之曰：“甚矣，汝之不慧。以残年余力，曾不能毁山之一毛，其如土石何？”北山愚公长息曰：“汝之心，曾不若孀妻弱子。虽我之死，有子存焉；子又生孙，孙又生子。子子孙孙，无穷匮也，而山不加增，何苦而不可乎？”河曲智叟无以应。操蛇之神闻之，惧其不已，告之于帝。帝感其诚，命夸娥氏二子负二山，一厝朔东，一厝雍南。

《神仙传》曰：甘始，太原人。善行气，不食，服天门冬，治病不用针、艾。在人间三百岁，乃入王屋山。

《茅君内传》曰：王屋山之洞，周回万里，名曰小有清虚之天。

《太素真人王君内传》曰：王屋山有小天，号曰小有天，周回一万里，三十六洞天之第一焉。

## 太行山

《史记》曰：郦生说汉高祖曰：“愿足下急复进兵，收取荥阳，据敖仓之粟，塞成皋之险，杜太行之道，距飞狐之口，守白马之津，以示诸侯。

《神仙传》曰：王烈，邯郸人。服黄菁、铅华，老而更少。嵇叔夜甚爱之，与共入山游戏。烈后独入太行山，忽闻山东北如雷声，往视，山上破数百丈，石中有一孔径尺，中有青泥出。烈取抟之，随手坚凝，气味如粳米饭也。烈自食数丸，因掘归以与叔夜，即皆成青石，打之作铜声。案：神山五百岁一开，其中有石髓，得而服之，寿与天地相毕。

《述征记》曰：登滑台城，西南望太行山，白鹿岩、王莽岭冠于众山之表。

《墨子》曰：墨子怒，耕柱子曰："我无愈于子。"墨子曰："将上太行，驾骥与羊，子将谁驱？"曰："将驱骥。以骥足责也。"墨子曰："我亦以子为足责。"

《尸子》曰：龙门，鱼之难也；太行，牛之难也；以德报怨，人之难也。

《水经注》曰：仲尼伤道不行，欲北从赵鞅，闻杀鸣犊，遂旋车而返。其后晋人思之，于太行岭南为之立庙，盖往时回辕处也。余案诸子书及史籍之文，并言仲尼临河而叹曰："丘之不济，命也夫！"如是，非大行回辕之言也。

《博物志》曰：按太行山而北去，亦不知山所限极处，亦如东海不知所穷。

## 霍太山

《史记》曰：智伯攻赵襄子。襄子惧，乃奔保晋阳。原过后至，于王泽见三人，自带以上可见，自带以下不可见。与原过竹二节莫通曰："为我以是遗赵无恤。"原过既至，以告襄子。襄子斋三日，亲自剖竹，有朱书曰："赵无恤，余霍太山，徐广曰：在河东永安县。山阳侯天使也。三月丙戌，余将使汝反灭智氏，亦立我百邑，余将赐汝林胡之地。"灭智伯，使原过主霍太山祠祀。

又曰：飞廉先为纣作石椁，徐广曰：作石椁于此方。还无所报。乃为坛于霍太山而报，得石棺，铭曰："帝令处父，不与殷乱，赐汝石棺。"

《水经注》曰：霍太山上有飞廉冢，山下有岳阳庙，庙甚灵，鸟雀不栖其林，猛虎常守其庭。此则《禹贡》岳阳也。

《唐书》曰：义旗初建，高祖自太原起兵，西赴阙中，途经霍邑。

时隋将宋老生陈兵拒险，义师不得进，乃屯于贾胡堡。会霖雨积旬馈运不给，高祖患之。忽有白衣老人诣军门请见：“余霍山神也，遗语大唐皇帝，若向霍山东南傍山取路，八日雨止，我当助尔破之。”高祖初哂之，遣人东南视，果有微道。高祖笑曰：“此神不欺赵襄子，岂当负吾邪？”及八月己卯，雨果霁。高祖大悦，以太牢祭其山。

## 首阳山

《诗》曰：采苓采苓，首阳之巅。采苦采苦，首阳之下。采葑采葑，首阳之东。

《史记》曰：伯夷、叔齐，孤竹君之二子。让国而逃，闻西伯善养老，往归焉。及至，西伯卒，武王载木主东伐纣，伯夷叔齐扣马谏，左右欲兵之。太公曰：“此义人也”。而伯夷叔齐耻之，义不食周粟，隐于首阳山，采薇而食之，乃至饿死。

《锁语》曰：晋平公与齐景公乘，至于浍，见人乘白骖八驷以来平公之前。公问师旷曰：“有犬狸身而狐尾者乎？”师旷有顷而答曰：“有之，其名曰□□□□□首阳之神饮酒霍太山而归，其居于浍乎？见之甚善，君有喜焉。”

戴延之《西征记》曰：洛东北去首阳山二十里，山上有伯夷叔齐祠。或云饿死此山。今河东蒲坂南，又谓首阳，亦有夷齐祠，未详饿死所在。

《山海经》曰：和山上无草木而多瑶碧，实惟河之九都。是山也，五曲九水出焉，合流而北注于河。其中多苍玉，吉神泰逢司之。是神好居于萯山之阳，出入有光。

《吕氏春秋》曰：夏后氏孔甲，田于东阳萯山，遇大风雨。

皇甫谧《帝王世纪》以为即东首阳山也。盖是山之殊目矣。

## 龙门山

《书·禹贡》曰：浮于积石，至于龙门西河。孔安国曰：龙门在河东之西界也。

《周礼》曰：大司乐以阴竹之管，龙门之琴瑟，阴竹生北。于宗庙奏之。若乐九变，则人鬼可得而礼。

《孝经援神契》曰：禹凿龙门，辟伊阙，决江开岷导四渎。凿龙门以通河，凿岷山以开江，导淮于桐柏，导济于王屋，故言导四渎。

《汉书·地理志》曰：龙门山在冯翊夏阳县北。《续汉书》同。

《辛氏三秦记》曰：河津一名龙门，巨灵迹犹在，去长安九百里。江海大鱼，洎集门下数千，不得上，上则为龙。故云曝鳃龙门。

《尸子》曰：古者龙门未凿，吕梁未辟，河出于孟门上。

《慎子》曰：河之下龙门，其流驶如竹箭，驷马追弗能及。

《淮南子》曰：龙门未辟，吕梁未凿，河出孟门之上，大溢逆流，无有丘陵高阜，名曰洪水。大禹通之孟门。

《水经注》云：风山四十里，河水南出孟门，与龙门相对，即龙门之上口也。实为河之巨厄，兼孟门津之名也。又有黄河自风山西四十里，南出孟门山，此经禹凿广岸崇深，倾崖及捍，巨石临危，若坠复倚焉。

## 岐山

《易》曰：王用享于岐山，吉，无咎。

《诗》曰：古公亶父，来朝走马。率西水浒，至于岐下。

又曰：居岐之阳，在渭之将，万邦之方，下民之王。

《孟子》曰：大王居邠，狄人侵之。事之以皮币，不得免焉。事之以珠玉，不得免焉。乃属其耆老而告之曰："狄人之所欲者，吾土地也。君子不以其所以养人者害人。二三子何患乎无君？我将去之。"去邠，逾梁山邑于岐山之下居焉。

《图经》曰：岐山亦名天柱山。《禹贡》曰：导岍及岐。

《河图括地象》云：岐山在昆仑山东南，为地乳，上多白金。周之兴也，鸑鷟鸣于岐山。时人亦谓岐山为凤皇堆。

郦元注《水经》云：天柱山上有凤皇祠。或云：其峰高峻，迥出诸山，状若柱，因为名焉。

## 梁山

《书》曰：壶口治梁及岐。壶口在冀州，梁在雍州，循山治水在西。

《诗》曰：弈弈梁山，维禹甸之。弈弈，大貌。甸，治也。禹治梁山，除水灾也。

《传》曰：梁山崩，晋侯召伯宗，伯宗辟重。重人曰：待我，不如捷之速也。问其所。曰："绛人也。"问绛事。曰："梁山崩，将召伯宗谋之。"问将若之何？曰："山有朽壤而崩，可若何？国主山川，山崩川竭，国君为之不举，降服，乘缦，彻乐，出次，祝币，史辞，以礼焉。其如此而已，虽伯宋，若之何？"

《谷梁书》曰：梁山崩，壅河，三日不流。晋君召伯宗而问之。伯宗来遇辇车，辇者不避，使车右下而鞭之。辇者曰："所以鞭我者，其取道远矣。"伯宗下车而问焉，曰："子有闻乎？"对曰："梁山崩，壅遏河三日不流。"伯宗曰："君为此召我也，为之奈何？"曰："天有山，天崩之，天有河，天壅之。虽召宗伯，如之何？"

《尔雅》曰：梁山，晋望也。郭璞注曰：晋国所望祭者也。今在冯下阳西北临河上也。

《汉志注》曰：梁山有夏阳，西北即《尚书禹贡》"治梁及岐。"

《诗·韩弈篇》曰：弈弈梁山，晋国所望。大梁别小梁之号，俱在韩城县界。大梁山在今县西。又按《三秦记》梁山宫城，又名织锦城。

## 太白山

《辛氏三秦记》曰：太白山在武功县南，去长安三百里，不知高几许。俗云：武功太白，去天三百尺。山下军行，不得鸣鼓角；鸣鼓角，则疾风暴雨兼至也。

《周地图记》曰：太白山甚高，上恒积雪，无草木。半山有横云如瀑布，则澍雨。人常以为候，验之如离毕焉。故语曰：南山瀑布，非朝即暮。

《魏略》曰：吉茂、苏则，值乱，隐于扶风南太白山中，以经籍自娱。

## 峨眉山

《列仙传》曰：陆通，楚狂接舆也。好养性，在峨眉山，世世见之数百年。

《华阳国志》曰：犍为南安县南，有峨眉山，去县八十里。《地图》云有仙药，汉武求，不能得。

《益州记》曰：峨眉山在南安县界，当县南八十里，两山首相望如峨眉。

## 岷山

《易乾凿度》曰：岷山上为井络。

《书》曰：岷山导江，东别为沱。江东南流，沱东行也。

《书璇玑钤》曰：禹导积水，决岷山，流九贡。九贡，九州之贡。

《家语》曰：江始出岷山，其源可以滥觞，及至于江津，不方舟则不可以涉。

《汉书》曰：成帝时，岷山崩，壅江水，江水逆流。

《山海经》曰：岷山，江水出焉。今在汶山郡广阳县西，大江所出也。其上多金玉，其下多梅，多棠，其兽多犀象，多夔牛。

## 嶓冢山

《书》曰：嶓冢导漾，东流为汉。

《华阳国志》曰：西岷嶓地称天府。

《河图括地象》曰：嶓冢山，上为狼星。山上有异草，花名骨容，食之无子。

## 鸟鼠山

《河图括地象》曰：鸟鼠同穴山，地之干也。上为掩毕星，渭水出其中。

《汉武内传》曰：封君达，陇西人也。初，服黄连五十余年，入鸟鼠山，于山中服水百余年，还乡里，年如三十。常乘青牛，号青牛道士也。

《山海经》曰：鸟鼠同穴山，今在陇西首阳县西南。山有鸟鼠同穴，鸟名鵌，鼠名鼵。鼵如家鼠而短尾，鵌如鵽而黄。穿地入数尺，鼠在内，鸟在外而共处。

《孔安国传》曰：鸟鼠共为雌雄。

《沙州记》曰：鸟鼠同穴山，鸟如家雀，色小白；鼠小黄而无尾。凡同穴地皆肥，沃壤尽软熟如人耕，多生黄花紫草。

## 积石山

《书》曰：浮于积石，至于龙门西河。

《穆天子传》曰：西济于河，用申八骏之乘，以饮于枝诗之中，积石之南河。水岐成曰诗。诗，诸也。

《山海经》曰：积石山，其下有石门，河水冒以西。是山也，万物无不有。冒，覆也。积石在金地河关县西南羌中，河行塞外，东入塞也。

《庄子》曰：凤之所居也，积石千里，河水出下，凤鸟居止。

# 太平御览卷第四十一　地部六

## 会稽山

《吴越春秋》曰：禹巡天下归，还越会稽，修国之道，以会计名山。

又曰：禹巡天下归，还大越，登茅山，以朝四方群臣，观中州诸侯。防风后至，斩以徇众，示天下悉以臣属也。乃大会，计治国之道，更名茅山曰会稽。《越绝书》亦载。

《传》曰：勾践以甲楯五千，保于会稽。

《史记始皇本纪》曰：三十七年上会稽，祭大禹，望于南海，而立石刻颂秦德。

《九土文括略》曰：禹禅此山，有一石穴委曲，黄帝藏书于此，禹得之。

孔灵符《会稽记》曰：会稽山在县东南，其上石状似覆釜，禹梦玄夷苍水使者，却倚覆釜之上是也。今禹庙在下，秦始皇尝配食此庙。

又曰：山有石室，云是仙人射堂，东高岩有射的石，远望的，的如射候，形圆，视之如镜。土人常以占谷食贵贱，射的明则米贱，暗则米贵。谚曰：射的白，斛一百；射的玄，斛一千。

《夏侯曾先志》曰：此山有石帆，壁立临川，涌石亘山，遥望芃芃，有似张帆也。下有悬岩，名为射堂，传云仙人常射于此，使白鹤取箭。此是会稽东峰。

《郡国志》曰：山上有草，茎赤叶青，人死覆之便活。

《山海经》曰：会稽之山四方，上多金玉，下多碱砆，上有禹冢及井。

## 天台山

《临海记》曰：天台山超然秀出，山有八重，视之如一帆，高一万八千丈，周回八百里。又有飞泉，悬流千丈似布，故《登真隐诀》

云，此山有桐柏，绕四明东南三百里。

《启蒙记注》曰：天台山去人不远，路经福溪，水险清冷，前有石桥，路径不盈尺，长数十丈，下临绝冥之涧，唯忘其身，然后能济。济者梯岩壁，扪萝葛之茎度，得平路，见天台山蔚然绮绣，列双岭于青霄。上有琼楼玉阁天堂，碧林醴泉，仙物毕具。晋隐士白道猷得过之，获醴泉紫芝灵药。

《神异经》曰：馀姚人虞洪，入山采茗，遇一道士，牵三青羊，引洪至天台瀑泉，曰："吾丹丘子也，闻子善具饮，常思见惠，山中有大茗，可以相给，祈子他日有瓯牺之余，不相遗也。"因立奠祀，后常与家人往山获大茗焉。

《晋书》曰：许迈《与王羲之书》云：自山阴至临海，多有金庭玉堂，仙人芝草。

《异苑》曰：会稽天台山遐远，自非忽生忘形，不能跻也。赤城阻其迳，瀑布激其衢，石有莓苔之险，渊有不测之深。

《幽明录》曰：汉明帝永平五年，剡县刘晨、阮肇共入天台取谷皮，迷不得返，经十余日，粮食乏尽，饥馁殆死。遥望山上有一桃树，大有子实，而绝岩邃涧，了无登路。攀葛乃得至，啖数枚，而饥止体充，复下山持杯取水，欲盥漱，见芜菁叶从山腹流出，甚鲜新，复一杯流出，有胡麻糁。相谓曰："此必去人径不远。"度山出一大溪，溪边有二女子，姿质妙绝，见二人持杯出，便笑曰："刘、阮二郎捉向所失流杯来。"晨、肇既不识之，二女便呼其姓，如似有旧，相见忻喜，问来何晚耶？因要还家，家筒瓦屋，南壁及东壁下各有一大床，皆施绛罗帐，角悬铃，上金银交错，床头各十侍婢。便敕云，刘、阮二郎，经涉山阻，向虽得琼实，犹尚虚弊，可速作食。有胡麻饭，山羊脯，甚美。食毕行酒，有群女来，各持三五桃子，笑而言贺汝婿来。酒酣作乐，刘、阮忻怖交并。至暮，令各就一帐宿，女往就之，言声清婉，令人忘忧。至十日后，欲求还去。女云："君已来，是宿福所牵，何复欲还耶？"遂留半年，气候草木是春时，百鸟鸣呼，更怀土，求归甚苦。女曰："当如何？”遂呼前来女子有三四十人集会奏乐，共送刘、阮，指示还路。既出，亲旧零落，邑屋全异，无复相识。问得七世孙，传闻上世入山，迷不得归。

孔灵符《会稽记》曰：赤城山土色皆赤。岩岫连沓，状似云霞；悬霤千仞，谓之瀑布，飞流洒散，冬夏不竭；山谷绝涧，峥嵘无底；长松蔓藟，幽蔼其上。

又曰：赤城山内，则有天台灵岳，玉室璇台。

又曰：天台山旧居五县之余地。五县者，馀姚、鄞、句章、剡、始宁也。

孙绰《天台山赋》曰：济楢溪而直进，落五界而迅征。

《启蒙记》曰：天台山石桥路，径不盈尺，长数十步，至滑，下临绝冥之涧。

《续搜神记》曰：会稽剡县民袁柏、根硕二人猎，经深山重岭甚多，见一群山羊六七头，遂经一石桥，桥甚狭而峻，羊去，根等亦随，渡向绝崖，崖正赤壁立，名曰赤城。上有水流下，广狭如匹布，剡人谓之瀑布。羊径有山穴如门，豁然而过。既入，内甚平敞，草木皆香，有一小屋，二女子住中，年皆十五六，容色甚美，着青衣，一名莹珠。见二人至，忻然云：早望汝来。遂为室家。忽二女出行，云复有得婿者往庆之，曳履于绝岩上行，琅琅然。二人思归，潜去归路，二女已知，追还。乃谓曰：自可去。乃以一腕囊与根，语曰：“慎勿开也。”于是得归。后出行，家人开其囊，囊如莲花，一重去复一重，至五尽，中有小青鸟飞去。根还知此，怅然而已。后根于田中耕，家依常饷之，见在田中不动，就视，但有皮壳如蝉蜕也。

## 茅山

《茅君内传》曰：句曲山，秦时名为华阳之天，三茅君居之，因而为名。外有金山，因坛为号矣。周时名其源泽为句曲之穴。按山形曲折，后人名为句曲之山。山间有金陵之地四十七八顷，是金坛之地肺也。居其地，必得度世。

《许迈别传》曰：延陵之茅山，是洞庭西门，潜通五岳。

《茅山记》曰：大茅山独高处，玄帝命东海神埋大铜鼎于山顶，深八尺，上有盘石镇之。颛顼水德，故号玄帝。

又曰：秦始皇三十七年游会稽还，于此山北埋白璧一双，深七尺，李斯刻篆璧文曰："始皇盛德，平章山河，巡狩苍川，勒石素璧。"

又曰：王莽地皇三年七月，遣使者章邕陈献铜钟五口，黄金百镒，赠之于三茅君。

又曰：中茅山，其山独处，司命君埋玉门丹砂六千斤，镇于此山，深二丈，上有盘石镇之。其山左右泉流下皆小赤色，饮之延年益寿。左真人就司命乞得一十二斤，以合九华丹。山顶石坛石案香炉今存。今三阳百姓间，多有长寿者，盖太阳，北阳、朱阳三村耳。

又曰：小茅山，汉光武帝以建武元年三月，遣使吴伦，赍金五十斤，陈献三茅君。今山顶有埋金处存焉，上有聚石。

又曰：开成中，高修女真人侯仙姑，绝谷六十余年，寿逾百岁，常栖息此山，入洞府，获睹征祥。

又曰：咸通中，东海蓬莱观龚道者，初入此山，断谷茹芝，十余年后，因正月朔旦焚香洞门，恍惚之间得入洞中。经由一十三日，备见洞府岩壁山川，星辰日月，灵异难详。

又曰：昔仙人捧一大石临险峻，是谓神设，一人推之，若欲崩坠，百人推之，亦复如故。真诰曰：中茅前一长岭，直抵大茅山后，古多积金宝故，因此著名。真白依东流水合神丹，遗坛灶存叠玉峰。大茅山东南，三山积叠，亦有洞穴。俗多呼叠石，石与玉犹为同类。山作三角，又呼三角山，殊无影响，今去葛仙翁坛相近。

## 庐山

《庐山记》曰：山高二千三百六十丈，周回二千五十里，东南三十二里。张僧鉴《浔阳记》云："匡俗，周武王时人，屡逃征聘，结庐此山。后登仙，空庐尚在，弟子等呼为庐山，又名匡山，盖称其姓。”又按：豫章匡裕，字君孝，父共鄱阳令吴芮，佐汉定天下，封俗鄱阳庐。君兄弟七人，皆好道术，遂寓精爽于洞庭之山，故世谓庐山。汉武帝南巡，亲见神灵，封俗为文明公。一云匡俗汉人，一云周武时人，未知谁是。

远法师《庐山记》曰：《山海经》曰：“庐江，三天子都。”有匡俗先生者，出自殷周之际，隐遁避世，潜居其下。或云俗受道于仙人而共游其岭，遂托室悬岫，即岩成馆。故时人谓其所止为神仙之庐。西南有石门，似双阙，壁立千馀仞，而瀑布流焉。

《述异记》曰：庐山上有三石梁，长数十丈，广不盈尺，俯眄杳然见底。咸康中，江州刺史庾亮迎吴猛，将弟子登山游观，因过此梁。见一老公坐桂树下，以玉杯承甘露与猛，猛遍与弟子。又进至一处，见崇台广厦，玉宇金房，琳琅焜耀，辉彩眩目，多珍宝玉器，不可识。见数人与猛共言，若旧相识。

周景式《庐山记》曰：登庐山，望九江，以观禹之迹，其兹峰乎！东南隐诸岭，不得骈瞩，自庐山人迹所暨，迥望无复出此者。每雨，其下成潦，而上犹皎日。

远法师《游山记》曰：自托此山二十二载，凡再诣石门，四游南岭，东望香炉，秀绝众形。北眺九流，凝神览视，四岩之内，犹观之掌焉。传闻有石井、方湖，足所未践。

张野《庐山记》曰：庐山，天将雨则有白云，或冠峰岩，或亘中岭，俗谓之山带，不出三日必雨。

《寻阳记》曰：庐山顶上有一池，水池中有三石雁，霜落则飞。山北有五老峰，于庐山最为峻极，横隐苍穹，积石岩巉，迥压彭蠡，其形势如河中虞乡县前五老之形，故名之。

又曰：上霄峰在山东南，秦皇登之，与霄汉相接，因名之。高处有刻名之字，大如掌，背隐起焉，仅百余言。

又曰：王敦诛术士，吴猛附船日行千里，追者但见龙附其船。猛令船人闭目，人闻曳拨林木之声，惧而开目。龙知人见，遂委舟山顶。今艑底在紫霄峰上。

又曰：陶潜栗里，今有平石如砥，纵广丈余，相传靖节先生醉卧其上，在庐山南。

《神仙传》曰：董奉，字君异，侯官人。少有道术，居北山，多救人疾苦。种杏于此山十数年，杏有十数万株结实。奉乃多仓廪，宣言人买杏多少，不须来报，但一器谷一器杏，多者则为猛兽所害。人惧，无敢欺者。得谷，悉赈贫乏。

## 罗浮山

《南越志》曰：此山本名蓬莱山，一峰在海中，与罗山合，因名焉。山有洞通句曲，又有璿房瑶室七十二所。

裴渊《广州记》曰：罗浮二山隐天，唯石楼一路，是可登矣。

《晋中兴书》曰：葛洪上罗浮山中炼丹，在山积年。忽与广州刺史邓岱书云："当欲远行。"岱得书狼狈，而洪已亡，颜色如平生，体轻弱如空衣。时咸以为神仙。

《茅君内传》曰：罗浮山之洞，周五百里，名朱明耀真之天。

《罗浮山记》曰：罗，罗山也，浮，浮山也，二山合体，谓之罗浮。在层城、博罗二县之境，有罗水南流注于海。旧说罗浮高三千丈，长八百里，有七十二石室，七十二长溪，神湖神禽，玉树朱草。相传云浮山从会稽来。今浮山上犹有东方草木。

又曰：鲍静，字子玄，上党人。博究仙道，为南海太守，昼临民政，夜来罗浮山，腾空往还。

裴渊《广州记》曰：罗山隐天，唯石楼一路。时有闲游者，少得至。山际大树合抱，极目视之，如荠菜在地。山之阳有一小岭，云蓬莱边山浮来著此，因合号罗浮山。

《名山略记》曰：罗浮山有阿育王塔三十二所，杂道书。

《南海郡传》曰：罗山，诸仙人所游之山也。恶人不得妄上；恶人上此山，有兽即击之，投于岩下。

## 蒋山

《舆地志》曰：蒋山，旧名金陵山，因此山立名金陵。徐爰《释问》曰：诸葛亮以为钟山龙盘，即蒋山也。

《金陵图》曰：后汉末，蒋子文为秣陵尉，逐盗钟山北，为贼伤额而死。常谓青骨死当为神，至吴大帝立都，子文乘白马，搔头，执白羽见形，故令史白吴王为立庙；不尔，当百姓大疫。大帝犹未信。又翊日，见于路，当令飞虫入人耳。后果如其言。帝乃立庙钟山，封子文为蒋侯，改为蒋山。即此是也。

沈约《宋书》云：萧思话领左卫，常从太祖登钟山北岭石上弹琴，因赐以银钟酒。谓曰：相赏有松石间意焉。

《梁书》曰：武帝时，旱甚，诏于蒋山神求雨，十旬不降。帝怒，命载荻焚庙并其神影。白日开朗，将起火，当神上，忽有云如伞盖，须臾骤雨台中，宫殿皆自震动。帝诏使停。

山谦之《丹阳记》曰：京师南北，并有连岭，而蒋山独崖崛峻异，其形象龙，实杨都之镇也。孙权葬山南，因为名，号曰孙陵。

又曰：出建阳门，望钟山之与覆舟似；上东门，首阳之与北邙也。

《金陵地记》曰：秦始皇时，望气者云，金陵有天子气。乃东巡，埋金玉杂宝于钟山，仍断其地，更名曰秣陵。

又曰：蒋山本少林木，东晋令刺史罢还都，种松百株，郡守五十株。

又曰：周颙，字彦伦。隐居蒋山，出为临海令，罢还都，欲游旧居。孔稚珪作《北山移文》以讥之曰："钟山之英，草堂之灵，驰烟驿路，勒移山庭。"

## 九疑山

《山海经》曰：九疑山，舜所葬为永陵，在长沙零陵界。秦始皇三十七年十一月，行至云梦，望祀虞舜于九疑山。

《汉书》曰：武帝元封五年，南巡狩至于盛唐，望祀虞舜于九疑山。

《山海经》曰：南方苍梧之丘，苍梧之渊，其中有九疑山，舜之所葬，在长沙零陵界。

《湘中记》曰：九疑山在营道县，九山相似，行者疑惑，因名九疑。

盛弘之《荆州记》曰：九疑山盘基数郡之界，连峰接岫，竞远争高，含霞卷雾，分天隔日。

《郡国志》曰：九疑山有九峰：一曰丹朱峰；二曰石城峰；三曰楼溪峰，形如楼；四曰娥皇峰，峰下有舜池，池旁春月百鸟生卵，人取之则迷路，致本处可得还；五曰舜源峰，此峰最高，上多紫兰；六曰女英峰，舜墓于此峰下；七曰箫韶峰，峰下即象耕鸟耘之处；八曰纪峰，马明生遇安期生授金液神丹之处；九曰纪林峰。周义山，字秀通，开石函得李山经，读之得仙也。有九水，七则流归岭北，二则翻注广南。

《淮南子》曰：九疑之南，陆事寡而水事多。

王歆之《神境记》曰：九疑，是舜之葬处也。有青涧，中有黄色黄莲花，芳气竟谷。此山之表，复有一峰，望之乃似人形，映出云端如玉积，高于诸山，顶有飞泉如带。舜庙在山之阳。

## 玉笥山

《福地记》曰：此山土地肥美，宜谷辟兵。

又《天监起居注》云：庐陵太守王希聃，于此山龙渊获剑二口。

《太真白龟山经》曰：本名群玉山，胚浑初分，此山积五色气而成形，睹若群玉之状，皆虚无之貌浮焉。至炰牺氏之时，山乃坚实委地，变为五色，遂号为群玉山。至夏殷之世，人多采其玉，百灵虑损其山形，遂化为五色土石，而生之丛木。今溪涧之中，五色碧赤之石，皆古玉变也。

《玉笥山记》曰：汉武好仙，察众仙之迹，知此山为灵感之司。遂于山顶致降真坛，日夕祈祷，天乃降白玉笥置坛上。武帝遣使取至其坛侧，飘风大振，卷玉笥而去。因封为玉笥山。又汉武时，邑民伐材于山为廨馆，阙殿中梁一条，邑民相谓曰：欲精仙馆，在其梁栋，未可以凡木为之。经数旬未获，忽一夜震雷风烈，天降白玉梁一条，光彩莹目。至今下有玉梁观。至魏武时，遣人取之，至其山门。亭午之际，雷霆大震，化为白龙，擘烟雾而去。晋永嘉中，有人见在都木岩下。梁黄门侍郎萧子云建清虚馆，兼撰立馆碑，经五载，忽有一人来谓之曰："馆之东北有洞，曰都木坑，水自东注，可以久居矣。"子云遂徙家居之。后全家隐洞中，不知所之。大历初，有道士谢修通者，宜春人也。入此山不出，凡四十年，如野人。后遇一人，引入溪源，于溪中得一碑，长三尺，乃萧侍郎清虚之馆碑。更行，行半里，见宅基古砖瓦石皆异，遂结庵居之。长庆初，入都木坑，偶见一宅，重扉。须臾有一青衣童子，招修通入见。一人紫绶峨冠佩剑，立堂之左。一人碧绶素简，立堂之右。童子曰："左者萧君，右者梅君。"即梅福也。通乃叩头再拜，求住。修通好食小蒜，二君曰："子乃荤腥之人，安能住此？"赐修通嘉禾五穗，松叶半斤，令顿服之，服之中半，二君乃令归，精神似不足，眼目睢盱。门人相谓曰："师修行不出，凡七十年，为邪气所乱，大道何昧乎？"通至宝历初，梦人告曰："造一精舍待君。"既寤，曰："旦日我当死矣。"七日而卒。门人求备棺椁，空见衣冠而已。年九十八。

# 太平御览卷第四十二 地部七

## 河南宋郑齐鲁诸山

### 砥柱山

《水经注》曰：砥柱，山名也。禹治洪水，山陵当水者凿之，故破山以通河，河水分流，包山而过，山见水中若柱然，故曰砥柱。

《搜神记》曰：齐景公渡于江沅之河，鼋衔左骖没之，众皆惊惕，古冶子于是拔剑从之，邪行五里，逆之三里，至于砥柱之下，乃杀鼋头，右手挟左骖，燕跃鹄踊而出，仰天大呼，水为之逆流三百步，观者皆以为河伯也。

《说文》曰：凤鸟出东方君子之国，过昆仑，饮砥柱，濯羽弱水，暮宿风穴。

### 邙山

《说文》曰：邙，洛阳北土上邑也。

《十道志》曰：邙山在洛阳县四十里。

《元和郡国志》曰：邙山是陇山之尾，一名平逢山，亦名郏山。

杨佺期《洛城记》曰：北山连岭，修亘四百余里，实古今东洛九原之地也。

又戴延之《西征记》云：邙山西匡东垣，亘阜相属，其下有张母祠，即永嘉中，此母有神术，能愈病，故元帝渡江时，延圣火于丹阳，即此母也。今祠存焉。

《续汉书五行志》曰：灵帝时童谣曰："侯非侯，王非王，千乘万骑上北邙。"至中平六年，献帝为中常侍段珪等数人所执，公卿百官随其后，到阿上乃得还。此非侯非王上北邙也。

《魏略》曰：魏文帝猎北邙上，时盛夏炎暑，行者或中暍，鲍勋切谏，遂因此伏法。

《魏志》曰：明帝即位，欲平北邙，令登台以观见孟津。廷尉辛毗谏曰："天地之性，高高下下，今而反之，既非其理；加以损费人功，民不堪役。"帝乃止。

**熊耳山**

《河图括地象》曰：熊耳山，地门也。其精上为毕附耳星。

《史记》曰：齐桓公曰：寡人南伐至郡陵，登熊耳山以望江汉。

《东观汉记》曰：赤眉初降，辇输铠甲兵弩，积与熊耳山等。

盛弘之《荆州记》曰：南郑修县北，有熊耳山，山东西各一峰傍竦，南北望之若熊耳。山多漆，下多棕，浮豪之水出焉，西流注于洛。又按《仙书》谓此山上有青丹之树，得而服之成仙。

《西京杂记》曰：叶似江篱，而红绿色。又有丹青树，叶一青一赤，望之如绣，长安谓之丹青树是也。

**鼓钟山**

《山海经》曰：鼓钟之山，帝台之所以觞百神者也。有草焉，方茎而黄华，圆叶而三成，其名曰乌酸，可以为毒也。今名钟山，在陆浑县西南三十里。

**陆浑山**

《水经》曰：陆浑山，伊水出焉。今亦号方山。汉末隐士，颍川胡昭隐居此山。山中有石城，远望之有金坛玉匮，晶然间出，尤好竹木泉石。时有野人居之，长生不死。春秋时，迁陆浑之戎，意其遗类。

**崤山**

《元和郡县志》曰：二崤山在今渑池县西北，一名岭岑。《左传》谓秦将袭郑，蹇叔哭送，谓收子骨所。后汉末建安中，曹公西讨巴汉，恶其险而更开北山道路，多从之便。又有石铭云："晋太康三年，弘农太守梁柳，修复旧道。"

《西征记》曰：崤山上不得鸣鼓角，鸣则风雨总至。自东崤至西崤三十里，东崤长坂数里，峻阜绝涧，车不得方轨。西崤全是石坂十二里，险绝不异东崤。

《传》曰：杞子自郑使告于秦曰："郑人使我掌其北门之管，若潜师以来，国可得也。"穆公召孟明、西乞，白乙，使出师于东门之外。蹇叔之子与师，哭而送之曰："晋人御师必于崤，崤有二陵焉，其南陵夏后皋之墓也，北陵，文王之所避风雨也。必死是间，余收尔骨焉。"

《汉书》曰：景帝三年，吴楚反，以周亚夫为太尉击吴楚。亚夫发至灞上，赵涉遮说亚夫曰："吴王素宿怀辑死士久矣，此知将军且行，必置间人于崤渑厄陋之间，将军何不从此右去趋蓝田，出武关，抵雒阳，间不过差一二日，直入武库，击金鸣鼓，诸侯闻之，以为将军从天而下也。"太尉如其计，至雒阳，使吏搜崤渑间，果得吴伏兵。

《三辅旧事》曰：邓禹败于潼关，后大破赤眉于崤。

**青要山**

《山海经》曰：青要山，实惟帝之密都。畛水出焉。有草黄华、赤实，服之美人色。注《水经》云：强山东阜，即魏山，有美枣焉。

《十道志》曰：青要山又名强山。

**缺门山**

注《水经》曰：缺门山，山阜之不相接者一里，故得名。二壁争高，升耸相乱是也。

**三涂山**

《地里志》曰：三涂山在陆浑县南。《左传》谓四岳、三涂，九州之险。或曰，三涂者，伊阙、大谷、轘辕三道是也。

**女几山**

《元和郡县志》曰：女几山，在福昌县西南三十四里。

《山海经》曰：女几山，上多玉，下多金，其兽即豹、麋、麝，禽多鷮、翟、鸠。

**白马山**

《十道志》曰：白马山，注《水经注》云：溪水出宜阳白马山，山上有大石厥，状似马，故溪涧以物色受名焉。

《滑州白马山开山图》云：白马群行山上，悲鸣则河决，驰走则山崩，谓此山也。

《西征记》云：山有神白马，故名焉。

**太阴山**

《十道志》曰：太阴山，《左传》谓晋梁丙、张趯率戎伐颍。

又云：蛮子赤奔晋之阴地，且自雒以东至于陆浑，谓此山也。

**金门山**

阮籍《宜阳记》曰：金山之竹，堪为笙管。

杨泉《物理论》云：宜阳金山竹为律管，河内葭莩为灰，可以调气。

又注《水经》曰：金门溪，出金门山也。

又《戴氏西征记》曰：宜阳县地名金门坞。

**轘辕山**

《十道志》曰：轘辕山，在缑氏东南。

《左传》曰：栾盈过周，王使候出诸轘辕是也。按轘辕道十三曲，今置关焉。

又按薛综注《东京赋》云：轘辕坂十二曲，道将去复还，故曰轘辕。

**阙塞山**

《洛阳记》曰：阙塞山在河南县。《左传》晋赵鞅纳王，使汝宽守阙塞，伏虔谓“南山伊阙”是也。杜预注云：洛西南阙口也，俗名龙门是也。

**牧牛山**

《阳城记》曰：牧牛山，在阳城东八十里，下有九十六泉，即沧河之上源也，父老云：昔有一神驳身，自山而降，下饮泉竭，故以为名。

**九山**

《阳城记》曰：九山在县南三十五里。《注水经》云：“相涧水，经九山东。”仲长子云：“昔有上者身游九山之上，施心不拘之乡。”即此山也。山阴有九山庙碑，晋永康二年立。文曰九山府君者，太华元子之称也。

**大騩山**

《阳城记》曰：大騩山在密县东南五十里，即具茨之山。黄帝登具茨之山，升于供堤之上，受神芝图于黄盖童子，即此也。又名具茨山也。又有方山，一名浮戏山，汜水出焉。又有洧水，出密县西南马岭山。

**桑山**

《春秋传》曰：郑大旱，使屠击有事于桑山，斩其木，不雨。子产曰："有事于山，艺山林也，艺，养护也。而斩其木，有罪大矣。"夺之官邑。

**半石山**

《山海经》曰：半石山，其上有草，生而秀，高丈余，叶与花皆赤而不实，其名嘉荣，服者不迁喜怒。在缑氏南十五里。

**天心山**

《道书福地志》曰：天心之山，方圆百里，形如城，四面有门，上有石墙，长十余丈。山高谷深，多生微蘅，其草有风不偃，无风独摇。天心山又名锡义山，在丰利县东六十五里。

**小径山**

《山海经》曰：小径山，器难之水出焉。旧传器难之水即索水也。小径山一曰嵩诸山，俗名周山，在荥阳县三十五里。

**兰岩山**

《搜神记》曰：荥阳县有兰岩山，峭拔千丈，常有双鹄不绝来往。

《神仙传》曰：昔有夫妇隐此山数百年，化为两鹄。忽一旦一鹄为人所害，其一鹄岁常哀鸣，至今响动岩谷，莫年岁。

**砀山**

《水经注》曰：砀县分水，北有砀山，砀芒二县之间，山泽深固，多怀神智。有仙者涓子、柱主，并隐砀山得道。汉高隐之，吕后望气知之，即于是处也。

**历山**

《水经注》曰：雷泽西南十许里，有一小山，孤立峻上，亭亭嶕峙，谓之历山。山北有小阜，南属迤泽之东，北有陶墟，缘生言舜耕陶所在，墟阜联属，滨带瓠河也。郑玄云：历山河东，今有舜井。皇甫谧曰：或言今济阴历山是也，与雷泽相比。余谓郑玄之言为然。故杨雄《河东赋》曰："登历观而遥望兮，聊浮济河之岩。"今雷首历观历山，西枕大河，校之图纬，于事为安。

**南城山**

《后汉书》曰：郑玄汉末遭黄巾之难，客于徐州。今《孝经序》，郑氏所作。其序云："仆避干南城之山，栖迟岩石之下，念昔先人余暇，述夫子之志而注《孝经》。"盖康成胤孙所作也。今西上可二里所，有石室焉，周回五丈。俗云是康成注《孝经》处也。

**奚公山**

杨晔《徐州记》曰：奚公山，奚仲造车之所。山上轨辙犹存。

**嵇山**

《水经注》曰：嵇山，嵇氏故居也。嵇康本姓奚，会稽人也。先人自会稽迁于谯之铚县，故为嵇氏，取稽字之上以为姓，盖志本也。

**曹南山**

《十道志》曰：曹南山，《风诗》所谓"荟兮蔚兮，南山朝跻"是也。有汜水出焉，即《汉书》云："高祖即位于汜水之阳"。今坛存焉。汜音泛。

**峄山**

《书禹贡》曰：峄阳孤桐，泗滨浮磬。郑玄注曰：峄山今在下邳西葛峄山也。

《诗》曰：奄有凫峄，遂荒徐宅。凫峄二山。

《尔雅》曰：鲁国邹县有峄山，纯石相积构，连属而成山。

《史记始皇本纪》曰：二十八年，始皇行郡县，上邹峄山立石，与诸博士议，刻石颂秦德。

《三代地理书》曰：秦始皇乘羊车，登峄山。

《邹氏记》曰：邹山，古之峄山也。孤桐之所植，邾文公之所卜。下山是邹县，本是邾国，鲁穆公改邹山从邑变，故谓邹山。峄阳犹多桐树。

《地理志》曰：峄山在邹县北，绎邑之所依名也。山东西二十里，南北一十三里，高秀独出，积石相临，殆无壤。石间多孔穴，洞达相通，往往有如数间居处，其俗谓之峄孔。遭乱，辄将居人入峄，外寇虽众，无所施害。永嘉中，太尉郄鉴将乡曲逃此，胡贼攻守不能得。今山南有大峄，名曰郄公峄。山北有绝岩，秦始皇观礼于鲁，登于峄山之上，命丞相李斯以大篆勒铭山岭，名曰昼门。《诗》所谓"保有凫峄"者也。

**金乡山**

戴延之《西征记》曰：焦氏山北有数山，有汉司隶校尉鲁恭，穿山得白蛇白兔，不葬，更葬山南，凿而得金，故曰金乡山。山形峻峭，冢前有石祠石庙，庙四壁皆青石隐起，自书契以来，忠臣孝子贞妇，及孔子弟子七十二人形像，像边皆刻石记之，文字分明。又有石床长八尺，磨莹鲜明，叩之声闻甚远。时太尉从事中郎傅珍之、咨议参军周安、穆析败石床，各取之，为鲁氏之后所讼，三人并免官。

**琅琊山**

《史记》曰：始皇二十六年灭齐，遂登琅琊山，筑层台于上。秦皇乐之，因留三月是也。

《郡国县道记》云：琅琊台在故城东南十里，州东南一百七十里。台上有始皇碑，碑上有六百字可识，余多剥落。台侧有四时祠，即齐地八祠之一。又云台上有神泉，人或污之，即立竭。

**龟山**

《水经注》曰：龟山在博县一十五里。昔夫子伤政道之陵迟，故望山而怀操，故《琴操》有齐龟山操焉。山北即龟阴之田也。《春秋》定公十年，齐人来归龟阴之田是也。

**徂徕山**

《水经注》曰：《邹山记》云：徂徕山在梁甫、奉高、博三县界，犹有美松，亦曰尤竦之山。

**危山**

《汉书五行志》曰：哀帝时无盐危山土自起覆草，如驰道状。

**报山**

又《汉书》曰：瓠山石转立。东平王云及后谒自之石所祭，治石象瓠山，立石束倍草并祠之。三年，息夫躬告之。王自杀，后谒弃市，国除。

**尼丘山**

《水经注》曰：沂水出鲁城东南，尼丘山西北。山即颜母所祈而生孔丘也。山东一十里，有颜母庙。防山南数里，孔子父葬处，《礼》所谓“防墓崩”者也。

**羽山**

《十道志》曰：羽潭，一名羽池。潭东有羽山。

《汉志》曰：东海郡祝其县有羽山，殛鲧之所。

《郡国志》云：钟离沐城有羽泉，殛鲧处。其水恒清，牛羊不饮。

《书》曰：殛鲧于羽山。

又曰：蒙羽其艺。

《左传》曰：昭公二年，郑子产聘于晋，平公有疾，韩宣子逆客，私焉。曰：“寡君寝疾于今三月矣。并走群望，有加而无瘳。今梦黄熊入于寝门，其何厉鬼也？”对曰：“以君之明，子为大政，其昔尧殛鲧于羽山，其神化为黄熊，入于羽渊，实为禹郊，三代祀之也。”韩子祀夏郊，平公乃间。

**华不注山**

《传》曰：齐师与晋战于鞌，齐师败绩，晋逐之，三周华不注山。

《水经注》曰：华不注，虎牙桀立，孤峰特起，青崖发翠，同点黛焉。

**长白山**

《郡国志》曰：长白山，陈仲子夫妻隐处。

《郭氏述征记》云：长白山，能兴云雨。山西南有大湖山，二山并有石室，败赤漆船，上有记。皆谓之尧时物。

**黉山**

《三齐略记曰：郑玄刊注诗》，常栖黉山。今山有古井不竭，犹生细草，叶形似韭，俗称郑公书带。

**陶山**

《齐地记》曰：范蠡浮海出齐，变姓名，自号鸱夷子。间行止于陶山，因号陶朱公焉。后改曰鸱夷山，在今平阴县东。

**巫山**

又曰：巫山，一名孝堂山。

《左传》曰：齐侯登巫山以望晋师。即此山也。山上有石室，俗传云郭巨葬母之所，因名孝堂山焉。在平阴县。

**鱼山**

郭延生《述征记》曰：鱼山，一名五山，《瓠子歌》所谓也。魏熹平中，有神女智琼降弦超室，后复遇此山陌上。

又《西征记》曰：鱼山临河，神女智琼与弦超会所。魏陈思王曹植尝登此山，有终焉之志，遂葬其西。亦其所封国也。鱼山在东阿县东北。

**谷城山**

《汉书》曰：谷城山，昔张良受黄石公素书，云山下黄石即吾也。谷城山一名黄石山，在东阿县东北。

**劳山**

伏琛《齐记》曰：不其城南二十里，有大劳山、小劳山，在海侧。

晏谋《齐记》曰：俗云太山自言"高，不如东海劳"，即此也。

**蒙山**

《高士传》曰：老莱子隐于蒙山之阳，以葭为盖，蓬为室，歧木为床，耆艾为席，衣缊饮水，垦山播植。楚王亲至其门，方织畚。王去有间，其妻戴畚菜挟薪而至，问车马迹之多。答曰："楚王。"妻曰："可食以酒肉者，可加以鞭捶；可授以官禄者，可随以鈇钺。先生受人官禄，为人所制；妾不能为人所制者。”妻乃畚菜而去也。

东蒙山，在蒙山之东，故曰东蒙。《论语》云：“昔者先王以为东蒙主，是社稷之臣，何以伐为？”

**谢禄山**

《郡国志》曰：东海郡有谢禄山。按《汉书》，王莽时，东海徐宣、谢禄等，击王莽时田况，大破之，曾屯兵于此，因名谢禄山。在县西一里。

**夹山**

《地理志》曰：怀仁县有夹山。《左传》齐鲁会于夹谷，即此也。在县西四十里。

**桃山**

《地理志》曰：桃山即华莱山也。一名义珠山。山上有井，不可窥；窥者不盈岁辄死。

又云：山上有井，有鸟巢于井中。此鸟金喙黑色，见则大水。

**吠狗山**

又《地理志》曰：吠狗山，宋武北伐南燕之时至此，山夜间犬吠，明日视之，唯见石狗。

# 太平御览卷第四十三  地部八

## 商洛襄邓淮蔡诸山

### 白於山

《水经》曰：白於山，今名女郎山，山上多松柏，下多栎檀，其兽多牸音昨牛羜羊，鸟多白鸮。洛水出于其阳，东注于泾也。

又云：洛水源出县北白於山。

又曰：汉水女郎山，山上有女郎冢。远望山坟，崔嵬状高，及即其所，裁有坟形。山上直路下出，不生草木，世人谓之女郎道。下有女郎庙及捣衣石，言张鲁女也。

### 商山

盛弘之《荆州记》曰：上洛有商山，班孟坚《西都赋》所谓商洛缘其隅，《高士传》谓地肺，即此也。

《晋书》曰：董景道少好学，千里追略，不与人交通。永平中，知天下将乱，隐商洛山，衣木皮叶，食树果，弹琴歌啸以自娱。至刘曜时，征拜太常，辞，以寿终。

### 玄扈山

《春秋合成图》曰：黄帝游玄扈、上洛，与大司马容光，左右辅周昌等百二十人临之，有凤衔图以置帝前。

### 望楚山

《襄阳记》曰：望楚山有三名，一名马鞍山，一名灾山。宋元嘉中，武陵王骏为刺史，屡登之，鄙其旧名望郢山，因改为望楚山。后遂龙飞，是孝武望之处，时人号为凤岭，高处有三磴，即刘弘、山简九日宴赏之所也。

### 石梁山

《襄阳记》曰：襄州石梁山，山起白云则雨，黄云则风，黑云则蛮多病。

**薤山**

《襄阳记》曰：襄阳县薤山，山上有竹，三年生一笋，笋成竹死，代谢如春秋焉。

**岘山**

《十道志》曰：羊祜尝与从事邹润甫共登岘山，垂泣曰："自有宇宙，便有此山，由来贤达胜士登此远望，如我与卿者多矣，皆湮灭无闻，不可得知，念此使人悲伤。我百年后魂魄犹当此山也。"润甫对曰："公德冠四海，道嗣前哲，令闻令望，当与此山俱传。若湛辈乃当如公语耳。"后以州人思慕，遂立羊公庙，并碑于此山。

**白马塞山**

盛弘之《荆州记》曰：孟达为新城太守，登白马塞山而叹曰："刘封、申耽据金城千里而不能守，岂丈夫也？"为上渚吟，方士今犹传此，声韵愤激，其哀思之音乎！游者云重山迭嶂，事亦信然也。

**高车山**

《高士传》曰：高车山上有四皓碑及祠，皆汉惠帝所立也。汉高后使张良诣南山迎四皓之处，因名高车山也。

**桐柏山**

《河图括地象》曰：桐柏山为地穴，上为维星。

《荆州图经》曰：桐柏山，《禹贡》所谓导淮自桐柏者也。其山则云峰秀峙，林惟椅柏，潜润吐霤，伏流数里。

**武当山**

《山记》曰：武当山区域，周回四五百里，中央有一峰，名曰参岭，高二十余里，望之秀绝，出于云表，清朗之日，然后见峰。一月之间，不见四五，轻霄盖于上，白云带其前，旦必西行，夕而东返，常谓之朝山盖，以众山朝揖之主也。

又《南雍州记》曰：武当山有石门石室，相承云尹喜所栖之地。

又《阴君内传》云：君字长生，入武当山升仙是也。

又郭仲产《南雍州记》曰：武当山，广三四百里，山高巃峻，若博山香炉苕亭峻极，干霄出雾。学道者常百数，相继不绝，若有于此山学者心有隆替，辄为百兽所逐。

《山海经》曰：祭水源伏流三百余里。汉武帝遣殿上将军戴生之此山采仙药，遂得道不返。

《甄异传》曰：历阳谢允，字道通，年十五，为苏峻贼军王免所掠，卖属东阳蒋凤家。尝行山中，见虎槛中狗，窃念狗饿，以饭饲之，入槛，方见虎攀木仰看。允谓虎曰："此槛本为汝施，而我几死其中，汝不杀我，我放汝。"乃开槛出虎。贼平之后，允诣县别良善，乌程令张球不为申理，桎梏榜楚。允梦见人曰："此中易入难出，汝有慈心，当拯救。"回见一少年，通身黄衣，遥在栅外，时进狱中，与允言语。狱吏知是异人，由此不敢枉允，蒙理还都，西上武当山。太尉庾公闻而愍之，给其粮资，随到襄阳。见道士说，吾师戴先生孟盛子，非世间人也。敕若有西上欲见我者，可将来，得无是君。允因随去，入武当山，斋戒三日，进见先生，乃是昔日所梦人也。问允复见黄童不？因赐以神药三丸，服之便不饥渴，无所思欲。先生亦无常处，时有祥云紫气荫其上，或闻芳香之气，彻于山谷。

**大狐山**

《水经注》曰：大胡山，在泚阳北如东三十余里，广圆五六十里。

张衡《西都赋》曰：所谓天封大胡者也。胡一作狐，《南阳图注》曰："山有大石如狐。"

**石鱼山**

《水经注》曰：石鱼山，本名立石山。高八十丈，广十里。石色黑而理，若云母。开发一重，辄有鱼形，鳞鳍首尾，有若刻画。长数寸，鱼形备足，烧之作鱼膏腥，因以名之。

**苦菜山**

《郡国志》曰：苦菜山，即黄城山也。自叶至泚阳，南北相毗连，亘百里。亦曰长城山，即长沮、桀溺耦耕处。下有东流水，即子路问津之所。《尸子》云，楚狂接舆耕于方城，即此山也。《春秋》曰："方城以为城"是也。

**大洪山**

《水经注》曰：蔡阳县东南大洪山，山在隋郡之西南，竟陵之东北，盘基所跨，广圆一百余里。峰曰悬钩，处众阜之中，为诸岭之秀。山下有石门，侠鄣层峻，岩高皆数百许仞。入石门，又得钟乳穴。穴上素崖壁立，非人迹所及。穴中多钟乳，凝膏下垂，望齐冰雪，微津细液，滴沥不断。幽穴潜远，行者不穷其深。而穴内常有风势，火无能以经久故也。陨水出于其陨阴，初流浅狭，远乃宽广，可以浮舟筏矣。时人以陨水所导，故亦谓之陨山。

**赤岸山**

《南兖州记》曰：瓜步山东五里，江有赤岸山，南临江中。罗君章云，赤岸若朝霞，即此是也。涛水自海入江，冲激六七百里，至此岸侧，其势始衰。郭景纯《江赋》云："鼓洪涛于赤岸。"

**莫耶山**

《寿春图经》曰：莫耶山，长老传云，古者于此山铸莫耶剑，因为山名。

《史记贾谊吊屈原篇》云：莫耶为钝兮，铅刀为铦。注云：莫耶，吴大夫姓也。

王僧虔《吴郡地理志》云：吴人造剑二，阳曰干将，阴曰莫耶。莫耶，其妻名也。

又《淮南记》云：濠水合流千金塘，源出县西莫耶山是也。

**云母山**

《寿春图经》曰：云母山，一名濠上山，在州东南四十里。按《神仙传》云：彭祖服食云母，时人共传采于此山。今或有道者采取不已。

**濠塘山**

《寿春图经》曰：濠塘山，在县南六十里，有濠水出焉。古老所传，缘山泉灌濠城塘，故以为名。山穴多出钟乳，并有蝙蝠白艾色，于穴中倒悬，微带紫色。居人或有九月已后二月已前采取，服之颇益寿。

**九斗山**

《寿春图经》曰：九斗山，一谓阴陵山。

《江表传》云：项羽败乌江，取此山过。汉遣灌婴兵追羽至此，一日九战，因名曰九斗山。今石犹存有磨刀砺镞之迹。

**涂山**

应劭《汉地理志》曰：禹娶涂山，涂山有禹墟。

《太康地记》曰：涂山，古当涂国，夏禹所娶也。山西南又有禹村，盖禹会诸侯于涂山，在《禹贡》扬州之域。今九江当涂县有禹娶之地，今邑界有当涂故城存焉，即汉为县，后废。

《郡国志》曰：平阿县有当涂山，淮水出于荆山之左，当涂之右，奔流二山之间，而扬涛北注也。

《春秋左氏传》曰：哀公七年，诸大夫对孟孙曰："禹合诸侯于涂山，执玉帛者万国。"杜预注曰："涂山在寿春东北。"非也。余案《家语》曰：吴伐越，至会稽，获骨焉，其节专车。吴子使使问孔子，孔子曰："丘闻之，昔禹致群臣于会稽之山，防风氏后至，禹杀之，其骨专车，此为大也。"盖丘明亲承圣旨，录为实证矣。又案刘向《说苑辨物》，王肃之叙孔子九世孙孔晁所出先人书《家语》，并出此事。故涂山有会稽之名，考校群书及方土之目，疑非此矣。盖周穆王之所会矣。

**八公山**

《水经注》曰：寿春县八公山，山无树木，唯重阜耳。山上有淮南王刘安庙。刘安是汉高帝之孙，厉王长之长子也。折节下士，笃好儒学，养方术之徒数千人，多神仙秘法鸿宝之道。忽有八公，皆顺眉皓素，诣门希见。门者曰："吾王好长生，今先生无住衰之术，未敢闻。"八公咸变成童，王甚敬之。八士并能炼金化丹，从有入无，乃与安登山埋金于地，白日升天，余药在器，鸡犬舐之者，俱得上升。其所升之处，践石皆陷入焉。故山即以八公为目。

**蔡山**

《怀宁图经》曰：蔡山出大龟。《尚书》云：九江纳锡大龟，即谓蔡山也。

**玉镜山**

《怀宁图经》曰：玉镜山在县北万岁乡界。贞元二年，从皖山东面忽然爆裂，皎然如玉，行路远见如悬镜焉。其年刺史吕谓闻奏，因山改万岁为玉镜乡，其山西隅连皖山东面。

**皖山**

《汉书地理志》曰：皖山在灊山，天柱峰相连。其山三峰鼎峙，叠嶂重峦，拒云概日，登涉无由。《山经》云：皖山东面有激水，冬夏悬流，状如瀑布，下有九井，井有一石床，可容百人。其井莫知深浅，若天时亢旱，则杀一犬投其中，即降雷雨，犬亦流出。

**鸡笼山**

《历阳图经》曰：鸡笼山在县西北。《淮南子》云："麻湖初陷之时，有一老母提鸡笼以登此山，因化为石。"今山有石状如鸡笼，因为名也。

**梁山**

《历阳图经》曰：梁山在县南，俯临江水南之博望山。

《宋书》云：孝武帝大明七年登梁山，大阅水军于中江。是日有雀二集于华盖，有司奏请改元为神雀元年，帝不许，因立双阙于梁山。

**都梁山**

《盱眙图经》曰：都梁山周回三十里，在县南。按《广志》云，都梁山生淮兰草，一名梁香草，故以为名。在楚州西南二百九里。

又阮升之记云：都梁山通钟离郡，广袤甚远，出桔梗芫花等药。

伏滔《北征记》云：有都梁香草，因以为名。

又曰：隋大业元年，炀帝立宫在都梁，东邻郁，西枕长淮，南望岩峰，北瞰城郭。其中宫殿三重，长廊周回，院之西又有七眼泉，涌合为一，流于东泉上作流杯，又于宫西南淮侧造钓鱼台，临淮高峰，别造四望殿。其侧又有曲河以安龙舟大舸，枕倚淮湄，萦带宫殿。至十年，为孟让贼于此置营，遂废。

**斗山**

《盱眙图经》曰：斗山周回二十里，在县西南，与都梁山相连，枕淮水险峻，名曰斗山。

**台子山**

《盱眙图经》曰：台子山周回一十里，在县东一里。案《宋书》云："元嘉二十七年，宋将臧质引兵下造弩台，以射城中。"因以为名。按：台子山在楚州西南是。

**长围山**

《盱眙图经》曰：长围山周回四里，在县北七里，上置军营，将士一千人守之，至德二年，节度使高适置。按《宋书》云："元嘉二十七年，宋文帝遣臧质拒魏太武帝，遂于梁山筑长围城，造浮桥绝水路。"即此。山又改为长围山，当在楚州西南一百八十里。

# 太平御览卷第四十四 地部九

## 关中蜀汉诸山

### 吴山

《周礼》曰：雍州，其山镇曰吴岳。孙炎曰：雍州镇有吴岳山也。郭璞曰：吴岳别名开山。

《汉书地理志》：吴山在汧县西，《国语》谓之西吴，秦都咸阳，以为西岳。

郦道元《水经注》云：汧水发南山西侧，俗以此山为吴山。其山三峰，望之恒有落势。山下有石穴，广四尺，高七尺，赤水溢石穴，悬波倾注，涌澜奔荡，发源成川，北流注于汧是也。

### 骊山

《三辅故事》曰：始皇葬骊山，起陵高五十丈，下锢三泉，周回七百步，以明珠为日月，鱼膏为脂烛，金银为凫雁，金蚕三十箱，四门施缴，奢侈太过。六年之间，为项籍所发。放羊儿堕羊冢中，燃火求羊，烧其椁藏。

《述征记》曰：长安东则骊山，西侧白鹿原，北望云阳，悉见山阜之形，而恒若在云雾之中。孟康曰："昔周幽王悦褒姒，姒不笑，王乃击鼓举烽以征诸侯，至而无寇，褒姒乃笑，王甚悦之。及犬戎至，王举烽以征诸侯不至，王遂败，身死于骊山之北。"

### 龙首山

《辛氏三秦记》云：龙首山长六十里，头入渭水，尾连樊川，头高二十丈，尾渐下，高五六丈，土赤不毛。昔有黑龙从山出饮水，其行道成土山。今长安城即疏山为台殿，基址不假筑，其含元殿，即龙首山之东麓，高敞为京城之最，阶高于平地三十余尺。南去丹凤门四百余步，中无间隔，左右宽平，东西广百步。《两都赋》云："汉之西都，实曰长安，左据函谷、二崤之岨，右界褒斜、龙首之险，表以太华、终南之山，带以洪河、泾、渭之川。”即此山之形势也。

**九嵕山**

《四夷郡国县道记》曰：九嵕山，东连仲山，西当泾水出焉。九嵕高六百五十丈，周十五里。在咸阳。

**嶻嶭山**

《四夷郡国县道记》曰：九嶭山，在云阳县东北十里，一名慈峨山，山势嵯峨，山顶有云起即雨，里人以为候。昔黄帝铸鼎于此山。

**鸡头山**

崔鸿《十六国春秋》云：石生不能守长安，欲西上陇，士卒散尽，遂入鸡头山，为追兵所害。山在鄠县东。

**牛首山**

《山海经》曰：牛首山，涝水出焉，而注于潏水，是多飞鱼，状似鲋，可疗痔疾。

又云：牛首山有鬼草，赤茎，叶如葵，秀如禾，服之使人不忧。

**蓝田山**

《后魏风土记》云：蓝田山，巅方二里，仙圣游集之所。刘雄鸣学道于山下，有祠甚严，亦灞水之源，此西又有尊卢氏陵次，北又有娲氏谷，则知此地是三皇旧居于是。

**笄头山**

《史记》云：黄帝西至于崆峒笄头山。

《图经》云：笄头山在泾阳西，《禹贡》泾水所出。

《淮南子》云：薄落山，一名笄头山。

《注水经》云：大陇之山，异名耳。《庄子》谓广成子学道于崆峒之山，亦黄帝问道于广成子，盖在此山。按今肃州又有崆峒山，未详孰是。今此见有柏堂在山顶上，不知何代所置也。后汉隗嚣使王孟塞鸡头道，谓此山也。

**贺兰山**

《泾阳图经》曰：贺兰山，在县西九十三里，山上多有白草，遥望青白如驳，北人呼驳马为贺兰，鲜卑等类多依山谷为氏族。今贺兰姓者，皆因此山名。

**太白山**

《辛氏三秦记》曰：太白山南有陈仓山，山有石与山鸡不别，赵高烧山，鸡飞去，晨鸣山头，声闻三十里，或谓是玉鸡。

《录异传》云：秦文公时，雍南山有大梓树，文公伐之，辄有大风雨，树生合不断。有一人病，夜往山中，闻有鬼语树神："秦若使人被发，以朱丝绕伐树，汝得不忧否？"文公如其言伐树，树断，中有一青牛出，走入澧水中，复出，使骑击之不胜，骑堕地，复上，发解，牛乃畏之，入水不出。故置髦头骑也。

**五将山**

崔鸿《十六国春秋》云：符坚为慕容冲所逼，长安城中有书曰：帝出五将，久长得免是。又谣曰：坚入五将长得。坚大信之，率骑数百出五将，宣告州郡，期以孟冬救长安。坚至五将山，姚苌遣将军吴忠围坚，众奔散，忠执坚以归新平。即此山也。

**仇池山**

《辛氏三秦记》云：仇池山，上有百顷地，平如砥。其南北有山路，东西绝壁百仞，上有数万家，一人守道，万夫莫向，山势自然有楼橹却敌之状，东西二门盘道可七里，上有罔阜泉源。《史记》谓秦得百二之固也。西晋末，为氐阳茂搜所据，于山上立宫室囷仓，皆为板屋，乃氐之所理于此，今谓之洛谷道是也。

《秦州记》曰：仇池山，本名仇维山，形似覆壶，上广百顷，周数十里，高二十余里，壁立千仞，自然楼橹却敌，分置均调，竦起数丈，有如人力也。

**青城山**

《福地记》曰：青城山，高三千六百丈，周匝五十里，有甘露芝草，天池醴泉。

《玉匮经》云：黄帝封为五岳丈人，乃岳渎之上司，真仙之崇秩。一月之内，群岳再朝，六时洒泉，以代晷漏。一名赤城，一名青城都，一名天谷山，亦为第五洞天，宝仙九室之天。对郡之西北，在岷山之南，群峰掩映，互相连接，灵仙所宅，祥异则多。

《益州记》云：岗峦岭崿相连千里，上有仙都。

《地理志》云：西徼之外，江水所出，天彭、青城，连峰不绝。

李膺记云：入山七里，至赤石城，有羊马台，三师坛，上五里至瀑布，水涧二百步，有二石梯，有一石笋，高三丈。过二石门，绝崖数百丈，下起常道观，高峰下有水，六时洒落。东北有二石室，名龙宫，可容百余人。从龙宫过石室，至石梯，名龙桥。又有一石梯，洞穴深浅，莫知所极。西北有石室，宛然见存。又有黄帝坛，石法天地，上圆下方，阔一丈二尺，有十二角，观东有石日月，各阔五尺，厚一尺二寸，相对柱上乌兔，辉铄方圆，磅礴可观。

《五岳真形图》云：洞天所在之处，其下别有日月分精以照，其中龙桥处二山，相去百余步，其峰危竦相对，桥在峰首，其桥中半渐渐促小，可六七寸，长一丈五尺，两边悬崖，俯临不测。山傍有誓石，天师张道陵与鬼兵为誓，朱笔画山，青崖中绝。今验断处，石并丹色，阔二十余丈，深六七丈，望之絶然。

**邛崃山**

《山海经》曰：崃山，江水出焉。今在汉严道县南，中江所出有九折阪，出貘似熊。其阳多黄金，其阴多麋，其木多檀柘也。

《华阳国志》曰：严道县，南有邛崃山，山上凝冰夏结，回曲九折，王阳去官之所。

**岷山**

《山海经》曰：岷山，江水出焉，而东流注于大江。其中多怪蛇。有鸟焉，其状如鸮而赤身白首，其名曰窃脂，可以御火。

**石镜山**

《华阳国志》曰：叠州合川县石镜山，在县西北四十五里。其山有石，光莹皎洁，照之莫不备见形体。故谓之石镜山。山下又有铜窟，隋初于此置监，鼓铸钱刀焉。

**绥山**

《列仙传》曰：葛由者，蜀之羌人，周成王时，刻木为羊卖之，一旦乘木羊之蜀，蜀中王侯宾之，上绥山，山在安固县东三十里，随之人皆得仙术。

**覆船山**

《十道录》曰：覆船山，尧遭洪水，维舟树下，船因覆焉。

又《益州记》云：覆船山中十五里，有七里阪，一名羊腹坂，屈曲有壁立难升之路。

**牛头山**

《九州记》云：牛头山，昔日葛仙翁多游于此，今为立寺，与白兽山相连。昔秦时有白兽为害，夷人射之，因刻白石于此山。今遗像尚存。

**董政山**

《十道记》曰：董政山，隋开皇中，县令董叔封高雅之士，去官之后，民咸思其德，因指此山为董政山。

**彭亡山**

《十道记》曰：彭亡山，后汉将军岑彭征公孙述，于此山战死，故号曰彭亡山。

**鼎鼻山**

《十道记》曰：鼎鼻山，周道衰微，九鼎沦一于此山之下，其水清澄，今民犹或见其鼎耳。

**灵台山**

《十道记》曰：灵台山，在县北，一名天柱山，高四百丈，即汉张道陵升真之所。

《郡国志》曰：灵台山天柱崖下，有一桃树高五尺，皮是桃心，肉似柏，张道陵与王良、赵升试法于此，四百余年，桃迄今不朽，小碑记之。

**黄厥山**

《郡国志》曰：黄厥山，有钟乳穴十九。又西岸有自然石塞，其下流水，上有一悬石似磬，惊之有声可听。

**灵山**

《郡国志》曰：灵山，昔有神女于此捣衣，因号捣衣山。山南绝岩，有方石明莹，谓之玉女捣练砧。又有盘龙山，以山形如盘龙也。

**猿门山**

《益州记》云：猿门山，在涪县之北二十五里，上多猿，其山二峰磔竖如门，故曰猿门。

**金山**

《益州记》曰：金山，在涪县东五十步，东临涧水，光照映川。

又李膺记云：金山长七八里，每夏潦雨有崩处，即金粟散出是也。

**五妇山**

《蜀记》云：梓橦县有五妇山，一名五妇台。秦王遗蜀王美女五人，蜀王遣五丁迎女，至梓橦，五丁蹋地大呼惊五女，并化为石。蜀王筑台，登而望之，因名为五妇台焉。

**玉女山**

《梁州记》云：肥城东南有玉女山，山有一石穴，中若房宇，有玉女入穴不出，穴前有修竹，下有石坛，风微动竹，拂坛如帚。

**祁山**

《关山图》曰：汉阳西南有祁山，九州之名阻，天下之奇峻。

《蜀志》云：建兴六年，诸葛亮率师攻祁山不拔，即谓此也。

又按《九州志》云：祁山上有高楼，武陟二神祠，每岁郡邑祀之。

又《周地图地记》云：其城即汉时守将所筑。

**阆山**

《阆山图经》曰：阆山四合于郡，故曰阆中。按《名山志》云："阆山多仙圣游集焉。"

**盘龙山**

李膺《益州记》云：阆中盘龙山南，有一石长四十丈，高五尺，当中有户及扇，若人之掩闭，古老以为玉女房。

**铜梁山**

左太冲《蜀都赋》云：外负铜梁丁宕渠。张孟注云：铜梁，山名也。按其山有桃枝竹，西东连亘二十余里，山岭之上平整，远望诸山，而此独秀也。山在州南九里。

**高梁山**

《江源记》云：南浦郡高梁山，尾东跨江西，首剑阁，东西数千里。山岭长峻，其峰崔嵬，于蜀市望之，若长云垂天。一日行之，乃极其顶，俯视众山，泯若平原，《剑阁铭》谓"岩梁山，积石峨峨"，即述此也。

**青石山**

《益州记》云：昔巴蜀争界，久而不决。汉高帝八年，一朝密雾，石为之裂，今犹如之，自上及下，破处直若引绳焉，于是州界始判。山上有古神祠，甚灵。今名青石山。

**云南山**

《九州要记》云：云南郡山，山有神处石室，称黄石公。祀之必用纸一百张，笔一双，墨一丸。室内有启，必知吉凶，但不见其形。

**禺同山**

《九州要记》曰：禺同山，有金马碧鸡之祠。

**吊鸟山**

《九州要记》曰：吊鸟山，在叶检县，叶检则云南郡废邑也。山上有鸟，千百群飞啁啾，一岁必一度大集，即凤皇死也。

# 太平御览卷第四十五 地部十

## 河北诸山

### 大伾山

《隋图经》曰：大伾山，按《书》云“至于大伾”。又名青檀山，今名黎阳东山。

刘澄《山川记》云：黎，国也。《诗序》云：“黎侯寓于卫，卫以中露，泥中二邑处之。”以国名也。

又张揖云：成皋山是大伾山，即谬矣。

### 枉人山

《隋图经》曰：枉人山，俗名上阳三山，或云，纣杀比干于此山，因得名。古凡伯国之地也。

### 鲋鰅山

《山海经》曰：鲋鰅山，颛顼葬其阳，九嫔葬其阴，四蛇卫之。鲋鰅山者，盖今广阳山之别名也。

《郡国志》曰：颛顼所葬，俗名青冢山焉。

### 天门山

《水经注》曰：天门，注曰：谓之百家岩，下可容百家，故以为名。山有石穴，状如门，才得通人。自平地东南入，便至天井。

### 苏门山

《十道志》曰：苏门山，一曰苏岭，俗又名五岩山。《魏氏春秋》云：即阮籍见孙登长啸，有凤皇集，登隐之处。故号登为苏门先生。

### 万谷根山

《郡国志》曰：晋阳万谷根山，即羊肠坂也。

皇甫谧云：羊肠塞，在龙山西，即晋阳西北，古西河上郡关于此。隋炀帝大业四年经此幸汾阳，改名深谷岭。

《十二州志》云：晋阳有羊肠，蟠曲在其西北九十里也。

又《隋图经》曰：失山去万谷根山二十里，头上有石墟，魏太武避暑之所，羊肠坂在焉。

**郡山**

《后魏兴国土地记》曰：太原郡山，有石室，方丈四尺，四壁有篆字，人莫之识。

**婴山**

《隋图经》曰：婴山，为并州之主。

**牢山**

又曰：牢山，在太原县东北。

《后魏书》曰：刘聪遣子粲袭据晋阳，猗庐救之，遂猎于寿阳牢山阳，检阅皮肉，山为之赤也。

**介山**

《并州记》曰：介山，一名横岭。

《左传》曰：僖二十四年，晋侯赏从亡者，介之推不及禄，遂与母偕隐而死。晋侯求不获，以绵上田封之。以志吾过，且旌善人。杜注曰：西河介休县南有地，名绵上也。

**静岩山**

《郡国志》曰：灵石县有静岩山，在东北二十里，即太岳也。下有五龙泉，即文公封推绵上之田是也。

**风山**

《水经注》曰：河水南经比屈县，故城西十里有风山，上有穴如轮，风气萧瑟，习常不止。当其冲飘也，而略无生草，盖常不定，众风之门故也。

**管涔山**

《水经注》曰：管涔山，汾水所出，土人亦云箕管山，见多菅草，或以为名，又为管字。

《前赵录》云：刘元海族子曜，尝隐避于管涔之山，夜忽有二童子入，跪曰："管涔王使小臣奉谒赵皇帝。"献剑一口置前，再拜而去。以烛视这，剑长二尺，光辉非常，背有铭云"神剑"。服御除众毒，曜遂服之，隋时变为五色也。又有三城堆，故县城于此置也。又有汾阳宫，隋大业四年置，隋末废也。又有汾水出山阳。

《山海经》云：管涔之山，汾水出焉，西流至于河。

《十二州记》云：汾水出周武县之燕京山。盖管涔之异名也。

**五台山**

《水经注》曰：五台山，其山五峦巍然，故曰五台。晋永嘉三年，雁门郡人五百余家，避乱入此山，见山中人为先驱，因而不返，遂宁岩野，往还之士稀有望见其村居者，至诣寻访，莫知所在，故俗人以为仙者之都矣。中台之山，山顶方三里，西北陬有一泉水不流，谓之太华泉，盖五台之层秀。《仙经》云："此山名为紫府，仙人居之。"其北台之山，冬夏常冰雪，不可居，即文殊师利常镇毒龙之所。今多佛寺，四方僧徒善信之士，多往礼焉。

**谒泉山**

《隋图经》曰：西河谒泉山，一名隐泉山，有石室，子夏退居之所。

《水经注》曰：谒泉山，俗云阳雨愆时，谒祷是应，故得其名。

**悬瓮山**

《郡国志》曰：悬瓮山，一名龙山，亦名结绌山。多鮆鱼，食之不骄。晋水出焉。又有象山。《前赵录》云："刘聪征刘琨不克，略晋阳，逾象山而归也。"又汾水自阳曲县界流入，南过晋阳县，晋水从县南流注之。又有洞过水西入于汾，晋水下口也。又有晋祠。《水经注》曰："沼西际山枕水，有唐叔虞祠。水侧有凉堂，晋川之中，最为胜处。"

姚最《序行记》云：高洋天保年中，大修楼观。

**五指山**

李穆叔《赵记》曰：轑阳东北有五指山，岩石孤耸，上有一手一足之迹，厥大如箕，指数俱全。

又《郡国志》云：北齐宣王遣人量之，长七尺。

又《十六国春秋》云：石勒当生之时，此山上草木皆为铁骑之形。

**纥真山**

《冀州图经》曰：纥真山，在城东北，登之望桑乾代郡，数百里内宛然。

又《郡国志》云：望之数百里内，夏恒积雪，故彼人语曰："纥真山头凉死雀，何不飞去生处乐？"又有神泉，人歌曰："纥真山头有神井，入地千尺绝骨冷。"是山北十里，有白登山。

**元姬山**

《冀州图经》曰：元姬山，在马邑。《后魏书》云："道武侍人姓李，善讴歌，死葬此山，魏主思之，乐府为之曲，其曲存焉。"

**白登山**

《冀州图经》曰：白登山，在定襄县东北，汉高所困之处，上有台，因山为名。

**火山**

《冀州图经》曰：火山，在定襄县西五里。

《水经注》曰：西溪水，源出火山，山上有火井，南北七十步，深不见底，炎热上升，常若雷之发响，以草爨之，则烟腾火发。其山一名荧台，井东五六尺，有汤井，井广轮，与火井相状，热势亦同。东有火井祠，岁时祀之。井北百步，有东西谷，广十许步。南岸下有风穴，厥大容人，其深不测，而穴中肃肃，常有微风，虽三伏亦凛冽。

**三山**

《隋图经》曰：河东都三山，即舜所耕历山也。《禹贡》所谓"壶口雷首至于太岳。"壶口山在慈州，太岳在晋州，雷首在河东界。此山有九名，谓历山、首山、薄山、襄山、甘枣山、渠猪山、独头山、陑山等名。又汤伐桀，升自陑之所。

**稷山**

《隋图经》曰：稷山，在绛郡，后稷播百谷于此山。

亦《左氏传》谓"晋侯治兵于稷，以略狄土"，是此也。

《后魏书》曰：高凉山，隋以后又为稷山。

**霍山**

《隋图经》曰：霍山，在洪洞县东北，霍水出焉。

《水经注》云：发源成潭，潭阔七十步，而不测其深。

《尔雅》云：霍山之珠玉焉。

又有圣人崖，崖有七穴相通。

又《水经注》云：霍山，北有雀鼠谷，其间道隘，水左右悉结偏梁阁道，累石成路，俗谓之鲁班桥也。

**平山**

《隋图经》曰：平山，在平阳，一名壶口山，《尚书》谓“壶口治梁及岐”，即此也。今名姑射山，在县西，平水出其下。

又《山海经》云：寃山之南三百里，有姑射山。

《冀州图经》云：西入文成郡，以山为界。

又《庄子》云：“尧见姑射神人，杳然丧其天下。”即是此山也。

**发鸠山**

《山海经》曰：上党发鸠山，多柘木，有鸟状如乌，而文首、白喙赤足，名曰精卫，其鸣自相呼。云炎帝女，东游溺海化鸟，今犹衔石以填之。

**抱犊山**

《道书福地记》曰：抱犊山，在上党东南，高七丈，有石城，高十丈，方一里，东南角有草名玉照下枝，冬生花，高五六尺，味颇甘。取其末服之，方寸七日不饥。宜五谷，多食物，无恶毒，寇贼不至。

《玉匮》云：抱犊山东北，去恒山之南数百里，云南有穴。行三百里，出美阳县西七十里，名洞口。

又《隋图经》曰：卑山，卑音蔽。今名抱犊山。四面危绝，山顶有二泉。后魏葛荣乱，百姓抱犊上山，因以名之也。

**房山**

《隋图经》曰：房山，岭上有王母祠，甚灵。俗号为王母山。

《后汉书》曰：章帝永和三年幸赵，祠房山，即谓此山也。在县西北十里，滱水出焉。亦谓石臼水，又谓之鹿水。出行唐东，入博陵，谓之木刀沟，一谓袈裟水，又从此过石童山，南流入滹沱河。

《前燕录》曰：慕容儁时，房山王母祠前大树自拔，根下得玉圭璧八十三颗，光色稍奇隽，以为岳神之命，以太牢祭之。每祠有一虎来往祠侧，性颇驯，狎而不害于物。

**韩信山**

《隋图经》曰：韩信山嶐峻，俗呼为韩信台，又呼为土门口。西入井陉，即向太原路，是此也。又有韩信城，信破赵，驻军于此。

**汤山**

《山海经》曰：汤山，汤水出焉。此汤能愈疾，为天下最。

又按《隋图经》云：汤后侧岩上有石室一户，无尘秽。俗号曰圣人室，下经铜马庙，有碑题云"漳河神坛"是也。

**干山言山**

李公绪记曰：柏仁县有干山、言山，《卫诗》云："出宿于干，饮饯于言。"是此也。

**黑山**

《九州要记》曰：黑子昔居汲郡黑山，采茯苓饵，五百岁，或老或少。

又《魏志》曰：汉献帝初平二年，黑山贼为毒，自统睦固等十万余众，以掠魏郡也。又云一名青山。

《列仙传》曰：犊子邺人，在黑山，常牵一黄犊来过邺城沽酒，阳都女见悦之，遂留相奉，阳都女生而连眉，即此者也。

《土地十三州志》志：黑山险，为逋逃幽薮。

《隋区宇图志》云：周太祖讳黑，因改黑山为青山也。

**雷公山**

《隋图经》曰：雷公山，《耆老传》曰，魏时黑山群盗张燕等，不立君长，直以名号为称，多髯者谓之羝公，大声者谓之雷公。时雷公贼保此山，因以为名。

**鼓山**

《隋图经》曰：鼓山亦名涂山。

《宋永初古今山川记》云：鼓山，如石鼓形二所，南北相当，二鼓相去十里。

《冀州图经》云：邺城西有石鼓，鼓自鸣，即有兵。《魏都赋》云“神钲迢递于高峦”是也。高齐末，此鼓鸣，未几云邺城有兵而齐灭。隋文季年又鸣，闻数百里也。

**隆虑山**

《隋图经》曰：隆虑山，一名林虑，盖隋县西二十里。山有三峰：南第一峰名仙人楼，高五十丈，下有黄花谷，北岩出瀑布，水注成池。黄花谷西北有洞穴，去地十余仞，下有小山孤竦，谓之玉女台，高九百丈。其山北一峰名举峰，其北有偏桥，即抱犊山也。南接太行，北连恒岳。

又按《颜修内传》曰：桥顺，字仲产，有二子，曰璋，曰琮，师事仙人卢子基于隆虑山，栖霞谷，教二子清虚之术，服飞龙药一丸，十年不饥。

魏文帝诗曰：“西山有双童，不饥亦不食。”谓此也。

**鲜卑山**

《隋图经》曰：鲜卑山，在柳城县东南。

崔鸿《十六国春秋》曰：慕容廆先代君辽左，号曰东胡，其后雄昌与匈奴争盛。秦汉之际，为匈奴所败，分保鲜卑山，因复以山为号也。棘城之东塞外，又有鲜卑山，在辽西之西北一百里，与此异山而同号。

**大碣石山**

《地理志》曰：大碣石山，在右北平骊城县西南，王莽改曰碣石也。汉武帝亦常登之以望巨海，而勒其石。今于此枕海有石如埔道数十里。当山顶有大石如柱形，往往而见，立于海之中，潮水大至，及潮波退，不动不没，不知深浅，世名之天桥柱也。状若人造，亦非人力所就。韦昭亦指此以为碣石也。

**白狼山**

《郡国志》曰：白狼山，一曰鹿首山。魏武于此逢狮子处。

**鸣鸡山**

《隋图经》曰：鸣鸡山，在怀戎县东北，本名磨笄山。昔赵襄子杀代王，其夫人曰："代已亡矣，吾将何归？"遂磨笄于山而自杀。代人怜之，为立祠焉。因名其山为磨笄山。每夜有野鸡群鸣于祠屋上。故亦谓为鸣鸡山。

**历山**

《后魏舆地图风土记》曰：潘城西北三里有历山，形似覆釜，故因以名之。其下有舜祠、瞽叟祠存焉。

**川乔山**

《山海经》曰：川乔山有黄帝祠，大荒内有轩辕台，射者不敢西向，畏轩辕故也。

梁湘东王《临终诗》云：寂寥千载后，谁畏轩辕台。

**大翮山小翮山**

《山海经》曰：大翮山小翮山，有王仲庙。仲字次仲，年小入学而远，常先到，其师怪之，谓不归。使人候焉，实在家。等辈常见次仲捉一小棘木，长三尺余，至著屋间，欲取辄不见。及年弱冠，变苍颉旧文为今隶书。秦始皇时，官务繁多，次仲为文简略，赴急用之大嘉，使征不至，始皇大怒，诏槛车送之。次仲吟咏，化为大鸟出车外，翻然高飞，徘徊长引，至于西门山落二翮，因名之也。

**飞龙山**

《隋图经》曰：飞龙山，又名封龙山。

《十六国春秋·前赵录》云：王俊遣祁弘率鲜卑讨石勒，战于飞龙山下，勒师大败。

郦元《水经注》云：汶水东经飞龙山北。

又《赵记》云：每岁有疾风雹雨东南而行，俗传此山神女为东海妇，而三石人犹存，衣冠全具，其北即张耳故墟耳。

**无终山**

《隋图经》曰：无终山，一名步阴山，又名翁同山。

《神仙传》云：仙人白仲理者，辽东人也。隐居无终山中合神丹，又于山中作金五千斤以救百姓，即此山也。

又《水经》云：翁伯周末避乱适无终山，山前有泉水甚清，夏尝澡浴，得玉澡架一双于泉侧。

又《搜神记》云：无终山，又有阳翁玉田，昔雍伯，洛阳人，父母终，葬于无终山。山高八十里，上无水，雍伯置饮，有人就饮。与石一升令种之，后玉生得白璧五双，聘北平徐氏，遂家焉。

**燕山**

《隋图经》曰：燕山，在易县东南七十里，岩侧有石鼓，去地百余丈，望之若数百石囷，左右梁贯之，鼓东南有石人，援桴之状同击势。云燕山石鼓鸣，则有兵。

**龙山**

《隋图经》曰：龙山，在易县西南三十里，龙山石上，往往有仙人及龙迹。西麓谷有一坑，大如车轮，春则风出东，夏出南，秋出西，冬出北。有沙门法猛，以夏日入其东穴，见石堂石人，欲穷诸穴，便有一人厉声云："法师有滞，三穴皆如东者，不宜仍来见秽。"猛仍意不息，不觉忽在穴外也。

**孔山**

《水经注》曰：易水东经孔山北。

又《隋图经》云：孔山有孔，表里通彻，故名尔。

# 太平御览卷第四十六 地部十一

## 江东诸山

### 敬亭山

《郡国志》及《宋永初山川记》曰：宛陵北有敬亭山，山有神祠，即谢朓赛雨赋诗之所。其神云梓华府君，颇有灵验。

### 盖山

纪义《宣城记》曰：登盖山一百许步，有泉。俗传云：昔有舒氏女未适人，其父析薪于此，女忽坐泉处，牵挽不动，父遽告家，比来，唯见清泉湛然。其女性好音乐，乃作弦歌，即泉涌浪回，复有赤鲤一双跃出。今作乐嬉游，泉犹故沸涌。

### 九华山

《九华山录》曰：此山奇秀，高于云表，峰峦异状，其数有九，故号九子山焉。李白因游江汉，睹其秀异，遂更号曰九华山。

又曰：山之上有池塘数亩，水田千石。其池有鱼，长者半寻，颁首、赪尾、朱鳍、丹腹。人欲观之，叩木鱼即跃，以可食之物散于池中，食讫而藏焉。其水流泄为龙池，溢为瀑泉，入龙潭溪，有白墡窟，其土如面不墋，歉岁人多食之。

顾野王《舆地记》曰：九华山，高一千丈。

刘禹锡序曰：余尝爱终南、太华，以为此外无奇；爱女几、荆门，以为此外无秀；及见九华，始悼前言之容易也。

### 帻山

《宣城图经》曰：帻山，北面迤逦连九华山，其山层峰嵯峨，遐睇状如冠帻，因号为帻山。

### 牛渚山

《宣城图经》曰：牛渚山，突出江中，谓为牛渚圻，古津渡处也。

《江表传》云：司马徽《论运命历数》云："黄旗紫盖见于东南，终有天下者，荆扬之君乎？"

又寿春童谣曰：言天子当西上。孙皓大喜，即载妻子及后宫数千，从牛渚陆道西上云青盖入洛阳。适还大雪，寒冻殆死。

《舆地志》云：牛渚山首有人潜行，云此处连洞庭，傍达无底，见有金牛状异，乃惊怪而出。牛渚山北，谓之采石。按今对采石渡口，上有谢将军祠。又按《江源记》云："商侣于此取石，至都输造石渚，因名采石，吴初以周瑜屯牛渚，镇西将军谢尚亦镇此城。"

**慈母山**

《宣城图经》曰：慈母山，在当涂县北临江。《丹阳记》云："山生箫管竹，王褒《洞箫赋》云：原夫箫管之所生兮，于江南之丘墟。即此处也。其竹圆致，异于众处，自伶伦采竹嶰谷已后，唯此簳见珍，历代常给乐府，而俗呼为鼓吹山，山有慈母祠也。"

**芜湖山**

《宣城图经》曰：芜湖山，在县西南，山因湖以名之。汉末于湖侧置芜湖县，以其地卑畜水非深而生芜藻，故因以名县焉。晋为重镇，谢尚、王敦皆镇于此。陈平县废，以其地入当涂县。

**望夫山**

《宣城图经》曰：望夫山，昔人往楚，累岁不还，其妻登此山望夫，遂化为石。其山临江，周回五十里，高一百丈。

**博望山**

《宣城图经》曰：博望山，有二山夹大江，东曰博望，西曰天门。按《郡国志》云："天门山，亦曰峨嵋山，楚获吴艅艎于此。"按其山相对，时人呼为东梁西梁山，据县图为天门山。

《舆地志》云：博望、梁山，东西隔江相对如门，相去数里，谓之天门。

宋孝武诏曰：梁山，天表象魏，以旌国形，仍以二山为立阙，故曰天门。

**陵阳山**

《宣城图经》曰：阳陵山，在泾县西南一百三十里。

《列仙传》云：陵阳子明钓得白龙，放之。后五年，龙来迎子明上丹阳陵阳山，一百余年乃得仙。山高一千余丈。又有子安，仙人也，来就子明，二十年，一旦忽死，因葬山下。常有黄鹄栖其处树上鸣，云子安子安也。

**白纻山**

《宣城图经》曰：宣州白纻山，在县东五里，本名楚山，桓温领妓游此山，奏乐好为白纻歌，因改为白纻山。

**中山**

《宣城图经》曰：宣州中山，又名独山，在溧水县东南一十里，不与群山连接。古老相传云，中山有白兔，世称为笔最精。山前有水源，号为独水。按《舆地记》云："宣州溧水县有独山，下有独水，流演不息。"即此山也。

**三鹤山**

《宣城图经》曰：三鹤山，在溧水县东南六十里。昔有潘氏兄弟三人，于此山求仙，后道成，化为三白鹤，于此冲天。

**黟山**黟音伊

《歙县图经》曰：北黟山，在县西北一百六十八里，高一千一百七十丈，丰乐水出焉。旧名黄山，天宝六年敕改焉。案江南诸山之大者，有天台、天目，而天目近连浙江，天台俯瞰沧海。江海者，实以地下为百川所归，然歙州则江之上游，而海之滥觞也。今计歙川之平地，已合与二山齐矣，况其山又有摩天戛日之高，此则浙江东西，宣、歙、池、饶、江等州山，并是此山之支脉明矣。其诸峰悉是积石，有如削成，烟岚无际，雷雨在下。其霞城洞室，符窦瀑泉，则无峰不有；若林涧之下，岩峦之上，奇踪异状，不可摸写，信灵仙之窟宅也。山中峰有浮丘公仙坛，彩霞灵禽，栖止其上，是浮丘公与容成子游之处所。昔有人到坛所，忽见楼台焕然，楼前有莲池，左右有盐积米积，遂归引村人上取，了不知其处所。山下人，往往闻峰上有仙乐之声。

**灵山**

《郡国志》曰：歙县有灵山，天欲雨，先闻鼓角声。此山上有圆石如车盖，县以鼓鸣为候，一鸣令迁，不鸣令不去。山一名三姑山，三年一野火，烧数未满，人烧之即雨。

《新安记》曰：灵村有山生香草，名曰灵香，又有黄精。山上有灵坛，道士祈请，不烧香自然芳馥。村人常射猎经践此土，犯山神，终无所获。

又《舆地志》云：灵山高峻，有圆石高数丈，上有石盖也。

**岩山**

山谦之《丹阳记》曰：秣陵县南三十里有岩山，山西有石室，山东大道左有方石，长一丈，刻勒铭题，赞吴功德，孙皓所建也。

**三山**

山谦之《丹阳记》曰：江宁县北十二里，滨江有三山相接，即名三山，旧时津济道也。

**横山**

山谦之《丹阳记》曰：丹阳县东十八里有横山，连亘数十里。或云楚子重至于横山是也。

**铁岘山**

山谦之《丹阳记》曰：《永世记》云："县南百余里铁岘山，广轮二百许里，山出铁，扬州今鼓铸之。"

**九井山**

《姑熟记》曰：县南十里有九井山，即殷仲文九日从桓公游九井赋诗处也。

**石城山**

《江乘地记》曰：石城山，岭鄣千里，相似若一，游历者以为吴之石城，犹楚之九疑也。多生箭竹，又有桑树。山上有城，因以名焉。

**摄山**

《江乘地记》曰：扈村有摄山，山多药草，可以摄生，因名之。方四面各起重岭，游者名伞山，形似伞也，山顶旧有周江乘庙。

**黄鹤山**

《京口记》曰：有黄鹤山，在县界。晋王恭为刺史，改创西南楼名万岁，西北名芙蓉楼，至今存焉。

又《舆地志》云：俗传此楼飞向江外，以铁锁縻之方已。

**覆船山**

《梁武舆驾东行记》曰：有覆船山，酒罂山，南次高骊山。传云：昔高骊国女来，东海神乘船致酒礼聘之，女不肯。海神拨船覆，酒流入曲河，故曲阿酒美也。

**北固山**

《南徐州记》曰：城西北有别岭入江，三面临水，号云北固。刘桢《京口记》云：回岭入江，悬水峻壁。旧北固作固字，梁高祖云："作镇作固，诚有其语，然北望海口，实为壮观，以理而推，宜改为顾望之顾。"

《舆地志》云：天景清明登之，望见广陵城，如在青霄中。

**虎丘山**

顾凯之《虎丘山序》曰：吴城西北，有虎丘山。

《越绝书》曰：阖闾冢名虎丘，铜椁三重。

**女山**

山谦之《南徐州记》曰：丹徒县西九里，临江有女山。山东许贡客刺孙策所也。

**秦履山**

山谦之《南徐州记》曰：暨阳县西南可三十五里，有秦履山。传云秦始皇登之，以望江海。

**马鞍山**

山谦之《南徐州记》曰：暨阳县北九里马鞍山，东有黄山，郭璞葬所。

**中州山**

山谦之《南徐州记》曰：南沙县北百里，有中州山，昔在海中，去岸七十里，义熙以来沙涨，遂与岸连。

**三白山**

山谦之《南徐州记》曰：剡县有三白山，出铁，常供戎器。山东头南面有石穴，高丈余，容十数人，恒津液流润。天将雨，辄有云群行从南来映山，山亦出云应之与同，比就虞山，即大雨矣。

**马蹄山**

刘祯《京口记》曰：石岘东连马蹄山，山上石有马蹄迹，因以为名。

**蒜山**

刘损《京口记》曰：**蒜**山无峰，岭临江，魏文帝南望致叹。

**会骸山**

《吴郡缘海四县记》曰：带海有会骸山。

传云：山有金牛，昔有兄弟三人，共凿求之，坎崩同死，因以为名。

**石姥山**

刘道真《钱唐记》曰：石姥山，有一石甑，厥状殊似，居绝岭之颠，大数十围，下有三石足支之。

**大辟山**

《郡国志》曰：馀杭大辟山，本名馀杭山，一名由拳，高峻为最。旁有由拳村，出藤纸。

《晋书》曰：郭文，字文举，隐于馀杭大辟山。山中曾有猛兽杀一麈于庵侧，文举因以语人，人取卖之，分钱以奉。文举曰："我若须此，自当卖之，所以相语，不须故也。"

**花山**

陆道瞻《吴郡记》曰：吴县有花山，太康中，生千叶莲花于上，故曰花山。

**虞山**

陆道瞻《吴郡记》曰：海虞县西六里，有虞山，上有仲雍冢。

**阳城山**

董监《吴地记》曰：富春有阳城山，县氏所葬，汉末上有光，云气天属。

**姑苏山**

董监《吴地记》曰：姑苏山，一名姑胥，连横山之北。

《越绝书》云：吴地胥门外有九曲路，阖闾造以游姑胥之台，望湖中，窥百姑。《淮南子》亦谓之姑余。

**砚石山**

董监《吴地记》曰：砚石山，在县西门外，亦名石鼓山，又有琴台在其上。《越绝书》云："吴人于砚石置馆娃宫"。刘逵注《吴都赋》引杨雄《方言》云："吴有馆娃宫，吴人呼美女为娃。"故《三都赋》云："幸乎馆娃之宫，张女乐而娱群臣。"今吴县有馆娃乡。

**香山**

董监《吴地记》曰：香山，吴王遣美人采香于山，因以为名，故有采香径。

**华山**

《华山精舍记》曰：《老子枕中记》云："吴西界有华山，可以度难。"父老云：山顶北有池，上生千叶莲花，服之羽化，因曰华山。长林森大，荒楚蔽日。

《舆地志》云：山上有石鼓，晋隆安中鸣，乃有孙恩之乱，山在县西六十三里。

**包山**

《吴地记》曰：包山，在县西一百三十里，中有洞庭，深远世莫能测。吴王使灵威丈人入洞穴十七日，不能尽。因得玉叶，上刻灵宝经二卷，使示孔子，云禹之书也。

又《郡国志》云：洞庭山有宫，五门，东通林屋，西达峨嵋，南接罗浮，北达岱岳。

又按《玄中记》云：吴国西有具区，泽中包山，有洞庭宝室，入地下潜行，通琅耶东武。

《淮南子》云：断修蛇于洞庭。

《左传》云：哀公元年，夫差败越于夫椒。今太湖中别有夫椒山，下有大洞天宫，潜通五岳。包山上旧无三班，谓蛇、虎、雉。侯景乱后，乃有虎蛇为人之害。

**石鼓山**

《郡国志》曰：吴王离宫在石鼓山，越王献西施于此山。山有石马，望之如人骑。南有石鼓，鼓鸣即兵起。

**粟山**

《吴地记》曰：粟山，一名新石顶山。上有城，下有飞泉石杵，有吴先王刻题处。石杵西有舍，古老言，古于此采金。

刘道真记云：县西有姥山，绝岭之上有石甑，一人摇辄动，与千人不异。

**定山**

《吴地记》曰：定山，突出浙江中，波涛所冲，行侣为阻。

谢灵运诗曰：朝发渔浦南，暮宿富春郭。定山杳云雾，赤亭无淹泊。此山是也。

**封山**

《吴兴记》曰：风渚在武康县东十八里，古防风国，有风公庙。水即风渚，山即封山也。

**岝崿山**

《吴兴记》曰：于潜县西二里，有岝崿山，有绝壁高三十许丈，谢安尝登之，临壁垂足曰：伯昏无人，何以过是？当时称以为难。一云本在太湖中，禹治水移于此。

**孺子山**

《吴兴记》曰：东迁县有孺子山。徐孺子入吴哭友人，尝登之，因以为名。

**响山**

《吴兴记》曰：晚山北十八里，有响山。人于山下语，无大小，响则随声，曲折应之。

**晚山**

《吴兴记》曰：于潜县西六十里有晚山。悉是松木，真墨所出也。

**百丈流襄二山**

《吴兴记》曰：山墟村有山，名曰百丈流襄二山。尧遭洪水，此山不没，但余百丈，因以名山，水流襄山岭，因名流襄。

**印渚山**

《吴兴记》曰：印渚山，上承浮溪，水从渚以上至县，悉石濑恶道，不可行船，以下水道无险，故行旅集焉。晋王胡之为吴兴太守，至印渚中叹曰："非唯使人心情开涤，亦觉日月清朗。"传云，渚次石文似印，因以为名。

**天目山**

《郡国志》曰：天目山，上有数百年树，名曰翔凤树。

《舆地志》云：上有两湖，谓左右目，故名天目也。山极高峻，上多美石泉水名茶。

《杂道书》曰：天目山，左高于地七千五百丈，右高于地七千丈，从广三千里，上有渊，中有鱼可食，无毒虫。

《水经注》曰：吴兴郡于潜县北有天目山，山极高峻，崖岭竦叠，西临后涧，山上有霜木，皆是数百年树，谓之翔凤林。东面有瀑布，下注数亩深沼，名曰蛟龙池。水南流经县西，为县之西溪。

**卞山**

《郡国志》曰：卞山，卞和采玉处。山东足有一名篑，高数尺。晋太康中，人开之，风雨晦冥，遂止。历代莫知所封。

又《宋书》云：萧惠明为吴兴太守，郡界有卞山，山下有项羽神庙，相承云羽多居郡厅事，前后七人太守，不敢上厅。惠明谓纲纪曰：

“孔季恭曾为此郡，未闻有灾。”遂盛设筵榻，接宾数日，未几，惠明忽见一人，长丈余，张弓挟矢向之，既而不见，因发背，旬日而殒。

# 太平御览卷第四十七　地部十二

## 会稽东越诸山

### 稷山

《越绝书》曰：稷山者，勾践斋戒台也。

### 麻山

《越绝书》曰：麻山者，勾践欲伐吴，种麻以为弓弦。

### 鸡豕山

《越绝书》曰：鸡豕山者，越将伐吴，养鸡豕于此山，以食死士。

### 独女山

《吴越春秋》曰：独女山者，诸寡妇女淫佚犯过，皆输此山上。越王将伐吴，其士有忧思者，令游此山上，以喜其意。

### 龟山

《吴越春秋》曰：怪山者，琅邪东武海中山也。一夕自来，百姓怪之，故曰怪山。形似龟体，故谓龟山。

孔晔《会稽记》曰：城西门外百余步，有怪山。越时起灵台于山上，又作三层楼以望云。

《会稽志》曰：龟山之下有东武里，即琅邪东武县。山一夕移于此，东武人因徙此，故里不动。

### 秦望山

《水经注》曰：会稽秦望山，在州城正南，为众峰之杰，涉境便见。《史记》云："秦始皇登之，以望南海。"自平地取山顶七里，悬嶝孤危，峭路险绝。记云，攀萝扪葛，然后能升。山上无甚高木，当由地迥多风所致。山南有嶕岘，中有大城，越王无余之旧都也。故《吴越春秋》云："勾践语范蠡曰：先君无余，国在南山之阳，社稷宗庙在湖之南。"又有会稽之山，古防山也，亦谓之茅山也，又曰栋山。

《越绝》云：“栋，犹镇也。”盖《周礼》所谓扬州之镇山矣。山形四方，多金玉，下多玞石。《山海经》曰：“夕水出焉，南流注于湖。”《吴越春秋》称，山覆盎釜之中，有金简玉字之书，黄帝之遗谶也。山下有禹庙，庙有圣姑像。《礼乐纬》云：禹治水，天赐神女圣姑，即其像也。山上有禹冢，昔大禹即位十年，东巡狩，崩于会稽，因而葬之。言鸟为之耘，春衔拔草根，秋啄其秽，是以县官禁民不得妄害此鸟，犯则刑无赦。山东有陉，去庙七里，深不见底，谓之禹井，云东游者多探其穴也。秦始皇登稽山，刻石纪功，尚存山侧。孙畅之《述征书》云：丞相李斯所篆也。又有石山，上有金简玉字之书，言夏禹发之得百川之理也。又有射的山，远望山的，状若射侯，故谓之射的。射的之西有石室，名之为射堂，年登否，常占射的，以为贵贱之准，的明则米贱，的暗则米贵。故谚云：射的白，斛米百；射的玄，斛米千。

**嵊山**

《水经注》曰：剡县嵊山，山下有亭，亭带山临江，松岭森蔚，沙渚平净。浦阳江又东北经始宁县嶀山之成工峤，峤壁立临江，欹路峻狭，不得并行，行者牵木稍进，不敢俯视。峤西有孤峰特上，飞禽罕至。尝有采药者沿山见通溪，寻上于山顶，树下有十二方石。地甚方洁，还复更寻，遂迷前路，言诸仙之所集宴，故以坛宴名山。峤北有嶀浦，浦口有庙，庙甚灵验，行人及樵伐者，皆先敬焉，若相盗窃，必为蛇虎所伤。北则嶀山与嵊山相接，二山虽曰异县，而峰岭相连，其间倾涧怀烟，泉溪引雾，吹畦风馨，触岫延赏，是以王元琳谓之神明境，事备谢康乐《山居记》。

《宋书》曰：张稷子嵊，字四山，稷初为剡令，至嵊亭生之，因名嵊，字四山。

**涂山**

《郡国志》曰：涂山，禹会万国之所，有石船长一丈，云禹所乘者。宋元嘉中，有人于船侧掘得铁履一双。

又《会稽记》云：东海圣姑，从海中乘舟张石帆至，二物见在庙中。又有周时乐器名錞于，铜为之，形似钟，有颈，映水用芒茎拂则鸣。宋武修庙得古珪，梁武初修之，又得青玉印。

**重山**

孔晔《会稽记》曰：重山，太夫种墓，语讹成重。汉江夏太守宋辅于山南立学教授，今白楼亭处是也。

**罗山**

孔晔《会稽记》曰：诸暨县北界，有罗山，越时西施，郑旦所居，所在有方石，是西施晒纱处，今名纻罗山。王羲之墓在山足，有石碑，孙兴公为文，王子敬所书也。

**鹤山**

孔灵符《会稽记》曰：射的山西南水中有鹤山，此鹤常为仙人取箭，曾刮壤寻索，遂成此山。汉太尉郑弘，少贫贱，以采薪为业，尝于山中得一遗箭，羽镞异常，心甚怪之，顷之有一人觅箭，弘以还之。

又曰：射的山，半岭有石室，仙人射堂，东高岩临潭有石的岫，形甚圆明，视之如镜矣。

**陈音山**

孔晔《会稽记》曰：陈音山，昔有善射者陈音，越王使简士习射于郊外，死因葬焉，冢今开，冢壁悉画作骑射之象，因以名山。

**铜牛山**

孔晔《会稽记》曰：铜牛山，旧传常有一黄牛出山岩食草，采伐人始见，犹谓是人所养，或有共驱，蹙之垂及辄失，然后知为神异。

**土城山**

孔晔《会稽记》曰：勾践索美女以献吴王，得诸暨罗山卖薪女西施、郑旦，先教习于土城山，山边有石，云是西施浣纱石。

**亭山**

孔晔《会稽记》曰：晋司空何元忌临郡起亭，山椒极望岩阜，基址犹存，因号亭山。

**洛思山**

孔晔《会稽记》曰：永兴县东五十里，有洛思山。汉太尉朱伟为光禄大夫时，遭母哀，欲卜墓此山，将归洛下，冢师归登山相地，因谓冢师云："去乡既远，归思常深。"忽极目千里，北望京洛，遂萦咽而死，葬山顶。故以为名。

**乌带山**

孔灵符《会稽记》曰：诸暨县西北有乌带山，其山上多紫石，世人莫知之，居士谢敷少时经始诸山，往往迁易，功费千计，生业将尽，后游此境，夜梦山神语之曰，当以五十万相助，觉甚怪之，旦见主人床下有异色甚明澈，试取莹拭，乃紫石，因问所从来，云出此山。遂往掘，果得，其利不訾。

**龙头山**

孔灵符《会稽记》曰：上虞县有龙头山，上有兰峰，峰顶盘石广丈余，葛洪学仙坐其上。

**坛宴山**

孔晔《会稽记》曰：始宁县有坛宴山，相传云仙灵所宴集处，山顶有十二方石，石悉如坐席许大，皆作行列。

**白石山**

孔晔《会稽记》曰：剡县西七十里，有白石山。山上有瀑布，水悬下三十丈。岩际有蜜房，采蜜者以葛藤连结，然后得至。

**小白山**

《名山略记》曰：小白山，在会稽，阳城赵广信以魏末入小白山，受李氏服气法。又师左元放，受守中之道，后炼九华丹，丹成服之，太一遣迎。今在东华宫为真人。

**缙云山**

《郡国志》曰：括州即处州也。括苍县缙云山，黄帝游仙之处。有孤山特起，高二百丈，峰数十，或如羊角，或似莲花，谓之三天子都。有龙须草，云群臣攀龙须所坠者。

### 桃都山

《郡国志》曰：台州桃都山，上有大桃树，上有天鸡，日初出桃树，天鸡即鸣，下鸡闻之而鸣。树下有两鬼，持苇索取不祥之鬼食之。

### 椒山

《郡国志》曰：越州椒山，吴王遣木客入山求大木不得，工人忧思，作木客吟。一旦神木自生合抱，长二十丈，伐造姑苏台。

### 覆釜山

《郡国志》曰：台州覆釜山，云夏帝登此得龙符处。有巨迹，云是夸父逐日之所践。

### 石篑山

贺循记曰：石篑山，其形似篑，在宛委山上。《吴越春秋》云九山，东南曰天柱山，号宛委，承以文玉，覆以盘石，其书金简，青玉为字，编以白银，禹乃东巡登衡山，杀四白马以祭之，见赤绣文衣男子，自称玄夷仓水使者。谓禹曰：欲得我简书，知导水之方者，斋于黄帝之岳。禹乃斋，登石篑山，果得其文，乃知四渎之眼，百川之理，凿龙门，通伊阙，遂周行天下，使伯益记之，名为《山海经》。

《开山图》曰：禹开宛委山，得赤珪如日，碧珪如月，长一尺二寸也。

### 括苍山

《五岳图序》曰：括苍山，东岳之佐命。

《登真隐诀》注及《吴录》云：括苍山，登之俯视雷雨也。

### 天姥山

《郡国志》曰：天姥山，与括苍山相连，石壁上有刊字，科斗形，高不可识。春月樵者，闻箫鼓笳吹之声聒耳。元嘉中，遣名画写状于圆扇，即此山也。

### 消山

《郡国志》曰：消山，下有夫人祠，山北湖阴，又有消御史庙，孤山耸出，似妇人艳妆而坐。

**白鹤山**

《郡国志》曰：白鹤山者，昔有白鹤飞入会稽雷门鼓中，击之声震洛阳。

《临海记》曰：郡西有白鹤山，山上有池泉水悬溜，远望如倒挂白鹤，因名挂鹤泉。

又《郡国志》云：汉末有徐公，于白鹤山成道，控鹤腾虚而去。又有鹤挂岭，犹有翱翔之势。

**仙石山**

《临海记》曰：仙石山有馆，土人谓之黄公客堂。两边有石步廊，触石云起，崇朝必雨。有四竿筋竹，风吹自垂空，微拂石皆净。即王方平游处也。

**石新妇山**

《临海记》曰：新妇山，亦名似人山，土石悉绀色，列山参差似人形，远望如鸟之俯仰。宋文帝遣画工模写山状，时一国盛图于白团扇焉。

**灵石山**

《临海记》曰：灵石山者，山有寺，当孙恩作叛，毁材木以为船舸，山石即于空中自然而落，贼每有所伤，故曰灵石山

**临海山**

《临海记》曰：临海山，山有二水，合成溪曰临海。一水是始丰溪，一水是东女溪，至州北两溪相合，即名临海溪，山因溪名。

**崛门山**

《郡国志》曰：崛门山，在海中，腹有孔上达于顶，有声即大风，不风即水涌出，必见大兵。吴将平，孔内有声，远闻千里。

**石公山**

《东阳记》曰：石公山，孤石望如石人坐其傍。又有如石人，状似新妇着花履焉，或名新妇岩。

**石城山**

《吴录》曰：永康有石城山。

《海内南经》云：三天子都在闽西海北。郭璞注云：在新安歙县东。又引《张氏土地记》云：东阳永康县南四里有石城山，上有小石城，云黄帝曾游此山，即三天子都也。

**金胜山**

《郡国志》曰：金胜山，昔有人于此拾得金胜，因以名之。山有赵炳祠，炳善方术，庙至今无蚊虫。

《异苑》曰：孙权时，永康人入山还得大龟，烹之不烂，即此山也。

**长山**

《郡国志》曰：长山，相连遥三百里，一名金华山，即皇初平初起，遇道士教以仙方处。

《吴录地理志》曰：常山，仙人采药处，谓之长山。山南有春草岩，折竹岩，岩间不生蔓草，尽出龙须，云赤松羽化处。又有似龙须而粗大者，名为虎须，不中为席，但以其囊为灯炷。

又《抱朴子》云：左元放言金华山可以合神丹，免五兵洪水之患。又按《舆地志》云：金华山连亘三百余里。

**毕岭**

《舆地志》曰：东阳毕岭之下有钱岭，往往人于岭下获大钱，今俗谓之钱岭。

**铜山**

《东阳记》曰：铜山，下有泉水，色鲜白，号为铜泉。

又按《异苑》曰：吴时，有军士五百人，破洞得一铜釜，将欲破之，水从中暴发，遂成湖以溺，人皆死于此。

**昆山**

《东阳记》曰：昆山，顶上有一孤石，高可三十丈，其形如甑，人谓之石甑。

**骑石山**

《郡国志》曰：骑石山，如人骑马而无头，昔有神巫以印指马，马头即落，则此山也。

**江郎山**

《郡国志》曰：江郎山有三峰，峰上各有一巨石，高数十丈，岁渐长。昔有江家在山下居，兄弟三人神化于此，故有三石峰在焉。又有湛满者，亦居山下，其子仕晋，遭永嘉之乱不得归，满乃使祝宗言于三石之灵，能致其子，靡爱斯牲。旬日中，湛子出浴水边，见三少年使闭眼入车栏中，等闲去如疾风，俄顷间从空堕，恍然不知所以，良久乃觉是家园中也。

**石室山**

《郡国志》曰：石室山，一名石桥山，一名空石山。晋中朝时有王质者，尝入山伐木，至石室，有童子数四，弹琴而歌，质因放斧柯而听之。童子以一物与质，状如枣梅，含之不复饥，遂复小停，亦谓俄顷，童子语曰："汝来已久，何不速去？"质应声而起，柯已烂尽。

**天阶山**

《建安记》曰：天阶山，在将乐县南二十里，山下有宝华洞，即赤松子采药之所。洞中有石燕、石蝙蝠、石室、石柱，并石臼、石井，俗云其井南通沙县溪。复有乳泉自上而滴，人以服之。登山顶者，若升碧霄，故有天阶之号。

**太湖山**

《建安记》曰：大湖山，在浦城县西南一百里，一名圣湖山，湖在山顶。昔有采药者止此湖畔，见满湖芙蓉，涉水采之，乃石也，亦有禽鸟，远望如飞，近视则石。

**孤山**

《建安记》曰：孤山，在环璋之间，其地坦平，悉是沟塍阡陌，以此山挺然孤立，因以名之。

梁江淹为吴兴令，云此地有碧水丹山珍木灵草，昔为淹之胜境。

**泉山**

《泉山记》曰：山顶有泉，分为两派，一入处州，一入建溪，即《汉书》朱买臣所谓东越王居保泉山，一人守险，千人不得上。即此山也。

**梨岭**

《泉山记》曰：梨岭因梨以名之，记云南岭下道东，有钟离古亭迹存焉。

**武夷山**

萧子开《建安记》曰：武夷山，高五百仞，岩石悉红紫二色，望之若朝霞，有石壁峭拔数百仞于烟岚之中。其石间有木碓砻簸箕箩箸什器等物，靡不有之。顾野王谓之地仙之宅。半岩有悬棺数千。

传云：昔有神人武夷君居此，故因名之。

又《坤元录》云：建阳县上百余里，有仙人葬山，亦神仙所居之地。

《郡国志》云：汉武好祀天下岳渎，此山预祭，故曰汉祀山。

**阑干山**

《建安记》曰：阑干山，南与武夷山相对，半岩有石室，可容六千人，岩口有木栏干，飞阁栈道。远望石室中，隐隐有床帐案几之属，岩石间悉生古柏，悬棺仙葬，多类武夷。

**鸡岩**

《建安记》曰：鸡岩，隔涧西与武夷山相对，半岩有鸡窠四枚，石峭上不可登履，时有群鸡数百飞翔，雄者类鹧鸪。魏王泰《坤元录》云："武夷山涧东一岩上有栖鸡。"即此是也。

**乌岭山**

《乌岭山记》曰：乌岭峻极，不通牛马，以其乌居山连接，因以为名。

魏王泰《坤元录》云：邵武北有庸岭，一名乌岭，北隰中有大蛇，为将乐令李诞女所杀者。

**金泉山**

《建安记》曰：金泉山，南枕溪，有细泉出沙，彼人以夏中水小披沙掏之得金。山之西有金泉祠。

**演仙山**

《建安记》曰：演仙山，古老相传云，演氏炼丹于此山，灶之余基近犹存焉。此山东面亦略通人径，山中出橘，其味甘，人有食者即可，携之出山即迷道。又有演仙水出此山，当郡城北为大河，莫知其深浅，兼下有暗窦入城，流出于剑潭，居人资之，常流不绝。

# 太平御览卷第四十八　地部十三

## 南楚诸山

### 静山

《江夏图经》曰：静山，在县东南一百一十里，其山回耸，无连接，曲涧清流，茂林高峻，可以息诸仁智，栖游羽客。故名静山。

### 惊矶山

《江夏图经》曰：在县东九十里，其山无连接，西南俯临大江，下有石矶，波涛迅急，商旅惊骇，故以为名。

### 黄鹤山

《江夏图经》曰：在县东九里，其山断绝，无连接。旧传云，昔有仙人控黄鹤于山，因以为名。故梁湘东王晋安寺碑云，黄鹤从天而夜响是也。

### 烽火山

《江夏图经》曰：烽火山，在县东北四十里。

《梁典》云：梁武征齐，顿军于此，举烽火相应，故名烽火山。

### 鸡翅山

《江夏图经》曰：鸡翅山，在县南八十里，昔有金鸡飞集此，故名鸡翅山。

旧记云：金水有金鸡，从鸡翅山向南飞，产金于此水，故名金水。

### 阖闾山

《武昌记》曰：昔阖闾与伍子胥屯众于此山为城，故曰阖闾山。

《史记》曰：阖闾九年，子胥伐楚。

又《春秋》云：子胥将兵破楚，掘平王之墓，皆屯军于此山。

### 印山

《武昌记》曰：奉新县有渚石临水，高三十丈，上有字，仿佛似印，故曰印山。

《舆地志》云：县西有石临水，高三十丈，有书字为印山，即此是也。

**朔山**

《武昌记》曰：朔山，有竹长一十余丈，围数尺，常有声，天将雨，此竹鸣焉。今无此竹。

**望夫山**

《舆地记》曰：望夫山，上有望夫石，石上曾生芜菁，遂以名山，上有石高三丈，形如女人，谓之望夫石。

又《记》云：武昌郡奉新县北山上有望夫石，状若人立者。今古传云，昔有贞妇，其夫从役远赴国难，携弱子饯送于此山，既而立望其夫，乃化为石，因以为名焉。

**翠屏山**

《舆地志》曰：江水入富池一百八十里，得奉新，上流三百里有城山，三面壁立，一面峻极，水是奉新大源。本名石城山，天宝五载改为翠屏山。

**九宫山**

《武昌记》曰：九宫山，西北陆路去州五百八十里，其山晋安王兄弟九人造九宫殿于此山，遂以为名。

**角山**

《武昌记》曰：天欲雨，其山有声如吹角，以此为名。

**钟台山**

《武昌记》曰：钟台山，在县东南一百里，上有桃花洞，洞侧有李邕读书之所，荒基遗址，石室花木犹在。上有一石台，台上有一钟，或时鸣响，远近皆闻，故名钟台山。

**武昌山**

《续搜神记》曰：晋武世，宣城人秦精常入武昌山采茗，遇一长毛人，长丈余，引精至山曲，示以丛茗而后去。俄而复还，乃探怀中橘遗精；精怖，负茗而归。

**樊山**

《江夏图经》曰：樊山，西陆路去州一百七十三里，出紫石英。山东数十步有冈，冈上甚平敞，青松绿竹，常自蔚然。其下有溪，水凛凛然，常有寒气，故谓之寒溪。有礌龙石，谢玄晖诗云："樊山开广宴"是也。

又干宝《搜神记》云：樊山若天旱，以火烧山即致大雨，今往往有验。

《武昌记》曰：樊山，孙权常猎于下，见一姥，问猎得何物？答曰："只猎得一豹。"曰："何不竖其尾？"言讫，忽然不见。权于后立庙祀之。

**西塞山**

《江夏风俗记》曰：西塞山，高一百六十丈，周回三十七里，峻崿横江，危峰断岸，长波所以东注，高浪为之西翻。

袁宏《东征赋》云：沿西塞之峻崿是也。

又《江表传》云：刘勋败于彭泽，走入楚江，闻皖已没，遂投西塞。

**白雉山**

《江夏图经》曰：白雉山，其山上有芙蓉峰，前有狮子岭，后有金鸡石，西出金，南出铜矿，自晋、宋、梁、陈已来，常置立炉冶烹炼。

**凤栖山**

《江夏图经》曰：凤栖山，西北陆路去州二百二十五里。吴建兴年中，凤凰降此山，因以为名。山有石鼓，鼓鸣则雨降。

**神人山**

《历帝记》曰：神人山，吴建衡二年，有神人乘白鹿从此山出，因为名神人山。

**南昌山**

《豫章图经》曰：南昌山者，昔吴王濞铸钱之山，时有夜光，遥望如火，以为铜之精光。

《梁氏十道志》云：以豫章有铜山，山中有洪井，飞流悬注，其深无底是也。山有洪崖先生炼药之井，亦号洪崖山，有石臼存焉。

**松门山**

《豫章图经》曰：松门山者，以其山多松，遂以为名。北临大江及彭蠡湖，山上有石镜，光明照人。谢灵运《入彭蠡湖口诗》云："攀崖照石镜，牵叶入松门"是也。

**马当山**

《九江记》曰：马当山，高八十丈，周回四里，在古彭泽县北一百二十里。其山横枕大江，山象马形，回风急击，波浪涌沸，舟船上下，多怀忧恐。山际立马当山庙以祠之。

**钓矶山**

《异苑》曰：钓矶山者，陶侃尝钓于此山下，水中得织梭一枚，还挂壁上，后化成赤龙，从室而去。其山石上犹有侃迹存焉。

**鸡笼山**

《郡国志》曰：江州鸡笼山，山上有石鸡，冠距如生。有道士李镇住此山下，常赏玩之，鸡一旦自毁，镇曰："鸡既如此，吾其终乎！"果卒。

**五女山**

《郡国志》曰：江州五女山，始皇死，五女葬此山。天昏，每闻筝笛之声。

**射的山**

《郡国志》曰：射的山者，古老相传云，上有玉在石壁内，南面遥望似有白处，曾有胡人来取，上山后遇风雨不果得。今远望颇似射侯，故名射的焉。

**石印山**

《吴志》曰：天玺元年，鄱阳郡言历陵山石有文理成字，巫言石印神有三郎，皓遣使以太牢祭，并印绶拜三郎为王。

又按江氏记云：历陵有石印山，临水高百丈，有七穿骈罗，穿中色黄赤相续，因谓之石印山。

**龙虎山**

《信州图经》曰：龙虎山，在贵溪县，二山相对，溪流其间，乃张天师得道之山。

**羊山**

《宋永初山川记》曰：商安县西有羊山，山有燃石，黄白而理粗，以水灌之便热若石灰，以鼎置之，烹煮可熟。

**罗霄山**

王孚《安成记》曰：萍乡罗霄山，泽水所出，水傍出石乳。天旱，吏人祷之，因以大木长三四丈投井中，即雨。水悬凑井溢，辄令木涌出而雨止，盖潜龙之穴也。以阳居阴，神精上通，故扣之而必有玄感，则《蜀都赋》云"应鸣鼓而兴雨"者也。

**钟山**

裴子野《宋略》曰：永嘉元年，钟山因洪水有钟从山流出，时人得之送上，验铭，云是秦时乐器，因以为名。

又按《安成记》云：钟山临水阻峡，春夏则湍洑涌沸，喷上白沙如米，两岸石上各九十余里，以之候岁，若一岸偏饶，则其方丰穰，民以为准。

**望凤山**

《宜春图经》曰：望凤山，在州西北七十里，上有一峰，远观似凤，以此为名。

**昌山**

《宜春图经》曰：昌山，在州东六十里，旧名伤山，周回连延一十八里，袁江流于其间，巨石枕崎潺激，舟人上下多倾覆，故名伤山。顾野王《舆地记》云：时人以伤为非善征，乃改为昌山。

**石室山**

《宜春记》曰：郡有石室山，山有数石室相连，高十余丈，皆相似，素壁若雪，万象森罗于其所，因以为名。

**黄唐山**

《舆地志》曰：赣县黄唐山有石室，如数千间屋，上通天窗，下有方榻者，二石人巾栉而坐，傍有小石室七所相通，悉有石人，室前时有车马迹，春夏草不生，无诸毒虫，林木繁茂，水石幽绝，盖灵仙窟宅也。山下居人，每丙日辄闻山室有笳鼓箫乐之音。

邓德明记云：有石子如弹丸，聚在山角，至丙日不复见，他日复有，其山独立，高一千三百丈，相传以石室呼为黄唐庙，因以名焉。

**储潭山**

《南康记》曰：储潭山，俯临清潭，有储君庙，因以名焉。

《舆地志》云：咸和二年，刺史朱伟所立，常有渔者钓于此潭，得金锁，萦引舟中，向数百丈，忽一物随锁而来，其形如水牛，眼赤角白，及见人惊骇拽走，而渔者以刀断得数尺，不知其所由然也。

**赤石山**

《南康记》曰：赤石山，大石连耸，粲若舒霞，山角多赤石，有玉房琼室。耆旧相传云，宋元嘉年中，有人自称安道士者，不知何许人，披服巾褐，栖于此山中数十年，忽失所在，其后有人时复见者。天宝六年，敕改为玉房山。

**螺亭石山**

《南康记》曰：螺亭山，有大石临水，号曰螺亭。云昔有贫女，暮宿于亭采螺，忽夜中见众螺张口，乱啖其肉，贫女乃死。其伴因殡水傍，其冢化为巨石，螺壳无数，号曰螺亭石山。

**上洛山**

《舆地志》曰：虔州上洛山，多木客，乃鬼类也。形似人，语亦如人，遥见分明，近则藏隐，能斫杉枋，聚于高峻之上，与人交市，以木易人刀斧。交关者前置物枋下，却走避之，木客寻来取物，下枋与人，随物多少，甚信直而不欺。有死者亦哭泣殡葬，尝有山行人遇其葬，日出酒食以设人。山中有石墨可书。

**空山**

《南康图经》云：空山，晋咸康五年，太守庾恪于山西麓中建立神庙，历代祈雨，最有灵应。

按《郡国志》云：空山在郡南，山多林木果实食物，一郡皆资此山，虽名空山，其出物百倍于他山。

**金鸡山**

《南康记》曰：金鸡山，临贡水，石色如霞，其傍有穴广四尺，一石正当穴口如弹丸，尝有金鸡出入此穴。晋义熙中，再三出见，有人挟弹放丸于穴口，化为石，其鸡至今不见，因号曰金鸡穴。宋永初中，又见栖翔于此。

**峡山**

《南康记》曰：峡山，上时有夜光飞焰，遥见若火照燎于原，从峡溯流数十里，有石临水，名曰蛟窟。天宝六载，敕改名夜光山。

**梓潭山**

《南康记》曰：梓潭山，有大梓树，吴王令都尉肃武伐为龙舟，槽斫成而牵引不动，占云，须童男女数十人为歌乐，乃当得。遂依其言，以童男女牵拽，槽没于潭中，男女皆溺。其后天晴朗净，仿佛若见人船焉，夜宿潭边，或闻歌唱之声，因号梓潭焉。

**柴侯峡**

《南康记》曰：柴侯峡山，汉灵帝时，有刘叔乔避地于兹，死葬村侧，自云柴侯墓。晋末丧乱，有发其冢者，忽有大风雨，棺及松柏悉飞渡水，移上此峰，其棺乃化为石，因是而名之。

**官山**

《南康记》曰：官山者，天宝六年改名珠玉山。其山高峻，有善鸟香草，尝有人于此山见大珠玉，相传谓之官山。

**君山**

《南康记》曰：君山，翠丽鲜明，遥望若台榭，名曰娲宫，亦曰女娲石山。山去盘固山五十里，上有玉台，方广数十丈，上有自然石室形。风雨之后，景气明静，颇闻山有鼓吹之声。

**盘固山**

《南康记》曰：盘固山有石井，井侧有大铜人常守之。按此石井五百年，水一涌起高数丈，铜人以手掩之，其水即止。其山盘纡峻嶒，因号为盘固山焉。

**归美山**

《南康记》曰：归美山，高数百丈，远望嵯峨，灵阙腾空，故老谓之神阙。其山有水出焉。四面险峻，自然有石城，高数十丈，周回三百步。又有石峡，左右高五六十丈，势若双阙，其状入云。复有古石室，色如黄金，号为金室。有鶡鸟形色鲜洁，自爱毛羽，其只者或鉴水，向影悲鸣自绝，方知孤鸾对镜为不虚矣。山顶有杉枋数百片，高危悬绝，非人力所及焉。

**莫巨山**

荀伯子《临川记》曰：岩内有石人，坐盘石上，体有尘秽，则兴风雨，洗讫晴日，遍体洁朗如玉莹净，民以为准焉。

**五章山**

荀伯子《临川记》曰：五章山，绝岩险峭，有蜜蜂依之为房，其形如笠，采者皆悬磴数十丈，然后获之。

**麻山**

荀伯子《临川记》曰：麻山，或有登之者，望庐岳、彭蠡皆在其下，有黄连、厚朴恒生焉。又有枫树及数千年者，如人形，眼鼻口全而无臂脚，入山往往见之，或斫之者，皆出血，人以篮冠其头，明日看，辄失篮。俗名枫子鬼。其山竹木稠密如麻，因名麻山。天宝六年，职方奏改名丰材山焉。

**邓公山**

《信州图经》曰：邓公山，在县北，本名银山，因邓远为邓公场，仪凤二年祭山，山颓陷焉。

按《开山记》云：总章二年，邑人邓远经刺史豆卢公，陈开山之便，寻为山陷，后人立邓公庙焉。

**明府山**

《信州图经》曰：明府山，在县东。其山久晴不雨，山或自鸣，必有大雨；久雨不晴，欲晴自有烟雾盖其头。古老相传，祈请有验。

**鹤岭山**

《信州图经》曰：鹤岭山，自贵溪县界，岗阜鳞次，北入县境，岭上多松树，有鹤窠，因得名为鹤岭山。

**石虹山**

《鄱阳记》曰：石虹山，有石室，中有石砥，平如床，可容置数百人。旁列石郭如屏风，篆书为八十三字。有横石跨水而渡，文彩青赤若虹霓，因名为石虹山。

**洪崖山**

《豫章记》曰：按旧经云，古老相传，昔有洪崖先生居此山上，故以为名。

又《列仙传》云：洪崖山者，山之阳有洪唐寺，山中有洪崖坛，每亢旱祷于此。

# 太平御览卷第四十九　地部十四

## 西楚南越诸山

### 景山

盛弘之《荆州记》曰：景山，在上洛县西南二百里，东与荆山连接，有沮水源出焉。其山一名雁浮山，荆山之首曰景山，雁南翔北归遍经其上，土人由兹改名为雁山，又为雁塞山。

### 荆山

《山海经》曰：荆山首曰景山，金玉是出。此即卞和抱璞之处，南连青山，北接雁塞，通林交麓，峭峙相望。虽群峰竞起，而荆山独秀。卞和得玉于此山，献厉王，王使玉人相之，曰：石也。刖其左足。厉王薨，献之武王，玉人相之，又曰，石也。刖其右足。和抱其璞哭荆山之下。

《河图括地象》曰：荆山为地雌，上为轩星。

### 荆门山

袁山松《宜都山川记》曰：南崖有山名荆门，北对崖有山名虎牙，二山相对，其荆门山在南，上合而下空彻，山南有像门也。

### 勾将山

袁山松《勾将山记》曰：登勾将山南望，见宜都、江陵近在目前，沮漳沔汉诸山，嵎嵎时见，远眺云梦之泽，皛然与天际。四顾总视众山数千仞者，森然罗列于足下；千仞以还者，藟嵬如丘浪势焉。今在上洛县西北。

### 虎牙山

袁山松《宜都山川记》曰：虎牙山有石壁，其文黄赤色，有牙齿形。

### 孤山

《郡国志》曰：安远有陆抗城，故城之南有孤山。袁山松为郡，尝登此山以四望，见大江如萦带，舟船如凫雁焉。

**高筐山**

袁山松《勾将山记》曰：登勾将，北见高筐山，嶷然半天，《荆州图副》云："昔尧时大水，此山不没如筐，因名焉。"

**佷山**

《宜都记》曰：佷山，山谷之内有石穴，穴出清泉水。有神鱼，大者二尺，小者一尺，钓者先请多少，拜而请之，数满便止。水侧有异花，欲摘如鱼请。又有异木，名千岁，叶似枣，冬夏青青。复有苍范溪相近。

**宜阳山**

《宜都记》曰：宜阳山有风井，穴大如瓮，夏出冬入。有樵人置笠穴口，风噏之，后于长杨溪口得笠，则知潜通也。

**丹山**

《宜都记》曰：丹山，时有赤气笼井如丹，故有此名。

**小酉山**

盛弘之《荆州记》曰：小酉山，山上石穴中有书千卷，相传秦人于此而学，因留之。故梁湘东王云"访酉阳之逸典"是也。

**芋山**

盛弘之《荆州记》曰：芋山，有蹲鸱如两斛大，食之终身能不饥，今民取食之。

**嵩梁山**

盛弘之《荆州记》曰：嵩梁山，在澧水之阳，望之如香炉之状，今名石门。吴永安六年，自然洞开，玄朗如门三百丈，门角上各生一竹，倒垂下拂，谓之天帚。孙休以为嘉祥，置县因山为名。隋文帝改曰石门山也。

**崇山**

盛弘之《荆州记》曰：崇山，《书》云"放驩兜于崇山"，崇山在澧阳县南七十五里。

**武山**

《武陵记》曰：武山，高可万仞，山半有盘瓠石窟，中有一石狗形，云是盘瓠之遗像。又有班蛇，四眼，身大十围。山有水出，谓之武溪是也。在县之西。

**壶头山**

《武陵记》曰：壶头山，在县东，马援所穿室也。室内有蛇如百斛船，云是援之余灵。

**天门山**

《武陵记》曰：天门山，上有葱，如人所种，畦垄成行。人欲取之，先祷山神乃取，气味甚美；不然者，不可得。岩中有书数千卷，人见而不可取。

**黄闻山**

《武陵记》曰：昔有临沅黄道真，住黄闻山侧钓鱼，因入桃花源。陶潜有《桃花源记》。今山下有潭，立名黄闻，此盖闻道真所说，遂为其名也。

**风门山**

《武陵记》曰：风门山，有石门去地百余丈，每将欲风起，此门先有黑气若烟，隐隐而上，斯须风起竟日。

**石帆山**

《武陵记》曰：石帆山，石危起若数百幅帆形。

**虎齿山**

《武陵记》曰：虎齿山，形如虎齿。民尝六月祭之；不然，即辄有虎害。

**移山**

《武陵记》曰：移山，在沅阳界，本在江北岸，因风雨之势，一夕移渡江南岸。后以此名之。

**淳于山**

《武陵记》曰：淳于山，与白雉山相近，在辰州、武陵二郡界。绝鏊之半，有一白雉，远望首尾可二丈，申足翔翼若虚中翻飞，即上视之，乃有一石雉舒翅缀著石上。山下有石室数亩，望室里虽暗，犹见铜钟高丈余，数十枚，其色甚光明。

**武陵山**

《武源记》曰：武陵山，中有秦避世人居之，寻水号曰桃花源，故陶潜有《桃花源记》。

又云：山上有神母祠。

**平都山**

《神仙传》云：后汉延光元年，阴长生于马明生边求仙法，乃将长生入青天山中，煮黄土为金以示之，立坛啑血，取太清神丹经授之，乃别去。长生后于平都山白日升天，即此山是也。山在南宾县北二里。

**阳岐山**

《荆南记》云：石首县阳岐山，山无所出，不足可书，本属南平界。

范玄平记云：故老相承云，胡伯始以本县境无山，于此山上计偕簿。

**高都山**

《江源记》云：《楚辞》所谓"巫山之阳，高丘之阻"，高丘，盖高都山也。

**君山**

《博物志》云：君山，洞庭之山是也。帝之二女居之，曰湘夫人，帝女遣精卫至王母，取西山之玉印，印东海北山。

庾穆之《湘州记》云：昔秦皇欲入湘观衡山而遇风浪，溺败至此山而免，因号为君山。又《荆州图副》云："湘君所游，故曰君山。有神，祈之则利涉。山下有道，与吴包山潜通。上有美酒数斗，得饮者不死。"

《汉武帝故事》云：帝斋七日，遣栾宾将男女数十人至君山，得酒欲饮之，东方朔曰："臣识此酒，请视之。"因即便饮，帝欲杀之。朔曰："杀朔若死，此为不验，若其有验，杀亦不死。"帝赦之。

**小庐山**

《衡山图经》曰：小庐山，一名浮丘山，在县西一百八里，高六里三十步，东西二十里，南北四十里。言其山似九江庐山，故曰小庐山。

又古老相传，谓浮丘公上升之所，兼有道观存焉。

**静福山**

《衡山图经》曰：静福山，在县北五十里，有梁廖冲者守清虚，为本郡主簿西曹祭酒。湘东王国常侍，大同三年家于此山，先天二年飞升于此山。后刺史蒋防敬慕高风，刻石为碑。

**方台山**

萧诚《荆南志》曰：华容方台山，山出云母，土人采之，先候云所出之处，于下掘取，无不大获。往往有长五尺者，可以为屏风。当掘之时，忌有声响，则所得粗恶。

**攸县云阳山**

《遁甲经》云：沙土之地，云阳之墟，可以避时，可以隐居。云阳氏，古之仙人姓氏，因号云阳山。在攸县。

《仙方记》云：南岳山有福地，有松膏实甘鲜可饵。相传云，服食练行之人，多来采此松膏而服之，不苦涩，与余处松有别。

**乌龙白骑山**

《湘川记》云：汝城县东有乌龙白骑山，远望似城，有黑石如龙，白石如马罗列，号曰乌龙白骑山。

**文斤山**

《湘川记》云：耒阳文斤山，上有石床方高一丈，四面绿竹扶疏，常随风委拂此床。天旱则祷雨时应。

**石燕山**

甄烈《湘州记》云：石形似燕，大小如一，山明云净，即翩翩飞翔。

罗含《湘中记》云：石燕在零陵县，雷风则群飞翩翩然，其土人未有见者，今合药或用。

**万岁山**

盛弘之《荆州记》曰：桂阳万岁山，出灵寿草仙方，服之不死。又有话石山，石有声，如人共话。

**黄箱山**

盛弘之《荆州记》曰：黄箱山，一名黄岑山，在东南三十里。其山郴水所出，即是五岭之一，从东第二骑田岭是也。又有浪井，井三日一涌。

**麓山**

盛弘之《荆州记》曰：长沙西岸有麓山，其下有精舍，左右林岭环回泉涧，精舍傍有礜石，每至严冬，其上不停霜雪。

宋渊《麓山记》云：山足曰麓，盖衡山之足也。

**昭山**

《宋永初山川记》云：昭山下有旋潭，深无底，是湘水最深之处。昔有人舟覆于此潭，其槽并甑有名题号，后于洞庭寻得，即知暗通也。

**五溪山**

《长沙图经》云：五溪山，在县西北五十八里，高二里，北入朗州界。昔吴黄龙三年，潘浚将兵五万讨武陵五溪蛮，在此山下立营，截住徒党，因以为名。按溪水自邵州武刚县东北流，至岳州沅江县合益水。《益阳城记》云，在益水之阳，水出县北，流入资口，在县门桥下，皆五溪之下口也。又按关羽屯军资水北岸，即一名茱萸江也。吴甘宁拒之，云"闻吾咳唾，羽即不敢过江"是此处。今号为关羽濑。

**钱石山**

《湘川记》云：曲江县东有钱石山，其状四方有若台，其石三面壁立，其上碎石如钱，故谓之钱石山。

**采玉山**

《湘川记》曰：曲江县有采玉山，卉木滋茂，泉石澄澈。相传云，古采玉于此得名。

**玉山**

《湘川记》曰：玉山下有庙，昔有人得玉瑛于此，有银山、白石山、越玉山。又浮山，其地蹑一处，则百余步地动。

**临贺山**

盛弘之《荆州记》曰：临贺山，东山中有二竹，大数十围，有盘石径四五丈，极方正，青如弹棋局，两竹垂拂扫石上，绝无尘秽，未至数十里，闻风吹箫管之音。

**马岭山**

《郡国志》曰：郴州马岭山，本名牛脾山，山上有仙人苏躭坛，即郴人也。为儿童时，与众童牧，更直守牛，每躭守牛，牛不敢散。尝与众人猎，即乘鹿，人笑之，曰："龙也"。去郡百二十里，母临食晚，往买鲊，须臾即还。一旦有众宾来，躭启母曰："受性当仙，仙人合召躭去，今年疾疫甚，饮家中井水即无恙。又种药于园梅树下，可治百病，买此水及药，过于供养。"便去。母遽视之，众宾皆白鹤也。以躭常乘白马，故号马岭山。

**弹丸山**

《水经注》曰：临桂弹丸山，有涌泉，奔流迅激，东注于漓水，山龛及溪中有石如弹丸，因以石名焉。验其山有石窦，下深数丈，洞穴深远，莫究其极。

**百丈山**

《桂林风土记》曰：百丈山，在郡城东北七十五里，一名把杖山。叠障深重，连延西南数百里，四接郡界，莫穷远近。自府北驿路径穿其中，俗以崎岖险阻，故以百丈名之。又以林峦深邃，行人皆持兵杖以防猛兽，因亦名把杖山。

**漓山**

《桂林风土记》曰：漓山，在城南二里，漓水之阳，因以名焉，一名沉水山。其山孤拔，下有澄潭，上高三百余尺，傍有洞穴，其穴广数丈，南北直透，上有怪石欹危，藤萝萦茂。世乱民保以避寇，旱或祷祀颇灵。

**隐山**

《桂林风土记》曰：隐山在州之西郊，先是榛莽翳荟，古莫知者。宝历初，李渤出镇，遂寻其源，见石门半开，有水渊澈，乃夷薙芜秽，疏通岩穴，石林磴道，若天造灵府，不可根本，因号隐山。

**独秀山**

《桂林风土记》曰：独秀山，在城西北一百步，直耸五百余尺，周回一里，平地孤拔秀异，下有洞穴凝垂乳，窦路通山北，傍回百余丈，豁然明朗。宋光禄卿颜延年牧此郡，常于此石室中读书，遗迹犹存。尝赋诗云："未若独秀者，嵯峨郭邑开"是也。

**南溪山**

《桂林风土记》曰：南溪山，在县南五里余，其山耸拔千尺，烟翠凝空，古今所遗，其溪东注，与桂江合。

**龙蟠山**

《桂林风土记》曰：龙蟠山，本名盘龙山，有石洞深致，洞中天然石室、石床、石盆，洞门数重。人秉烛游，常见龙迹大如碗。洞有水，水中有鱼，四足有角如龙形，人杀则风雨晦冥立至也。前使李渤给事，改名隐山，连其所也。

**尧山**

《郡国志》云：广州尧山，高四千丈，自番禺、交阯见之。有飓风，风发屋折树翻湖焉。

**云母山**

《续南越志》云：天后朝，曾城县有何氏女服云母粉，得道于罗浮山，山因所出以名之。

**马鞍山**

《南越志》云：始皇朝，望气者云，南海有五色气，遂发卒千人凿之，以断山之冈阜，谓之凿龙。今所凿之处，形如马鞍，故名焉。

**虑山**

裴关《广州记》云：东莞县有虑山，其侧有杨梅、山桃，只得于山中饱食，不得取下；如下，则辄迷路。

**火山**

《岭表录》云：梧州对岸西火山，山下水澄潭，水深无极，其火每三五夜一见于山顶。每至一更初，火起匝其顶，如野花之甚者，广十丈余，食顷而息。或言其下水中有宝珠，光照于上，如火。上有荔枝，四月先熟，以其地热，故谓火山也。

**浮石山**

《交州记》云：海中有浮石山而峙，高数十丈，去永平营百余里，浮在水上。昔李逊征朱崖，欲审其实否，牵长索于山底洞过。

# 太平御览卷第五十　地部十五

## 陇塞及海外诸山

### 陇山

《说文》云：陇山，天水大坂也。

《辛氏三秦记》引俗歌云：陇头流水，鸣声幽咽，遥望秦川，肝肠断绝。

又云：震关遥望秦川如带。

郦元《水经注》云：县西山谓之小陇，岩嶂高险，不通轨辙。故张衡《四愁诗》云："我所思兮在汉阳，欲往从之陇坂长"是也。

《周地图记》云：其山高处可三四里，登山东望秦州可五百里，目极泯然，墟宇桑梓与云霞一色。其上有悬溜吐于山中为澄潭，名曰万石潭，流溢散下皆注于渭。东人西役，升此而顾，莫不悲思，其歌云："陇头泉水，流离四下。念我行役，飘然旷野。登高望远，涕零双堕。"是此山也。

### 小陇山

《三秦记》曰：小陇山，一名陇坻，又名分水岭。

《汉书·杨雄解嘲》云：响若坻颓。应劭曰：天水有大坂，名陇山，其旁有崩落者，声闻数百里，故曰坻颓。又曰：其坂九回，上者七日乃越，上有清水四注，下有陇，县因此水而名。

### 朱圉山

《汉书·地理志》曰：天水冀县有朱圉山，一名岩山，在县南梧中聚土地。

《十三洲志》云：朱圉有石鼓，不击自鸣则兵起。

### 契吴山

《凉州记》曰：契吴山，在县北七十里，赫连勃勃北游契吴而叹曰："美哉斯阜，临广泽而带清海。吾行地多矣，自岭已北，大河以南，未有若斯之壮丽矣！"

**可蓝山**

《凉州记》曰：可蓝山，一名都卢山，皆泾水源，与笄头山连亘。赫连定胜光二年，畋于凉州，登可蓝山望统万城，泣曰："先帝若以朕承大业，岂有今日。"在平凉县接百泉界。

又云：定据平凉，登此山，有群狐绕之而鸣，射之竟不得一，定乃叹曰："咄咄，此亦怪事也！"

**石门山**

郦元《水经注》曰：漓水又东经石门口，山高险绝，对岸若门，故以得名。疑即皋兰山门也。汉武元狩三年，骠骑将军霍去病出陇西至皋兰，谓是山之关塞矣。

**燕然山**

《汉书》曰：贰师引兵还至燕然山，单于知汉军劳倦，自将五万骑遮击贰师，军大乱，败贰师，降单于。

范晔《后汉书》曰：窦宪与单于战于稽范山，大败之，降者前后二十余万人。宪遂登燕然山，去塞三千余里，刻石勒碑，令班固作铭。

**天山**

《汉书》曰：汉使贰师将军将三万骑出酒泉，击右贤王于天山，得首虏万级而还。

又曰：且西弥国王治天山东大谷，去长安八千六百七十里。

《续汉书》曰：窦固出塞至天山，斩首千余级。

《水经注》曰：阴山，故郎侯应言于汉曰："阴山东西一千余里，单于之苑囿也。自武帝出师攘之于北漠，匈奴过之未尝不哭。"谓失此山也。

《西河旧事》曰：天山高，冬夏长雪，故曰白山。山中有好木铁，匈奴谓之天山，过之皆下马拜。在蒲海东一百里，即汉贰师击右贤王之处也。

《山海经》曰：天山多金玉，有雄黄，英水出焉，而西流注于汤谷。有神鸟，状如黄囊，赤如丹火，六足四翼，浑沌无面目，是识歌舞，实惟帝江也。天山，今名折罗漫山，在县北一百里。

《九州要记》曰：凉州古武成郡有天山，黄帝受金液神丹于此山，山近崆峒山，山顶有魏太祖马坪焉。

**祁连山**

《汉书》曰：霍去病击匈奴，至祁连山，济居延水，遂臻小月氏。

《西河旧事》曰：祁连山，在张掖、酒泉二界，焉支山在删丹故县，东西百余里，南北二十里，亦宜畜。匈奴失二山，乃歌曰："亡我祁连山，使我六畜不蕃息；失我焉支山，使我妇女无颜色。"

《凉州记》曰：祁连山，张掖、酒泉二界之上，东西二百里，南北百余里，山中冬温夏凉，宜牧，牛乳酪浓好，夏写酪不用器物，刈草著其上不散，酥特好，酪一斛得升余酥。又有仙人树，行人山中饥渴者，辄食之饱，不得持去，平居不可见。

**焉支山**

《汉书》曰：霍去病将万骑出陇西，涉孤奴水，过焉支山千有余里，执浑邪王，收休屠，祭天金人。

《凉州记》曰：焉支山，在西郡界，东西百余里，南北二十里，有松柏五木，其水草茂美，宜畜牧与祁连同。一名删丹山。

**勿居山**

《后魏书》曰：张衮从太祖破贺讷，登勿居山，聚石为峰，以纪功德，命衮为文。

**临松山**

《十六国春秋》曰：晋元嘉元年，张掖临松山有石如张掖字，掖渐灭，张字分明。又有文曰初天下西方安万年。后魏太和中置临松郡，故城在此山下。临松山，一名青松山，一名马蹄山，又云丹松岭。

**三危山**

《河图括地象》曰：三危山，在鸟鼠之西，南与汶山相接，上为天苑星，黑水出其南。

《西河旧事》曰：三危山有三峰，故曰三危，俗亦为升雨山，在县南二十里。《尚书·禹贡》谓“窜三苗于三危”。又云，“导黑水至于三危，入于南海。”水即自北而南，经三危，过梁州入南海。

《西山经》曰：三危之山，青鸟居之。三青鸟，主西王母取食者。别自栖息于此山也。

**羊鹘山**

段国《沙州记》曰：羊鹘山，多岩石，少树木，甚似鲁国南邹山，傍山北行三十里，远眺顾瞻百里，但见山岭巉岩，无尺木把草。

**西王母樗蒲山**

崔鸿《十六国春秋》曰：甘松山东北，有西王母樗蒲山，大有神验。江水出焉。

段国《沙州记》曰：羊鹘岭东北二百里，有大山，遥望甚似东岳岱山，极高大险峻，嵯峨崔嵬，颇有灵验，羌胡父老传云，是西王母樗蒲山。

**九陇山**

《周地图记》曰：昔有神人坐张掖西方山上，西射酒泉郡西金山之白神，射得九筹，画此山上，遂成九陇，因以为名。

**鸿鹭山**

《穆天子传》曰：天子循黑水至于璧玉之山，谓此也。今名为鸿鹭山，以山多鸿鹭所栖得名也。

**沙角山**

《三秦记》曰：河西沙角山，峰崿危峻，逾于石山。其沙粒粗，有如乾糒。又山之阳有一泉，云是沙井，绵历今古，沙不填之。人欲登峰，必步下入穴，即有鼓角之音震动人足。

又《西河旧事》云：沙州，天气晴朗即沙鸣，闻于城内。

又云：人游沙山，结侣少或不曾游，即生怖惧，莫敢前，其沙或随人足自顿下，经宿却自还山上。

**葱岭山**

《汉书》曰：西域三十六国而限葱岭，其河两源，一源出葱岭山，一出于阗国，在南山下，其河北流，与葱岭河合。

《广志》曰：葱岭，其山岭生葱，茂于常葱。

《西域诸国志》曰：葱岭高，行十二日可至顶。

**巫咸山**

《西域志》曰：巫咸山，一曰覆莫山。

注《水经》曰：盐水西北经巫咸山北。

《山海经》云：巫咸之神，以右手操青蛇，左手操赤蛇，在葆登，群巫所从上下也。

又《大荒西经》云：大荒之中有灵洲，巫咸、巫即、巫肦、巫彭、巫姑、巫直、巫抵、巫谢、巫罗，十巫从此升降，百药爰在。郭璞云：群巫山下灵山，采药往来也。盖神巫所游，故山得名。

**悬度山**

《汉书》曰：鸟秅国有悬度者，石山也，谷溪不通，以绳索相引而度。又大头痛山，度则头痛呕吐，驴畜皆然。

**头痛山**

《汉书》曰：杜钦说大将军王凤曰：罽宾国自知绝远，兵不可至，道又历大头痛山、小头痛山、赤土身热之坂，道狭者尺六寸，长径三十里。

《汉书》曰：罽宾国历大头痛山，有三池，盘石坂道，狭者尺六七寸，绳索相引乃度。

《广志》曰：大头痛山、小头痛山，皆在罽宾东。

**铁山**

《汉书》曰：莎车国有铁山，出青玉。《穆天子传》曰：天子西征至剞闾氏，乃命剞居蚁切闾氏供养六师之人于铁山之下，天子祭铁山。

**青山**

《水经注》曰：北地富平县西河侧有两山相对，水出其间，即上河峡也。世谓之青山，河水历峡北注，枝分东出。

**石崖山**

《水经注》曰：塞外历城有石崖山，西去北城五百里，山石上自然有文，画兽马之状，粲然成著，类似图焉。故亦谓之画石山。

**疏属山**

《山海经》曰：贰负之臣曰危，与贰负杀窫窳，帝乃梏之疏属之山，梏犹系缚也。桎其右足，桎，械也。反缚两手与发，约发合缚之也。系之山上磐石之下。在开题西北。汉宣帝时使人凿上郡发磐石，石室中得一人，徒裸被发反缚械一足，时人不识，乃载之于长安以问群臣，群臣莫能知，刘子政案此言之，宣帝大惊，于是时人争学《山海经》矣。论者多以为是，其尸像非真体也。意识者以为灵怪化论，难以理测，物禀异气，出于自然，不可以常理推之，可以近较察之矣。魏时有人发故周灵王冢，得殉葬女子不死，至数日而有气，数月而能言，状如二十许女子。人送诣京师，郭太后爱养之，恒不离左右。十余年太后崩，哀思哭泣，一年余而死，即此类也。

**仑山**音论

《山海经》曰：仑山者，其山上有金玉，下有多青雘，而木状如谷而赤理，其汁如漆，其味如饴，食者不饥，可以释劳，其名曰白若，或非皋苏，皋苏一名白若见《广雅》。可以血玉。血谓可用染玉作光彩也。

**蛇山**

《山海经》曰：北海之内有蛇山者，蛇水出焉，东入于海。有五彩之鸟，飞蔽一乡汉宣帝元康元年，五色鸟以万数飞属县即此鸟。五彩之鸟，名曰翳鸟。凤属也。《离骚》曰：驷玉虬以乘翳鸟。

**东口山**

《山海经》曰：东口之山，有君子之国，其人衣冠带剑。役使虎豹，女子谦让。有司幽之民。帝俊生晏龙，晏龙生司幽，思士不妻，思女不夫。言其人直思而气通魄合而生子。此《庄子》所谓白鹤相视，眸子不运而风化之类也。食黍，食兽，是使四鸟。

**流波山**

《山海经》曰：东海中有流波山，入海七千里。其上有兽，状如牛，苍身而无角，一足，入水则必风雨，其光如日月，其音如雷，名曰夔。黄帝得之，以其皮作鼓，橛以雷兽之骨雷兽则雷神，兽龙身鼓其腹者。橛，挽击也。声闻五百里，以威天下。

**钩吾山**

《山海经》曰：钩吾之山，其上多金，其下多铜。有兽焉，羊身人面，而目在腋下，虎齿人爪，其音如婴儿，名曰狍鸮，食人。为物贪婪，食人未尽还害其身，像在夏后鼎。《左传》所谓饕餮也。

**天台山**

《山海经》曰：大荒之中有山，名曰天台，海水入焉。

**鹊山**

《山海经》曰：鹊山，其首曰招摇，临于西海之上，在南山之西头，滨西海也。多桂，桂叶似杜杞，长尺余，味辛，白花丛生，山间无杂木。《吕氏春秋》曰招摇之桂是也。多金玉。有草焉，其状如韭而青花，其名曰祝馀，或作程荼。食之不饥。有木焉，其状如谷而黑理，谷，楮也，皮作纸。其华四照，言有光炎也。若木华赤光照下见，亦此类也。见《离骚》。其名曰迷谷，佩之不迷。

**小次山**

《山海经》曰：小次山，山上多白玉，山下多铜。有兽如猿，白首赤足，名曰朱厌，见则大兵。

**长右山**

《山海经》曰：长右之山，无草，多水。有兽焉，状如禺而四耳，名长右，以山出此兽，因以名之。音如吟，如人呻吟声。见则郡县大水。

**基山**

《山海经》曰：基山，其阳多玉，其阴多金，多怪木。有兽焉，其状如羊，九尾四耳，其目在背，其名曰缚他搏他二音。有鸟焉，其状如鸡而三首六目，六足三翼，其名是鹋鸺，鹋鸺憋怤，两音急性。食之无卧。

**猥翼山**

《山海经》曰：猥翼之山，其中多怪兽，水多怪鱼。凡言怪者，皆为貌状掘奇不常也。《尸子》云，徐偃王好怪，没水得怪鱼，入山得怪兽者，争列于庭。

## 密山

《山海经》曰：密山，山上多丹木，员叶、赤茎、黄花、赤实，味如饴，食之不饥。丹水出焉，西注于稷泽，后稷神所凭，因名之。其中多白玉膏，其源沸沸汤汤，玉膏涌出之貌也。《河图》云：少室山有白玉膏，服即仙矣。此类也。黄帝是食是飨。所以得登龙于鼎湖而灵化也。是生玄玉。言玉膏中又出黑玉也。玉膏所出，以灌丹木。丹木五岁，五色乃清，乃鲜光也。五味乃馨。言滋香也。黄帝取密山之玉荣，谓玉华也。而投之钟山之阴。以为玉钟。瑾瑜之玉为良，言善玉也。坚栗精密，《礼记》镇玉以粟，或作粟，玉有粟文，所谓槊璧。浊泽有光，五色发作，以知柔刚。天地鬼神，是食是飨。玉所以为祈祭者，言能动天地感鬼神也。君子服之，以卫不祥。今徼外出金刚石，金刚石似金，有光彩，可以刻玉，外国人带之，云辟恶气也。

## 亶受山

《山海经》曰：亶受之山，亶音蝉。多水、无草木，不可以上。言崇峭也。有兽焉，其状如狸而有发，其名曰类，类或作师。自为牝牡，食者不妒。《庄子》亦曰类自为雌雄而化。今貆猪亦自为雌雄也。

## 耆阇窟山

《法显记》曰：耆阇窟山，未至顶三里有石窟。佛本于此坐禅，天魔波旬化作雕鹫住窟前，以恐阿难。佛以神力隔石舒手摩阿难顶，怖即得止。鸟迹手孔今悉在，故名雕鹫窟。山窟前有四佛坐处。

## 灵鸟山

支昙谛《灵鸟山铭序》曰：昔如来游王舍城，憩灵鸟山。旧云，其山峰似鸟而威灵，故以为名焉。众美咸归，壮丽毕备。

# 太平御览卷第五十一 地部十六

## 石上

《释名》曰：山体曰石，石硌硌也，硌，音落。坚捍硌也。山多大石曰礐口学切，礐，学也，大石之形学学然。山多小石曰磝，磝五交切，尧也，每石尧尧独处而出也。砾，小石也。磊雷罪切，众石也。砀壮浪切，文石也。琅玕，石似珠也。出《尚书》注。碔砆，石似玉也。出《广雅》。

《易》曰：困于石，据于蒺藜。石在水中所以为阴难。又《说卦》曰：艮为小石。

《书》曰：青州，厥贡铅松怪石。孔安国曰：怪异好石似玉。

又曰：泗滨浮磬。孔安国注云：泗水滨崖也。水中见石，可以为磬也。

《诗》曰：我心匪石，不可转也。

又曰：渐渐之石，维其高矣。

又曰：它山之石，可以攻玉。

《礼》曰：昔者，夫子居于宋，见桓司马自为石椁，三年而不成。桓司马，宋向戍孙也。名魋也。夫子曰："若是其靡也，死不如速朽之愈也。"

又曰：今夫山，一拳石之多，及其广大，草木生之，禽兽居之，宝藏兴焉。

《周礼》曰：王行洗乘石。乘石，王所登上居之石也。又曰：石有时而泐。音勒。石解散也。

又曰：大司寇以嘉石平罢民，有罪者坐诸嘉石。以肺石达穷民，凡茕独老幼，欲复于上而未达者，立于肺石。注曰：嘉石，文石也。肺石，赤石也。

《传》曰：陨石于宋五，陨星也。注曰：但直言星则嫌星使石陨。故重言陨星。

又曰：齐高固入于晋师，磔石以投人。

又曰：昭三年，石言于晋魏榆，晋侯问于师旷曰："石何故言？"对曰："石不能言，或凭焉；不然，民听滥也。抑臣又闻之曰，作事不时，怨讟动于民，则有非言之物而言。今宫室崇侈，民力凋尽，怨讟并作，莫保其性，石言不亦宜乎？"

《春秋说题辞》曰：《周易》艮为山，为小石。石，阴中之阳，阳中之阴，阴精辅阳，故山含石，石之为言，托立法也。

《史记》曰：始皇二十年，星坠于东郡，至地为石。或刻，其文曰："始皇死而地分。"始皇尽诛石旁居人，燔销其石。

又按《说苑》云：石陨东郡是也。

又曰：王翦代李信击荆州兵，数挑战，终不出。久之，翦使人问军中戏乎？对曰："方投石，超距。"翦曰："士卒可用矣。"

又曰：张良见老人出一编书，"读是则为王者师，后十三年见我济北谷城山下，黄石即我也。"良后果得黄石，宝而祠之。及死，并葬黄石，伏腊祠之。

又曰：李广出猎，见草中石，以为虎而射之，中石没镞，视之石也。因复更射之，终不能复入石矣。

《后汉书》曰：梁鸿妻孟光有力，能举石臼。

又赵歧曰：吾死后，置一圆石墓前，刻曰："汉有逸人，姓赵名歧，有志无时，命也奈何！"

谢承《后汉书》曰：吴郡妫皓父为南郡太守，坐事系狱，皓怀小石至公卿门，辄出石叩头，流血覆面，父遂得免。

《东观汉记》曰：涿郡太守张丰举兵反。初，丰好方术，有道士言丰当为天子，以五彩囊盛石击丰肘，云石中有玉玺，丰信之，遂以反。既当斩，犹曰肘有玉玺，椎破之，丰乃知被诈。仰天叹曰："当死所无恨。"

《魏略》曰：梁州柳谷，有石无故自崩，有文如率马之状，后司马氏得天下之应。

又曰：大秦国石为城郭，山出九色玉石。

《魏志》曰：魏明帝增崇宫殿，雕镂观阁，凿太行之石英，采谷城之文石，起景阳山于芳林园，建昭阳殿于太极之北。

又曰：辰韩在马韩之东，儿生便以石押头，欲其扁。今辰韩人头皆扁。

又曰：公孙度为辽东太守时坐大石长丈余，下有三小石为足。

魏武帝末年，邺中雨五色石。

王隐《晋书》曰：永康元年，襄阳郡上言得鸣石钟，闻七八里。

又《石勒传》曰：初，勒乡里所居原上，地中石生日长，类铁之象。

又曰：陈总迁殿中侍御史，诏遣诣终南山请石雨。总先除小石祠，唯存大石一所而祈之，上文曰："峨峨大石，佐岳通理，含滋吐润，惠我四海。"

又曰：孙子荆谓王武子曰："当枕流漱石。"曰："石非可漱，流非可枕。"孙曰："所以枕流，洗其耳，漱石，砺其齿。"

《晋阳秋》曰：董威辇遁去，莫知所之，于其寝所得一石及竹子，并诗二首。

《齐书》曰：虞愿为晋平太守，海边有越王石，常隐云雾，相传云清廉太守乃得见。愿往观视，清澈无隐蔽。

《南史》曰：到溉山池有奇礓石，长一丈六尺，梁武睹之输焉，即迎置华林宴居殿前，移石之日，都下倾城纵观，所谓到公石。

《赵书》曰：刘耀筑建德殿，取土城西，得圆石状若水碓，其铭曰："律推石重四钧，同律度量衡，有辛氏造。"议者未之详，或以为瑞。参军续咸曰："王莽时物。"

《后周书》曰：高琳母尝祓禊泗滨，遇见一石，光彩朗润，遂持以归。是夜梦见一人，衣冠有若仙者，谓其母曰："夫人向所将来之石，是浮磬之精，能宝持，必生令子。"其母惊寤，便举体流汗，俄而有妊，及生子，因名琳，字季珉也。

《隋书》曰：帝令江都郡丞王世充发淮南兵击刘元进，有大流星坠于江都，未及地而南逝，磨拂竹木皆有声，至吴郡而落于地，元进恶之，令掘地入二丈，得一石径丈余。后数日，失石所在。

《唐书》曰：车骑将军刘山涛上言，祖龙潜时，数往来洛郊之庄舍，尝践子石，靴迹见于石中，至今犹在。高祖令凿之，深寸余，其迹逾明，乃止。

又曰：则天时，有人于洛水中得白石数点赤，诣阙辄进诸宰相。诘之，对曰："此石赤心，所以来进。"李昭德叱曰："此石赤心，洛水中余石，岂能尽反耶？"左右皆笑。

又曰：薛元超，道衡孙也，为中书舍人，省有盘石。初，道衡为内史侍郎，尝踞而草制，元超每见此石，未尝不泫然流涕。

又曰：甘露事败，王璠举家无少长皆死。初，璠在浙西缮城壕，役人掘得方石，上有十二字，云"山有石，石有玉，玉有瑕，瑕即休"。璠视莫知其旨，京口老人讲之曰："此石非尚书之吉兆也。尚书祖名崟，崟生础，是有石也；础生尚书，是山石有玉也；尚书之子名瑕，休，休绝也，庸非吉征？"果赤族。

《老子》曰：落落如石。

《列子》曰：昔者，女娲炼五色之石以补天。《淮南子》又载。

又曰：赵襄子率徒十万狩于山中，藉芿燔林，扇赫百里，有一人从石壁中出，随烟烬上下，众谓鬼物，察之人也。

《孙卿子》曰：以桀诈桀，犹有巧拙；以桀诈尧，若卵投石。

又曰：负石而走赴河，行之难为者也，而申徒狄能之。

《阚子》曰：宋之愚人，得燕石于梧台之东，归而藏之，以为大宝。周客闻而观焉，主人端冕玄服以发宝，华匮十重，缇巾十袭，客见之，卢胡而笑曰："此燕石也，与瓦甓不异。"主人大怒，藏之愈固。

《符子》曰：水生石，未有居山而溺者，火生木，未有抱树而焦者。

《吕氏春秋》曰：石可破也，而不可夺其坚。

《淮南子》曰：禹娶涂山化为石，在嵩山下方生启，曰，归我子，石破北方而生启。

又《毕万术》曰：埋石四隅，家无鬼。取苍石四枚及桃七枚，以桃弧射之，乃取并埋弓矢四隅，故无鬼殃。

《抱朴子》曰：白石似玉，奸佞似贤。

又曰：磁石引针。

又曰：浮磬息音，未别于众石。

又曰：烧泥为瓦，燔木为炭，蜂窠为蜡，水沫为浮石。

《隋巢子》曰：禹产于𥑮石，启生于石。王昭之云：启生即母化为石。

《六韬》曰：武王伐殷，得二大夫而问之，曰："殷国将亡，亦有妖乎？"其一人对曰："殷国常雨血、雨灰、雨石，小者如鸡子，大者如箕。"武王曰："大哉，妖也！"

乐资《春秋传》曰：秦始皇使郑客将入函关，见华山上有素车白马，疑之鬼神，熟视稍近，问郑容曰："安之？"答曰："之咸阳。"素车上人曰："吾华山使，愿托一牍书致镐池君所。子之咸阳，道过镐池，见一大梓树，有文石，以款树，当有应者，即以书与之。"郑容如其言，以石款梓树，果有人来取书。

《吴越春秋》曰：禹案黄帝中经，见圣人所记曰："在乎九疑上东南，号曰宛委，承以文玉，覆以盘石，其书金简玉字。"禹乃退斋三日，发石取书。

《荆楚岁时记》曰：张骞寻河源，得一石示东方朔。朔曰："此石是天上织女支机石，何至于此？"

《神仙传》曰：壶公内费长房于石室中，头上有大石方数丈，以茅绳悬之，诸蛇竞啮且断，长房不移。公抚之曰："子可教矣。"

又曰：介象，字元则，会稽人。入山求神仙，见谷有石子皆紫色，大如鸡子，象取二枚，见一美女被服五采，象叩头乞长生。女曰："急送汝手中物还着故处。"象送石还，女授以还丹方一首。

《列异传》曰：豫宁女子戴氏久疾，出见小石曰："尔有神，能差我疾者，当事汝。"夜梦人告之曰："吾将佑汝。"后渐差，遂为立祠，名石侯祠。

《益部耆旧传》曰：公孙述时，蜀武檐山石折，任文公曰："西州智士死，我将死矣。"后三月果卒。

《韩诗外传》曰：楚渠子夜行见寝石，以为伏虎，弯弓而射之，没金饮羽，下视知其石也，因复射之，矢摧无迹。《汉书》载李广亦如之。

《文士传》曰：魏文帝之在东宫也，宴诸文学，酒酣，命甄后拜坐者，坐者咸伏，唯刘桢平仰观之，太祖以为不敬，送徙隶簿。后太祖乘步辇车乘城，降阅簿作，诸徒咸敬，而桢坐磨石不动。太祖曰："此非刘桢也？石如何性？"桢曰："石出荆山玄岩之下，外炳五色之章，内秉坚贞之志，雕之不增文，磨之不加莹，气质贞正，禀性自然。"太祖曰："名岂虚哉！"

《神仙传》曰：白生者，常煮白石为粮，就白石山居，故号曰白石先生。

《穆天子传》曰：天子升于采石之山，于是采石铸以成器于黑水之山。

《三齐略记》曰：始皇作石塘，欲过海看日出处。时有神人驱石下海，石去不速，神辄鞭之，皆流血，至今石悉赤。阳城山尽起立，嶷嶷东倾，状如相随行。事具神部。

盛弘之《荆州记》曰：兴安县水边有平石，其上有石栉石履各一具。俗云越王渡溪，脱履堕栉于此。

郭缘生《迹征记》曰：秦梁，圮名也。或云，秦始皇东巡，弗行旧道，过此水，率百官已下，人提一石以填之，俄而梁成。今睹所累石，无造作之处也。

《搜神记》曰：常山张颢，为梁相天，新雨后，有鸟如山鹊飞翔入市，人掷之堕地，人争取，化为圆石，颢椎得一金印，文曰"忠孝侯印"。

# 太平御览卷第五十二 地部十七

## 石下

《西京杂记》曰：窦太后在家，尝有白燕衔石大如指，堕后绩筐中，后取石剖为二，其中有文曰："母天地。"后乃合之，遂不复开，后为皇后，常并置玺中为天玺。

又曰：五鹿充宗受学于弥成子，弥成子少时，尝有人遇己，授以文石，大如鸡卵，成子吞之，遂大明悟，为天下通儒。成子后病，吐出此石授充宗，充宗复吞，又为明学。

又曰：汉武昆明池养鱼，往往飞去，后刻石为鲸鱼致水中，乃不飞去，每至当雨，鱼当鸣吼。

顾觊之《启蒙记》曰：零陵郡有石燕，得风雨则飞如真燕。

《浔阳记》曰：石镜山东一圆石悬崖，明净照人，毫细必察。

《幽明录》曰：宫亭湖边傍石间，有石数枚，形圆若镜，明可鉴人，谓之石镜。后人过，以火燎一枚，今不复明，其人眼遂失明。

庾仲雍《湘州记》云：应阳县蔡子池南有石臼，云是蔡伦纸臼。

王歆之《南康记》曰：归美山，山石红丹，赫若采绘，峨峨秀上，切霄邻景，名曰女娲石。大风雨后，天澄气静，闻弦管声。

《拾遗记》曰：员峤山东有云石，广五百里，驳落如锦，扣之片片翕然云起。

又曰：魏明帝时，太山下有连理文石，高十二丈，状如枯树，其文色彪发，似人雕镂，自下及上皆合百余步，及魏明帝之始，稍觉相近如双阙也。土石阴类，魏为土德，斯为灵。

《交州记》曰：有浮石山在海中，石虚轻可以磨脚，煮饮之止渴。

《洞冥记》曰：元鼎中，条支国贡马石以和九转丹。有发白者，以此石拭之，应手而黑。

顾野王《瑞应图》曰：石华者，石生华也。

刘澄之《江州记》曰：兴平县蔡子池南有石穴，深二百许丈，石青色，堪为书砚。

《蜀中记》云：隗叔通，棘人也，性至孝。母每食必须江水，通每汲，江中石为之出。今江中有石，号孝子石。

《十洲记》曰：流洲在西海中，上多积石，名为昆吾石，治其石成铁作剑，光明照洞如水精状，割玉物如切泥土焉。

《益州记》曰：龙盘山有一石，长四十丈，高五丈，当中有户及扉，若人掩闭。古老相传为玉女房。

石虎《邺中记》曰：孟津河东去邺城五里，有济北郡谷城县，有谷城山，是黄石公所葬处。有人登此山，见崩土中有文石，石文鲜明。虎使采取以治宫殿，又免谷城令，不奏闻故也。

《寻阳记》曰：落星石，在宫亭湖中，周回百余步，高五丈，上生竹林。

《武昌记》曰：陶太尉庙东有盘龙石，旧传云，龙盘于此石。

《梁州记》曰：沔阳城溯汉上十五里，有诸葛武侯所镇，在汉水南，背山向水，门前累石以为阵。

《荆州图经》曰：宜都有穴，穴有二大石，相去一丈。俗云，其一为阳石，一为阴石，水旱为灾，鞭阳石则雨，鞭阴石则晴，即廪君石是也。但鞭者不寿，人颇畏之，不肯治也。

《丹阳记》曰：石头城西有唐颓石，王敦害周伯仁之所。

又曰：湖熟县，晋惠帝永宁二年，湖中有大石，去渚二百步，浮来登岸，百姓惊观，咸曰石来。有年果有石冰入扬州。

裴渊《广州记》曰：甘泉县平野中，孤石挺起，峰秀入云，连石相接，无异栋宇。

《安城记》曰：石室中有素石数斛，状如雀头，甘润虚脆，殆可啖。

曹叔雅《异物志》曰：豫章有石黄白色而理疏，以水灌之便热，以鼎加其上，炊足以熟，冷则灌之。雷焕以问张华，华曰：“然石也。”

《汉官仪》曰：马伯第登泰山，见石二枚，一是武帝时石，用五车载不能上，因置山中为屋，号五车石；一是刻号记功德，立坛上。

王韶之《始兴记》曰：劳口北有逃石，一名灵石。晋永和中，有二飞仙衣冠自来憩此，此石旬日乃去之。

盛弘之《荆州记》曰：临贺郡有青石，上有磨刀斧迹，春夏明净，秋冬芜秽，云是雷磨石。

又曰：筑阳粉水口有　石，下不测，出地尺余，围可三尺，色极青，其上如斫，明可以鉴人，相传以为陨星。县西有孤石挺出，其下临潭，旷有见根者如竹根。

又曰：樊重母畏雷，为石室避之，悉以石为阶砌，今犹存。

又曰：临贺冯乘县东五里，有故县庙，相传汉淮南王安被诛，其子奔逸来至，一夜忽化为石人，当县门而立。百姓怪而观之，其迫察者，手足无不疮烂。

《述异记》曰：镜湖，俗传轩辕氏铸镜于湖边。今有轩辕磨镜石，石上常洁，不生蔓草。

《舆地志》曰：会稽秦望山，始皇刻石前，有石广数丈，云是始皇坐之石，两边有方坐八所，云是丞相已下坐石，故今有丞相石之名。

《玄中记》曰：天下之强者，东海之沃燋石焉，方三万里，海水灌之随尽，故水东流而不盈。

又曰：玉门之西南有一国，国中有山，山上有庙，国人岁岁出石磄子林切数千枚，名为霹雳磄，从春雷而磄减，至秋磄尽。

《鄱阳记》曰：钱仓石，在饶州西一百里，石形如仓囷。昔渔人夜宿石下，忽见石开，窥见石中有钱，取之盈艇而去，因为名。

《郡国志》云：乞子石，在马湖南岸，东石腹中出一小石，西石腹中怀一小石，故僰人乞子于此有验，因号乞子石。

又曰：思州金鸡石，每有鸡金色，鸣于石上。

又曰：仙人石，曾有仙人飞下此石，一曰仙人床。

又曰：协州弄栋县蜻蛉水下有石猪峰，有石猪母子数十头。云夷人昔牧于此，猪化为石，今夷人不敢于此牧。

又曰：儋州昌化湖明山，山有二石如人形，云有兄弟二人向海捕鱼，因化为石，号曰兄弟石也。

又曰：桂州兴安县有卧石一枚，其形似人，而举体青黄隐起，俗谓之石卜，可以祈雨，小举则雨小，大举则雨大。

又曰：贵州有洞池，周十数丈，下有石牛，时出池间。岁旱，民杀牛祈雨，以血和泥涂牛即雨，尽即晴，以为恒。

又曰：马岭山峤多虺蛇，毒杀人，有冷石可以解之，屑着疮内即活。

又曰：梁州女郎山，张鲁女浣衣石上，女便怀孕，鲁谓邪淫，乃放之。后生二龙，及女死，将殡，柩车忽腾跃升此山，遂葬焉。其水旁浣衣石犹在，谓之女郎山。

又曰：郴州城北七十里有话石山，孤石特竦，仙人于此处谈话。

《舆地志》曰：南陵县有女观山，俗传云，昔有妇人，夫官于蜀，屡愆秋期，忧思感伤，登此山骋望，因化为石，如人之形。所牵狗亦为石，今狗形犹存。《博物志》曰：鹳，水鸟也，伏卵时数入水，卵冷，取礜周围绕卵以助暖气。

《华阳国志》曰：汶山有咸石，煎之得盐。

《异苑》曰：滕放太元初，枕文石卧，忽暴雨，震其所枕，傍人莫不慑，而放微觉有声。

又曰：永康王旷井上有一洗石，时见赤气，后有二胡人寄宿，忽求买之。旷怪所以，未及度钱，子妇孙氏睹二黄鸟斗于石上，疾往掩取，变成黄金。胡人不知，索市愈急，既得，撞破内止有二鸟处。

刘敬叔《异苑》曰：晋武帝时，吴郡临平岸崩，出一石鼓，打之无声。以问张华，华曰："可取蜀中桐材刻作鱼形，扣之则鸣。"于是如其言，扣之声闻数十里。

《异物志》曰：夷州土无铜铁，磨砺青石以作弓矢，此石砮楛矢之类。

《物理论》曰：土精为石，石，气之核也。气之生石，犹人筋络之生爪牙也。

《博物志》曰：桃林，在弘农湖县休牛之山，有石焉，曰帝台之基也。五色而文，状鹑卵焉。

《游名山志》曰：芙蓉渚有耸石，头如初生芙蓉，色皆青白。

《山海经》曰：燕山，多婴石。言似玉，有采婴带，所谓燕石也。

又曰：钱来之山，多洗石。若澡洗，可以磢去垢也。

《水经注》曰：象林郡功曹姓区，有子名连，攻其县杀令，自号为王。值世乱离，林邑遂立，后乃袭代传位子孙，三国鼎争，未有所附。吴有交土，与之邻接，进侵寿泠，以为疆界。自区连以后，国无文史，失其纂代，世数难详，宗胤灭绝，无复种裔。外孙范熊代立，人情乐推，后熊死，子逸立。有范文，日南西卷县夷帅雅夷奴也。文为奴时，山边牧羊，于涧水中得两鲤鱼，隐藏持归，规欲私食。郎知检其鱼，文大惭惧，诈云："将砺石还，非为鱼也。"郎至鱼所，见是两石，信之而去，文始异之。石有铁，文入山中，就石冶铁，锻作两刀，举刀向鄣，因咒曰："鲤鱼变化，冶石成刀，斫石鄣破者，是有灵神，文当治此，为国君王；斫不入者，是无神灵。"进斫石鄣，如龙渊干将之斩芦藁。由是人情渐附。今斫石尚在，鱼刀犹传子孙。

又曰：澧水，出武陵充县，东经临澧、零阳二县故界，水之南岸，白石双立，厥状类人，高各三十丈，周四十丈。古老相传，言昔充县尉与零阳尉共论封境，因相伤害，化而为石。

刘义庆《幽明录》曰：阳羡县小吏吴龛，有主人在溪南，尝以一日掘头船过水溪，内见一五色浮石，取内床头，至夜化成一女子也。

又曰：宜都，建平二郡之界有五六峰，参差玄出，上有倚石如二人像，攘袂相对，俗谓二郡督邮争界于此。

杨雄《蜀本纪》曰：秦王献五美女于蜀王，蜀王遣五丁迎五女，见大蛇入山空中，五丁引蛇，山崩，五女上山，化为石。

又曰：武都丈夫化为女子，颜色美好，盖山之精也，蜀王娶以为妻，无几，物故于成都郭中，葬之以石镜一枚，径一丈，高五尺。

邓析书曰：譬犹拯溺而垂之以石，救火而投之以薪。

《世说》曰：武昌阳新县北山上有望夫石，状若人立者。传云，昔有贞妇，其夫从役远赴国难，携弱子饯送此山，立望而化为石。

《兵书》曰：军中地生石，将可以久居。

《史记》曰：以石投水，莫之逆也。

《杂五行书》曰：妇姑斗争，取石重六十斤埋门外，即罢。

荀伯子《临川记》云：石廪状似仓廪，其内可容千斛，廪口开则岁俭，闭则年丰。

又曰：石龙山有岩，其下有石，形隐起似龙，头尾长一丈二尺。

《地理记》云：有鳞甲，因号为石龙。

又曰：石鼓，在宜黄水边，状如鼓形，阔九尺，长一丈四尺四寸。

又云：圆净如鼓，因以鼓为名焉。

又曰：石高五尺，在宜黄水边。

又云：有女人水次浣濯，为蛟所牵入石中，经数日雷击石破，见死蛟及女人尸浮出，因号为破石。

又曰：浮石，其石居汝水中心，或水泛涨，高岸皆没，此石居然不没，因以为名之。

又曰：落峭石，去飞猿馆一百一十五里，在飞猿水，巍峨嵌空，数里可望，即谢灵运诗云“朝发悲猿峤，暮宿落峭石”，是其处也。

《始兴记》云：营口东岸有石四方，而高可百仞，其状若台，故名台石。又林水出焉。其台旁有石室，室前盘石上，行列十瓮，皆盖以青盆，悉是银制。有人过者，但得开观，不可取之；取之则闷绝若死。封丘之奴窃二枚，为大蛇所害，即不知其自。

《永嘉记》云：永嘉南岸有帖石，乃尧时之神人，以破石推将入恶溪道次，置之溪侧，遥望有似张帆，今俗号为张帆溪，与天台山相接。

又《郡国志》曰：东海信郎神破石为帆，今陈海有信郎祠即是。

# 太平御览卷第五十三　地部十八

## 丘

《说文》曰：丘，土之高，非人所为。丘字从一，一，地也。人居在丘南，从北，中邦之居在昆仑东南。一曰，四方高，中央下，象形也。

《诗》曰：送子涉淇，至于顿丘。

又曰：子之荡兮，宛丘之上兮。

又《诗序》曰：崇丘，万物得极其高大也。

又《诗》曰：杨园之道，猗于亩丘。

又曰：绵蛮黄鸟，止于丘隅。

又曰：丘中有麻，彼留子嗟。

《礼》曰：太公封于营丘，比及五世，皆反葬于周。君子曰：乐，乐其所自生，礼不忘其本。古之人有言曰，狐死正丘首，仁也。正丘首，正首丘也。仁，恩也。

又曰：公叔文子升于瑕丘，蘧伯玉从。二子，卫大夫。文子曰："乐哉，斯丘也，死则我欲葬焉。"蘧伯玉曰："吾子欲之，则瑗请前。"利其欲，害人良田也。瑗，伯玉名也。

又曰：为高必因丘陵，为下必因川泽。

《周礼》曰：丘陵，其动物宜羽物，其植物宜核物，其民专而长。

《传》曰：车脱其輹，火焚其旗，不利行师，败于宗丘。

《春秋元命包》曰：尧为天子，季秋下旬梦白帝遗吾乌喙子，其母为扶始升高丘，睹白帝，上有云虎之状感己生皋陶。

《春秋说题辞》曰：丘者，墓也。

又曰：丘谷辅气，元士扶化。

《尔雅》曰：丘一成为敦丘，成犹重。《周礼》曰：为坛三成。今江东呼地高堆者为敦。旧音顿。再成锐上为融丘，三成为昆仑丘。昆仑山三重，形如累三孟。如乘者，乘丘；形似乘车。如渚者，渚丘。水中小洲为渚。水潦所止，泥丘。顶上洿下。丘方，胡丘。形四方。绝高为之京。人力所作。非人力为之曰丘。地自然生。水潦所还曰将丘。将者谓丘边有界，埒水环绕之。上正，章丘。顶平。泽中有丘，都丘。在水泽内。当涂，梧丘。涂，道。途出其右而还之，画丘。言为道所规画。途出其前，戴丘；道出丘南。涂出其后，昌丘。水出其前，渻丘；水出其后，沮丘；水出其右，正丘；水出其左，营丘。今齐之营丘，淄水过其南及东。如覆敦者，敦丘。逦迤，沙丘。左高，咸丘；右高，临丘；前高，旄丘；后高，陵丘；偏高，阿丘。丘背有丘为负丘。中央隆峻，如负一丘于背上。右泽，定丘；右陵，泰丘；宋有泰丘，见《史记》。如亩，亩丘；丘有垄界如田。如陵，陵丘。丘上有丘为宛丘。陈有宛丘，今在陈郡陈县。有潜丘，今在太原晋阳县。淮南有州黎丘。今在寿春。天下有名丘五，其三在河南，二在河北。说者多以州黎宛营为河南者，潜敦为河北者。案北方称天下之名丘，恐此诸丘碌碌，未足用当之。殆别有魁梧桀大者五，但未详其名号所在耳。

《广雅》曰：小陵曰丘。

又曰：丘上有木为秘丘。

《家语》曰：丘陵为牡，溪谷为牝。

《方言》曰：冢大者谓之丘。

《穆天子传》曰：天子升于昆仑之丘，以观黄帝之宫。郭璞注曰：黄帝巡守四海，登昆仑山，起宫室于其上。

又曰：为盛姬谥，曰哀淑人之丘，天子名之，为丘作名。是曰淑人之丘。乙丑，天子东征，舍乎五鹿，叔姓七和切。且哭，是曰女姓之丘，因以五鹿名。丁卯。

《山海经》曰：昆仑之丘，实惟帝之下都。

《庄子》曰：卫灵公死，卜葬于故墓，不吉，卜葬于沙丘而吉。掘之数仞，得石椁焉，洗而视之，有铭曰："不凭其子，灵公夺而埋之。"夫灵公之为灵，久矣。

《淮南子》曰：尧时有大风为民害，乃缴大风于青丘之野。许慎注

**曰：大风，大鸷鸟也。**

《文子》曰：川竭而谷虚，丘夷而泉塞。

《越绝书》曰：阖闾冢在吴县昌门外，名曰虎丘。下广平六十步，水深丈五尺，铜椁三重，玉凫之流，扁诸之剑在焉。卒十万人治之，取土临湖。葬三日，白虎居上，故号曰虎丘。

东方朔《十洲记》曰：长洲一名青丘，在南辰巳地，地五千里，去岸二十五万里，上饶山川，又多大树，树有二千围者，一洲之上，专是林木，故一名青丘，仙草、灵药、甘液、玉英，靡所不有。

《齐地记》曰：营丘，在临淄小城内，古以为齐室也。丘下周三百余步，高九丈，北厢下隆丈五，造井水深七丈余，井与地平。

伏韬《北征记》曰：博望城内有成汤、伊尹、箕子冢，今皆为丘。

《述异记》曰：南海中有轩辕丘，鸾自歌，凤自舞，古云天之乐也。

《郡国志》曰：濮阳县本颛顼之城，今谓之帝丘，夏后之代昆吾居之，春秋卫迁于帝丘，梦人登昆吾之墟是也。

又曰：濮州初徙陶于乘丘，故县掘得漆杯二，底内有朱书曰“乘丘”，既见风日，靡然烂碎矣。

《外国图》曰：员丘之上有不死树，食之乃寿。有赤泉，饮之不老。萧丘多大风，无人民，群犬居之。青丘之民食谷，衣野丝，去琅琊万三千里。神丘有火穴，其光照千里，去琅琊三万里。

《陈留风俗传》曰：雍丘县有五陵之丘，以故名县。

郦善长注《水经》曰：沮水西迳楚昭王墓，东对江陵城，故王仲宣之赋《登楼》云“西接昭丘”是也。

又曰：隋县有断蛇丘，隋侯出见大蛇中断，因举而药之，故谓之断蛇丘。

又曰：巩县北有山临河，谓之岑原丘，下有穴，谓之巩穴，言山潜通淮济，北达于河，直穴有渚，谓之鲔渚。

《十道志》云：岑原丘，在县西北三十三里。

## 陵

《释名》曰：陵，隆也，体隆高也。

《易》曰：天险不可升，地险山川丘陵。

又曰：跻于高陵，三岁不觌。

《诗》曰：鴥彼飞隼，率彼中陵。

又曰：高岸为谷，深谷为陵。

《礼》曰：五月可以居高明，可以远眺望，可以处台榭。

《传》曰：蹇叔送其子曰：“殽有二陵，其南陵，夏后皋之墓也；其北陵，文王之所避风雨也。”

《春秋说题辞》曰：陵之为言棱也，辅山成其广，层棱扶推，益厥长也。

《孝经援神契》曰：德至山川丘陵则景云出。宋均注曰：景云应间绎不遍也。

《尔雅》曰：大阜曰陵。

又曰：东陵阠所陈切，南陵息慎，西陵威夷，中陵朱滕，北陵西隃。陵莫大于加陵，梁莫大于溴梁，坟莫大于河坟。谓之八陵。

《穆天子传》曰：天子东游，次于崔梁，曝蠹书于羽陵。

《庄子》曰：盗跖死于东陵之上。

又曰：步仞之丘陵，巨兽无所隐其躯，而孽狐为之祥。

《穆天子传》曰：天子东征，钓于隰水，祭淑人。是日祭，丘为之降。

《吕氏春秋》曰：凡葬必于高陵之上，以避狐狸之患，水泉之湿，此则善矣。

《杨子法言》曰：百川学海而至于海，丘陵学山而不至山，是故恶夫住者。

《魏子》曰：尧入百仞之溪，则不照三里，非朦暗，位卑势下故也。桀纣升百丈之陵，能见四海，非照明，位高势尊故也。

《十洲记》曰：昆仑陵，即昆仑山也。西海之戌地，北海之亥地，去中国十万里，有弱水周匝绕山。

《吴录》曰：张纮言于孙权曰：秣陵，楚武王所置，名为金陵，秦始皇时望气，故掘断连岗，改名秣陵。

《物理论》曰：地者，镇之以五岳，积之以丘陵。

## 阪

《诗》曰：阪有漆，隰有栗。

《尔雅》曰：坡者曰阪。郭璞注曰：阪，地不平也。

《史记》曰：汉文帝尝从霸陵西驰下峻坂，袁盎揽辔。上曰："将军怯也？"盎曰："臣闻千金之子，坐不垂堂，百金之子，立不倚衡。今圣主乘危驰不测之渊，如马惊车败，奈高庙何？"上乃止。

《汉书地理志》曰：河东蒲坂县，故曰蒲，秦更名。应劭曰：秦始皇东巡，见有长阪。孟康曰：本属晋，文公以赂秦，秦人还蒲，魏人喜曰，蒲反矣。

《汉书》曰：王阳为益州，至邛僰，蒲北切。坂九折，叹曰："奈何以先人之遗体乘此险乎？"遂以病去。及王遵为刺史，至此坂，问吏曰："此非王阳所畏道耶？"叱其驭驱之曰："王阳为孝子，王遵为忠臣。"应劭注曰：阪在严道县界。

《汉书西域传》曰：西域有赤土身热之坂，上即令人身热无色，头痛呕吐。

《续汉书地理志》曰：河东大阳县有颠軨坂。

《蜀志》曰：先主至当阳之长坂，为曹公所追败。

王隐《晋书》曰：孙登，杨骏逼迎之，与语不答，赐布袍，登借刀截断弃门中，大呼云："刺斫！刺斫！"卒病死，后人见在贵马坂。

《穆天子传》曰：天子南还，升于长松之坂。郭璞注曰：坂有长松。

郦善长注《水经》曰：洛水东经九曲，其地千里，有九坂之曲，《穆天子传》所谓"天子西征，升九阿"是也。

又曰：河水东经施门坂北，今成皋西大坂是也。升陟此坂而东趣成皋城。

《列女后传》曰：吕荣者，吴郡许升之妻也。升为贼所害，荣贞固自守，黄巾贼陈宝欲干秽之，荣执节不听，宝遂杀荣。是日疾风暴雨，雷电晦冥，宝恐惧叩头谢，葬之而去。麋府君闻荣高行，遣主簿祭之，又出钱助县为冢于嘉兴郭里墟北，名曰义妇坂。

《华阳国志》曰：有牛叩头坂，马搏颊坂，其险如此。

《晋太康地记》曰：常山曲阳县有恒山坂，号飞狐口，上壶关县有羊肠坂。

《地理志》曰：函谷东坂，谓之八特坂。

《述征记》曰：黄卷坂者，傍绝涧以升潼关，长坂十余里，九坂皆迤逦长坂。《东京赋》所谓“西阻九阿”者也。

戴延之《西征记》曰：黄坂去终南六十里，少华山西。

任豫《益州记》曰：汶江水，源出玉轮坂下，今属汶江郡，在郡东北三十里。

《古今地名》曰：冥軨坂，在盐池东，吴城之北，今之吴板。

《新序》曰：赵简子上羊肠之坂，群臣皆推车，宗会独当戟行歌。简子曰：“人臣而侮其主，其罪若何？”宗会曰：“其罪死。君亦闻人君而侮其臣乎？则智者不为谋，辩者不为斗，则其国危乎！”简子曰：“善！”以宗会为上客。

《郡国志》曰：雍州咸阳县北十五里长平坂，汉武帝幸甘泉，驰道有虫覆地，赤如生肝。问东方朔，朔曰：“秦狱地冤气也。臣闻酒能消愁。”以酒浇之，果销矣。

## 陉

《尔雅》曰：山绝曰陉。郭璞注曰：连山中断者也。

《汉书》曰：赵王成安君陈余闻汉且袭之，聚兵井陉口，号称二十万。

《穆天子传》曰：天子北征，乃绝漳水至于钘山之下。郭璞注曰：即井钘山。今在常山石邑乡。

《述征记》曰：燕赵间，凡厥山路，名之曰陉，井陉在常山。

## 峡

《水经注》曰：丹山在丹阳，属巴丹山，西即巫山者也，帝女居焉。宋玉所谓天帝之季女，名曰瑶姬，未行而亡，封于巫山之阳，高唐之岨，旦为云，暮为雨，朝朝暮暮，阳台之下。旦朝视之，果如其言，故为立庙，号朝云焉。其间首尾一百六十里，谓之巫峡，盖因山为名也。

盛弘之《荆州记》曰：旧云自二峡取蜀数千里中，恒是一山，此盖好大之言也。唯三峡七百里中，两岸连山，略无阙处，重岩叠嶂，隐天蔽日，自非亭午夜分，不见日月。至于夏水襄陵，沿溯阻绝，或王命急宣，有时云朝发白帝，暮至江陵，其间御千二百里，虽乘奔御风，不为疾也。春冬之时，则素湍渌潭，回清到影，绝巘多生柏，悬泉瀑布，飞漱其间，清荣峻茂，良多雅趣。每晴初霜旦，林寒涧肃，常有高猿长啸，属引凄异，空岫传响，哀转久绝。故渔者歌曰："巴东三峡巫峡长，猿鸣三声泪沾裳。"

又曰："南崖有重岭叠起，最大高崖间有石，色如人负刀牵牛，人黑牛黄，成就分明。此崖既大，加以江湍萦纡回途，经宿犹望见之。"行者歌曰："朝发黄牛，暮宿黄牛，三日三夜，黄牛如故。"

庾仲雍《荆州记》曰：巴陵，楚之世有三峡，明月峡、广德峡、东突峡，即今之巫峡、秭归峡、归乡峡。

袁山松《宜都记》曰：巴陵楚之世有三峡，高山重鄣，非日中半夜，不见日月，猿鸣至清，诸山谷传其响。泠泠不绝也。

王韶之《始兴记》曰：宿县有观峡，横峦交枕，绝崖岞崿。护水口有贞女峡，峡西岸水际有石如人形，高可七尺，状似女子，是曰贞女。父老相传，秦世有女数人，取螺于此，遇风雨昼昏，而一女化为此石。

邓德明《南康记》曰：雩都峡，其水常自激，通奔如转轮。

《郡国志》曰：南乡峡，峡西八十里有巴乡村，善酿酒，故俗称巴乡酒也。村旁有溪，溪中多灵寿木焉。

《水经注》曰：浈阳观峡下有庙，世人以为河伯。晋时县人有使至洛者，使讫将还，忽有一人寄其书云："吾家在观前石间，石间悬藤即其处也，但扣藤，自当有人取之。”使者依其言，果有二人出外取书，并延入水府，衣不沾濡。

又曰：《续汉书》云：虞诩为武都太守，下辩东三十余里有峡，峡中白水生大石，鄣塞水流，春夏辄喷溢，败坏城郭，诩使人烧石，以醋灌之，石皆淬裂，因镌去焉，遂无泠溺之害。

又曰：泾水东南迳都卢山，山路之中常有如弹筝之声，行者鼓舞乐而后去，即弦歌之山也。故谓此山峡为弹筝峡。

《陇西记》曰：襄武有锦镜峡，即黑水所经，其峡四望，花木明媚，照影于其中，因以称之也。

《峡程记》曰：泸、合、遂、蜀四郡，皆峡之郡，自蛮江、梧柏、沱导等江至此，二百八十江会于峡前，次荆门都四百五十滩，即有清水、重峰、胡滩、汉滩、忽雷、闪电、咤滩、濑滩、狼尾、使君、主簿，皆使君、主簿沉舟之所，遂为名，其他不悉记之。三峡者，即明月峡、仙山峡、广泽峡，其有瞿塘、滟滪、燕子、屏风之类，皆不预三峡之数。

李膺《益州记》曰：广阳州东七里，水南有遮要二堆石，石东二里至明月峡，峡前南岸壁高四十丈，其壁有圆孔，形如满月，因以为名。

## 冈

《释名》曰：冈，亢也，在上言之。

《诗》曰：陟彼高冈，我马玄黄。

又曰：如山如阜，如冈如陵。

又曰：谓山盖高，为冈为陵。

又曰：陟彼冈矣，瞻望兄矣。

《尚书》曰：火炎昆冈，玉石俱焚。

《尔雅》曰：山脊曰冈。

山谦之《丹阳记》曰：句容县东三十五里有龙冈，冈顶有沸潭，周回十三丈，闻人声水便沸动，不闻不涌也。

王韶之《始兴记》曰：郡西南有芙蓉冈，高若玉山，邻枕郊郭，周回连亘四十余里。

又曰：含洭县白鹿城南有白鹿冈，晋咸和中，郡民张鲍作令著惠，有白鹿游此冈，因以为名。

雷次宗《豫章记》曰：洪井西有西鸾冈，旧说洪崖先生乘鸾所憩处也。

顾微《广州记》曰：四会有金冈，行人往往见金于冈侧。

斐渊《广州记》曰：城西北五里，连续大冈，直上百寻，名为越王冢。吴朝掘觅尉他墓，竟无所见。于天井冈得六玉玺，一小车。州城北有马鞍冈，秦时瞻气者言南方有天子气，始皇发民凿破此冈，地中出血，今凿处犹在。增城县有云母冈，日出照之晃曜。

《武昌记》曰：城北有冈高数丈，名曰凤阙，其处显敞，升阙以望川泽，多所远瞻。吴黄龙元年，有凤皇集此冈，故谓之凤阙。凤阙南十里有金牛冈，古老相传，云有金牛出此冈，冈今半崩，坑深数丈，金牛跃出践冈边遗迹犹存。

王妥《安城记》曰：萍乡西津南五里，山名女冈，天气将雨，水辄先涌出石门，而有五色玄黄，百姓谓之玉女披衣。

邓德明《南康记》曰：陈蕃墓在青龙冈，土人传云，昔有一物龙形，而通身绝青，数出冈顶及山边，故言名青龙也。

又曰：赣县马脊冈在县西，其形马脊，故以为名也。

任端休《江陵记》曰：州城北五十四里，有楚平王冢枝江班竹冈。又云：平王冢周回数百步。未知孰是。

《荆州记》曰：零陵郡东南有黄溪，黄溪西有矾石冈。

《衡山记》曰：衡山有曾青冈，出曾青，可合仙药。有灵寿冈，有灵寿木，周回数十里。芝草冈，有神芝灵草。

《郡国志》曰：久留冈，昔太守卫讽罢郡还京，故老送别，久留此冈。

又曰：显朝冈，在郁平县，陆绩制浑仪处。

《隋图经》曰：历陵县西十里有石子冈，宝山也，而高大，有冢如砚子，世谓之研子冢，是赵简子冢也。石虎令人发之，初得炭，深一丈得连木板，厚高八尺，次得流泉水，水色青冷非常。以牛皮为囊，作绞车以汲之，一月而水无极，乃止。筑城绕之，气成楼阙。

郦元注《水经注》曰：蓼水出襄国石井冈，冈上有井大如轮。

《隋区宇图志》云：此井光武营军所凿，傍有丛荆棘生，皆蟠萦如人手结，云是光武系马处。

又曰：石勒时天旱，沙门佛图证于此冈，掘得一死龙，长尺余，济之以水，良久乃苏。寻祭之，龙腾空而上天，雨即降，因名龙冈。

《鄱阳记》曰：大雷冈在县东北，后汉雷义，字仲公所居。又有小雷冈，雷焕所居之处。

# 太平御览卷第五十四 地部十九

## 岩

《说文》曰：岩者，崖也，山边谓之崖。

《书》曰：高宗梦得说，使百工营求诸野，得诸傅岩。孔安国注曰：使百官以所梦之形象经营求之外野，得之于傅岩之溪。

《晋书》曰：许询移居皋屯之岩，常与沙门支遁及谢安石、王羲之等同游往来，今皋屯呼为许度岩。

《齐书》曰：徐伯珍宅南九里有高山，班固谓之九岩山，后汉龙丘苌隐处也。山多龙须柽柏，望之五采，世呼为妇人岩。

盛弘之《荆州记》曰：平乐县有山临水，岩间有两目如人眼，极大，瞳子白黑分明，名为目岩。

又曰：始兴机山东有两岩，回向鸥尾，石室数十所，行过者皆闻有金石丝竹之声。

《南康记》曰：阳道士葬岩室，临终语弟子等可送吾尸置彼石室中，巾褐香炉，此外无所须也。葬数年，尸犹俨然，今舟行者过其山渚，长闻香气，咸叹异焉。

《水经注》曰：层山石室中有积书卷帙，而世士罕有达者，因谓之积书岩。《鄱阳记》曰：香岩在贵溪县东五里，旧名猩猩岩。昔术者许旌阳斩蛟于此岩下，因此名焉。又以板塞岩口寻蛟，潜通洪州横泉井，每至天景澄霁，见水底板木存焉。后人恶其名，遂改焉。

又曰：弋阳岭上多密岩，元嘉中有人见其岩内有三铁镬，可容百斛，中生莲花，他日往寻，不知所在。

## 穴

《说文》曰：穴者，室也。

《易》曰：上古穴居而野处，后世圣人易之以宫室。

《诗》曰：谷则异室，死则同穴。

《礼记月令》曰：季秋之月，蛰虫在穴内，皆墐其户。墐谓涂闭之也，避杀气也。

《史记》曰：司马迁登会稽山，探禹穴。

范晔《后汉书》曰：光武郭皇后父昌，生后及子况，况迁大鸿胪，赏赐金钱缣帛丰盛莫比，京师号况家为金穴。

《山海经》曰：熊山有穴曰熊穴，恒出神人，夏启而冬闭。是穴若冬启夏闭，乃必有兵。郭璞曰：今邺西有鼓山，上有石鼓象悬著山旁。鸣则有军事，与此穴殊象而同应。

《庄子》曰：越人三世杀其君，王子搜患之，逃于丹穴，越人无君，从之丹穴，王子搜不肯出，越人薰之以艾，承以玉舆。

《淮南子》曰：治鼠穴而坏里闾。

《水经注》曰：昔巴蛮有五姓，未有君长，俱事鬼神，乃共掷剑于石穴，约能中者众奉以为君，巴氏子务相乃中之。又各令乘土船，约浮者当以为君，唯务相独浮，因共立之，是为廪君。

又曰：江陵有驾部口，宋文帝车驾发江陵至此，黑龙跃出，负帝乘舟，左右失色，上谓长史王昙首曰："此乃夏禹所以受天命矣，我何德以堪之。"故名穴为龙穴焉。

又曰：夏平县有重山，即列山也，山下有一穴，父老相传是神农所生处也。

又曰：大洪山，岩嶂皆数百许仞，入石门，又得钟乳穴，穴上有素崖立，非人迹所及，穴中多钟乳，凝膏下垂，望齐冰雪，微津细液，滴沥不断，幽穴潜远，行者不极。

《风土记》曰：太湖中山有洞穴，傍行地中，无所不通，谓之洞庭。

《续搜神记》曰：长沙醴陵县有小水，二人乘船取樵，见岸下土穴中水流出，有新斫木片，逐水流，上有深山，有人迹，异之。相谓曰：

"可试入水中，看何由尔？"一人便以笠自鄣入穴，穴才容人，行数十步，便开明朗然，不异世上。

《外国图》曰：风山之首高三百里，风穴方三十里，春风自此出也。

又曰：神丘有火穴，其光照千里，去琅琊三万里。

《荆州图记》曰：卢县有马穴山，傍有地道，汉时常有百匹马出其中，形皆小似滇池马，今遂名其处曰马穴。

又曰：县北九十里有赵属山，傍有石台，高十五丈，广三丈，有穴深一里，内甚平整虚寂，谓之仙穴。

《钱塘记》曰：灵隐山有石穴，傍入行十数步，有水广丈余。昔有人采钟乳见龙迹，闻穴里搔搔有声出。

《宜都记》曰：佷山县有文石穴，平居无水，有渴者至，请乞辄得水；戏乞则不得。

又曰：自西陵北行三十里，有石穴名马穴。尝有白马出食，人逐之入穴，潜行出汉中，汉中人失马，亦尝出此穴，相去数里。

《武昌记》曰：芜菁山有龙穴，其水深暗，少得入者。人采钟乳，乘火而入，下有水深数尺，多有蝙蝠来扑火。

《江乘地记》曰：西南二十里木庐山有钟乳穴。

郑缉之《东阳记》曰：北山西崖有石床，流水绕灌其侧。又有石田如稻田，云堂里有洞穴，有人常于此采钟乳，入十余日，粮绝而穴不可穷。

王韶之《神境记》曰：荥阳郡有孤山，直长百余丈，东北有二穴，寥寥然，杳杳然，便是云霞中馆矣。

又曰：荥阳郡北三十里有何家岩，傍有一穴，始入幽狭而甚暗，昔有采钟乳者至此，见有书三卷，竹一枝。

《浔阳记》曰：赤山下有石穴，有人取钟乳者，经宿不知所穷，水恒流出，深处浮乃得过，数里，辄见有光明，闻里有声若霹雳。此人遽出，竟无以测远近，有仙鼠常扑火。

邓德明《南康记》曰：西南有通天穴，四壁石色似画，丈六像下有石床，有石子弹丸，聚有一角。

又曰：平固县西覆笥下有洞穴，穴口可广五六尺，高五尺余。昔有人采钟乳，深入为瞑，不得出，遂留住宿，忽闻头上有篙船之声。

《北征记》曰：姑熟有井山，有九穴与江通。

《吴郡临海记》曰：虞县有穿山，下有洞穴，昔有在海中行者，举帆从穴中过。

盛弘之《荆州记》曰：宜都佷山县有山，山有风穴，口大数尺，名为风井，夏则风出，冬则风入。樵人有冬过者，置笠穴口，风吸之，经月还，涉长阳溪而得其笠，则知溪穴潜通。

《玄中记》曰：蜀郡有青城山，有洞穴分为三孔，西北通昆仑。

《舆地记》曰：太湖中小山名洞庭，绝石巉岩，本唯松柏，山有三穴；东头北面一穴，不容人；西头南面一穴亦然，并有清泉流出；西北一穴，伛偻才得入。穴外石盘礴，形势惊人，穴里如一间堂屋，上高丈余，恒津润，四壁石色青白，南壁开处，侧肩得入，潜行二道，北通琅琊，东通武县，西通长沙巴陵湖。吴大帝使人行三十余里而反，云上闻有浪声，有大蝙蝠如鸟，拂杀人火，穴中高处，火照不见。穴有鹅管钟乳，冰寒可得入，春夏不可入。

《郡国志》曰：虔州归义山，梦水出焉，有石室金色，号为金穴，室内常有金鼠出入。

又曰：瓜州常乐县有风穴，恒以大石栈之，若开，起暴风连日。

又曰：循州有龙穴，潜通于海，傍于洞庭。《吴都赋》云："目龙川而带坰。"是此也。

又曰：虢州扬震宅西有龙望原，南崖有太尉公藏书穴，太元初，人入穴见古书二十余卷焉。

《会稽记》曰：郡有禹穴，案《汉书司马迁传》云："上会稽，探禹穴。"又有禹井。

《扬都赋》云：入洞穴，出苍梧。注云：在零陵，言人从禹穴入，至

苍梧出也

《周地图记》曰：顺政郡丙穴，以其口向，因以为名。沮水经穴间而过，或谓之大丙水，每春三月上旬，复有鱼长八九寸，或二三日联绵从穴出跃，相传名为嘉鱼，即左太冲《蜀都赋》所谓“嘉鱼出于丙穴”是也。

《武陵记》云：鹿山有穴，昔宋元嘉初，武陵溪蛮入射鹿，逐入一石穴，穴才可容人，蛮人入穴，见有梯在其傍，因上梯，豁然开朗，桑果蔼然，行人翱翔，不似戎境。此蛮乃批树记之，其后寻之，莫知其所处。

## 谷

《说文》曰：泉通川曰谷。

《易》曰：入于幽谷，三岁不觌，凶。

《诗》曰：葛之覃兮，施于中谷，唯叶萋萋。

又曰：惴惴小心，如临于谷。

又曰：伐木丁丁，鸟鸣嘤嘤。出自幽谷，迁于乔木。

又曰：皎皎白驹，在彼空谷。

《左传》曰：莫敖缢于荒谷。盛弘之《荆州记》曰：今竹林是也。

《尔雅》曰：水注溪曰谷。

《蜀志》曰：谷口，今之斜谷是也。

《唐书》曰：王龟，字大年，性简淡萧洒，不乐仕进，少以诗酒琴书自适，不从科试。京城光福里起第，兄弟同居，斯为宏敞。龟意在人外，倦接朋游，乃于永达里园林深僻处创书斋，吟啸其间，目为半隐亭。及侍父起在河中，于中条山谷中起草堂，与山人道士游，朔望一还府第，后人目为郎君谷。

《老子》曰：谷得一以盈，谷无以盈将恐竭。

又曰：江海能为百谷王者，以其善下之也，故能为百谷王。

又曰：知其辱，为天下谷。

《桓子》曰：昔齐桓公入谷，问父老曰：“此何谷？”答曰：“谓臣愚，名为愚公谷。”

《风俗通》曰：南阳郦县有甘泉谷，水甘美，云其山上有菊花，水从山中流下得其滋液，谷中三十余家，不复穿井，仰饮此水，上寿者一百二十，中者百余岁。

《汉武故事》曰：上微行，至于柏谷，宿于逆旅。

刘向《别录》曰：方士传言，邹衍在燕，有谷，地美而寒，不生五谷，邹子居之，吹律而温气至，而生黍谷。今名黍谷。

《博物志》曰：夏桀之时，为长宫于深谷之中，三旬不出，大风扬沙，一夕填此宫谷也。

虞喜《安天论》曰：日月行于飞谷，谓地中也，不闻列星复流于地；且谷有水体，日为火精，水火不共器，得无伤日之明乎？

《水经注》曰：令居庸县西北，塞外瓦街谷，水文成龙，试搅破之，随手成龙，畜牲将饮，皆畏而走。

又曰：燉煌西有马蹄谷，汉武帝闻大宛有天马，遣李广利伐而得之，甚以为奇，故赋《天马之歌》。

《秦州记》曰：古有神妇，负土欲塞谷，绳绝坠负押木，因成二树，其大数围。

《寻阳记》曰：庐山西南有康王谷，又北岭有刘成谷，天欲雨，辄闻鼓角箫笳之声。

戴延之《西京记》曰：梓泽去洛城二十里，泽在金谷之中，朝贤所集赋诗，是石崇所居。

《郡国志》曰：武都沮水之西有角弩谷，即蜀将姜维剿五部溪羌之所。

又曰：王乔谷，俗谓太公谷，即王乔所隐处，谷有乔堂，岁常祀之。

《云阳记》曰：龙谷水出云阳宫东南。

又郑泉云：汉时郑朴，字子真，隐于谷中，不屈其志，耕于岩石之下，名震京师，时人亦因子真所居以为名也。又有冶谷，《封禅书》所谓谷口是也。去云阳宫八十里，出铁，冶铸之所，因以为名。入谷便流潦沸腾，飞泉激两岸，峭壁孤竖，盘横枕谷口，凛然凝冱，常如八九月中，朱明盛暑，当昼暂暄，凉秋晚候，缊袍不暖，所谓寒门也。

又云：入冶谷二十里，有百里槐树，树北有泉，名曰金泉，按此树犹存金泉西南百步谷中，今有毛原监也。

《十道志》曰：大谷在巩县东五里。

张衡《东京赋》曰：孟津达其后，大谷通其前。

陈思王《洛神赋》曰：经过大谷。

潘岳《闲居赋》曰：张公大谷之梨。皆谓此也。

## 岭

《广州记》曰：有五岭，大庾、始安、临贺、桂阳、揭阳是也。

《南康记》曰：秦始皇略定扬越，谪戍五方，南守五岭：第一塞上岭，即南康大庾岭是；第二骑田岭，今桂阳郡腊岭是；第三都庞岭，今江华郡永明岭是；第四甿渚岭，亦江华郡白芒岭是；第五越城岭，即零陵郡南临源岭是也。

《谈薮》曰：光州西北有一岭高峻，北临沧江，齐尚书郎崔挺迁光州，于岭上欲立观宇，故老云，北岭秋夏之际常有暴风迅雨，岩石尽落，相传云是龙道，不可久立。挺曰："人神相去何远之有，虬龙倏忽，岂唯一路乎？"遂营之。数年果无风雨之患。挺还归，寻为雷风所毁，后不能立。

《吴地志》云：南野县有大庾岭，通广州。

《晋太康地志》曰：岭峻阻，螺转上，逾九蹬，二里至顶，下七里，平行十里至亭，一名横亭，一名塞上岭。

《建安记》曰：建安县有祷岭，与泉州分界，言岭高，祷而方过。又有飞猿岭，乔木造天，猿猱之所飞走，故曰飞猿岭。

《歙州图经》曰：海宁有容岭，有木石糖，出树空石罅中，百姓每采之。

又曰：黝县有墨岭，上有石如墨色软腻，士人取以为墨。

又曰：婺源有甘子岭，此地本无甘树，唯此忽有一株，因以为名。

《舆地志》曰：东阳毕岭之下有钱岭，往往人于此岭下获大钱，俗谓之钱岭。

又曰：赞皇县有孔子岭，上有石堂宽博，其石相拒若楹柱，有一石人，象执卷之状。

雷次宗《豫章记》曰：西山中峰最高顶名鹤岭，即子乔控鹤经过之所，坛在鹤岭之侧。云景鲜美，草木秀润，异于它山。山侧有土，名控鹤乡。

# 太平御览卷第五十五 地部二十

## 窟

《礼记》曰：古未有宫室，冬居营窟，夏居橧巢也。

《左传》曰：郑伯有嗜酒，为窟室，而夜饮酒，击钟焉，朝至未已。朝者曰："公焉在？"曰："吾公在壑谷。"壑谷，窟室也。

《史记》曰：吴公子光之谋王僚也，专诸谓曰："王僚可杀也。"公子光乃伏士于窟室中，而具酒请王僚，使专诸置匕首鱼炙之中，专诸擘鱼，因以刺王僚，王僚立死。

《战国策》曰：冯煖谓孟尝君曰："兔有三窟，仅得免死，君始一窟，未得高枕而卧也，请为君复凿二窟。"乃西游于梁，谓梁惠王曰："齐放其大臣孟尝君，诸侯先迎者，国富兵强。"梁王乃聘以为相，齐王闻之惧，乃请反国。冯煖使请先致祭器，立宗庙于薛。三窟已就，煖之力也。

《晋书》曰：王衍用弟澄为荆州，从弟敦为青州，曰："荆有汉江之固，青有负海之险，吾留于此，足为三窟。"

王隐《晋书》曰：魏末有孙登，字公和，汲郡共人也。无家属，时人于汲县北山土窟中得之。

崔鸿《十六国春秋·前秦录》曰：张忠，字巨和，中山人也。永嘉之乱，隐于秦山，端拱若尸，无琴书之适，不修经典，劝教但以至道虚无为宗。其居也，依崇岩幽谷，凿地为窟室，弟子亦窟居，去忠六十余步，五日一朝。其教也，以形不以言，弟子受业，观形而退。

《淮南子》曰：鸟飞反乡，兔走归窟。

《典略》曰：苏秦与张仪，始俱学于齐鬼谷先生，皆通经艺百家之言。鬼谷子弟子五百余人，为作窟深二丈，曰："有能独下在窟中，说使泣者，则能分人主之地矣。"秦下说之，鬼谷泣下沾衿。秦与仪记一体也。

又曰：董卓虽亲爱吕布，然时醉则骂，以刀剑击之，不中而后止，布恐终被害，乃私与司徒王允及尚书令士孙端谋养死士于窟室，三年四月，天子疾瘳，卓诣宫贺，布先置死士以邀之，卓严驾出，马踬不肯行，心怪之欲还，布劝使行，到宫门入掖门，死士交戟刺卓堕车，顾布所在，布下马曰："有诏。"遂杀之。

《列仙传》曰：历阳有彭祖仙窟，请雨辄得也。

《神仙传》曰：李意其，蜀人，于成都角作一土窟居之，冬夏单衣，发长剪去之，皆使长五寸，或百日，二百日，三百日不出窟。

《郡国志》曰：相州隆虑山有一洞，去地千仞，俗谓圣人窟，下有小山孤竦，谓之玉女楼仙人台，亦曰香炉峰也。

又曰：马邑白道齐坂有土穴出泉，《琴操》谓"饮马长城窟"也。

《秦州记》曰：河崖傍有二窟：一曰唐术窟，深四十余丈，高四十余丈，中有三佛寺流泉浴池，凿石作丈六像三百余区；其西二里，则曰时亮窟，高百丈，广二十丈，深三十丈，亦有泉水，藏古书五卷。唐术、时亮，皆古之孝行士也。

又曰：州图经曰：唐术窟在郡西龙支谷，彼人亦罕有至者，其窟内有物，若似今书卷，因谓之精岩。岩内时见神人往还，盖古仙所居耳。羌胡惧而莫敢近，又谓鬼为唐术，故指此为唐术窟。

《豫章记》曰：丰城县有雷孔章掘神剑窟，方广七八丈。

王韶之《南康记》曰：神源下流百里有峡，两岸皆高山，峡下数十里有蛟龙窟，时时有雾气。耆宿云，此通南康县，去此穴由百余里。尝有宿其口者，夜遇暴雨水，器物乃流出彼，此如其然。

## 野

《说文》曰：野，郊外也。

《周易》曰：龙战于野，其血玄黄。

又曰：同人于野，亨，利涉大川，乾行也。王弼曰：所以乃能同人于野，亨，利涉大川。非二之所能也。是乾之所行也。

又曰：上古穴居而野处，后世圣人易之以宫室。

《书》曰：启与有扈战于甘之野，作《甘誓》。

又曰：大野既潴，东原底平。

又曰：伊尹相汤伐桀，升自陑，遂与桀战于鸣条之野。孔安国曰：地在安邑之西。

又曰：高宗梦得说，审厥相，旁求于天下，说筑傅岩之野，惟肖。

又曰：王曰：来汝说，台小子旧学于甘盘，既乃遁于荒野，入宅于河。既学而中废业，遯居田野河洲也。

又曰：归马于华山之阳，放牛于桃林之野，示天下弗复用。

又曰：武王伐纣，至于牧野，乃誓。

《毛诗》曰：野有死麕，恶无礼也。林有朴樕，野有死鹿，白茅纯束。

又曰：燕燕于飞，差池其羽。之子于归，远送于野。

又曰：野有蔓草，零露团兮。

又曰：葛生蒙楚，蔹蔓于野。予美亡此，谁与独处。毛苌曰：喻妇人外成于它家，谓其君子从军未还，未知死生。

又曰：蜎蜎者蠋，烝在桑野。敦彼独宿，亦在车下。郑玄曰：蜀特行久处桑野似劳苦者。

《诗》曰：鸿雁于飞，肃肃其羽。之子于征，劬劳于野。

又曰：鹤鸣于九皋，声闻于野。

又曰：我行其野，蔽芾其樗。婚姻之故，言就尔居。

又曰：我征徂西，至于艽野。

又曰：殷商之旅，其会如林。矢于牧野，维予侯兴。

又曰：京师之野，于时处处，于时庐旅，于时言言，于时语语。郑玄曰：京地众民所居之野，舍其宾旅。言其所当言语也。

又曰：駉駉牧马，在坰之野。

《韩诗外传》曰：孔子出游少原之野，有妇人哭甚哀，问之。妇人曰："向刈薪亡吾蓍簪，是以哀也。非伤亡簪，其不忘故也。"

《礼记》曰：季春之月，命司空曰：时雨将降，下水上腾，循行国邑，周视原野，修利堤防。

又曰：舜勤众事而野死，鲧鄣洪水而殛死。

《周礼》曰：大司徒之职，掌建邦之土地之图，而辩其邦国都鄙之数，制其畿疆而沟封之，设其社稷之壝而树之田主，各以其野之所宜木，遂以名其社与其野。壝，坛与埒也。

又曰：惟王建国，辨方正位，体国经野。

又曰：以九伐之法正邦国，野荒民散则削之。

又曰：甸师掌共野果蓏之荐。

又曰：遂人掌邦之野，凡事致野役，而师田作野民，帅而至，掌其政治禁令。凡国祭祀，共野牲，令野职。凡宾客，令修野道而委积。委积于庐宿市。经田野，造县鄙形体之法，皆有地域沟树之使，入野职野赋于王府。

又曰：野庐氏掌达国道路，至于四畿，此国郊及野之道路，宿息，井，树。

又曰：大司寇之职，以五刑纠万民，一曰野刑，上功纠力。刑亦法也。功，农功。力，勤力。

又曰：县士掌野，各掌其县之民数，纠其戒令而听其狱讼。

《左传》曰：辛有适伊川，见被发而祭于野者，曰："不及百年，此其戎乎！其礼先亡矣。"

又曰：郑伯享赵孟于垂陇，伯有赋"鹑之贲贲"。赵孟曰："床第之言不逾阈，况在野乎？非使人之所得闻。"

又曰：崔氏之乱，申鲜虞仆赁于野，以丧庄公。楚人召之，遂如楚为右尹。

又曰：子产之从政也，择能而使之，裨谌能谋，谋于野则获，谋于邑则否。郑国将有诸侯之事，子产乃令裨谌乘以适野，使谋可否，而告冯简子使断之。

又曰：鸜鹆之羽，公在外野，往馈之马。

又曰：齐悼公使朱毛迁安孺子于骀，不至，杀诸野幕之下。

《尔雅》曰：邑外谓之牧，牧外谓之野。

《春秋合成图》曰：尧母庆都，盖天帝之女，生于斗维之野，当三河东南，天大雷电，有血流润大石之中，生庆都。

《管子》曰：万乘之国，兵不可以无主，地博大，野不可以无夫，野无夫，则无蓄积。野无田夫，则人堕本业，故无蓄积。

又曰：行其田野，视其耕耘，计其农事，而饥饱之国可知也。其耕之不深，耘之不谨，地宜不任，草田多秽，耕者不必肥，荒者不必墝，其野草田多而辟田少者，虽不水旱，饥国之野。

《淮南子》曰：孔子行于东野，马食农夫之稼，野人怒取其马而击之。使子贡往说之，毕辞而弗能得；乃使马圉往说之，野人大喜，解马而与之。

又曰：上游乎霄霓之野，下出乎无垠鄂之门。高诱注曰：霄霓，高峻之貌也。垠鄂，无形之貌也。霄读緤绡，读若翟氏之翟也。

《国语》曰：臼季使舍于冀野，贾逵曰：臼季，晋臣。冀野，晋地。冀缺耨，其妻馌之，敬，相待如宾。从而问之，曰："冀芮之子也。"与之归。

《家语》曰：叔孙氏之车士曰鉏商，车士，将车者，商子姓也。鉏商名也。采薪于大野，获麟焉，折前左足，载归。叔孙以为不祥，弃郭外。告孔子曰："麕而角者，何也？"孔子往观，曰："麟也。孰为来哉？孰为来哉？"

《吕氏春秋》曰：禹东至榑木之地，青差之野。高诱曰：青差，东方之野也。

《帝王世纪》曰：黄帝与神农氏战于阪泉之野。

又曰：炎帝杀蚩尤于中冀，名其地曰绝辔之野。

又曰：汤时大旱，殷史卜曰："当以人祷。"汤曰："吾所为谓自当。"遂斋戒，剪发断爪，已为牲，祷于桑林之野，告于上天，已而雨大至。

又曰：弃恤民勤稼，盖封地方百里，巡教天下，死于黑水之间，潢渚之野。

又曰：秦自非子受封，至昭王灭周之岁在大梁，前后七迁，皆在《禹贡》雍州之域，荆山终南敦物之野，东井舆鬼之分，鹑火之次也。

焦赣《易林》曰：舜升大禹石夷之野，征诣王庭，拜治水土。

又曰：多载重负，捐弃于野，徒劳但苦，顾无谁予。

《水经注》曰：自朝歌以南暨清水，土地平衍，据皋跨泽，悉坶野矣。

## 郊

《说文》曰：距国百里曰郊。

《尔雅》曰：邑外曰郊。

《易》曰：密云不雨，自我西郊。

又曰：同人于郊，无悔。

《诗》曰：孑孑干旄，在浚之郊。

又曰：逝将去汝，适彼乐郊。

《礼记月令》曰：立春之日，天子亲率公卿诸侯大夫，以迎春于东郊。

又曰：天子亲耕于南郊，以共粢盛；王后蚕于北郊，以共纯服。诸侯耕于东郊，亦以共粢盛；夫人蚕于北郊，以共冕服。

又曰：因吉土以飨帝于郊。

《周礼》曰：闾师，掌国中及四郊之民，六畜之数，以任其力，以待其政令，以时征其赋。

又曰：正岁帅其属而虑禁令于国及郊野。去国百里为郊，郊外曰野。

又曰：小宗伯之职，掌建国之神位，若大甸，则帅有司而馌兽于郊。有司，大司马之属，馌，馈也。以禽馈四方之神于郊。

《汉书》曰：王莽天凤四年八月，莽亲之南郊铸作威斗，其日大寒，百官人马有冻死者。

《老子》曰：天下无道，戎马生于郊。

# 太平御览卷第五十六 地部二十一

## 陆

《释名》曰：高平曰陆，陆，漉也，川流漉而去也。

《说文》曰：陆，高平地也。

《周易》曰：鸿渐于陆，夫征不复，妇孕不育，凶，利御寇。王弼曰：陆，高之顶也。进而之陆与四相得，不能复反者也。

又曰：苋陆夬夬，中行无咎。

《易坤灵图》曰：圣人受命，瑞应先见于河，瑞应之至，圣人杀龙，龙不可杀，皆感气也。君子得众人之助，瑞应先见于陆，瑞应之至，君子杀蛇，蛇不如龙，陆不如河。

焦赣《易林》曰：山没丘浮，陆为水鱼，燕雀无巢，民无室庐。

又曰：皃池水廉，高陆为海，江河横流，鱼鳖成市。

《尚书》曰：恒卫既从，大陆既作。孔安国曰：二水已治，从其故道，大陆之地已可耕作也。

《毛诗》曰：考盘在陆，硕人之轴。

又曰：鸿飞遵陆，公归不复，于女信宿。毛苌曰：陆非鸿所宜处也。

《周礼》曰：作车以行陆，作舟以行水，此皆圣人之作。

《乐动声仪》曰：土肥原饶陆狭隘，斯生奢侈之俗也。

《汉书》曰：禹陆行载车。

又曰：秦地有鄠杜竹林，号曰陆海。

又曰：邹阳奏书吴王曰："高皇帝水攻则章邯以亡其城，陆击则荆王以失其地。"

《魏名臣奏》曰：执金吾庞延奏：其山居林泽，有火耕畬种，而平地平陆，虽有往古耒耜区种之法，就其收者，适可蔬食，不足实食也。

《关令内传》曰：关令尹喜生时，其家堂陆地自生莲华，光色鲜盛。

《文子》曰：却走马以粪，车轨不接于远方之外，是谓坐驰陆汎。

《老子》曰：盖闻善摄生者，河上公曰：摄，养也。陆行不遇兕虎，自然远避，害不干也。入军不被甲兵。

《庄子》曰：泉涸，鱼相与处陆，相煦以湿，相濡以沫，不若相忘于江湖。

王充《论衡》曰：夫知古不知今，谓之陆沉，然则儒生所谓陆沉者也。

应劭《风俗通》曰：荆鳖令死亡，随水上荆人求之不得也。鳖令至岷山下邑，起见蜀望帝，帝使鳖令凿巫山，然后蜀得陆处。望帝自以德不如，以国禅与鳖令，为蜀王，号曰开明。《傅子》曰：尧遭洪水而贵陆，汤大旱而重水。

又曰：陆田悬命于天，人力虽修，苟水旱不时，则一年之功弃矣。

《六韬》曰：天下之人陆沉于殷久矣。

傅咸《扇赋》曰：水不策骥，陆不乘舟，世无为而俎豆设，时有虞而干戈修。

夏侯湛《春可乐》曰：春可乐兮，乐崇陆之可娱，登夷冈以迴眺兮，超娇驾乎山嵎。

又《秋可哀》曰：秋可哀兮，哀南亩之穷荒，既采萧于大陆兮，又刈兰乎崇冈。

又《梁田赋》曰：嬉于夷宁之广陆兮，步于大野之长京。察田畴之疆畔兮，观游雉之逸形。

## 京

《说文》曰：京，人所为绝高丘也。

《毛诗》曰：升彼墟矣，以望楚矣。望楚与堂，景山与京。毛苌曰：京，高丘也。

又曰：曾孙之稼，如茨如梁；曾孙之庾，如坻如京。

又曰：依其在京，侵自阮疆；陟彼高冈，无矢我陵。

《尔雅》曰：丘之高绝者曰京。

张揖《广雅》曰：四起曰京。

应劭《风俗通》曰：京谓非人力所能成，天地性自然也。京师义亦取此。

## 阿

《说文》曰：大陵曰阿，一曰，阿，曲阜也。

《毛诗》曰：无矢我陵，我陵我阿。无饮我泉，我泉我池。郑玄曰：文王侵阮国，阮之兵无敢当其陵与阿，并无敢饮于泉及池者也。

又曰：有卷者阿，飘风自南。毛苌曰：恶人被化而消，犹飘风之入曲阿也。恺悌君子，来游来歌，以矢其音。

又曰：谁谓尔无羊，三百维群。谁谓尔无牛，九十其犉。或降于阿，或饮于池。

又曰：陟彼中阿，言采其蝱。

又曰：考盘在阿，硕人之薖。

又曰：菁菁者莪，在彼中阿。

又曰：绵蛮黄鸟，止于丘阿。

张揖《广雅》曰：曲陵曰阿。

《史记》曰：黄帝披山通道，而邑于涿鹿之阿。

《帝王世纪》曰：蚩尤氏强，与榆罔争王于涿蜀之阿。

《穆天子传》曰：天子西征，升于九阿。郭璞曰：今新安县十里九坂也。

嵇康《圣贤高士传赞》曰：许由养神，宅于箕阿。德真体全，择日登遐。

乐资《春秋后传》曰：阿房宫未成，成更欲择令名名之。作宫阿旁，故天下谓之阿房宫。

《汉武内传》曰：西王母令侍女歌云："仰上升绛庭，下游曰窟阿。顾盼八落外，远指九空遐。"

董览《吴地志》曰：曲阿，秦时名云阳。太史云东南有天子气，在云阳之间，故凿北冈令曲而阿，因名曲阿。

桓宽《盐铁论》曰：晋有河华九阿而夺于六卿，齐有泰山巨海而胁于田常。

孙楚《王骠骑诔》曰：逍遥芒阿，阖门下帷，精研六艺，采赜钩微。

湛方生诗曰：发鞍踞平陆，秣马青山阿。浊酒炙枯鱼，鼎食何必过。

袁宏《采菊诗》曰：息足回阿，围坐长林。披榛即涧，藉草依阴。

郦炎诗曰：灵芝生河洲，动摇困洪波。秋兰荣何晚，严霜瘁其柯。哀哉二芳草，不殖太山阿。

挚虞《迁宅诰》曰：惟太始三年九月上旬，涉自洛川，周于原阿，乃卜昌水东，黄水西，背山面隰惟此良。

陆机《逸民赋》曰：相荒土而卜居兮，度山阿而考室。

又《缓齐歌行》曰：遨仙聚灵族，高宴曾城阿；长风万里举，庆云郁嵯峨。

## 岘

《从征记》曰：青岘沙岘，一名小岘，木多栌杏。

《续述征记》曰：菟头岘，虽无峭崄，然连林修坂数十里，中行者固亦密勿矣。

伏琛《齐地记》曰：莱芜谷有铜冶岘，古铸铜处。朱虚城西有山岘远而峻，今名半车岘。

白渊之《齐道记》曰：黄丘北十里有鸑鷟岘，下带长涧，东北流经牛山，山去此水八十余里。今号曰牛头水，是齐景公所登而叹处。

刘桢《京口记》曰：去城九里有白在岘。

《江乘地记》曰：城东四十五里竹里山，王途所经，途甚倾险，行者号为翻车岘也。

《武昌记》曰：城东南有金牛冈，冈西有石鼓岘，上有三石鼓，鼓鸣天必雨。

## 陇

《方言》曰：秦晋之间，冢谓之陇。

《说文》曰：陇，天水大坂也。

《广志》曰：泳沙在玉门关外，东西数百里，有三断，名曰三陇也。

《三秦记》曰：陇西关，其坂九回，不知高几里，欲上者，七日乃越。高处可容百余家，下处数十万户，上有清水四注。俗歌曰："陇头流水，鸣声幽咽，遥望秦川，心肝断绝。"去长安千里，望秦川如带。又关中人上陇者，还望故乡悲思而歌，则有绝死者。

《秦州记》曰：陇西郡东一百六十里，得陇山，南北亘接，不知远近，东西广百八十里，其高处可三四里，登此岭东望秦川，四五百里极目茫然，墟宇桑梓与云霞一色。东人西役，升此而顾瞻者，无不悲思。其上有悬岩吐霤于岭中渊停，名曰万石渊，溢流散下，皆注于渭，故北人升此而歌。

《始兴记》曰：卢水合武水甚险，名曰新陇，有太守周昕庙，即始开此陇者。行者放鸡散米以祈福，而忌着湿衣入庙。

## 堆

《尔雅》郭璞注曰：江东呼地高堆者为敦。

《说文》曰：阜，小阜也。

又曰：巴蜀山岸胁之堆傍欲落者曰氏，氏崩声闻数百里。

《汉书》曰：杨雄上书曰："往者图西域，岂为康居、乌孙，逾白堆而寇西边哉？乃以制匈奴也。"堆形如土龙，无头尾，高者二三丈。

《水经注》曰：缑氏山，仙者升焉，言王子晋控鹤斯阜，灵王望而不得近，举手谢而去。其处得遗屣焉，俗谓为父堆。

又曰：函关直北，隔河有层阜，巍然独秀，孤峙河阳，世谓之风陵，戴延之所谓风堆者也。

又曰：瞿堆南绝壁峭峙，孤险云高，望之形若覆唾壶，高二十余里，羊肠蟠道三十六回，《开山图》谓之仇夷，所谓积石嵯峨，嵚岑隐阿者也。上有平田百顷，煮土成盐，因以百顷为号。山上丰水泉，所谓清泉涌沸，润气上流者也。汉武帝元狩六年开以为武都郡，天地大泽在西，故以都为目矣。

《长安图》曰：高望堆，在延兴门南八里。

潘岳《西征赋》曰：凭高望之阳隈。

《梁州记》曰：南郑城溯汉上五十里，水边有汉武堆，汉武尝游此，以为钓台，后人睹其崇基，谓之汉武堆。

《述异记》曰：当阳县南有龙川凤川，云汉武时八龙五凤尝游于此，亦呼为五凤堆。

《安定图经》曰：振履堆者，故老云夸父逐日，振履于此，故名之。

## 墟

《说文》曰：墟，大丘也，昆仑谓之墟。

《史记》曰：成王伐管、蔡，以殷余人封康叔为卫君，居故商墟。

《汉书》曰：元城郭东有五鹿之墟，即沙麓之地也。

《越绝书》曰：千里墟者，阖庐以铸干将剑处。

又曰：吴门外鸡坡墟，故吴王所畜鸡处也。

《新序》曰：齐桓公出见遗墟，问诸野人。野人曰："是虢公之墟。"公曰："虢氏何为亡？"对曰："善不能行，恶不能去，所以为墟矣。"

《风俗通》曰：谨案《尚书》，舜生姚墟。

又曰：姚墟在济阴城阳县，帝颛顼之墟，阏伯之墟是也。

## 培塿

《说文》曰：附娄，小土山也。

《左传》曰：培塿无松柏。

《方言》曰：冢，秦晋之间谓之培塿。

《墨子》曰：培塿之侧，则生松柏，民衣焉，食焉，家焉，死焉，地终不责德，故以为仁。

《风俗通》曰：培塿者，即阜之类也。今齐鲁之间，田中小高者，名之为培塿矣。

# 太平御览卷第五十七 地部二十二

## 林

《说文》曰：平地有丛木曰林。

《释名》曰：林，森也，森森然也。

《尔雅》曰：野外谓之林。

《易》曰：即鹿无虞，惟入于林中。

焦赣《易林》曰：山林麓薮，非人所处。鸟兽无礼，使我心苦。

《诗》曰：肃肃兔罝，施于中林。赳赳武夫，公侯腹心。

又曰：林有朴樕，野有死鹿，白茅纯束。

又曰：爰居爰处，爰丧其马。于以求之，于林之下。

又曰：鴥彼晨风，郁彼北林。毛苌曰：北林名也。招贤人往从之，使疾之如晨风之飞入北林。

又曰：有鹙在梁，有鹤在林。郑玄曰：鹙之性贪恶而反在梁，鹤洁白而反在林也。

又曰：厥初生民，时惟姜嫄，载生载育，时维后稷。诞寘之隘巷，羊牛腓字之。毛苌曰：置，置也。腓，辟也。字，爱也。郑玄曰：姜嫄置后稷羊牛之径，亦以为异也。诞寘之平林，会伐平林。置之平林，又为人所收取也。

又曰：瞻彼中林，甡甡其鹿。曰：视彼中林其鹿相辈偶。甡甡，众多。今朝廷群臣皆相欺，皆言其鹿之不如也。

又曰：翩彼飞鸮，集于泮林，食我桑椹，怀我好音。郑玄曰：鸮恶鸣之鸟，止于泮水之木，食桑椹。改其鸣，归就我善音，喻人感于恩则化之。

《礼》曰：草木零落，然后入山林。

又曰：林薮川泽，有能取蔬食野虞教导之。

又曰：林麓川泽，以时入而不禁。

蔡邕《月令章句》曰：丛木曰林，受众流注曰海。

《周礼》曰：凡邦工入山林而抡材，不禁。

又曰：林衡，掌巡林麓之禁令而平其守，以时计林麓而赏罚之。郑玄曰：平其守者，平其地，各守林麓之部分。

又曰：柞氏，掌攻草木及林麓。夏日至令刊阳木而火之，冬日至令剥阴木而水之。郑玄曰：刊，剥也。生山南为阳木，生山北为阴木。火之水之，则使其肄不生。

郑注曰：竹木曰林。

《大戴礼》曰：高山多林，虎豹蕃孕焉；深泉大川，鱼龙交焉。

《左传》曰：楚蒍掩为司马，书土田，度山林，鸠薮泽，牧隰皋。

杨方《五经钩深》曰：夫鸟游旷泽之地，而比翮者万群；虎居繁林之薮，而接豪者千数。

又曰：夫霜树落叶而鸿雁南飞，桃林披华而玄鸟入宇。

《家语》曰：芝兰生于深林，不以无人而不芳；君子修道立德，不为穷困而改节。

《史记》曰：殷纣厚赋税，实鹿台钱，盈钜桥粟，广沙丘苑台。大戏沙丘，以酒为池，悬肉为林，为长夜之饮。

又曰：稷母姜嫄，见巨人迹，心忻践之，而身动如孕胎，居期生子，弃之隘巷，马牛不践；徙之林中，会山林多人；迁之渠中冰上，鸟以翼覆荐之。

又曰：单于秋马肥，大会蹛林，课校人畜。

又曰：神龟在江南嘉林中。嘉林者，无鸟兽，无毒虫，火所不及，斧所不至。

《帝王世纪》曰：桀为肉山脯林，以酒为池，使可运舟。

《汉书》曰：草木未落，斧不入于山林；豺獭未祭，罟网不布于野泽。

又曰：山林之士，往而不能返；朝廷之士，入而不能出。

《后汉书》曰：法雄为南郡太守，移书属县曰："凡虎狼之在山林，犹人民之居城市。"

张莹《汉南记》曰：樊重家素富，田至三百顷，竹木成林，六畜放牧，桑漆鱼池，闭门成市。

《魏志》曰：曹植上疏曰："东有覆败之军，西有殪没之将，至使蜂蛤浮翔于淮泗，鼲鼬喧哗于林木。"

臧荣绪《晋书》曰：郄诜为雍州刺史，帝于东台饯之，问曰："卿自以为何如？"诜对曰："臣举贤良对策为天下第一，犹桂林之一枝，昆山之片玉。"世祖笑。侍中奏免诜，诏曰："吾与之戏耳。"

又曰：华谭移前松滋令袁甫曰："枯泽非应龙之泉，平林非鸾凤之窟。"

又曰：王戎少阮籍二十余年，相得如时辈，遂为竹林之游。

《晋书》曰：刘伶与阮籍、嵇康相遇，忻然神解，便携手入林。

又曰：嵇康以高契难期，每思郢质，所与神交者，唯阮籍、山涛，遂为竹林之游，预其流者，向秀、刘伶、阮咸、王戎。

干宝《晋纪》曰：初，管辂过毋丘氏墓下，倚树哀吟，精神不乐，林木虽茂，无形可交，碑诔虽美，无后可守。

《后魏书》曰：魏之先，居幽都也。凿石为祖宗之庙于乌洛侯国西北，自后南迁，其地隔远，遣中书侍郎李敞诣石室，告祭天地，以皇祖先妣配，敞等既祭，斩桦木立之，以置牲体而还。后所立桦木生长成林，其民益神之，咸谓魏国感灵祇之应也。

又曰：太祖道武帝，以建国三十四年七月七日生于参合陂北，明年有榆生于埋胞之坎，后遂成林。

又曰：葬昭成皇帝于金陵，营梓宫，木柹尽生成林。

顾恺之《启蒙记》曰：泛林鼓于浪巅。注：西北海有泛林，或方三百里，或方百里，皆生海中浮土上，树根随浪鼓动。

《山海经》曰：桃林方三百里，在昆仑南夸父山北。

又曰：夸父逐日走，渴，饮河不足，道渴死，其杖化为邓林。

山谦之《吴兴记》曰：于潜县北有天目山，山上众木甚美非常，因名翔凤林。

盛弘之《荆州记》曰：宅上山顶有玉女冢，茔坟整固，上有乔木丛生，名为女贞林，常有白猿栖游，哀鸣清绝。

又曰：江陵县东一百里有绿林山，茂林蓊郁，襄阳大路经由其西，所谓当阳之绿林也。

五端休《江陵记》曰：城西北六十里有大林。《春秋》鲁文公六年楚饥，戎侵其西，至于阜山，师于大林，即此地也。

又曰：州城东北十二里有曹公林，相传云，建安十三年，曹操蹑刘备于当阳长坂，回师顿此林，因谓之曹公林。

任豫《益州记》曰：广平有石纽林，禹生处也，地方百许里，今人犹不敢居止。

《外国图》曰：桂林地多林木，无平土，众猴居之，无人民，去九疑四万里，龟林地险，无平土，众龟居之。

应劭《风俗通》曰：配林在太山西南五六里，今树木盖不足言。

刘义庆《世说》曰：魏武行役失汲道，三军皆渴。乃曰："前有大梅林饶子甘酸，可以解渴。"士卒闻之，口皆水出，乘此得及前源。

《庄子》曰：孔子游乎缁帷之林，坐杏坛之上，弟子读书，孔子弦歌鼓琴，曲未半，渔父下船而来。

《国语》曰：唐叔射兕于徒林，殪，以为大甲。

《越绝书》曰：麻林者，越王种麻于此，以为弩弦，故名麻林。

## 麓

《说文》曰：林属于山曰麓。一曰麓者，守山林吏也。

《左传》：僖公十四年，沙麓崩。

《书·鸿范五行传》曰：沙麓者，山名也。

《诗·文王篇旱麓章》曰：瞻彼旱麓。山足曰麓。

《礼记》曰：林麓川泽，以时入而不禁。

《汉书》曰：王翁孺徙魏郡元城，元城建公曰："昔春秋时沙麓崩，晋史卜之曰，阴为雌，阳为雄，土火相乘，后六百四十五年，宜有圣女兴。今王翁孺徙其地，日月当之。"翁孺生禁，禁生元后。

《汉书》应劭注曰：麓，林之大者。

《风俗通》曰：《尚书》云："尧禅舜，纳于大麓。"麓，林属于山者也。

## 原

《释名》曰：原，元也，如元气广大也。

《书》曰：既修太原，至于岳阳。孔安国曰：高平曰原。太原今以为郡。

又曰：大野既潴，东原底平。孔安国曰：东原致功而平，言可耕也。

又曰：若火之燎于原，弗可向迩，其犹可扑灭。

《诗》曰：度其鲜原，居岐之阳，在渭之将，万邦之方，下民之王。郑玄曰：文王自知德威谋居善，言岐之南渭水侧，为万国所向，作民之君。

又曰：笃公刘，于胥斯原，既庶既繁，既顺乃宣，而无永叹。郑玄曰：公刘之相此原以居民，而无长叹者也。

又曰：鹡鸰在原，兄弟急难。

又曰：原隰膴膴，堇荼如饴。

又曰：皇皇者华，于彼原隰。

又曰：漆沮之从，天子之所。瞻彼中原，其祁孔有。

又曰：中原有菽，庶民采之。

又曰：原隰既平，泉流既清。

《周礼》曰：原师，辩原隰之名。

又曰：大司徒之职，辩五地之物生，五曰原隰，其动物宜裸物，其植物宜丛物，其民丰肉而庳。

《礼》曰：孟夏之月，天子始命野虞出行田原，为劝民也。

又曰：圣王所以顺，山者不使居川，不使渚者居中原，而弗敝也。

《传》曰：晋侯蒐于清原，作五军以御狄也。

又曰：晋魏绛曰："昔辛甲之为太史，命百官箴王阙，于虞人之箴。曰，在帝夷羿，冒于原兽，用不恢于夏家，兽臣司原，敢告仆夫。"

又曰：晋侯、宋公、齐国归父，秦小子慭，次于城濮，楚师背酅而舍，晋侯患之。听舆人之诵曰：“原田莓莓，舍其旧而新是谋。”公疑焉。子犯曰：“战也。战而捷必得志于诸侯，若其不捷，表里山河，必无害也。”

《春秋说题辞》曰：原，端也，平而有度也。宋均曰：度，若则也。

《公羊传》曰：上平曰原。

《谷梁传》曰：中国曰太原，夷狄曰大卤。

《国语》曰：温之会，晋人执卫成公归之于周，使医鸩之不死，医亦不诛。臧文仲言于僖公曰：“刑大者陈之原野，小者致之朝市，五刑三次是无隐也。今晋人鸩卫侯不死，亦不讨其使者，讳而恶之，有诸侯之请，必免之。”

《尔雅》曰：广平曰原。

又曰：可食者曰原。郭璞曰：可食，谓种谷给食也。犍为舍人曰：广平谓土宽博而平。

《史记封禅书》曰：秦文公作鄜畤，灵公作吴阳上畤，宣公又作密下畤，盖三畤在此原，故号三畤原。

臧荣绪《晋书》曰：宣帝镇关中，诸葛亮攻郿，据渭水南五丈原，帝御之，对垒相持百余日，俄而亮卒。

《唐书》曰：高祖校猎于华池之万寿原，白鹿见，高祖亲御狐矢，射而获之。

《郡国志》曰：韩冯翊有原，按《诗》曰：“有倬其道，韩侯受命。”是此原也。

又《古今地名》云：韩武子食菜于韩原，亦秦晋战于此地，即获杜回，又秦获晋惠侯以归之处。

裴景仁《符书》曰：符健始皇五年，凤皇降渭滨杜陵南原，三日而去。

崔鸿《前秦录》曰：丞相符雄，与桓温战白鹿原，晋师败绩。

又曰：符健攻张琚于宜秋，还登石安原而叹曰：“美哉，斯原也！”怅然有终焉之意。

又曰：晋梁州刺史司马勋率步骑三万，自汉中入秦川，符健拒之五丈原，勋败还。

潘岳《关中记》曰：周文王葬于毕，长安东南有原名毕原。

又曰：骊山有白鹿原，周平王时，白鹿出此原，故名之。

又曰：宣帝少依许氏，长于杜县，乐之，后葬于南原，立庙于曲池之北亭，曰乐游原。

《辛氏三秦记》曰：长安城北有平原，数百里无山川湖水，民井汲巢居，井深五十丈。有伯夷墓，人食薇可常食，或云夷、叔食之三年，颜色如故。

戴延之《西征记》曰：河东盐地东吴坂，登七山原，每登一原，辄峭起五六里，原上平广，不知其极。

周处《风土记》曰：阳羡邑者，盖吴郡之名境，原则平坦，高阜冈若伏龙也。

## 隰

《释名》曰：隰，蛰也，蛰，湿意也。

《说文》曰：隰，坂下湿也。

《春秋说题辞》曰：下湿曰隰，隰者湿也，下而泽也。

《尚书大传》曰：下而平者谓之隰，隰之犹言湿也。

《诗》曰：淇则有岸，隰则有泮。毛苌曰：泮，陂也。

又曰：山有扶苏，隰有荷花。

又曰：山有漆，隰有栗。

又曰：山有榛，隰有苓。毛苌曰：苓，大苦也。

又曰：山有苞栎，隰有六驳。郑玄曰：山之有栎，隰之有不驳，皆其所宜。

又曰：隰桑有阿，其叶有傩。郑玄曰：隰中之桑茂盛，喻君子不用而野处也。

《礼》曰：孟春之月，天子祈谷于上帝，善相丘陵阪险原隰土地所宜，五谷所殖，以教导民，必躬亲之。

又曰：季夏行秋令，则丘隰水潦，禾稼不熟。

《传》曰：晋曲沃武公伐翼，逐翼侯于汾隰，骖絓而止，夜获之，及栾共叔。

又曰：楚蒍掩为司马，书土田，度山林，鸠薮泽，牧隰皋。

# 太平御览卷第五十八 地部二十三

## 水上

《释名》曰：水，准也，平准物也。《广雅》同。天下大水四，谓之四渎，江、河、淮、济也。渎，独出其所而入海也。

《易》曰：坎为水，润万物者，莫润于水。

又曰：水洊至习坎。

又曰：水流湿。

《书》曰：水曰润下，润下作咸。

又曰：若涉大水，其无津涯。

《尚书大传》曰：非水无以准万里之平，非人无以通远道重任也。

《诗》曰：相彼泉水，载清载浊。

又曰：沔彼流水，朝宗于海。

又曰：济有深涉，渡也。深则厉，浅则揭。有弥济盈，济盈不濡轨。盈宜濡不以濡，喻淫乱犯礼者也。

又曰：就其深矣，方之舟之，就其浅矣，泳之游之。

又曰：毖彼泉水，亦流于淇。

又曰：浏其清矣，河水洋洋，北流活活。溱与洧，方焕涣兮。

又曰：扬之水，不流束薪。不流束楚。不流束蒲。

又曰：泌之洋洋，可以疗饥。言乐道也。

《礼》曰：今夫水，一勺之多，及其不测，鼋鼍蛟龙鱼鳖生焉，货财殖焉。

又曰：水之于人，亲而不尊。

又曰：水无当于五色，五色不得不彰。

又曰：祭宗庙，水曰清涤。

又曰：水烦则鱼鳖不大。

又曰：小人溺于水，君子溺于口。夫水近于人而易以溺人。

《周礼》曰：水有时以凝。

《传》曰：共工氏以水纪，故为水师而水名。

又曰：潢污行潦之水，可荐于鬼神，可羞于王公。

又曰：郑子产谓子太叔曰：“唯有德者能以宽服民，其次莫如猛火烈，人望而畏之，故鲜死焉。水懦弱，民狎而玩之，则多死焉。故宽为难也。

《春秋元命包》曰：水之为言演也，阴化淖濡流施潜行也。故其立字，两人交一以中出者为水，一者数之始，两人譬男女，言阴阳交，物以一起也。

《论语》曰：智者乐水。

又曰：子在川上曰：“逝者如斯夫，不舍昼夜。”

《尔雅》曰：水别流曰派，风吹水涌曰波，大波曰涛，小波曰沦，平波曰澜，直波曰径。水朝夕而至曰潮，风行水成文曰涟。水波如锦文曰漪。水行曰涉，逆流而上曰溯洄，顺流而下曰溯游，亦曰沿流。绝流而渡曰乱。以衣涉水曰厉，由膝以下为揭，由膝以上为涉。渡水处曰津济。潜行水下为泳。

《汉书》曰：成帝建始三年秋，京师民无故相惊，言大水至。天子亲御前殿召公卿议，大将军凤以为太后与上及后宫可御舟船，令吏上长安城以避水。群臣皆从凤议，左将军王商独曰：“上古无道之国，水犹不冒城郭，今圣政和平，世无变革，上下相安，何因当有大水一日暴至？此必讹言也。不宜令民上城，重惊百姓。”上乃止。有顷，长安中稍定，问之，果讹言。上于是壮商之固守，数称其议，而凤大惭，自恨失言。

《后汉书》曰：东阳人赵炳，字公阿，能越方禁，与闽中徐登遇于乌伤溪水上，禁小溪水不流。

又曰：窦太后临政，窦宪兄弟各擅威权。丁鸿上封事曰：“夫坏崖破岩之水，源由涓涓；干云蔽日之木，起于葱蒨。”

《魏略》曰：汉火行忌水，故去洛水而加隹。魏为土，土，水之母，水得土而流，土得水而柔，故除隹加水。

《晋书》曰：陆云先是常着衰绖上船，于水顾见其影，因大笑落水。人救获免。

又：《佛图澄传》曰：襄国城堑水源在城西五里，其水源暴竭。勒问澄何以致水，澄曰："今当敕龙取水。"乃与弟子法首等数人至故泉上坐绳床，烧安息香，咒愿数百言，如此三日，水微流，有一小龙长五寸许，随水来出，诸道士竞往视之。有顷，水大至，隍堑皆满。

又曰：邓攸为太子中庶子，吴郡阙守，人多欲之，帝以授攸。攸载米之郡，俸禄无所受，唯饮吴水而已。

又曰：孙登性无恚怒，人或没诸水中，欲观其怒。既出，便大笑。

《齐书》曰：陆慧时为征虏功曹，与参府军沛国刘琎同从述职，行至吴，琎谓人曰：吴间张融与陆慧并宅，其间有水，此水必有异味。遂往酌而饮之。

《唐书》曰：新丰鹦鹉谷水清，俗传云，此水清，天下平。开皇之初暂清寻浊，至是而复清。

又曰：乾元中，岚州上言，合河关黄河水四十里间清如井水，经四日而变。

又曰：杨朝晟为邠州刺史，奏方渠合水波皆贼路，请城其地以备之。军次方渠无水，师徒嚣然，遽有青蛇乘高而下，视其迹，水随而流，朝晟令筑防环之，遂为渟泉，军人仰饮以足。

又曰：孔若思迁库部郎中。若思常谓人仕至郎中足矣。至是持一石止水满于座右，以示有止足之意。

《老子》曰：上善若水，水善利万物而不争，处众人之所恶，故几于道。

《列子》曰：禹治水土，迷而失途，谬之一国，无风雨雾露，不生鸟兽，名曰终北。有山名壶领，顶有口若圆环，名曰滋穴。有水涌出，名曰神瀵，臭过兰椒，味过醪醴。

又曰：白公问于孔子曰："人可与微言乎？"孔子不应。白公曰："若以石投水，何如？"孔子曰："吴之善没者能取之。"曰："若以水投水，何如？"曰："淄渑之合，易牙尝而知之。"白公曰："人故不可与微言耶？"

又曰：人有滨河而居者，习于水，勇于泅，操舟鬻渡，利供百口，裹粮就学者成徒，而溺死者几半。本学泅不学溺，而利害如此。

《庄子》曰：君子之交淡如水。

又曰：秋水时至，百川灌河，流之大也，两崖涘之间，不辩牛马。于是，河伯欣然自喜，以天下之美尽在己矣。

又曰：水之性，不杂则清，莫动则平。

又曰：孔子观于吕梁，悬水三十仞，流沫三十里，鼋鼍鱼鳖不能游，见一丈夫游之数百步而去。

又曰：水之守土地审。无意则止于分，所以为审。

又曰：水静明明烛须眉，大匠取法焉。水静犹明，而况圣人之心静乎？

又曰：水之积也不厚，其负大舟也无力。

《文子》曰：水之性欲清，沙石秽之。水之为道也，广不可极，莫知其言，深不可测。长极无穷，远沦无涯，息耗减益，过于不訾。涌出曰息，煎乾曰耗，出川枝流曰减，九野注之曰益。过于不訾者，此过尾閭，入天壑入无底谷。

又曰：水浊者，鱼噞喁。

又曰：混混之水浊，可以濯吾足；青青之水清，可以濯吾缨。

又曰：水之道也，大不可极，深不可测，上天为雨露，下地为润泽。

又曰：犹凿渠而止水，抱薪而救火。

《墨子》曰：古语，君子不镜于水而镜于人：镜于水，见面之容；见于人，则知吉凶。

《管子》曰：水者，地之血气，如筋脉之流者，故曰，水具材也。夫水，淖溺以清，而好洒人之恶，仁也；视之黑而白，精也；量之至满而止，正也；流则至平，义也；人皆赴高，已独趋下，卑也。卑也者，道之室，王者之器也；准也者，五量之宗也；素也者，五色之质也；淡也者，五味之中也。故水藏万物，产金石，故曰水神。凡有五害：水一也，旱二也，风雾雹霜三也，厉四也，虫五也。五害之属，水最为大。水有大小，有远迩。水出山而流入海，命曰经水；别于他水，入于大水及海者，命曰枝水；山之沟流于大水及海者，命曰川水；水出于地而不流者，命曰渊水。

《淮南子》曰：天下之物，莫柔弱于水，上天则为雨露，下地则为润泽，万物弗得不生，百事不得不成，大苞群生而无所私，泽及蚑蹺蚑，蹺行也。蹺，微小之虫也。而不求报，富赡天下而不既，赡，足也。既，尽也。德施百姓而不费，德泽加于百姓，不以为己财费也。行不可得而穷极也，流膏不止。微而不可得把握也，击之无创，射之不伤，斩之不断，焚之不燃，水之性也。淖溺流遁，错缪相纷遁，逸也。错缪相纷，波相纠也。而不可靡散，利贯金石，强济天下，水流缺石，是其利也。舟船所载无有重，是其强也。济，通也。动溶无形之域，而翱翔忽区之上，忽恍之区上也，言其飞为云雨，无所不止。遭回川谷之间，遭回犹委曲也。而滔腾大荒之野，有余不足与天地取与，授万物而无所前后，前后皆与之。是故无所私而无所公，公私一也。靡滥振荡，与天地同鸿，鸿大同通。无所左而无所右，蟠委错攡音轸，与万物始终，是谓至德。言水之为德大，故曰至德。夫水所以能成其至德于天下者，以其淖溺润滑也。故老聃之言曰："天下至柔，驰骋于天下之至坚。出于无有，入于无间，是水也。吾是以知无为之有益。"有益于生。夫无形者，物之大祖也；无音者，声之大宗也。无形生有形，故万物大祖也。无音生有音，故为大宗，祖宗皆大也。其子为光，其孙为水，皆生于无形乎！光无形，道所贵也。观之故子为光也。水形而不可毁，差之故孙为形也。夫光可见而不可握，水可循而不可毁，故有像之类莫尊于水。出生入死，自无蹠有，自有蹠无，而以衰贱矣。出生，出生道，谓去清净也。入死，入死道，谓情欲也。跖，适也。自无形而适有形，离其本者。自有形适无形，不能复得，道家之所共弃也。故曰衰贱也。是故清净者，德之至也；而柔弱者，道之要也；要，约也。虚无恬愉者，万物之用也。万物由之得为人用。肃然应感，殷然反本，则沦于无形矣。所谓无形者，一之谓也。一者，道之本也。所谓一者，无匹合于天下者也。卓然独立，块然独处，上通九天，下贯九野，九天，八分中央也。九野亦如之。员不中规，方不中矩，大浑而为一叶，无根言微妙也。怀囊天地，为道开门，开道之门。穆忞隐闵，纯德独存，穆忞隐闵，皆无形之类也。纯，不杂揉也。布施而不既，用之而不勤。既，尽也。勤，劳也。

又曰：夫水之性，若抽其所流而深之，茨其所决而高也，茨，积土填满之也。使得循势而行，乘衰而流，衰，下。虽有腐髊流澌，弗能污腐髊，骨澌水也。其性，性非异也，通之与不通也。风俗犹此也。诚决其善志，防其邪心，启其善道，塞其奸路，与同出一道，则民性可善，而风俗迁矣。

又曰：河水、赤水、辽水、黑水、江水、淮水，是谓六水。白水宜玉，黑水宜砥，青水宜碧，赤水宜丹，黄水宜金，清水宜龟，汾水宜麻，洛水轻利宜禾，渭水多力宜黍，汉水重安宜竹箭。

又曰：土地各以类生人，是故清水音小，浊水音大，湍水人轻，迟水人重。

又曰：白水出昆仑之原，饮之不死。

又曰：方诸见月则津而为水。

又《万毕术》曰：方诸取水。方诸形若杯，无耳，以五石合治，以十二月壬子夜半作之，以承水即来。

《抱扑子》曰：火出于阳燧，阳燧员而火不员也；水出于方诸，方诸方而水不方。

又曰：黄帝曰：天在地外，水在天外，浮天而载地者，水也。

又曰：左慈以气禁水，水为之逆流一二丈，禁水着中庭露之，大寒不冰。

《尸子》曰：凡水，其方折者有玉，其圆折者有珠，清水有黄金，龙渊有玉英。

《顾子》曰：顾夷子与子华游东池。子华曰："水有四德：沐浴群生，深流万世，是仁也；扬清激浊，荡去滓秽，是义也；柔而难犯，弱而难胜，是勇也；道江疏河，恶盈流谦，是智也。”

《孟子》曰：数罟不入污池，鱼鳖不可胜食也。数罟，密网也。

又曰：民之归仁也，犹水之就下也。

又曰：仲尼亟称于水，曰“水哉，水哉！”何取于水也？

又曰：原泉混混，不舍昼夜，盈科而后进，放乎四海，有本者如是也。苟为无本，七八月之间雨集，沟浍皆盈，其涸也，可立而待也。故声闻过情，君子耻之。

又曰：性犹湍水也，决诸东方则东流，决诸西方则西流。人性之无分于善不善也，犹水之无分于东西也。人无有不善，水无有不下也。

又曰：仁之胜不仁也，犹水之胜火也，今之为仁者，犹以一杯水，救一车薪之火也。

又曰：观于海者难为水，游于圣人之门者难为言。观水有术，必观其澜。澜，水中大波也。

《孙卿子》曰：孔子观于东流之水，子贡问于孔子：“所以见大水必观焉，何也？”孔子曰：“夫水柔也而无为也，似德；其浩浩乎不屈，似有道；其赴百仞之谷不惧，似勇；主量必平，似法；盈不求概，似正；发源必东，似志；是以君子见大水必观焉。”《大戴礼》、》孔子家语》并载。

# 太平御览卷第五十九　地部二十四

## 水下

《晏子》曰：景公问廉政何如？对曰："其行水也。美哉水乎！其浊无不涂，其清无不扫。"

《扬子法言》曰：或问进，曰："水。"或曰："为其不舍昼夜与？"曰："有是哉！满而后渐者，其水乎？"李轨注曰：水满坎而后进，人博学而后仕。

《瑞应图》曰：共工氏受水瑞，百官师长以水为号，蒙水，瑞水也，君乘土而王，其政太平，则蒙水出于山焉。

《韩诗外传》曰：夫水者，缘理而行，不遗大小，似有智者；重而之下，似有礼者；蹈深不疑，似有勇者；障防而清，似知命者；历险致远，似有德者；天地以成，群物以生，国家以宁，万事所平，此智者所以乐于水也。

又曰：冬不数浴，非爱水也。

又《吴越春秋》曰：伍子胥奔吴至溧阳，溧阳女子击绵濑水之上，子胥过，跪而乞食，女子箪饭壶浆而食之。子胥食而去，谓女子曰："掩子壶浆，勿令其露。"女子曰："行矣。"子胥行五步还顾，女子已自投濑中。后子胥伐楚，师还过溧阳濑上，欲报以百金，不知其家，乃投金濑水而去。后有妪行哭而来，曰："吾女年三十不嫁，击绵于此，遇穷人饭之，恐事泄，投水而死。"乃取金归。

《物理论》曰：所以立天地者，水也。夫水，地之本也，吐元气，发日月，经星辰，皆由水而兴。

又曰：九州之外皆水也，余昔在会稽，仰看南山，见云如瀑练，方数十丈，其声硠磕。须臾，山下居民惊骇，洪水大至。

《列仙传》曰：负局先生上吴山，语下人："吾欲还蓬莱山，为汝曹下神水。”崖头一旦有水，白色，从石间下，服之多愈疾。

《楚词》曰：沧浪之水清，可以濯吾缨；沧浪之水浊，可以濯吾足。

《玄中记》曰：天下之多者水焉，浮天载地，高下无不至，万物无不润。

《山海经》曰：剡山有兽焉，名曰合窳，见则天下大水。高箭之山，其上有水焉，甚寒而清，帝台之浆水也。郭璞注曰：河东解县檀道山，有水潜出山上，俗名之曰盎浆，即此类也。大荒之隅有山而不合，名曰不周，有寒暑之水。

又曰：谯明之山，谯水出焉，而西流注于河，其中多河罗之鱼，一首而十身。

又曰：少阳山，酸水出焉，东而流注于汾水，其中多美赭。《管子》曰：上有赭，下有铁。

《水经注》曰：郁水，即夜郎豚水也。汉武帝时，有竹王兴于豚水。有一女子浣于水滨，有三节大竹流入女子足间，推之不去，闻有声，持破之，得一男儿，遂雄夷濮氏，竹为姓，所损破竹于野成林，王祠竹林是也。王尝从人止大石上，命作羹，从者白无水，王以剑击石出水，今竹王水是也。

又曰：赵人有琴高者，以善鼓琴为康王舍人，行鼓涓之术，游浮砀郡间，二百余年后入砀水取龙子，与弟子期，期日皆洁斋待于水傍，果乘赤鲤出入砀中，有万人观之，留月余复入水也。

又曰：姜水，按《世本》，炎帝姓姜。

《帝王世纪》曰：炎帝神农氏，姜母曰姒，游华阳，感神而生炎帝，长于姜水。

又曰：昔沫水自蒙山至南安，而溷崖水脉漂疾、破害舟船，历代为患。蜀郡太守李冰发卒凿平溷崖，河神赑怒，冰乃操刀入水与神斗，遂平溷崖，通水路，开处即水所穿也。

又曰：黄水出零阳县西北，连巫山溪，出雄黄，颇有神异，采之常以冬月祭祀，凿石深数丈，方得佳黄，故溪水取名焉。

又曰：沁水南历猗氏开，又南与骉骉水合，水出东北巨峻山，乘高泻浪，触石流响，世人因声以称之。

又曰：巴郡鱼复县夷水，即佷山清江也，水色清，照十丈，蜀人见其澄清，因名清池也。

又曰：溱水出浮石岭北青衣山，亦谓之青衣水也。

又曰：庐山之北有石门水，水出岭端，有双石高竦，其状若门，因有石门之目焉。水导双石之中，悬流飞澍近三百许步，下散漫十步许，上望之连天，若曳飞练于霄中矣。

又曰：永昌郡有兰仓水，出西南博南县，汉明帝永平十二年置，博南，县以山名之，其水东北流出博南山。汉武帝时，通博南山道，渡兰仓津，土地绝远，行者苦之，歌曰："汉德广，开不宾，渡博南，越仓津，一渡兰仓为他人。"山高四十里，兰仓水有金沙，越人收以为黄金。又有光珠穴，穴出光珠，又有琥珀珊瑚黄白青珠也。

《荆州记》曰：夏首东二十里有涌口，二水之间谓之夏洲，首尾七百里，华容、监利二县在其中。

《楚词》曰：过夏首而西浮。郭仲产云：此水冬断夏通，因名夏水。

《述异记》曰：濉涣二水，波文皆若五色，其人多文章，故名缋水。

又曰：汉、沔会流处，岸上有石铭云，下至水府三十一里，皆传李斯刻石于此。

《龙鱼河图》曰：玄洲在北海中，地方三十里，去南岸十万里，上有芝著玄涧，涧水如蜜味，服之长生。

万震《南州异物志》曰：天竺有恒水，一号新陶水，水特甘香，下有真盐也。

《广志》曰：临川郡有粉水，得其水汰粉益洁。

盛弘之《荆州记》曰：阳县西有粉水，源出房陵县，取其水为粉，鲜洁异于余水，故因粉为名也。巴郡临江县有此水，旧常献之也。

《韩诗外传》曰：溱与洧，三月桃花水下之时，众士女执兰祓除。郑国之俗，三月上巳之日，此两水上招魂，祓除不祥也。

《秦州记》曰：成纪县有石臼，中水深数尺，水旱无增减，故名其地为天水郡。

《搜神记》曰：汉末零陵太守有女，悦门下书佐，使婢取盥手水饮之，而有娠而生子，至能行，太守抱儿使求其父，儿直上书佐膝，书佐推之，儿仆地为水。

《三齐略记》曰：康浪水在齐城西南十五里康衢，则甯戚扣牛角歌于此也。

《述征记》曰：临淄牛山下有女水，齐人谚曰：世治则女水流，世乱则女水竭。慕容超时，乾涸弥载，及宋武北征而激洪流。

《续述征记》曰：梁邹城西有笼水，云齐孝妇诚感神明，涌泉发于室内，潜以绩笼覆之，由是无瓮汲之劳。家人疑之，时其出而搜其室，试发此笼，而泉遂涌流漂居宇。故名之曰笼水。

《始兴记》曰：林水源中有石室，室前磐石上行罗千瓮，中悉是饼银，采伐遇之不得取，取必迷闷。

《名山略记》曰：僧权道人居晋安霍山，晨出涧，忽见白水异常，饮之甘如醴，水过甚迅，器取得少许，以饷晋陶安，不复中饮，权寿百三十岁，不知其终。

盛弘之《荆州记》曰：桂阳郡有圆水，水一边冷，一边暖；冷处清且绿，暖处白且浊。

《陇右记》曰：武都紫水有泥，其色亦紫而粘，贡之用封玺书，故诏诰有紫泥之美。

《方舆记》曰：韶州曲江县修仁水，西南注连水，北有三枫亭，五渡水。齐范云为始兴太守，至修仁水酌而饮之，赋诗曰："三枫何习习，五渡何悠悠，且饮修仁水，不挹阶邪流。"

《吴录地理志》曰：天门零陵县有溪水，山兽从数十里往饮之，越他水则不饮。

《广志》曰：弱水，夫馀北，其水不胜毛羽，世无见者。

《博物志》曰：水有浊有清，河淮浊，江济清。南阳有清泠之水，丹水，泉水，汝南有黄水，华山南有黑水，天下之水皆类五色，今载其名也。泞水不流。

《郡国志》曰：隆州析五县置果州，阆中有阴水，其民锐气而善舞也。

又曰：湓水，昔有人此处洗铜盆，水暴涨失盆，乃投水取盆，见一龙衔盆夺之而去，故曰湓水。

又曰：庭州灞水滴滴，若以金银铜铁器盛之皆漏，唯瓠叶则不漏，人掌中亦漏，服之少臭，毛落得仙。

《论衡》曰：燧之取火于日，方诸取露于月，天地之间，巧历所不能与其数乎？然以掌握之中，引类于太极之上，而水火可立致者，阴阳固相动也。

《异苑》曰：孙权赤乌八年，遣校尉陈勋漕句容，中道凿破冈，掘得一黑物，无有首尾，形如数百斛船，长数十丈，蠢蠢而动，有顷，悉融液成汁，时人莫能识。得此之后获泉源，咸谓是水脉，每至大旱，馀渎皆竭，唯此巨流通焉。

## 水灾

《书》曰：上天降灾，下民昏垫。

又曰：汤汤洪水方割，汤汤，流貌。洪，大。割，害也。荡荡怀山襄陵，浩浩滔天。

《传》曰：凡平原出水为大水。

《史记》曰：秦武王三年，渭水赤三日。昭王三十四年，渭水大赤三日。《洪范五行传》曰：赤者，火色也。水尽赤者，以火殄水也。渭水，秦大川者，阴阳色乱，秦用严刑，败乱之象也。

《汉书五行志》曰：高后三年，汉中南郡河阳大水，流数万家。是时女主独治，诸吕相王。

《续汉书五行志》曰：桓帝永兴三年，彭城泗水逆流。永寿元年，洛水溢至津城门，漂流人物。是时梁冀争政，嫉害忠直，后遂诛灭。

又曰：献帝建安二年，汉水溢，害人物，是时天下大乱。

《古今注》曰：安帝延平六年，河东水化为血。元初二年，颍川襄城临水化为血，不流。

京房《易》曰：君湎于酒，淫于色，贤人潜，国家危，厥异流水赤。

## 救水灾

《史记》曰：尧命鲧治水，九载绩用不成。

谢承《后汉书》曰：沛国陈宣，字子舆。建武十年，雒水出造津城门，或欲筑塞之。宣谏曰："昔王尊正身，金堤水退，况圣主耶？"言未绝而水去。

范晔《后汉书》曰：公沙穆锐思河洛推步之术，永寿元年，雨大水，三辅以东，无不漂没，穆明晓占候，乃预告，令百姓徙居高地，故弘农人独得免灾。

又曰：任文公，巴郡人也，为治中从事，时天大旱，白刺史曰："五月一日当有大水，其变以至不可防救，宜令民吏预为其备。"刺史不听，文公独储大船，百姓或有信文公颇有防者。到其日旱烈，文公急命从载，白刺史，刺史不信。至日中云起，须臾雨至，晡时湔水涌起十余丈，突坏庐舍，所害数千人。

《淮南子》曰：古者水为民害，禹凿龙门，辟伊阙，平治水土，使民得陆处；百姓不亲，五品不顺，契教以君臣之义，父子之亲，夫妇之别，长幼之序；田野不修，民食不足，后稷乃教之辟地垦草，粪土种谷，令百姓家给人足；故三后之后无不王者，谓夏殷周。有阴德也。周衰，礼义废，孔子以三代之道教导于世，其后继嗣，至今不绝者，有隐行也。

又曰：往古之时，四极废，九州裂，水浩漾而不息，于是，女娲积芦灰以止淫水。

# 太平御览卷第六十 地部二十五

## 海

《释名》曰：海，晦也，注引秽浊，其水黑而晦也。《广雅》同。

《说文》曰：海，天池也。

《书》曰：江汉朝宗于海。

《礼记》曰：三王之祭川也，皆先河而后海。

又曰：洗之在阼，其水在洗东，祖天地之左海也。

《礼斗威仪》曰：君乘土而王则海夷。宋均注曰：海夷，不扬波。

《论语》曰：子曰："道不行，乘桴浮于海。"

《公羊传》曰：河海润千里。河海出云及千里。

《春秋感精符》曰：后妃恣则泽为海。

《春秋考异邮》曰：黄星骋，海水跃。宋均曰：黄星，土精，土安静，跃则失常。

《史记》曰：天不足西北，星辰西北移，地不足东南，以海为池。

《汉书》曰：霍去病击匈奴，封狼居胥山，登临瀚海。如淳注曰：北海也。

谢承《后汉书》曰：汝南陈茂，尝为交趾别驾，旧刺史行部，不渡涨海，刺史周敞涉海遇风，船欲覆没，茂拔剑诃骂水神，风即止息。

《晋书》曰：鲍靓为南海守，尝行部入海遇风，饥甚，聚白石煮食之以济。

又曰：李涓，辽东人，祖敏，汉河内太守，去还乡。辽东太守公孙度欲强用之，敏乘轻舟浮海，莫知所终。

王隐《晋书》曰：慕容晃上言曰："臣躬征平郭远，假陛下天地之威，将士竭命，精诚感灵，海为结冰，凌行三百余里，臣自立国，及问诸故老，初无海水冰冻之岁。

《韩诗》曰：成王时，越裳氏重三译而朝，曰："天之不逆风不疾雨，海之不波溢三年矣，中国必有圣人。"

《老子》曰：江海所以能为百谷王者，以其善下也。

《列子》曰：渤海之东，不知几万亿里，有大壑无底之谷，名曰归塘。张堪注曰：《庄子》云尾闾也。

《庄子》曰：东海之鳖谓坎井之蛙曰：夫海千里之远，不足以举其大；千仞之高，不足以极其深。禹之时，十年九潦而水弗加益；汤之时，八年七旱而涯不加损。夫不为倾久推移，不以多少进退者，此亦东海之乐也。

又曰：南海之帝为倏，北海之帝为忽，中央之帝为浑沌，倏与忽时相与遇于浑沌之地，浑沌待之甚厚，倏与忽谋报浑沌之德。曰："人皆存七窍以视听食息，此独无有，尝试凿之。"一日凿一窍，七日而浑沌死。

又曰：肩吾曰：其于治天下也，犹涉海凿河，使蚊负山也。

又曰：海水三岁一周流，波相薄，故地动。

又曰：周顾视车辙有鲋鱼焉。曰："我东海之波神也，君岂有斗升之水活我哉！"

又曰：北溟有鱼，其名曰鲲，化为鸟，其名曰鹏，将徙于南溟，水击三千里。

又曰：秋水时至，百川灌河，渚涯之间，不辨牛马，河伯欣然自喜，以天下之美尽在己，顺流东行，至于北海，东面而视不见水端，向若而叹。北海若曰："井蛙不可以语于海者，拘于墟也；夏虫不可以语于冰者，笃于时也；曲士不可以语于道者，束于教也。天下之水莫大于海，万川归之，不知何时止而不盈；尾闾泄之，不知何时已而不虚。春秋不变，水旱不知，此其过江河之流，不可为量数。司马彪曰：尾闾，水之从海外出者也。

《文子》曰：古之善为君者，法海以象其大，注下以成其广。

《淮南子》曰：彗星坠而渤海决。

又曰：海不让水，积小以成其大。

又曰：庶女告天，庶女，少寡无子养姑者也。姑无男有女，女利母财而杀母，以诬告寡妇，妇不能自解，故告天也。雷霆下击景公台陨，景公，齐景公也。雷击景公台，陨坏之也。枝体折伤，景公为雷霆所伤折。海水大出。

又曰：舟在江海，不为莫乘而不浮；君子行义，不为莫知而止休。

《孟子》曰：观于海者难为水，游于圣人之门者难为言。

《抱朴子》曰：大厦既燔，而运水于沧海，此无及也。

《说苑》曰：齐景公游于海上而乐之，六月不归。告左右曰："敢有先言归者，致死不赦。"颜烛进谏曰："君乐治海，不乐治国，彼若有治国者，君安得乐此海乎？"遂归。中道，闻国人谋不内之。

《法言》曰：百川学海而至于海，丘陵学山而不至于山。

《山海经》曰：大荒中有山，名曰天台，海水入焉。

又曰：桂林八树，在贲海东。八树而成林，言其大也。贲隅，今番隅也。

又曰：发鸠之山有鸟，名曰精卫。炎帝之女，游于东海，溺而不返，是故精卫常取西山之木石以堙东海。

周景式《孝子传》曰：管宁避地辽东，遇风船人危惧，皆叩头悔过，宁思惟愆咎，念常如厕不冠而已，向天叩头，风亦寻静。

《神仙传》曰：麻姑谓王方平曰："自接待以来，见东海三为桑田，向到蓬莱，水乃浅于往者略半也，岂复将为陵陆乎？"

皇甫谧《高士传》曰：姜肱，字伯淮，十辟公府，九举有道，皆不就。灵帝时，曹节白帝征肱，隐身遁命，浮桴于海，名盖天下。

《幽明录》曰：海中有金台山，高百丈，结构巧丽，穷尽神工，横光岩渚，竦曜星门。台内有金机，雕文备制。

《十洲记》曰：扶桑在碧海之中，北面一万里有大帝宫，太真东王公所治处。山外别有员海绕山，员海水色正黑，谓之溟海，无风而洪波百丈，唯飞仙能到其处。

《玄中记》曰：天下之强者，东海之沃焦焉，水灌而不已。沃焦者，山名也，在海东三万里。

《博物志》曰：旧说天河与海通，近世有居海渚，年年八月有浮查去来，往反不失期，此人乃立屋于查上，赍粮乘查去，忽不觉尽夜，奄至一处，有城郭屋舍，望见室中多织妇，见一丈夫牵牛渚次饮之，惊问此人何由至此。此人即问此为何处，答曰："君可诣蜀问严君平。"此人还问君平，曰："某月有客星犯斗牛。"即此人到天河也。

崔鸿《十六国春秋前燕录》曰：慕容晃将乘海讨其弟仁，袭其不意，群臣以凌道危阻，宜从陆地。晃曰："旧海不凌，自仁反已来，三冻皆成，昔光武合滹沱之冰以济大业，天其或者欲乘此而克之乎！吾计决矣，沮谋者斩。"二月晃亲率三军擒仁赐死。

东方朔《十洲记》曰：神洲，东海中，地方五百里，上有不死草，生琼田中，草似菰苗，人已死者，以草覆之皆活。

又曰：扶桑在碧海中，树长数千尺，一千余围，两两同根，更相依倚，是以名扶桑。

《关令内传》曰：天有五亿五万五千五百五十里，地亦如之，各以四海为脉。

## 江

《释名》曰：江，公也，小水流入其中，所公共也。

《说文》曰：江，水出蜀湔氐徼外岷山。

又曰：江至会稽郡为浙江。

《尚书》曰：岷山导江，东别为沱。

《毛诗》曰：江有沱。江有汜。

又曰：滔滔江汉，南国之纪。

《春秋元命苞》曰：牛女为江湖，江湖者，所以开神润化，故其气遄急。

《家语》曰：楚昭王渡江，江有物大如斗，圆而赤，直触王舟，舟人取之，王大怪，使之鲁问孔子，孔子曰："此萍实也，可剖而食之，吉祥，唯霸者能获之。"使返，王遽食之，甚美。

谢承《后汉书》曰：吴郡沈丰为郡主簿，太守第五伦，母老不能之官，伦每至腊节，常感恋垂泣，遣丰迎母广陵，母见大江，畏水不敢渡，丰祭神，令子孙对母饮酒，因醉卧便渡。

又曰：吴郡王闳渡钱塘江遭风，船欲覆，闳拔剑斫水，骂伍子胥，风息得济。

《续汉书》曰：张禹拜扬州刺史，当过江行部中，土人皆以江有子胥之神，难于济涉，禹厉声言曰："子胥如其有灵，知吾志在理察枉讼，岂危我哉？"遂鼓而过。

《魏志》曰：文帝伐吴，至长江而叹曰："天固以限南北也。"

《晋书》曰：祖逖北渡江，中流誓曰："逖不静中原而复济者，有如大江。"

又曰：吴猛年四十，邑人丁义始授神方，因还豫章，江波甚急，猛不假舟楫，以白羽扇画水而渡。

又曰：王浚有奇略，武帝谋伐吴，诏浚造船于蜀，其木柿蔽江而下。

又曰：陶侃语人曰："大禹圣人，乃惜寸阴，至于众人，当惜分阴。"参佐以戏废事者，乃取其蒲博之具，悉投于江。

《庄子》曰：鱼相忘于江湖。

《孙卿子》曰：子路盛服见孔子。孔子曰："由，是襜襜者何也？昔者，江出于汶山，其始由源，可以滥觞，及至江之津也，不方舟不避风，不可涉，非唯下流大耶？今汝衣服既盛，颜色充盈，天下且孰肯谏汝乎？"

《三十国春秋》曰：刘裕次山阳，闻何无忌败绩，卷甲兼行，将济江而风急，众咸难之，裕曰："若有天命，风当自息；如其天不助，舟覆溺何足可怪。"即命登舟，舟移而风止。

董览《吴地记》曰：夫差立，子胥以忠谏见亡，遂赐死，浮尸于江，夫差悔焉，与群臣于江设祭。

《列仙传》曰：江妃二女，游于江滨，逢郑交甫，遂解佩与之，交甫受佩而去，去数十步，怀中无佩，女亦不见。

《列女传》曰：楚昭王贞姜者，昭王夫人，齐女也。昭王出游，留夫人渐台，江水大至，遣使者迎夫人，忘持符。夫人曰：王与宫人约，召必以符，今使者不持符，妾不敢行。于是使者返取符，未还，台已坏，沉水而死。

又曰：广汉姜诗妻，事姑至孝，姑好饮江水，水去家七里，妻常鸡鸣溯流而汲，值风雪，不时得水，诗责遣之，妻寄邻家，纺绩以市珍味，使邻母遗姑，诗闻追还，舍侧忽有涌泉出，味如江水。《华阳国志》又载。

《论衡》曰：儒书言伍子胥恨吴王，驱水为涛而溺杀。今会稽、钱塘、丹徒江皆立子胥祠，欲止其涛也。

袁山松《宜都记》曰：对西陵南岸有山，其峰孤秀，人自山南上至顶，俯临大江如萦带，视舟船如凫雁。

又曰：大江清浊分流，其水十丈见底，视鱼游如乘空，浅处多五色石。

《新序》曰：禹南济于江，黄龙负舟，舟中人失色，禹仰视天而叹曰："吾受命于天，死生命也！"龙弭耳而逃。

《吴录》曰：步骘表言，北降人说北多作布囊，欲以盛沙塞大江。吴主曰："此曹必不敢来，若不如孤言，当以牛千头为君作主人。"后见吕岱，说骘言北欲以囊塞江，辄失笑曰："此江自开辟以来，宁可以囊塞乎？"

《水经注》曰：昔吴郡太守张公直，自九江守征还，道由庐山，子女观祠，女戏庙像，其妻夜梦神人致聘，觉言于夫，至明恐怖，遽发船引中流而不行。妻曰："爱一女而合门受祸也。"公直不忍，遂令妻下女于江。其妻布席水上，以其亡兄女代之，而船得进。寻公直知兄女，怒妻曰："吾何面于当世也！"复下己女于水中，将渡，遥见二女于岸侧，傍有一吏立曰："吾庐君主簿，敬君之义，悉还二女。"

《风俗通》曰：江，贡也。所出珍物，可贡献也。

《荆州记》云：江出岷山，其源若瓮口，可以滥觞，在益州建宁漏江县，潜行地底数里至楚都，遂广十里。

《傅子》曰：江海所以能百谷王者，以其不逆之；苟有所逆，众流不至多矣。

# 太平御览卷第六十一　地部二十六

## 河

《释名》曰：河，下也，随地下处而通流也。

《山海经》曰：昆仑山，纵广万里，高万一千里，去嵩山五万里，有青河、白河、赤河、黑河环其墟。其白水出其东北陬，屈向东南流为中国河。河百里一小曲，千里一大曲，发源及中国，大率常然。东流潜行地下至规期山，北流分为两源，一出葱岭，一出于阗，其河复合，东注蒲昌海。复潜行地下，南出积石山，西南流，又东回入塞，过敦煌、酒泉、张掖郡南，与洮河合，过安定、北地郡，北流过朔方郡西，又南流过五原郡南，又东流过云中、西河郡东，又南流过上都河东郡西而出龙门，汾水从东于此入，河东即龙门所在。

《吕氏春秋》曰：龙门未开，河出孟门东大溢，是谓洪水。禹凿龙门，始南流，至华阴潼关，与渭水合。又东回过砥柱，砥柱山名，河水分流，包山而过，山见水中若柱然，今陕州东河北、陕县三县界，及洛阳孟津所在。至巩县与洛水合，至成皋与济水合。济水出河北，至王屋山而南截河渡，正对成皋。又东北流过武德与沁水合。至黎阳信都，信都今冀州，绛水所在，绛水亦曰溃水，一曰漳水。钜鹿之北，遂分为九河。钜鹿，今邢州大陆所在。大陆，泽名。九河：一曰徒骇，二曰太史，三曰马颊，四覆釜，五胡苏，六简，七洁，八钩盘，九鬲津。又合为一河而入海。齐桓公塞九河以广田居，故馆陶、贝丘、广川、信都、东光、河间以东城池，九河旧迹犹存。汉代河决金堤，南北多罹其害，议者常欲求九河故迹而穿之，未知其所。是以班固云：自兹距汉已亡其八枝也。河之故渎，自沙丘堰南分河出焉，故《尚书》称，导河积石至于龙门。今绛州龙门县界，南至于华阴，北至于砥柱，东至于孟津，在洛北，都道所凑，古今以为津，东过洛汭，至于大伾，洛汭今巩县，在河洛合流之所也。大伾山，今汜水县，即故成皋也。山再成曰伾。北过绛水至于大陆，其绛水，今冀州信都。大陆，泽名，今邢州钜鹿，又北播为九河，同为逆河入海是也。同合出九河，又合为一，名为逆河。逆，迎也，言海口有潮汐，潮以迎河水。

《书》曰：九河既道。孔安国注曰：河水分为九道。

《诗》曰：关关雎鸠，在河之洲。

又曰：新台有泚，河水弥弥。

又曰：河水洋洋，北流活活。

又曰：谁谓河广？一苇航之。谁谓宋远？跂予望之。

又曰：不敢暴虎，不敢凭河。

《大戴礼》曰：圣人有国，则河不满溢。

《礼斗威仪》曰：君乘土而王，其政太平则河溓。宋君注曰：河不灾溢也。

《传》曰：《周诗》有之曰："俟河之清，人寿几何。"诗，逸诗也。言人寿促而河清迟，喻时之不可待也。

又曰：楚昭王有疾，卜河为祟，大夫请祭。王曰："江汉沮漳，楚之望也，河非所获罪。"

《春秋考异邮》曰：河者，水之气，四渎之精，所以流化，故曰河润千里。

《孝经援神契》曰：河者，水之伯，上应天汉。

《史记》曰：秦灭六国，自以为获水德之瑞，更名河为德水。

《汉书》曰：河有两源，一出葱岭山，一出于阗。于阗在南山下，其北流与葱岭河合，东注蒲昌海，一名盐泽。

又曰：长水校尉高并言，河决率常于平原，东郡左右，其地形下而土疏恶也。闻禹理河本空此地，以为水猥，近察秦汉河决曹卫之域不过百八十里，可空此也，勿以为官亭民室。

张璠《汉纪》曰：郭伋为颍川太守，光武诏曰：贤能太守，去帝城不远，河润九里，冀京师并蒙其福。

《魏志》曰：袁绍渡河，沮授临舟叹曰："上盈其志，下务其功，悠悠黄河，吾其济乎！”

《说苑》曰：甘茂使齐渡河，船人曰：“河水犹涧耳，君不能渡，何王之能说乎？”甘茂曰：“持楫随流，臣不若子；说万乘之君，子不如我。”

桓谭《新语》曰：大司马张仲议曰：河水浊，一石水六斗泥，而民竞决河溉田。今河不通利，至三月桃花水至则决，以其噎不泄也。可禁民勿复引河。

《韩诗外传》曰：申徒狄非世，将自投于河，崔嘉闻而止之曰：“圣人，民之父母也，今为濡足之故，不救溺人，可乎？”申徒狄曰：“昔桀杀龙逄，纣杀比干，而亡天下；吴杀子胥，陈杀泄冶而灭其国。非无圣知，不用故也。”遂负石而沉于河。

《河图始开图》曰：黄帝问风后曰：“余欲知河之始开。”风后曰：“河凡有五，皆始开乎昆仑之墟。”

《慎子》曰：西河下龙门，其流驶竹箭。

《抱朴子》曰：撮壤不能填决河，升水不能冷原火。

又曰：寸胶不能理黄河之浊，尺水不能却萧丘之火。

《淮南子》曰：武王伐纣，至孟津，阳侯之波逆流而击，疾风晦冥，人马不相见。于是，武王左操黄钺，右执白旄，瞋目而麾曰：“余在，天下谁敢害余意者。”于是风济波罢。

又曰：河以委蛇，委蛇音逶迤。故能远；山以陵迟，故能高；道以优游，故能化。

又曰：河水九折注海而流不绝者，有昆仑之输也。

《风俗通》曰：河，播也，播为九州也。

《物理论》曰：河色黄，众川之流盖浊之也。百里一小曲，千里一曲一直。

《山海经》曰：从极之渊，深三百仞，唯冰夷恒都焉。冰夷，冯夷也。《淮南子》曰冯夷得道，以潜大川。冯夷人面，乘两龙。乘云车，驾二龙。

《水经注》曰：禹理洪水，观于河，见白长人鱼身，出曰：“吾河精也。”授禹河图而还于渊。

又曰：昔澹台子羽，赍千金之璧渡河，阳侯波起，两蛟挟舟。子羽曰：“吾可以义求，不可以威劫。”操剑斩蛟，蛟死波休，乃投璧于河，三投而辄跃出，乃毁璧而去，示无吝意。

又曰：昆仑在北，去嵩山五万里，地之中也。高万一千里，河水出其东北。

萧广济《孝子传》曰：三洲人者，各一洲人，皆孤单茕独，三人暗会树下息，因相访问。老者曰，宁可合为断金之业邪？二人曰：“诺。”即相约为父子。因命二人于大泽中作舍，且欲成，父曰：“此不如河边。”二人曰：“诺”。河边舍几成，父曰：“又不如河中。”二人复填河，二旬不立。有一书生过之，为缚两土豚投河中，会父往呼止之，曰：“尝见河可填耶？观汝行耳。”相将而去。明日俱至河边，望见河中土高丈余。

## 祥瑞河附

《礼记》曰：河出马图，言龙马负图也。

《河图》曰：黄帝云：余梦见两龙授图，乃斋，往河洛而求，有鱼折溜而止，鱼泛曰图，跪而受之。

《运斗枢》曰：舜与诸侯观河洛，有黄龙负图出置帝前，躉入水而前去。躉，之游反。又音带。躉，去也。

《拾遗记》曰：黄河千年一清，圣人之大瑞也。

《易乾凿度》曰：帝王将起，河水先清，清变白，白变赤，赤变黑，黑变黄，各三日。

《中候》曰：荣光出河，休气四塞，荣光即五色。

《论语》曰：河不出图，吾已矣夫。

## 沉祭河附

《穆天子传》曰：天子西狩猎，获白狐玄貉，以祭于河。

《礼记》曰：三王之祭川也，皆先河后海，此所谓务本，言海之本源自河也。

《史记》曰：元光中，河决于瓠子，于是天子临决河，沈白马玉璧于河，令群臣从官自将军以下皆负薪填决河，而取淇园之竹以为堰。天子既临河决，悼功之不成，乃作《瓠子之歌》。

**决塞**河附

《谷梁传》曰：梁山崩，壅河三日不流，晋君召伯尊，伯尊遇辇者问焉。辇者曰："君亲素缟，帅群臣哭之，既而祠焉。"伯尊至，君问之，伯尊如其言，而河流矣。《左传》曰伯宗。

《汉书》曰：成帝时，河决，溃金堤，凡灌四郡，河堤使者王延世塞以竹落，长四丈，大九围，盛以小石，两船夹载而下之，三十六日河堤成，改元为河平。

又曰：贾让奏言治河有上中下三策。若徙其当水冲之人以避之，放河使北入海，泛滥期月自定，不劳人力，此功一立，河定人安，千载无患，谓之上策。若多穿漕渠，使人得以溉田，虽非圣人法，然亦救败之术也。今据坚地作石堤，东西水门但用木与土耳，旱则开东方水门以溉田，水则开西方高门以分河，此诚富国安人，兴利除害，谓之中策。苟缮完故堤，增卑陪厚，劳费无已，数逢此害，谓最下策也。

又曰：武帝元光中，河水决顿丘，发卒十万救决河，起龙渊宫。武庙也。自作之，故曰宫。

《吕氏春秋》曰：故龙门未开，吕梁未发，河出孟门，大溢逆流，名曰洪水。禹乃决江疏河，为彭蠡之鄣，所治者千八百国，此禹之功。

《文子》曰：江河之大溢，不过三日。

《水经注》曰：汉平帝之世，河汴决坏，未及得修，汴渠东侵，日月弥广，门闾故处，皆水中也。汉明帝永平十二年，议治汴渠，上乃引乐浪人王景问理水形便。景陈利害，应对敏捷，帝甚善之，乃赐《山海经》，《河渠书》、《禹贡图》，以及钱帛。发卒数十万，诏景与将作谒者王吴，治渠防筑堤修堨，起自荥阳，东至千乘海口，千有余里。景乃商度地势，凿山开涧，防遏冲要，疏决壅积，十里一门，水更相回注，无复溃漏之患。明年渠成，帝亲随巡行，诏滨河郡国置河堤员吏，如西京旧制。景由是显名，王吴及诸从事者，皆增秩一等。顺帝阳嘉中，又自汴河口以东，缘河积石为堰，通淮曰金堤。灵帝建宁中，又增修石门，以遏渠口，水盛则通注，津耗则辍流。

## 淮

《春秋说题辞》曰：淮出桐柏，淮者，均也，均其务。

《释名》曰：淮，围也，围绕扬州北界，东至海。《广雅》同。

《说文》曰：淮出南阳平氏桐柏大复山东南。

《水经注》及《山海经》云：淮水出南阳平氏县桐柏山，其源初则涌出，复潜流三十里，然后长骛，东北经大复山，从义阳郡北东，过江夏平春县北，又东过新息县南期思县北，至原鹿县南，与汝水合。又东过庐江安丰县，与决水合。东北至九江寿春县东，与颍水合。寿春县北，与淝水合。又东至当涂县北，与涡水合。东北至下邳淮阴县，与泗水合。东至广陵淮浦县而入海也。近海数百里通朝夕潮，《尚书》称导淮自桐柏，东会于泗沂，入于海是也。

《书》曰：淮沂其乂。

又曰：泗滨浮磬，淮夷蠙珠。

《周礼》曰：橘逾淮而北为枳，此地气然也。

《诗》曰：率彼淮浦，省此徐土。

《孟子》曰：禹排淮泗而注诸江。

焦贡《易林》曰：江河淮海，天之奥府，众利所聚，可以饶有。

刘向《说苑》曰：庄周贫，往贷于魏文侯。文侯曰："待吾邑粟之来而奉之。"周曰："乃今者周之来，见道牛蹄中有鲋鱼焉，太息谓周曰：'我尚可活也。'周曰：'须我为汝向南诣楚王，决江淮以溉汝。'鲋鱼曰：'今命在盆瓮之中耳，乃为我见楚王决江淮以溉我，汝即索我于枯鱼之肆矣。'"

《晋阳秋》曰：秦始皇东游，望气者云：五百年后金陵有天子气，于是始皇改曰秣陵，堑北山以绝其势。今建康即秣陵，西北界所堑，即建康南淮也。今谓之秦淮。

《淮南子》曰：夫醉者超江津，以为寻常之沟也。

## 济

《释名》曰：济，济也，言源出河北，济河而南也。

《水经注》及《山海经》云：济水出河东垣县王屋山，初名沇水。《风俗通》云："济水出常山房子县赞皇山。"此又别是一水耳，应氏以为流入济者，非也。东出温县西北，始名济水。孔安国注《尚书》曰："泉源为沇，流去为济。"在温西北平地，又东南流当巩县之北，而南入河，与河并流，过成皋。成皋，今汜水县。

《晋书地道志》曰：济自大伾入河，与河水斗大伾、成皋，古成皋兼包巩县之界，溢出为荥水，东流过阳武及封丘县，又东过冤朐县，南至定陶县南，又东北流与荷水会，东至乘氏县西，分而为二。其一东北流入钜野泽，过寿张西，与汶水合，又北过谷城县西，又东北过庐县北，经济郡东莱郡而入海也。《尚书》称导沇水，东流为济，河水所在也。又东北会于汶，又东北入于海是也。

《淮南子》曰：济水通和宜麦。

《风俗通》曰：济出常山房子县赞皇山，庙在东郡临邑县。济者，齐也，齐其度量也。

戴延之《西征记》曰：济水自大岯入河，与河水斗而东流。

刘向《说苑》曰：四渎，江河淮济，何以视诸侯？能荡涤垢浊焉，能通百川于海焉，能荡出云雨焉，为德甚美，故视诸侯。

《周礼冬官》曰：鸜鹆不逾济，地气然也。

《左传》曰：郑伯之车偾于济。

《韩子》曰：清济浊河，足以为限；长城巨防，足以为塞：齐五战之国也。

# 太平御览卷第六十二 地部二十七

## 泾

《书禹贡》曰：泾属渭汭。属，逮也。水北曰汭，言治水注入渭。

《诗》曰：泾以渭浊，湜湜其沚。

《传》曰：诸侯之大夫从晋侯伐秦，以报栎之役，济泾而次，秦人毒泾上流，师人多死。以毒药投泾水之上流，晋师饮之多死。

《国语》曰：恭王游于泾水上，密康公从，三女奔之。其母曰："必致之于王。夫兽三为群，女三为粲，粲美之物，汝何德以堪之？"康公弗许，一年，恭王灭密。

《史记》曰：韩闻秦之好兴事，乃使水工郑国间说秦，令凿泾水，自中山西抵瓠口为渠以溉田。

又曰：秦二世梦白虎啮左骖杀之，卜泾为祟，二世乃斋望夷宫而欲祀之。

《汉书》曰：泾书不在大川之祀，以近咸阳，得比大川之祀。

又曰：太始二年，赵中大夫公郑德曰：白姓，公爵，时人多相谓为公。复奏穿渠，因名白氏渠，民得其饶，歌之曰："田于何所？池阳谷口。郑国在前，白公起后。举锸为云，决渠为雨。泾水一石，其泥数斗。且溉且粪，如淳曰：水停淤河以当粪。长我禾黍。衣食京师，亿万之口。"

《益部耆旧传》曰：汉武祀甘泉，至泾桥有女子浴于泾水，乳长七尺，怪遣问之。女曰："帝后第七车知我。"时侍中张宽在第七车，对曰："天星主祭祀，斋戒不洁，则女人见。"

《水经注》曰：泾水导源安定朝那县西笄头山，秦始皇巡地，西出笄头山即是也，盖大陇之异名。

## 渭

《诗》曰：我送舅氏，于渭之阳。

《史记》曰：秦武王三年，渭水赤三日，昭王十四年，又赤三日。

《洪范五行传》曰：赤者火色，盖亦以火沴水也。渭水秦大川也，阴阳乱，秦用严刑，败乱之象。

《史记》曰：西伯猎，遇太公渭之阳，与语大悦。

《汉书》曰：武帝元光六年春，穿漕渠通渭。

《山海经》曰：渭水出鸟鼠同穴山东，注河，入华阴北。鸟鼠同穴山，今在陇西首阳县。渭水出其东，经南安、天水、略阳、扶风、始平、京兆，至弘农华阳县入河也。

《三辅黄图》曰：始皇兼天下，都咸阳，渭水贯都，以象天汉。

《水经注》曰：渭水中旧有忖留神相。此神尝与鲁班语，班令其人出，忖留曰："我貌丑，卿善图物容，我不能出。"班于是拱手与言曰："出头见我。"忖留乃出首，班于是以脚画地，忖留觉之，便还没水。故置其象于水中，唯背以上立水上。

《三辅决录》曰：项中山饮马渭水，日与三钱以偿之。

《列子》曰：夸父逐日，渴，饮渭水不足，乃渴死。

《淮南子》曰：渭水多力，宜黍。

## 霸

《水经注》曰：霸者，水上地名也。水东合浐水，过白鹿原，至秦虎圈北入渭。

《汉书地理志》曰：霸水出蓝田谷，古曰滋水，秦穆公更名霸水，以彰霸功。

《汉书》曰：汉王元年十月至霸上，秦王子婴降。

## 浐

《水经注》曰：浐水出京兆蓝田谷，北入于霸。

《地理志》曰：浐水出南陵县之蓝田谷，西北流与一水合，水出西南莽谷，东北流注浐水，水又北历蓝田川，北流注于霸水也。又云浐水北至霸陵，入霸水也。

《西京记》曰：西京东市平准署东隅有放生池分浐水，渠自道政坊东城西流注之，俗号海地。

又曰：浐水西岸有阪，旧名浐阪。隋文帝恶阪之名，改名长乐坡。

## 丰

《汉书地理志》曰：漆沮既从，丰水攸同。颜师古注曰：丰水出嶝之南山，言沮水既从入渭，丰水亦同来也。

《水经注》曰：渭水又东，与丰水会于短阴山，水会无他高山异峦，唯原阜石墩而已。水上旧有便门桥。

《毛诗·文王有声》曰：丰水有芑，武王岂不仕？贻厥孙谋，以燕翼子。

《文子》曰：老子云："丰水之深十仞，而不受尘垢，金铁在中，形见于外。"

## 镐

《水经注》曰：镐水上承镐池于昆明池北，周武王之所都也。故《诗》云："考卜维王，宅是镐京。维龟正之，武王承之。"镐水又北流与滮池合，又北经清泠台，西经慈石门注于渭。郑玄曰："丰镐之间，水北流也。"

## 涝

《说文》曰：涝水，出扶风鄠，北入渭。

《山海经》曰：牛首之山，涝水出焉，西注于潏，水多飞鱼。

## 潏

《字林》曰：潏水，出杜陵县。

《水经注》曰：潏水上承皇子陂，水经渐台，东入渭，亦名沈水，又名高都水，汉王氏五侯大治池宅，引高都水入长安城。故百姓歌之曰："五侯初起，曲阳最怒，决坏高都，竟连五杜，土山渐台，象西白虎"是也。

## 伊

《水经》曰：伊水，出南阳县西荀渠山。

《左传·僖公二十二年》曰：初，平王东迁也，辛有适伊川，见被发而祭于野者，曰："不及百年，此其戎乎？"

《山海经》曰：独苏之山，伊水出焉，东流注于洛。

戴延之《西征记》曰：伊水，上源经新城、陆浑二县，男女无少长皆病瘿。俗云水土所致，伊水不可饮也。

《吕氏春秋》曰：有莘氏女子采桑，得婴儿桑中，其母居伊水上，故命之曰伊尹。

## 洛

《水经注》曰：洛水，出京兆上洛县护举山。

《地理志》曰：洛水，出冢岭山。

《易上·系辞》曰：洛出书，圣人则之。

《易乾凿度》曰：王者盛德之应，洛水先温，九日乃寒，五日变为五色。

又曰：帝王将起，河洛龙见，察见首黑者人，正白者地，正赤者天。

《尚书禹贡》曰：导洛自熊耳，在宜阳之西也。东北会于涧瀍，会于河南城南。又东会于伊，合于洛阳之南。又东北入于河。合于巩之东也。

《尚书中候》曰：武王沉璧于河，礼毕退至日旰，荣光幕河，青云浮洛。

《毛诗》曰：瞻彼洛矣，维水泱泱。

《春秋说题辞》曰：洛出熊耳山。雒之为言绎也，绎其耀也。宋均注曰：水光耀也。

《国语》曰：灵王二十二年，谷洛斗，将毁宫室，王欲壅之。太子晋曰："夫山，土之聚也；薮，物之归也；川，气之导也；泽，水之钟也。夫水聚于高，归于下，今吾执政无乃实有所僻而滑夫二川之神。"王卒壅之，王室大乱。

又曰：伊洛竭而夏亡，河竭而商亡。

《汉书》曰：武帝穿渠引洛水，岸遂崩，乃凿井深四十余丈，往往为井，井下相通行水。

谢承《后汉书》曰：沛国陈宣，建武十年，雒水出造津城门，或欲筑塞之，宣谏曰："昔王尊正身金堤，水退，况圣主耶？"言未绝而水去。

《水经注》曰：昔黄帝之时，天大雾三日，帝游洛水之上，见大鱼，杀五牲以醮之，天乃甚雨七日七夜，鱼流始得图书。

《魏略》曰：汉火行忌水，故洛去水而加隹焉。

《山海经》云：泰冒之山，洛水出焉，东注于河，其中有藻玉。

《述征记》曰：洛水底有礐石，故上无水。

## 瀍

《水经》曰：瀍水，出河南谷城县北山东，与千金渠合，又东过偃师，入于洛。

## 涧

《水经》曰：涧水，出新安县南白石山。东南入于洛。

又曰：《三辅决录》注云："马氏兄弟五人共居涧谷二水之交，作五门客舍，因舍以为名。今在河南西四十里，以《山海经》推校，里数不殊仲治所记，水会尚有故居处，斯则涧水也。即《周书》所谓我乃卜涧水东，言水者是也。

## 谷

《水经》曰：谷水，出弘农渑池县南皤冢林谷阳谷也。

《山海经》曰："傅山之西有林焉，曰皤冢，谷水出焉，东流注于洛，其中多珉玉。"今谷水出于崤东马头山谷阳谷，东北流历渑池川。

韦昭《国语》注曰：洛水在城南，谷水在王城北，东入于瀍。灵王时，谷水盛出于王城西，而南流合于洛，两水相格，有似于斗，而毁王城西南也。

## 汉沔

《尚书禹贡》曰：江汉朝宗于海也。

《诗序》曰：《汉广》，德广所及也，文王之化被于南国，美化行乎江汉之域。

又《诗》曰：滔滔江汉，南国之纪。

又曰：南有乔木，不可休思，汉有游女，不可求思。

《左传》曰：蔡昭侯为两佩与两裘以如楚，献一佩一裘于昭王。子常欲之，不与。三年止之。蔡侯归及汉，执玉而沉曰："余所济汉而南者，有若大川。"

又曰：楚国方城以为城，汉水以为池。

又曰：吴师伐郢，楚子常济汉而阵，自小别至于大别。

《蜀志》曰：少府王谋等上言，前襄阳男子张嘉、王休献玉玺，玺潜汉水，于深渊晖景烛曜，玺光彻天。

孙岩《宋书》曰：汉中城固县汉水岸际，有异声如雷，俄顷岸崩，有铜钟十二出自潜壤，体制既精，扣之清响。

《韩诗》曰：郑交甫过汉皋，遇二女妖服，佩两珠，交甫与之言，曰："愿请子之佩。"二女解佩与交甫而怀之，去十步探之则亡矣，回顾二女，亦即亡矣。

《水经注》及《山海经》注云：汉水出陇坻道县嶓冢山，初名漾水，东流至武都沮县，始为汉水，东南至葭萌，与羌水合，至江夏安陆县名沔水，故有汉沔水之名。即周昭王溺于此处。又东至竟陵，合沧浪之水，即屈原遇渔父处。又东过三澨，水触大别山南，而入江也。庾仲雍《汉水记》曰：汉水出广汉，漾水出陇西，东流至武都而与汉水合。沔水出武都沮县，亦与汉水相合。又东为沧浪之水，过三澨，至于大别，南入于江，东汇泽为彭蠡，东为北江，入于海是也。汇，回也。音胡贿反。言汉水合大江，回流入彭蠡泽，东北至南徐州，名为北江而入海。

又曰：沔水东经万山北，山下有潭，中有杜元凯碑。元凯好尚后名，作两碑并述己功，一碑立岘山，一碑沉此潭中。曰："千载 之后，何知不深谷为陵也。"

又曰：汉东经西城县故城，为鳣湍，洪波漭荡，漰浪云颓，古耆旧言，有鳣鱼奋鳍望涛直上至此曝鳃，因以名鳣湍焉。

又曰：汉水经西城县故城南，又东为龙泉，泉上有胡鼻山，石类胡人鼻故也。下临龙井渚，泉深数丈。

盛弘之《荆州记》曰：沔水隈潭极深，先有蛟为害，邓遐为襄阳太守，拔剑入水，蛟绕其足，遐自挥剑截蛟数段，流血丹水，勇冠当时。于后遂无蛟患。

又曰：荆蕴玉以润其区，汉含珠而清其域。

《梁州记》曰：汉水发源陇西氐道县之嶓冢山，东至于夏口合江，绵带四州之城，经途五千余里，谓之沔水。

《水经》曰：沔水出武都沮县东狼谷中。注曰：一名沮水，以其初出沮洳然也。

《淮南子》曰：汉水重安而宜竹箭。

# 太平御览卷第六十三　地部二十八

## 河南诸水

### 孝水

《山海经》曰：平逢山西十里瘣山，其阳多㻬琈之玉，俞随之水出于其阴，北流注于谷，世谓之孝水也。

潘岳《西征赋》曰：澡孝水以濯缨，嘉美名之在兹。

### 槖水

《陕县图经》曰：槖水，即鲁水也。西北入城，百姓赖之，呼为利人渠是也。又按《唐史》云：武德元年，陕东道行台金部郎中长孙操，自郡东又引水入城，以代井汲，百姓赖之，与上渠俱利于民。

### 涑水

《十道志》曰：涑水，亦名襄水。荆楚之地，水驾山而上者，皆呼为襄，襄上也。今土人呼为涑水，上流亦呼为襄，名即无定，故陆澄《地理志》曰："襄阳无襄水也。"又按《襄沔记》云："中庐有涑水注于沔，此水中有物，如三四岁小儿，膝头如虎，掌爪常没水中，出膝头示人，小儿不知者欲弄之，辄便啖人。或人有生得者，摘其鼻，可小小使之，名曰水虎。"

### 菊花源

《荆州记》曰：菊花源傍悉生芳菊，被径浸潭，流其滋液，水极芳馨。谷中有三十余家，不穿井，仰饮此水，上寿二三百，中寿百余，其七八十者，犹不为寿。夫菊能轻身益气，令人久寿，于此有征矣。又后汉胡广，字伯始，为侍中，久患风羸，南归饮此水，遂瘳焉。

### 滍水

《传》曰：晋处父侵蔡，楚子上救之，与晋夹滍而军。

《水经》曰：滍水，出南阳鲁阳县西之尧山。

张衡《南都赋》曰："其川渎则滍澧涢涢，发源岩穴，布濩漫汗，漭沆洋溢，总激急趣，箭驰风疾。"

又曰：滍水又东南迳昆阳县故城。昔汉光武与王寻、王邑战于昆阳，败之，走者相腾践，奔殪百余里，会大雨如注，滍川盛溢，虎豹皆股战，士卒争赴，溺死者以万数，水为不流。王邑、严尤、陈茂轻骑，皆乘尸而渡。

**澧水**

《说文》曰：澧水，出南阳雉衡山，东入汝。

《山海经》曰：葛山，澧水出焉，音礼东流于余泽，其中多六足鱼。

《汉书地理志》曰：充县历山，澧水出焉。

又《离骚》云：沅有芷兮澧有兰是也。又有澮水。

王仲宣《赠孙文始诗》云："悠悠澮澧"是也。澮水，澧水。

**汝水**

《说文》曰：汝水，出弘农卢氏还归山，东入淮。

《春秋说题辞》曰：汝出猛山，汝之为言女也。

宋均注曰：女取其生孕也。

《毛诗》曰：汝坟，道化行也，文王之化，行乎汝坟之国。

《水经》曰：汝出河南梁县勉乡西天息山。注曰：《地理志》云：出高陵山，即猛山也。亦言出鲁阳县之大猛山。《博物志》云：出燕泉山。并异名也。

《东观汉记》曰：傅俊从上迎击王莽二公于阳关，汉兵反走，还到汝水，上于水岸以手饮水，澡颊尘垢，谓俊等曰："今日罢倦甚，诸卿宁惫耶？"

**颍水**

《说文》曰：颍水，出颍川阳城乾山，东入淮，豫州浸也。

《水经注》曰：颍有三源，右水出阳乾山之颍谷，中水出导源少室，左水出少室南溪。

《汉书》曰：灌夫，颍川人，宗族豪横颍水。谣曰："颍川清，灌氏宁；颍水浊，灌氏族。”

《韩子》曰：郑人有卜子，妻市买鳖，归过颍川，以鳖为渴，饮之，遂失鳖。

《吕氏春秋》曰：汤让天下于卞随，卞随自投于颍水。

**丹水**

《汉书》曰：高祖入关，王陵起兵丹水以归汉。

《水经》曰：丹水，出京兆上洛县冢岭山，至丹水县入于汋。

《吕氏春秋》曰：尧有丹水之战，以服南蛮。注曰：水出丹鱼，先夏至十日夜伺之，鱼浮水侧，赤光上照如火，网而取之，割其血以涂足，可以步行水上，长居渊中。

《尚书》逸篇曰：尧子不肖，舜使居丹渊为诸侯，故号曰丹朱。

《六韬》曰：尧伐有扈，战于丹水之浦。

**白水**

《水经》曰：白水，出朝阳县西，东流过其县南，至新野县东入于涓。

《东观汉记》曰：光武皇考，封南阳之白水乡。

《庄子》曰：两神女于白水之上，禹过之而趋曰：“治天下奈何？”女曰：“股无肢，胫不生毛，手足胼胝，何足以至？”

**灌水**

《水经注》曰：灌水经蓼县，褚先生所谓神龟出于江灌之间是也。

**溍冰**

《说文》曰：溍水，出郑国。

《水经注》曰：溍水，出郐城西北鸡络坞下，东南流入洧。溍字今作溱。

《诗》曰：子惠思我，褰裳涉溱。子不我思，岂无他人。

又曰：溱与洧，方涣涣兮。士与汝，方秉蕑兮。溱洧郑两水名。简，兰。

《孟子》曰：子产听郑国之政，以其乘舆济人于溱洧。

## 洧水

《说文》曰：洧水，出颍川阳城山，东南入颍。

《水经》云：出密县马岭山。注云：洧别源也。

《诗》曰：子惠思我，褰裳涉洧。子不我思，岂无他士。

《传》曰：郑大水，龙斗于时门之外洧渊。时门，郑城门也。

## 京水

《水经注》曰：京水，发源京县黄堆山东，亦名祝东，泉势沸涌，状若鼎扬汤，俗谓之京水也。

## 索水

《水经注》曰：索水，出京县西南嵩渚山，与关水同源分流，即古旃然水也。《左传》谓楚伐郑，次旃然，即此水名。

《史记》曰：汉王败于彭城，韩信击破楚兵于京索间，以故项羽不能西。

## 濮水

《说文》曰：濮水，出东郡濮阳，南入钜野。

《水经》曰：瓠子河，东北过禀丘县为濮水。

《史记》曰：晋平公令师涓鼓琴未终，师旷止之曰："亡国之音也。"平公曰："是何道出？"答曰："此师延所作也，与纣为靡靡之乐，武王伐纣，师延东走，自投濮水之中，故闻此声必于濮水之，先闻此声者国削。"问，果于濮上得之。

《庄子》曰：庄子钓于濮水，楚王使大夫二人先焉，曰："愿以境内为累。"庄子持竿不顾也。

## 陨石水

《水经注》曰：睢阳有陨石水，一名漆沟。《左传》云："陨石于宋五，陨星也。"故老云：此水有时竭涸，五石存焉，故名陨水，石坠处为泽。

## 吕梁水

《述征记》曰：彭城吕县有吕梁水，则《庄子》所称丈夫水也。

《列子》曰：孔子观吕梁，悬水三十仞，流沫三十里，鼋鼍鱼鳖不能游之，见一丈夫游之，数百步而出，被发行歌。

**豪水**

《水经注》曰：壕水，出阴陵县之阳亭北小屈石穴，北注于淮。

《庄子》曰：庄子与惠子游于豪梁水上。

汳水匹万切

《水经注》曰：汳水出阴沟，至浚仪县北，入睢水。注云：阴沟，即浪荡渠也。亦言汳受旃然水。字今作汴。又云：丹沁乱流，于武德绝河南，入荥阳合汳，故汳兼丹水之称。河沛水断，汳承旃然而东。自王实灌大梁，水出县南而不经其北，夏水洪泛，则是渎津通故渠，即阴沟也。于大梁北，又曰浚水矣。故《陈留风俗传》云浚水迳其北者也。

**睢水**

《汉书》曰：项羽与汉王战于灵壁东，汉军大败，睢水为之不流。

又《地理志》曰：睢水首受陈留县浪荡渠。

《水经》曰：睢水，东迳睢阳县，又东过相县南，当萧县南，入于淮。

又曰：睢水，又东经睢阳县故城南，积而为蓬洪泽也。

又《九州要记》云：睢阳水在宋城西。

又云：涣水经新城南，又东南合明沟水。

又曰：传云睢涣之间出文章，天子郊庙御服出焉。《尚书》所谓厥篚织文者也。

**泗水**

《说文》曰：泗受济水，东入淮。

《礼》曰：曾子谓子夏曰："吾与尔事夫子于洙泗之间，退而老于西河之上。"

《汉书·地理志》曰：洙泗之水，其民涉度，幼者扶老，及鲁道衰，洙泗之间，龂龂如也。

《论衡》曰：儒书言孔子葬泗水，泗水为之却流，此虚也。泗水无知，天神使之却流，孔子生时，何不使之尊敬乎？

《水经注》曰：《地理志》曰：泗出济阴乘氏县，又云出卞县北，《经》言北山，皆为非矣。《山海经》曰："泗水出鲁东北。"余昔因公事，沿历徐沇，路经洙泗，因令寻其源流，水出卞县故城东南，桃墟西北。《春秋》昭公七年，谢息纳季孙之言，以孟氏成邑与晋而迁于桃。杜预曰："鲁国卞县东南有桃墟，世谓之曰陶墟，舜所处也，井曰舜井。"皆为非也。墟有漏泽，方一十五里，泽西际阜，俗谓之妫亭山。盖有陶墟舜井之言，因复有妫亭之名矣。阜则有三石穴，广圆三四尺，穴有通否，水有盈漏，漏则数夕之中倾陂竭泽矣。左右居民识其将漏，豫以木鄣穴口，鱼鳖暴鳞，不可胜载矣。自此连冈通阜，西北四十里许，冈之西际，便得泗水之源也。

《博物志》曰：泗水陪尾，盖斯阜矣，石穴吐水，五泉俱导，泉穴各径尺余。水源南侧有一庙，栝柏成林，时人谓之原泉祠，非所究也。

又曰：汉景帝三年，有白颈乌与黑乌群斗于吕县，白颈乌不胜，堕泗水中死者数千。

**洙水**

《水经》曰：洙水出泰山盖县临乐山，西南至卞县入于泗。注云：洙水西南流，盗泉水注之，泉出卞城东北，卞山之阴。《论语考谶》曰："水名盗泉，孔子不漱。"又注曰：夫子教于洙泗之间，今城北二水之中，即夫子领徒之所也。

《从征记》曰：洙泗二水，交于鲁城东北十七里，阙里有洙泗墙，南北一百二十六步，东西六十步，四门各有石阃，北门去洙水百余步。

**沂水**

《说文》曰：沂水，出东海费东，西入泗。一曰出泰山盖，青州浸也。

《水经》曰：沂水，出泰山盖县艾山。注曰：郑玄云：出沂山，或云临乐山。水有二源：南源所导，世谓之柞泉；北水所发俗谓之鱼穷泉，俱东南流，合成一川。

《论语》曰：暮春三月，春服既成，冠者五六人，童子六七人，浴乎沂，风乎舞雩，咏而归。

《西京杂记》曰：鲁人秋胡娶妻三日而游宦，三年休还，其妇采桑于郊，胡至不识，而悦之，乃遗金一镒。妻曰："妾夫游宦未返，于兹三年，未有被辱如今日也。"不顾。胡惭而退，至家，问妻何在。母曰："采桑于郊。"乃是向来挑者也。夫妻俱惭，遂赴沂水而死。

《尸子》曰：韩雉见申羊于鲁，有龙饮于沂。韩雉曰："吾闻之，出见虎，搏之，见龙，射之，今弗射，是不行吾闻也。"遂射之。

《郡国志》曰：小沂水，今号为长利，圯上有桥，即张良为黄石公取履所。

**潍水**

《水经注》曰：潍水导源潍山，许慎、吕忱云：潍水出箕屋山。

《淮南子》曰："潍出覆舟山。"盖广异名也。

《史记》曰：韩信与楚将龙且夹潍水而陈。于此，信夜令为万余囊盛沙以遏潍水，引军击且，伪退，且追北，信决水，水大至，且军半不得渡，遂斩龙且。

**汶水**

《说文》曰：汶水，出琅琊泰山朱虚，东入潍。又云：出泰山莱芜，西南入济。

《从征记》曰：汶水，出莱芜县西南流，又言自入莱芜谷，夹路连山数百里，水黑，多行石，涧中出草药，饶松柏，林灌绵濛，崖壁相望。或倾岑岨径，或回岩绝谷，清风鸣条，山壑俱响。陵高谷深，兼惴栗之惧，危溪险径，有悬束之艰。未出谷十余里，有别谷，在孤山下，谷有清泉，泉上数丈有石穴二，口容人平行。入穴丈余，高九尺余，广四五丈，言是昔人居山之处，薪爨烟黔犹存。谷中林木致密，行人鲜有能至矣。又有少许山田，引灌之踪尚存。出谷有平丘，面山傍水，土人悉以种麦，云此山不宜殖黍而宜麦，齐人相承以殖之。

《诗》曰：汶水汤汤，行人彭彭。

《周礼考工记》曰：貉逾汶则死，地气然也。

《论语·雍也》曰：季氏使闵子骞为费宰。闵子骞曰："善为我辞焉！如有复我者，则吾必在汶上矣。"

《传》曰：齐人归我汶阳之田。

**沭水**

《水经》云：沭水，出琅邪东莞县西北山，东南经东海厚丘县。梁天监二年三月，土人张高等五百余人相率开凿此溪，引水溉田二百余顷。俗名为红花水，东流入泗州涟水界。

**淄水**

《水经》曰：淄水出泰山莱芜县原山。注云：世谓之原泉。

《淮南子》曰：淄渑之水合，易牙尝而知之。淄渑，齐二水也。

《新序》曰：齐有田巴先生者，行修于内，智明于外，齐君闻其贤，聘而问政焉。田巴对曰："政在正身，正身之本，在于群臣。大王召臣，臣改制前饰，将造公门，问于臣妾曰：'奚若？'妾爱臣曰：'美。'将出门，问从者，从者畏臣曰：美。临及淄水而观影，然后自知丑恶也。今齐之臣妾谀王者，非特二人，王如临淄水见己之恶过而能改，斯齐国治矣。"

**渑水**

《水经注》曰：渑水，出营丘城东，世谓之汉溱水，入于时水。

《传》曰：有酒如渑。

# 太平御览卷第六十四 地部二十九

## 河北诸水

### 淇水

《说水》曰：淇水，出河内共北山，东入海。

《诗》曰：毖彼泉水，亦流于淇。

又曰：要我乎上宫，送我乎淇之上矣。

又曰：瞻彼淇澳，菉竹猗猗。

又曰：籊籊竹竿，以钓于淇。淇水悠悠，桧楫松舟。

《韩子》曰：昔纣为甲卒百万，左饮马于淇，右饮马于洹，洹水竭，淇水不流，武王甲卒三千破之。

《隋图经》曰：清淇西自魏郡朝歌县界入，分为二派，一在郡东，一在郡西，俱南流入河。案郦道元注《水经》云："淇水南与清水合而入白沟。"石会、宿胥皆渎之名。淇又一名王莽河，王莽时所穿也。

《冀州图经》曰：河水西从河内郡界入，至黎阳而东，北至临河，西至王莽河出焉。又东经澶渊东入武阳，河南即东郡界是。

《水经》曰：淇水，出河内隆虑县西大号山。注曰：《山海经》曰：淇水出沮如山，水出其侧，颓波漰注，冲激横山，山上合下开，可减六七十步，巨石磥砢，交积隍涧，倾澜漭荡，势同雷转，激水散气，暖若雾合。

又曰：诗云："瞻彼淇澳，菉竹猗猗。"毛云："菉，王刍也；竹，编竹也"。汉武帝塞决河，斩淇园之竹林以为用，寇恂为河内，伐竹淇川，治矢百余万以输军资，今通望淇川，无复此物，唯王刍编草不异。

### 黄花水

《隋图经》曰：黄花水，出隆虑县西北崖上，高十七里，去地七里，悬水东南注壑岩下，状若鸡翅，俗谓之鸡翅水，盖天台、赤城之流也。至谷潜入地下十里复出名曰柳水者，是黄花水重源发也。其谷号为黄花，谷内有仙母冢，谷西有洞穴，谓之圣人窟。

**洹水**

《隋图经》曰：洹水，出隆虑县西北，俗谓安阳河，即声伯梦涉之所，源出林虑山东平地。

**清水**

《水经》曰：清水，出河内修武县之北黑山。注曰：黑山在县北白鹿山东，清水所出也。上承诸陂散泉以成川，南流西南屈曲，瀑布垂岩悬河，注壑二十余丈，声震山谷。左右石壁层深，兽迹不交；隍中散水雾合，视下见底。其水历涧流飞，清泠洞观，谓之清水矣。

**滏水**

《水经注》曰：滏水，发源出石鼓山南，岩下泉奋涌，若釜水之汤矣。其水冬温夏冷。崖山有魏世所立铭，水上有祠，能兴云雨。滏水又东流注于漳，又谓之合河。

《浮图澄别传》曰：石虎时，自正月不雨，澄诣滏口祠，稽首曝露，即日二白龙降于祠下，于是雨遍千里也。

《山海经》曰：神国之山，滏水出焉，东流注于欧水。郭璞注曰：金滏水，在临水县西釜口山，经邺西北至列人县入于漳，其水热。

**漳水**

《说文》曰：浊漳，水出上党长子鹿谷山，东入清漳。清漳，出沾山大要谷，北入河。

《吕氏春秋》曰：史起引障水灌邺田，民初大怨，后转获利，相与歌曰："邺有圣令曰史公，决漳水，灌邺旁，终古斥卤生稻粱。

《风土记》曰：南易水，本名漳水，源出三门山。案《赵地记》云：六国时，此水名易水。《埤苍》及《水经》云：洺水之目，不知谁改，俗谓山之下地名洺，水因经之，故曰洺水。按《燕赵记》云：其分有三易，漳为南易水。

《邺县图经》曰：浊漳水在县西，水东北津有永乐浦，浦西五里俗谓之紫陌，河北处即俗巫为河伯娶妇处也。

《水经注》曰：清漳水，东经沙县，故有沙河之称。

又曰：浊漳水，出上党长子县西发鸠山。

又曰：漳水出麓谷山，与发鸠连麓而在南。《淮南子》谓之发苞山，故异名互见也。左则阳泉水注之，右则散盖水入焉，三源同出一山，但以南北为别耳。

又曰：《尚书》所谓覃怀底绩，至于衡漳也。孔安国曰：衡，横也，言漳水横流也。

**易水**

《水经》曰：易水，出涿郡故安县阎乡西山。

《燕丹子》曰：荆轲入秦，不择日发，太子送之于易水之上。荆轲起为寿，歌曰："风萧萧兮易水寒，壮士一去兮不复返。"

《固安图经》曰：易水，又名安国河，亦名北易水。

**汾水**

《说文》云：汾水，出太原晋阳山，西南入河。

《山海经》曰：管涔之山，其山无木，而下多草，其下多玉。汾水出焉，而流注于河。

《十三州志》曰：出武周之燕京山，亦管涔之异名也。其山重阜修层，有草，无泉源导于南麓之下。

《庄子》曰：尧治天下之民，平海内之政，往见四子于姑射之山。汾水之阳，窅然丧其天下焉。

《说苑》曰：智伯围赵襄子于晋阳，决晋水以灌之，晋阳之城不没者三版。智伯曰："吾始知水之可以亡人国，汾水可以灌安邑，绛水可以灌平阳。"

《淮南子》曰：汾水濛浊而宜麻。

《水经》曰：汾水，南过冠爵津。注曰：津，汾名也，在介休县之西南，俗谓之雀鼠谷，数十里间道隘，水左右悉结编梁阁道，累石就路，萦带岩侧，或去水一丈，或高五六丈，上戴山阜，下临绝涧，俗谓之为鲁般桥。盖通古之津隘，亦在今之地险。

**文水**

《水经》曰：文水，出大陵县西山文谷东，东入于汾。注云：县西南山下，武氏穿井给养，井至幽深，后一朝水溢平流，东南注文水。

又曰：文水又南迳县右，会隐泉水口，水出竭泉山之上顶，俗云旸雨愆时，是谒是祷，故山得其名，非所详也。其山石崖绝险，壁立崖半，有一石室，去地可五十余丈，爰有层松饰岩，列柏绮望，唯西侧一处，得历级升陟，顶上平地一十许顷，沙门释僧光表建二刹。泉发于两寺之间，东流，沥石沿注山下，又东津渠隐没而不恒流，故有隐泉之名也。雨泽丰澍，则通入文水，又南经兹氏县故城东，为文湖，东西一十五里，南北三十里，世谓之西河，在县直东一十里，湖之西侧，临湖又有一城。

**浍水**

《水经》曰：浍水，出河东绛县东浍交东高山。注云：浍水东出详高山，亦曰河南山，西南迳翼城北，合诸水，谓之浍交。《左传》曰：晋悼公谋去故绛，欲居郇瑕，魏献子曰："不如新田，有汾浍以流其恶。"遂居新田。又谓之绛，盖在绛浍之阳。又西南过虒祁宫南，入于汾。

**晋水**

《水经注》曰：《山海经》曰："悬瓮之山，晋水出焉。"今在县之西南，昔智伯之遏晋水以灌晋阳，其川上源，后人踵其遗迹畜以为沼。沼西际山枕水，有唐叔虞祠，水侧有凉堂，结飞梁于水上，左右杂树交阴，希见曦景，晋川之中，最为胜处。

**妫水**

《地理记》曰：河东郡首山之东北山中，有二泉，水南流者曰妫水，北流曰汭水，二水西经历山下，异流同归浑流而注入于河。

《水经注》曰：《尚书》所谓"厘降二女于妫汭"。孔安国曰："舜居妫水之汭。"王肃曰："妫汭虞地名。"皇甫谧曰："纳二女于妫水之汭。马季长曰："水所入曰汭。"然则汭似非水名，则今见有二水异源同归浑流西注而入于河。

**沁水**

《水经》曰：沁水，出上党涅县谒戾山。注云：沁即洎水也。

《水经注》曰：沁水南迳石门。石门是晋安平献王司马孚之为魏野王典农中郎将之所造也。案其表云："臣孚言，臣被明诏，兴河内水利。臣既到检行，沁水源出铜堤山，屈曲周回，水道九百里，自太行以西，王屋以东，层岩高峻，天时霖雨，众谷走水，小石漂迸，水门朽败，稻田泛滥，岁功不成。臣辄按行去堰五里以外，方石可得数万余枚，臣以为累方石为门，若天旱增堰进水，若天霖雨，陂泽充溢，则闭防断水，空渠衍涝，足以成河。云雨由人，经国之谋，暂劳永逸，圣王所许，愿陛下特出臣表，敕大司农府给人工，勿使稽延。"诏书听许。于是夹岸累石，结以为门，用代木门矣。

**夤浆水**

《山海经》曰：解县南有坛道山，山下有水潜出，停而不流，俗为夤浆水。水发于上而潜于下，厥顶方平，有良药。

**石臼河**

《水经注》曰：汉永平中，治呼沱、石臼河。案司马彪《后汉郡国志》，常山南行唐县有石臼谷，盖资承呼沱之水，转山东之费，自都卢至羊肠仓，将凭汾水以漕太原用实。秦晋苦役连年，转运所经，凡三百八十九隘，死者无算。拜邓训为谒者，监护水功，训隐括知其难，言于肃宗从之，全活数千人。和熹邓后之立也，后叔父以为训积善所致也。

**滹沱**

《礼》曰：晋人将有事于河，必先有事于滹沱。

《隋图经》曰：滹沱在深泽县界。光武为赤眉所追，至滹沱河欲渡，导吏还，乃言水深无船，左右惧。上使王霸前瞻水，霸恐惊众，乃言冰坚可渡。比至，冰合，囊沙布冰上乃渡，未毕数车，冰陷。今名其处为危渡口是也。魏改曰清宁河。此水常有蛟，入五月恒暴变为人，于岸上与人并行，至悬岸处推之与人俱下。

**衡水**

《信都记》曰：衡水，亦曰长芦水，即浊漳之下流也。水有袁潭渡，历下博城北而逶迤东北注，谓之九争曲水，味咸苦，俗称苦河，亦谓之黄漳河是也。

**白沟水**

《信都记》曰：白沟水，地接馆陶界，隋炀帝导为永济渠，亦名御河。南自相州洹水县界流入，又北难河出焉。盖魏时河难所以导，以利行故渎，故此渎有难之称矣。

**屯氏河**

注《水经》曰：大河故渎北为屯氏河。

《汉书沟洫志》曰：自塞宣坊河，复北决于馆陶，分为屯氏河，广深与大河等。

**鸣犊河**

《汉书地理志》曰：河水自灵县别出为鸣犊河。

《沟洫志》曰：元帝永光五年，河决清河鸣犊口，而屯氏河绝灭。

**滭发水**

《隋图经》曰：滭发水，今俗亦名妒女泉，大如车轮，水色青碧，百姓祀之，妇人不得艳妆衣新彩临之，必兴雨雹，故云妒女，介子推妹也。

**穷鱼水**

《竹书纪年》曰：晋荀瑶伐中山，取穷鱼之丘。

《水经》云：水出鱼山，山石若巨鱼，水发其下。

**漏水**

《水经》曰：漏水，一名澧水，一名鸳鸯水，俗谓之百泉，源出龙冈县东南，平地以道其源，纳总众泉合成一川故也。亦谓之鸳鸯水，《魏都赋》所云鸳鸯交谷是也。

**桑乾河**

《水经》曰：桑乾河水潜承太原汾阳县北燕京山天池也，天池一名大池，俗谓之衣连汭，在静乐县北百四十里。注《水经》云：桑乾河水潜承燕京之池，池在山东之上，周回里余，其水澄停镜净，潭而不流，若安定朝那之湫池也，池内曾无片草，及其风箨有沦，辄有小鸟翠色，投池衔水出，若会稽之耘鸟矣。

**巨马河**

注《水经》曰：巨马河即涞水也，东北经郎山，西望众崖，竞举若鸟翼，立石崭岩似剑戟之状。又南流经刀山，层岩直上于霄，望崖侧若积刀环。

**五渠水**

邢子励记曰：后魏延兴初，文安县人孙愿捕鱼于五渠水中，有群鱼从西来，共以柴塞之。忽有人谓愿曰，须臾当大得鱼，若愿多求，宜勿杀也。后愿下网，果得大鱼，其状如鲤而大，愿以为异物，遂杀食之，俄然风雨昼昏，唯闻鸟飞声。比风息雨霁，有人乘船至者，云前见群鱼无数飞入于海，愿遂不复渔矣。因呼入海之处为飞鱼口也。

**金河**

《郡国志》曰：云中郡有紫河镇，界内有金河水，其泥色紫，故曰金河。

# 太平御览卷第六十五 地部三十

## 关中诸水

### 戏水

《水经注》曰：戏水，出骊山鸿谷，北历戏亭，即周幽王死处，《西征赋》所谓"兵败戏水之上，身死骊山之北"是也。

### 漆水

《山海经》曰：榆次之山，漆水出焉，北流注于渭。

《水经注》曰：漆水，出扶风杜阳县俞山，东北入于渭，周太王去邠渡漆，逾梁山止岐下，故《诗》云："自土沮漆。"又曰："率西水浒，至于岐下。"

### 湫水

《史记》曰：朝那有湫泉，即华西名川也。苏林曰：泉方四十里，湛然不流，冬夏不增不减，不生草木，能兴云致雨，民旱祷之。

《周地记》曰：杨班为姚苌将，居黄梁谷，其西有小谷，由来无水。夜忽有人声云，湫神移徙借车牛，如有影响，至西谷中，忽有水方二百步，其水深浅不测，冬夏湛然。每水旱，百姓祈福屡应也。

### 鱼龙水

《水经注》曰：有一水出县西山，人谓曰小陇山，其水东北流，历涧注以成潭，出五色鱼，俗以为龙而莫敢捕采，谓是水为鱼龙水。

## 陇蜀诸水

### 廉水

《宋书》曰：范柏年，梓潼人。宋明帝问："卿乡土有贪泉否？"柏年曰："臣梁益之地，有廉水、让水，不闻有贪泉。"帝嘉之，即拜蜀郡太守。一云此水饮之，使人廉让，故以名之。

**孱山水**

《华阳国志》曰：涪县有孱山水，其源出金银矿，民得采之。

又《郡国志》云：汉有金山县，县东二里有一水濑，有金碎珠随波东注，傍水居人采以为业。

**巴字水**

《三巴记》曰：阆、白二水合流，自汉中至始宁城下入武胜，曲折三曲有如巴字，亦曰巴江，经峻峡中谓之巴峡，即此水也。

**绵江**

《游蜀记》曰：左绵郡有小江，三川所尚，绵州左绵郡有汙江，所染绯红，于此水濯后益鲜，故人之所重。

**粉水**

注《水经》曰：越巂粉水导源东流，经上粉县，取此水以淘粉，则皓曜鲜洁，有异众流，故县人因此取名。

**泸水**

《十道记》曰：泸水出蕃中，入黔府历郡界，出柘州，至此有泸津关。关上有石峰，高三千丈，四时多瘴气，三四月间发，人冲之立死，非此时中，则人多闷吐，唯五月上伏即无害。故诸葛武侯征越巂上疏云；五月渡泸，深入不毛之地。又按《地记》云：今昆明道渡所，见有武侯道在。

又按《十道记》云：水浚急而多巉石，土人以牛皮为船，方涉津涘。

**弱水**

《说文》曰：弱水自张掖删丹，西至酒泉合黎，余波入于流沙。

《玄中记》曰：天下之弱者，昆仑之弱水焉，鸿毛不能起。

**黑水**

《张掖记》曰：黑水出县界鸡山，亦名玄圃，昔娀氏简狄浴于玄丘之水，即黑水也。

**大柳谷水**

《魏氏春秋》曰：明帝青龙三年，张掖郡删丹县金山大柳谷有玄川溢涌，宝石出焉，有石马，即魏为晋代之符也。

**洮水**

《汉书地理志》曰：洮水出西羌中，北至枹罕，东入河。

又《沙州记》云：洮水与垫江水俱出强台山，山南为垫江源，山东即洮水源也。

**马池水**

《关山图》曰：陇西神马山有泉池，龙马所出。

《水经江》云：马池水，出上邽西南六十里，谓之陇泉谷，言神马出水，事同徐吾是此，今有马池之号。源出嶓冢山。

**湟水**

《汉书地理志》曰：临羌县西北至塞外，有西王母石室，西海盐池，北则湟水所出，东至允吾入河，湟河亦名乐都水也。县有土楼山，无石而高，在县南。又有养女岭，彼羌多祷而祈女。又有牛心堆，皆湟水源山名。

## 江南诸水

**沮水**

《水经》曰：沮水，出汉中房陵县淮山，东南过临沮县，至枝江县入于江。注云：沮阳县西北景山，即荆山之首也。《山海经》曰："金玉是出。"亦沮水之所导也。

**漳水**

《水经》曰：漳水出临沮县东荆山，东南过蓼亭，又南过章乡，南至枝江县北，入于沮。《传》曰：江、汉、沮、漳，楚之望也。

王仲宣《登楼赋》曰：夹清漳之通浦，倚曲沮之长江。

**雷水**

《水经》曰：南经大雷戍，西注大江，谓之大雷口，一派东南流入江，谓之小雷口也。宋鲍明远登大雷岸与妹书，乃此地。

又《孝子传》云：孟宗为雷池监，作鲊一器以遗母，母不纳。

《豫章图经》曰：蜀水在丰城县北，按《汉书地理志》曰："蜀水源出县内小界山东，东流入南昌县漳水合。"《耆老传》云：仙人许逊为蜀旌阳县令，有奇术，晋末人皆疾疠，多往蜀诣逊请救，逊与一器水投于上流，疾者饮之，无不愈也。邑人敬其神异，故以蜀水为名。

**鄱阳源水**

《鄱阳记》曰：鄱阳源，是吴芮所居处，乡人祭之，为立祠堂，东有石涧，深三尺，乡人将牲牢告启，击鼓三通，其水冲出大流，随用并足。

**葛溪水**

《鄱阳记》曰：葛溪水，源出上饶县灵山西，昔欧冶子居其溪侧，以此水淬剑，传之于此。后又有葛玄家焉，因曰葛水。

**湓浦水**

《郡国志》曰：湓浦水，有人于此处洗铜盆，忽水暴涨，乃失盆，遂投水取之，即见一龙衔盆，遂奋而出，故曰盆水也。

萧子显《齐书》曰：世祖治湓城，得尺五刀十一口，永明享历之数也。

**甘泉水**

《九江图经》曰：甘泉水在县南甘泉驿之南，其水味甘，饮讫犹有余香，因以名焉。其山即曰甘泉山，按《州图经》云：昔山顶有船柁，从顶沿流而下，土人亦名为柁下溪。桓伊为江州刺史，常遣左右赍粮寻之山奥，冀睹非常，乃至一处见有大湖，湖侧有败船，当时闻有柁流下，甚疑惑，后闻有船，方验。

**秦淮水**

《江宁图经》曰：淮水北去县一里，源从宣州东南溧水县乌刹桥西八百五十里。

《舆地记》云：秦始皇巡会稽，凿断山阜，此淮即所凿也。亦名秦淮，孙盛《晋春秋》亦云是秦所凿，王导令郭璞筮，即此淮也。又称未至方山，有直渎行三十许里，以地形论之，淮发源诘屈，不类人功，则始皇所掘宜此渎也。

《丹阳记》云：建康有淮，源出华山入江。

徐爰《释问》云：淮水西北贯都。

《舆地志》云：淮水发源于华山，在丹阳湖姑熟之界，西北流经建康、秣陵二县之间，萦纡京邑之内，至于石头入江，悬流三百许里。

**浙江**

《山海经》曰：浙江出三天子都，在率东，西北入海余暨南，郭璞注云：按《地理》，浙江出黟县南率中，东入海，今之浙江是也。率即歙耳，余暨县名。

虞喜《志林》注曰：今钱塘江口，折山正居江中，潮投山下折而曲。一云江有反涛，水势折归，故云浙江。《史记》云：江水至会稽山阴为浙江是也。

**三江**

《郡国志》曰：《禹贡》三江，吴郡南松江、钱塘江是也。《禹贡》曰："三江既入，震泽底定。"韦昭曰："三江，谓吴郡南松江，钱塘江，浦阳江。"

虞氏《志林》云：江于彭蠡分为三，是即韦说为谬，按江自太湖出于海，屈曲七百里，出鲈鱼，即吴左慈为王钓者。

**縠江**

《舆地志》曰：縠江，其水波澜交错，状似罗縠之文，因以为名。

**若下水**

《舆地志》曰：南岸曰上若，北岸曰下若，乃村名也。村人取若下水以酿酒，醇美胜于云阳。

《吴录》曰：长城若下酒。

张协《七命》云：荆南乌程，即此酒也。

**霅水**

《舆地志》曰：霅水，亦若水之异名也，水深不可测，俗谓之洺水。

又《山海经》云：浮玉之山，苕水出其阴，中有鮆鱼。今亦谓之霅乌水是也。

**紫溪**

《吴兴记》曰：邑有文山，水东南流为紫溪。《舆地志》云："以为水紫色也。"又云："紫溪中央水有赤色磐石，长百余丈，望之如霞，名曰赤濑水。"

**公山江水**

《郡国志》曰：公山江水，有桔自然泛来，啖之恣饱则可，将去则病。

**不竭泉**

《永嘉地记》曰：山北有泉，众泉旱竭，此泉不干，故以名。山东有瀑布长数十丈，游者云，山顶有大湖，中有孤岩独立，皆号孤房。

**临水**

《湘州记》曰：临水经临贺县东，又南至郡左以合贺水，故有临贺之称焉。

**靳江**

《湘州记》曰：靳江，在新东县西八里，水出衡山县界紫嘉山，东流入湘江二百八十里，昔楚大夫靳尚所封之地，因以名之。

**资水**

《湘州记》曰：资水，一名茱萸江。

又《水经》云：资水东北过益阳。注曰：应劭曰：县在益水之阳。今无益水。诚资水之殊目。

《郡国志》云：资水岸有石头城，即吴将周瑜所筑也。

**枉水**

《湘州记》曰：枉山在郡东十七里，有枉水出焉。山西汉溪口有小湾，谓之枉渚，山有楚祠存焉。

**沅水**

《水经》曰：沅水，出牂牁且兰县，为旁沟水，东北至镡城县，为沅水。

又曰：沅水之北有奇山，山有秀峰上拔，绿萝蒙幕，颓岩临水，实钓渚渔咏之胜也。其幽响若钟音，信神仙之所居。

**沧浪水**

《永初山川记》曰：汉水古为沧浪，即《渔父》所云沧浪之水清。今沧浪水合流出鄲城北界山，此盖后人名之，非古沧浪也。

**湘水**

《说文》曰：湘水，出零陵阳海山，北入江。

《湘中记》曰：湘水至清，虽深五六丈，见底了了然，石子如樗蒲矣，五色鲜明，白沙如雪，赤岸如朝霞，绿竹生焉，上叶甚密，下疏辽，常如有风气。

《淮南子》曰：所谓乐者，岂必躬钓潇湘。

《水经注》曰：湘水又经南津城，西对橘洲，谚曰：昭潭无底橘洲浮。

又按《郡国志》云：湘水边有水鱼山，本名立石山，高八十丈，阔十里，石色黑而重叠，每发一重，则有自然鱼形，女人多刻画为戏，长数寸，烧之鱼膏腥。

**汨水**

《水经注》曰：汨水，西经玉笥山，又西为屈潭，即罗渊也。屈原怀沙自沉于此，故潭以屈为名。贾谊、史迁皆尝经此，弭楫沿波，投吊于潭。

**五美水**

《湘中记》曰：五美水，在长沙县东二十五里，光武时，有五美女居于此溪之侧，后因为名。

**漓水**

《临桂图经》曰：漓水，出县南二十里柘山之阴，西北流至县西南合零渠五里，始分为二水，昔秦命御史监史禄自零陵凿渠，出零陵下漓水是也。

《郡国志》称：后汉伏波将军马援开湘水为渠六十里穿度城，今城南流者，是因秦旧渎耳。至宝历初，渠道崩坏，舟楫不通，观察使李渤遂叠石造堤分二水，每水置石斗门一使制之，在人开闭，开漓水，则全入于桂江，壅桂江，则尽归于湘水。

**修仁水**

《始兴记》曰：修仁水，西南注连水，北有三枫亭，五渡水。齐范云为始兴太守，至修仁水，酌而饮之，赋诗曰："三枫何习习，五渡何悠悠。且饮修仁水，不挹阶邪流。"

**慈廉江**

《交州记》曰：慈廉江者，昔有李祖仁居此，兄弟十人，并慈孝廉让，因此名江。

# 太平御览卷第六十六 地部三十一

## 湖

《广雅》曰：湖，池也。

《说文》曰：湖，大陂也。

《史记》曰：三苗氏左洞庭，右彭蠡，德义不修，舜灭之，此在德不在险。

《晋书》曰：陈训少学天文，孙皓以为奉禁都尉，知皓必败。时钱塘湖开，或言天下当太平，青盖入洛，皓以问训。对曰："臣能望气，不达湖开塞。"退告友曰："青盖入洛，将有舁榇衔璧之事，非吉祥也。"

《宋书》曰：会稽太守孟顗事佛精恳，而为谢灵运所轻，尝谓顗曰："得道应须惠业文人，卿升天当在灵运前，成佛必在灵运后。"顗深恨之。会稽东郭有回踵湖，灵运求决以为田，顗坚执不与，又求始宁岯崲湖为田，顗又固执。灵运谓顗非存利民，正虑决湖多害生命，言论毁伤，与顗遂构仇隙。

《唐书》曰：褚无量，字弘度，杭州盐官人也。幼孤贫，厉志好学，家近临平湖。时湖中有龙斗，倾里闬就观之，无量时年十二，读书晏然不动。

《风俗通》曰：湖都曰流渎四面所隈都也。《周官》：扬州，其浸五湖。按张勃《吴录》，五湖者，太湖之别名，以其周行五百余里，故以五湖为名。虞翻又云，太湖另有五道，别谓之五湖。或说以太湖、射贵湖、上湖、洮湖、洮湖一名长塘湖，在主乌。滆湖户伯切。为五湖。按《国语》吴越战于湖，直在笠泽一湖中战耳，则知或说非也。

《隋大业记》曰：五月夏至前三五日，吴郡太湖中白鱼，向湖侧浅水菰蒲之上产子，民得采之，隋时贡于洛。

《扬州记》曰：太湖一名震泽，一名笠泽，一名洞庭。《史记》：三苗之国，左洞庭，右彭蠡。裴骃注云：今湖中苞山有名穴，其深洞无知其极者，名洞庭，洞庭对曰彭蠡，则知因此穴之名通呼洞庭彭蠡，即宫庭湖名也。《越绝书》云：太湖周三万六千里，在吴兴也。

《荆州记》曰：宫亭，即彭蠡泽也，谓之彭泽湖，一名汇该贿切。泽。在豫章郡。青草湖一名洞庭湖，洞庭湖，亦谓之太湖，在巴陵郡。云梦泽一名巴丘湖。凡此并昭昭尤著又广大也。

干宝《搜神记》曰：由拳县，秦时长水县，始皇时童谣曰：城门有血，城当陷没为湖。有妪闻之，朝往窥门，将欲缚之，妪言其故。后门侍以犬血涂门，妪见血走去，忽有大水欲没县。主簿令干入白令，令曰："可忽作鱼。"干曰："明府亦作鱼。"遂沦为湖。

郑缉之《永嘉记》曰：怀北县有蒋公湖，父老云，先代有祭祀祈请者，湖辄下大鱼与之。

《秦州记》曰：武都郡前有湖。义熙初，有白龙于湖升天。

盛弘之《荆州记》曰：宫亭湖庙神甚有灵验，途旅经过，无不祈祷，能使湖中分风而帆南北。

又曰：巴陵南有青草湖，周回数百里，日月出没其中。湖南有青草山，故因以为名。

刘澄之《荆州记》曰：华容县东南有云梦泽，一名巴丘湖，荆州之薮也。

刘澄之《豫州记》曰：陈县地有芍陂湖，魏将王陵与吴将张休交战处也。

黄闵《武陵记》曰：有湖名为丹陂，周回数百顷，清波澄映，洲屿相望。

《武昌记》曰：武昌长湖通江，夏有水，冬则涸，于时靡所产植。陶太尉立塘以遏水于此，常自不竭，因取琅琊郡隔湖鱼菱，以着湖内，菱甚甘美，异于他处，所产鲋鱼，乃长三尺。

刘道真《钱塘记》曰：明圣湖在县南，去县三里，父老相传有金牛时见，神化莫测，故以明圣垂名。

《西京杂记》曰：顾翱少失父。事母，母好食雕胡饭，常帅子女躬自采撷，还家导水凿川供养，每有盈储。家近太湖，湖中乃生雕胡，无复杂草，虫鸟不敢至焉，遂得以为养。郡县表其闾舍。

《江乘地记》曰：滆湖中有嘉鱼美莼。

刘欣期《交州记》曰：有一湖去合浦四十里，每阴雨日，百姓见有铜船出水上。又有一牛在湖中，以鸡酒为祭便大获鱼；若此礼不设，唯得牛粪而已。

《述征记》曰：桓冲为江州刺史，遣人周行庐山，冀观灵异。既陟崇巘，有一湖，匝生桑树，有白鹄，湖中有赤鳞鱼，使者渴极欲往饮水，赤鳞鱼张鳍向之，使者不敢饮。

《南康记》曰：空山上有平湖，湖中有艑底浮在湖中，动摇便起风雨。

郑缉之《东阳记》曰：北山去郡三十余里，有赤松庙。故老相传曰，其下有居民曰徐公者，尝登岭至此处见湖水，二人共博于湖间，自称赤松子、安期先生。有一壶，酌酒以饮徐公，公醉而寐其侧，比醒不复见。

刘澄之《豫州记》曰：城父县有巢湖，湖周五里，湖中有三山，湖南有四鼎山。

《战国策》曰：秦与荆战，大破之，取洞庭五渚。

《吴地记》曰：吴王葬女，取土成湖。

又《郡国志》云：三女坟在郭西，云阖闾食蒸鱼羹，留半赐三女，三女怨，自杀，王痛之，葬于郭西，文石为椁，金印玉牒，银樽朱盘，悉以送葬。又云盘郢之剑，或曰湛炉之剑，夜飞适楚，以水绕坟，因名女坟湖。又云：葬女时有白鹤舞吴市，因入羡门，悉化为犬。

《钱塘记》曰：去邑十里有诏息湖，古老相传，昔秦始皇巡狩经涂暂憩，因诏以息为名。

周景式《庐山记》曰：山顶有一穷湖，湖足赪尾鲤，鳍皆伤剥。而又有一故艑槽，崇山峻远，非舟楫所游，岂深谷为陵，而此物不与丘壑同迁乎？

顾微《广州记》曰：庐山上有一湖，至甲戌日，辄闻山有鼓角声。

刘澄之《杨州记》曰：新城县东有俱山，山上有湖，湖中有白鹅一只，时时飞来，不可常见。

刘桢《京口记》曰：龙目湖，秦王东游观地势，云此有天子气，使赭衣徒凿湖中长冈使断，因改为丹徒。今水北注江也。

《梁典》曰：武帝望京岘山盘纡似龙，掘其右为龙目二湖。

《徐州先贤传》曰：勾践灭吴，谓范蠡曰："吾将与子分国而有之。"蠡曰："君行令，臣行志。"乃乘扁舟浮五湖而不返。

《水经注》曰：武强县耆宿云，邑人有行于途，有一小蛇，疑其有灵，持而养之，名曰檐生，长而吞噬人，里中患之，遂捕系狱，檐生负而奔，邑沦为湖，县长及吏咸为鱼矣。今县东北半里许有渊，谓之郎君渊。耆宿又言，县沦之日，其子东奔，又陷于此，故渊得郎君之目矣。

《神异经》曰：北方荒外有湖，方千里，平满无高下，有鱼长七八尺，形状如鲤而目赤，昼在湖中，夜化为人，刺之不入，煮之不死，以乌梅二七煮之即熟，食之可以愈邪病。

又曰：北方荒中有石湖，方千里，无凸凹，上，直结反；下，于交反。平满无高下，岸深五丈余，恒冰，唯夏至左右五六十日解耳。

又曰：东南海中烜洲上有温湖，其中唯有鲫鱼矣，长八尺，食之宜暑而避寒。

《郡国志》曰：润州遏陂有湖名龙目湖，京口出好酒，人习战，故桓温云："京口土瘠人窭无可恋，唯酒可饮，兵可用耳。"

《会稽记》曰：汉顺帝永和五年，会稽太守马臻创立镜湖，在会稽、山阴两县界，筑塘蓄水高丈余，田又高海丈余，若水少则泄湖灌田，如水多则开湖泄田中水入海，所以无凶年，堤塘周回三百一十里，溉田九千馀顷。

又云：创湖之始，多淹冢宅，有千余人怨诉于台，臻遂被刑于市，及台中遣使按鞫，忽不见人，验籍皆是先死亡人之名。又按《舆地志》

云："山阴南湖萦带郊郭，白水翠岩，互相映发，有若图画。"

《南徐州记》曰：子英常于芙蓉湖捕鱼，得赤鲤持归，以谷养一年，遂生角翅。鱼云，我来迎汝，子英骑之，即乘风雨腾而上天，故《列仙传》云：每经数载来归见妻子，鱼复来迎，如是数十回而不还。芙蓉湖即射贵湖也，又名上湖。

《吴地记》曰：临平湖，在临平山南。

《吴志》曰：归命侯天玺元年，吴郡言，临平湖自汉末草秽拥塞，今更除平。古老相传云：此湖塞，天下乱；此湖开，天下平。又湖边得石函，函中有小石，青色，长四寸，广二寸余，刻上作皇帝字，于是改年大赦，俄而晋平吴，孙盛以为元皇中兴之符。

《歙县图经》曰：黄墩湖在县西南，其湖有蜃，常与吕湖蜃斗，程灵铣好勇而善射，梦蜃化为人告之曰：吾为吕湖蜃所厄，君能助吾必厚报。束帛练者吾也。明日灵铣弯弧助之，正中后蜃，不知所之，后人名其处为蜃滩。时有一道人诣灵铣母求食，食讫曰，劳母设食，今当为求善墓地，使母随行上山，以白石识其地曰："葬此可以暴贵矣。"灵铣因移父葬其所。侯景乱，灵铣率郡乡万余众保新安，因随陈武帝有奇功，及陈武受梁禅，灵铣以佐命功臣，与周文昱、侯安都为三杰。按灵铣宅在湖东二里。

徐爰《释问》曰：玄武湖本桑泊，晋元帝创为北湖，宋以隶舟师。

《京都记》云：从北望钟山，从宫亭湖望卢岳，齐武帝理水军于此中，号曰昆明池。故沈约登覆舟山诗云："南瞻储胥馆，北望昆明池"即此尔。永嘉末，有龙见于湖内，故改为玄武湖。

《豫章记》曰：担石湖在州东北，其湖水中有两石山，有孔如人穿担状，古老云，壮士担此两石置湖中，因以为名。

《舆地志》曰：安成有蜜湖，中有丝莼鲫鱼，为时所重，并有石窟容百人坐，其鱼味甘如蜜，因此为名。在县东二十里。

《淮南子》曰：夫历阳之都，一夕化而为湖，勇力圣智与不肖者同命，无遗脱也。

《荆南志》曰：高沙湖在枚回洲上，翠泽平皛，胡了切。水陆弥旷，芰荷殷生，鳞羽滋阜。湖南林野清旷，可以栖托，故征士宗炳昔常家焉。北有小水自湖通江，谓之曾口是也。

《渚宫故事》曰：江陵城西二十里高沙湖，其中多鱼。

又曰：五叶湖，昔湖侧有主人张披五叶同居，因以为名。

《九江记》曰：彭蠡湖在寻阳县东南，与都昌县分界，湖心有大孤山。按《郡国志》，彭蠡湖周回四百五十里，内有石高数十丈，大禹刻其石以记功焉。又有乞乌随船行，舟人掷抟饭接之，高下不失一粒。今此乌沿江灵庙多有，不独在彭蠡湖尔。

《郡国志》曰：鹤门湖者，陶侃微时丧母，忽有二客来吊，化为双白鹤飞去，后因以为名。

《丹阳记》曰：吴孙皓宝鼎元年，丹阳县宣骞之母年八十，浴于后湖化为鼋。后湖又名练湖。在县北百二十步。

《舆地志》曰：曲阿出名酒，皆云后湖水所酿，故醇烈也。今按湖水上承丹徒，陈骊覆船山马林溪，水色白味甘。

《舆地志》云：练塘，陈敏所立，遏高陵水，以溪为后湖。

《语林》曰：褚公游曲阿后湖，狂风忽起，船倾，褚公已醉，乃曰："此舫人皆无可以招天谴者，唯有孙兴公多尘滓，正当以厌天欲耳。"便欲捉孙掷水中，孙惧无计，唯大呼曰："季野卿念我。"褚公，褚彦回也。季野，彦回字也。

伏滔《登故台诗序》曰：夫差姑苏台东有丹湖万顷，内有金银塘。

《方舆记》曰：铜船湖，马援铸铜船五只，一留此湖中，四只将过海征林邑。

## 潭

《幽明录》曰：硕县下有眩潭，以视之眩人眼，因以为名。傍有田陂，昔有人船行过此陂，见一死蛟在陂上不得下，无何，见一人长壮乌衣立于岸侧，语行人云："吾昨下陂不过而死，可为报眩潭。"行人曰：

"眩潭无人，云何可报？"乌衣人云："但至潭，便大言之。"行人如其言，须臾，潭中有号泣声。

又曰：晋元熙中，桂阳郡有一老翁，常以钓为业，后清晨出钓，遇大鱼食饵，掣纶甚急，船人奄然俱没，家人寻丧于钓所，见老翁及鱼并死，为钓纶所缠，鱼腹下有丹字，文曰："我闻曾潭乐，故从檜潭来。磔死弊老翁，持钓数见欺。好食赤鲤鲙，今日得汝为。"

《荆州图记》曰：武当县西北六里江中，名佷子潭，潭中有右碛洲，长六十丈，世传佷子未曾从父命，父临终欲葬山上，故谬曰葬我水中，佷子唯从此命。《习凿齿记》云："佷子是汉时人，家在山东五女徼。"

邓德明《南康记》曰：梓潭有梓树，洪直巨围，叶广丈余，垂柯数亩。

又曰：赣潭在郡下，昔有长者于此潭以钓为事，恒作渔父歌，其声慷慨。忽闻纶动，须臾，一物形似小水牛，眼光如镜，或言水犀，浮跃逐纶，角带金锁，钓客因引得锁出水数十丈，锁断余数丈，尽是珍宝。

《罗浮山记》曰：牛潭深洞无极，北岸有石，周围三丈许，渔人见牛自水而出，盘于此石。

《枹朴子》曰：昔石头水有大鼋，常在潭中，因名此为鼋潭，能作魅行病于人。吴有道士戴昞者，乃以越章封泥，遍投潭水中，良久，有大鼋径长丈余浮出，不敢动，乃格杀之，而病人并愈。又有小鼋出罗列，死于水渚甚多。

《南康记》曰：梓潭在雩都县之东南六十九里，其山有大梓树，吴王令都尉萧武伐为龙舟，艚斫成而牵引不动。占云，须童男女数十人为歌乐乃当得下。依其言以童男女牵拽，艚没于潭中，男女皆溺。其后每天晴朗净，仿佛若见人船焉，夜宿潭边，或闻歌唱之声，因号梓潭焉。

《鄱阳记》曰：怀蛟水，一名孝经潭，在县南二百步，江中流石际有潭，往往有蛟浮出，时伤人焉。每至五月五日，乡人于此江水以船竞渡，俗云为屈原禳灾，承前郡守县彩以赏之。刺史张栖贞以人之行莫大于孝，悬《孝经》标竿上赏之，而人知劝，俗号为怀蛟水，或曰孝经潭。

《湘州记》曰：益阳有昭潭，其下无底，湘州最深处也。或谓周昭王南征不复，没于此潭，因以为名。

# 太平御览卷第六十七 地部三十二

## 池

《广雅》曰：沼，池也。

《说文》曰：隍，城池也，有水曰池，无水曰隍。

《诗》曰：东门之池，可以沤麻。

又曰：王在灵沼，于牣鱼跃。沼，池也。牣，满也。《笺》云：灵沼之水，鱼盈满其中，皆飞跃，言亦得其所也。

《韩诗外传》曰：齐景公出弋昭华之池。

《传》曰：齐伐楚，楚子使屈完对曰："楚国方城以为城，汉水以为池，齐虽众，无所用之。"

《史记封禅书》曰：秦始皇游海上，祠名山大川及八神仙人羡门之属。八神：一曰天主，祠天齐，天池名，临南郊山。

《汉书》曰：昆明池，汉武帝元狩三年所穿也。初，汉欲求身毒国，为昆明池夷所闭，昆明有滇池，方三百里，名曰滇河。汉将伐昆明以通身毒，使谪卒伐棘上林，象滇河作昆明池以习水战，池周回四十里。汉武帝平昆明，以其地为益州郡。其滇水原深广，末反浅狭有似倒流，故曰滇河。潘岳《关中记》曰：昆明池，汉武帝习水战也。中有灵沼神池，云尧时理水讫，停船此池，盖尧时已有污池，汉代因而深广耳。曹毗《志怪》云：汉武凿昆明池深极悉。是灰墨，无复土，举朝不解，以问东方朔，朔曰："臣愚不足以知之，可试问西域胡帝。"以朔不知难以校问，至后汉明帝时，外国道人入来洛阳，时有忆东方朔言者，乃试以武帝时灰墨问之。胡人云：经云，天地大劫将尽则劫烧，此劫烧之馀。乃知朔言者是。

又曰：昭帝元始元年春三月，黄鹄下建昌宫太液池。

又曰：宣帝诏曰：池籞未御幸者，苏林曰：折竹以绳绵连若禁籞，使人不得往来也。假与贫民，郡国宫馆勿复修治。

又曰：宣帝神爵元年诏曰："金芝生于涵德殿铜池中。"

《魏志》曰：太祖还邺，作玄武池以肄舟师。

《晋书》曰：山简优游卒岁，唯酒是耽，诸习氏荆土豪族有佳园池，简每出嬉游，多之池上，置酒辄醉，名之曰高阳池。时有童儿歌曰："山公出何许？往至高阳池。日夕倒载归，酩酊无所知。时时能骑马，倒着白接离。举鞭向葛疆，何如并州儿。"疆家在并州，简爱将也。

又曰：荀勖久在中书，专管机事，失之甚怏怏。或有贺之者，勖曰："夺我凤皇池，诸君何贺我耶？"

《后魏书》曰：文明皇太后冯氏与高祖幸灵泉池，宴群臣，太后忻然歌，高祖亦和歌，歌者九十人。

《唐书》曰：蒋镇为谏议大夫，时户部侍郎判度支韩滉上言，河中盐池生瑞盐，实土德之上瑞。上以秋霖稍多，水潦为患，不宜生瑞，命镇驰驲检行之。镇奏与滉同，仍上表贺，请宣付史馆，并请置神祠，锡其号宝应灵庆池。

又曰：文宗用郑注言，即命左右神策军差人淘曲江、昆明二池，仍许公卿士大夫之家于江头立亭馆，以时追赏。

《遁甲开山图》荣氏解曰：降北有阳石山，中有神龙池，黄帝时，遣云阳先生养龙于此，帝王历代养龙之处，国有水旱不时，祀池请雨。

《晋宫阁名》曰：灵芝池，广长百五十步，深二丈，有连楼飞观，四出阁道、钓台，中有鸣鹤舟、指南舟。

袁山松《宜都记》曰：佷山县东六十里有山名下鱼城，四面绝崖，唯两道可上，皆峻崄，山上周回可二十里，有林池水，民田种于山上。昔永嘉乱，土人登此避贼，贼守之，经年食尽，取池鱼掷下与之，示不穷，贼遂退散，因名此为下鱼城。

《辛氏三秦记》曰：昆明池通白鹿原，人钓鱼，纶绝而去，梦于汉武，求去其钩。明日戏于池，见大鱼衔钩，帝去其钩而放之。间三日，帝复游池滨，得明珠一双。武帝曰："岂昔鱼之报也？"

《湘州记》曰：湘南县有架山，下有小池常涸竭，民斋戒往请，自然而满，事讫还乾。

雷次宗《豫章记》曰：去洪井六七里有风雨池，山峤水出，激着树木，星散远洒，如风雨焉。

《襄阳记》曰：岘山南有习郁大鱼池，依范蠡养鱼法，当中筑一钓台。将亡，敕其儿曰："必葬我近鱼池。"山季伦每临此，辄大醉而归。

《临川记》曰：崇仁县有咸池，按《陈书》司空黄法𣰰，字仲昭，崇仁县巴山人也。侯景乱，法𣰰丁乡里聚徒以助高祖有功，薨，墓在崇仁县巴山乡。故老相传，法𣰰有奇术，常欲变置盐池于家山之下，幅员六十余亩，至今水味独咸于他水，而湛然清澈，禽畜不敢触之。

《西京杂记》曰：梁孝王好宫室苑囿之乐，作曜华之宫，筑兔园，园中有灵山，山安肤寸石。又有雁池，池中鹤洲凫渚，奇果异树，瑰禽怪兽毕备，王日与宫人及宾客弋钓其中。

又曰：积草池中有珊瑚树，高一丈二尺，一云三柯上四百六十二条，是南越国王赵他所进，号为烽火树，至夜光景照焉。

《述征记》曰：广阳门北有魏明帝流杯池。

《穆天子传》曰：天子西征于玄池，天子三日休于玄池之上，天子乃树之竹，种竹池边。是曰竹林。

又曰：天子觞西王母于瑶池上，西王母为天子谣。

《三辅故事》曰：汉武帝作昆明池，武帝崩后，于池中养鱼以给诸陵祠，余付长安市。池有二石人，如牵牛织女像。

又曰：未央宫西有食池，池中有台，王莽死于是也。

《广州先贤传》曰：丁密，字靖公，苍梧人，遭父艰，哭泣三年，飞凫一双游密庐旁小池。

《郡国志》曰：晋州临汾县臭水池，下畜不饮，一名翻镬池，即煮眉间赤头处，镬翻因成池。今水上犹有脂润。

又曰：成都郡，秦惠王二十七年，使张仪筑城以象咸阳，沃野千里，号曰陆海，有万岁池，是筑城取土处。

又曰：合浦海曲出珠，号曰珠池，又有夷人号越㐌，多采甲香为业。

《吕氏春秋》曰：卫灵公天寒凿池，宛春谏曰：“天寒。”公曰：“天寒乎？”宛春曰：“公衣狐裘，坐熊席，陬隅有灶，是以不寒。”

《淮南子》曰：阴气极则下至黄泉，故不可凿池穿井。

《世说》曰：晋明帝欲作池台，元帝不许之。时明帝为太子，养武士，一夕中作池，比晓便成，即今谓太子池是也。

又曰：太原王国宝治宅，因浚池，忽见一物如酒杓形，长四尺许，飞去。

《水经注》曰：陇西神马山有渊池，龙马所生即是，水西流谓之马池。

又曰：蔡州西，即蔡伦故宅傍有蔡子池。伦汉黄门郎，顺帝之世，始捣故鱼网为纸，用代简素，自其始也。

又曰：滇池中有神马，家马交之，则生骏驹，日行五百里。

《顾子》曰：与子华游于东池，子华曰：“水有四德，池为一焉：沭浴群生，流泽万世，仁也；扬清激浊，荡涤尘秽，义也；弱而难胜，勇也；导江疏河，变盈流谦，智也。”顾子曰：“我得汝于池上矣。”

《方舆记》曰：兴元府南郑县天池山上，有池方二十里，冬夏不竭，久饮之可愈瘤疾，故号天池。

又曰：梅福池，一名风雨池，梅福种莲池。福叹曰：“生为我酷，身为桎梏，形为我辱，智为我毒。”于是弃南昌县尉，去妻子，入洪崖山得道为神仙，代代有人见，或在玉笥山逢之。今西山有梅君坛，南昌开元观有梅君堂焉。

又曰：明月池在兴道县西北，中有一台，云是汉高所营，注《水经》云：“形如偃月，故号明月池。”

又曰：七女池，昔有人无男而养七女，父亡，七女负土葬父，取土之处，今成一池，号曰七女池。今池边又有七女冢。

## 溪

《尚书大传》曰：吕尚钓于磻溪，得鱼，腹中有玉璜。

《春秋说题辞》曰：溪者，隐也，深虚绕山令得博也。宋均曰：无水曰谷，有水曰溪。

《尔雅》曰：水注川曰溪。

《桓彝别传》曰：彝字茂伦。明帝世，彝与当时英彦名德庾亮、温峤、羊曼等共集青溪池上，郭璞预焉，乃援笔属诗以白四贤并自序。

《武昌记》曰：樊山东有山溪，夏时凛凛，恒有寒气，故谓之寒溪。

王韶之《始兴记》曰：连水下流有斟溪，一日十溢十竭。

盛弘之《荆州记》曰：郦县北五十里有菊溪，源出石涧，山有甘菊，村人食此水多寿。

又曰：零陵郡西有九渡溪，山兽从数十里往饮之，经越他水皆不饮，傍有半石坑，上石形极方峭，名为仙人楼。

又曰：桂阳郡横溪，溪水甚深，冬夏不干，俗谓之贪为泉也。郡西南五十里有万岁山，有石室出钟乳，山上悉生灵寿木，下有一溪，名为千秋水，其傍有居民，即号万岁村。

《管子》曰：桓公北征孤竹回，未至卑耳之溪，援弓而射，未敢发，谓左右曰："见前人乎？"对曰："不见"。公曰："寡人见人长尺而人物具焉。"管仲曰："臣闻霸王之君兴，则登山神见。"公拜曰："仲父之圣若此。"

《俗说》曰：郗僧施青溪中泛舟，一曲处辄作一篇诗。谢益寿见诗叹曰："青溪中曲，复何可穷？"

《水经注》曰：磻溪，即太公钓所也，石壁深高，幽泉邃密，林障秀阻，亦人罕交。东南隅有石室，盖太公所居也；水次石平，即太公垂钓之处也。其水清冷神异，北流注于渭。

又曰：长阳溪源右穴中有神鱼，大者二尺，小者一尺，居民钓鱼，先陈所须多少，拜而请之，拜讫投钓，得鱼过数者，水辄波涌，暴风卒起，树木摧折。水侧生异花，路人欲摘者皆当先请，不得辄取。

又曰：白马溪水出宜阳山，有大石，厥状似马，故溪涧以物色受名也。

又曰：向城有水二源，俱北流合为一川，名天浆溪。

又曰：闽中有徐登者，女子化为丈夫，与东阳炳开善，越方时遭兵乱，相遇于溪，各矜其所能，登先禁溪水为不流，炳次禁枯柳为生荑，二人相视而笑。登年长，炳师事之。后登身故，炳东入章安，百姓未知，炳升茅屋，揞鼎而爨，主人惊怪，炳笑而不应，屋亦不损。又尝临水求渡，船人不许，炳乃张盖坐中，长啸呼风，乱流而济。于是，百姓神服，从者如归。

又曰：山阴县西四十里有二溪，东溪广一丈九尺，冬暖夏冷；西溪广三丈五尺，冬冷夏暖，二溪北出行三里，至徐村合成一溪，广五丈馀，而温凉不杂，盖《山经》所谓若水也。

又曰：朐䏰县有龟溪，出灵龟，咸熙元年，献龟于相府，言出此溪也。

《郡国志》曰：豫州吴房县，吴王阖闾之弟夫概王朝楚，楚封之于堂溪。

又曰：王昭君，秭归人也，有香溪，即昭君游处。

又曰：资阳县有环溪百丈池，所谓溪流如环，池深百丈也。

又曰：陵阳山在石埭县北三里，按《舆地志》，陵阳令窦子明于溪侧钓鱼，一日钓得白龙，子明怜而放之，后数年又钓得一白鱼，割其腹，中乃有书，教子明烧炼食饵之术，三年后白龙来迎子明，遂得上升。其溪环绕山足，今有仙坛，醮祭不绝。

《信州图经》曰：师溪水，源出黄蘗山北面，在弋阳县东南一百一十里，昔有隐士胡超居此，众人师之，故名师溪。

《越绝书》曰：薛烛对越王曰："若耶之溪涸而出铜也，古欧冶子铸剑之所。"故《战国策》云："涸若耶以取铜，破堇山而出锡。"

又《郡国志》曰：欧冶子铸剑处，下有孤潭，深而清，有孤石耸出，潭上有大栎树，谢客儿与弟惠连作诗连句，屡屡刻于树上。

《吴兴记》曰：前溪在县南，东流入太湖，谓之风渚，夹溪悉生箭箬，后溪在市北，东出余不亭，晋车骑将军沈充作前溪歌曲，传者以为指此溪也。

裴氏《广州记》曰：百管溪，周回丈余，水极沸涌，如猛火煎油声。

《临海图经》曰：铜溪，在县西北五十里，其水黄色，状似铜，故号铜溪也。

孙兴公《天台山赋》云：过灵溪而一濯是也。

《善歌录》曰：武溪水，源出武山，东南流注于沅，故为歌曰："武溪深复深，飞鸟不能渡，游兽不能临。"

又曰：下潦上雾，看飞鸟堕水中，即此也。

## 壑

《周易略例》曰：隆墀永叹，远壑必盈。

《礼记》曰：大蜡之祭，辞曰：土反其宅，水归其壑。

《山海经》曰：东海之水有大壑。

《列子》曰：渤海之东，不知几亿万里，有大壑，实惟无底之谷，曰归墟。

《庄子》曰：夫壑之为物，注焉而不满，取焉而不竭。

又曰：藏舟于壑，藏山于泽，谓之固矣。然而夜半有力者负之而走，昧者不知。

《孟子》曰：志士不忘在沟壑。

# 太平御览卷第六十八 地部三十三

## 冰

《说文》曰：冰，水坚也。凘，流冰也。

《易》曰：初六，履霜坚冰，阴始凝也，驯致其道，至坚冰也。

又曰：乾为寒，为冰。

《易通卦验》曰：大雪，鱼负冰。郑玄注曰：负冰，上近冰也。

《诗》曰：二之日，凿冰冲冲，，三之日，纳于凌阴。

《周礼》曰：凌人掌冰，祭祀供冰鉴，鉴如瓶，大口，藏冰以御温气也。宾客供冰，大丧供夷盘冰，夷盘，大盘。夏班冰。赐群臣也。

又曰：凌人掌冰，正岁十有二月令斩冰，三其凌。三其凌，三倍其冰。

《礼》曰：孟冬之月，水始冰，地始冻。仲冬之月，冰益壮，地坼，鹖鸟不鸣，虎始交。

又曰：立春之日，东风解冻，又五日，蛰虫始振，又五日，鱼上冰。风不解冻，号令不行；鱼不上冰，兵甲不藏。

《传》曰：楚子使薳子冯为令尹，遂以疾辞，方暑，阙地下冰而床焉，重茧衣裘，茧，袍也。《礼玉藻》曰：纩为茧，缊为袍。鲜食而寝。楚子使医视之，复曰：瘠则甚矣，而血气未动。

又曰：春无冰。梓慎曰："今兹宋郑其饥乎！阴不胜阳也。"

又曰：日在北陆而藏冰，西陆朝觌而出之。其藏冰也，深山穷谷，固阴沍寒，于是乎取之；其出之也，朝之禄位，宾食丧祭，于是乎用之。其藏之也，黑牡秬黍，以享司寒；其出之也，桃弧棘矢，以除其灾。祭寒而藏之，献羔而启之，火出而毕赋。自命夫命妇，至于老疾，无不受冰。山人取之，县人传之，舆人纳之，隶人藏之。夫冰以风壮，而以风出，其藏之也周，其用之也遍，则冬无愆阳，夏无伏阴，春无凄风，秋无苦雨，民不夭札。

《孝经援神契》曰：高山之巅无树，深海之渊无冰，刚太燥，温太柔也。

《家语》曰：霜降而妇功成，娶者行焉；季秋霜降。冰泮而家桑起，婚礼杀焉。

《史记》曰：姜嫄为帝喾元妃，出里见巨人迹，悦欲践之，践而身动如孕，期而生子，以为不祥，弃渠冰上，飞鸟以翼覆荐之。

薛莹《后汉书》曰：灵帝光和六年冬，北海东莱琅邪井冰厚尺余。

又曰：光武至蓟上，王郎使者至，上发蓟，晨夜驰骛，至曲阳呼沱河，道吏还言，河流澌，无船，不可渡。遣王霸往视，实然。霸念恐惊众，即还曰："冰坚可渡。"比至，冰可乘，帝遂得渡。

《汉书》曰：晁错上书曰："夫胡貉之地，积阴之处也，木皮三寸，冰厚六尺。"

臧荣绪《晋书》曰：王祥，字休征。后母朱氏思生鱼，时河水冰坚，祥朝朝冒厉风于河涯伺鱼，一朝忽冰开小穴，有双鲤跳出。

王隐《晋书》曰：慕容皝上言，正月十二日躬征平郭，远假陛下天地之威，将士竭命，精诚感灵，海为冰结，凌行海中三百余里。臣问故老，初无海冰之岁。平郭，盖近昌黎城也。

《北齐书》曰：文宣时，周人常惧齐兵之西度，恒以冬月守河椎冰，及后主即位，朝政多紊，齐人椎兵，惧周兵之逼。斛律光忧曰："国家常有吞关陇之志，今日至此。"

东方朔《神经异》曰：北方有冰万里，冰厚百丈，鼷鼠在冰下土中焉，其毛长八尺，可为褥却风寒。

王子年《拾遗录》曰：东海员峤山有冰蚕，长七寸，有鳞角，以霜雪覆之始为茧，其色五采，织为纹锦，入水不濡，投火不燎。

《南燕录》曰：慕容德正月渡黎阳津，流澌冰合，鄄令韩轨言于德曰："昔光武渡呼沱，冰澌自合，今大王济河，天桥自成。"德乃大悦。

《异苑》曰：石勒伐刘曜于洛阳，从大河南济，时河冻将合，军至而冰自泮，舟楫无阂，遂生擒曜，谓是神灵之助。

又曰：高平闾丘孝妇，以元嘉中怀娠，生一团冰，得日便消液成水也。

《吴越春秋》曰：越王念复吴，怨非一旦也，苦思劳心，夜以接日，冬寒则抱冰，夏热则握火。

《赵书》曰：刘曜攻石勒，将战，曜欲乘大赤马，马无故蹢躅不可近，于是退赤马。及合阵败走，曜体素壮，马小不胜陷冰，为石堪所擒也。

《博物志》曰：削冰令员，举以向日，艾承其影则有火。

《西京杂记》曰：汉制，以酒滴为书，取其不冰，以玉为砚，亦取其不冰也。

陆机《洛阳记》曰：冰室在宣阳门内，恒有冰，天子用赐王公众官。

戴延之《西征记》曰：凌云台有冰井，延之以六月持去，经日犹坚也。

《述征记》曰：冰井在凌云台北，古旧藏冰处。

《邓析书》曰：明君之御民，若乘奔而去辔，履冰而负重。

《晏子》曰：景公伐鲁，得东门无泽，问之："鲁年谷何如？"对曰："阴水凝，阳冰厚五寸。"晏子曰："如是则寒温节也，寒温节则政平，政平则年谷熟。请礼鲁以息怨也。"

《老子》曰：涣若冰将释。

《庄子》曰：夏虫不可以语于冰者，笃于时也。曲士不可以语于道者，束于教也。

又曰：朝受命而夕饮冰，我其内热欤?

《孙卿子》曰：冰生于水而寒于水。

《淮南子》曰：淮海有不死之草，北方有不释之冰。

又曰：夫水向冬则凝而为冰，迎春则释而为水，冰弛易乎前后。

又曰：观一叶之落，知岁将暮，睹瓶中之冰，而知天下之寒，以近喻远也。

《论衡》曰：夫爊一炬火，爨一镬水，终日而不热也。倚一尺冰，置庖厨中，终夜而不寒也。

《风俗通》曰：积水曰凌，壮冰曰冻，水流曰澌，冰解曰泮。

《魏子》曰：居危殆之国，治不善之民，是犹薄冰当白日，丛毛过猛火也。

《抱朴子》曰：五玉不染而坚，寒冰不砻而朗。

又曰：蹈薄冰以待夏日，登朽枝而须劲风。

《新论》曰：画水镂冰，与时消释。

## 潮水

《说文》曰：潮，朝也，从水朝。

《风土记》曰：俗说鲵，一名海鱿，长数千里，穴居海底，入穴则水溢为潮，出穴则水入潮退，出入有节，故潮水有期。

祖台之《志怪》曰：隆安中，陈悝于江边作鱼簄，正匪切。潮去，于簄中得一女人，长六尺，有容色，无衣服，水去不能动，卧沙中，与语不应。人有就辱之，悝夜梦云："我是江黄，昨失道，落君簄中，小人遂见加凌，今当白尊神杀之。"悝不敢移，潮来自逐水去，奸者寻病死。

《吴越春秋》曰：吴赐子胥剑而死，乃投之江中，子胥因扬波成涛，随潮往来。

《博物志》曰：东海中有牛鱼，其鱼形如牛，剥其皮悬之，潮水至则毛起，潮去则复也。

《临海异物志》曰：石鸡清响以应潮，慧躯轻逝以远縶。石鸡形似家鸡，在海中山上，海潮水将至，辄群鸣相应，若家鸡之向晨也。

裴渊《广州记》曰：石洲在海中，名为黄山，山北日一潮，山南日再潮。

《抱朴子》曰：糜氏云：潮者，据朝来也；汐者，言夕至也。一月之中，天再东再西，故潮水再大再小也。又夏时日居南宿，阴消阳盛，而天高一万五千里，故夏潮大也。冬时日居北宿，阴盛阳消，而天卑一万五千里，故冬潮小也。又春日居东宿，天高一万五千里，故春潮渐起也。秋日居西宿，天卑一万五千里，故秋潮渐减也。

又曰：天河从北极分为两头，至于南极，其一经南斗中过，其一经东斗中过，两河随天转入地下，过而与下水相得，又与海水合，三水相荡而天转排之，故激涌而成潮水。

又曰：涛水者潮，取物多者其力盛，来远者其势大，今潮水从东地广道远，乍入狭处，陵山触岸，从直赴曲，其势不泄，故隆崇涌起而为涛。俗人云，涛是伍子胥所作，妄也。子胥始死耳，天地开辟，已有涛水矣。

## 川

《说文》曰：川，贯穿通流水也。

《释名》曰：川者，穿地而流也。

《易》曰：地险，山川丘陵也，王公设险以守其国。

又曰：利涉大川。

《书》曰：予决九川，距四海。王肃曰：九川者，九州之川也。

又曰：若济大川，用汝作舟楫。

又曰：九山刊旅，九川涤源。

《礼》曰：天降时雨，山川出云。

《周礼》曰：扬州，其川三江。荆州，其川江汉。豫州，其川荥洛。青州，其川淮泗。兖州，其川河泲。雍州，其川泾汭。幽州，其川河济。冀州，其川漳。并州，其川呼沱。

又曰：两山之间，必有川焉。大川之间，必有途焉。

《大戴礼》曰：圣人有国，则川泽不竭。

蔡邕《月令章句》曰：众流注海曰川。

《国语》曰：幽王二年，三川皆震。

又曰：厉王虐，国人谤王。邵公告王曰："民不堪命矣！"王怒，得卫巫使监谤者。以告，则杀之。国人莫敢言，道路以目。王喜，告邵公曰："吾能弭谤矣，乃不敢言。"邵公曰："是鄣之也。防民之口，甚于防川。川壅而溃，伤人必多。民亦如之。是故为川决之使导，为民宣之使言。"

《语》曰：子在川上曰：逝者如斯夫！不舍昼夜。

《竹书记年》曰：蓝田川，有汉临江王荣冢，景帝以罪征之，将行，祖于江陵北门，车轴折，父老泣曰："吾王不反矣。"荣至都，中尉郅都急切责王，王年少恐而自杀，葬于是川，有燕数万衔土置冢上，百姓怜之。

《水经注》曰：龙鱼川，泽涨不测，出五色云，俗以为灵而莫敢采捕，因谓是水为龙鱼水，自下亦通谓之龙鱼川。

又曰：祥川者，汉戚夫人所生处也。高祖得而宠之，改其地为祥川，用表夫人载诞之休祥也。

《秦州记》曰：枹罕原北有凤林川，川中则黄河水东流。

《庄子》曰：昔者禹之堙洪水，决江河而道四夷九州，名川三百，支川三千，小者无数。

《方舆记》曰：清凉川，在兴道县北。

《唐史》云：德宗皇帝以朱泚之难幸梁洋，中书舍人齐映从驾至此川，见旌旗蔽野，上心骇，谓泚之追兵疾路至此，见梁帅严震具军容拜马前，叙君臣离乱，流涕久之。上喜，令震登马与朕作主人。映曰："严震与至尊导马，御膳自有所司。"顷之，上次洋州行宫，召映责以儒生不达兵机，烟尘时务姑息主帅，映奏曰："山南士庶，只知有严震，不知有陛下，且今天威亲临，令巴蜀士民知天子之尊，亦足以尽严震为臣子之节。"上叹之良久。震闻，特拜谢映，时议多之。即此川也。

# 太平御览卷第六十九 地部三十四

## 涧

《释名》曰：涧者，言在两山间也。

《诗》曰：秩秩斯干。秩秩，流行也。干，涧也。

又曰：于以采蘩，于涧之中。

又曰：于以采苹，南涧之滨。

又曰：考盘在涧，硕人之宽。

《尔雅》曰：两山夹水曰涧。

《汉书》曰：沛公与项籍临广武涧而语，数籍十罪。

《东观汉记》曰：耿恭以疏勒城傍有水，徙居之，匈奴来攻，绝其涧水，吏笮马粪汁饮之。

《水经注》曰：洛水东北流，注于公路涧，但世俗音讹，号之曰光禄涧，非也。

《异苑》曰：苻坚为慕容冲所袭，坚驰騧马堕而落涧，追兵几及，计无由出，马即踟蹰临涧，垂鞚与坚，坚不能及，马又跪授焉，坚攀之得登岸而走。

《幽明录》曰：人有山行坠涧者，无出路，饥饿仅死，见龟蛇甚多，朝暮引颈向四方，人因学之，遂不复饥，体殊轻便，能登岩岸。经数年后，竦身举臂，遂超出涧上，即便还家，颜色悦泽，颇更聪慧。洎食谷啖滋味，百日复其本质。

《郡国志》曰：汉武元封二年，有白羊出庸涧，初出一羊，野中妇人大惊拍手，羊因止。今俗生羊禁妇人拍手是也。

又《水经》曰：吴房县山溪有白羊渊，渊水出羊。

又曰：赤松涧在东阳，赤松子游金华山，以火自烧而化，故山上有赤松子之祠，涧自山出，故曰赤松涧。

《十道志》曰：广武涧，在今荥泽县西。

又《西征记》曰：三皇山上有二城，谓东西广武城，相去二百余步，隋河水从中东南流，今无水。今城东有高坛，即项羽坐太公于上以示汉军处，一谓鸿沟。

卢氏《嵩山记》曰：半马涧，人或云百马涧，亦曰拜马涧。故老传，王子晋得仙而马还，国人思之不见，乃拜其马于此也。

《韩子》曰：董安于为赵上地守，行石皋山，见深涧深百仞，问其御左右曰："人尝有入此乎？"曰："无有。""婴儿狂聋人入此乎？"曰："无有。""牛马犬彘入此乎？"曰："无有。"安于叹曰："吾能治矣，使吾法之无赦，犹入涧之必死，则民莫之犯也。"

## 洲

《诗》曰：关关雎鸠，在河之洲。四方有水，中央独高可居也。

《尔雅》曰：水中可居者曰洲。

《史记》曰：越王勾践平吴，徙夫差于甬东。韦昭曰："即句章东溪口外洲是也。"

《晋书》曰：殷仲堪为荆州刺史。先是，仲堪游于江滨，见流棺接而葬焉，旬日间，门前之沟忽起成岸。其夕有人过仲堪，自称徐伯，云感君之惠，无以报也。仲堪因问门前之岸是何祥乎？对曰："水中有岸，其名为洲，君将为州。"言终而没。至是果临荆州。

王隐《晋书》曰：朱崖在大海中，遥望朱崖，洲大如菌，举帆一日一夜至洲，周匝二千里，径度七八百里，可十万家，女多姣好，长发美鬓。

《吴录地理志》曰：吴富春县有沙涨，武烈为郡吏，赴府，乡人饯之，会于沙上，父老曰："此沙狭而长，君后当为长沙太守。"后果然，因名孙洲。

《吴志》曰：孙权遣卫温、诸葛直将甲士万人，浮海求夷洲及亶洲在海中，长老传言，秦始皇帝遣方士徐福将童男女数千人入海求蓬莱神仙及仙药，止此不返，世世相承有万家，其上人民时有至会稽货市。

《隋图经》曰：汉水迳琵琶谷至沧浪洲，洲即渔父棹歌处，庾仲雍记云谓之千龄洲。

《水经注》曰：龙阳县之洲，长二十里，吴丹阳太守李衡植甘橘于其上，临死，敕其子曰："吾洲里有木奴千头，不匮汝衣食，岁绢千匹。"

又曰：峥嵘洲，冠军将军刘毅破桓玄于此洲。

《山海经》曰：郁洲，一曰都洲，在海中。郭璞注曰：即东海郁洲山也。传此洲从苍梧徙来，上有南方物。

《扶南传》曰：涨海中倒珊瑚洲，洲底有盘石，珊瑚生其上也。

《西京杂记》曰：梁孝王兔园之中又有雁池，池有鹤洲，诸宫馆相连，异树怪兽，靡不毕备，王与宫人宾客，弋钓其中。

《吴地记》曰：长洲在姑苏南大湖北岸，阖闾所游猎处也。吴王遣徐详至魏，魏太祖谓详曰："孤比者愿越横江之津，与孙将军游姑苏之上，猎长洲之苑，吾志足矣。"详对曰："大王欲奉至顺以合诸侯，若越横江而游姑苏，是踵亡秦而蹑夫差，恐天下之事去矣！"太祖笑曰："徐生得无逆诈耶？"

《湘中记》曰：或曰，昭潭无底桔洲浮。昭潭，湘水至深处也。桔洲，每大水，诸洲悉没而桔洲独存焉。

王韶之《始兴记》曰：城西百余步有栖霞楼，临川王营置，清暑游焉，罗君章居之，因名为罗公洲。楼下洲上，果竹交荫，长杨傍映，高梧前竦，虽即城隍，趣同丘壑。

盛弘之《荆州记》曰：南江上有龙洲，下有宠洲，二洲之间，旧云多鱼，而投罟挥网，辄便挂绝。乃有客没而视之，中水有牛二头，常为破网，故渔者患之。

又曰：江津东十余里，有中夏洲，洲之首，江之汜也。故屈原云："经夏首而西浮。"又二十余里有涌口，所谓阎敖游涌而逸，二水之间，谓之夏洲，首尾七百里。

又曰：枝江县西至上明，东及江津，其中有九十九洲。楚谚曰：洲不满百，故不出王者。桓玄有问鼎之志，乃增一为两，以充百数，僭号旬时，身屠宗灭，及其倾覆，洲亦消毁。至宋文帝在藩，忽生一洲，果龙飞江表，斯有验矣。

《荆州图副》曰：百里洲，其上平广，土沃人丰，湖泽所产，足穰俭岁。又特宜五果，甘柰梨蔗，于此是出。

《荆南志》曰：枝江县界内，洲大小凡三十七，其十九有人居，十八无人。

刘桢《京口记》曰：嘉子洲西一里，得一贵洲，周回四十里许，上多有居民。昔魏文帝伐孙权至此洲，南望曰"彼人有焉"而退。因名曰贵洲。

《述征记》曰：晋宁县有龙荞洲，父老云：龙蜕骨于此洲，其水今犹多龙骨。

山谦之《丹阳记》曰：江宁县南二十五里有列洲，晋简文帝为相时，会桓温处也。

《郡国志》白：潮州白屿洲，亦自浮来，后会稽人姓丁识之，云曾藏铜熨斗于洲上，往取果得。

又曰：润州长命洲，梁武放生处。后魏使李谐来聘，武帝问曰："彼国亦放生否？"谐曰："不取，亦不放。"帝大惭。

《荆州图经》曰：襄阳县南八里，岘山东南一里，江中有蔡洲，汉长水校尉蔡瑁所居，宗族强盛，共保蔡洲，为王如所没，一宗都尽。

又曰：武当县西北四十里江中有沧浪洲，长四里，广十三里，《禹贡》称汉水东流为沧浪水，疑此洲是也。

《方言》曰：水可居者为洲，三辅谓之洲淤。郭璞注曰：《上林赋》云：行于洲淤之浦。

《舆地志》曰：伍子胥叛楚出关，于江上见渔父求渡，时傍多人，渔父歌曰："日灼灼兮骎已驰，与子期兮芦之漪。"子胥既渡，解百金之剑与渔父。渔父曰："楚购子粟五万，爵执圭，岂百金之剑乎？"子胥曰："勿令其露。"渔父知其意，遂覆舟而死，其处是灑洲，水路去洲一百九十里。

《江夏记》曰：鹦鹉洲在县北，按《后汉书》曰：黄祖为江夏太守，时黄祖与太子射宾客大会，有献鹦鹉于此洲，故以为名。

又《荆州记》曰：江夏郡城西临江有黄鹤矶，又有鹦鹉洲。侯景令宋子仙夜袭江夏，藏船于鹦鹉洲。

《建安记》曰：郡西南大溪之中有仙人洲，昔梅真人上升，坠马于此洲，故后名坠马洲。

《鄱阳记》曰：蠙洲在县西南溪中，有蚌出珠，贞观年中，因雨雹乃有蚌出珠，百姓采之，咸亦不空。其水平浅可涉。

《丹阳记》曰：白鹭洲，在县西三里，隔江中心，南边新林浦，西对白鹭洲，洲在大江中，多聚白鹭，因名之。

又曰：烈洲，在县西南。《舆地志》云：吴旧津所也，内有小水堪泊船，商客多停以避烈风，故以名焉。王浚伐吴宿于此，简文为相时，会桓玄之所也。亦曰溧洲。洲上有山，山形似栗，伏滔《北征赋》谓之烈洲。

又曰：吴时客馆在蔡洲上，以舍远，使苏峻作逆，陶侃等率所统同赴京师，直指石头，次于蔡洲是。

又曰：张公洲，在县西南，《梁书》太清二年，豫州刺史裴东之等舟师二万次张公洲。二年陈霸先击破侯子监师至张公洲，并此处。

又曰：加子洲，在县西南。

《三十国春秋》曰：晋咸和二年，温峤与陶侃起义兵伐苏峻，帅师四万直指石头，侃泊加子洲，即此处也。夏月堪泊船，冬月浅涸，自永昌之初，其洲忽一朝崩陷数里，随其形曲折，凡作九湾，行者所依，东西浩然矣。

《寻阳记》曰：鹊洲在县北。

《传》曰：昭公五年，楚以诸侯伐吴，吴败之于鹊岸。按鹊头与鹊尾相去八十里。杜预注曰：吴地也。庐江舒县东南有鹊尾渚。

## 湍

《广雅》曰：湍，濑也。

《水经注》曰：益阳县西有关羽濑，所谓关侯滩也。南对甘宁故垒。昔关羽屯军水北，孙权令鲁肃、甘宁拒之于是水，宁谓肃曰："羽闻吾咳唾之声，不敢渡也；渡则成擒矣。"羽夜闻其处分，曰："兴霸声也。"遂不渡。

又曰：汉水东为鳝湍，洪波奔荡，崩浪云颓。古老言，有鳝鱼奋鳍溯流望涛直上，至此则曝鳃失济，故因名湍。

《异苑》曰：永嘉郡有百簿濑，郡人断水捕鱼，宰牲祷祭以祈多获，逾时了无所得，众侣忿怨，弃业将罢。其夕并梦见老公云，诸君且可小停，要思其宜。夜忽闻有跳跃声，惊起共看，乃是大鱼蚪以为，顿获百簿，故因以百簿名濑。

《益部耆旧传》曰：犍为符泥和氏女，名光雄，和父乘船城湍堕水物故，尸丧不得，雄哀恸号咷，乘小船于父没处哭数声，自投水死，后与父相持浮出。

盛弘之《荆州记》曰：桂阳耒阳县有两濑，每县旱，百姓共壅之，甘雨普降，若一乡独壅，雨亦偏应。东有博望滩，张骞使外国经此船没，因以名滩。滩下接鱼复县界，有羊肠虎臂濑，阳亮为益州，至此覆没，人至今犹名为使君滩。

郑缉之《东阳记》曰：信安县去石门四十里，濑边悉有石牒，长三尺许，似罗列杂缯如店肆也。

刘德明《南记》曰：康赣水奔流二百余里，横波险濑二十四处。

## 滩

《益州记》曰：伏犀滩东南六十里有黄牛像，其崖峻险，远望之班润颇象黄牛。

又《水经》云：昔有黄牛从僰溪而出上此崖，乃化为石，是名伏犀滩。

又曰：荔枝滩东南二十里山顶上有一冢，冢唯有女贞树，树上恒有白猿栖息，《郡国志》云：僰道有玉女冢是。

《水经注》曰：江水又东经狼尾滩而历人滩。袁山松云："二滩相去二里，人滩水至峻峭，南岸有青石，夏没冬出，其石嵚崟数十步，中悉作人面形，或大或小，其分明者，鬓发皆具，因名人滩也。”江水又东迳黄牛山。下有滩。名曰黄牛滩，南岸重岭叠起，最外高崖间，有色如人负刀牵牛，人黑牛黄，成就分明，既人迹所绝，莫得究焉。此岩既高，加以江湍纡回，虽途经信宿，犹望见此物。故行者谣曰：“朝发黄牛，暮宿黄牛。”言水路纡深，回环望如一矣。

# 太平御览卷第七十 地部三十五

## 渊

《说文》曰：渊，回水也。

《尚书》逸篇曰：尧子丹朱不肖，舜使居丹渊为诸侯。

《韩诗外传》曰：东海之上有士曰菑丘䜣，以勇游于天下，过神渊饮马，马果沉，菑丘䜣朝服拔剑而入，三日三夜，杀三蛟一龙而出，雷电随而击之十日十夜，眇其左目。

《大戴礼》曰：圣人有国，则渊不涌。

《传》曰：郑子产曰："昔尧殛鲧于禹山，其神化为黄熊，以入于羽渊。"

又曰：郑大水，龙斗于时门之外洧渊。时门，郑城门也。

《水经注》曰：白鹿渊，南北三百步，东西千余步，深三丈余，其水冬清而夏浊，淡然不流。

《九州记》曰：乐寿县有房渊，方三百里，石勒建安三年水忽变为赤，燕慕容儁二年，水忽生盐如印形。其渊一日再长再减，不失其度。居近者时见龙狗之状戏于旁。叶落于渊者，辄有群燕衔出。

盛弘之《荆州记》曰：新野城北有柴山，山上有清冷之渊，耕父杨光之处。

又曰：鱼复县有神渊，北有白盐崖，天旱火燃崖上，推其灰烬下降渊中，寻则降雨。西有龙渊，清深不测，传云汉祖伐秦经途于此，见渊中白壁赤柱，状若官府，因名龙渊。

《宜都山川记》曰：乡下村有渊，渊有神龙，每旱，百姓辄以菵草投渊上流，鱼死龙怒，应时天雨。

《齐地记》曰：琅琊台上有神渊，污之则竭，斋戒即出。

《庄子》曰：舜以天下让其友北人无择。无择曰："异哉！欲以其污漫我，我羞之。”自投于清冷之渊。

《管子》曰：水出于地而不流者，命之曰渊。

《隋巢子》曰：夏桀德衰，岱渊沸。

《尸子》曰：龙渊有玉英。

司马相如《上林赋》曰：丹水更其南，紫渊经其北。

## 泉水

《说文》曰：泉，水源也。

《易蒙卦》曰：山下出泉，蒙，君子以果行育德。

《诗》曰：泉水，卫女思归也。《诗》曰：毖彼泉水，亦流于淇。有怀于卫，靡日不思。

又曰：爰有寒泉，在浚之下。

又曰：泉源在左，淇水在右。

又曰：莫高匪山，莫浚匪泉。

又曰：相彼泉水，载清载浊。

又曰：原隰既平，泉流既清，召伯有诚，王心则宁。

又曰：觱沸槛泉。

《传》曰：郑伯寘姜氏于城颍而誓之曰：“不及黄泉，无相见也。”既而悔之。颍考叔问公，公语其故。对曰：“君何患焉？若阙地及泉，隧而相见，其谁曰不然？”公从之。

《论语撰考谶》曰：水名盗泉，仲尼不漱。

应劭《汉官仪》曰：酒泉城，城下有金泉，味如酒，故曰酒泉郡。《三秦记》曰：酒泉郡中有井，味如酒也。

《晋书安帝纪》曰：吴隐之，字处默，性廉操，桓玄欲救岭南之弊，以隐之为刺史，州界有一水，父老云，饮此水者，廉士皆贪。隐之始践境，先至水所酌而饮之，因赋诗以言志，清操愈厉。

沈约《宋书》曰：王彭，盱眙人，少丧母，元嘉初，父又亡。家贫力弱，营葬，乡人助作砖，须得水，天旱，穿井数十丈无水。一旦砖灶前忽生泉，用之，事毕复竭，助者嗟叹。

《隋书》曰：豆卢勣，武帝嗣位，拜渭州刺史，甚有惠政，华夷悦服，德泽流行，大有祥瑞。鸟鼠山谷呼为高武陇，其下渭水所出，其山绝壁千寻，由来乏水，诸羌苦之，勣马足所践，忽飞泉涌出，有白鸟翔止厅前，乳子而后去，又有狼见于襄武，民为之谣曰："我有丹阳，山出玉浆，济我民夷，神鸟来翔。"百姓因号其泉为玉浆泉。

《唐书》曰：安金藏，京兆长安人，为太常丞。初，丧母寓葬于都南阙口之北，庐于墓侧躬造石坟石塔，昼夜不息，原上旧无水，忽有涌泉自出。

《遁甲开山图》荣氏解曰：女狄暮汲石纽山下，泉水中得月精如鸡子，爱而含之，不觉而吞，遂有娠，十四月生夏禹。

《水经注》曰：若耶溪东又有寒溪，溪北有郑公泉，泉方数丈，冬温夏凉，汉太尉郑公弘宿居潭侧，因以名泉。

又曰：横流溪，溪水甚小，冬夏不干，俗亦为贪泉，饮者辄冒于财贿，同于广州石门贪泉矣。廉介为二千石则不饮之，昔吴隐之挹而不辞，岂谓能渝其真乎？盖亦恶其名也。

又曰：汲县城北三十里有太公泉，泉上又有太公庙，庙侧高林秀木，翘楚竞茂，相传云太公之故居也。

又曰：土谷县故城西水源方百步，百泉俱出，故谓之百脉水。

又曰：霍太山上有岳庙，庙甚有灵，鸟雀不栖其林，猛虎常守其廷，又有灵泉供祭事，鼓动则泉流，声绝则水竭也。

又曰：长城背山面泽，谓之白道城，北出有高坂谓之白道岭，沿路唯土穴出泉，挹之不穷，古诗"饮马长城窟"，非虚言也。

《风土记》曰：阳羡县西南有泉，常有紫黄色浮见水上，出金之地也。

《益部耆旧传》曰：姜诗母，好食生鱼，饮江水。诗至诚之感，一朝涌泉在于门侧，流引江鱼，以给膳羞。

《十洲记》曰：瀛洲青玉膏山，泉如酒味，名之为玉泉也。

《玄中记》曰：东方有柴渚焉，在齐国山，山泉如井状，深不测。

至春时，鼋从井中出，出常败五谷，人常以林木柴塞则不出，故名为柴渚焉。

《魏土地记》曰：颂阳县东八十里有驳牛山，山下有百泉竞发，有一神牛驳身，自山而下饮泉竭，故山得其名。

《魏记》曰：洛城东南六十里，有涿鹿城，城东一里有阪泉，泉上有黄帝祠。

《三辅旧事》曰：昔有犊失母，哀鸣甚苦，地为发泉，因名鸣犊泉，今天旱祭之降雨，在冯翊。

又曰：姜泉在歧山县。

皇甫谧《帝王世纪》云：炎帝神农氏母有乔氏女登，为少典妃，游华阳，感神而生炎帝，长于姜水，因以氏焉。

郦元注《水经》云：炎帝长于姜水，即此水是焉。

《义兴记》曰：国山县有金硎，硎中沙石时灼灼如金者，旧名金泉，时获真金也。

《汉水记》曰：汉水有泉，方员数十步，夏常沸涌，望见白气冲天，能差百病，常有数百人饮浴之。

《宣城记》曰：临城县南四十里有盖山，登百许步，有舒姑泉。昔有舒氏女与其父斫薪，于泉处坐，牵挽不动，父还告家，比还，唯见清泉，女母曰："吾女本好音乐。"及弦歌，泉涌回流，见朱鲤一双。今作乐嬉戏，泉故涌出。

周景式《庐山记》曰：山西有龙泉精舍，初，远法师遣诸道人行卜地，息此而渴。法师因以杖掘地，即泉出，天旱，法师令道人读《海龙王经》，泉中有物如蛇而出角，腾空中去，须臾而雨。

《括地图记》曰：昆丘之上有赤泉，饮之不老，神宫有美泉，饮之眠三百岁乃觉，不死。

盛弘之《荆州记》曰：城东北三百步有孔子泉，其水甘馨，虽帝浆无以过也。

又曰：宜都夷陆县南勾将山下有三泉，传云本无此泉，居者苦于汲水，有一女子孤贫，忽有一乞人疮痍竟体，村人无不称恶，此女哀矜饴之。乞人乃腰中出刀，刺山下三处，即飞泉涌出。

《寻阳记》曰：莫山有涧，深丈余，朝夕辄有涌泉溢出如潮，号为潮泉。

《外国图》曰：员丘有赤泉，饮之不老。

《郡国志》曰：兰州有梁泉，昔梁晖者为羌所围，无水，晖以鞭扣地，以青羊祈山神，涌泉出而榆木成林。

又曰：肃州延寿城有山出泉注地，水肥如肉汁，燃之极明，与膏无异，但不可食，此方人谓名漆，得水愈炽。

《吕氏春秋》曰：太公钓于滋泉。

又曰：水之美者，昆仑之井，高泉之山，有涌泉焉。

《淮南子》曰：正土之气仰乎埃天，正土中也，其气上水。埃，天中央也。埃天五百岁生砄，砄，石名也。中央数五天，故五岁而一化。砄五岁生黄澒，黄澒英，水银也。黄澒五百岁生黄金，黄澒英五百岁化而为黄金也。黄金千岁生黄龙，黄金之精为黄龙也。黄龙入藏生黄泉，黄泉，黄龙之精汋也。黄泉之埃上为黄云，其气上至天也。阴阳相薄为雷，激阳为电，言黄气之相激薄也。上者就下，其气伤，复于天下也。流水就通而合乎黄海。言水从天下，则通流入于海也。偏土之气仰乎青天，偏土，方土也。青天八百岁生青增，青增，青石也。东方数八，故八百岁而一化。青增八百岁生青澒，青澒八百岁生青金，青金千岁生青龙，青龙入藏生青泉，青泉之埃上为青云，阴阳相薄为雷，激阳为电，上者就下，流水就通而合乎青海。壮土之气仰于赤天，壮土，南方土也。赤天七百岁生赤丹，赤丹砂也。南方数七，故七百岁而一化也。赤丹七百岁生赤金，丹沙不化为沙而可以为金，故气赤澒也赤金千岁生赤龙，赤龙入藏生赤泉，赤泉之埃上为赤云，阴阳相薄为雷，激阳为电，上者就下，流水就通而合乎赤海。弱土之气仰乎白天，弱土，西方土也。白天九百岁生白礜，白礜，白石也。西方数九，故九百岁而一化也。白礜九百岁生白澒，白澒九百岁生白金，白金千岁生白龙，白龙入藏生白泉，白泉之埃上为白云，阴阳相薄为雷，激阳为电，上者就下，流水就通而合乎白海。牝土之气仰乎玄天，牝土，北方土也。玄天六百岁生玄砥，砥，石也。北方数六，故六百岁而一化也。玄砥六百岁生玄澒，玄澒六百岁生玄金，玄金千岁生玄龙，玄龙入藏生玄泉，玄泉之埃上为玄云，阴阳相薄为雷，激阳为电，上者就下，流水就通而合乎玄海。

又曰：昆仑四水者，帝之神泉，以和百药，以润万物也。

傅咸《神泉赋》曰：余所居庭，庭前有涌泉，在夏则冷，涉冬而温，每夏游之，不知岁之有暑。

《抱朴子》曰：昆仑及蓬莱，其上鸟兽饮玉井泉，皆长生不死也。

李华《云母泉诗序》曰：洞庭湖西玄石山，俗谓之墨山，山南有佛寺，寺倚松岭，松岭下有云母泉，泉出石，引流分渠，周遍庭宇，发源如乳，源末派如淳浆，烹茶灌园漱濯皆用之。大浸不盈，大旱不耗，自墨山西北至石门，东南至东陵，广二十里，尽生云母，墙阶道路，光彩如列星，井泉溪涧，色皆纯白，乡人皆寿考，无癖痼疥搔之疾，华深乐之。

# 太平御览卷第七十一 地部三十六

## 瀵水

《尔雅》曰：瀵水出尾下。瀵，敷问切。汾阴有水口如车轮，名为瀵。尾犹底也。

《列子》曰：禹之治水而失涂，谬之一国，其名终北，不知际畔，无风雨霜露鱼禽草木。国中有山名韦岭，顶有穴，状若圆环，名曰滋穴。有水涌出曰神瀵，臭过兰椒，味过醪醴，一源分为四，国人饮神瀵，力志平和，过则醉，经旬乃醒也。

## 瀑布水

《水经注》曰：漯水又南入山，瀑布飞梁悬河注壑，崩湍十许丈，谓之马落山。

《幽明录》曰：衡山三峰最为竦桀，自非清霁素朝，不可望见。峰下有泉飞流如舒一匹绢，分映青林，直注山下，虽织罗不动，其上翛翛恒凄清风也。

《临海记》曰：郡西北有白鹄山，山有池水悬注，遥望见如倒挂白鹄，因以名山，上有深湖，湖中又有鱼，如二百斛船大，长二丈许。

《罗浮山记》曰：罗岭之南有瀑布，挂泉四十余丈。

周景式《庐山记》曰：泉在黄龙南数里，即瀑布水也，土人谓之泉湖。其水出山腹，挂流三四百丈，飞湍于林峰表出，望之若悬索，注水处石悉成井，其深不测也。

何尚之《清暑殿赋》曰：深波奔上，瀑布悬下。

孙兴公《天台山赋》曰：赤城霞起以建标，瀑布飞流而界道。

竺法真《登罗山疏》曰：增城县有石沟，深广三丈，有两瀑布皆同注此沟。相传云是仙人流杯池水。

## 温泉

《华阳国志》曰：邛都县南有温水，冬夏常热，其源可汤鸡豚，下流澡洗治宿病，余多恶水，水神自司不可秽污，及沉乱发照面，使人恶疾。

《幽明录》曰：始兴灵水源有汤泉，每至霜雪，见其上蒸气高数十丈，生物投之，须臾便熟。

《吴录》曰：始兴县有始兴山，山出温泉，可以瀹鸡。

《山海经》曰：温水出空峒山，山在临汾，南入河，迳阳北也。

《幽明录》曰：艾县辅山有温冷二泉，同出一山之足，两泉发源相去数尺，热泉可以瀹鸡，冷泉常若冰生。

《博物记》曰：不周山六川之水，温如汤也。

《辛氏三秦记》曰：始皇生时，作阁道至骊山八十里，人行桥上，车行桥下，金石柱见存。西有温泉，俗云始皇与神女戏，不以礼，女唾之则生疮，始皇怖，谢神女，为出温泉，后人因洗浴。

《江乘地记》曰：东南三十五里有汤泉，半冷半温，共同一壑。

盛弘之《荆州记》曰：新都县有温泉，冬月，未至数里，遥见白气如烟，上下交映，状如绮疏。又有车轮双辕形，世人传，昔有玉女乘车自投此泉，人时见女子姿仪光丽，往来倏忽。人造泉有声，则沸从下出，而不可止也。

又曰：枣阳县界有温泉，其下有田，资以浸灌，一年三熟。

王孚《安城记》曰：宜阳县南乡有温泉焉，以生鸡卵投其中，熟如煮也。

伏琛《齐地记》曰：曲城东七十里有温水，水如汤沸，可疗百病，煮物无不熟也。

《水经注》曰：温水出太一山，其水沸涌如汤。杜彦达曰，可治百病，世清则病愈，世浊则无验。

## 潢

《说文》曰：潢，积水池也。

《晏子春秋》曰：景公与晏子立曲潢之上，公望见齐国，问晏子曰："后世孰将践有齐者？"晏子对曰："非贱臣之所敢议。"

## 津

《论语》曰：长沮、桀溺耦而耕，孔子过之，使子路问津焉。长沮曰："夫执舆者为谁？"子路曰："为孔丘。"曰："是鲁孔丘与？"曰："是也。"曰："是知津矣。"言数周流，自知津处。

《晋书》曰：雷焕卒，子华为州从事，持剑行经延平津，忽于腰间跃出堕水，使人没水取之，不见剑，但见两龙，各长数丈，蟠萦有文章，没者惧而返。须臾，光采照水，波浪惊沸。

崔鸿《十六国春秋》曰：石虎起河桥于灵昌津，采石为中济，石无大小辄随流，用功五百余万而终不成。虎遣散骑侍郎崔收沉璧中流告神，已，地震水流莫不倾坏，压死者百余人。虎甚怒，乃斩工匠，止作而还。

又曰：慕容德正月渡黎阳津，流澌冰合，邺令韩轨言于德曰："光武渡呼沱，澌冰自合；大王济河，天桥自成。灵命所扶，征兆已见。"德大悦，改黎阳津为天桥津。

《郡国志》曰：陕州平陆县小平津，张让劫献帝处。南岸有勾陈垒，武王伐纣，八百诸侯会处。

又曰：杜预造河桥于富平，即此也。

又曰：曹州离狐县有延津，澹台子羽投璧断蛟处。

郦善长注《水经》曰：旧东郡白马县神马亭，有神马寺，去白马津可二十许里，东南去白马县故城可五十里。《开山图》所谓白马山也，山上常有白马群行，悲鸣则河决，驰走则山崩。

又曰：吕望，东海人也，老而无遇，以钓干周。吕望行年五十，卖食棘津，七十则屠牛朝歌，行年九十，身为帝师。

又曰：弘农郡有窦津，说者咸云，汉武微行柏谷遇辱，感其妻深识，既反，厚赉赏焉，赐以河津，令其鬻渡。今窦津是也。

又曰：云中、定襄之间有津，曰君子济。昔汉桓帝十三年，西幸榆中，东行代地，洛阳大贾赍金货随帝后行，夜迷失道，往投津长，津长送之渡河，贾人卒死，津长埋之。其子寻求父丧，发冢举尸，资费一无所损，其子悉以金与之，津长不受。事闻于帝，帝曰："君子也"。即名其津为君子济。

又曰：河水东北为长寿津。

《述征记》曰：凉城至长寿津六十里，河之故渎在焉。

《异苑》曰：石勒元初十一年，伐刘曜于洛阳，从大河南济，时冻将合，军至而冰自泮，舟楫无阂，遂生擒曜，谓是神灵之助，改名灵昌津。

《吴越春秋》曰：勾践入吴，吴王遣之，越王伏不敢起，吴王遂引上车，范蠡为执御，至三津之上，仰天长叹，泪下沾襟，曰："嗟乎！孤厄也，不意复生渡此津！"

## 渚

《释名》曰：渚，遮也，能遮水从傍回也。

《诗》云：鸿飞遵渚，公归无所，于汝信处。

又曰：鱼潜在渊，或在于渚。

又曰：凫鹥在渚，公尸来燕来处。

《广雅》曰：渚，处也。

《晋书》曰：温峤至牛渚矶，水深不可测，世云其下多怪物，峤遂毁犀角而照之。须臾，见水族覆水，奇形异状，或乘车马赤衣者。峤其夜梦人谓己曰："与君幽明异路，何意相照也？"意甚恶之。峤先有齿疾，至是拔之中风，至镇未旬而卒。

又曰：殷羡，建元中为豫章太守，去郡，郡人多附书一百余封，行至江西石头渚岸，以书掷水中，祝曰："沉者自沉，浮者自浮，殷洪乔非是致书邮。”故时人号为投书渚。

《吴兴记》曰：乌程西风渚者，防风氏国也。

《幽明录》曰：淮南牛渚津水极深，无可算计，人见一金牛，形甚瑰壮，以金为锁绊。

《文选》诗曰：双燕游兰渚

## 潏

《释名》曰：潏，术也，堰使水郁术也，鱼梁水碓之类也。

《尔雅》曰：人所为曰潏。犍为舍人曰：人力水为居止。

## 沚

《释名》曰：沚，止也，小可以止息其上也。《广雅》同。

《诗》曰：溯回从之，宛在水中沚。

又曰：菁菁者莪，在彼中沚。

《传》曰：涧溪沼沚之毛，潢污行潦之水，可荐于鬼神，可羞于王公。

## 坻

《说文》曰：秦谓陵阜曰坻。

《释名》曰：坻，迟也，能小遏水使流迟也。

贾谊《鵩鸟赋》曰：乘流爰逝兮，得坻则止。

## 湄

《神仙传》曰：河上公，汉景帝时结草为庵于河之湄，常读《老子》，帝不解《老子》，数事遣问，公不答。帝驾从之，公即跃身空中矣。

## 漘

《说文》曰：漘，水涯也。

《诗序》曰：汝坟，道化行也，文王之化行乎汝坟之国也。《诗》曰：遵彼汝坟，伐其条枚。

又曰：彼汾沮洳，言采其莫。

## 涘

《说文》曰：涘，水涯也。

《诗》曰：绵绵葛藟，在河之涘。

又曰：所谓伊人，在水之涘。

## 波

《释名》曰：风吹水成文为澜。澜，连也，波体转流相及连也。小波曰沦，沦，伦也。水文相次有伦理也。

《诗》曰：有豕白蹢，烝涉波矣。

《魏志》曰：魏明帝至广陵，临江观兵，见涛波汹涌，叹曰："此天所以限南北也。"遂归。

又曰：徐宣从文帝于广陵，六军乘舟，风浪暴起，帝船回倒，宣时病在后，凌波独前，群僚无至者，帝壮之，迁尚书。

《益部耆旧传》曰：张霸为会稽太守，入海捕贼，遭疾风晦冥，波水涌起，士卒惊白霸，霸曰："无得恐，太守奉法追贼，风必不为害。"须臾风静波止。

《庄子》曰：孔子游乎缁帷之林，休坐乎杏坛之上，有渔父者，孔子曰："其圣人与？"乃下求之。渔父语讫刺船而去，延缘苇间，颜渊还车，子路授绥，孔子不顾，待水波定，不闻拏音，而后敢乘。拏，船棹也。

《淮南子》曰：武王伐纣，渡盟津，阳侯之波逆如击，疾风晦冥，人马不相见。于是，武王左操黄钺，右执白旄，瞋目而麾之曰："余在，天下谁敢害吾意者！"于是风霁波罢。

又曰：楚国之人有乘船而遇大风者，波至而恐，自投于水。非不贪生而畏死，或恐死而忘生也。

《世说》曰：桓宣武在南州，与会稽王会于漂洲，于时漾舟江侧，谢公亦在，狂风忽起，波浪鼓涌，非人力所制，桓有惧色，会稽王亦微异，唯谢公怡然自若。顷间风止，桓问谢曰："向那得不惧？"谢徐笑答曰："何有三才同尽理。"

《孔丛子》曰：子顺谓韩王曰："胡越之人同舟济江，中流遇风波，其相救如左右手，所患同也。"

《广雅》曰：阳侯，涛大波也。

《战国策》曰：或谓公叔曰："乘舟漏而不塞，则舟沉矣；塞漏舟而轻阳侯之波，则舟覆矣。今公自以辩于薛公，是塞漏舟而轻阳侯之波也。

# 太平御览卷第七十二 地部三十七

## 薮

《说文》曰：薮，大泽也。

《周礼》曰：扬州之泽薮曰具区，荆州之泽薮曰云梦，豫州之泽薮曰甫田，青州之泽薮曰孟诸，兖州之泽薮曰大野，雍州之泽薮曰弦蒲，幽州之泽曰医无闾，冀州之泽曰昭馀祁。虞候、祈望，皆官名也。

《国语》曰：穀、洛斗，将毁王宫，王欲壅之。太子晋谏曰："古之长民者不隳山，不崇薮，不防川，不窦泽。夫山，土之聚也；薮，物之归也。"

又曰：其后伯禹念前之非度，度，法也。厘改制量，象物天地，比类百则，仪之于民，而度之于群生，共之从孙，四岳左焉。高高下下，疏川导滞，钟水丰物，丰殖九薮，汩越九原，宅居九隩，隩内，九州之内，皆可宅居也。合通四海。故天无伏阴，地无散阳，水无沉气，火无灾燀，神无间行，民无淫心，时无逆数，物无害生，帅象禹之功，度之于轨仪，莫不嘉绩，克厌帝心。皇天嘉之，祚以天下。

《尔雅》曰：鲁有大野，今高平钜野县东北大泽。晋有大陆，今钜鹿北广河泽。秦有杨纡，音讴。今在扶风汧县西也。宋有孟诸，今在梁国睢阳县东北也。楚有云梦，今南郡华容县东南巴丘湖是也。吴越之间有具区，今吴县南太湖，即震泽也。郑有甫田，今荥阳中牟县西甫田泽。周有焦获，音互。今扶风池县阳瓠中是也。谓之十薮。

《汉书》曰：司马相如论巴蜀父老文云，鹪鹏已翔于寥廓之宇，而罗者犹视于薮泽。

《风俗通》曰：薮，厚也。草木鱼鳖所以厚养人君与百姓也。

《吕氏春秋》曰：昭馀祁，一名大昭，又名沤泽。《周礼》并州薮，俗名鄢城泊是。按薮自太原祁县连延西接至此。

《关中记》曰：弦蒲薮，案《周礼职方氏》雍州，其薮曰弦蒲。

《晋太康地志》云：汧泽有蒲谷乡弦中谷，乃雍州之弦蒲也。按《汉书地理志》取蒲薮即弦蒲薮是焉。

《水经注》曰：汧水，源出汧山蒲谷乡雍中谷，决为弦蒲薮。

## 泽

《释名》曰：下有水曰泽，言润泽也。

又曰：水泆出所为泽曰掌，水停处如手掌中也。今兖州人谓泽曰掌。

《说文》曰：坳泽在昆仑墟下。荷泽在山阳胡陆南。

《易》曰：丽泽，兑，君子以朋友讲习。

又曰：泽中有雷，随，君子以向晦入宴息。

又曰：上天下泽，履，君子以辩上下，定民志。

又曰：泽上有地，临，君子以教思无穷，容保民无疆。

又曰：山上有泽，咸，君子以虚受人。

又曰：上火下泽，睽，君子以同而异。

又曰：泽上有雷，归妹，君子以永终知敝。

又曰：山下有泽，损，君子以惩忿窒欲。

又曰：泽上于地，萃，君子以除戎器，戒不虞。

又曰：泽上有水，节，君子以制数度，议德行。

又曰：泽中有火，革，君子以治历明时。

又曰：泽上有风，中孚，君子以议狱缓死。

又曰：泽灭木，大过，君子以独立不惧，遁世无闷。

又曰：泽无水，困，君子以致命遂志。

又曰：象曰：泽上于天，夬，君子以施禄及下，居德则忌。

《河图曰》曰：大迹出雷泽，华胥履之生伏牺。雷泽，泽也。

《书》曰：雷夏既泽，灉沮会同。孔安国注曰：雷夏，泽名。

《书大传》曰：舜渔于雷泽。郑玄注曰：雷泽，今属济阴。

《诗》曰：彼泽之陂，有蒲与荷。

《周礼》曰：川泽，其动物宜鳞物，其植物宜膏物，其民黑而津。

又曰：泽虞，掌国泽之政令，为之厉禁，使其地之人守其财物，以时入于王府，颁其余于万民。

《礼》曰：獭祭鱼，然后虞人入泽梁。

《礼记稽命征》曰：王者，德礼之制者，泽谷有朱鸟白玉，赤蛇赤龙出焉。

《传》曰：宣十五年，晋侯救宋。伯宗曰："不可。古人有言，虽鞭之长，不及马腹。天方授楚，未可与争，虽晋之强，能违天乎？谚曰高下在心，度时制置。川泽纳污，受污浊也。山薮藏疾。……君其待之。"

又曰：卫侯出奔齐，孙氏追之，败公徒于柯泽。济北东阿县西南有大泽是也。

又曰：叔向母曰："深山大泽，实生龙蛇。"

《广雅》曰：方泽，祭地也。

《太公金匮》曰：夏桀之时，有苓山之水，桀常以十月发民凿山穿陵，通于河。民谏曰："孟冬凿山穿陵，是泄天气，发地藏，天子失子道，后必有败。"桀杀之。期年，苓山一旦崩为天泽。

《战国策》曰：淳于髡一日见七人于齐宣王。王曰："千里而一士，是比肩而立，百世而一圣，若随踵而生。"淳于髡曰："今求桔梗于沮泽，则累世不得一矣。"桔梗，山中之草。

《史记》曰：陈馀与张耳相失，余解印绶付耳，亡入泽中捕鱼。

又曰：《封禅书》云：上郊雍，通回中道，春至鸣泽。

《汉书》曰：高祖以亭长送徒骊山，徒道亡，到丰西泽中停饮，夜皆解纵，曰："公等皆去，吾亦从此逝矣。"

又曰：秦皇帝常曰，东南有天子气。于是，东游以厌当之。高祖即自疑，亡匿隐岩石之间，吕后与人俱求，常得之，高祖怪而问之，吕后曰："季所居，上常有云气，故从往，常得季。"高祖心喜，沛中子弟或闻之，多欲附者。

《西域传》曰：康居国西北二千里有奄蔡国，控弦十万，临大泽而居。

又曰：河有两源，合东注盐泽，一名昌蒲海，去玉门关三百里，广轮四百里，水冬夏不减，皆以为潜行地下。

《续汉书》曰：吴祐尝牧豕于长垣泽中。

《晋中兴书》曰：刘牢之至五桥泽中败绩，兵士殆尽，牢之马超五丈涧得免。

《晋书》曰：陶侃少时，渔于雷泽，尝网得一织梭，以挂于壁，有顷雷雨至，遂为龙而去。

《穆天子传》曰：天子北征，舍于珠泽。

《山海经》曰：稷泽。后稷神所凭，因以为名也。

《帝王世纪》曰：雀山之地，一夕为大泽，而深九尺。

戴延之《西征记》曰：巨泽，鲁之西界，孔子获麟处。

《管子》曰：北泽烧火照台下。管子曰："万乘之国，不可无薪而炊。今北泽烧，农夫得卖其薪荛，一束十倍。"

又曰：涸泽数百岁水不绝者，生庆忌，其状若人，长四寸，黄衣黄冠，戴黄盖，乘水鸟，好疾驰，以其名呼之，可使千里外，一日反报，此涸泽之精也。

《文子》曰：高莫高于天，下莫下于泽，天高泽下，圣人法之。

《韩非子》曰：鲁人烧积泽。天北风，火南倚，恐烧国。哀公惧，自将众趋救之。

《新序》曰：晋公逐兽于砀，入大泽，迷不知所出，问渔者，送出泽，因以谏之。公令记其名，渔者曰："公亟反国，臣亦反渔所。"

又曰：楚威王问于宋玉曰："先生其有遗行也，何士民众庶不誉之甚？"宋玉对曰："鲸鱼朝发昆仑之墟，暮宿于孟诸，夫尺泽之鲵，岂能与之量江海之大哉？世俗之民，又安知臣之所为哉？

《风俗通》曰：水草交曰泽，言润万物以阜民用。

《水经注》曰：路温舒，钜鹿县之东里人，里监门使温舒牧羊泽中，取蒲牒用写书，即此泽也。

又曰：坳泽，河水之所潜也，其源浑浑泡泡者也。东去玉门阳关一千三百里，广轮四百里。其水澄停，冬夏不减。其中洄湍雷转，为隐沦之脉，当其圜流之上，飞禽奋翮于霄中者，无不坠于渊波。即河水之所潜，而出于积石也。

又曰：徐州丰西泽，即高祖斩白蛇之所。

又曰：中牟县圃田泽，北与阳武分，水泽多麻黄草，故《述征记》曰："践县境便睹斯卉，斯卉穷，则知逾界。"今虽不能然，谅亦非谬。《诗》所谓"东有甫草"也。皇武子曰："郑之有原圃，犹秦之有具囿。"泽在中牟县，西限长城，东极官渡，北佩渠水，东西四十许里，南北二十许里，中有沙冈，上下有二十四浦，津流迳通，渊潭相接，各有名焉。有大斩、小斩，大灰、小灰、义鲁、练秋、大白杨、小白杨、散吓、禺中、羊圈、大鹄、小鹄、龙泽、蜜罗、大哀、小哀、大长、小长、大缩、小缩、伯丘、大盖、牛眼等浦，水盛则北注，渠溢则南播。故《竹书纪年》云：梁惠成王十五年，入河水于甫田。又为大沟而引甫水者也。

《图经》曰：晋有大陆，《吕氏春秋》云：晋之大陆，犹赵之钜鹿也。按《隋图经》云：大陆、大鹿、大河，即一泽而异名也。《汉书》云：路温舒取蒲于此也。泽亦《尚书》云："纳于大麓"，是此也。

《河南图经》曰：广成泽，在梁县西四十里。

《后汉书》云：安帝永初元年，以广成游猎地假与贫人，于时马融作《广成颂》云："大汉之初基也，揆厥灵囿，营于南郊，右轓三途，左枕嵩岳，面据衡阴，箕背王屋，浸以波溠，演以荣洛，金山石床，殷起乎中，神泉侧出，丹水湟池，怪石浮磬，混乎其陂。"是此泽也。隋大业中，置马牧焉。亦名广陂，其灌溉之利，至今百姓赖之。

《舆地志》曰：稡泽在王城西北三十里，与金谷相近。又《郡国志》云："泽即金谷也，有金水出焉，故谓之金谷，晋石季伦别墅在焉。

## 陂

《说文》曰：陂，池也。

《书》曰：九川涤源，九泽既陂。陂，泽也。

《诗》曰：彼泽之陂，有蒲与荷。

《史记》曰：高祖母云刘媪，尝息大泽之陂，梦与神遇，时雷电晦冥，见蛟龙于其上，已而有娠，遂产高祖。

又曰：宁成抵罪得脱，乃诈驰传出关，归家称曰："仕不至二千石，贾不至千万，安可比人乎？"乃贳贷，买陂田千余顷，假贫民，役数千家焉。

《汉书》曰：汝南旧有鸿郄大陂，郡以为饶，成帝时，关东数水，陂溢为害。翟方进为丞相，以为决去陂水，其地肥美，省堤防之费，遂奏罢之。及翟氏败后，乡里归恶于方进，言方进请陂下良田不得而奏罢陂。顾野王云：王莽时尝苦旱，因追怨方进，童谣云："坏陂谁？翟子威。饭我豆，食美芋。魁反覆，陂当复。谁言者？两黄鹄。"建武中，太守邓晨使许阳典复鸿郄，以阳为都水掾。阳曰："昔成帝梦上天，天帝怒曰：何故坏我濯龙池。"于是，乃因高下形胜，起塘四百余里，数年乃立。

《续汉书》曰：郭林宗交汝南黄叔度，先过袁奉高，不宿而去，信从黄宪，累日方还。泰曰："叔度之量，汪汪若万顷之陂，澄之不清，扰之不浊，不可量也。"

谢承《后汉书》曰：汝南许阳，晓以术承地脉，太守邓晨署为平水掾，使治鸿郄陂，陂成，人谮阳言取钱，晨系阳于狱，户自开，械自解，晨释之出，时日暮，陂上有火光引前，清德之感也。

《魏略》曰：明帝出次摩陂，有龙见于井中，帝出观龙，因改摩陂为龙陂。

《异苑》曰：东乡太湖，吴庚申岁于此有一军士五百人，将破堰取鱼，先以酒肉祈神，约令水涸。夜梦人云，塘水速竭，若见巨鳞，慎勿杀也；又有铜釜，并不可发。明往决水，翕然而尽，得白鱼，形状非常，小人贪利，剖而治之，见昨所祭余食充溢肠内。须臾复得釜，又取发，水便暴出，五百人一时没溺。唯督监得存，具说事状，于今犹名此湖为五百陂。

《汝南先贤传》曰：郑敬去吏，隐居于蚁陂之阳，以鱼钓自娱，弹琴咏诗，常方坐于陂侧，随杞柳之荫，铺茅蘼为席。

《淮南子》曰：譬若同陂而溉田，其受水均也。

《孙绰子》曰：海人曰，横海有鱼，一吸万顷之陂。

《抱朴子》曰：葛仙公每酒醉，常入家门前陂水中卧，竟日乃出。

《方舆记》曰：新蔡县葛陂，费长房化竹之所，后汉于此立葛陂县。

《河南图经》曰：洛水，自苑内上阳宫南弥浸东注，当宇文恺版筑之时，因筑斜堤，今东北流。水衡作堰九所，形如偃月，谓之月陂。

《寿春图经》曰：芍陂在安丰县。《淮南子》曰："楚相作期思之陂，灌雩娄之野。"又《舆地志》、崔寔《月令》云，孙叔敖作期思陂，即此是也。故汉王景为庐江太守，重修起之，境内丰给。又按芍陂上承淠水，南自霍山县北界驺虞石入，号曰濠水是。北流注陂中，凡经百里，灌四万顷。

# 太平御览卷第七十三 地部三十八

## 桥

《说文》曰：桥，水梁也。榷音角，水上横木，所以渡者。亦曰约音灼，今谓之略彴。东楚谓桥为圯。

《诗》曰：维鹈音题。在梁，不濡其翼。

又曰：造舟维梁。

又曰：有狐绥绥，在彼淇梁。

《尔雅》曰：梁莫大于溴梁。郭璞注曰：梁即桥也。或曰：梁，石桥也。石杠音江。谓之猗音寄，亦曰石桥也。

《史记》曰：张良曾间从容出游下邳圯上，楚人谓桥为圯。音怡。有老父衣褐至良所，直堕其履圯下，顾谓良曰："孺子下取。"良下为取履，因长跪授之，父足受，笑而去。

又曰：文帝行出中渭桥，有一人从桥下走，乘舆马惊，使骑捕，属之廷尉。张释之治问。曰："县人来，如淳曰：长安县人。闻跸，匿桥下。久以为行过，既出，见车骑，即走耳。"廷尉奏：犯跸，当罚金。

又曰：西门豹发民凿十二渠引水灌民田，到汉世而长吏以为十二渠绝驰道，相比近，不可。欲合渠水，且至驰道合三渠为一桥。邺人民父老不肯听长吏，以为西门君所为，贤君之法式不可更也。长吏终听置之。

《汉书》曰：薛广德为谏议大夫，上酎祭宗庙，出便门，欲御楼船。广德当乘舆，免冠顿首曰："宜从桥。"诏曰："大夫冠。"广德曰："陛下不听臣，臣自刎。以血污车轮，陛下不得入庙矣。"上不悦。光禄大夫张猛进曰："乘船危，就桥安。"上曰："晓人不当如是耶？"乃从桥。

《东观汉记》曰：班超讨焉耆王广，广遣其左将比鞬友奉迎，超赐而遣，焉耆国有苇桥之险，广乃绝桥，不欲令汉军入国，超更从他道渡。

《魏略》曰：驴分国往大秦，渡河桥长三百四十里。

又曰：洛阳城西洛水浮桥三处三柱，三公象也。

《魏志》曰：钟繇尝与族父瑜至洛阳，道遇相者曰："此童有贵相，然当厄水。"行未十里，渡桥马惊，堕水几死，而后至太傅。

又曰：景元四年伐蜀，钟会领十余万众，分从斜谷入，先遣牙门将许仪在前治道，会在后行，而桥穿马足陷，于是斩仪。

《蜀志》曰：先主为曹公所追，张飞距后，据水断桥，无敢近者。

《吴志》曰：凌统，字公续，从征合淝，为右部都督，时权彻军还，前部已发，魏将张辽等奄至津北，权使追还前兵，兵已远，势不相及也，统率亲近三百人扶杆权出，敌已毁桥之两板，策权马过，统复还战。

王隐《晋书》曰：杜预启建河桥于富平津，众论以为殷周所都，经圣贤而不作者，必不可作故也。预曰："昔造舟为梁，则河桥之谓也。"遂作桥，成，上从百官临会，举杯劝预曰："非君，此桥不立也。"预曰："非陛下之明，臣亦不获奉成圣制也。"众咸称善。

《后魏书》曰：崔亮为雍州刺史，城北渭水浅不通船，行人艰阻。会天大雨，山水暴至，浮出长木数百根，藉此为用，桥遂成立，百姓利之，至今犹名崔公桥。

又曰：于栗磾音低从太宗南临孟津，谓栗磾曰："可作桥乎？"磾曰："杜预造桥遗事可想。"乃编次大船构桥于野坂，六军既济，太宗乃深叹焉。

《北齐书》曰：张亮守河州，文帝于上流放火船，欲烧河桥。亮乃备小艇百余，皆载长锁，锁头施钉，火船将至，即驰小艇以钉之，引锁向岸，火船不得及，桥全，亮之计也。

《唐书》曰：韦景骏，神龙中，累转肥乡令，县北界漳水，连年泛溢，旧堤迫近水漕，虽修筑不息，而漂流相继。景骏审其地势，拓南数里，因高筑堤，暴水至，堤南以无患，水去，而堤北称腴田。漳水旧有架柱长桥，每年修葺，骏又改造为浮桥，自是无复水患，至今赖焉。

《战国策》曰：豫让欲为知伯报仇，漆身吞炭，襄子当出，伏于桥下，至桥马惊，曰："是必豫让也"，求之果是。

《述征记》曰：方兴县鬼桥，忽一夜闻人呼唤声，车行雷骇，晓而石桥自成，家家牛皆喘息未定。

《齐地记》曰：秦始皇作石桥，欲渡海观日出处。旧说始皇以术召石，石自行至，今皆东首隐轸似鞭挞瘢，形似驰逐。

《英雄记》曰：公孙瓒击青州黄巾贼，大破之，还屯广宗。袁本初自往征瓒，合战于界桥南二十里，绍将鞠义破瓒于界城桥，斩瓒。冀州刺史纲严又破瓒殿兵于桥上，即此梁也。

《寻阳记》曰：庐山上有三石梁，长数十丈，广不盈尺，窈然无底。吴猛将弟子登山，过此梁，见一翁坐桂树下，以玉杯承甘露浆与猛，又至一处，见数人，为猛设玉膏。猛弟子窃一宝，欲以来示世人，梁即化如指，猛使还宝，其梁复如故。

《三辅故事》曰：汉丞相夏侯婴墓，在饮马桥东大道南，人谓之马冢。

《三辅黄图》曰：秦始皇并天下，都咸阳，营殿：端门四达，以则紫宫；渭水贯都，以象天汉；横桥南渡，以法牵牛。

《襄阳耆旧记》曰：木兰桥，今之猪兰桥是也。刘季和于此桥东大养猪，襄阳太守曰："此猪屎臭，当易名猪兰桥。"初如戏言，而百姓遂易其名。

《郡国志》曰：漳水，建武十一年，造紫陌浮桥于水上，有天井堰。魏文侯时，西门豹为邺令，沉巫处也。

又曰：通门内有皋桥，即汉皋伯通居此，桥以得名。梁鸿赁舂之所。

常璩《华阳国志》曰：李冰造七桥，上应七星。故光武谓吴汉曰："安军宜在七星桥间也。"

又曰：升迁桥，在成都县北十里，即司马相如题桥柱曰："不乘驷马高车，不过此桥。"

又曰：万里桥在成都县南八十里，蜀使费祎使吴，诸葛亮送之于此。叹曰："万里之路始于此桥。"因名万里桥。

《地理志》曰：漳水出上党邺中，赵武帝于漳水造浮桥接紫陌，故号曰紫陌桥。

祖台之《志怪》曰：义兴郡溪渚长桥下有苍蛟，吞啖人，周处执剑桥侧伺，久之遇出，于是悬自桥上投下蛟背而刺焉，蛟数创，流血丹溪，自郡渚至太湖句蒲乃死。

《水经注》曰：上虞县，亦名虞宾，舜避丹朱于此，故以名县。百官从之，故县北有百官桥。亦云禹与诸侯会，事讫因相虞乐，故曰上虞。二说不同，未详孰是。

《国语》曰：天根见而水涸，水涸而成梁，故夏令曰，十月而成梁，不使民患涉也。

《纪年》曰：周穆王七年，大起师，东至于九江，架鼋鼍以为梁。

崔鸿《十六国春秋后燕录》曰：慕容垂与刘牢之战于五丈桥津，晋大败。车骑将军慕容德等引兵要牢之五丈桥，牢之驰马跳五丈涧，会符丕救至而免。

《孟子》曰：子产为政，以其乘车济人于溱洧。故孟子曰，可为惠而不知为政。

《抱朴子》曰：尾生与妇人期桥下，水至不去，以至溺死。虽有信，不如无也。

王充《论衡》曰：高丽国侍婢有气如鸡子来下之有娠，生子名东明。东明善射，王恐其害国，欲杀之。东明走至淹水，以弓系水，鱼鳖为梁，既度而鱼鳖解散。

《诸葛亮集》曰：亮上事曰，臣先进孟琰据武功水东，司马懿因水以二十日出骑万人来攻琰营，臣作东桥，贼见桥垂成，便引兵退。

## 堰埭

《吴录》曰：句容县，大皇时，使陈勋凿开水道，立十二埭以通吴会诸郡，故船行不复由京口。

《晋中兴书》曰：兖州既平，谢玄患水道险涩，粮运艰难，壅吕梁水，立七埭以利运漕。

又曰：谢安筑埭于新城北，百姓赖之，故名召伯埭。

《述征记》曰：秦梁埭到召伯埭二十里，召伯埭到三枚埭十五里，三枚埭到镜梁埭十五里。

《晋书》曰：李矩与汝南太守袁孚率众修洛阳千金堰，以利运漕。

《梁典》曰：天监十三年，魏降人王足陈计，求堰淮水以灌寿阳，引北方童谣曰："荆山为上格，浮山为下格，潼泡为激沟，并灌钜野泽。"武帝遂发徐杨筑之，令太子右卫率康绚护堰，作役人及战士二十万于钟离。南起浮山，北抵巉石，依岸以筑土，合脊于中流。十四年四月，堰将合，淮水漂疾，辄复决溃。众会之，或谓江淮之间多有蛟，能乘风雨，决坏崖岸，其性恶铁。因是引东西二冶故铁器，大则釜鬲，小则钁锄数千万斤，沉于堰所，仍不能合。乃伐树为井干，填以巨石，加土其上，缘淮百里内，冈陵木石，无巨细必尽。负担者肩皆穿，夏日疾疫，士死者相枕，蝇虻昼合。是冬又寒甚，淮泗尽冻，士死者十七八，至十五年四月，堰乃成，其长九里，下阔百四十丈，上广四十五丈，高二十丈，军人安堵，列居于上。其水清洁，俯视居人坟墓，了然皆在其下，其寿阳戍因移置八公山上，夹淮数百里，皆水之所淹。人谓绚曰："四渎天所以节宣其气，不可久塞。"既而昏雾四日，雾解而堰决，杀万人，其声若雷，闻三百里，水中怪物随流而下，或人头鱼身，龙形鸟首，殊类诡状，不可胜名。今号其处为荆山堰，今涡口东岸是。

《后周书》曰：贺兰祥，太祖以泾渭溉灌之处，渠堰废毁，乃命祥修造富平堰，开渠引水东注于洛，功用既毕，民获其利。

《唐书》曰：张守珪为都督，瓜州也，地多沙碛，不宜稼穑，每年少雨，以雪水溉田，至是渠堰尽为贼所毁，既地少林木，难为修葺。守珪设祭祈祷，经宿而山水暴至，大漂材木塞涧而流，直至城下，守珪使取充堰，于是水道复旧。

《晋后略》曰：张方围京邑，决千金堰水，沟渠枯涸，井多无泉。

《邺中记》曰：当魏文侯时，西门豹为邺令，堰引漳水溉邺以富魏之河南，后史起为邺令，引鄣水十二渠灌溉于魏田数百顷，魏益丰实，后废堰田荒。魏时更修通天并堰，邺城西南漳水十八里中细流东注，邺城南二十里中作二十堰。

《语林》曰：陈协数日辄进阮步兵酒一壶，后晋文王修九龙堰，阮举协，文王用之，掘地得古承水铜龙六枚，堰遂成也。

《魏郡图经》曰：惬山，古堰也，今谓之惬山，即汉成帝时河决金堤，盖于此运土以塞河，颇惬当时人心，故谓之惬山。在今魏县西。

戴延之《西征记》曰：金瀍谷三水合处有千金堨音曷，即魏陈思王所立，引水东灌，民今赖之。又《九州要记》云，洛阳千金堨傍有九龙祠存。又《地理书》曰，谷水出为湖沟，置千金堰以堰之。

# 太平御览卷第七十四 地部三十九

## 塘

《录异传》曰：文翁者，庐江人，为儿童时，乃有神异，及长，当起历下陂以作田，文翁昼日斫伐薪以为陂塘，其夜忽有数百头野猪以鼻戴土着柴中，比晓成塘。

《吴地记》曰：坛塘一名陌城，夫差十二年，既杀子胥，后悔之，与群臣临江作塘，创设祭奠，百姓因以立庙。《吴越春秋》云，夫差设祭，杯动酒尽。

刘道真《钱塘记》曰：防海大塘在县东，去邑一里，往时郡议曹华家信富，乃议立此塘以防海水，始开，募有能运土石一斛，即与钱一升。旬日之间，来者云集，塘未成而谲不复取，于是载土石者弃置而去，塘以之成，既遏绝潮源，一境蒙利也。

《述异记》曰：今乌江长亭，亭下有骓马塘，即当里乌亭长舣舟待项王处。

《南越志》曰：丹城县有釜塘，金沙自是而出。

裴渊《广州记》曰：彰平县朱沙塘，水如绛，鱼鳖皆赤。

《荆州记》曰：长沙郡东十余里，有郡人刘寿墓，有石阙四所，寿汉顺帝时为司徒。其东有龟塘，周回四十五里，有灵龟出其中，故塘因名焉。

盛弘之《荆州记》曰：始安熙平县东南有山，山西其形长狭，水从下注塘，一日再增减盈缩，因名为潮汐塘。《幽明录》又载。

《幽明录》曰：耒阳县东北有庐塘，淹地八顷，其深不可测，中有大鱼，常至五日一跃奋出水，大可三围，其状异常，每跃出水，则小鱼奔迸，随水上岸，不可胜计。

《异记》云：芦塘有鲛鱼，五日一化，或为美妇人，或为男子，至于变乱尤多，郡人相戒，故不敢有害心，鲛亦不能为计，后为雷电杀之，此塘遂涸。

刘欣期《交州记》曰：凿南塘者，九真路之所经，去州五百里。马援积石为塘，以通于海，达于象浦，建标为南极之界。

《淮南子》曰：坏塘取龟，发屋求狸，桀跖之徒，君子不为。

## 堤

《尔雅》曰：坟，大防也。谓堤。

《梁书》曰：始兴忠武王憺，字僧达，为荆州刺史，遇大江溢，堤坏，憺亲率将吏，冒雨筑之，雨势甚猛，人皆恐惧，或请避之，憺曰："王尊尚欲身塞河堤，我心何独以危避登堤叹息，遂辍膳而刑白马以祭江神，以身为百姓请命，言终而水退堤出。

《郡国志》曰：长沙金牛堤，汉武时，有异人牵金牛入此堤内，因以名焉。

《水经注》曰：涿郡王尊，自益州刺史迁东郡太守，河水盛溢泛浸瓠子金堤，尊躬率吏民，投沉白马祈水神河伯，亲执圭璧，请身填堤，庐居其上，吏民皆走，尊立不动，水齐足而止，公私壮其勇节。

又曰：汉安帝永初七年，令谒者太山矛岑，于石门东积石八所皆如小山，以捍冲波，谓之八激堤。

## 岛

《释名》曰：海中可居曰岛，到也，人所奔到。

《汉书》曰：田横惧诛，入居海岛中。孟康曰：海中山曰岛。

《魏志》曰：王倾讨勾骊，入沃沮，人云尝乘船捕鱼，风吹十日，东得一岛，上有人，常以七月取童女沉海。

《齐地记》曰：崂山东北五里入海有管彦岛，是黄巾贼帅管承后也。

又曰：东牟城东有盘岛，城东北有牛岛，常以五月，海牛及海狸与鸟产乳其上。

## 屿

《临海记》曰：去郡七里东有樊续屿，屿上空冢里，犹余败鼓角，或呼为樊府君墓。今郡公田，在此屿下。

## 浒

《尔雅》曰：岸下地口浒。

《诗》曰：绵绵葛藟，在河之浒。

## 岸

《尔雅》曰：重涯曰岸。

《诗》曰：高岸为谷。

又曰：淇则有岸。

《晋书》曰：殷仲堪于江滨见流棺而葬焉，旬日之间，门沟忽起为岸。其夕有人自称感君之恩，堪因问岸何祥也？答曰："水中有岸曰洲，君将牧州。"言终而没。至是，果得荆州也。

《水经注》曰：船官浦东即黄鹄山，林间甚美，谯郡戴仲若野服居之山下，谓之黄鹄岸。

又曰：昆明池有金堤石岸，益州有金堤，左思曰：西逾金堤，东越玉津。

《孙卿子》曰：泉生珠而岸不枯。

## 泥

《说文》曰：泥，黑土，在水中者也。

《易》曰：井泥不食，旧井无禽。在井之下故曰泥。井而泥则不可食。

《书》曰：淮海惟扬州，厥土惟涂泥。

《诗含神雾》曰：夫齐之地，处孟春之位，海岱之间，土地污泥，流之所归，利之所聚。

《传》曰：晋楚将战，吕锜梦射月中之，退入於泥。

《论语》曰：子夏云：虽小道，必有可观者焉，致远恐泥，是以君子不为。小道，今诸子书。泥，滞陷不通也。

《汉书沟洫志》曰：泾水一石，其泥数斗，且溉且粪，长我禾黍。

又曰：禹泥行乘橇。

《东观汉记》曰：隗嚣将王元说嚣使背汉。曰：“请以一丸泥为大王东封函谷关，此万世一时也。”

又曰：邓训将黎阳宫兵屯渔阳，迁护乌丸校尉。黎阳宫故吏皆恋慕，知训好以青泥封书，从黎阳步推鹿车载青泥至上谷遗训。其得人心如此。

《陇右记》曰：武都紫水有泥，其色亦紫而粘，贡之用封玺书，故诏诰有紫泥之美。

《帝王世纪》曰：周穆王征犬戎，得炼刚赤刀，用之割玉，如割泥焉。

《神仙传》曰：童奉君居庐山，尝大旱，县令于士彦诣奉说大旱之意，奉因仰视其屋曰：“贫家屋皆见天，不可以得雨，如何？”令解其意，身率将吏为起屋，屋成当泥壁，作人已掘土，欲取江水沃泥。奉曰：“不须，日暮当雨也。”其夜果大雨，聚壤成泥。

顾微《广州记》曰：郁林郡山东南有池，有石牛在池下，民常祀之。岁旱，百姓杀牛祀之，以牛血和泥泥石牛背，祠毕，天雨洪注，洗背泥尽而后晴。

《曾子》曰：白沙在泥，与之皆黑。

《淮南子》曰：琬琰之玉在汙泥之中，虽廉者不释也。

《世说》曰：石崇以椒为泥泥屋，王君夫以赤石脂泥壁。

《杂五行书》曰：二月上壬取土泥屋四角，宜蚕，吉。

## 砾

《释名》曰：小石曰砾，砾，析也，小石相支，其间析析然。

《抱朴子》曰：军术曰："地生瓦砾，不去，有大祸。"

蔡伯喈《青衣赋》曰：金生沙砾，珠出蚌泥。

卢子云《相风赋》曰：楚石杂结绿，沙砾厕隋珠。

## 沙

《龙鱼河图》曰：蚩尤兄弟八十一人，并铜头、铁额，食沙石。

《韩诗外传》曰：孔子南游适楚，至于阿谷之隧，有女子佩瑱而浣者，孔子曰："彼妇人其可与言乎？"执觞以授子贡曰："善为之辞。"妇人答曰："阿谷之隧，隐曲之汜，欲饮则饮，何问于婢子？"授子贡觞，跪坐置之沙上曰："礼不亲授。"

《礼》曰：自西河至于流沙，千里而遥。雍州是也。

《家语》曰：得其人，如聚沙而雨之；非其人，如会聋而鼓之。

《史记》曰：张良以铁椎击秦始皇于博浪沙，中其副车。

又曰：上在雒阳南宫，从复道望见诸将，往往相与坐沙中语。

又曰：武帝元封元年旱，于是，天子乃祷万里沙。

《战国策》曰：齐襄王立，田单相之。过淄水，有老人涉水而寒，不能行，坐沙中，田单见其寒也，解裘而衣之。襄王曰："不早图，恐后悔之。"

《汉书》曰：韩信击龙且，夹睢水，夜令人为万余囊盛沙，以壅水上流。

《东观汉记》曰：朱鲔等共会淯水上，沙中设坛，立圣公为天子。

《博物志》曰：石蕃，卫臣也，背能负千二百石沙。

《广志》曰：流沙在玉门关外，南北二千里，东西数百里，有三断，名曰三陇。

《列子》曰：牛缺者，上地之大儒也。之邯郸，遇盗于耦沙。

《鲁连子》曰：朝露之蒲，工女不能治；淄渑之沙，计儿不能数。

《韩子》曰：孙叔敖请汉间之地，沙石之处。

《曾子》曰：白沙在泥，与之皆黑。

《淮南子》曰：河水欲清，沙壤秽之。

又曰：寒凝水，热焦沙。

《抱朴子》曰：穆王南征，一军尽化，小人为虫沙。

《说苑》曰：汤之时，大旱七年，焦沙烂石。

葛洪《肘后方》曰：治溺死，熬沙以覆死人，使上下有沙，但出口鼻。

《古今注》曰：宣帝地节元年，上都沙中夜风，有火如粟。

《曹瞒传》曰：操征马超，隔渭水。娄子伯说曰："今天寒，可起沙为城，以水灌之，可一夜而成。"

《刘根别传》曰：颍川太守高府君到官，民人疫，郡中掾史死者过半，夫人郎君悉得病，从根求消除病气。根曰："于厅事之亥上穿地取沙三斛着中，以醇酒三升沃其上。"府君从之，病者悉得愈，疫气绝。

《搜神记》曰：有物处于江水，其名曰蜮，一曰短狐，能含沙射人，以术方抑之，则得沙石于肉中。

段国《沙州记》曰：浇河西有黄沙，沙南北一百二十里，东西七里，西极大杨川，望黄沙犹人委干糒，地不生草木，黄沙荡然，沙州取号焉。

《豫章记》曰：龙沙在郡北带江，沙甚洁白，高峻而峙，陂陀有龙形，旧俗九月九日登高上处也。

《新安记》曰：锦沙村，傍山依壑，素波澄膜，锦石舒文，冠军吴喜闻之而造焉，鼓枻游泛，弥旬忘返。叹曰："名山美石，故不虚赏，使人丧朱门之志。"

《王孚记》曰：袁州有水，春交则上白沙如米，于两岸九十余里，呼为米沙，若一岸遍米，其方丰熟。

《湘中记》曰：白沙如霜雪，赤岸似朝霞。

《遁甲开山图》曰：沙土之福，云阳之墟，可以长生，可以隐居。沙土，即长沙也，云阳，古仙人也。

《郡国志》曰：杭州浙江有江沙涨，昔武烈为郡吏赴府，乡人饯之，会此沙上。父老曰此沙狭而长，君必为长沙太守。果然。

又曰：伊州，铁勒国也，而路多沙碛，碛内时闻叫唤声，不见人，或闻歌笑之声，盖鬼物也。

《鄱阳记》曰：新昌水有一沙堆，在县东北五十里，其形状如覆船，鲜净特异，每年丰稔，其沙即堆积如旧，若砂移向岸，其年俭，古来相传，以为常验。

# 太平御览卷第七十五 地部四十

## 沟

《释名》曰：田间之水曰沟，沟者，构也，从横相交构也。

《尔雅》曰：溪注谷曰沟。

《周礼》曰：匠人为沟洫，九夫为井，间广四尺，深四尺谓之沟。方十里为城，城间广八尺，深八尺谓之洫。《风俗通》又载也。

《传》曰：梁伯好土功，乃沟公宫。

又曰：鲁将与齐战，师不逾沟，樊迟曰，请三刻而逾之。众从之。如樊迟约，乃逾沟。

又曰：哀公九年，吴城邗，沟通江淮。杜预注曰：于邗江筑城穿沟，东北通谢阳湖，西北至末口入淮，通粮道也。今广陵邗江是。故《史记》云：邗沟即吴王夫差所开漕运，以通上国者。

《国语》曰：吴王夫差既杀申胥，不稔于岁，稔熟称岁也。乃起师北征，开为深沟，通于商鲁之间，开，掘地。商，宋也。北属之沂西属之济，以会晋定公于黄池。

《论语》曰：禹尽力于沟洫。

《史记》曰：汉王四年，王军广武，关中兵益出，当此时，彭越将兵居梁地，往来弱楚兵，绝其粮道，齐王信又进击楚，项羽恐，乃与汉王约，中分天下，割鸿沟以西者为汉，鸿沟以东者为楚，项羽归汉王父母妻子，军皆呼万岁，羽解而东，汉王欲引而西，用张良陈平计，乃进兵追项羽。

《博物志》曰：徐偃王治其国，仁义著闻，欲周行上国，乃通沟陈蔡之间，得朱弓朱矢。

又曰：酒泉延寿县南有山，石水出处，如莒地为沟。

郦善长《水经注》曰：高唐县有甘枣沟，水侧多枣，故俗取名沟焉。

《殷氏世传》曰：殷褒为荥阳令，先多淫雨，百姓饥馑，君乃穿渠入河四十余里，疏导原隰，用致丰年，民赖其利，号曰殷沟而颂之。

《庄子》曰：寻常之沟洫，巨鱼无所还其体，而鲵鳅为之制。

《孟子》曰：思天下之民，匹夫匹妇有不被尧舜之泽者，若己推内之沟中。

《杨子图经》曰：六合县东三十里，从岱石湖入四里至沟中心，与陵分界。案《后汉书》张纲为广陵太守，济惠于百姓，劝课农桑，于东陵村开此沟，引湖水灌田，以此号为张纲沟。

阮胜之记曰：吴王濞开茱萸沟，通运至海陵仓，北有茱萸村，以村立名。故《史记》云：邗沟，即吴王夫差所开漕运以通上国。

崔豹《古今注》曰：羊沟者，言羊喜牴触垣墙，故为沟以隔之。一曰，植高杨于其上，故谓之杨沟。

《古诗》曰：今日斗酒别，明日沟水头。蹀躞御沟上，沟水东西流。

## 渎

《礼记月令》曰：季春之月，道达沟渎，开通道路。

《尔雅》曰：沟注浍曰渎。水流不绝曰渎。

《汉旧仪》曰：祭四渎用牲。

崔鸿《十六国春秋前秦录》曰：建元十二年，坚以关中水旱不时，议依郑白故事，发王侯以下及豪强富民僮隶三万人，开泾水上源，凿山起堤，通渠引渎以溉田，民赖其利。

伏滔《北征记》曰：姑熟西北有甘宁墓，孙皓时，占者云，墓有王气，皓凿其后十许里曰直渎。

《越绝书》曰：铜姑渎长一百五十步，去县二十里。

## 渠

《史记河渠书》曰：禹以为河所从来者高难以行平地，数为败，乃酾二渠《汉书音义》曰：酾，分也。以引其河载之高地，过降水，至于大陆，播为九河也。郑国间说秦，令凿泾，自中山南，西交瓠口为渠，溉斥卤之地四万余顷，收皆亩一钟，于是关中为沃野，无凶年，秦以为富强，卒并诸侯，因命曰郑国渠。

《汉书》曰：禹作二渠以引河，武帝时，穿渠水岸若崩，乃凿井深四十丈，井下相通，井渠自此始。得龙骨，故龙首渠。起谷口，入栎阳，注渭中，因名渠，民得其饶。歌曰："田于何所？池阳谷口。郑国在前，白公起后。举锸为云，决渠为雨。"

又曰：张掖郡有千金渠。

范晔《后汉书》曰：樊密所起庐舍，皆有深堂高阁，陂渠灌注，又池鱼牧畜，有求必给。

《魏志》曰：辽西单于蹋顿尤强，公将征之，凿渠自滹沱入泒水，名平虏渠。又从沟河口凿入潞河，名泉州渠，以通海。

又曰：建安十八年九月，凿渠引漳水入白沟以通河。

又曰：贾逵为豫州刺史，通运渠二百余里，所谓贾侯渠。

《北史》曰：郭衍为开漕渠大监，部率水工凿渠引渭水，经大舆城北，东至潼关，漕运四百余里，关中赖之，名曰富人渠。

《隋书》曰：薛胄为兖州刺史，先是兖州城东沂、泗二水合而南流，泛滥大泽中，胄遂积石堰之，使决令西注，陂泽尽为良田，又通转运，利尽淮海，百姓赖之，号为薛公丰兖渠。

《唐书》曰：温造为朗州刺史，在任开后乡渠九十七里，溉田二千顷，郡人获利，乃名为右史渠，造自起居舍人出郡。

《水经注》曰：汉司空渔阳王梁之为河南也，将引谷水以溉京师，渠成而水不流，故以坐免。后张纯堰洛以通漕，洛中公私怀赡。是以渠今引谷水，盖纯之创也。

又曰：汉明帝之世，司徒伏恭荐王景善能治水，显宗诏与谒者王吴始作浚仪渠，吴用景法，水乃不害，此即景时所修故渎也。渠流东注浚仪，故复谓之浚仪渠也。明帝十五年东巡狩至无盐，帝嘉景功，拜河堤谒者。

又曰：魏武帝又堰漳水回流东注，世号天井堰。二十里中作十二磴，磴相去三百步，令互相灌注，一原分为十二流，皆悬水门，自城西东入，迳铜雀台下，伏流入城，东流谓之长明渠。

戴延之《西征记》曰：洛阳城外四面有阳渠水，周公所制也，建春门外二桥最大，一从一横。

《续述征记》曰：按《河渠书》《沟洫志》引河为洪沟。一说秦至魏凿渠引河灌大梁，名曰洪沟焉。

崔寔《政论》曰：战国海内十二分，魏州有史起漳水灌邺，民以兴歌，蜀郡李冰凿离堆通二江，益部至今赖之。秦开郑国，汉作白沟，而关中号为陆海。

《郡国志》曰：瀛州平舒县古五渠水，魏延兴初，文安县人孙愿等捕鱼此水，先祭，忽有群鱼从西而来，有一人异甚，谓愿曰："若得大鱼勿杀。"及下网，果得大鱼，乃杀之，腹中尽得其祭而食，群鱼并飞，遂不复得，因名此处为飞鱼口。

《邺城故事》曰：西门豹为令，造十二渠决障水以溉民田，因是户口丰饶。今渠一名安泽陂是也。

《内黄图经》曰：前汉倪宽迁内黄令，吏民大信，表开六辅渠以大灌溉，民极获利，因曰倪公渠。

## 甽

《说文》曰：甽，水流也。

《周礼》曰：倍洫曰甽。

稽康《养生论》曰：或益之以甽浍。

## 浍

《说文》曰：浍，水流浍浍也。广二寻，深二仞。

《书》曰：予决九川，距四海，浚畎浍。

《尔雅》曰：谷注沟曰浍。

《释文》曰：浍，会也，小沟之所会也。

## 汎

《续述征记》曰：齐人谓湖为汎，汎中有九十九台，皆生结蒲，因此蒲生自结。

《风俗通》曰：汎，莽也，言其平汎莽，无涯际也。

## 湾

郦善长注《水经》曰：沅水，又东历临沅县西，为明月池白壁湾，湾状半月，清潭镜澈，上则风籁空传，下则泉响不断，行者莫不拥楫嬉游，徘徊爱玩。

《江夏记》曰：败舶湾，在县西北七里。按《吴志》云：孙权与群臣泛觞于大船江中，西上逢恶风，权遣柁工张頍取灈洲，谷利拔剑拟柁工急取樊口，未及至口，湾中船破，因名败舶湾。权至岸，谓谷利曰："何怯于水也？"谷利曰："大王万乘之主，欲涉不测之渊，一旦倾危，社稷何寄？"因登陆路而归。

《寻阳记》曰：蠡湖西湾，夏秋水渺涨，商徒萦纡牵舟循绕，人力疲劳，号为西疲湾，亦云西湾。又有白沟湾，亦在湖西，泛涨惊波似雪，汹涌沟浍，因是名焉。又有落星湾，湾内有落星石，周回百步许。又有神林，下有庙，祈福而获前进，由是名焉。又有女儿庙，祈祷亦有灵应，即不许，所值亦无害。

《永嘉郡记》曰：乐城县三原亭，去郡百二十里，溪水清如镜，曩昔有得一死鲇者，鳍大五六围，一鳍辄得数十斛鲊，此湾无所不容。

《水经注》曰：渭水东南与神涧水合，《开山图》所谓灵泉池也，俗名为万石湾。泉深不测，实为灵异，先后漫游者，多罹其害。

《鄱阳记》曰：清湾，在县东南七里，隋开皇中，太守梁文谦莅官清洁，取此湾水以自供，后人思其恩德，号为清湾。

## 浦

《说文》曰：浦，水滨也。

《诗》曰：率彼淮浦，省此徐土。

《郡国志》曰：夏曰浦有龙鱼，昔禹南济黄龙夹舟之处。

《楚词》曰：望涔阳之极浦。

《述异记》曰：上虞县有石驼步，水际谓之步也。瓜步在吴中，吴人卖瓜于江畔，因以名也。江中有鱼步，龟步，湘中有灵妃步。按吴楚间谓浦为步，盖语讹耳。

《吴录》曰：富阳浦，汉末为吴县於津，吴大帝时有浦通浙江至庐溪及桐溪，故曰桐庐县。东有大溪注庐口，渌波青岩，昔晋征士散骑侍郎戴勃游此，自言山水之极致也。

《郡国志》曰：金陵西浦，亦云项口，即张硕捕鱼遇杜兰香处也。

《江夏记》曰：南浦，在县南三里。《离骚》曰："送美人兮南浦。"其源出京首山，流入大江，春冬涸竭，秋夏泛涨，商旅往来，皆于浦停泊，以其在郭之南，故称南浦。

《续搜神记》曰：庐江筝笛浦，浦中昔有大舶覆水内，渔人宿旁，闻筝笛之声及香气氤氲，云是曹公载妓船覆于此。

# 太平御览卷第七十六 皇王部一

## 叙皇王上

《尚书纬》曰：帝者天号，王者人称。天有五帝以立名，人有三王以正度。天子，爵称也。皇者，煌煌也。

《洛书》曰：皇道缺，故帝者兴。

《易坤灵图》曰：在政不私公位，称之曰帝。

《易纬》曰：帝者，天号也。德配天地，不私公位，称之曰帝。天子者，继天治物，改正一统，各得其宜，父天母地，以养生人，至尊之号也。大君者，君人之盛也。

《易乾凿度》曰：帝王兴亡，必察八部，观卦之符，物之应动。八部者，八部之方，候将兴以孟月，候将亡以季月，观非卦之符，如震则有龙，巽则有鸡之类，物谓云物也。

又曰：兴于仁，立于礼，毕于义，定于信，成于智。五者，道德之分，天下之际，圣王之所以通天意而明至道也。

又曰：王者，天下所归；天子者，继天理物，改一统政；大君者，人君之盛称。大化行于万人，宜处王者，施大化，为大君也。

《周书》曰：三王之统，若循连环。周则复始，穷则反本。

《尚书大传》曰：三王之治，如环之无端，如水之胜火。

又曰：古者，天子有四邻：前曰疑，后曰丞，左曰辅，右曰弼。有问无以对，责之疑；可志而不志，责之丞；可正而不正，责之辅；可扬而不扬，责之弼。

《韩诗外传》曰：明王有三惧：一曰处尊位而恐不闻其过，二曰得志而恐骄；三曰闻天下之至道而恐不能行。

又曰：君者，群也。群天下万民而除其害者，谓之君。王者，往也，天下往之。善养生人者也，故人尊之；善辩治人者也，故人安之。善显设人者也，故人亲之；善粉饰人者也，故人悦之。四德具而天下往之，四德无一而天下去之。往之之谓王，去之之谓亡，故曰道存则国存，道亡则国亡。

《大戴礼》曰：古者，天子常以季冬考德，以观治乱得失。

又曰：昔尧取人以状，舜取人以言，汤取人以声，文王取人以度。

《礼》曰：君天下，曰天子。

又曰：天子以德为车，以乐为御。

又曰：昔先王尚有德，尊有道，任有能，举贤而置之，聚众以誓之。是故因天事天，因地事地。

又曰：帝喾能序星辰以著众，尧能赏均刑法以义终，舜勤众事而野死，鲧障洪水而殛死，禹能修鲧之功，黄帝正名百物以明民共财，颛顼能修之，汤以宽治民而除其虐，文王以文治，武王以武功去人之灾，此皆有功烈于人者也。

又曰：王天下有三重，其寡过矣乎？三重，三王之礼也。

又曰：孔子曰："大道之行也，与三代之英，丘未之逮也，而有志焉。大道，谓五帝时也。大道之行也，天下为公，选贤与能，讲信修睦。故人不独亲其亲，不独子其子；使老有所终，壮有所用，幼有所长。是故谋闭而不兴，盗窃乱贼而不作。故外户而不闭，是谓大同。同犹和平也。

又曰：故圣人作，则必以天地为本，以阴阳为端，以四时为柄，以日星为纪，以月为量，鬼神以为徒，五行以为质，礼义以为器，人情以为田，四灵以为畜。

又曰：故圣王修义之柄、礼之序，以治人情。故人情者，圣人之田也。

《礼斗威仪》曰：帝者得其英华，王者得其根核，霸者得其附支。故帝道不行不能王，王道不行不能霸，霸道不行不能守其身。

《礼含文嘉》曰：山泽者，三皇五帝之感应也。

《春秋演孔图》曰：正气为帝，间气为臣，宫商为姓，秀气为人。正气为若木，则人得苍龙之形，灵威仰之气，史则得朱鸟之形，赤熛怒之气以生之。

又曰：天子皆五帝精宝，各有题序，次运相据，起必有神灵符纪，诸神扶助，使开阶立遂。

又曰：王者，常置图箓坐旁以自正。

《春秋元命苞》曰：皇者，煌煌也。道，烂然显明。帝者，谛也。

《春秋文耀钩》曰：王者，往也。神所向往，人所归乐。

《春秋运斗枢》曰：宓牺、女娲、神农，是谓三皇也。皇者，合元履中，开阴布纲，指天画地，神化潜通。

《春秋合诚图》曰：大帝之精，起三河之州、中土之腴。

又曰：大帝冠五彩，衣青衣，黑下裳，抱日月。日在上，月在下，黄色正方居曰间，名曰五光。正黄而名为五光者，盖以黄为质而众彩就饰之，故曰五色，此大帝人象旁文也。

《春秋保乾图》曰：天子至尊也，神精与天地通，血气含五帝精，人受天地气而生，故精神与天地通。天爱之子也。

《春秋佐助期》曰：天子法斗，诸侯应宿。

《春秋潜潭巴》曰：天子有三宝。谓璇玑玉衡得其度也。

《春秋繁露》曰：德侔天地者，称皇帝。天佑而子之号，称天子。

《孝经援神契》曰：王德珍文备象，连表万精，曲饰题类，设术修经，躬仁尚义，祖礼行信，握权仁智，顺道形人，俱在至德。

《孝经钩命诀》曰：三皇步，五帝骤；三王驰，五霸骛。或称帝王，接上称天子，明以爵事天；接下称帝王，明以号令臣下。

《论语摘·褰圣承进》曰：帝不先义任道德，王不先力尚仁义，霸不先正尚武力。

《论语撰考谶》曰：考灵差德，知尧步、舜骤、禹驰、汤骛。德有优劣，故曰行转疾也。

《家语》曰：孔子观乎明堂，睹四门之墉，有尧、舜、桀、纣之象，又有周公相成王之图。孔子谓从者曰："夫明镜所以察形，往古所以知今。"

又曰：季康子问于孔子曰："旧闻五帝之名，而不知其实，请问何谓？"孔子曰："昔丘也，闻诸老聃，天有五行：木、金、火、水及土，分时化育，以成万物，其神谓之五帝。古之王者，易代改号，取法五行，五行更王，终始相生，亦象其义也。故其生为明王者，而死配五行。"

《白虎通》曰：帝王者，号也。号者，古之表也。所以表功明德，号令臣下。德合天者，称帝；仁义合者，称王。别优劣也。

又曰：皇，君也，美也，大也。天人之总，美大之称也。时质总称之。

《汉书》曰：尧、舜、禹、稷，与之为善则行，驩兜欲与为恶则诛。可与为善，不可与为恶，是谓上智。桀、纣，龙逢、比干欲与为善则诛，子华、崇侯与之为恶则行，不可与为善，可与为恶，是为下愚。

应劭《汉官仪》曰：皇者，大帝，言其煌煌盛美。帝者，德象天地，言其能行天道，举措审谛，父天母地，为天下主。

《汉杂事》曰：汉有天下，号曰皇帝，自称朕，人臣称之曰陛下，其命令、制诰、衣冠、车马、器械百物，曰乘舆。所在曰行在，所至曰幸，所居曰某禁中，所进曰御。天子至尊，不敢亵渎之，故托于乘舆。天子以天下为家，不以京师宫室为常处，则当乘舆以行天下，犹调之车驾。今虽在京师，京师言行在，所巡狩天下，所奏事处皆为宫，在长安则曰长安宫，在泰山则曰奉商宫，惟当时所至。

《帝王世纪》曰：天子，至尊之定名也。应神受命，为天所子，故谓之天子。孔子曰："天子之德，感天地，洞八方。"是以功合神者称皇，德合天地称帝，义名曰称王。

《韦曜洞纪》曰：自天地剖判，君世、宰人可得而言者，惟庖牺画卦、神农作稼、黄帝舆服，最为昭显，其馀非书记所述，难可纪焉。

《六韬》曰：王者之道，如龙之首，高居而远望，深视而审听。神其形而散其精，若天高而不可极，若渊深而不可测。故可怒而不怒，臣乃为虎；不可杀而不杀，大贼乃发。

又曰：昔柏皇氏、栗陆氏、骊连氏、轩辕氏、赫胥氏、尊卢氏、祝融氏，此古之王者也。未使民，民化；未赏民，民劝。此皆古之善为政者也。至于伏羲氏、神农氏，教化而不诛；黄帝、尧、舜，诛而不怒。古之不变者，有苗有之，尧化而取之。尧德衰，舜化而受之；舜德衰，禹化而取之。

《太公伏符阴谋》曰：武王曰："三皇之治，毋礼义而民利之，何也？"太公曰："三皇之时，近之则利，去之则病。所谓上圣神德而治，其次教而化之，近圣赏罚之。"

《管子》曰：黄帝立明台之议，上观于贤也；尧有衢室之问，下听于民也；舜有告善之旌，而主不蔽也；禹立建谏鼓于朝，而备评谣也；汤有总街之庭，观人诽也；武王有灵台之宫，贤者进也。此古圣帝明王所以有而勿失，得而勿亡也。

又曰：明一者皇，察道者帝，通德者王，谋得兵，胜者霸。

又曰：桓子问曰："三王者，既杀其君矣，今言仁义，则必以三王为法度，不识其故何也？"对曰："昔者，禹平治天下，及桀而乱之，汤放桀以定禹功也；汤平治天下，及纣而乱之，武王伐纣以定汤功也。善之伐不善，自古至今，未有改之，君何疑焉！"

又曰：言室满室，言堂满堂，是谓圣王。

又曰：昔者七十九代之君，法制不一，号令不同，然俱王天下者，何也？必国富而粟多也。夫富国多粟生于农，故先王贵之。

《晏子》曰：古者有绋衣挛领而王天下者，有处层巢窟穴而王天下者。

《老子》曰：圣人处无为之事，行不言之教，万物作而不辞，生而不有，为而不恃，功成而不居。夫惟不居，是以不去。

又曰：不尚贤，使民不争；不贵难得之货，使民不为盗；不见可欲，使心不乱。是以圣人之治，虚其心，实其腹，弱其志，强其骨，常使民无知无欲。使夫知者不敢为也。无为，则无不治也。

又曰：道大、天大、地大，王亦大。域中有四大，而王居其一。

又曰：圣人无常心，以百姓心为心：善者，吾善之；不善者，吾亦善之，得善矣！信者，吾信之；不信者，吾亦信之，得信矣！圣人在，天下歙然。为天下浑其心，百姓皆注其耳目，圣人皆孩之。

又曰：圣人之言云："我无为，而民自化；我无事，而民自富；我好静，而民自正；我无欲，而民自朴。"

又曰：圣人执左契而不责于人，故有德司契，无德司彻。圣人之心，与百姓心犹左右契耳。契来则和，故上下相亲，怨用不作，后世不能，执左契以应物，而守常辙以轨民，用此来和，必有馀怨矣。

又曰：江海所以能为百谷王者，以其善下之也。是以圣人欲上人也，必以其言下之；欲先人也，必以其身后之。故处上弗害，是以天下乐，推而不厌也。

《董子》曰：为天子，不可不承天意，必顺其道，然后为安。

又曰：古之造文字者，三画而谓之王。三画者，天、地、人也。连其中者，通其道也。

《孟子》曰：人皆有不忍人之心。言人人皆有不忍加恶于人之心也。先王有不忍人之心，斯有不忍人之政矣，以不忍人之心，行不忍人之政，治天下可运之掌上也。

又曰：五霸者，三王之罪人也。赵台卿章句曰：五霸大国康政以率诸侯也。齐桓、晋文、秦穆、宋襄、楚庄是也。三王，夏禹、商汤、周文王也。今之诸侯，五霸之罪人也。天子讨而不伐，诸侯伐而不讨。

《孙卿子》曰：人君者，降礼尊贤而王，重法爱人而霸，好利多诈而危。欲近四旁，莫如中央，故王者必居天下之中也。

又曰：粹而王，驳而霸，无一焉而亡。

又曰：国者，天下之利用也；人主者，天之利势也。得道以持之则大安大荣，积善之源也。不得道以持之则大危也。义立而王，信立而霸，权谋立而亡。行一不义、杀一无罪而得天下，仁者不为也。

《庄子》曰：盗跖曰："古之禽兽多而人民少，于是人皆巢居以避之，昼拾橡栗，暮栖木上，故命之曰有巢氏之民。古者人不知衣服，夏则多积薪，冬则炀之，故命之曰知生之人。神农之代，卧则居居，起则于于。知其母，不知其父，与麋鹿同处，耕而食，织而衣，无有相害之心。此至德之隆也。

又曰：夫帝王之德以天地为宗，以道德为主，以无为为常。无为也，则用为天下而有余。

又曰：天道运而无所积，故万物成；帝道运而无所积，故天下归；圣道运而无所积，故海内服。此三者恣物之性而无所牵滞。明于天，通于圣，六通四辟于帝王之德者，其自为也。夫虚静恬淡寂寞无为者，万物之本。以此处上，帝王天子之德也。

又曰：广成子曰："得吾道者，上为皇而下为王；郭璞曰：皇王之称，随世之上下耳。其于得通变之道以应无穷，一也。失吾道者，上见光而下为土。失无穷之道，则自信于一，变而不能均同上下矣，故俯仰异心也。"

又曰：赫胥氏之时，民居不知所为，行不知所之，含哺而熙，鼓腹而游。民能以此矣。

又曰：昔容成氏、大庭氏、柏皇氏、中央氏、栗陆氏、骊连氏、轩辕氏、赫胥氏、尊卢氏、祝融氏、伏羲氏、神农氏，当是时也，民结绳而用之，郭象曰：足以纪要而已也。甘其食，美其服，适故常甘，当故常美，若思夫侈靡，则无时慊矣。乐其俗，安其居，邻国相望，鸡狗之音相闻，民至老死而不相往来。无求之至也。若此之时，则至治也已。

又曰：古之王天下者，知虽落天下不自虑也；辩虽雕万物不自说也；能虽穷海内不自为也。天不产而万物化，地不长而万物育，帝王无为天下功。故曰："莫神于天，莫富于地，莫大于帝王。"故曰："帝王之德配天地。"此乘天地、驰万物而用，人君之道也。

又曰：至德之世不尚贤，不使能，民如野鹿，正而不知以为义，相爱而不知以为仁，实而不知以为忠，当而不知以为信。

又曰：圣人之静也，非曰其静者善，故静也。万物无足以挠心者，故静也。郭象曰：挠乱也。夫灵静恬淡寂寞无为者，天地之平而道德之至也，故帝王圣人休焉。

《唐子》曰：君人者，秉南面之尊，操杀生之柄，威如秋霜，恩如春养，何求而不得，何化而不从？君人者，当以江海为腹，山林为面，当使观者不知江海何藏，山林何有？

《苏子》曰：天子坐九重之内，树塞其门，旒以翳明，衡以隐听，鸾以抑驰。《陆子》曰：三皇垂策而五帝繁手，唐虞按辔，禹汤驰辕，虽使周公御衡，仲尼促节，固不已也。

《孙绰子》曰：道一者帝，德充者王，依仁仗义者霸。无为而治者道也，为能不恃者德也。存三亡国，仁也；责贡不入，义也。

《慎子》曰：昔者，天子手能依而宰夫设服，足能行而相者导进，口能言而行人称辞，故无失言失礼也。

又曰：古者立天子，贵之者非以利一人，曰天下无一贵，则理无由通。通理，为天下也。故立天子为天下也，非立天下为天子也；立国君以为国也，非立国以为君也。

# 太平御览卷第七十七 皇王部二

## 叙皇王下

《吕氏春秋》曰：始生之者，天也；养成之者，人也；能养天之，所生而勿撄之，谓之天子。帝者，天下之所适也；王者，天下之所往也。

又曰：天地大矣，生而弗成，子而弗有。高曰：天大地大，生育民人，己不为，不以为己子，成遂万物，不以为己有也。万物皆被其泽，得其利，而莫知所由始。由，从也。万物皆蒙天之泽而得其利，时父孝无徭役之劳，击壤于里陌，自以为然。故曰莫知其所从始也。此三皇五帝之德也。

又曰：黄帝曰："芒芒昧昧，因天之威，与元同气。"高诱曰：茫茫昧昧，广大貌也。因天之威，无不败也。与元同气，无不协也。故曰同气贤于同义，同义贤于同力，同力贤于同居。帝者同气，同之气也。王者同义，同仁义也。霸者同力。同武力也。

又曰：军必有将，所以壹之也；高诱曰：将，主也。国必有君，所以壹之也；天下必有天子，所以壹之也；天子必执一，所以博之也。

又曰：五帝固相递兴矣。递兴递废，胜者用事。

又曰：蚩尤作兵也，利其械。高诱曰：蚩尤，少昊氏之末，九黎之君名也。始作乱，伐无罪，杀无辜，善用兵为无道，非始造之也。故非作兵者也。未有蚩尤之时，民固剥林木以战矣，胜者为长。长，率也。长犹不足以治之，故立君；君又不足以治之，故立天子。

又曰：人固不能自知，人主独甚。存亡安危勿求于外，高诱曰：言皆在己。务在自知。尧有欲谏之鼓，欲谏者击其鼓。舜有诽谤之木，书其过失于表木也。汤有司过之士，司，主也。过，阙也。武王有戒慎之鞀，欲戒者，摇其鼗。犹恐不能自知。尚恐不能自知过也。今贤非尧舜汤武，而有掩蔽之道，奚由自知哉！

又曰：五帝先道而后德，故德莫盛焉；三王先德而后事，故功莫大焉；五伯先事而后兵，五伯：昆吾、大彭、豕韦、齐桓、晋文是也。故兵莫强焉。

又曰：凡为天下，治国家，必务本而后末。所谓本者，非耕稼种植之谓也。务本莫贵于孝。人主尊孝，则名章荣，下服听，天下誉。人臣孝，则事君忠，处官廉，临难死。士民孝，则耕耘疾，守战固，不败北。夫孝，三皇五帝之本务，而万事之纪也。夫执一术而百善至，百邪去，天下从之者，唯孝乎？

又曰：古先圣王之所以导其民者，先务于农。民农，非徒为地利也，贵其志也。民农则朴，朴则易用，易用则边境安，主位尊。民农则重，重则少私义，少私义则公法立，力专一。民农则其产复，其产复则其重徙，重徙则死其处而无二虑。

又曰：昔先圣王之治天下也，必先公，公则天下平矣。尝试观于《上志》，古记也。有天下者众矣，其得之必以公，其失之必以偏。凡主之立也，生于公。故《鸿范》曰："无偏无党。"

又曰：昔舜欲稽古而不成，既足以成帝矣；禹欲帝而不成，既足以成王矣；汤欲继舜而不成，既足以服田荒矣；武王欲及汤而不成，既足以为诸侯长矣。

《董仲舒答问》曰：三皇，三才也；五帝，五常也；三王，三明也；五霸，五岳也。

《淮南子》曰：至德之世，谓太古三皇之时。其瞑乎混溟之域，而徙倚乎澜漫之宇，提挈天地委万物，以鸿濛为景性，而浡杨乎无畛崖之际。是故圣人呼吸阴阳之气，而群生莫不喁喁然仰其德以和顺止。当此之时，莫不领理决离，隐愍而自成，浑浑若若纯朴未散，滂薄为一，而万物大优，是故虽有明知，无所用之。

又曰：古者至德之世，贾便其肆，农乐其业，大夫安其职，而处士循其道。当此之时，风雨不毁折，草木不夭死，九鼎重，王者之德休明则鼎重，奸回淫乱则鼎轻也。珠玉润泽，洛出丹书，河出绿图，故许由、方回、尧使方回求子列药得之。善卷、披衣得达其道。何则？世主有欲利天下之心，是以人得自乐其间。四子之才，非能尽大，盖今之世也，然莫能与之同光者，遇唐虞之时也。

又曰：人主之居，如日月之明也。天下之所同，侧目而视，倾耳而听，延颈举踵而望也。是故非淡漠无以明德，非宁静无以致远，非宽大无以廉覆，非慈厚无以怀众，非平正无以制断。

又曰：古者有鍪而绻领以王天下者矣。古者，盖三皇以前也。鍪，头著兜鍪帽，言未知制冠也。绻领，皮衣屈而袂之，如今胡家韦常袭文摄以为领也。一说鍪放发也，绻，领颈而已，皆无饰也。其德生而不辱，刑措不用也。予而不夺，予其则也。不夺，无所欲求于民也。天下不非其服，同怀其德。虐犹识也。怀归。当此之时，阴阳和平，风雨时节。万物蕃息。政不虚，生无夭折。乌鹊之巢可俯而探也，禽兽可羁而从也，从犹牵也。岂必褒衣抟带句襟委貌章甫哉！

又曰：国之所以存者，道德也；道德施，民说其化，故国存也。家之所以亡者，理塞也。理道。尧无百户之郭，舜无植锥之地，以有天下；禹无十人之众，汤无七里之分，以王诸侯；文王处岐、周之间，地方不过百里，而立为天子者，有王道也。

又曰：圣人有贵尺之璧，而重寸之阴，时难得而易失也。禹之趋时也，履遗而弗纳，冠挂而不顾，非争其先也，而争其得时也。是故圣人守清道而抱雌节，清，和静也。雌，柔弱也。因循应变，常后而不先。柔弱以静，舒安以定，舒，洋也。攻大磨坚，莫能与之争。攻大磨坚，喻难也。

又曰：帝者体太一，王者法阴阳，霸者则四时，君者用六律。体太一者，牢笼天地，弹压山川，含吐阴阳，申曳四时，纪纲八极，经纬六合，覆露照导，普泛而无私。普天，泛众也。无私，爱憎言皆公也。翻飞蠕动，莫不仰德而生。法阴阳者，承天地之和，形万殊之体，含气化物，以成埒类。埒，形也。盈缩卷舒，沦于不测，盈长缩短，卷屈舒散，入于不可测尽之源也。终始虚满，转于无源。则四时者，春生夏长，秋收冬藏，取与有节，出入有时。开阖张翕，不失其序；喜怒刚柔，不离其理。用六律者，生之与杀，赏之与罚，与之与夺，非此无道也。明四时六律之君，非用此数事，其馀无他道也。

又曰：古之立帝王者，非以奉养其欲也。圣人之践位者，非以供乐其身也。为天下强掩弱，众暴寡，诈欺愚，勇侵怯，怀知而不以相教，积财而不以相分。故立天子以齐一之。

又曰：五帝三王之法，籍风俗一世之迹也。譬若土龙、刍狗之始成，文以青黄，饰以绮绣，缠以朱丝，及其已用，则壤土、草芥而已。谁贵之哉！

又曰：神农无制令而人从，唐虞有制令而无刑罚，夏后氏不负言，殷人誓，周人盟。

又曰：圣人在上位者，赏罚不施，而天下宾服；日计之不足，而岁计之有馀。譬若百梅足为百人酸，一梅不足为一人酸也。

又曰：使尧度舜则可，使桀度尧是犹以升量石也。

又曰：同气者帝，同义者王，同力者亡。于三者无一，虽于世俱灭亡。

又曰：泰古二皇，许慎曰：庖牺神农。德于中央，德覆天地，而和阴阳、节四时、调五行。虹霓不出，贼星不行。五星逆行谓之贼星也。

又曰：人主者，以天下之目视，以天下之耳听，以天下之智虑，以天下之力动。是故号令能下究，而臣情得上闻。百官修通，群臣辐凑。喜不以赏赐，怒不以罪诛。是故威立而不废，聪明光而不蔽，法令察而不苛，耳目达而不暗，善否之情陈于前而无所逆。

扬子《法言》曰：五常者，帝王之笔古，宁有书不由笔，言不由舌哉！

桓谭《新论》曰：儒者或曰："图王不成其弊可以霸"，此言未是也。

《传》曰：孔氏门人，五尺童子不言五伯事者，恶其违仁义而尚权诈也。

又曰：夫上古称三皇五帝，而次有三王五伯，此皆天下君之冠首也。故言三皇以道治而五帝用德化；三王由仁义，五伯以权智。其说之曰，无制令刑罚谓之皇，有制令而无刑罚谓之帝。赏善诛恶，诸侯朝事谓之王。兴兵约盟，以信义矫世谓之伯也。

《论衡》曰：古之帝王建鸿德者，须鸿笔之臣，褒颂纪德也。

《潜夫论》曰：天作道，皇作极，臣作辅，人作基。

又曰：王之政普覆兼爱，吉凶祸福与人共之。

应劭《风俗通》曰：《春秋运斗枢》曰："皇天不言，四时行焉，百物生焉。垂拱无为谨言，而民不违道德，玄泊有皇天，故曰皇皇者中也，光也。合元履中，开阴布纲，上合皇极，其施光明，指天画地，神化潜通，煌煌盛美，不可胜量。"

又曰：《大传》说，燧人为燧皇，伏戏为戏皇，神农为农皇也。燧人以火纪。火，阳也。阳尊，故托燧皇于天。伏戏以人事纪，故托戏皇以人，盖天非人不固，人非天不成也。神农悉地力植谷，故托农皇于地。天地人之道备，而三皇之运兴矣。

又曰：五帝，《易》《传》《礼记》《春秋》《国语》《太史公记》：黄帝、颛顼、帝喾、帝尧、帝舜，是五帝也。谨按：《易》、《尚书大传》，天立五帝以为相，四时施生，法度明察，春夏庆赏，秋冬刑罚。帝者任德设刑，以则像之，言其能行大道，举措审谛也。黄帝者，先也，厚也。中和之色，德施四季，与地同功，故先王以别之地。颛者，专也，顼者，信也，悫也。言其承文，易之以质，使天下遵化，皆贵贞悫也。喾者，考也，成也。言其考明法度，醇美喾然若酒之芬香也。尧者，高也。言其隆兴焕炳，最高明也。舜者，准也，循也。言其准行道以循尧绪也。

又曰：《礼号谥记》说夏禹、殷汤、周武王，是三王也。禹者，辅也，辅续舜后，庶绩洪茂。自尧以上王者，子孙据国而起，功德浸盛，故造美谥舜。禹本以白衣砥行显名，升为天子，虽复制谥，不如名著，故国名焉。汤者，禳也，言其禳除不轨。改亳为商，成就王道，天下炽昌，文武皆以其长。夫擅国之谓王，能制杀生之威之谓王。王者，往也，天下所归往也。

又曰：《易》称，天先春而后秋，地先生而后凋，日月先光而后幽。是以王者则之，亦先教而后刑。三皇结绳，五帝画像，三王肉刑，霸世黠巧，此言步骤稍有优劣也。

《傅子》曰：庖牺、神农，顺民之性育之者也。黄帝，除民之害，救之者也。舜治天下，垂拱无为者，以咎繇既举而不仁远也。禹，治洪水冠挂不顾者，不以下忧累其上也。汤去三面之网，归之者四十国。文王葬城隅之枯骨，天下怀其仁，所惠者小，所感者大，仁心先之也。

又曰：不使不仁加乎天下，用武胜残，而百姓以济，此仁形于拨乱，黄帝是也。时有万物，必世而后仁，此著于治平，尧舜是也。

周生《烈子》曰：居尧舜之位而不行唐虞之政者，犹反衣狐白，步牵騄耳。

黄石公《三略》曰：夫三皇无言，化流四海，故天下无所归功。帝者，体天则地，有言有令，而天下太平。君臣让功，四海行焉。王者制人道德，降心服志，设矩备衰，有察察之政，甲兵之事备，而无争战血刃之用。天下太平，君无疑于主。国定主安，臣以义退，亦能美而无害。

又曰：任德者纵，任义者横。纵成者王，横成者霸。王兵法天，霸兵法地。天者德不可量，地者戚不可图。不量不图者，万物之父母也。

袁子《正论》曰：尧舜之人，比屋可封，非尽善也；犹在防之水，非不流也。桀、纣之人，比屋可诛，非尽恶也；犹在壑之水，非不停也。

班彪《王命论》曰：帝王之作，必有明圣显懿之德，丰功厚利积累之业，然后精诚通于神明，流泽加于生民。故能为鬼神所福享，天下所归往。未见运世无本，功德不纪，而能倔起在斯位者也。

傅彦林《王令叙》曰：帝王之起必有天下瑞应自然之符，明统显祚丰懿之业，加以茂德成功贤智之助，而后居世临臣，为神所保佑，永世所尊崇，未见运叙无纪次，勋泽不加于民，而可力争觊觎神器者也。

阮籍《通老论》曰：三皇依道，五帝仗德，三皇施仁，五霸行义，强国任智，盖优劣之异，薄厚之降也。

《韩子》曰：明王制其臣下者，二柄而已矣。二柄者，刑、德也。杀戮之谓刑，庆赏之谓德也。

崔寔《政论》曰：自尧舜之帝、汤武之王，皆赖明哲之佐，博物之臣。故皋陶陈谟而唐虞以兴；伊箕作训，殷周以隆。及继体之君欲立中兴之功者，曷尝不赖贤哲之谋乎？

《邓子》曰：尧置敢谏之鼓，舜立诽谤之木，汤有司直之人，武有戒慎之铭。此四君者，圣人也。而由此之勤，至于栗陆杀东里子，宿沙君戮箕文，桀诛龙逢，纣刳比干，此四诛者，乱君，故其疾贤若仇。是以贤愚之相较，若百丈之溪，万仞之山，若九地之下与重天之颠。

《墨子》曰：古者，民生未有刑政之时，选择天下之贤可者立以为天子。

又曰：凡国之万民，皆尚同乎天子，而不敢下比。天子之所是，必亦是之；天子之所非，必亦非之。去而不善言，学天子之善言；去而不善行，学天子之善行。天子者，固天下之仁人也。举天下万民以法天子，夫天下何说而不治哉？

又曰：古者圣王制为衣服之法，曰：冬服绀緅之衣，轻且暖；夏服絺绤之服，轻且清，则止。诸加费不加于民利者，圣王弗为。

又曰：天子者，天下之穷贵也，天下之穷富也，故富且贵者，当天意而不可不顺。顺天意者，兼相爱，交相利，必得赏；反天意者，别相恶，交相贼，必得罚。

《尸子》曰：人之欲见毛嫱、西施，美其面也。夫黄帝、尧、舜、汤、武美者，非其面也。人之欲观焉，其行也；所欲闻焉，其言也。而言之与行皆在《诗》《书》矣。

又曰：夫尧舜所起至治也，汤武所起至乱也。问其成功孰治，则尧舜治；问其孰难，则汤武难。

又曰：孔子曰："商，汝知君子之为君乎？"子夏曰："鱼失水则死，水失鱼犹为水也。"孔子曰："商知之矣！"

又曰：治天下有四术，一曰忠爱，二曰无私，三曰用贤，四曰度量。通财则用足，用贤则多功。无私，百知之宗也，忠爱，父母之行也。

又曰：尧舜黑，禹胫不生毛；文王至日昃不暇饮食，故富有天下，贵为天子矣。

# 太平御览卷第七十八 皇王部三

## 天皇

项峻《始学篇》曰：天地立，有天皇十二头，号曰天灵，治万八千岁，以木德王。

《洞冥记》曰：天皇十二头，一姓，十二人也。

徐整《三五历纪》曰：溟涬始芽，濛鸿滋萌，岁起摄提，元气肇启，有神灵人十三，号曰天皇。

《洞纪》曰：古人质以头为数，犹今数鸟兽以头计也。若云十头鹿，非十头也。

《春秋纬》曰：天皇，地皇，人皇，兄弟九人，分为九州，长天下也。

《河图括地象》曰：天皇九翼，题名旋复。

《帝系谱》曰：天地初起，即生天皇，治万八千岁，以木德王。

《遁甲开山图》曰：天皇被迹在柱州昆仑山下。荣氏注曰：天皇兄弟十二人，身貌相类，不可分别，治在柱州，昆仑也。

## 地皇

项峻《始学篇》曰：地皇十二头，治万八千岁。

《洞纪》曰：地皇十二头。

《帝系谱》曰：地皇治一万八千岁，以火德王。

《二五历记》曰：有神圣人十二头，号地皇。

《遁甲开山图》曰：地皇兴于熊耳、龙门山。荣氏注曰：地皇兄弟十人，面貌皆如女子，貌皆相类，蛇身兽足，生于龙门山中。

## 人皇

《春秋命历序》曰：人皇氏九头，驾六羽，乘云车，出谷口，分九州。宋均注曰：九头，兄弟九人。

项峻《始学篇》曰：人皇九头，兄弟各三分，人各百岁。依山川土地之势，财度为九州，各居其一，乃因是而区别。

《遁甲开山图》曰：人皇起于形马。荣氏注曰：人皇兄弟九人，生于刑马山，身有九也。

《三五历纪》曰：有神圣人九头，号人皇。马揔云：一百六十五代，合四万五千六百年。天皇、地皇、人皇为太古。

## 有巢氏

《礼》曰：昔先王未有宫室，冬则居营窟，夏则居橧巢。郑玄注曰：冬则居土，暑则聚薪居其上也。

项峻《始学篇》曰：上古皆穴处，有圣人教之巢居，号大巢氏。今南方人巢居，北方人穴处，古之遗俗也。皇甫谧以为有巢在女娲之后。

《韩子》曰：上古之世，人民少而禽兽多，人不胜禽兽蛇虺。有圣人作，构木为巢，以避群害，而人悦之，使王天下，号之曰："有巢氏"。

《遁甲开山图》曰：石楼山在琅琊，昔有巢氏治此山南。王天下百有馀代，未详年代也。

## 燧人氏

《易通卦验》曰：燧皇始出，握机矩表计冥图，其刻曰："苍渠通灵。"郑玄注曰：矩，法也。燧皇也，谓燧人，在伏牺前，作其图谓之计冥，时无书，刻石而谓之耳，刻曰苍精渠之人能通神灵之意也。

《尚书大传》曰：燧人为燧皇，燧人以火纪。火，阳也。阳尊，故托燧皇于天。

《礼含文嘉》曰：燧人始钻木取火，炮生为熟，令人无腹疾，有异于禽兽，遂天之意，故谓燧人。

《古史考》曰：古之初，人吮露精，食草木实，穴居野处。山居则食鸟兽，衣其羽皮，饮血茹毛；近水则食鱼鳖、螺蛤。未有火化腥臊，多害肠胃。于是有圣人以火德王，造作钻燧出火，教人熟食，铸金作刃，民人大悦，号曰燧人。

《礼》曰：昔者先王未有火化，食腥也。食草木之实，鸟兽之肉，饮其血，茹其毛。此上古之时也。后圣人有作，作，起。然后修火之利，范金铸作器用。合土，瓦瓴瓮及大甗。以炮以燔，以烹以炙，以为醴酪。

王子年《拾遗录》曰：遂明国，有大树，名燧，屈盘万顷。后世有圣人游日月之外，至于其国，息此树下，有鸟啄树，粲然火出，圣人感焉，因用小枝钻火，号燧人氏。

## 太昊庖牺氏

《皇王世纪》曰：太昊帝庖牺氏，风姓也，蛇身人首，有圣德，都陈。作瑟三十六弦。燧人氏没，庖牺氏代之，继天而生，首德于木，为百王先。帝出于震，未有所因，故位在东方，主春。象日之明，是称太昊。制嫁娶之礼，取牺牲以充庖厨，故号曰庖牺皇。后世音谬，故或谓之，“宓牺”。一解云：宓古伏字。后误以宓为密，故号曰密牺。一号雄皇氏，在位一百一十年。

《易下·系辞》曰：古者庖牺氏之王天下，仰则观象于天，俯则观法于地，中观鸟兽之丈，与天地之宜。近取诸身，远取诸物，于是始作八卦，以通神明之德，以类万物之情，结绳而为网罟，以畋以渔，盖取诸《离》。

《河图》曰：伏牺禅于伯牛，钻木作火。

《易坤灵图》曰：宓牺时，立元部，民易理。

《易通卦验》曰：宓牺方牙苍精作《易》，无书以画事。郑玄曰：宓牺时质朴，作易以为政令而不书，但以画其事之形象而已。

《诗含神雾》曰：大迹出雷泽，华胥履之，生庖牺。宋均注曰：雷泽地名。华胥伏母。

《礼含文嘉》曰：伏者，别也。牺者，献也，法也。伏牺德洽上下，天应之以鸟兽文章，地应之以龟书。伏牺乃则象作《易》卦。

《左传》曰：郯子曰："太皞氏以龙纪，故为龙师，而龙名。"杜预注曰：太皞伏牺氏，风始祖也。有龙瑞，故以龙令官。

《春秋内事》曰：伏牺氏以木德王天下。天下之人未有室宅，未有水火之和，于是乃仰观天文，俯察地理，始画八卦，定天地之位，分阴阳之数，推列三光，建分八节，以爻应气，凡二十四气，消息祸福，以制吉凶。

又曰：天地开辟，五纬各在其方，至伏牺乃合，故以为元。

《孝经援神契》曰：伏牺氏，曰角、衡、连珠。宋均曰：伏羲木精人也。日角者，骨表，取象日所出房所立有星，衡中有骨表而连珠象玉衡有星也。

又曰：《钩命决》曰："华胥履迹，怪，生皇牺。"迹，灵威仰之迹也。履迹而生，以为奇怪也。

《遁甲开山图》曰：仇夷山西绝孤立，太昊之治，伏牺生处。

《帝系谱》曰：伏牺，人头蛇身，以十月四日人定时生。

崔寔《政论》曰：太昊之世，设九庖之官。

魏陈思王曹植《庖牺赞》曰：木德风姓，八卦创焉。龙瑞名官，法地象天。庖牺厨祭祀，罟网鱼畋。瑟以象时，神德通玄。

## 女娲氏

《帝王世纪》曰：女娲氏，亦风姓也。承庖牺制度，亦蛇身人首，一号女希，是为女皇。未有诸侯，有共工氏，任智刑以强，伯而不王，以水承木，非行次，故《易》不载。

《归藏》曰：昔女娲筮，张云幕，枚占之曰："吉。昭昭九州，日月代极；平均土地，和合四国。"

《山海经》曰：女娲之肠化为神，处粟广之野。郭璞注曰：女娲，古神女而帝者，人面蛇身，一日中七十变，其肠化为此神。粟广，野名也。

《礼》曰：女娲之笙簧。女娲，三皇承伏牺者。笙簧，笙中之簧也。《世本》曰：女娲作笙簧也。

《淮南子》曰：往古之时，四极废，九州裂，天不兼覆，地不周载，火滥焱而不灭，水浩洋而不息，猛兽食精民，高诱注曰：精，善也。鸷鸟攫老弱。于是女娲炼五色石以补苍天，女娲阴氏，佐伏牺治者也。断鳌足以立四极，黑龙水精也。故力牧太山稽杀之以止雨也。极犹干也。冀州，九州中，谓合四海之内。积芦灰以止淫水，芦，苇也。苇生于水，故积聚其灰以止其淫水，平地出水为淫水。民生皆方州，抱周天，方州，地也。和春、阳夏、杀秋、约冬，枕方寝绳。方，矩四寸也。寝绳，直身而卧也。

《风俗通》曰：俗说天地开辟，未有人民，女娲抟黄土作人，剧务，力不暇供，乃引绳于絙泥中，举以为人。故富贵者黄土人也，贫贱凡庸者絙人也。

《遁甲开山图》曰：女娲氏没，大庭氏王，有天下，五凤异色。次有柏皇氏，中央氏，栗陆氏，骊连氏，赫胥氏，尊卢氏，祝融氏，混沌氏，昊英氏，有巢氏，葛天氏，阴康氏，朱襄氏，无怀氏，凡十五代皆袭庖牺之号。自无怀氏已上，经史不载，莫知都之所在。共工氏水德，君木火之间，霸而不王。女娲是三皇之，称三皇者多有不同，以太昊炎帝为二皇，其一或称女娲，或称祝融，或称共工，未知孰是，自女娲至无怀十五代合一万七千七百八十七岁。

魏陈王曹植《女娲赞》曰：古之国君，制造笙簧。礼物未就，轩辕纂成。或云二君，人首蛇形。神化七十，何德之灵。

## 炎帝神农氏

《帝王世纪》曰：神农氏，姜姓也。母曰任姒，有乔氏之女，名女登，为少典妃。游于华阳，有神龙首感女登于常，生炎帝，人身牛首，长于姜水，有圣德。以火承木，位在南方，主夏，故谓之炎帝，都于陈，作五弦之琴。凡八世，帝承、帝临、帝明、帝直、帝来、帝哀、帝揄罔。又曰本起烈山，或时称之，一号魁隗氏，是为农皇，或曰帝炎。时诸侯夙沙氏叛不用命，炎帝退而修德，夙沙之民自攻其君而归炎帝，营都于鲁。重八卦之数，究八八之体为六十四卦，在位百二十年而崩，葬长沙。

《易下·系》曰：神农氏作，斫木为耜，揉木为耒。耒耜之利以教天下，盖取诸益。

《礼含文嘉》曰：神者，信也。农者，浓也。始作耒耜，教民耕，其德浓厚若神，故为神农也。

《古史考》曰：炎帝以火应，故置官师皆以火为名。

《传》曰：郯子曰："炎帝以火纪，故为火师，而火名。杜预注曰：神农，姜姓之祖也。有火瑞，以火纪事名官也。

《春秋命历序》曰：有神人名石耳，苍色大眉，戴玉理，日月清明有次序，故神应和气以生也。玉理犹玉英玉胜也。驾六龙，出地辅，号皇。神农始立地形，甄度四海，东西九十万里，南北八十一万里。所为如此，其教如神，农殖树木，使民粒食，故天下号曰皇神农也。甄纪地形远近，山川林泽所至。

《孝经钩命决》曰：任巳感龙，生帝魁。任巳，帝魁之母也。魁，神农名，巳，或作姒。

《典略》曰：武王伐纣，封神农 之后于谯。

《文子》曰：赤帝为火灾，故黄帝禽之。

《越绝书》曰：神农不贪天下，而天下共富之；不以其智自贵于人，天下共尊之。

《庄子》曰：妸荷甘与神农同学于老龙吉，神农隐几，阖户昼瞑。妸荷甘日中奓户而入，曰："老龙死矣！"神农隐几拥杖而起，嚗然放杖而笑，曰："天知予僻陋慢诞，故弃予也而死已。"悟死不足惊，故还，放杖而笑。

《尸子》曰：神农氏夫负妻戴以治天下。尧曰："朕之比神农，犹旦之与昏也。"

又曰：神农氏七十世有天下，岂每世贤哉？牧民易也。

《淮南子》曰：古者民茹草饮水，采树木之实，食蠃蚌之肉，时多疹病毒伤之害。于是神农乃始教民播种五谷，相土地之宜，燥湿肥硗高下，尝百草之滋味、泉水之甘苦，令民知所避就。当此之时，一日而遇七十毒。

又曰：神农之治天下也，神农驰于国中，知不出于四域，怀其仁诚之心；甘雨以时，五谷蕃殖；春生夏长，秋收冬藏；月省时考，终岁献贡；以时尝谷，祀于明堂。明堂之制，有善而无恶；风雨不能袭，燥湿不能伤；养民以公，其民朴重端悫，不忿争而财足，不劳形而成功，因天地之贡资而与之和同。是故威厉而不试，刑措而不用，法省而不烦，教化如神。其地南至交趾，北至幽都，东至阳谷，西至二危，莫不听从。当此之时，法宽刑缓，囹圄空虚，而天下壹俗，莫怀奸心。

又曰：神农皇帝袭九空，重九望。九空，九天也。九望，九地也。

《神农本草》曰：神农稽首再拜，问于太一小子曰："曾闻古之时，寿过百岁而殂落之。咎独何气使然耶！"太一小子曰："天有九门，中道最良。"神农乃从其尝药以拯救人命。

《周书》曰：神农之时，天雨粟。神农耕而种之，作陶冶斤斧，为耒耜、锄耨，以垦草莽，然后五谷兴。

《吕氏春秋》曰：神农教曰："士有当年不耕者，则天下或受其饥矣；女有当年不绩者，则天下或受其寒矣，故夫亲耕，妻亲绩。"

《贾谊书》曰：神农以为走禽难以久养民，乃求可食之物，尝百草实，察咸苦之味，教民食谷。

陆景《典略》曰：神农尝百草，尝五谷，蒸民乃粒食。

《荆州图记》曰：永阳县西北二百三十里，厉乡山东有石穴。昔神农生于厉乡，《礼》所谓烈山氏也。后春秋时为厉国。穴高三十丈，长二百丈，谓之"神农穴"。

# 太平御览卷第七十九　皇王部四

## 黄帝轩辕氏

《史记》曰：黄帝者，少典之子，姓公孙，名轩辕。诸侯有不顺者，从而征之，未尝宁居。东至于海，登丸山，及岱宗。西至崆峒，登鸡头山。南至江，登熊、湘。北极荤粥，合符釜山，而邑于涿鹿之阿。迁徙无常处，以师兵为营卫。官名皆以命，为云师。置左右大监，监于万国。获宝鼎。举风后、力牧、常先、大鸿以治民。有土德之瑞，故号曰黄帝。有二十五子，其得姓者十四人。黄帝居轩辕之丘，而娶于西陵氏之女，是为嫘祖。音缧为正妃，生二子，其后有天下：其一曰玄嚣，是为青阳，降居江水；其二曰昌意，降居弱水。昌意娶蜀山氏女，曰昌仆，生高阳。高阳有圣德焉。黄帝崩，葬桥山。其孙昌意之子高阳立，是为帝颛顼。

又《封禅书》曰："黄帝采首山铜铸鼎于荆山下。鼎既成，有龙垂胡髯下迎黄帝，黄帝上骑龙，群臣后宫从上者七十馀人，馀小臣不得上，乃悉持龙髯，龙髯拔堕，堕帝之弓，百姓仰望。帝既上，乃抱其弓与龙髯而号。故后世名其处曰鼎湖，其弓曰乌号。"

又曰：汉武帝北遂巡狩，还，祭黄帝冢。上曰："吾闻黄帝不死，今有冢何也？"或对曰："黄帝已仙上天，群臣葬其衣冠耳！"

《帝王世纪》曰：黄帝，有熊氏少典之子，姬姓也。母曰附宝，其先即炎帝母家有蟜氏之女，世与少典氏婚，故《国语》兼称焉。及神农氏之末，少典氏又取附宝，见大电光绕北斗枢星照郊野，感附宝，孕二十五月，生黄帝于寿丘，长于姬水。龙颜，有圣德，受国于有熊，居轩辕之丘，故因以为名，又以为号。与神农氏战于阪泉之野，三战而克之。力牧、常先、大鸿、神农、皇直、封巨人镇大山，稽鬼、臾区、封胡、孔甲等，或以为师，或以为将，分掌四方，各如己视，故号曰黄帝四目。又使岐伯尝味百草，典医疗疾，今经方、本草之书咸出焉。其史仓颉，又取像鸟迹，始作文字。史官之作，盖自此始。记其言行，策而藏之，名曰书契。黄帝一号帝鸿氏，或曰归藏氏，或曰帝轩。吹律定姓，有四妃，生二十五子，在位百年而崩，年百一十岁。

又曰：神农氏衰，黄帝修德化民，诸侯归之。黄帝于是乃扰驯猛兽，与神农氏战于阪泉之野，三战而克之。又征诸侯，使力牧、神、农、皇直讨蚩尤氏，擒之于涿鹿之野；使应龙杀之于凶黎之丘。凡五十五战，而天下大服。或传以至仙，或言寿三百岁，葬于上郡阳周之乔山。

《鬻子》曰：黄帝年十岁，知神农之非而改其政。

《春秋内事》曰：轩辕氏以土德王天下，始有堂室，高栋深宇，以避风雨。

《孝经钩命决》曰：附宝出，降大灵，生帝轩。附宝，帝轩母也。电黄精轩辕气也。轩，黄帝名。附或作付也。

《古史考》曰：有熊氏巳姓，或曰姓公孙。

《山海经》曰：有人衣青，名曰黄帝女妖。青魃，旱鬼也。蚩尤作兵伐黄帝，黄帝乃令应龙攻之冀州之野。冀州，中土。应龙蓄水，蚩尤请风伯、雨师，从大风雨。黄帝乃下天女曰妖，雨止，遂杀蚩尤。

《归藏》曰：昔黄帝与炎神争斗涿鹿之野，将战，筮于巫咸。巫咸曰："果哉，而有咎！"

《易下·系》曰：黄帝垂衣裳而天下治，盖取诸乾坤。

《河图握枢》曰：黄帝名轩，北斗黄神之精。母地祇之女附宝，之郊野，大电绕斗枢星耀，感附宝，生轩，胸文曰："黄帝子"。

《河图挺佐辅》曰：黄帝修德立义，天下大治。乃召天老而问焉："余梦见两龙挺日图即帝，以授余于河之都，觉昧素喜，不知其理，敢问于子。"天老曰："河出龙图，洛出龟书，纪帝录州圣人所纪，姓号兴，谋治平，然后凤皇处之。今凤皇巳下三百六十日矣，合之图纪，天其授帝图乎？"黄帝乃祓斋七日，衣黄衣，冠黄冕，驾黄龙之乘，戴蛟龙之旗。天老五圣皆从以游河洛之间，求所梦见者之处，弗得。至于翠妫之渊，大卢鱼溯流而至。乃问天老曰："子见夫中河流者乎？"曰："见之。"顾问五圣，皆曰莫见，乃辞左右，独与天老跪而迎之。五色毕具，天老以授黄帝。帝舒视之，名曰《录图》。

《龙鱼河图》曰：黄龙附图，鳞甲成字，从河中出，付黄帝，令侍臣自写以示天下。

又曰：黄帝摄政前，有蚩尤，兄弟八十一人，并兽身人语，铜头铁额，食沙石子，造立兵杖刀戟大弩，威振天下，诛杀无道，不仁不慈。万民欲令黄帝行天子事，黄帝仁义，不能禁止。蚩尤遂不敌，乃仰天而叹。天遣玄女下授黄帝兵信神符，制伏蚩尤，以制八方。蚩尤没后，天下复扰乱不宁，黄帝遂画蚩尤形象，以威天下，天下咸谓蚩尤不死，八方万邦皆为殄伏。

《尚书中候》曰：帝轩提像，配永循机，轩，轩辕黄帝名。永，长也。循，顺也。黄帝轩辕观摄提之象，配而行之，以长为顺，升机为政。天地休通，五行期化，休，美也。天地美气相通行，应四时之期而变化。河龙图出，龙衔图而出也。洛龟书成，龟负书而出。威，则也。赤文像字，以授轩辕。

《韩诗外传》曰：黄帝召天老而问："凤像何如？"天老曰："夫凤像鸿前而麟后，蛇头而鱼尾，龙文而鸡身，燕颔而鸡啄。"黄帝乃斋于中宫，凤蔽日而至。黄帝降于东阶，西面再拜稽首。皇天降祉，敢不承命。凤乃止帝东园。

《诗含神雾》曰：大电绕枢照郊野，感附宝，生黄帝。

《大戴礼》曰：宰我问于孔子曰："昔者予问诸荣君，黄帝三百年，请问黄帝人也，抑非人耶？何以至于三百年？"孔子曰："黄帝，少典之子也，曰轩辕。生而神灵，弱而能言，教熊、罴、貔、貅、豹、虎以与赤帝大战于阪泉之野，三战然后得行其志。黄帝斧佛，衣大带斧裳，乘龙驾云，劳勤心力耳目，节用水火，财物生而民得其利百年，死而民得其神百年，亡而民得其教百年，故曰三百年。"

《传》曰：黄帝以云纪，故为云师而云名。

《春秋元命苞》曰：黄帝龙颜，得天庭阳，上法中宿，取象文昌，戴天履阴，秉数制刚。颜有龙，象以轩辕也。庭阳，太微庭也。戴天，天文在首。履阴，阴字在足下也。制刚，纪也，纪正四辅也。

《管子》曰：黄帝得蚩尤而明乎天道；得太常而察乎地利；得苍龙而辨乎东方；得祝融而辨乎南方；得大封而辨乎西方；得后土而辨乎北方；黄帝得六相而天下治。

又曰：黄帝钻燧生火以熟荤臊，民食之，无肠胃之病。

《列子》曰：黄帝即位十有五年，竭聪明，尽智力，营百姓，焦然肌色皯古厚切。䵋，音妹。昏然五情爽惑，用聪明未足以致治，祇足以乱神也。黄帝乃喟然叹曰：朕之过淫矣。淫当作深。养一己其患如此，治万物其患如此惟任而不养，纵而不治，则性命自反，天下自安。于是放万机，舍宫寝，去直侍，撤钟悬，减厨膳，退而闲居大庭之馆，斋心服形，心无欲则形自服矣。三月不亲政事。昼寝而梦，将明至理不可以情求，故寄之于梦，圣人无梦也。游于华胥氏国。华胥氏国在弇州之西，台州之北，不必便有此国也。明至理必如此耳。《淮南子》云：正西曰弇州，西北曰合州。不知斯齐国几千万里；舟车足力，形之员者耳，神道恍惚，不行而至也。盖非舟车足力之所及，神游而已。其国无师长，其民无嗜欲，不知乐生，不知恶死，故无夭伤；不知亲己，不知疏物，故无憎爱；不知背逆，不知向顺，故无利害；理无生死，故无所乐恶，理无爱憎，故无所亲疏，理无顺逆，故无所利害也。都无所爱憎，都无所畏忌。入水不溺，入火不热，斫挞无伤痛，至和者，无物能伤，溺热痛痒，实由畏惧也。乘空如履实，寝虚若处床。云雾不阂其视，雷霆不乱其听，美恶不汨其心，山谷不踬其步，神行而已。黄帝既悟，怡然自得。又二十有八年，天下大治，几若华胥氏之国，而帝登假。假当为遐。

《庄子》曰：北门成问于黄帝："张咸池之乐于洞庭之野，吾始闻之而惧，复闻之而惑。"帝曰："吾奏之以人，征之以天，行之以义礼，建之以太清。"以人奏之，以天征之，天人合德，尔乃知以春为礼，以秋为义，太清乃建。

又曰：黄帝将见大隗于具茨之山，方明为御，昌寓骖乘，张若、隰朋前马，昆阍、滑稽后车。至于襄城之野，七圣皆迷，无所问途。适遇牧马童子，问途焉曰："若知具茨之山乎？"曰："然。"黄帝曰："异哉小童！非徒知具茨之山，又知大隗之所存乎？"曰："然。"黄帝曰："吾子之事虽然，请问为天下。"小童辞。黄帝又问。小童曰："夫为天下者，亦奚以异乎牧马者哉？亦去其害马者而已矣。"马以过分为害。黄帝再拜稽首，称天师而退。

又曰：黄帝闻广成子在于崆峒之上，故往见之，曰："敢问至道之精。"广成子曰："自而治天下，云气不待簇而雨，草木不待黄而落，日月之光益以荒矣。又奚足以语至道？"黄帝退，捐天下，筑特室，席白茅，闲居三月，复往邀之。广成子南首而卧，黄帝从下风膝行而进，再拜稽首而问曰："闻吾子达于至道，敢问治身奈何而可以长久？"广成子蹶然而起，曰："善哉问乎！来，吾语汝，至道之精，窈冥冥；至道之极，昏默默。无视无听，抱神以静，形将自正。我修身千二百岁矣，吾形未尝衰。"黄帝再拜稽首曰："广成子之谓天矣！"

《尸子》曰：子贡曰："古者黄帝四面，信乎？"孔子曰："黄帝取合己者四人，使治四方，不计而耦，不约而成，此之谓四面。"

《韩子》曰：师旷谓晋平公曰："黄帝合鬼神于西太山之上，驾象车，六交龙，毕方并馆，蚩尤居前，风伯进扫，雨师洒道，乃作为清角之乐。"

《淮南子》曰：黄帝治天下而力牧、太山稽辅之，力牧太山稽辅，则黄帝之师也。孟子曰：王者师臣也。以理日月星辰之道，治阴阳之气，节四时之度，正律历之数；明上下，等贵贱；使强不得掩弱，众不得暴寡；人民保命不夭，能安性命，不夭折也。岁时熟而不凶，不凶，无灾害也。百官正而无私，皆在公也。上下调而无尤；君调臣和，无尤过也。法令明而不暗，辅佐公而不阿；卿士公正，不阿意曲从。田者不侵畔，渔者不争隈；隈，曲深处，鱼所聚也。道不拾遗，市不预价；城郭不关，邑无盗贼；商旅之人，相让以财；狗彘吐菽粟于道路而无忿争之心。于是日月精明，星辰不失其道，风雨时节，五谷登熟；虎豹不妄噬，鸷鸟不妄搏；凤凰翔于庭，麒麟扰于郊；青龙进驾，飞黄伏皂；飞黄出西方，其状如狐，顶上有角，乘之寿千岁。皂，枥也。诸北儋耳之国，莫不献其贡职。

《论衡》曰：谥法：靖民则法曰皇，德象天地曰帝。皇帝者，安民之谥，非得道之称也。

蒋子《万机论》曰：黄帝之初，养性爱民，不好战伐。而四帝各以方色称号，交共谋之，边城日惊，介胄不释。黄帝叹曰："夫君危于上，民安于下，主失于国，其臣再嫁，厥疾之由，非养寇耶！今处民萌之上，而四盗亢衡，递震于师。"于是遂师营垒，以灭四帝。向令黄帝若不龙骧虎变而与俗同道，则其民臣亦害于四帝矣！

《抱朴子》曰：黄帝生而能言，役使百灵，可谓天授自然之体者。犹复不敢端坐而得道，故涉王屋而受丹经，到鼎湖而飞流珠，登崆峒而问广成，上具茨而事大隗，适东岱而奉中黄，入金谷而咨老子，论道养则质玄素二女，精推步则访山稽、力牧，讲占候则询风后，著体诉则受雷岐，审攻战则纳五音之策，穷神奸则记四泽之乱，相地理则书青鸟之说，救伤残则缀金冶之术。故能毕记秘要，穷尽道真。

又曰：昔黄帝东到青丘，过风山，见紫府先生，受三皇内文以劾召万神。南到负陇荫，建木观百灵之所登；采若戟之华，饮丹峦之水。西见中黄子，受九品之方。过崆峒，从广成子，受自然之经。北到洪堤，上具茨，见大隗君，黄盖童子授神芝图，还陟王君居得神丹。注说：到峨嵋山见皇人于玉堂。

又曰：汲郡冢中竹书言："黄帝既仙去，其臣有左彻者，削木为黄帝之像，帅诸侯朝奉之。"故司空张茂先撰《博物志》亦云："黄帝仙去，其臣思恋罔极，或刻木立像而朝之，或取其衣冠而葬之，或立庙而四时祠之。"

《孙绰子》曰：黄帝之游天衢，奏钧天之鼓，建日月之旗，乘琱云之舆，驾六翼之龙。彭祖前驱，松乔挟毂，光景流而不返，长风逐而不及，发轫紫宫，不崇朝而匝六合也。

《符子》曰：黄帝将适昆虞之丘，中路逢容成子，乘翠华之盖，建日月之旗，骖紫虬，御双鸟。黄帝命方明避路，谓容成子曰：“吾将钓于一壑，栖于一丘。”

又曰：黄帝谓其友无为子曰：“我劳天下矣，疲于形役，请息驾于玄圃，子且代之。”无为子曰：“焉能弃我之逸，而为君之劳哉！”乃攀龙而俱去。

晋·牵秀《黄帝颂》曰：邈矣轩辕，应天载灵。通幽远览，观象设形。诞敷厥训，彝伦攸经。德从风流，化与云征。皇猷允塞，地平天成。爰登方岳，封禅勒成。纷然凤举，龙腾太清。违落九土，陟彼高冥。民斯攸慕，涕泗沾缨。遐而不坠，式颂德声。

《帝王世纪》曰：有巢氏已降，至黄帝，为三皇，号中古。

## 少昊金天氏

《帝王世纪》曰：少昊帝名挚，字青阳，姬姓也。母曰女节。黄帝时有大星如虹，下流华渚。女节梦接意感，生少昊，是为玄嚣。降居江水，有圣德，邑于穷桑，以登帝位，都曲阜，故或谓之穷桑帝，以金承土，《帝图谶》所谓白帝朱宣者也。故称少昊，号金天氏。在位百年而崩。

《河图》曰：大星如虹，下流华渚。女节气感，生白帝朱宣。宋均注云：朱宣，少昊氏也。

《古史考》曰：穷桑氏，嬴姓也。以金德王，故号金天氏，或曰宗师太昊之道，故曰少昊。

《遁甲开山图》曰：帝少昊死，葬云阳山。

《传》曰：鲁昭公十七年，郯子来朝，昭子问焉，曰：“少皞氏鸟名官，何也？”郯子曰：“吾祖也。我高祖少皞挚之立也，凤鸟适至，故纪于鸟，为鸟师而鸟名，凤鸟氏，历正也。玄鸟氏，司分者也。伯赵氏，司至者也。青鸟氏，司启者也。丹鸟氏，司闭者也。祝鸠氏，司徒也。雎鸠氏，司马也。鸤鸠氏，司空也。爽鸠氏，司寇也。鹘鸠氏，司事也。五鸠，鸠民者也；五雉，为五工正，利器用，正度量，夷民者也。九扈，为九农正，扈民无淫者也。”

魏曹植《少昊赞》曰：祖自轩辕，青阳之裔。金德承土，仪凤帝世。官鸟号名，殊职别系。农正扈氏，各有品制。

## 颛顼高阳氏

《史记》曰：颛顼，静渊以有谋，疏通而知事，养材以任地，载时以像天，依鬼神以制义，治气以教化，洁诚以祭祀。帝生子曰穷蝉。颛顼崩而玄嚣之孙高辛立，是为帝喾。

《古史考》曰：高阳氏，妘姓，以水德王。

《帝王世纪》曰：帝颛顼高阳氏，黄帝之孙，昌意之子，姬姓也。母曰景仆，蜀山氏女，为昌意正妃，谓之女枢。金天氏之末，女枢生颛顼于若水，首戴干戈，有圣德。父昌意，虽黄帝之嫡，以德劣降居若水，为诸侯。及颛顼生，十年而佐少昊，十二年而冠，二十而登帝位，平九黎之乱，以水事纪官。命南正重司天，以属神；北正黎司地，以属民。于是神民不杂，万物有序。始都穷桑，后徙商丘，命飞龙效八风之音作乐，作五音以祭上帝。纳胜坟氏女娽，音禄生老童。有才子八人，号八凯。颛顼在位七十八年，年九十一岁。岁在鹑火而崩，葬东郡顿丘广阳里。

《河图》曰：瑶光之星，如霓贯月，正白，感女枢幽房之宫，生黑帝颛顼。

《大戴礼》曰：宰我曰：“请问帝颛顼。”孔子曰：“颛顼，黄帝之孙，昌意之子，乘龙而至四海。北至幽陵，南至交阯，西济于流沙，东至于蟠木，动静之物，大小之神，日月所照，莫不砥砺。”

《春秋元命苞》曰：颛顼并干，上法月参。集威成纪，以理阴阳。并犹重也。水精主月，参伐主斩刈，成功兼此月职，重助费以为表也。

《山海经》曰：黄帝妻嫘祖，生昌意。昌意降处若水，生韩流，取倬子曰河女，生帝颛顼。

又曰：颛顼死即复苏。

《淮南子》曰：颛顼之法，妇人不避男子于路者，祓之于四达之衢。祓，音弗。除其不祥。

魏曹植《帝颛顼赞》曰：昌意之子，祖自轩辕。始诛九黎，水德统天。以国为号，风化神宣。威畅八极，靡不祗虔。

# 太平御览卷第八十 皇王部五

## 帝喾高辛氏

《史记》曰：帝喾高辛氏者，黄帝之曾孙也。父曰蟜极。蟜极父曰玄嚣。玄嚣父曰黄帝。自玄嚣与蟜极皆不得在位，至高辛即位。高辛于颛顼为族子，其色郁郁，其德嶷嶷，日月所照，风雨所至，莫不服从。帝喾娶陈锋氏女，生放勋。娶娵訾氏女，生挚。帝喾崩而挚代立。

《帝王世纪》曰：帝喾，高辛氏，姬姓也。其母不见，生而神异，自言其名曰"逡齭齿"。有圣德，年十五而佐颛顼，三十登帝位，都亳。以人事纪官，故以勾芒为木正，祝融为火正，蓐收为金正，玄冥为水正，后土为土正，是五行之官，分职而治诸侯，于是化被天下。遂作乐六茎以康位。世有才子八人，号曰八元。亦纳四妃，卜其子皆有天下。元妃，有台氏女，曰姜嫄，生后稷。次有娀氏女，曰简翟，生离；次陈丰氏女，曰庆都，生放勋；次娵訾氏女，曰常仪，生帝挚。帝喾在位七十五年，年一百五岁而崩，葬东郡顿丘广阳里。陶弘景云：在位六十三年，年九十二。

《大戴礼》曰：宰我曰："请问帝喾。"孔子曰："玄嚣之孙，蟜音乔。极之子，曰高辛氏。生而神灵，自言其名，取地之财而节用之，抚教万民而利诲之，历日月而迎送之，明鬼神而敬事之。其色蟜蟜，其德湙湙，其动也时，其服也土，春夏乘龙，秋冬乘马，黄斧黻衣，执中而获天下。"

《礼记祭法》曰：帝喾能序星辰以著众。

《春秋元命苞》曰：帝喾戴干，是谓清明。发节移盖像招摇。干，楯也。招摇为天戈楯相副，戴之像见天中以为表。

《古史考》曰：高辛氏，或曰房姓，以木德王。

张显《析言》曰：高辛氏初生，自言其名。其君民，终无迷谬。

魏陈王曹植《帝喾赞》曰：祖自轩辕，玄嚣之裔。生言其名，木德帝世。抚宁天地，神灵察物。教弭四海，明并日月。

## 帝挚

《帝王世纪》曰：帝挚之母，于四人之中，其班最下，而挚年兄弟最长，故得登帝位。封异母弟放勋为唐侯。挚在位九年，政软弱，而唐侯德盛，诸侯归之。挚服其义，乃率其群臣造唐朝而致禅，因委志心愿为臣。唐侯于是知有天命，乃受帝禅，而封挚于高辛氏。事不经见，汉故议郎东海卫宏所传云尔。

## 帝尧陶唐氏

《帝王世纪》曰：帝尧，陶唐氏，祁姓也。母曰庆都，孕十四月而生尧于丹陵，名曰放勋。或从母姓伊祁氏，年十五而佐帝挚，授封于唐，为诸侯。身长十尺，常梦攀天而上，故年二十而登帝位。以火承木，都平阳。置敢谏之鼓，天下大和。命羲和四子：羲仲、羲叔、和仲、和叔，分掌四岳。诸侯有苗氏，处南蛮而不服，尧征而克之于丹水之浦。乃以尹寿、许由为师，命伯夔访山川溪谷之音，作乐六章，天下大和，百姓无事。有八十老人击壤歌于道，观者叹曰："大哉，帝之德也！"老人曰："吾日出而作，日入而息，凿井而饮，耕田而食，帝何力于我哉！"有僬侥氏来贡没羽，厨中自生肉脯，如翣形。摇鼓自生风，使食物寒自不臭，名曰"翣脯"。又有草夹阶而生，随月生死，王者以是占日月之数，惟盛德之君，应和而生，故尧有之，名"蓂荚"，一名"历荚"。始封稷、契、咎繇，褒进伯禹，纳舜于大麓。后年二月，又率群臣刻璧为书，东沉于洛，言天命当传舜之意，今《中候》、《运衡》之篇是也。舜摄政二十八年，尧与方回游阳城而崩，《尚书》所谓"二十有八载，放勋乃殂落"是也。百姓如丧考妣三载，四海遏密八音。凡尧即位九十八年，年百一十八岁。墨子以为，尧堂高三尺，土阶三等。尧取散宜氏女，曰皇，生丹朱。又有庶子九人，皆不肖，故以天下命舜。

又曰：帝尧氏作，始封于唐，今中山唐县是也。尧山在北，唐水在西北入河。南有望都，县有都山，即尧母庆都之所居也。相去五十里。都山，一名豆山。北登尧山，南望都山，故名其县曰："望都"。

《春秋合诚图》曰：尧母庆都有名于世，盖大帝之女，生于斗维之野，常在三河之南。天火雷电，有血流润大石之中，生庆都，长大形像大帝，常有黄云覆盖之。梦食不饥。及年二十，寄伊长孺家，出观三河之首，常若有神随之者。三河之首，东河北端。有赤龙负图出，庆都读之，赤受天运，运，录运也。下有图，人衣赤光，面八彩，须鬓长七尺二寸，兑上丰下，足履翼翼。署曰赤帝起，诚天下宝。衣赤光，光像而又著衣也。八彩，彩色有八也。翼，翼星，大位宿也。图人傍有此署文七十也。奄然阴风雨，赤龙与庆都合婚，有娠，龙消不见。龙乘风云故先，阴风乃龙至也。婚犹会合，或为结也。既乳，视尧如图表。及尧有知，庆都以图予尧。如图人仪表也。

《孝经援神契》曰：尧鸟庭，荷胜，八眉。尧，火精人也。鸟庭，庭有鸟骨。表取像朱鸟与太微庭也。朱鸟戴圣，荷胜似之。八眉，眉彩色有八。

《论语》曰：大哉，尧之为君也。巍巍乎，唯天为大，唯尧则之。孔安国曰：则，法也。美尧则法天行之也。荡荡乎，民无能名焉。荡荡，广远之称，言布德远，民无能名。巍巍乎，其有成功也。功成化隆，高大巍巍。

《孔丛子》曰：尧身修十尺，眉乃八彩，实圣也。

《龙鱼河图》曰：尧时与群臣贤者到翠妫之渊，大龟负图来出，授尧。敕臣下写取。写毕，龟还水中。

《易坤灵图》曰：其母萌之，玄云入户，蛟龙守门。母为庆都也，天皇之女，天帝以玄云覆卫之。故曰："时乘六龙以御天也"。

又曰：尧之精阳，万物莫不从者。言尧在天，阳精所在。帝必有洪水之灾，天生圣人使救之。故言乃统天也。

《书》曰：若稽古，帝尧孔安国曰：若，顺；稽，考也。能顺考道而行之者帝尧。曰放勋，钦明文思安安。勋，功；钦，敬也。言尧放上世之初化而以敬明文思之四德，安安当安者也。允恭克让，光被四表，格于上下。允，信也。克，能也。光，充。格，至也。既有四德，又信恭能让，故其名闻充溢四外，至于天地也。克明俊德，以亲九族。能明俊德之士任用之，以睦高祖至玄孙之亲。九族既睦，平章百姓。既，已也。百姓，官也。言化九族而平章明也。百姓昭明，协和万邦，黎民于变时邕。昭亦明也。协和黎众。时，是。邕，和也。言天下众民皆变，是以风俗大和也。

《尚书中候》曰：帝尧即政七十载，景星出翼，凤凰止庭，郑玄注曰：翼，朱鸟宿。朱草生郊，嘉禾孳连，甘露润液，醴泉出山。朱草可以染服者。嘉，美也。《书序》曰：唐叔得禾，异亩同颖。此注之为孳连，醴亦甘。修坛河、雒，荣光起河，休气四塞，休，美也。荣光五色从河出，美气四塞，炫耀熠熠也。白云起，回风摇，龙马衔甲，赤文绿色，龙形像马也。赤熛怒之使也。甲所以藏图，赤文色而绿地也。临坛止霁，吐甲图而带足。霁，齐，赤止也。带足者带，去也。

又《中候运行》曰：帝尧率群臣，东沉刻璧于雒。

又曰：天子臣放勋德薄，施行不元。元，善也。

《尚书大传》曰：尧八眉，舜四童子。八者，如八字也。

又曰：尧舜之王天下，一人不刑而四海治。

《春秋元命苞》曰：尧眉八彩，是谓通明。历象日月，璇玑玉衡。

《大戴礼》曰：宰我曰："请问帝尧。"孔子曰："高辛之子也，曰放勋，其仁如天，其智如神，就之如日，望之如云；富而不骄，贵而不豫，黄斧绋衣，彤车，乘白马。"

《六韬》曰：太公曰："帝尧王天下之时，金银珠玉弗服，锦绣文绮弗衣，奇怪异物弗听，宫垣屋室弗崇，桷椽柱楹不藻饰，茅茨之盖弗剪齐。敝黻之絓履不弊尽，不更为也；滋味不重糁，弗食也；温飰暖羹不酸馁，不易也。不以私曲之故，留耕种之时，削心约志，从事无予为。

《庄子》曰：昔尧之治天下也，使天下人欣欣焉有乐其性。

又曰：尧治天下之民，平海内之政。往见四子于姑射之山，汾水之阳，窅然丧其天下。四子：许由、啮缺、被衣、王倪也。窅然犹幽然，自失之貌。言尧以有事之心，至于无为之人，故亦无所用也。

又曰：尧观于华封，封华人曰："嘻！请祝圣人，使圣人寿，使圣人富，使圣人多男子。"尧曰："多男子则多惧，多富则多事，多寿则多辱。"封人曰："夫圣人，鹑居鷇音扣。食，鸟行而无章。天下有道，则与物皆昌；天下无道则修德就闲。千岁厌世，去而上仙，乘彼白云，至于帝乡。三患莫至，身常无殃。"

又曰：尧治天下，伯成子高立为诸侯。及尧授舜，舜授禹，伯成子高立为诸侯而耕。禹往见之，曰："尧治天下，吾子立为诸侯。尧授舜，舜授余，吾子辞之，敢问何也？"子高曰："昔尧治天下，不赏而人劝，不罚而人畏。子今赏罚而人且不仁，德自此衰，刑自此立，后世之乱自此始矣！无落吾事！"俋俋乎耕而不顾。

《尸子》曰：人之言君天下者，瑶台九累，而尧白屋；黼衣九种，而尧大布；宫中三市，而尧鹑居；珍怪远味，而尧粝饭菜粥；麒麟青龙，而尧素车玄驹。

又曰：尧舜有天下，四海之内皆治，而丹朱、商均不与焉；而谓皆治者，众也。

又曰：舜受天下，颜色不变；尧以天下与舜，颜色不变；知天下无能益损于己也。

又曰：人戴冠蹑履，莫不誉尧非桀敬士侮慢。故敬侮之，誉毁之，非其取也。

《韩子》曰：尧之王天下，冬日鹿裘，夏日葛衣；茅茨不剪，桷椽不斫。粝粱之食，藜藿之羹，虽监门之养，不敌于此矣！

又曰：由余谓秦穆公曰："昔尧有天下，饭于土轨，饮于土形。其土南至交阯，北至幽都，东西日月所出入者，无不宾服。"

《吕氏春秋》曰：尧有子十人，不与其子而授舜。《孟子》曰：尧使九男二女事舜也。

又曰：尧以天下让于子州支父。子州之父对曰："以我为天子，犹之可也。虽然，我适有幽忧之病，方将治之，未暇在天下也。"幽，隐也。

《诗》云：如有隐忧。天下，重物也，而不以天下害其生者，故可托天下。

《淮南子》曰：尧之治天下也，舜为司徒，契为司马，禹为司空，后稷为大田师，奚仲为工。其导万民也，水处者鱼，山处者木，谷处者牧，陆处者农。地宜其事，事宜其械，械宜其用，用宜其人。泽皋织网，陵阪耕田。得以所有易所无，以工易所拙。是故离叛者寡，而听从者众。譬若播棋于地，圆者走屋，方者处高，各从其所安。

又曰：人之所以乐为天子者，以穷耳目之欲，而适身体之便也。今高台层榭，人之所丽也，而尧采椽不斫，弁题不枅。言梁柱相折，矩不著枅栌也。珍怪奇味，人之所美也，尧粝粱之饭，藜藿之羹。文锦狐白，人之所好也，而尧布衣掩形，鹿裘御寒。养生之具不加厚，而增之以大任，重之以忧，故举天下而传之舜，若解重负然，非直辞让也。

又曰：尧治天下，政教平，德润洽，在位七十载，乃求所属天下之统，令四岳明扬侧陋。四岳举舜而荐之尧，尧乃妻以二女以观其内，任以百官以观其外。既入大麓，烈风雷雨不迷。林属于川曰麓，尧使舜入林麓之中，遭大风雨不迷也。乃属以九子，尧有九子。赠以昭华之玉而传天下焉。

又曰：尧之有天下也，非贪万民之富也，而宁人主之位也，以为万姓力屈，强弱相乘，众寡相暴。于是尧乃身服节俭之行，而明相爱之仁，以和辑之。是故茅茨而不铲，采椽而不斫，大路不画，大辂，天子车也。越席不缘，越席，束蒲席也。大羹不和，无五味也。粢饭不凿，巡狩行教，勤劳天下，周流五岳，岂其奉养不足乐哉？举天下以为社稷，非有利焉。年衰志闵，举天下之重而传之舜也，犹却行而释踪也。

又曰：尧之时，十日并出，焦禾穗，杀草木，而民无所食，猰貐、九婴、大风、修蛇、封豕、凿齿为民害。尧弋凿齿于畴华之泽，畴华，南方泽也。凿齿兽持戈楯，羿持弓箭射杀也。杀九婴于凶水之上，九婴，水之大怪，为人之害者，北狄之地，有凶水者也。缴大风于青丘之泽。大风，大鸷也。缴以石磻，缴，系矢射之。青丘，东方丘。上射十日，羿射日堕日中乌羽。而下杀猰音轧貐。音庾，猰貐状如龙形，人齿食人也。斩修蛇于洞庭，洞庭，南方水也。其蛇食象，三岁而其骨出也。禽封豕于桑林。封豕，大彘也。桑林，汤祷旱地万民皆喜，置尧为天子也。

又曰：尧王天下而忧不解，授舜而忧乃释。

《说苑》曰：河间献王曰：尧存心于天下。有一人饥，曰：我饥之也。有一人寒，曰：我寒之也。一民有罪，曰：我陷之也。仁而立德，博而化广。故不赏而人劝，不罚而人治，先生而后杀，是尧道也。

杨子《法言》曰：尧能则天者，以其能臣二圣。二圣，舜、禹也。

又曰：尧、舜之德，轻于鸿毛。

《潜夫论》曰：尧舜之德，譬犹偶烛施明于幽室也。前烛照之后烛益明，非前烛昧后烛彰也。乃二烛相因而成大光。

荀悦《申鉴》曰：思唐虞于上世，瞻仲尼于中古，乃知小道足羞也。

谯子《法训》曰：唐虞之衣裳文法，禹稷之沟洫耕稼，人至今被之。

袁子《法书》曰：尧避舜于济阴，今定陶有尧冢，信乎？

《符子》曰：许由谓尧曰："坐于华殿之上，面双阙之下，君之荣愿亦已足矣夫？"尧曰："余坐华殿之上，森然而松生于栋；余立于棂扉之内，霏焉而云生于牖。虽面双阙，无异乎崔嵬之冠蓬莱；虽背墉郭，无异乎回峦之萦昆仑。余安知其所以不荣？

邓析言曰：古诗云："尧、舜至圣，身如脯腊；桀、纣无道，肌肤三尺。"

《梦书》曰：尧梦乘龙上天，舜梦击天鼓。《续述征记》曰：城阳县有尧冢，自汉晋二千石及丞尉刊名甚众。尧即位至永嘉三年，二千七百二十有一载，记于尧碑。

魏陈王曹植《帝尧赞》曰：火德统位，父则高辛。克流共工，万国同尘。调适阴阳，其惠如春。巍巍成功，则天之神。

# 太平御览卷第八十一  皇王部六

## 帝舜有虞氏

《史记》曰：虞舜，名重华。冀州人也。作什器于寿丘，就时于负夏。舜父顽，母嚚，弟象傲，皆欲杀，不可得；即求，在侧。舜耕历山，历山之人皆让畔；渔雷泽，雷泽之人皆让居；陶河滨，器皆不苦窳。尧乃赐舜絺衣与琴，为筑仓廪，与牛羊。舜举八凯，使主后土，以揆百事；举八元，使布教于四方。皋陶为大理，民服其实。伯夷主礼，上下咸让。垂主工师，百工致功。益主虞，山泽开辟。弃主农，则百谷时茂，契主司徒，百姓亲和。龙主宾客，远人至。四海咸戴帝舜之功。于是，禹乃兴《九韶》之乐，凤凰来翔。舜年五十，摄行天子事，年五十八而尧崩，年六十一代尧践帝位。践位三十九年，南巡狩，崩于苍梧之野。葬于九疑，是为零陵。

《帝王世纪》曰：舜，姚姓也。其先出自颛顼。颛顼生穷蝉，穷蝉有子曰敬康，生勾芒。勾芒有子曰桥牛，桥牛生瞽瞍。妻曰握登，见大虹，意感而生舜于姚墟，故姓姚，名重华，字都君。龙颜大口，黑色，身长六尺一寸，有圣德，始迁于夏，贩于顿丘，责于傅虚，家本冀州，每徙则百姓归之。其母早死，瞽瞍更娶生象。象傲而父顽母嚚咸欲杀舜，舜能和谐，大杖则避，小杖则受。年二十始以孝闻。尧以二女娥皇、女英妻之。见舜于贰宫，设飨礼，送为宾主，南面而问政。命为司徒太尉，试以五典，有大功。二十，梦眉长与发等，尧乃赐舜受以昭华之玉，老而命舜代已摄政。明年正月上日，始受终于文祖，太尉行事。尧崩三年丧毕。以仲冬甲子月，次于毕，始即真。以土代火，色尚黄。乃询四岳，辟四门，明四目，达四聪。东巡狩，登南山，观河洛，受图书，表赐群臣，尊伯禹、稷、契、皋陶皆益地。有苗氏负固不服，禹请征之。舜曰："我德不厚，行武非道也。吾前教由未也。"乃修教三年，执干戚而舞之，有苗请服。立诽谤之木，申命九官十二牧及殳斨、朱虎、熊罴等二十五人，三载一考绩，黜陟幽明。于是俊乂在官，群后德让，百僚师师，以五采章施于五色为服，以六律、五声、八音协治。蒸民乃粒，万邦作乂，庶绩咸熙，乃作《大韶》之乐，《箫韶》九成，凤凰来仪，击石拊石，百兽率舞。故孔子称《韶》尽美矣，又尽善也。景星曜于房，群瑞毕臻，德被天下。初，舜既践帝位，而父瞽瞍尚存，舜常戴天子车服而朝焉。天下大之，故曰大舜。都乎咸阳，或营蒲坂、妫汭，嫔于虞，故因号有虞氏。有二妃，元妃娥皇无子，次妃女英生商均。次妃登北氏，生二女：霄明、烛光。有庶子八人，皆不肖，故以天下禅禹。舜年八十一即真，八十三而荐禹，九十五而使禹摄政。摄五年，有苗氏叛，南征，崩于鸣条，年百岁，殡以瓦棺，葬苍梧九疑山之阳，是为零陵，谓之纪市，在今营道县下，有群象为之耕。

《雒书灵准听》曰：有人方面，日衡重华，握石椎，怀神珠。衡有骨表如日也。眉上日衡。重华，重，童子。握石椎，怀神珠。椎读曰锤，锤平轻重也。握谓如璇玑玉衡之道。怀神珠，喻有圣性也。西王母受益地图，西王母，西荒之国也。在西方得此益地之图来献。舜受终，凤凰仪，黄龙感，朱草生，蓂荚孳。

《尚书·舜典》曰：慎徽五典，五典克从。纳于百揆，百揆时序。宾于四门，四门穆穆。纳于大麓，烈风雷雨不迷。帝曰："咨，尔舜！询事考言，乃言砥可绩，三载。汝陟帝位！"

《尚书帝命验》曰：虞舜圣，在侧陋，光耀显都，握石椎，怀神珠。椎读曰锤，神珠喻圣性。

《尚书中候考·河命》曰：帝舜曰："朕惟不仁，蓂荚浮着，百兽凤晨。"蓂荚浮著，萌芽。百兽率舞，凤凰司晨也。

又曰：若稽古，帝舜曰："重华钦翼皇象。"翼，奉也。象，历也。舜敬奉皇天之历数，七政得失也。

又曰：舜至于下稷，荣光休至，稷读曰侧下之侧，日西之时。休，美也。荣光，气也。黄龙负卷，舒图出水，坛畔赤文绿错。错，分也。文而以绿色分其间。

《尚书大传》曰：舜不登而高，不行而远。

又《虞夏传》曰：维元祀巡狩，四岳八伯，尧始得羲和，令为六卿，主春夏秋冬，并掌方岳之事，是为四岳，出则为伯，后乃分置八伯。坛四奥，沉四海，祭水曰沉。封十有二山，肇十有二州。

《韩诗外传》曰：昔舜甑盆无膻，而功不以巧获罪。

《诗含神雾》曰：握登见大虹，意感生帝舜。

《大戴礼》曰：宰我曰："请问帝舜？"孔子曰："蟜牛之孙，瞽瞍之子也，曰重华，好学孝友，闻于四方。陶家事亲，宽裕温良。教而知时，畏天而爱民，恤远而亲亲，世以孝闻于天下。三十在位，嗣帝位，五十乃死，葬于苍梧之野。"

《礼记》曰：舜作五弦之琴，以歌南风。

又曰：舜其大智也与！德为圣人，尊为天子，富有四海之内。宗庙飨之，子孙保之。

又曰：舜其大智也与：舜好问而好察迩言，隐恶而扬善，执其两端，用其中于民，其斯以为舜乎？迩，近也。近言而善易以进人察而行之也。两端，过与不及也。用其中于民，贤与不肖皆能行之也。斯，此也。其德如此，乃号为舜。舜之言充也。

又曰：子曰：" 之后世虽有作者，虞帝弗可及也矣。君天下，生无私，死不厚，其子子民如父母，有恻怛之爱，有忠利之教。"

《礼含文嘉》曰：舜损己以安百姓。

《乐动声仪》曰：孔子曰："《箫韶》者，舜之遗音也。温润以和，似南风之至。其为音，如寒暑风雨之动物，如物之动人，雷动禽兽，风雨动鱼龙，仁义动君子，财色动小人。言乐之动人也深，故举见事以为喻。是以圣人务其本。"

《春秋演孔图》曰：舜目四童谓之重明。承乾，乾踵尧，海内富昌。童，童子也。踵犹履也，履其所行也。

《春秋运斗枢》曰：舜以太尉受号，即位为天子。五年二月，东巡狩，至于中月。与三公诸侯临观，太尉公官名也。唐虞五载一巡狩。中月，月半也。临观为舟，以泛于河中也。黄龙五彩负图出，置舜前，图以黄玉为匣，如柜，长三尺，广八寸，厚一寸，四合而连有户。此含枢纽之命，故龙匣黄也。四合有横道相合也。有户，言可开阖。白玉检，黄金绳之，为泥封，两端章曰："天黄帝符玺"五字。广袤各三寸，深四分，鸟文。文，字也。四或为三。舜与大司空禹、临侯、望博等三十人集发，大司空，公官名也。临侯，国氏，望博，名。图玄色而绨，状可舒卷，长三十二尺，广九寸，而，如也。三或为五。中有七十二帝地形之制，天文官位度之差。

《孝经援神契》曰：舜龙颜重瞳，大口，手握褒。龙颜取象车，故有此骨表也。重童取象雷，多精光也。大口以象斗星，又为天作喉舌。握褒，手中褒字，喻从劳苦起，受褒饬，致大位者也。

《论语》曰：舜有臣五人而天下治。五人者，禹、稷、契、皋陶、伯益。

又曰：无为而治者，其舜也与？夫何为哉？恭己正南面而已矣！为犹安也。言舜相尧，去四凶，旋四门，穆穆也。

《论语撰考谶》曰：尧舜等升首山，观河渚，有五老游于河渚，相谓曰："河图将来告帝期，五老流星上入昴。有顷，赤龙负玉苞舒图出，尧与大舜等共发。曰："帝当枢百则禅虞。"百年而禅与舜。尧喟然叹曰："咨，尔舜！天之历数在尔躬。"

《孔丛子》曰：舜身六尺有奇，面颔无毛，亦圣也。

《韩子》曰：历山农者侵畔，舜往耕，期年而耕者让畔；河滨渔者争坻，舜往渔，期年而渔者让长；东夷之陶者苦窳，舜往陶，期年而器以牢。

《墨子》曰：尧举舜于服泽之阳。

《孟子》曰：鸡鸣而起，孳孳为善者，舜之徒也。鸡鸣而起，孳孳为利者，跖之徒也。

又曰：尧之于舜，使其子九男事之，二女女焉。百官牛羊仓廪备，以养舜于畎亩之中，而后举之加诸上位。

又曰：舜生于诸冯，迁于负夏，卒于鸣条，东夷之人也。诸冯、负夏、鸣条皆地名也。负夏在海东方，东夷之地，故曰东夷之人也。

又曰：舜之饭糗茹草也，若将终身焉。及其为天子也，被珍衣，鼓琴二女，果若固有之。袗衣，画绘者也。此言舜穷居之时，若将终身，及其为万乘之主，被服绘绣，若固常自所有也。分定使之然也。

又曰：舜之居深山之中也，与木石居，与鹿豕游。其所以异于深山之野人者几希；舜耕历山之时，居山之间，鹿豕近人，若与人游。希，远也。当此之时，舜与野人，相去岂远哉。及其闻一善言，见一善行，若决江河，沛然莫之能御也。

又曰：舜流共工于幽州，放驩兜于崇山，杀三苗于三危，殛鲧于羽山。四罪而天下咸服。

又曰：大舜有大焉：善与人同，舍己从人，乐取于人以为善；大舜，虞舜也。孔子称曰巍巍，故曰大舜也有大善焉，能舍己从人。子路与舜同也。自耕稼陶渔以至为帝，无非取于人者。取诸人以为善，是与人为善者也。故君子莫大乎与人为善。

又曰：天下大悦而将归己，视天下悦而归己犹草芥也，唯舜为然。舜不以天下归己为乐，号泣于田也。不得乎亲，不可以为人。不顺乎亲，不可以为子。舜尽事亲之道，而瞽瞍底豫。瞽瞍底豫，而天下化。瞽瞍底豫而天下之为父子者定。此之谓大孝。

又曰：尧崩三年之丧毕，舜避尧之子于南河之南。天下诸侯朝觐者，不之尧之子而之舜；讼狱者，不之尧之子而之舜；讴歌者，不讴歌尧之子而讴歌舜。曰："天也，夫然后之中国，践天子之位焉。"

《庄子》曰：羊肉不慕蚁，蚁慕羊肉，羊肉羶也。舜有羶行，百姓悦之，故三徙成都，至邓之墟十万家。尧闻舜之贤，举之童土之地，童土，不生草之地。曰："冀得其来之泽。"舜来施恩泽也。

又曰：舜让天下于善卷，善卷曰："余立于宇宙之中，冬日衣皮毛，夏日衣葛絺。春耕种，足以劳动；秋收敛，足以休食。日出而作，日入而息，逍遥于天地之间，而心意自得。吾何以天下为哉？悲夫！子之不知余也。"遂不授。于是去而入深山，莫知其处。

又曰：舜以天下让其友北人无择，北人无择曰："异哉！后之为人也，居于畎亩之中，而游尧之间。不若是而已，又欲以辱行污漫我。吾羞见之！”自投清冷之泉。

《尸子》曰：舜兼爱百姓，务利天下。其田也，荷彼耒耜，耕彼南亩，与四海俱有其利。雷泽也，旱则为耕者凿渎，俭则为猎者表虎。故有光若日月，天下归之若父母。

又曰：舜南面而治天下，天下太平，烛于玉烛，息于永风，食于膏火，饮于醴泉。舜之行，其犹河海乎，千仞之溪亦满焉。由此观之，禹汤之功，不足言也。

又曰：尧问于舜曰：“何事？”曰：“事天。”问：“何任？”曰：“任地。”问：“何务？”曰：“务人。”

又曰：舜一徙成邑，再徙成都，三徙成国，其致四方之士。尧闻其贤，草茅之中与之语政，至简而易行。与之语道，广大而不穷。于是妻之以皇，媵之以娥，九子事之，而托天下焉。

又曰：舜云：“从道必吉，反道必凶，如影如响也。”

又曰：舜事亲养兄为天下法，其游也得六人，曰雒陶、方回、续牙、伯阳、东不识、秦不空，皆一国之贤者也。

又曰：昔者，舜两眸子，是谓重明。作事成法，出言成章。

又曰：舜举三后而四死除。何为四死？饥渴、寒暍、勤劳、斗争。

又曰：有虞之君天下也，使天下贡善；商周之君天下也，使天下贡财。

公孙弘曰：舜牧羊于黄河，遇尧，举为天子。

陆贾《新语》曰：舜藏黄金于崭岩之山，捐珠玉于五湖之渊，以塞淫邪之欲。

《淮南子》曰：舜之时，共工振滔鸿水，滔，漫也。共工，炎帝□之后。随高堙下，壅百川以为民害。以薄空桑，空桑，地名，在鲁。龙门未开，吕梁未发，江淮通流，四海溟涬，民皆上丘陵，赴树木。舜乃使禹疏三江五湖，决伊阙，导瀍涧，通沟洫，注之东海。鸿水漏，九州干，万民皆宁其性。

又曰：昔者，舜耕于历山，历山，在济阴城阳。期年，而田者争处硗确，以封畔肥饶相让也。钓于河滨，期年，而渔者争处湍濑，湍，急。濑，浅。以曲隈深涧相与也。

又曰：舜作室筑墙茨屋，辟地树谷，令民皆去岩穴，各有室家，南征三苗，道死苍梧。

又曰：舜不降席而天下治。

周生《列子》曰：舜尝驾五龙以腾唐衢，武尝服九驳以驰文涂，此上御也。

徐氏《中论》曰：小人耻其面不如子都；君子耻其行不如舜禹。

《杜夷幽求》曰：以舜禹之登庸，视孔氏之穷屈，不似跛鳖之与晨骥乎？

《符子》曰：舜禅夏禹于洞庭之野。

《吕氏春秋》曰：舜有九男，不予其子而授禹，至公也。

《风土记》曰：舜，东夷之人，生于桃丘妫水之汭，损石之东。旧说言舜上虞人也。虞即会稽县，距馀姚七十里，始宁上虞，南乡也，后为县。桃丘，即姚丘，方相近也。今吴北亭虞滨，在小江里，县复五十里对小江北岸。临江山上有立石，所谓“损石”者也。斜角西南堵俗呼为“蔿公崭”，高石也。

# 太平御览卷第八十二 皇王部七

## 夏帝禹

《史记》曰：夏帝禹，名曰文命。禹之父曰鲧，鲧之父曰帝颛顼，颛顼之父曰昌意，昌意之父曰黄帝。帝尧之时，洪水滔天，浩浩怀山襄陵，下民其咨。尧求能治水者，群臣四岳皆曰鲧可。治水无状，乃殛鲧于羽山。尧崩，舜问四岳曰："有能成美尧之事者使居官。"皆曰："伯禹为司空，可成美尧之功。"舜命禹："汝平水土，维是勉之。"禹拜稽首，让于契、后稷、皋陶。舜曰："女其往视尔事矣。"禹为人敏给克勤，其德不违，其仁可亲，其言可信。禹遂与益、后稷奉帝命，命诸侯百姓兴人徒以敷土，行山表木，定高山大川。禹伤先人之功不成受诛，乃劳身焦思，居外十三年，过家门不敢入。陆行乘车，水行乘船，泥行乘橇，孟曰：橇形如箕，桥行泥上。如淳曰：橇音茅蕝，谓以板置泥上通行路也。山行乘檋。徐广曰：檋音丘遥反。如淳曰：檋车谓以铁如锥，长半寸，施之履下，以上下山不蹉跌也。开九州，通九道，陂九泽，度九山。舜崩，三年丧毕，禹避舜之子商均于阳城。天下诸侯皆去商均而朝禹，禹于是遂即天子位，南面朝天下。国号曰夏后，姓姒氏。娶涂山氏之女，生子曰启，禹东巡狩，至于会稽而崩。

《帝王世纪》曰：伯禹夏后氏，姒姓也。母曰修己，见流星贯昴，梦接意感，又吞神珠，薏苡，胸拆而生禹于石纽，虎鼻大口，两鼻耳参镂，首戴钩，钩，钤也。胸有玉斗，足文履已。故名文命，字高密。身长九尺二寸，长于西羌夷人。初，禹未登用之时，父既降在匹庶，有圣德。梦自洗于河，观于河，始受图，括地象也。图言治水之意，四岳举之，舜进之尧。尧命为司空，继鲧治水，乃劳身勤苦，不重径尺之璧，而爱日之寸阴，手足胼胝。又纳贤礼士，一沐三握发，一食三吐餐。尧美其绩，乃赐姓姒氏，封为夏伯，故谓之伯禹。天下宗之，谓大禹。年二十始用，三十二而洪水平。年百岁，崩于会稽。因葬会稽山阴之南，今山上有禹冢、井，祠下有群鸟耘田。修己或云修纪，未详。

《河图握矩起》曰：帝命伯禹曰："告汝九术五胜之常可以克之，汝能从之，汝师徒将兴。"

《雒书灵准听》曰：有人谓禹也。大口耳参，漏足履已，漏，空也。戊已，土之日，故当平水土，故以为名也。载成钤，有骨表如钩钤。怀玉斗。怀璇玑玉衡之道，或以为有黑子如玉斗也。

《书》曰：禹别九州，分其界也。随山浚川，刊其木，深其流。任土作贡。任其土地所有贡赋。

又曰：正月朔旦，受命于神宗，受舜终事之命，神宗，文祖之宗庙，言神尊也。率百官，若帝之初。舜初摄帝故事。

《尚书帝命验》曰：禹，白帝精以星感，星，金精也。修纪山行见流星，意感栗然，生姒戎文禹。栗然，威貌。姒，禹氏。禹生戎地，一名政命。

《尚书璇玑钤》曰：禹开龙门，导积石，决岷山，治九贡。龙门，积石山名。贡，功也，治九州之功。

又曰：禹开龙门，导积石，出玄珪，上刻曰："延喜玉，受德。天锡佩。"禹功既成，天出玄圭，天锡之者以德佩。禹有治水功者，必佩之以玄玉。

《尚书中候》曰：伯禹在庶，伯，官称，禹号也，因为德谥。庶，庶人也。四岳师举荐之帝尧，四岳，四方诸侯也。师，众也。荐，进也。握括命不试爵授司空。禹握括地象，天已命之，故不复试以官，司空于周为冬卿，掌制国之五沟，行导水之事。伯禹稽首让于益归。稽首，拜首至手，益归贤者尧臣，归读曰夔也。帝曰："何斯若真，何不听让之辞。斯，此也。若，汝也。此汝真其人。出尔命图示乃天。"尔，汝也。禹方让隐之，故言出汝所天命也。图，括地象。示读曰祇，祇，是也。乃天使汝治水，非我也。伯禹曰："臣观河，百面长人鱼身出曰：'吾河精也。'观河，观于河水也。授臣河图。"带足入渊。河图，谓括地象。带足，去也。音带。伯禹拜辞。禹将行，故拜去。

《诗含神雾》曰：禹之兴，黑、风会纪。黑，黑力也。风，风后也。并黄帝臣复神，伯禹当斯而至也。

《礼》曰：禹立三年，百姓以仁遂焉。

《大戴礼》曰：宰我曰："请问禹。"孔子曰："高阳之孙，鲧之子，曰文命。敏给克济，其德不回，其仁可亲，其言可信；声为律，身为度；左准绳，右规矩；履四时，据四海，平九州，戴九天，明耳目，治天下。"

《礼含文嘉》曰：禹卑宫室，垂意于沟洫，百谷用成，神龙至，灵龟服，玉女敬养，天赐妾。

《传》曰：禹会诸侯于涂山，执玉帛者万国。

《春秋孔演图》曰：天命之见，候期门，灵龟穴庭，玄龙衔云。灵龟，虚虎也。穴庭者，星入太微门。玄龙，水精也。衔云者，盖此召气也。

《春秋元命苞》曰：禹之时，民大乐，其骈三圣相继，故乐名《大夏》也。

《孝经钩命诀》曰：命星贯昴，修纪梦接，生禹。命，使之。星，谓流行之星也。

《遁甲开山图》曰：禹游于东海，得玉，碧色，长一尺二寸，光如日月，自昭达幽冥。

扬雄《蜀王本纪》曰：禹本汶山广柔县人，生于石纽，其地名痢儿畔。禹母吞珠孕禹，拆堛而生于县，涂山娶妻，生子启。

《纪年》曰：禹立四十五年。

《论语》曰：子曰："禹，吾无间然矣。孔子惟禹功德之盛也。言不能复间厕其间也。菲饮食而致孝乎鬼神，马融曰：菲，薄也。致孝鬼神，祭祀丰洁也。恶衣服而致美乎黻冕，孔安国曰：损其常服以盛祭祀。卑宫室而尽力乎沟洫。"包曰：方里为井，井间有沟，沟深广四尺，十里为城，城中有洫，洫深广八尺也。

《符子》曰：禹让天下于奇子，奇子曰："君言佐舜劳矣，凿山川，通河汉，首无发，股无毛，故舜也以劳报子。我生而逸，不能为君之劳矣。"

《越绝书》曰：禹始忧民，救水到大越，于茅山大会计，爵有功。更名茅山，谓之会稽。及其王矣，巡狩大越。

《吴越春秋》曰：禹，案《黄帝中经》见圣人所记曰："在九疑山。东南天柱，号曰宛委。承以文玉，覆以盘石。"其书简，青玉为字，编以白银。禹乃东巡狩，登衡山求之，卧见赤绣衣男子，自称玄夷苍水使者，来候禹，令禹斋三月，更求之。禹乃斋三月，登宛委山，取得书通水经。遂周行天下，使益疏记之，名曰《山海经》。

又曰：舜崩，禹服丧三年，朝夕号泣，形体枯槁，面目黎黑。

《十州记》曰：禹治洪水毕，乃乘蹻车到钟山，祠上帝于北阿，归大功于九天。禹经诸侯五岳，使工刻石，识其里数高下，其字科斗书，非汉人所了，诸名山亦然。

《鬻子》曰：禹之治天下也以五声听。门悬鼓钟铎磬，而置鞀音桃于簨簴曰："教寡人以道者，击鼓；教寡人以义者，鼓钟；教寡人以事者，振铎；语寡人以忧者，击磬；语寡人以狱讼者，挥鞀。"此之谓五声。是以禹尝据馈而七起，日中不暇食。于是四海之士皆至。

《隋巢子》曰：昔三苗大乱，天命殛之，夏后受之，大神降而辅之。司禄益食而民不饥，司金益富而国家宝，司命益年而民不夭，四方归之。

《庄子》曰：昔者，禹堙洪水，亲自操橐耜，而涤天下之川。服无跋，胫无毛，沐甚雨，栉疾风，置万国。禹，大圣也，而形劳天下如此。使后世之墨者，多以裘褐为衣，以屐蹻为服，日夜不休，以自为极，曰："不如能此，非禹道也，不足谓墨。"

《孟子》曰：《书》曰："洚水警余。"洚水者，洪水也。《书》《尚书》逸篇也。水逆行洚洞无涯，故曰洚水。洪，大也。使禹治之。禹掘地而注之海，驱蛇龙而放之菹。水由地中行，江、淮、河、汉是也。险阻既远，鸟兽之害人者消，然后人得平土而居之。尧使舜治洪水，通九州，故曰掘地而注之海也。沮，泽生草者也，今青州为泽有草者为菹水流行于地而去也。民下高就平土，故曰险阻远也。水去故鸟兽害人者尽消也。

《尸子》曰：禹，长颈鸟喙，面貌亦恶，天下从而贤之，好学也。

又曰：古者，龙门未辟，吕梁未凿，禹于是疏河决江，十年不窥其家。生偏枯之病，步不相过，人曰禹步。

《墨子》曰：禹葬，衣衾三领，桐棺三寸，葛以绷补庚切。之，下不及泉，上不通臭。既葬，收馀壤为垄，若参耕之亩。

《韩子》曰：禹之王天下也，身执木畚以为民先，股无完胈体无生，虽臣虏之劳，不苦于此矣。

《吕氏春秋》曰：禹年三十未娶，行涂山，恐时暮失制，乃娶涂山女。

又曰：禹南济乎江，黄龙负舟。舟中之人恐惧，禹仰而笑曰："吾受命于天，竭力以济生人。命受天也，奈何忧于龙焉？"龙弭耳低尾而逃。

又曰：昔者禹一沐而三握发，一食而三起，以礼有道之士，通乎己之不足。通乎已之不足，则不与物争矣。

又曰：禹之决江水也，民聚瓦砾。及其事已成，功已立，为万世利。禹之所见者远也，而民莫之知。

《贾谊书》曰：禹常昼不暇食，而夜不暇寝。方是时，忧务民也。

《淮南子》曰：昔者鲧作三仞之城，诸侯倍之。禹知天下叛之，乃坏城平地，散财物，禁甲兵，施之以德，海外宾服，四夷纳职。

又曰：禹沐淫雨，栉疾风，决江疏河，凿龙门，辟伊阙，修彭蠡之防，乘"四载"，随山刊木，平治水土，定千八百国。夙兴夜寐以致聪明，轻赋薄敛以宽民力，布德施惠以振困穷，吊死问疾以养孤孀，百姓亲附，政令流行，

又曰：禹为水，以身解于阳盱之河。解，祷也。阳盱河在秦。

又曰：尧之时，天下大水。禹身执畚锸，以为民先，疏河而导九支，支，分。凿江而通九路，辟五湖而定东海。

又曰：禹之趋时，冠挂而不顾，履遗而不取，冠有所挂著，去不暇顾视。非争其先也，争得其时也。

《说苑》曰：禹见罪人，下车问而泣之。左右曰："夫罪人不顺道，故然焉，君王何为痛之至于此也？"禹曰："尧舜之民，皆以尧舜之心

为心。今吾为君，百姓皆以其心为心，是以痛之。”

《抱朴子》曰：禹乘二龙，郭支为驭。

《黄帝玄女兵法》曰：禹问于风后曰：“吾闻黄帝有负胜之图，六甲阴阳之道，今安在乎？”风后对曰：“黄帝藏会稽之山下，其坎深千丈，广千尺，镇以盘石，致难得也。”禹北见六子，问海口所出。禹乃决江口，鸣角会稽，龙神为见，玉匮浮。禹乃开而视之，中有《天下经》十二卷。禹未及持之，其四卷飞上天，禹不能得也。其四卷复下陂池，禹不能拯也。禹得中四卷，开而视之。

又魏陈王曹植《夏禹赞》曰：于嗟夫子，拯世济民。克卑宫室，致孝鬼神。蔬食薄服，绂冕乃新。厥德不回，其诚可亲。亹亹其德，温温其仁。尼称无间，何德之纯。

又《禹治水赞》曰：嗟夫夏禹，实劳水功。西凿龙门，疏河导江。梁岐既辟，九州以同。天赐玄圭，奄有万邦。

又《禹渡河赞》曰：禹济于河，黄龙乘船，舟人并惧，禹叹仰天。予受天运，勤功恤民，死亡命也，龙闻弭身。

庾信《禹渡江赞》曰：二江初凿，九谷新成。风飞鬬涌，水起龙惊。乐天知命，无待忧生。危舟遂静，乱楫还平。

## 帝启

《归藏》曰：昔夏后启筮，享神于大陵，而上钧台枚占，皋陶曰：“不吉。”

《史记》曰：昔夏后启筮，乘龙以登于天，枚占于皋陶，皋陶曰：“吉而必同，与神交通，以身为帝，以王四卿。”

又曰：启，禹之子，其母涂山氏之女也。有扈氏不服，启伐之，大战于甘。将战，作《甘誓》，遂灭有扈氏。天下咸归。

《山海经》曰：大乐之野，夏后启于此舞九代马，乘两龙，云盖三层。左手操翳，右手操环，佩玉璜。在大运山北。一曰大道之野。

《帝王世纪》曰：启升后十年舞《九韶》，三十五年征河西。

又曰：帝启，一名建，一名余。德教施于四海，贵爵而上齿，养国老于东序，养庶老于西序。在位九年，年八十馀而崩矣。

《越绝书》曰：禹崩，启立，晓知王事，达君臣义。

《吕氏春秋》曰：夏后伯，即启也。与有扈战于甘泽而有胜。六卿请复之，夏后伯曰："不可。吾地不浅，吾民不寡，伐而不胜，是吾德薄而教不善也。于是乎处不重席，食不贰味，琴瑟不张，钟鼓不修，子女不饰，亲亲长长，尊贤使能，期年而有扈氏服。故欲胜人者必先自胜矣。

## 帝太康

《书》曰：太康尸位，以逸豫灭厥德，黎民咸贰。乃盘游无度，畋于有洛之表，十旬不反。有穷后羿，因民弗忍，距于河。厥弟五人御其母以从，徯于洛之汭。五子咸怨，述大禹之戒以作歌。其一曰："皇祖有训：民可近，弗可下。皇，君也。君祖禹有训戒也。近谓亲之，下谓失人者也。民惟邦本，本固邦宁。言人君当国，民以安国也。予视天下，愚夫愚妇一能胜予。言能敬畏小民，所以得众心。一人三失，怨岂在明？不见是图。三失，过非一也。不见是谋，备其微。予临兆民，懔乎若朽索之驭六马。十万曰亿，十亿曰兆，言多也。懔，惧貌。朽，腐也。朽腐之索驭六马，言危惧甚。为人上者，奈何不敬？"能训则不骄，在上不骄则高而不危。其二曰："训有之：内作色荒，外作禽荒，作，为也。迷乱曰荒。色，女色。禽，鸟兽。甘酒嗜音，峻宇雕墙。甘，嗜，无厌足也。峻，高大。雕，饰尽。有一于此，未或不亡。"此六者，弃德之君，有其一必亡，况兼有乎？其三曰："惟彼陶唐，有此冀方。陶唐帝尧氏，都冀州，统天下四方。今失厥道，乱其纪纲，乃底灭亡。"言失尧之道，乱其法制，自致灭亡。其四曰："明明我祖，万邦之君。有典有则，贻厥子孙。典谓经籍，则，法，贻，遗也。主仁及后世。关石和钧，王府则有。荒坠厥绪，覆宗绝祀。"金铁银石，供民器用，通用使和平，则官民足。言古制有而太康失其业以取亡。其五曰："呜呼曷归？予怀之悲。曷，何也。言思而悲也。万姓仇予，予将畴依？郁陶乎予心，颜厚有忸怩，弗慎厥德，虽悔可追？"言人君行已不慎其德以速灭败，欲改悔其可追及乎？言无益也。

《帝王世纪》曰：太康无道，在位二十九年，失政而崩。

## 帝仲康

《书》曰：惟仲康肇位四海，胤侯命掌六师。羲和废厥职，酒荒于厥邑。胤后承王命徂征。羲和废其职官，还其私邑，以酒迷乱，仲康命胤侯掌六师往就其邑讨之。

## 帝相

《纪年》曰：帝相即位处商丘。元年，征淮夷；二年，征风夷及黄夷。

《帝王世纪》曰：帝相，一名相安。自太康已来，夏政凌迟，为羿所逼，乃徙商丘，依同姓诸侯斟灌、斟寻氏。羿遂袭帝号，是为羿帝。

## 有穷后羿

《帝王世纪》曰：羿有穷氏，未闻其姓，其先帝喾。以世掌射故，以是加赐以弓矢，封之于鉏，为帝司射。历唐及虞、夏，至羿，学射于吉甫，其辞佐长，故亦以善射闻。与吴贺北游，使羿射雀左目，羿引弓射之，误中右目，羿俯首而愧，终身不忘。故羿善射，至今称之。及有夏之衰，羿自鉏迁于穷石。因夏民之不附以代夏政，逼篡帝位，故号有穷氏。

《传》曰：昔有夏之方衰也，后羿自鉏迁于穷石，因夏民以代夏政。恃其射也，不修民事而淫于原兽，弃武罗、伯因、熊髡、龙圉，而用寒浞。寒浞，伯明氏之谗子弟也。伯明后寒弃之夷，羿收之，信而使之，以为己相。浞行媚于内，而施赂于外，愚弄其民，而娱羿于田，树之诈慝以取其国家，内外咸服。羿犹不悛，将归自田，家众杀而烹之，以食其子。食羿子。其子不忍食诸，死于穷门。杀之于国门。靡奔有鬲氏。靡，夏遗臣事羿者。有鬲，国名。浞因羿室生浇五叫反。及豷，音处。恃其谗慝诈伪而不德于民。使浇用师，灭斟灌及斟寻氏。二国，夏同姓诸侯，仲康之子后相所依。处浇于过，处豷于戈。过、戈，二国名。靡自有鬲氏，收二国之烬，以灭浞而立少康。少康灭浇于过，后杼灭豷于戈。后杼，少康子。有穷由是遂亡。

## 寒浞

《帝王世纪》曰：寒浞，有穷氏，既篡羿位，复袭有穷之号。浞因羿之室生浇及豷，多力，能陆地荡舟。浞使奡率师灭斟灌、斟寻氏，杀夏帝相于过，灭豷于戈。恃其诈力，不恤民事。初，夏之杀帝相也，妃有仍氏女曰后缗方娠，逃出自窦，归于有仍，生少康焉。初，夏之遗臣曰靡，事羿；羿死，逃奔有鬲氏。收斟寻二国馀烬，杀寒浞而立少康。

## 帝少康

《传》曰：昔有过浇杀斟灌以伐斟寻，浇，寒浞子，封于过。灭夏后相。后缗方娠，逃出自窦，后缗，相妻也。娠，怀身也。归于有仍，生少康焉，为仍牧正。牧官之长。浇使椒求之，逃奔有虞，为之庖正。虞思于是妻之以二姚，思，有虞君也。自以二女妻少康，姚姓也。而邑诸纶。纶，虞邑也。有田一成，有众一旅，方十五里为成，五百人为旅。能布其德，而兆其谋，兆，始也。以收夏众，抚其官职。遂灭过、戈，复禹之绩，祀夏配天，不失旧物。

魏高贵乡公《少康汉高论》曰：少康生于灭亡之后，降为诸侯之隶，崎岖逃难，仅以身免，能布其德，而兆其谋，卒灭过、戈，克复禹绩。非至德弘仁，岂济斯勋？汉祖因土崩之势，专任智力，以成功业。为子，则数危其亲；为君，则囚系其贤相。身没之后，社稷几倾，若与少康易时而处，或未能复大禹之绩矣。

又《论》曰：三代之世，任德济勋，如彼之难；秦项之际，任力成功，如此之易。且太上立德，其次立功，就令汉祖功高，未若少康盛德之茂也。

## 帝宁直吕反

《纪年》曰：帝宁居原，自迁于老王。

《帝王世纪》曰：帝宁，一号后予，或曰公孙曼，能率禹之功，夏人报祭之。在位十七年。

## 帝槐

《纪年》曰：后芬立四十四年。

《帝王世纪》曰：帝芬，一名帝槐，或曰祖武，在位二十六年。

## 帝芒

《纪年》曰：后芒即位元年，以玄珪宾于河东，狩于海，获大鱼。后芒陟位五十八年。

《帝王世纪》曰：帝芒，一名和，或曰帝芒。

## 帝泄

《帝王世纪》曰：帝泄，一名帝世，或曰泄宗，在位十六年。

## 帝不降

《纪年》曰：不降即位六年，伐九苑。立十九年。

《帝王世纪》曰：帝不降，一名帝降，或曰北成。

## 帝局

《帝王世纪》曰：帝局，一名帝禺，或曰高阳。在位二十一年。

## 帝廑音近

《纪年》曰：帝廑，一名胤甲。即位居西河。天有妖孽，十日并出。

《帝王世纪》曰：帝廑，一名项，或曰董江。在位二十年。

## 帝孔甲

《传》曰：昭二十九年秋，龙见于绛郊。晋魏献子问于蔡墨曰："虫莫智于龙，以其不生得也。信乎？"对曰："古者畜龙，故国有豢龙氏，有御龙氏，及有夏孔甲，扰于有帝。扰，顺也。其德能顺于天。帝赐之乘龙，河、汉各二，四头为乘，各二乘，十六头。各有雌雄。"

《史记》曰：帝孔甲立，好方术鬼神，事淫乱。夏后氏德衰，诸侯叛之。天降龙二，有雌雄，孔甲弗能食，未得豢龙氏。陶唐既衰，其后有刘累，学扰龙于豢龙氏，以事孔甲。孔甲赐之姓，曰御龙氏。

《汉书》曰：孔甲作《盘盂铭》，三十六篇。

《列仙传》曰：师门为夏孔甲龙师，孔甲不能修其心意，杀而埋之外野，一旦风雨迎之，顷则山木皆焚。孔甲祠而祷之，未还而道死。

《吕氏春秋》曰：夏后孔甲尝于东阳萯音频山。天大风晦，孔甲迷入民室。主人方乳，乳，产也。咸言"后来是良日，子谁敢殃之？"长成人，幕动析，撩斧，破斩足，遂为守者。以其无足，为守门之首。乃作《破斧》之歌。

## 帝皋

《纪年》曰：后昊立三年。帝皋也。

《帝王世纪》曰：帝皋，一名皋苟。

## 帝发

《纪年》曰：帝发，一名后敬，或曰发惠。其子立为桀。

## 帝桀

《归藏》曰：昔桀伐唐，而枚占于营。营或曰不吉，不利出征，唯利安处，彼狸为鼠。

《书》曰：伊尹相汤伐桀，升自陑，遂与桀战于鸣条之野。

《尚书帝命验》曰：桀失其玉镜，用其噬虎。玉镜，喻以清明之道，噬虎，喻暴虐之风。

《尚书帝命候》曰：夏桀无道，杀关龙逢，绝灭皇图，坏乱历纪，皇，天也。纪，纲纪也。天之图历，龙逢引以谏桀也。残贼天下，刑法峻也。贤人遁逃，避时虐也。淫色慢易，男女无别。不事祖宗。

《韩诗外传》曰：桀为酒池，可以运舟，糟丘足以望十里。

《家语》曰：夏桀、昆吾斩刘黎民如草木焉。天下讨之如匹夫。

《史记》曰：自孔甲以来，诸侯多叛夏，桀不务德而虐伤百姓，百姓不堪。乃召汤而囚之夏台，已而释之。汤修德，诸侯皆归汤，汤遂率兵以伐夏桀。桀走鸣条，遂放而死。

《纪年》曰：后桀命扁伐山民，山民女于桀二人，曰琬，曰琰。桀爱二人，女无子焉。斫其名于苕华之玉，苕是琬，华是琰，而弃其元妃于洛，曰妹喜。桀倾宫饰瑶台，作琼室，立玉门。汤遂灭夏桀，逃南巢氏。自禹至桀十七世，有王兴，无王用，岁四百七十一年。

《帝王世纪》曰：帝桀淫虐有才力，能伸钩索铁，手搏熊虎。多求美女以充后宫，为琼室、瑶台，金柱三千，始以瓦为屋，以望云雨。大进侏儒倡优，为烂漫之乐，设奇伟之戏，纵靡靡之声，日夜与妹喜及宫女饮酒。常置妹喜于膝上。妹喜好闻裂缯之声，桀为发裂缯以顺适其意。以人驾车。肉山脯林，以为酒池，一鼓而牛饮者三千馀人，醉而溺水。以虎入市而视其惊。伊尹举觞造桀，谏曰："君王不听群臣之言，亡无日矣。"桀闻析然，哑然叹曰："子又袄言矣，天之有日，由吾之有民，日亡吾乃亡也。"两日斗蚀，鬼呼于国，桀醉不寤。汤来伐桀，以乙卯日战于鸣条之野，桀未战而败绩。汤追至大涉，遂禽桀于焦，放之历山，乃与妹喜及诸嬖妾同舟浮海，奔于南巢之山而死。

《博物志》曰：夏桀之时，为长夜饮，居深宫中，男女杂处，三旬不出，不听政。

太公《六韬》曰：桀时有瞿山之地，桀十月凿山陵，通之于河。民有谏者曰："冬凿地穿山，是发天之阴，泄山之气，天子后必败。"桀以祆言杀之。

《管子》曰：桀女乐三万人，晨噪闻于衢，服文绣衣裳。

《庄子》曰：桀之治天下也，使天下之人瘁瘁焉。人苦其性，是不愉也。

《墨子》曰：昔夏桀贵为天子，富有天下。勇力之人，生裂兕虎，指画杀人。

《王孙书》曰：桀、纣为君，从愚妄之言，违长者之谏，衣温而忘百姓之寒，食美而忘天下之饥。或身放南巢，或头县赤旗，斯小无他也，但不节财而暴民也。

《尸子》曰：伯夷、叔齐，饥死首阳，无地故也。桀放于历山，纣杀于鄗宫，无道故也。有道无地则饿，有地无道则亡。

又曰：昔者桀、纣纵欲长乐，以苦百姓，珍怪远味，必南海之荤，北海之盐，西海之菁，东海之鲸。此其祸天下亦厚矣。

又曰：昔夏桀之时，至德灭而不扬，帝道掩而不兴，兴，举也。客台振而掩覆，客台，行礼客之室。言不能行礼，故天大振动而覆败。犬成群而入泉，言将灭坏，犬失其生，故嗥入渊。一说犬祸。彘衔薮而席隩，彘衔晨席入人隩内，言彘祸。美人婢首墨面而不容，婢首，乱头也。萃兴发并编为婢首，不修容饰也。曼声吞炭内阑而不歌，曼声见世衰乱将灭，故吞炭自败音声，闭气而不歌。飞鸟铩翼，走兽决蹄，铩翼，残翼，决致蹇也。言桀无道，田猎鸟兽悉被创，残翼废脚。山无峻干，泽无佳水。峻干，美材，佳水，清水。言入山泽不以时故。

又曰：桀为琁室瑶台，琁瑶，石之次玉也。象才廊室也。象廊玉床，权天下，虐百姓。于是汤以革车三百乘，伐于南巢，南巢，庐江居巢。收之夏宫，天下宁定，百姓和辑。

《谯周法训》曰：桀、纣虽有天子之位，而无一人之誉也，犹朽木枯树，逢风则仆也。

《袁子正书》曰：桀、纣有民左亿右亿之众，四岳三涂之险，京山中南之固，及在鸣条之野，一朝而失天下。

《符子》曰：桀观炮烙于瑶台，谓龙逢曰："乐乎？"龙逢曰：

“乐!”桀曰:“观刑曰乐,何无恻怛之心焉?”逢曰:“天下苦之,而君为乐,臣为君股肱,孰有心悦而股肱不悦乎?”桀曰:“听子谏,谏得,我功之不得,我刑之。”龙逢曰:“臣观君冕,非冕也,冕危石也;臣观君履,亦非履也,履春冰也。未有冠危石而不压,蹈春冰而不陷。”桀叹曰:“子知我之亡而不自知亡,子就炮烙之刑,吾观子亡,知我不亡。”龙逢行歌曰:“造化劳我以生,休我以炮烙。”乃赴火而死。禹至桀,合十九帝。

《淮南子》曰:桀之力,剔、觡。伸钩、索铁、推移大戏,大戏,军之大旗。水杀鼋鼍,陆捕熊罴,然革车三百乘,困之鸣条,鸣条,今陈州平丘也。禽之焦门。

# 太平御览卷第八十三 皇王部八

## 殷帝成汤

《史记》曰：殷之祖契音薛，母曰简狄，有娀氏之女，为帝喾次妃。三人行浴，见玄鸟堕其卵，简狄取吞之，因孕，生契。契长而佐禹治水有功。舜乃命契曰："百姓不亲，五品不逊，汝为司徒而敬敷五教，五教在宽。"封于商，赐姓子氏。契兴于唐、虞、大禹之际，功业著于百姓，百姓以平。契卒，子昭明立。昭明卒，子相土立。相土卒，子昌若立。昌若卒，子曹圉立。曹圉卒，子冥立，冥卒，子振立。子振卒，子微立。微卒，子报丁立。报丁卒，子报乙立。报乙卒，子报丙立。报丙卒，子主壬立。主壬卒，子主癸立。主癸卒，子天乙立，是为成汤。

《帝王世纪》曰：成汤，一名帝乙。丰下兑上，指有骿，倨身而扬声。长九尺，臂四肘，有圣德。诸侯有不义者，汤从而征之，诛其君，吊其民，天下咸悦。故东征则西夷怨，南征则北狄怨，曰："奚为而后我。"故仲虺诰曰："徯我后，后来其苏者也。"凡二十七征，而德施于诸侯焉。及夏桀无道，汤使人哭之。桀囚汤于夏台，而后释之。诸侯由是咸叛桀附汤，同日贡职者五百国，三年而天下悉服。汤自伐桀后，大旱七年。洛川竭，使人持三足鼎祝于山川，曰："欲不节耶？使民疾耶？苞苴行耶？谗夫昌耶？宫室营耶？女谒行耶？何不雨之极也？"殷史卜曰："当以人祷。"汤曰："吾所为请雨者，民也。若必以人祷，吾请自当。"遂斋戒剪发断爪以己为牲，祷于桑林之社。曰："唯予小子，履敢用玄牲告于上天后土曰：万方有罪，罪在朕躬；朕躬有罪，无及万方。无以一人之不敏，使上帝鬼神伤民之命。"言未已，而大雨至，方数千里。

《河图》曰：扶都见白气贯月，感生黑帝汤。《诗含神雾》《帝王世纪》并同。

《雒书灵准听》曰：黑帝子汤，长八尺一寸，或曰七尺，连珠庭，臂二肘。

《春秋元命苞》曰：汤臂二肘，是谓神刚。

又曰：汤之时，其民大乐其救之于患害，故乐名大护。护者，救也。

《尚书琁玑钤》曰：汤受金符，金符，禹录。白狼衔钩入殷朝。钩缚束之要，明汤得天下之要也。

《尚书中候》曰：天乙在亳，诸邻国襁负归德，东观乎洛，降三分沉璧，降，下也。以厚三分之璧玉沉洛水。退立荣光不起。沉毕退而立候神荣光不起。黄鱼双跃，出济于坛。鱼者无足翼，言桀孤立无党，可伐也。黄者所以遏水，今土归汤，则金助矣。济，上也。虽祭犹为位告神，故有坛。黑乌以雄随鱼亦止，黑乌，黑帝叶光纪之使。以，用也。化为黑玉赤，勒曰玄精。天乙受神福，伐桀克。化，变也。勒，刻也。玄，水也。三年，天下悉合。诸侯悉合归之。

又曰：玄鸟翔水，遗卵于流，娀简拾吞，生契，封商。玄鸟，燕也。翔水，徘徊于水上。娀，氏也。简，简狄也，契母名。商，国名。《诗》云："天命玄鸟，降而生商"是也。

《书》曰：伊尹相汤伐桀，升自陑，遂与桀战于鸣条之野。

又曰：自契至于成汤八迁，汤始居亳，从先王居。

《尚书大传》曰：汤之君民，听宽而狱省。

又曰：夏人饮，醉者持不醉者，不醉者持醉者，相和而歌曰："盍归于亳？盍归于亳？亳亦大矣。"故伊尹退而间居，深听乐声，思其故也。是时伊尹仕桀。更曰："觉兮，较兮，吾大命格兮。觉乃，谓先知者，较兮，为直道者格至也。去不善而就善何乐兮。"伊尹入告于桀曰："大命之亡有日矣。"桀哑然笑曰："天之有日，犹吾之有民也，日亡吾亦亡矣。"是以伊尹遂去夏适汤。

又曰：汤放桀也，居中野，士民皆奔汤，桀与其属五百人，南徙千里，止于不齐，不齐士民往奔汤，桀与其属五百人徙于鲁，鲁士民复奔汤。桀曰:“国君之有也,吾闻海外有人,与五百人俱去。”

又曰:汤放桀而归于亳,三千诸侯大会,汤取天子之玺,置之于天子之坐左,复而再拜,从诸侯之位。汤曰:“此天子之位,有道者可以处之矣。夫天下非一家之有也,唯有道者之有也,唯有道者宜处之。”汤以此三让,三千诸侯莫敢即位。然后汤即天子之位。

《韩诗内传》曰:汤为天子十三年,年百岁而崩。葬于徵,今扶风徵陌是也。

《春秋演孔图》曰:夏民不康,天果命汤。白虎戏朝,白云入房。白虎,白云,皆金精也。

《逸书》曰:成汤自契至汤八迁,始居亳。

《纪年》曰:汤有七名而九征。

《说苑》曰:汤欲伐桀,伊尹请且乏贡职,以观夏动。桀怒,起九夷之师,伊尹曰:“未可。彼尚能起九夷之师,是罪在我也。”汤乃谢服,入贡职。明年,又乏贡职,桀起九夷之师,九夷之师不起,伊尹曰:“可矣!”汤乃兴师。

《越绝书》曰:汤行仁义,敬鬼神,天下皆一心归之。

《孟子》曰:汤居亳,与葛伯为邻。葛伯不祀。汤使人问曰:“何为不祀?”曰:“无以供牺牲。”汤使遗之牛羊,葛伯得而食之,又不祀。汤又问之,曰:“无以供粢盛。”汤使亳民为之耕,老弱馈食,葛伯率众要其酒肉黍稻者遮而夺之,不授,则杀之。有童子以黍肉饷,杀而夺之。《书》曰:“葛伯仇饷”,此之谓也。为其杀是童子,汤乃兴师伐葛。四海之内,皆曰:“非富天下也,为匹夫匹妇复雠。”言不以天下为富,为一夫一妇报仇也。

又曰:汤始征,自葛始,十一征而无敌于天下。东征而西夷怨,南征而北夷怨。曰:“奚为后我?”民望之若大旱之望雨也,归市者不止,耕者不变。诛其君,吊其民,如时雨降,民大悦。《书》曰:“徯我后,后来其无罚。”

《尸子》曰:汤之救旱,素车白马,布衣,身婴白茅,以身为牲。当此时也，弦歌鼓舞者，禁之。

《吕氏春秋》曰：汤见祝网者，置四面，其祝曰："从天坠者，从地出者，从四方来者，皆罗吾网。"汤曰："嘻！尽之矣。非桀其孰能为此？"汤收其三面，置其一面。更教之祝曰："昔蛛蝥作网罟，今之人学纾。欲左者左，欲右欲右，欲高者高，欲下者下，吾取其犯命者。"汉南之国闻之曰："汤之德及禽兽矣！"于是，四十国同时归之。夫人置四面，未必得鸟；汤去三面，以网四十国，非徒网鸟也。

又曰：成汤之时，有谷生于庭。夜而生，比旦而大拱。史请卜其故，汤曰："吾闻祥者，福之先也，见祥而为不善，则福不至；妖者，祸之先也，见妖而为善则祸不至。"于是早朝晏退，问疾吊丧，镇抚百姓，三日而谷亡。

又曰：汤诛桀，功名大成，乃命伊尹作为《大护》，歌《晨露》，修《九韶》、《六列》，以见其善。

《淮南子》曰：汤夙兴夜寐，以致聪明，轻赋薄敛，以宽民泯。布德施惠，以赈困穷。吊死问疾，以养孤霜。百姓亲附，政令流行。

## 帝外丙

《史记》曰：帝外丙即位三年崩，立外丙之弟，是为帝仲壬。

《纪年》曰：外丙胜，居亳。

## 帝仲壬

《史记》曰：帝仲壬即位四年，崩。伊尹乃立太丁之子太甲。太甲，成汤嫡长孙也。

《琐语》曰：仲壬崩，伊尹放太甲，乃自立四年。

## 帝太甲

《史记》曰：帝太甲既立三年，不明，暴虐，不遵汤法。乱德，于是，伊尹放之桐宫，伊尹摄，行政当国，以朝诸侯。帝太甲居桐宫三年，悔过自责，反善，于是伊尹乃迎帝太甲而授之政。帝太甲修德，诸侯咸归殷，百姓以宁。伊尹嘉之，乃作《太甲训》三篇，褒帝太甲，称“太宗”。

《尚书》曰：太甲既立，不明，伊尹放诸桐，三年复归于亳，思庸。念帝道也。

《帝王世纪》曰：太甲反位，又不怨，故更尊伊尹曰保衡，即《春秋传》所谓“伊尹放太甲，卒为明王”是也。太甲修政，殷道中兴，号曰太宗。《孔丛子》所谓“忧思三年，追悔前愆，起而即政，谓之明王”者也。一名祖甲，享国三十三年。年百岁。

《帝王纪》曰：桐宫，盖殷之墓地，有离宫可居，在邺西南。

杜预《春秋后序》曰：《纪年》称殷仲壬即位，居亳。其卿士伊尹，仲壬崩，伊尹放太甲于桐，乃自立也，伊尹即位于太甲十年，太甲潜出自桐，杀伊尹。

## 帝沃丁

《史记》曰：帝沃丁之时，伊尹卒。既葬伊尹于亳，咎单遂训伊尹事，作《沃丁》。

《纪年》曰：沃丁绚即位居亳。

《帝王世纪》曰：伊尹卒，大雾三日，沃丁葬以天子礼，资之三年，以报大德。

## 帝太庚

《史记》曰：帝太庚在位二十五年，崩，子帝小甲立。

《纪年》曰：小庚辩，即位，居亳。即大庚也。

## 帝小甲

《史记》曰：帝小甲，在位十七年，崩。弟雍已立。

《纪年》曰：小甲高，即位居亳。

## 帝雍己

《史记》曰：帝雍己在位十二年，崩，弟太戊立。

《纪年》曰：雍己伷，即位居亳。

## 帝太戊

《书叙传》曰：伊陟相太戊，伊陟，伊尹子也。亳有祥桑谷共生于朝。祥，妖怪也。二木合生曰共，不恭之罚。

《诗序》曰：《烈祖》，祀中宗也。祀中宗殷王太戊，汤之玄孙也。嗟嗟烈祖，有秩斯祜。秩，常也。嗟嗟，叹美之深也。

《史记》曰：帝太戊立，亳有祥桑谷共生于朝，一暮大拱。帝太戊惧，问伊陟。伊陟曰："臣闻妖不胜德，帝之政其有阙欤？帝其修德。"太戊从之，而祥桑枯死。殷复兴，诸侯归之，故称中宗。中宗在位七十五年。崩，子仲丁立。

## 帝仲丁

《史记》曰：帝仲丁迁于敖。河亶甲居相。值祖乙迁于刑。帝仲丁在位十一年。

《纪年》曰：仲丁即位，元年，自亳迁于嚣。

《帝王世纪》曰：仲丁徙嚣，或曰敖，今河南之敖仓是也。

## 帝外壬

《史记》曰：帝外壬在位五年，崩，弟河亶甲立。

《纪年》曰：外壬居嚣。

## 帝河亶甲

孔安国曰：相地在河北。

《书叙传》曰：河亶甲居相。

《史记》曰：帝河亶甲时，殷复衰，河亶甲在位九年，崩。子帝祖乙立。

《纪年》曰：河亶甲整即位。自嚣迁于相，征蓝夷，再征班方。

## 帝祖乙

《书叙传》曰：祖乙圮于耿。圮，毁也。圮于耿，迁于耿也。河水所毁曰圮也。《帝王世纪》曰：今河东皮氏有耿乡。

《史记》曰：帝祖乙立，殷复兴。巫贤任职。祖乙在位十九年。

《纪年》曰：祖乙胜即位，是为中宗。

《帝王世纪》曰：帝祖乙以乙日生，故谓之帝乙。孔子所谓“五世之外，天之锡命，疏可同名”者也。是以祖乙不为讳，盖殷礼也。

## 帝祖辛

《史记》曰：帝祖辛在位十六年，崩，弟沃甲立。

## 帝沃甲

《史记》曰：帝沃甲在位二十五年，崩，立祖辛之子祖丁。

《纪年》曰：帝开甲逾即位，居庇。

## 帝祖丁

《史记》曰：帝祖丁在位三十二年，崩，立沃甲之子，是为南庚。

《纪年》曰：祖丁即位，居庇。

## 帝南庚

《史记》曰：帝南庚在位二十九年，崩，立祖丁之子阳甲。

《纪年》曰：南庚，自庇迁于奄。

## 帝阳甲

《史记》曰：帝阳甲之时，殷衰。自仲丁以来，废嫡而更立诸弟子，弟子或争相代立，比九世，乱。诸侯莫朝。帝阳甲在位十七年。崩，弟盘庚立。

《纪年》曰：阳甲即位，居奄。

## 帝盘庚

《书》曰：盘庚五迁，将治亳殷，自汤至盘庚，凡五迁都，治亳殷也。民咨胥怨。胥，相也。民不欲徙，乃咨嗟忧愁，相与怨其上也。

《史记》曰：帝盘庚之时，殷已都河北，盘庚渡河南，复居成汤之故居。乃五迁，无定处，殷民咨胥皆怨，不欲徙。遂涉河南，治亳，行汤之政。然后百姓由宁，殷道复兴，诸侯来朝，以其遵成汤之德也。在位二十八年。崩，弟小辛立。

《纪年》曰：盘庚旬，自亳迁于北蒙，曰殷。

《帝王世纪》曰：帝盘庚徙都殷，始改商曰殷。

又曰：亳殷，今偃师是也。然则殷有三亳，二亳在梁国，一亳在河南。谷熟为南亳，即今都也。蒙为北亳，即景亳，汤所盟地。偃师为西亳，即盘庚所徙者。

## 帝小辛

《史记》曰：帝小辛立，殷道复衰。百姓思盘庚，乃作《盘庚》三篇。小辛在位二十一年，崩，弟小乙立。

《纪年》曰：小辛颂位居殷。

## 帝小乙

《史记》曰：帝小乙在位二十八年，崩，子武丁立。

《纪年》曰：小乙敛居殷。

## 帝武丁

《书叙传》曰：高宗梦得说，盘庚弟小乙子也。名武丁。梦得贤相，其名说。使百工营，求诸野，得诸傅岩。

《书大传》曰：桑谷俱生于朝，一日而大拱。两手捡之曰拱。武丁召其相而问焉。其相曰："吾虽知之，吾不能言也。"问诸祖乙，曰："桑谷，野草也，此木也而云草，未闻。刘氏以为属草妖。野草生于朝，亡乎？"武丁侧身修行，思昔先王之政，兴灭国，继绝世，举逸民，明养老之礼。诸侯重译来朝者六国。九州之外国。武丁祭成汤，有飞雉升鼎耳而雊。武丁问祖乙，祖乙曰："野鸟不当升鼎，欲为用也，则远方将有来朝者乎？"三年编发重译来朝者六国。孔子曰："吾于《高宗肜日》见德有报之疾。"《肜日》，《尚书》篇名。

《史记》曰：帝武丁即位，思复兴殷，而未得其佐。三年不言政事，事决定于冢宰，以观国风。武丁夜梦得圣人，名曰说。以梦所见视群臣百吏，皆非也。于是使百工营求之野，得说于傅岩中。是时，说为胥靡，筑于傅岩，见于武丁，武丁曰：是也。得而与之语，果圣人。举以为相，殷国大治。武丁祭成汤，明日有飞雉登鼎耳而雊，武丁惧，祖己曰："王勿忧，先修政事。"祖己乃训王。武丁崩，祖己嘉其德，立其庙为高宗。

《帝王世纪》曰：武丁即位，谅暗居凶庐，百官总己，听于冢宰，三年不言，既免丧，犹不言，群臣谏，武丁于是思建良辅，梦天赐贤人，姓傅名说，乃使百工写其像，求诸天下。见筑者胥靡，衣褐带索，执役于虞虢之间、傅岩之野，名说，登以为相。享国五十有九年，年百岁。初，高宗有贤子孝己，其母早死，高宗惑后妻言，放而死，天下哀之。

## 帝祖庚

《史记》曰：帝祖庚，在位七年，崩。弟祖甲立。

《纪年》曰：祖庚跃居殷。

## 帝祖甲

《史记》曰：帝祖甲淫乱，殷复衰。在位十六年崩。子廪辛立。

《纪年》曰：帝甲载居殷。

《帝王世纪》曰：《春秋外传》所谓“玄王勤商，十有四世，帝甲乱之，七世而陨”是也。

## 帝廪辛

《史记》曰：帝廪辛在位六年，崩，弟庚丁立。

《纪年》曰：冯辛先君殷。

## 帝庚丁

《史记》曰：帝庚丁在位三十一年，崩，子武乙立。殷复去亳，徙河北。

《纪年》曰：庚丁居殷。

## 帝武乙

《史记》曰：帝武乙无道，为偶人，谓之天神。与之博，令人为行。天神不胜，乃戮辱之。为革囊盛血，仰而射之，命曰：“射天”。武乙猎于河、渭之间，暴雷震死。子太丁立。

《纪年》曰：武乙即位，居殷，三十四年，周王季历来朝，武乙赐地三十里，玉十瑴，马八匹。

《帝王世纪》曰：帝武乙复济河北，徙朝歌。

## 帝太丁

《史记》曰：帝太丁在位三年崩，子帝乙立。

《纪年》曰：太丁三年，洹水一日三绝。

《帝王世纪》曰：帝文丁，一曰太丁。

## 帝乙

《史记》曰：帝乙立，殷益衰。帝乙长子曰微子启，母贱，不得嗣。

少子辛，辛母正后，辛为嗣。帝乙崩，子辛立，天下谓之纣。

《纪年》曰：帝乙处殷二年，周人伐商。

《帝王世纪》曰：帝乙有二妃，正妃生三子：长曰微子启，中曰微仲行，小曰受。庶妃生箕子，年次启，皆贤。初，启母之生启及行也，尚为妾。及立为后，乃生辛。帝乙以启贤且长，欲以启为太子。太史据法争之，帝乙乃立辛为太子。帝乙即位三十七年。

## 帝纣

《书》曰：武王戎车三百两，虎贲三千人，与受战于牧野。

《周书》曰：商王纣，取天智、玉琰五班环身以焚。天智，玉之上黄者；班环，身自原之。

《春秋文耀钩》曰：牧野之战，鬼哭。牧地鬼先哭，喻纣将死。

《论语》：子贡曰："纣之不善，不如是之甚也。是以君子恶居下流，天下之恶皆归焉。"

《史记》曰：纣资辩捷疾，闻见甚敏，材力过人，手格猛兽，智足以拒谏，言足以饰非。矜人臣以能，高天下以声，以为人皆出己之下。好酒淫乐，嬖于妇人，爱妲己，使师涓作淫声，北里之舞，靡靡之乐。厚赋税以实鹿台之钱，而盈钜桥之粟。鹿台，台名。钜桥，仓名。以西伯昌、鬼侯、邢侯为三公。鬼侯有好女，入之纣。鬼侯女不憙淫，纣杀之，而醢鬼侯。刑侯争之，并脯之。西伯昌闻之，窃叹。崇侯虎知之，以告纣，纣囚西伯羑里。及武王伐纣，纣兵败绩，入登鹿台，衣其宝玉衣，赴火而死。

《纪年》曰：帝辛受居殷。

《帝王世纪》曰：帝纣能倒曳九牛，抚梁易柱。有苏氏叛，纣因伐苏。苏人以美女妲己奉纣，纣大悦，赦苏而纳妲己为妃，常与沉醉于酒。所誉者贵，所憎者诛。淫纵愈甚，始作象箸。箕子为父师，叹曰："象箸不必更于土轨，必将犀玉之杯，食能蹯豹胎，必不衣短褐，处茅屋之下，必将衣文绣之衣，游于九层之台，居于广室之中矣。"居五年，纣果造倾宫，作琼室、瑶台，饰以美玉，七年乃成，其大三里，其高千丈，其大宫百，其小宫七十三处。宫中九市，车行酒，马行炙，以百二十日为一夜。六月发民行猎于西山。居期年，天下大风雨，飘牛马，坏屋树，天火烧其宫，两日并出，或鬼哭，或山鸣。纣不惧，愈慢神，诛谏士，为长夜之饮，七日七夜，失忘历数，不知甲乙，问于左右，左右莫知。使问箕子，箕子谓其私人曰："为天下主，而一国皆失日，天下危矣。一国不知，而我其危矣。"亦乱以醉。熊蹯不熟，纣怒杀宰人。斮朝涉之胫而视其髓，刳孕妇之腹而观其胎。又杀人以食虎。诸侯或叛，妲己以罚轻，纣欲重刑，乃先为大熨斗，以火爇之使人举，辄烂手不能胜。纣怒，乃更为铜柱，以膏涂之，加于爇炭之上，使有罪者缘焉，足滑跌堕火中，纣与妲己笑为乐，名曰："炮烙之刑"。武王乃率诸侯来伐纣，纣有亿兆夷人，起师自容闾至浦水，与同恶诸侯五十国，凡七十万人，拒周于商郊之牧野。纣师皆倒戈而战。纣即位三十二年，正月甲子败绩，赴宫登鹿台，蒙宝衣玉席，自投于火而死。周武王封其子武庚为殷后。

《六韬》曰：武王伐殷，得二大夫而问之曰："殷国将亡，亦有妖乎？"一人曰："殷常雨血、雨灰、雨石，小者如鸡子，大者如箕。尝六月而雨雪，深尺馀。"武王曰："大哉，妖也！"一人对曰："非殷国之大妖也。殷国大妖三十七章：殷君喜射人，喜以人食餧虎，喜剖人心，喜杀孕妇；以信者为不信，以诬者为真，以忠者为不忠；忠谏者死，阿谀者赏；以君子为下，以小人为上，以佞辩为相，以女子为政；急令暴取，万民愁苦；喜田弋，走狗试马，出入不时；不避大风甚雨，不避寒暑，喜修治池台，日夜无已；喜为酒池糟丘，牛饮者三千，饮人为辈，坐起之以金鼓；无长幼之序，贵贱之礼；听谗用誉，无功者赏，无德者富，所爱专制、擅令；无礼义，无圣人，无贤士，无衡概，无升斛，无尺寸，无锱铢，有罪放，无罪诛。此殷国之大妖者，其馀不可胜数，臣言不能尽。"

《墨子》曰：昔殷王纣，贵为天子，富有天下，上诃天，侮鬼神下殃傲天下万民。武王遂奔入王宫，誓擒纣而出，击之赤环，载之白旗，以为天下诸侯僇。

又曰：纣之时，十日雨土于亳，人鬼宵吟，有男女为。

《孟子》曰：桀、纣逆天暴万物，故天下弃之，故民去之；汤武从天理万物，故天下欲之，故民归之。纣昏昏以亡，武王谔谔以昌。

《淮南子》曰：纣之城，左东海，右流沙，前交趾，后幽都，师起容间，至浦水，士亿有馀万。武王左操黄钺，右执白旄而麾之，则瓦解而走，遂土崩而亡。纣有南面之名，而无一人之誉，此失天下也。

夏侯孝若《新论》曰：纣乱太熟烂矣，武王乃往伐之。

# 太平御览卷第八十四 皇王部九

## 周文王

《史记》曰：周后稷，名弃。其母有邰氏女，曰姜嫄。姜嫄为帝喾元妃。姜嫄出野，见巨人迹，心欣然悦之，遂践之而孕。居期而生子，以为不祥，弃之隘巷，牛羊过者皆避不践；徙置林中，适会山林中多人，迁而弃渠中冰上，飞鸟以其翼覆荐之。姜嫄以为神，遂收养之。因名为弃。弃为儿时，游戏好种树麻、菽，麻、菽滋美。及成人，遂好耕农，相地之宜，亲稼穑。尧闻之，举为农师。天下得其利，封之于邰，音胎。号曰后稷，别姓姬氏。后稷之兴，在唐、虞之际，皆曰有令德。后稷卒，子不窋陟律反。立，不窋末年，夏后氏政衰，去稷不务，不窋失其官而奔戎狄之间。不窋卒，子鞠立。鞠卒，子公刘立。公刘虽在戎狄之间，复修后稷之业，务耕种，行地宜，百姓怀之，多从而保归焉。周道兴，盖自此也。公刘卒，子庆节立，国于邠。九世至古公亶父，复修后稷、公刘之业，积德行义，国人皆戴之，獯鬻戎狄攻之，欲得地与民，民皆怒，欲战。古公曰："有民立君，将以利之。今戎狄所攻战，以吾地与民。民之在我，与在彼，何异？民欲以我故战，杀人父子而君之，予不忍为。"乃以与私属去邠，渡漆、沮，逾梁山，止于岐下。邠人举国老弱尽归于岐下，及他旁国闻古公仁，亦多归之。于是古公乃贬戎狄之俗，营筑城郭室屋而邑别居之，民皆歌颂其德。古公有长子曰太伯，次曰虞仲。太姜生少子季历，季历娶大任，皆贤妇人，生昌，有圣瑞。古公曰"我世当有兴者，其在昌乎？"长子太伯、虞仲知父欲立季历以传昌，乃二人如荆蛮，文身断发，以让季历。古公卒，季历立，是为王季。王季修古公之道，笃于行义，诸侯顺之。王季卒，子昌立，是为西伯。西伯曰文王，遵后稷、公刘之业，则古公、王季之法，笃仁，敬老，慈少。礼下贤者，日中不暇食以待士。伯夷、叔齐、太颠、闳夭、散宜生、鬻子、辛甲之徒皆归之。崇侯虎谮西伯于纣曰："西伯积德，诸侯向之，将不利于帝。"纣囚西伯于羑里。闳夭之徒乃求有莘氏美女、骊戎之文马，因殷嬖臣费仲献之纣。乃赦之。纣喜，赐之弓矢斧钺，使得征伐，谓西伯曰："诉汝者，崇侯虎也。"西伯乃献洛西之地，以请除炮烙之刑。西伯遂为诸侯决平。虞、芮人有狱不能决，诣周。入其界，见耕者皆让畔，未见西伯而惭，相谓曰："吾所争者，周所耻也。"遂还。明年，伐犬夷。又明年，伐密须。又明年，伐崇侯虎，而徙都于丰，诸侯多归之都丰。明年而薨，太子发立。

《尚书帝命验》曰：季秋之月甲子，赤雀衔丹书入丰，止昌户，拜稽首。稽首，头至地也。至于磻溪之水，吕尚吕氏，尚名。钓涯，王下趣拜急见也。曰："公，望七年，曰公乎，我相望七年，言久也。乃今见光景于斯！"尊之辞。斯，此也。答曰："望钓得玉璜，半璧曰璜，钓得鱼中有璜。刻曰：姬受命，吕佐旌。"受天命为天子，吕佐旌，理之也。遂置车左，王躬执驱，下贤也。车尊曰左，王身执辔而驱焉。号曰师尚父。

《周书》曰：文王昌曰："吾闻之无变古，无易常，无阴谋，无擅制，无更创，为此则不祥。"太公曰："夫天下，非常一人之天下也；天下之国，非常一人之国也。莫常有之，惟有道者取之。古之王者，未使民民化，未赏民民劝，不知怒，不知喜，愉愉然其如赤子。此古善为政也。"

又曰：文王在镐，召太子发，曰："呜呼，我身老矣。吾语汝，我所保与我所守，传之子孙：吾厚德而广惠，忠信而志爱；吾不为骄侈，不为太靡，不淫于美；吾栝柱而茅茨，吾为民爱费也；春夏育山林不升口，以成草木之长而慎天时；水泽不内舟楫以成鱼鳖之长；不麛、不卵以成鸟兽之长；畋猎唯时，不杀童羊，不夭胎，童牛不服，童马不驰不骛，泽不行害，土不失其宜，万物不失其性，天下不失其时。"

又曰：文王独坐，屏去左右，深念远虑，召太公望曰："帝王猛暴无文，强梁好武，侵凌诸侯，苦劳天下，百姓之怨心生矣。其灾，予奚行而得免于无道乎？"太公曰："因其所为，且兴其化，上知天道，中知人事，下知地理，乃可以有国焉。"

《帝王世纪》曰：文王昌，龙颜虎肩，身长十尺，胸有四乳。晏朝不食，以延四方之士。文王合六州之诸侯以朝纣，纣以崇侯之谗而怒，诸侯请送文王弃于程。十年正月，文王自商至程。太姒梦见商庭生棘，太子发取周庭之梓，树之于阙间，梓化为松柏柞棫。觉而惊，以告文王。文王不敢占，召太子发，命祝以币告于宗庙群神，然后占之于明堂，及发并拜吉梦，遂作程寤。始，文王继父为西伯，都于雍州之地。及受命，复兼梁荆二州，化被于江汉之域。于是诸侯归附之者六州，而文王不失臣节。先是，文王梦日月之光著身，又鸑鷟鸣于岐，作武象之乐。神农氏始作五弦之琴，以具宫、商、角、徵、羽之音。历九代，至文王复增其二弦曰少宫、少商。文王嗣位五十年，即《周书》所谓“文王受命，享国五十年”是也。

《雒书灵准听》曰：苍帝姬昌，日角鸟鼻，身长八尺二寸。

《诗》曰：文王在上，於昭于天。周虽旧邦，其命维新。

又曰：维此文王，小心翼翼。昭事上帝，聿怀多福。

又曰：文王曰：“咨，咨汝殷商！匪上帝不时，殷不用旧。”

《诗含神雾》曰：太任梦长人感己，生文王。

《春秋元命苞》曰：文王龙颜，柔肩望羊。柔肩，言象龙膺曲起。

又曰：伐殷者，为姬昌。姬昌之言基始也。昌两日重见，言明象。生于岐，立于丰。岐，雍州之山最大者也丰亦丈。精翼日，为日精所羽翼，故遂以为名也。衣青光。木神以其方色表衣。迁造西，十刻消。迁造西，盖文王为西伯时，西方造意东入讨纣十刻之间即消灭之。言圣人所向无前也。

又曰：文王四乳，是谓含良，盖法酒旗，布恩舒惠。酒者乳也。能乳天下，布恩之谓也。

《春秋感精符》曰：孔子按《录书》含观五常英人，知姬昌为苍帝精。

《孟子》曰：昔者文王之治岐也，耕者九一，仕者世禄，关市讥而不征，泽梁无禁，罪人不孥。言往者文王为西伯时，始行王政，使岐民修井田，八家耕八百亩，百亩以为公田及庐井，故曰九一也。纣时税重，文王复行古法也。仕者世禄，贤者子孙必有土地。关以讥难非常不征税也。孥，妻子也。《诗》之乐尔妻孥。罪人之子不孥，恶止其身，不及妻子也。陂泽鱼梁不设禁，与民共也。老而无妻曰鳏，老而无夫曰寡，老而无子曰独，幼而无父曰孤。此四者天下之穷民而无告者。文王发政施仁，必先斯四者。

《墨子》曰：赤雀衔珪之岐社，曰命周文王伐于殷。

《韩子》曰：周有玉板，纣令戾索之，王与也。

《吕氏春秋》曰：文王立八年，岁六月，文王寝疾，五日而地动东西南北，不出周郊，百吏皆请曰："臣闻地之动也，为人主也。今王寝疾五日而地动四面，不出周郊，群臣皆恐，请移之。"文王曰："若何移？"对曰："兴事动众，以增国城。"王曰："是重吾罪也，不可昌也。请改行重善以移之，其可以免之乎。"于是谨其礼秩皮革，以文诸侯；饰其辞令、币帛，以礼豪士；颁其爵列等级田畴，以赏群臣。无几何，疾乃止。

《淮南子》曰：文王归自商，乃为玉门，筑灵台，相女童，击钟鼓，玉门，以玉饰门为柱枢也。相女童，视之也。以待纣之失也。纣闻之曰："周伯昌改道易行，吾无忧矣。"乃为炮烙，剖比干，剔孕妇，杀谏者。文王乃遂其谋。

又曰：文王之时，纣为天子，赋敛无度，杀无止，康梁流湎，宫中成市。康梁鸩乐，流湎酒也。成市，言集者多。作为炮烙之刑，刳谏者，剔孕妇，天下同心而苦之。文王四世累善，太王、王季、文王、武王，凡四世也。修德行义，处岐、周之间，地方不过百里，天下二分归之。文王欲以卑弱制强暴，以为天下去残除贼而成王道，故太公之谋主也。太公为周陈阴符兵谋也。

《贾谊书》曰：文王昼卧，梦人登城而呼己曰："我东北陬之腐骨也，速以人君葬我。"文王曰："诺！"觉，召吏视之，信有焉。文王曰："速以人君葬之。"吏曰："此无主，请以五大夫。"文王曰："吾梦中已许之矣，奈何其背也。"士民闻之曰："我君不以梦之故背腐骨，况于生人乎！"

《桓子新论》曰:《文王操》者,文王之时,纣无道,烂金为格,溢酒为池,宫中相残,骨肉成泥,璇室瑶台,蔼云翳风,钟声雷起,疾动天地,文王躬被法度,阴行仁义,援琴作操。故其声纷以扰,骇角震商。琴操曰“受命者,谓文王受天命。文王以纣时为岐侯,躬修道德,执行仁义,百姓附亲。是时,纣为无道,刳胎斩涉,废坏三仁,天统易运,诸侯瓦解,皆归文王。其后,有凤凰衔书于郊。文王曰:“殷帝无道,虐乱天下,皇命已移,不得复久。”乃作《凤凰》之歌曰:“翼翼翔翔,翔鸾皇兮。衔书来游,以命昌兮。瞻天案图,殷将亡兮。苍苍皓天,始有萌兮。五神连精,合谋房兮。”

又曰:文王修德,百姓亲附。是时,崇侯虎与文王列为诸侯,德不及能文王,常嫉妒之。乃谮文王于纣曰:“西伯昌,圣人也。长子发,中子旦,皆圣人也。三圣合谋,君其虑之。”乃囚文王于羑里。

《吕氏春秋》曰:周文王使人扣地,得人之骸,吏以闻文王,文王令葬之。吏曰:“此无主矣。”文王曰:“有天下者,天下之主;有一国者,一国之主。今我非其主耶?”遂令以衣棺葬之。天下闻之,曰:“泽及枯骨,又况于人乎哉!”或得宝以危其国,文王得朽骨以喻其意,故圣人之于物也,无不被才也。

又曰:文王处岐事纣,冤侮雅孙,朝夕必时,雅,正;孙,顺。纣虽冤枉侮慢之,而文王犹正顺诸侯之礼,不失其时也。止贡必适,祭祀必敬。纣喜,命文王称西伯,赐之千里之地。文王再拜稽首而致辞曰:“愿为民请去炮烙之刑。”纣见熨斗烂人手,因作铜柱布火其下,令人走其上,堕火而死,以之为乐,方之月乇炮,故名为炮烙也。文王非恶千里之地也,以为民请去炮烙之刑,必得民心,得民心则贤于千里之地矣。

《吕氏春秋》曰:文王修德,百姓亲附,是时,崇侯虎与文王同列为诸侯,德不能及文王,常嫉妒之。乃谮文王于纣曰:“西伯昌圣人也,长子发、中子旦皆圣,合谋,君其虑之。”纣乃囚文王于羑里,将欲杀之。于是文王四臣散宜生等乃周流海内,经历丰土,得美女二人,水中文贝、白马、朱鬣以献于纣,陈于中庭。纣立出西伯。文王在羑里时演《易》八卦为六十四，作郁厄之辞，困于石，据于蒺藜，乃申愤以作歌曰："殷道溷溷，浸浊烦兮。朱紫相合，不别分兮。迷乱声色，信谗言兮。阎阎之虐，使我惌兮。幽闭牢穽，由其言兮，遘我四人，忧勤勤兮。"

《论衡》曰：文王饮酒千钟，圣人能以德将酒也。

《帝王世纪》曰：文王晏朝不食，以延四方之士。是以太颠、闳夭、散宜生、南宫适之属咸至，是为四臣。文王虽在诸侯之位，袭为西伯，纣既囚文王，文王之长子曰伯邑考，质于殷为纣御，纣以为羹，赐文王曰："圣人当不食其子羹。"文工得而食之。纣曰："谁谓西伯圣者，食其子羹尚不知也。"

魏陈思王曹植《文王赞》曰：於赫圣德，实维文王。三分有二，犹复事商。化加虞芮，旁暨四方。王业克昭，武嗣遂光。

又《文王赤雀赞》曰：西伯积德，天命攸顾。赤雀衔书，爰集昌户。瑞为天使，和气所致。嗟尔后王，昌期而至。

周·庾信《文王见吕尚赞》曰：言归养老，垂钓西川。岸上盘石，溪惟小船。风雨未感，意气怡然。有此相望，于今几年。

## 武王

《书》曰：武王戎车三百乘，兵车一乘，步卒七十三人，凡二万一千，全数也。虎贲三百人，虎贲善战，言其猛也。与纣战于牧野，作《牧誓》。

《尚书中候》曰：太子发以纣存，三仁附，三仁，箕子、比干、微子也。即位不称王，渡于盟津，中流受文命，待天谋。白鱼跃入王舟，王俯取鱼，长三尺，赤文，有字题目下，名授右。右，助也。天告以伐纣之意，是其助也。有火自天出于王屋，流为赤乌五至，以谷俱来。流，行也。五至犹五来。赤乌成文，雀书之福。文王得赤雀丹书，今武王致赤乌，俱应周尚赤，故言成文也。

《诗》曰：考卜维王，宅是镐京。维龟正之，武王成之。

《礼》曰：武王缵太王、王季、文王之绪，一戎衣而有天下，身不失天下之显名，尊为天子，富有四海之内。宗庙飨之，子孙保之。缵，继也。绪业也。戎，兵也。衣读为殷，声之误。一者，一伐殷也。

又曰：昔殷纣乱天下，脯九侯，以享诸侯。是以周公相武王以伐纣。

《乐稽耀嘉》曰：武王承命兴师，诛于商，万国咸喜。军渡盟津，前歌后舞。后乃太安，家给人足，酌酒郁摇。郁摇，喜貌。

《春秋元命苞》曰：武王骈齿，是谓刚强。承命诛害，以顺天心。

《史记》曰：武王即位，太公望为师，周公旦为辅，召公、毕公之徒左右王，修文王业。九年冬，东观兵盟津。为文王木主，载以居中军。自称太子发，言奉文王以伐，不敢自专。乃告司马、司徒、司空，遂兴师渡河。时诸侯不期而会盟津者八百，诸侯皆曰："纣可伐矣。"武王曰："朱可。"乃还师。居二年，闻纣昏乱滋甚，剖比干，囚箕子。大师疵、少师彊抱其乐器而奔周。于是武王乃渡盟津以卒驰纣，纣师皆倒兵战，纣军溃，叛走，登鹿台之上，蒙衣其珠玉，自燔于火而死。王遂入，至纣死所。武王自射纣三发而后下车，以黄钺断纣头，悬太白之旗。纣嬖妾妲己二女皆自杀。王又射三发，斩以玄钺，悬其头小白之旗。出，复于军。其明日，遂除纣宫，誓殷民，即帝位。

《帝王世纪》曰：武王自盟津还，返于周，见暍人，王自左拥而右扇之。四年，起师至鲔水。甲子，至于商郊牧野，王袜系解，五人侍于前，莫肯为王系袜，皆曰："臣所以事君王，非为系袜也。"王乃释旄而系之，与纣战，纣师败绩，擒费仲、恶来，纣赴于京，自燔于宣室而死。乃以大旗麾诸侯入殷都。百姓咸行于郊。王使告曰："上天降休。"商人皆拜，王亦答拜。以兵人造纣及妲己，王亲射，射之三发，然后下车以剑击之。周公为司徒，使以黄钺斩纣头；召公为司空，又使以玄钺斩妲己。明日，天雨。王命除道修社，入商宫，朝成汤之庙。登堂见美玉，入室见美女，王皆取而归之诸侯。天下闻之，以廉于财色矣。置旌于商容之间，释箕子之囚，散鹿台之财，发钜桥之粟，以赈贫民。命南宫括、伯达、史佚，迁九鼎于洛邑，命闳夭封比干之墓。殷民咸喜。十年冬，王崩于镐，殡于岐。时年九十三岁矣。太子诵立，为成王。

《越书》曰：八百诸侯，皆一旦会于盟津之上，不言同辞，不呼自来，尽知武王忠信，欲从伐纣。

《墨子》曰：天锡武王黄鸟之旗。

《淮南子》曰：武王伐纣，渡于盟津。阳侯之波，逆流而击，疾风晦暝，人马不见。于是武王左操黄钺，右执白旄，瞋目而麾之曰："余在天下，谁敢害吾意者？"于是风济而波罢。

又曰：武王克殷，欲筑宫于五行之山。五行山，今太行山也。河内野王县北上党间。周公曰："不可。夫五行之山，固塞险阻之地也。使我德能覆之，则天下纳其贡职者回也；回，纡难也。使我有暴乱之行，则天下之伐我难。周公言我有暴乱之行，则天下当来伐我，无为于五行之山，使天下来伐我者难也，言其依德不恃险也。此所以三十六世而不夺也。"

《说苑》曰：武王伐纣，过坠斩山，过水折舟，过谷发梁，过山焚莱，示民无返志。

## 成王

《史记》曰：成王少，周公摄政。管叔、蔡叔群弟疑周公，与武庚作乱，叛周。周公奉成王命，伐诛武庚，杀管叔、蔡叔，以微子开伐殷后，国于宋。周公行政七年，成王长，周公反政成王，北面就群臣之位。成王在酆，使召公复营洛邑，如武王之意。周公复卜申视，卒营筑，居九鼎焉。曰："此天下之中，四方入贡道里均。"作《周官》。兴正礼乐，制度于是改，而民和睦，颂声兴。

《帝王世纪》曰：周公居冢宰摄政。成王年少，未能治事，故号曰"孺子"。八年，王始躬亲王事，以周公为太师，封伯禽于鲁。父子并命，周公拜于前，鲁公拜于后。王以周公有勋劳于天下，故加鲁以四等之上，兼二十四附庸，地方七百里，革车千乘。王既营都洛邑，复居丰镐。淮夷、徐戎及商奄又叛，又乃大蒐于岐阳，东伐淮夷。七年，王崩，年十六矣。太子钊代立。

《淮南子》曰：成王问政于尹逸曰："吾何德之行，尹佚，史佚也。而民亲其上？”对曰：“使之时而敬顺之。”王曰：“其度安至？”曰：“如临深渊，如履薄冰。”王曰：“惧哉，王人乎！”尹逸曰：“天地之间，四海之内，善之则吾蓄也，不善则吾仇也。”

《吕氏春秋》曰：旦所朝穷巷之中，瓮牖之士者七十人，文王造之而未遂，武王遂而未成。周公旦抱少主而成之，故曰：“成王”。

《贾谊书》曰：周成王问鬻子曰：“寡人闻圣王在上位，使民富且寿。夫富则可为也。寿则不在天乎。”鬻子对曰：“圣王在上位，则天下无军兵之事，故诸侯不相攻，而民不私斗、不相杀也，则民免于一死而得一生矣。圣王在上，君积于道，而吏积于德，民积于用，故妇人为其所依，丈夫为其所食，民免二死而得二生矣。圣王在上则君积于仁，而吏积于爱，而民积于顺，则刑罚废，无夭遏之诛，则民免于三死得三生矣。圣王在上则使民以时，而用之有节，则民无厉疾矣，则民免于四死，得四生矣。”

《琴操》曰：周金縢者，周公作《金縢》书也。武王薨，太子诵袭武王之业，年七岁，不能统理海内，周公为摄政。是时，周公囚诛管、蔡之后，有谤公于王者，言公专国之权，诈策谋，将危社稷，不可置之。成王闻之，勃然大怒，欲囚周公，周公乃奔于鲁而死。成王闻公死，且怒之，且伤之，以公礼葬之。天乃大暴风疾雨，禾稼皆偃，木折伤。成王惧，发《金縢》之书，见周公所为武王祷，命以身赎之书。成王执书而泣曰：“谁言周公欲危社稷者！”取所谗公者而诛之，戮于国。天乃反风霁雨，禾稼复起。成王作思慕之歌。

# 太平御览卷第八十五 皇王部十

## 周康王

《纪年》曰：成康之际，天下安宁，刑措四十馀年不用。

《帝王世纪》曰：康王元年，释丧冕，作诰申诸侯，命毕公作策，分民之居里于成周之郊。王在位二十六年，崩。子瑕代立，是谓昭王。

《述异记》曰：庐山上有康王谷，巅有一城，号为钊城。天每欲雨，辄闻山上鼓角笳箫之声，声渐至城而风雨晦合。时人以为常候。传云："此周康王之城。"康王爱奇好异，巡历名山，不远而至。城中每得古器、大鼎及弓弩金之属，知非常人之所处也。而山有康王之号，城又以钊为称，斯言将有征。

## 昭王

《左传》曰：齐侯伐楚。楚子使与师言，管仲对曰："尔贡包茅不入，王祭不供，无以缩酒，寡人是征。昭王南征不复，寡人是问。"对曰："贡之不入，寡君之罪也，敢不共给？昭王之不复，君其问诸水滨。"昭王时，汉水非楚境，故不受罪也。

《帝王世纪》曰：昭王在位五十一年，以德衰，南征及济于汉，船人恶之，乃胶船进王，王御船至中流，胶液解，王及祭公俱没水而崩。其右辛游靡长臂且多力，拯得王。周人讳之，王室于是乎大微。王娶于房，曰"房后"，生太子满，代立，是谓穆王。《汉上记》曰："咋额至横桑三十里。"桑字，本作丧，辛游靡取昭王丧处。

《吕氏春秋》曰：周昭王亲征荆，高诱注曰：秦庄王名楚，故曰荆。还。及涉汉，梁败，王杜于汉中，杜，尤粉切。训坠也。辛游靡拯王北济。

## 穆王

《归藏》曰：昔穆王天子筮出于西征，不吉，曰："龙降于天而道里修远，飞而中天，苍苍其羽。"

《左传》曰：穆王有涂山之会。周穆王，会诸侯于涂山。

又曰：昔穆王欲肆其心，周行天下，将必皆有车辙马迹焉。祭父作《祁招》之诗，以止王心。王是以获殁于祇宫。

《史记》曰：穆王即位，春秋已五十矣。而王道衰微。王将征犬戎，祭公谋父谏曰："不可！"王遂征之，得四白狼四白鹿以归。自是荒服者不至。诸侯有不睦者，甫侯言于王，作修刑辟，命曰《甫刑》。穆王立五十五年，年一百五岁而崩，子恭王翳扈立。

《穆天子传》曰：天子北征，乃绝漳水。郭注曰：绝犹截也。今在邺县也。于是即井钘山之下。即井钘山也。今在常山石邑县。钘音刑。癸未，雨雪，天子猎于井钘山之西河。河山足坡。乃至于昆仑之丘，以观春山之宝。乃披图视典，用观天子之宝器。省河所出礼图。玉果、石似美玉，所谓如果者也。璇珠、璇，玉类也。音璇。烛银、有精光如烛也。黄金之膏。金膏亦犹玉膏，皆其精汋。宿于昆仑之阿，赤水之阳；昆仑山有赤水东北流，见《山海经》也。升于昆仑之丘，以观黄帝之宫。黄帝巡游四海，登昆仑山而起宫室，其上见新涪也。天子北征，舍乎珠泽，此泽出珠，乃因名之。今越旧平旧出青海。北升于春山之上，以望四野。曰："春山是惟天下之高山者也。"癸丑，天子乃遂西征。吉日甲子，天子宾于西王母，西王母如人，虎齿、蓬发、戴胜，善啸。《纪年》曰：穆王十七年，西征于昆仑之丘，见西王母。辛丑，来宾于招宫。乃执白珪玄璧以见西王母，执贽者，致敬也。献锦组百纯。乙丑，天子觞西王母于瑶池之上，西王母为天子谣谣，徒歌也。曰："白云在天，山陵自出。道里悠远，山川间之。将子无死，将，请。尚能复来。"尚，庶几也。己酉，天子饮于溽水之上。音污，溽也。六师之人毕至于旷原，乃奏广乐。六师之人翔畋于旷原，翔，犹游也。得获无疆，无疆，犹无限也。鸟兽绝群。言取尽也。

《帝王世纪》曰：穆王修德教，会诸侯于涂山。命吕侯为相，或谓之甫侯。五十一年，王已百岁老耄，以吕侯有贤能之德，于是乃命吕侯作《吕刑》之书。五十五年，王年百五岁，崩于祇宫。

杨子《法言》曰：周穆王少不好学，至乎耄长。

《抱朴子》曰：周穆王南征，一军尽化，君子为猿、为鹄，小人为虫、为沙。

## 恭王

《帝王世纪》曰：恭王能庇昭、穆之阙，故《春秋》称之。周自恭至夷王四世，年纪不明。是以历依鲁为正。王在位二十年崩，子囏代立。

## 懿王

《史记》曰：懿王之时，王室遂衰，诗人作刺，懿王在位二十五年，崩。恭王弟辟方立，是为孝王。

《帝王世纪》曰：懿王二年，徙都犬丘。

## 孝王

《史记》曰：孝王在位十五年，崩。诸侯复立懿王太子燮，是为夷王。

## 夷王

《礼》曰：礼，天子不下堂而见诸侯。下堂而见诸侯，天子之失礼也。由夷王已下也。

《史记》曰：夷王崩，子厉王胡立。

《纪年》曰：夷王二年，蜀人、吕人来献琼，宾于河，用介珪。三年，王致诸侯，烹齐哀公于鼎。

《帝王世纪》曰：夷王即位，诸侯来朝，王降与抗礼，诸侯德之。三年，王有恶疾，愆于厥身。诸侯莫不并走群望，以祈王身。十六年，王崩。

## 厉王

《史记》曰：厉王即位三十年，好利，近荣夷公。大夫芮良谏王，不听。卒以荣公为卿士，用事。王行暴虐侈傲，国人谤王。召公谏曰："民不堪命。"王怒，得卫巫，使监谤，以告，则杀之。其谤鲜矣，诸侯不朝。三十四年，王益严，国人莫敢言，道路以目。三年，相与叛，袭厉王。厉王出奔于彘。太子静匿召公之家，国人闻，乃围之。召公以其子代太子，竟得脱。召公、周公二人相共行政，号曰"共和"。共和十四年，厉王死于彘，太子静长于召公家，二相乃共立之，是为宣王。

《帝王世纪》曰：厉王荒沉于酒，淫于妇人。

## 宣王

《史记》曰：宣王即位，二相辅之修政，法文、武、成、康之遗风，诸侯复宗周。十二年，鲁武公来朝。宣王不修籍于千亩，虢文公谏曰不可，王弗听。三十九年，战于千亩，王师败绩于姜戎。王在位四十六年，崩，子幽王宫涅立。

《帝王世纪》曰：宣王元年，以邵穆公为相，秦仲为大夫，诛西戎。是时，天大旱，王以不雨遇灾而惧，整身修行，欲以消去之，祈于群神，六月乃得雨。大夫仍叔美而歌之，今《云汉》之诗是也。是岁，西戎杀秦仲，王于是进用贤良，樊侯仲山父，尹吉父，程伯休父，虢文公，申伯韩侯显父，南仲方叔、仍叔、邵穆公，张仲之属，并为卿佐。自厉王失政，猃狁、荆蛮交侵中国，官政隳废，百姓离散，王乃修复宫室，兴贤人，纳规谏，安集兆民。命南宫仲、邵虎、方叔、吉父并征定之，复先王境土，缮车徒，兴畋狩，礼天下，喜王化复行，号称中兴。

《墨子》曰：周宣王杀杜伯，不辜。杜伯曰："死若有知，三年必使君知之。"宣王田于圃田，从人满野。日中，杜伯乘白马素车，朱衣朱冠，手执朱弓，挟朱矢射王而中其心，折脊伏弢而死。从者莫不闻见。

## 幽王

《国语》曰：幽王之二年，西周三川皆震。伯阳父曰："周将亡矣。夫天地之气，不失其序，若过其序，民乱之也。阳伏而不能出，阴迫而不能蒸，于是有地震今三川实震，阳失其所而镇于阴也。”

《史记》曰：幽王得褒姒而笃爱之。乃欲废后并太子，用褒姒为后，以其子伯服为太子。褒姒为人不好笑，悦之万方犹不笑。幽王为烽燧火鼓，寇至则举烽火。于是诸侯悉至，至而无寇，褒姒乃大笑。幽王悦之，为数举烽火。其后诸侯不信，并不至。幽王以虢石父为卿用事，国人皆怨之。石父为人佞巧，善谀好利，今王用之。幽王又废申后、去太子也。申侯怒，乃与缯西夷犬戎共攻幽王。王举烽火征兵，兵莫至。遂杀幽王骊山之下，虏褒姒，尽取周之财而去。于是诸侯乃即申侯而共立故太子宜臼，是为平王，以奉周祀。平王乃东徙洛邑，避戎寇也。幽王在位凡一十一年。

《纪年》曰：幽王立褒姒之子伯服，以为太子。

《琐语》曰：宣王之元妃献后，生子不恒期月而生，后弗敢举。天子召问群王之元史，史皆答曰：“若男子也，身体有不全，诸骨节有不备，者则可，身体全骨节备，不利于天子也，将必丧邦。”天子曰：“若而，不利余一人，命弃之。”仲山父曰：“天子年长矣，而未有子，或者天将以是弃周，虽弃之何益！”天子弗弃之。

## 平王

《史记》：平王之时，王室微弱，而诸侯以强并弱，齐、楚、秦、晋始大，政由方伯。五十一年，平王崩。太子泄父早死，立其子林，是为桓王。桓王，平王孙也。

《帝王世纪》曰：平王元年，郑武公为司徒，与晋文侯股肱周室，夹辅平王，率诸侯戮力一心，东迁洛邑。

## 桓王

《史记》曰：桓王在位二十三年，崩，子庄王他立。

《帝王世纪》曰：桓王既失于信，礼义陵迟，男子淫奔，谗伪并作，诸侯背叛，构怨连祸，九族不亲，故诗人刺之。

## 庄王

《史记》曰：庄王四年，周公黑肩欲杀庄王而立王子克。辛伯告王，王杀周公。王子克奔燕。十五年，庄王崩，子僖王胡齐立。

## 僖王

《史记》曰：僖王三年，齐桓公始霸。五年，僖王崩，子惠王阆立。

《帝王世纪》曰：僖王自即位以来，变文武之制，作玄黄华丽之饰。宫室峻而奢侈，故孔子讥焉。五年，王崩。子凉洪代立。

## 惠王

《左传》曰：有神降于莘，惠王问内史过曰："是何故也？"对曰："国之将兴，明神降之，监其德也；将亡，神又降之，观其恶也。故有得神以兴，亦有以亡。虞、夏、商、周皆有之。"

《史记》曰：初，庄王嬖姬姚，生子颓，颓有宠。及惠王即位，夺其大臣蒍国之田以为囿，故大夫边伯等五人作乱，谋召燕、卫之师，伐惠王。惠王奔温，居郑之栎，立僖王弟子颓为王，遂享诸大夫乐及遍舞。郑、虢君怒。四年，郑与虢君伐杀子颓，复立惠王。惠王在位二十五年，崩。子襄王郑立。

## 襄王

《史记》曰：襄王母蚤死，后母曰惠后。后生叔带，有宠于惠王，襄王畏之。三年，叔带与戎翟谋伐襄王，襄王欲诛叔带，叔带奔齐。齐桓公使管仲平戎于王。十五年，王以翟师伐郑，王德翟人，将以其女为后。富辰谏不听。十六年，王绌翟后，翟人来诛，杀谭伯。富辰曰："吾数谏不从。"乃以其属死之。初，惠后欲立王子带，故以其党开翟，翟人遂入周。襄王出奔于郑，郑居王于汜。子带立为王，取襄王所绌翟后与居温。十七年，襄王乃告急于晋，晋文公纳王而诛叔带。襄王于是赐晋文公秬鬯弓矢为伯，以河内地与晋。二十年，晋文公又召襄王，襄王会之河阳。《书》曰:“天王狩于河阳。”三十二年,襄王崩,子顷王壬臣立。

## 顷王

《史记》曰:顷王六年,崩,子匡王班立。

## 匡王

《史记》曰:匡王六年,崩,弟瑜代立,是为定王。

## 定王

《史记》曰:定王元年,楚庄王伐陆浑之戎,次于洛,使人问九鼎之重轻。王使王孙满应设以辞,楚兵乃去。二十一年,定王崩,子简王夷代立。

## 简王

《史记》曰:简王十三年,晋杀其君厉公,迎子周于周,立之为悼公。十四年,简王崩,子灵王泄心立。

## 灵王

《传》曰:王子朝使告于诸侯曰:“定王六年,秦人降祓,曰:周其有頿王,亦克能修其职。至于灵王,生而有頿。王甚神圣,无恶于诸侯。”

《国语》曰:灵王二十二年,谷、洛斗,将毁王宫。贾逵注曰:谷洛二水合,有似斗,洛在王城南,谷在城北者。王欲壅之,太子晋谏曰:“不可。晋闻古之长民者,不隳山,不崇薮,不防川,不窦泽。夫山,土之聚也;薮,物之归也。川,气之导也;泽,水之钟也。天地成聚于高,归物于下。疏为川谷,以导其气,陂塘污原以钟其美。聚万物合之,美,大也。伯属封崇九山,决汩九川,陂障九泽,丰殖九原。故天无伏阴,地无散阳。观之诗书与民之宪言,则皆亡主之为也。王其图之。”王卒壅之,乱于是始。

《史记》曰:灵王在位二十七年,崩。子景王贵立。

## 景王

《左传》曰：天王将铸无射，周景王也。无射，钟名。泠州鸠曰：“王其以心疾死乎？泠，乐官，州鸠其名也。夫乐，天子之职也。职，主也。夫音，乐之舆也。乐因音而行。而钟，音之器也。音由器以发。天子省风以作乐，省风俗，作乐以移之。器以钟之，钟，聚也。舆以行之。乐须音而行。小者不窕，窕，细也。他雕切。大者不槬，槬横大不入也。音画。则和于物。物和则嘉成。喜乐成也。故和声入于耳而和于心，心億则乐，億，安也。窕则不咸，不充满人心。大则不容，心不堪容。心是以感，感实生疾。今钟槬矣，王心弗堪，其能久乎？”

《史记》曰：景王太子圣而早卒。王爱子朝，欲立之，会崩，子丐之党与争立，国人立长子猛为王，子朝攻杀猛。猛为悼王。晋人攻子朝而立丐，是为敬王。

《帝王世纪》曰：景王遇心疾，崩于荣锜氏。单穆公与刘文公立太子猛，是为悼王。景王在位二十五年。

## 悼王

《帝王世纪》曰：悼王以景王二十五年四月始即位，十一月崩。王立凡二百日。故《春秋》称王子猛卒，不成丧。故不言天王崩也。立王母弟丐，是为敬王。

## 敬王

《史记》曰：晋定公遂入敬王于周。四十三年。敬王崩。子元王仁立。

## 元王

《史记》曰：元王八年，崩子，定王介立。

## 贞定王

《史记》曰：贞定王十六年，三晋灭智伯，分其地。二十八年，崩，子去疾立，是为哀王。

## 哀王

《帝王世纪》曰：哀王即位三月，弟叔袭杀王而立，是为思王。

## 思王

《帝王世纪》曰：思王即位五月，弟隗攻杀王而代立，是为考哲干。

## 考王

《史记》曰：考王十五年，崩，子威烈王午立。

## 威烈王

《帝王世纪》曰：威烈王在位二十四年，崩，子躭立，是为元安王。

## 安王

《史记》曰：安王立，二十六年而崩，子烈王喜代立。

《帝王世纪》曰：安王子喜立，是为烈王。

## 烈王

《史记》曰：烈王十年，崩，弟扁立，是为显王。

## 显王

《史记》曰：显王三十五年，致文武胙于秦惠王。四十四年，秦惠王称王。其后诸侯皆为王。四十八年，显王崩，子慎靓王定立。

《帝王世纪》曰：显王元年，赵成侯、韩哀侯来攻周。二年，西周威公之嗣曰惠公，始封惠公少子班于巩，以奉王，是为东周惠公。周于是始分为东西。王室微弱，政在西周。

## 慎靓王

《帝王世纪》曰：慎靓王六年，崩，子延代立，是为赧王。

## 赧王

《史记》曰：东、西周分治，赧王徙都西周。五十九年，秦攻西周，王奔秦，顿首受罪，尽献其邑三十六，口三十万。秦受其献，而归其君于周。周王赧卒，周民遂东亡。秦取九鼎宝器，而迁西周公于惮狐。后七岁，秦庄襄王灭东、西周，东西周皆入于秦，周既不祀。既，尽也。

《汉书》曰：幽、平之后，日以陵夷至乎崎岖河洛之间，分为二周，然天下谓之共主。虽后微弱，犹共以为主。强大弗之敢倾，历载八百馀年，数极德尽，暨于赧王，降为庶人。号位以绝于天下，尚枝叶相持，莫得居其虚位，四海亡主三十馀年。

《帝王世纪》曰：赧王二十七年冬十月，秦昭襄王仍僭号西帝，齐闵王称东帝。十一月，齐各复去帝号为王。四十五年，王如秦，得罪于秦，秦攻周。或说秦王，乃止。王虽居天子之位，为诸侯之所侵逼，与家人无异，多贳于民，无以归之，乃上台以避之。故周人因名其台曰："逃债之台"，洛阳南宫誃台。誃，音夷，又音尸移切。是也。五十九年，秦攻韩、魏、赵，大破之。王惧，乃背秦与诸侯合从，将天下锐师出伊门攻秦，秦昭襄王大怒，使将军樛音虬攻周王，王恐，乃入秦，顿首受罪，尽献其邑，秦尽纳其献，使赧王归于周，降为庶人，以寿终。

《王逸正部》曰：幽、厉礼乐崩坏，诸侯力政，转相吞灭，德不能怀，威不能制。至于王赧，遂丧王计。

# 太平御览卷第八十六 皇王部十一

## 秦

《史记》曰：秦之先，帝颛顼之苗裔，孙曰女脩。女脩织，玄鸟陨卵，女脩吞之，生子大业。大业娶少典之子，曰女华。女华生大费，与禹平水土。已成，帝锡玄圭。禹受曰："非予能成，亦大费与禹平水土。已为辅。"帝舜曰："咨尔费，赞禹功，其赐尔皂游。尔后嗣将大出。"遂妻之姚姓之玉女。大费拜受，佐舜调驯鸟兽，鸟兽多驯服，是为柏翳。舜赐姓嬴氏。大费生子二人：一曰大廉，实鸟俗氏；二曰若木，实费氏。其玄孙曰费昌。子孙或在中国，或在夷狄。费昌当夏桀之时，去夏归商，为汤御，以败桀于鸣条。大廉玄孙曰孟戏、中衍，鸟身人言。帝太戊闻而卜之使御，吉，遂致使御而妻之。自太戊以下，中衍之后，世有功，以佐殷国，故嬴姓多显，遂为诸侯。其玄孙曰中潏，在西戎，生蜚廉。蜚廉生恶来。恶来有力，蜚廉善走，父子俱以才力事纣。周武王伐纣，并杀恶来、蜚廉，死葬于霍太山。蜚廉复有子曰季胜。季胜生孟增，是为宅皋狼。皋狼生衡父，衡父生造父。造父以善御幸于周缪王，缪王以赵城封造父，造父族由此为赵氏。蜚廉以下五世别居赵。赵衰其后也。恶来革者，蜚廉子也，早死。有子曰女防。女防四世生非子。以造父之宠，皆姓赵氏。非子居犬丘，周孝王分土为附庸，邑之秦，今天水陇西县秦亭也。使复续嬴氏祀，号曰秦嬴。三世至秦仲始大，其孙襄公时，周平王避犬戎之难，东徙洛邑。襄公以兵送平王。平王封襄公为诸侯，赐之岐以西之地。襄公于是始与诸侯通使聘享之礼。至缪公、康公之世，渐为强霸，与齐、晋争为诸侯盟主。秦仲已下二十八世曰武王，武王卒，立异母弟，是为昭襄王。于时周室微弱。

## 昭襄王

《史记》曰：昭襄王十九年，王为西帝，齐为东帝，皆复去之。五十二年，周九鼎入秦，周初亡。五十四年，王郊见上帝于雍丘。五十六年，昭襄王卒，子孝文王立。

《古史考》曰：王赧卒后，天下无主四十九年，以岁所在纪之。

## 孝文王

《史记》曰：孝文王元年，赦罪人，修先王功臣，褒厚亲戚，驰苑囿。孝文王除丧，十月己亥即位，三日辛丑卒，子庄襄王立。

## 庄襄王

《史记》曰：庄襄王元年，大赦罪人，修先王功臣，施德厚骨肉而布惠于民。东周君与诸侯谋秦，秦使相国吕不韦诛之，尽入其国。以阳人之地赐周君，奉其祭祀。四年，庄襄王卒，子政立。

## 始皇帝

《河图》曰：秦始皇帝，名政。虎口、日角、大目、隆鼻，长八尺六寸，大七围，手握兵执矢，名祖龙。

《尚书考灵耀》曰：秦失金镜，宋均注曰：金镜，喻明道也。鱼目入珠。言伪乱真也。襄王纳吕不韦之妻生始皇也。

《古文奇字》曰：秦改古文以为大篆及隶字，国人多诽谤怨恨，秦苦天下不从而召诸生到者拜为郎，凡七百人。又密令冬月种瓜于骊山硎谷之中温处，瓜实成，乃使人上书曰：“瓜冬有实。”有诏天下博士、诸生说之，人人各异说，则皆使往视之，而为伏机。诸生贤儒皆至焉，方相难不能决，因发机从上填之以土，皆压死。

《史记》曰：庄襄王为秦质子于赵，见吕不韦姬，悦而取之，生始皇帝。始皇以秦昭王四十八年正月生于邯郸。及生，名为政，姓赵氏。年十三岁，庄襄王死，政代立为秦王。十年，大梁人尉缭来，说秦王曰："以秦之强视诸侯，譬如郡县之君，臣但恐诸侯合从，而出不意，此乃智伯、夫差、湣王之所以亡也。愿大王无爱财物，赂其豪臣，以乱其谋，不过亡四十万金，则诸侯可尽。"王从其计，见尉缭抗礼，衣服食饮与缭同。缭曰："秦王为人，蜂准，长目，鸷鸟膺，豺声，少恩而虎狼心，居约易出人下，得志亦轻食人。我布衣，然见我常身自下我。使秦王得志于天下，天下皆为虏矣。不可与久游。"乃亡去。秦王觉，固止，以为秦国尉，卒用其计策。二十六年，秦初并天下，廷尉斯等与博士议曰："有天皇，有地皇，有人皇，人皇最贵。臣等昧死上尊号，王为泰皇，命为制，令为诏，天子自称为朕。"王曰："去泰，著皇，采上古帝王位号，号曰皇帝。他如议。"制曰："朕闻太古有号毋谥，中古有号，死而以行为谥。如此则子议父、臣议君，甚无谓，朕弗取焉。自今以来，除谥法，朕为始皇帝。后世以计数，二世三世至于万世，传之无穷。"始皇推终始五德之传，音亭传之传也。以为周得火德，秦代周，德从所不胜。方今水德之始，改年始，朝贺皆自十月朔。衣服旄旌节旗皆上黑。数以六为纪，符法冠皆六寸，而舆六尺为步，乘六马。更名河曰德水，以为水德之始。刚毅戾深，事皆决于法。分天下之国以为三十六郡，郡置守、尉、监。更命民曰"黔首"。大酺。收天下兵，聚之于咸阳，销以为钟鐻，铸为金人十二，重各千石，置宫庭中。一法度衡石丈尺。车同轨。书同文字。地东至海暨朝鲜，西至临洮、羌中，南至北向户，北据河为塞，并阴山至辽东。徙天下豪富于咸阳十二万户。诸庙及章台、上林皆在渭南。秦每破诸侯，写放其宫室，作之咸阳北坂上，南临渭，自雍门以东至泾渭，殿屋复道，周阁相属。所得诸侯美人钟鼓，以充入之。二十七年，始皇巡陇西、北地，出鸡头山，过回中。作长信宫渭南已来，更命信宫为极庙，象天极。自极庙道通骊山，上作甘泉前殿。筑甬道，自咸阳属之。二十八年，始皇东行郡县，上邹峄山，立石。与鲁诸儒生刻石颂秦德，议封禅望祭山川之事。乃遂上太山，立石，封，祠祀。禅梁父。刻所立石。乃并渤海以东，过黄、腄，穷成山，登之罘，立石颂德而去。南登琅琊，大乐之，留三月。徙黔首三万户琅琊台下，复十二岁。作琅琊台，立石颂秦德。二十九年，始皇东游。至阳武博浪沙中，为盗所惊。求弗得，乃令天下大索十日。三十一年，始皇为微行咸阳，与武士四人俱，夜出，逢盗兰池，见窘，武士击杀盗。三十二年，始皇之碣石，使燕人卢生求羡门高誓。刻碣石门。卢生使入海还，以鬼神事，因奏录图书，曰“亡秦者胡也”。始皇乃使将军蒙恬发兵三十万人北击胡，略取河南地。三十三年，略取陆梁地，为桂林、象郡、南海，以适谴戍。西北斥逐匈奴。自榆中并河以东，属之阴山，以为三十四县，城河上为塞。又使蒙恬渡河取高阙、陶山、北假中，北假，地名。筑亭障以逐戎人。三十四年，丞相斯议曰：“臣请史官非秦记烧之，非博士官所职，天下敢有藏《诗》、《书》、百家语者，悉诣守、尉杂烧之。有敢偶语《诗》、《书》者弃市，以古非今者族，吏见知不举者与同罪。诸有文学之书蠲除之。令下三十日不烧，黥为城旦。所不去者，医药、卜筮、种树之书。若欲有学法令，以吏为师。”三十五年，乃营作朝宫渭南北上林苑中。先作前殿阿房，东西五百步，南北五十丈，上可坐万人，下可建五丈旌旗，周驰为阁道，自殿下直抵南山。表南山之巅以为阙。为复道，自阿房渡渭，属之咸阳，以象天极阁道绝汉抵营室也。立石东海上朐界中，以为秦东门。因徙三万家骊邑，五万家云阳，皆复不事十年。乃令咸阳之旁二百里内，宫观二百七十，复道甬道相连，帷帐钟鼓美人充之，各案署不移徙。行所幸，有言其处者，罪死。始皇帝幸梁山宫，从山上见丞相车骑众，不善也。中人或告丞相，丞相后损车骑。始皇怒曰：“此中人泄吾语。”案问莫服。当是时，诏捕诸时在旁者，皆杀之。自是后莫知行之所在。听事，群臣受决事，悉于咸阳宫。侯生、卢生相谋亡去，始皇怒，案问诸生犯禁者四百六十人皆坑之。长子扶苏谏曰：“天下初定，远方黔首未集，诸生皆诵法孔子，今皆重法绳之，臣恐天下不安。唯上察之。”始皇怒，使扶苏北监蒙恬于上郡。

三十七年，始皇出游，左丞相斯从，右丞相去疾守。少子胡亥爱慕请从，始皇许之。十一月，行至云梦，望祀虞舜于九疑。浮江下，观苏柯，渡梅渚，过丹阳，至钱塘。临浙江，水波恶，乃西百二十里从峡中渡。上会稽，祭大禹，望于南海，而立石刻颂秦德。还，过吴，从江乘渡。并海上，北至琅琊。方士徐福等入海求神药，数岁不得，费多，恐谴，乃诈曰："蓬莱药可得，然常为大鲛鱼之所害，故不得至。愿请善射与俱，见则以连弩射之。"始皇梦与海神战，如人状。以问占梦，博士曰："水神不可见，以大鱼蛟龙为候。今上祷祠备谨，而有此恶神，当除去，而善神可致。"乃命入海者赍捕巨鱼具，而自以连弩候大鱼出射之。自琅琊北至营城山，弗见。至之罘见巨鱼，射杀一鱼，遂并海西。至平原津而病。始皇恶言死，群臣莫敢言死事。上病益甚，乃为玺书赐公子扶苏曰："与丧，会咸阳而葬。"书已封在中车府令赵高行符玺事所，未授使者。七月丙寅，始皇崩于沙丘平台。时年五十，在位三十七年。丞相斯为上崩在外，恐诸公子及天下有变，乃秘之，不发丧。棺载辒輬车中，故幸宦者参乘，所至上食，百官奏事如故，宦者辄从辒輬车中可其奏事。独子胡亥，赵高及用幸宦者五六人知上死。赵高故尝教胡亥书及狱律令法事，胡亥私幸之。高乃与胡亥、丞相斯阴谋破去始皇所封书赐公子扶苏者，而更诈为丞相斯受始皇遗诏沙丘，立子胡亥为太子。乃更为书赐公子扶苏、蒙恬，数以罪，赐死。遂从井陉抵九原。会暑，上辒輬车臭，乃诏从官令车载一石鲍鱼，以乱其臭。行从直道至咸阳，发丧。太子胡亥袭位。

《汉书》曰：秦据势胜之地，骋狙诈之兵，蚕食山东，一切取胜。因矜其所习，自任私智，讪笑三代，荡灭古法，窃自号为皇帝，而子弟为匹夫。内亡骨肉本根之辅，外亡尺土蕃翼之卫。吴陈奋其白挺，刘项随而毙之。

又曰：秦始皇即位三十九年，内平六国，外攘四夷。死人如麻，暴骨长城之下，头颅相属于道，不一日而无兵。

又曰：贾山借秦为喻，名曰《至言》。其辞曰："始皇贵为天子，富有天下，赋敛重数，百姓罢弊，赭衣半道，群盗满山，使天下之人载目而视，倾耳而听。离宫三百，钟鼓帷帐，不移而具。为宫室之丽如此，使其后世曾不得聚庐而托处焉。为驰道于天下，东穷燕、齐，南极吴、楚，厚筑其外，隐以金椎，树以青松。为驰道之丽如此，使其后世曾不得邪径而托足焉。葬乎骊山，铜锢其内，漆涂其外，中成游观，上成山林。为葬埋之侈如此，使其后世曾不得蓬颗蔽冢而托葬焉。秦以熊罴之力，虎狼之心，蚕食诸侯，并吞海内，而不笃礼义，故天殃已加矣。"

《异苑》曰：秦世有谣云："秦有帝，号始皇奄僵。开吾户，据吾床。饮吾酒，啜吾浆。餐吾饭，以为粮。张吾弓，射东墙，前至沙丘当灭亡。"始皇既坑儒焚典，乃发孔子墓，欲取诸《经》、《传》。圹既启，于是悉如谣者之言。又言谣文刊在冢壁，政甚恶之。及达沙丘，而修别路，见一群小儿辇沙为阜，问云沙丘，从此得病。

《淮南子》曰：秦之时，高为台榭，大为苑囿，造驰道数千里，铸金人，发边戍，入刍藁，头会箕敛，输于少府。丁壮丈夫，西至临洮狄道，东至会稽浮石，南至象郡桂林，北至飞狐阳原，道路死人以沟量。当此之时，有忠谏者谓之不祥，道仁义者谓之狂。

桓谭《新语》曰：秦始皇见周室失统，自以当保有九州。见万民碌碌，犹群羊聚猪，皆可以竿而驱之，故遂以败也。

## 二世皇帝

《史记》曰：二世皇帝元年，年二十一。赵高为郎中令，任用事。征材士五万人为屯卫咸阳，令教射狗马禽兽。当食者多，度不足，下调郡县转输，用法益刻深。七月，戍卒陈胜等反。二年冬，陈涉所遣周章等西至戏，兵数十万。二世大惊，梦白虎啮其左骖马杀之，心不乐，怪，问占梦。卜曰："泾水为祟。"二世乃斋于望夷宫，欲祠泾水，沉四白马。使使责让高以盗贼事。高惧，乃阴与其婿咸阳令阎乐、其弟赵成谋。使郎中令为内应，诈为有大贼，遣乐将吏卒千馀人至望夷宫。郎中令与乐俱入，射上幄坐帏。二世怒，召左右，左右皆惶扰不斗。旁有宦者一人，侍不敢去。二世入内，谓曰："何不早告我？"宦者曰："臣不敢言，故得全。使臣早言，皆已诛，安得至今？”阎乐前即二世，数曰：“足下骄恣，诛杀无道，天下共叛，足下其自为计。”二世曰：“丞相可得见不？”乐曰：“不可。”二世曰：“吾愿得一郡为王。”弗许。又曰：“愿为万户侯。”弗许。又曰：“愿与妻子为黔首，比诸公子。”乐曰：“臣受命于丞相，为天下诛足下，足下虽多言，臣不敢报。”麾其兵进。二世自杀。阎乐归报赵高，赵高乃悉召诸大臣公子，告以诛二世之状，曰：“秦故王国，始皇君天下，故称帝。今六国复自立，秦地益小，乃以空名为帝，不可。宜为王如故，便。”立二世之兄子公子婴为秦王。以黔首葬二世杜南宜春苑中。在位三年。

## 秦王子婴

《史记》曰：赵高令子婴斋，当庙见，受玉玺。斋五日，子婴与其子二人谋，称疾不行，高果自往，曰：“宗庙重事，王奈何不行？”子婴遂刺杀赵高于斋宫，夷三族以徇咸阳。子婴为秦王四十六日，楚将沛公破秦军入武关，遂至霸上，使人约降子婴。子婴即系颈以组，白马素车，奉天子玺符，降轵道旁。项籍为从长，杀子婴及秦诸公子宗族。

《史记》太史公曰：始皇自以为功过五帝，地广三皇，而羞与之侔。善哉乎贾生推言之也！曰：秦并兼诸侯，缮津关，据险塞，修甲兵而守之。陈涉以戍卒散乱之众数百，奋臂大呼，不用弓戟之兵，锄耰白挺，耰田器也，音忧。望屋而食，横行天下。秦人阻险不守，关梁不阖，长戟不刺，强弩不射。楚师深入，战于鸿门，曾无藩篱之艰。当此时也，世非无深虑知化之士也，然不敢尽忠拂过者，秦俗多忌讳之禁，忠言未卒于口而身为戮殁矣。故天下之士，倾耳而听，重足而立，箝口而不言。是以三主失道，忠臣不敢谏，智士不敢谋，天下已乱，奸不上闻，岂不哀哉！秦王缵六世之馀烈，振长策而御宇内，吞二周而亡诸侯，履至尊而制六合，执捶拊以鞭笞天下，拊，拍。音府。威震四海。南取北越之地，以为桂林、象郡，乃使蒙恬北筑长城而守藩篱，却匈奴七百馀里，胡人不敢南下而牧马，士不敢弯弓而报怨。于是废先王之道，焚百家之言，以愚黔首。隳名城，杀豪俊，收天下之兵聚之咸阳，销锋镝，铸以为金人十二，以弱黔首之民。然后堑华为城，因河为津。据亿丈之城，临不测之溪以为固。良将劲弩守要害之处，信臣精卒陈利兵而谁何？天下已定，秦王之心自以为关中之固，金城千里，子孙帝王万世之业也。秦王既没，陈涉斩木为兵，揭竿为旗，天下云集而响应，赢粮而影从。山东豪俊遂并起而亡秦族矣。然秦以区区之地，千乘之权，招八州而朝同列，百有馀年。然后以六合为家，崤、函为宫，一夫作难而七庙隳，身死人手，为天下笑者，何也？仁义不施，而攻守之势异也。秦王怀贪鄙之心，行自奋之智，不信功臣，不亲士民，废王道，立私权，禁文书而酷刑法，先诈力而后仁义，以暴虐为天下始，孤独而有之，故其亡可立而待。

《帝王世纪》曰：秦凡四王二帝，合四十九年。

## 楚义帝

《尚书中侯》曰：空受之帝立。

《史记》曰：项梁闻陈王定死，召诸别将会薛计事。沛公亦起沛，往焉。居鄛人范增，好奇计，往说项梁曰："秦灭六国，楚最无罪。自怀王入秦不反，楚人怜之至今，故楚南公曰：'楚虽三户，亡秦必楚。'今陈胜首事，不立楚后而自立，其势不长。今君起江东，楚蜂起之将争附君者，以君世世楚将，为能复立楚后也。"梁然其言，乃求楚怀王孙心在民间，为人牧羊，立以为楚怀王，从民所望。陈婴为楚上柱国，与怀王都盱眙。秦灭，尊怀王为义帝。《汉书》曰：义帝名心也。项羽谓诸将曰："天下初发难时，假立诸侯后以伐秦。然身被坚执锐首事，暴露于野三年，灭秦定天下者，皆将相诸君与籍之力也。义帝虽无功，故当分其地而王之。"诸将皆曰："善。"汉元年四月，诸侯罢戏下，各就国。项王出之国，使人徙义帝，曰："古之帝者地方千里，必居上游。"乃徙义帝长沙，都郴县。其群臣稍叛之，乃阴令衡山、临江王击杀之江中。

# 太平御览卷第八十七 皇王部十二

## 汉高祖皇帝

《河图》曰：帝刘季，日角戴胜，斗胸，龟背、龙眼、长七尺八寸，明圣而宽仁。

又曰：刘受纪昌，光出轸，五星聚井。

《龙鱼河图》曰：高皇摄正总万庭，四海归咏治武明。文德道治承天精，元祚兴隆协圣灵。

《尚书帝命验》曰：贼起蜚，卯生虎。贼起蜚，始皇立也。卯，刘字之别也。皇立而刘生，虎谓高祖。

又曰：有人雄起戴玉英，玉英，宝物之名，戴之谓骨表。祈旦失籥亡其金虎，祈读曰晰，白也。谓之秦也旦失钥，户将开。金虎兽之长，喻于秦也。东南纷纷注精起。纷纷，动扰之貌。注星之精起，谓刘氏也。

《尚书考灵耀》曰：卯金出轸，握命孔符。卯金，刘字之别，轸，楚分野之星。符，图书，刘所握天命，孔子制图书。

《诗含神雾》曰：含始吞赤珠，刻曰玉英，生汉皇。刻，刻镂也。有玉英之文。

《春秋孔演图》曰：其人日角龙颜，姓卯金刀，含仁义。

《春秋文耀钩》曰：庶人争权，赤帝之精。庶人，项羽、刘季者也。争权并欲起也。

《史记》曰：高祖，沛丰邑中阳里人，姓刘氏，字季。母媪尝息大泽之陂，梦与神遇。是时雷电晦暝，父太公往视，则见蛟龙于上。已而有娠，遂产高祖。高祖为人，隆准而龙颜，美须髯，左股有七十二黑子。仁而爱人，喜施，意豁如也。为泗上亭长，亭中吏无不狎侮。好酒及色。常从王媪、武负贳酒。时饮醉卧，武负、王媪见其上常有龙，怪之。高祖每酤留饮，酒雠如淳曰：雠音售。数倍。尝徭咸阳，纵观，观始皇帝，曰："嗟乎，大丈夫当如此也。"高祖以亭长为县送徒骊山，到丰西泽中，止饮，夜皆解纵所送徒。徒中壮士愿从者十馀人。高祖被酒，夜经泽中，令一人行前。还报曰："前有大蛇当径，愿还。"高祖醉，曰："壮士行，何畏！"乃前，拔剑斩蛇，蛇分为两。道开，行数里，醉，困卧。后人来至蛇所，有一老妪夜哭。人问何哭，妪曰："人杀吾子。"人曰："妪子何为见杀？"妪曰："吾子，白帝子也，化为蛇，当道，今为赤帝子斩之。"因忽不见。后人至，告高祖，高祖乃心独喜。秦始皇帝曰，"东南有天子气。"于是东游以厌当之。高祖即自疑，亡匿，隐于芒、砀山泽岩石之间。吕后与人俱来求，常得之。高祖怪问之。吕后曰："季所居上常有云气，故从往，常得季。"高祖又喜。沛中子弟或闻之，多欲附者。秦二世元年秋，陈胜等起，沛令恐，欲以沛应胜。沛父老皆曰："生平所闻刘季奇怪，当贵，且卜筮之，莫如刘季最吉。"乃立为沛公。祠黄帝，祭蚩尤于沛庭，而衅鼓，旗帜皆赤。汉元年冬十月，五星聚于东井，沛公兵先诸侯至霸上。秦王子婴降轵道旁。遂西入咸阳，召诸县豪杰曰："父老苦秦苛法久矣，诽谤者族，偶语者弃市。吾与诸侯约，先入关者王之，吾当王关中。与父老约，法三章耳：杀人者死，伤人及盗抵罪。馀悉除去秦法。"民大喜。五年，项羽灭，诸侯尊汉王为皇帝，天下大定。高祖都雒阳，置酒南宫。高祖曰："通侯诸将无敢隐朕，皆言其情。吾所以有天下者何？项氏之所以失天下者何？"高起孟康曰：姓高，名地也、王陵对曰："陛下慢而侮人，项羽仁而爱人。然陛下使人攻城略地，所降下者因以予之，与天下同利也。项羽妒贤嫉能，有功者害之，贤者疑之，战胜而不与人功，得志而不与人利，此所以失天下者也。"高祖曰："公知其一，未知其二。运筹策于帷帐之中，决胜于千里之外，吾不如子房。镇国家，抚百姓，给饷馈，不绝粮道，吾不如萧何。连百万之众，战必胜，攻必取，吾不如韩信。此三人者，皆人杰也，吾能用之，此所以取天下也。项羽有范增不能用，此所以为我擒也。"戍卒娄敬说高祖曰："都雒阳不便，不如入关，据秦之国。"上以问张良，因劝上即日车驾西都长安。九年，高祖大朝诸侯群臣，置酒未央前殿。上奉玉卮，起为太上皇寿，曰："始大人尝以臣无赖，不能治产业，不如仲力。今某之业所就与仲力孰多？"群臣皆称万岁，大为笑乐。十二年，高祖回归，过沛，留。置酒沛宫，悉召故人父老子弟佐酒，发沛中儿得百二十人，教之歌。酒酣，高祖击筑，自为歌诗曰："大风起兮云飞扬，威加海内兮归故乡，安得猛士兮守四方！"令儿皆和习之。高祖乃起舞，慷慨伤怀，泣数行下。谓沛父兄曰："游子悲故乡。吾虽都关中，万岁后吾魂魄犹乐思沛。且朕自沛公以诛暴逆，遂有天下，其以沛为朕汤沐邑，后其民，世世无有所与。"沛父兄诸母故人日乐饮极欢，道旧故为笑乐。十馀日，高祖欲去，沛父兄固请留。高祖曰："吾人众多，父兄不能给。"乃去。沛中空县皆之邑西献。献牛酒。高祖复留止，张饮三日。张宴曰：张，张帷。高祖击黥布时，为流矢所中，行道病甚，吕后迎良医。医入见，高祖问医。医曰："病可治。"于是高祖嫚骂之曰："吾以布衣提三尺剑取天下，此非天命乎？命乃在天，虽扁鹊亦何益？"遂不使治病。四月甲辰，崩于长乐宫。时年六十二，在位十二年，葬长陵。群臣上尊号为高皇帝。太子袭位，令郡国诸侯各立高祖庙，以岁时祠。及孝惠五年，思高祖之悲乐沛，以沛宫为高祖原庙也。初，高祖不修文学，而性明达好谋，能听，自监门戍卒，见之如旧。初从民心，作三章之约。天下既定，命萧何治律令，韩信申军法，张苍定章程，如淳曰：章，历数之章术也。程者，权衡丈尺斛斗之平。叔孙通制礼仪，陆贾造《新语》。又与功臣剖符作誓，丹书铁契，金匮石室，藏之宗庙。虽日不暇给，规摹弘远矣。

又曰：范增说项羽曰："沛公居山东，贪于财货，好美姬。今入关，财物无所取，妇女无所幸，此其志不在小。吾令人望其气，皆为龙虎，成五采，此天子气也。"

《汉书赞》曰：汉承尧运，德祚已盛，断蛇著符，旗帜尚赤，协于火德，自然之应，得天统矣。

荀悦《汉纪》曰：项羽自立为西楚王，王梁楚地九郡，都彭城。立沛公为汉王，王巴、蜀、汉中四十一县，都南郑。诸侯皆就国。汉王欲攻楚，丞相萧何谏曰："虽王汉之恶不犹愈于死乎，且语曰天汉，其称甚美，夫能屈于一人之下，则伸于万人之上，汤、武是也。愿大王王汉，抚其民，以致贤人，收用巴、蜀，还定三秦，天下可图也。"乃就国。

又曰：高祖开建大业，统辟元功，度量规矩，不可尚矣。是时，天下初定，而庶事草创。故《韶》、《夏》之音，未有闻焉。

《楚汉春秋》曰：项王在鸿门而亚父谏曰："吾使人望沛公，其气冲天，五彩相纠，或似云，或似龙，或似人，此非人臣之气也。不若杀之。"

《帝王世纪》曰：丰公，家于沛之丰，沛邑之阳里。其妻梦赤马若龙戏已而生执嘉，是为太公，即太上皇也。太上皇之妃曰"媪"，是为昭灵后，名含。始游于洛池，有玉鸡衔赤珠出。刻曰："玉英，吞此者王。"含始吞之，生邦，字季。

又曰：玄晏先生曰："《礼》称至道以王，义道以霸。观汉祖之取天下也，遭秦世暴乱，不偕尺土之资，不权将相之柄，发迹泗亭，奋其智谋，羁勒英雄，鞭驱天下，或以威服，或以德致，或以义成，或以权断，逆顺不常，霸王之道杂焉。是以圣君帝王之位，而无一定之制，三代之美，固难及矣。

后汉班叔皮《王命论》曰：在昔帝尧之禅，曰"咨尔舜！天之历数在尔躬。"舜亦命禹，暨于稷契，咸佐唐尧，光济四海，奕世载德，至于汤武而有天下。虽其遭遇异时，禅代不同，至于应天顺民，其揆一也。是故刘氏承尧之祚，氏族之世，著于《春秋》。唐据火德，而汉绍之，始起沛泽，则神母夜号，以彰赤帝之符。由是言之，帝王之作，必有明圣显懿之德，丰功厚利积累之业，然后精诚通于神明，流泽加于生人，故能为鬼神所福飨，天下所归往。未见运世无本，功德不能纪，而得倔然在此位者。世俗见高祖兴于布衣，不达其故，以为适遭暴乱，得奋其剑，游说之士，至比天下于逐鹿，幸捷而得之，不知神器有命，不可智力求。悲夫，此世之所以多乱臣贼子者也！

## 项籍

《河图》曰：怪目，勇敢、重瞳、大力，立楚之邦。

《尚书中候》曰：自号之王霸，姓有工。项羽为西楚霸王，工，项字之侧。

《史记》曰：项籍者，下相人也。《地理志》云：临淮有下相县。字羽。初起时，年二十四。季父项梁，梁父即楚将项燕，为秦将王翦所戮。项氏世世为楚将项燕，封于项，故姓项氏。籍少时，学书不成，去；学剑，又不成。项梁怒之。籍曰："书足以记名姓而已。剑一人敌，不足学，学万人敌。"于是项梁乃教籍兵法，籍大喜。梁杀人，与籍避仇于吴。秦始皇帝游会稽，渡浙江，梁与籍俱观。籍曰："彼可取而代也。"梁掩其口，曰："无妄言，族矣！"梁以此奇之。籍身长八尺馀，力能扛鼎，韦昭曰：扛，举也。才气过人。秦二世元年九月，会稽守徐广曰：尔时未云太守也。通谓梁曰："《楚汉春秋》曰：会稽假守适通也。吾欲发兵，使公及桓楚为将。"是时，桓楚亡在泽中。梁曰："桓楚亡，人莫知其处，独籍知之耳，请召籍使受命召桓楚。"守曰："诺。"梁召籍入，须臾，梁眴籍曰："可行矣！"于是籍遂拔剑斩守头。遂举吴中兵。使人收下县，得精兵八千人。项梁乃渡江而西，凡六七万人，军下邳。此时沛公亦起沛，往焉。乃求楚怀王孙心，立以为楚怀王，王召宋义以为上将军，项羽为鲁公次将。范增为末将，救赵，诸别将皆属宋义，号为卿子冠军。项羽晨朝上将军宋义，即其帐中斩宋义头，出令军中曰："宋义与齐谋反楚，楚王阴令羽诛之。"当是时，诸将皆慑服，莫敢枝梧。如淳曰：梧音吾，枝梧犹枝杆也。臣瓒曰：小柱为枝，邪柱为梧。今屋梧邪柱是也。皆曰："首立楚者，将军家也。今将军诛乱。"乃相与共立羽为假上将军。怀王因使羽为上将军，乃悉引兵渡河，皆沉船，破釜甑，烧庐舍，持三日粮，以示士必死，无一还心。于是，至则围王离，与秦军遇，九战，绝其甬道，大破之，虏王离。诸将皆从壁上观。楚战士无不一以当十，呼声动天地。项羽召见诸侯，诸侯入辕门，张晏注曰：军行以车为阵，辕相倚为门曰辕门。无不膝行而前，莫敢仰视。项羽引兵西屠咸阳，杀秦降王子婴，烧秦宫室，火三月不灭。收其货宝妇女而东。人或说项王曰："关中阻山河四塞，地肥饶，可都以霸。”项王见秦宫室皆以烧残破，又心怀思欲东归，曰：“富贵不归故乡，如衣绣夜行，谁知之者！”说者曰：“人言楚人沐猴而冠耳，果然。”张晏曰：沐猴，猕猴也。项王自立为西楚霸王，王九郡，都彭城。汉之二年春，汉王伐楚，四月，汉皆已入彭城。收其宝货，美人，日置酒高会，项王乃西从萧，晨击汉军而东，至彭城，大破汉军。汉军皆走，相随入谷、泗水，二水皆在沛郡彭城。杀汉卒十馀万人。汉卒皆走南山，楚又追击之灵壁东徐广曰：在彭城。睢水上。徐广曰：睢水彭城西，水入泗水。汉军却，为楚所挤，挤，排也。多杀，汉卒十馀万皆入睢水，睢水为之不流。围汉王三匝。于是大风从西北起，折木发屋，扬沙石，窈冥昼晦，逢迎楚军。楚军大乱，坏散。而汉王乃得与数十骑遁去。汉之四年，项王西与汉俱临广武而军，孟康注曰：筑西城相对，在广武敖仓西，三皇山山上。相守数月。当此时，彭越数反梁地，绝楚粮道。项王患之，楚汉久相持未决，丁壮苦军旅，老弱罢转漕，项王谓汉王曰：“天下匈匈数岁者，徒以吾两人耳，愿与汉王挑战李奇曰：挑，身独战不须众也。挑音荼了反。瓒曰：挑战掷挠敌求战，古谓之致师。决雌雄，无徒苦天下之民父子为也。”汉王笑谢曰：“吾宁斗智，不能斗力。”项王命壮士出挑战。汉王有善骑射者楼烦，应劭曰：楼烦，今楼烦县。楚挑战三合，楼烦辄射杀之。项王大怒，乃自被甲持戟挑战。楼烦欲射之，项王瞋目叱之，楼烦目不敢视，手不敢发，遂走还入壁，不敢复出。汉王使人间问之，乃项王也。汉王大惊。于是项王乃即汉王相与临广武间而语。汉王数之，项王怒甚，欲一战。汉王不听，项王伏弩射中汉王，汉王伤，走入成皋。汉王使侯公往说，项王乃与约，中分天下。割鸿沟以西者为汉，文颖曰：于荥阳下引河东为鸿沟，以通宋郑陈蔡曹卫。兵济汝汉淮泗水于楚，即今官渡水也。鸿沟而东者为楚。项王已约，乃引兵解而东归。汉欲西归。张良、陈平说曰：“汉有天下大半而诸侯皆附之，楚兵罢食尽，此天亡楚之时也。”汉王乃追项王至垓下。项王军壁垓下，兵少食尽，汉军及诸侯兵围之数重。夜闻汉军四面皆楚歌，应邵曰：楚歌者，鸡鸣歌也。汉已略得其地，楚歌者多也。项王乃大惊曰：“汉皆已得楚乎？是何楚人之多也！”项王乃夜起，饮于帐中。有美人名虞，徐广曰：姓虞氏。常幸从；骏马名骓，常骑之。于是项王乃悲歌慷慨，自为诗曰：“力拔山兮气盖世，时不利兮骓不逝。骓不逝兮可奈何，虞兮虞兮奈若何！”歌数阕，美人和之。项王泣下数行，左右皆泣，莫能仰视。于是，项王乃上马骑，麾下壮士骑从者八百馀人，直夜溃围南出，驰走。平明，汉军乃觉之，令骑将灌婴以五千骑追之。项王渡淮，骑能属者百馀人耳。项王至阴陵，徐广曰：在淮南。迷失道，问一田父，田父绐曰“左。”文颖曰：绐，欺也。欺令左也。左，乃陷大泽中，以故汉追及之。项王乃复引兵而东，至东城，《汉书音义》曰：县名，属临淮。乃有二十八骑。汉骑追者数千人。项王自度不能脱，谓其骑曰：“吾起兵至今八岁矣，身七十余战，所当者破，所击者服，未尝败北，遂霸有天下。然今卒困于此，天之亡我，非战之罪也。”项王乃欲东渡乌江。瓒曰：在牛渚也。乌江亭长舣船待，孟康曰：舣音蚁，附著岸也。如淳曰：南方人谓整船向岸回舣。谓项王曰：“江东虽小，地方千里，众数十万人，亦足王也。愿大王急渡。今独臣有船，汉军至，无以渡。”项王笑曰：“天之亡我，我何渡为！且籍与江东子弟八千人渡江而西，今无一人还，纵江东父兄怜而王我，我何面目见之？纵彼不言，籍独不愧于心乎？”乃谓亭长曰：“吾知公长者。吾骑此马五岁，所当无敌，尝一日千里，吾不忍杀之，以赐公。”乃令骑皆下马步行，持短兵接战。独籍所杀汉军数百人。项王身亦被十馀创，顾见汉骑吕马童，曰：“若非吾故人乎？”马童面之，张晏曰：以故人难亲斫之，故背面之也。如淳曰：面，不视正也。指王翳曰：如淳曰：指示王翳也。“此项王也。”项王乃曰：“吾闻汉购我头千金，邑万户，吾为汝得。”徐广曰：亦可是功德之德。乃自刎而死。汉以鲁公礼葬项王于谷城。

太史公曰：吾闻之周生曰：周时贤也。“舜重瞳子，又闻项羽亦重瞳子，岂其苗裔乎？何其兴之暴也。夫秦失其政，陈涉首难，豪杰蜂起，相与并争，不可胜数。然羽非有尺寸，乘势起陇亩之中，三年，遂将五诸侯灭秦，此时山东六国而齐、赵、韩、魏、燕并伐秦，故云五诸侯也。分裂天下，而封王侯，政由羽出，号为霸王，位虽不终，近古以来未尝有也。

周生《烈子》曰：桀、纣是汤、武之梯，秦、项是大汉之阶也。四逆不兴，则三顺不胜也。

蒋子《万机论》曰：项羽若听范增之策，则平步取天下也。

谯周《法训》曰：刘、项方争，父战于前，子斗于后。

## 孝惠皇帝

《史记》曰：孝惠为人仁弱，高祖以为“不类我”也，常欲废太子，而立戚姬子如意，“如意类我”。戚姬得幸，常从上之关东，日夜啼泣，欲立其子代太子。吕后年长，常留守，希见上，益疏。赖留侯策，太子得毋废。高祖崩，太子袭号为惠皇帝。吕后最怨戚夫人及其子赵王，惠帝慈仁，知太后怒，自挟与赵王起居饮食，太后欲杀之不得间。孝惠元年，十二月，帝晨出射雉，赵王少，不能早起，太后闻其独居，使人持鸩饮之。犁明，孝惠还，赵王已死。徐广曰：犁犹比。太后遂断戚夫人手足，去眼，煇耳，使居厕中，命曰：“人彘”。居数日，乃召孝惠帝来观人彘。孝惠见，问，乃知是戚夫人也。乃大哭，因病岁余不能起。使人请太后曰：“此非人之所为。臣为太后子，终不能治天下。”孝惠以此日饮，为淫乐，不听政，故有疾。七年秋八月戊寅，帝崩。

又曰：太史公曰：“孝惠皇帝，高后之时，黎民得离战国之苦，君臣俱欲休息乎无为，故惠帝垂拱，高后女主称制，政不出闺房，天下晏然。刑罚罕用，罪人是希。民务稼穑，衣食滋殖矣。”

《汉书》曰：孝惠讳盈之，字曰满。应劭曰：礼谥法，柔质慈民曰惠矣。七年，帝崩于未央宫，葬安陵。案帝年十七即位，在位七年矣。

《汉书赞》曰：孝惠内修亲亲，外礼宰相，可谓宽仁之主，遭吕太后亏损至德，悲夫！

荀悦《汉纪》曰：立皇后张氏，帝姊鲁元公主之女也。太后欲以重亲，故以配于帝也。论曰：“夫妇之际，人道之大伦，姊子而为后，昏于礼而渎于人情，非所以示天下，作民则也。”君臣莫谏过也。“

班固《汉书述》曰：孝惠短世，高后称制，罔顾天显，吕宗以败。

## 前少帝

《史记》曰：惠帝崩，太子即位为帝，号令一出太后，太后称制。宣平侯女为孝惠皇后，时无子，佯有娠，取美人子名之。杀其母，立所名子以为太子也。孝惠崩，太子为帝。帝壮，或闻其母死，非真皇后之子，乃出言曰："后安能杀吾母而名我？"太后闻而患之，恐其后为乱。于是乃幽之于永巷中，群臣奉旨废帝。

## 后少帝

《史记》曰：后元年，立孝惠后宫子弘为襄成侯。二年，以为常山王，更名义。四年，废少帝，立常王义为帝，更名弘，不称元年者，以太后制天下事也。八年七月，太后崩。大臣谋诛诸吕，相与阴谋曰："少帝及梁、淮阳、常山王，皆非真孝惠子。"乃相与阴使人召代王，代王至长安，共尊立为天子。东平侯兴居曰："诛吕氏吾无功，请得除宫。"乃与太仆汝阴侯滕公入宫，前谓少帝曰："足下非刘氏，不当立？"乃召乘舆载少帝出。少帝曰："欲将我安之乎？"滕公曰："出就舍。"代王遂入而听政。夜，有司分部诛灭梁、淮阳、常山王及少帝于帝邸。

# 太平御览卷第八十八 皇王部十三

## 汉孝文皇帝

《春秋演孔图》曰：戴玉英，玉英，文帝之首表象玉英而秀出。光中再，光，日光也。再，再中也。《汉含孳》曰：衣夜景移，位复中，支庶起也。仁雄出，日角用。为仁人之雄杰，既戴玉英且日角也。谓用于天下。

《史记》曰：孝文皇帝讳恒，讳恒之，字曰常。谥法，慈惠爱民曰文。高祖之中子也。高祖十一年春，以破陈豨军，定代地，立为代王，都中都。高后八年，高后崩。吕产等欲为乱，以危刘氏，大臣共诛之，使迎代王。王问左右，郎中令张武等议曰："汉大臣皆故高帝时大将，习兵，多谋诈。今诛诸吕，新啑血京师，此以迎大王为名，实不可信。愿大王称疾无往，以观其变。"中尉宋昌进曰："夫秦失其政，诸侯豪杰并起，人人自以为得之者以万数，然卒践天子位者，刘氏也，天下绝望，一矣。高帝封王子弟，地犬牙相制，此所谓盘石之宗也，天下服其强，二矣。汉兴，除秦苛政，约法令，施德惠，人人自安，难动摇，三也。夫以吕太后之严，立诸吕为三王，擅权专制，然而太尉以节入北军，一呼士皆左袒，为刘氏，叛诸吕，卒以灭之。此乃天授，非人力也。今高帝子独淮南王与大王，大王又长，贤圣仁孝闻于天下，故大臣因天下之心而欲迎立大王，大王勿疑也。"代王卜之龟，兆得大横。占曰："大横庚庚，余为天王，夏启以光。"代王曰："寡人固已为王矣，又何王？"卜人曰："所谓天王者乃天子也。"代王乃命宋昌参乘，张武等六人乘传诣长安，至高陵休止，而使宋昌先驰之长安观变。昌至渭桥，丞相已下皆迎。宋昌还报，代王驰至渭桥，群臣拜谒。太尉勃进曰："愿请间言。"昌曰："所言公，公言之。所言私，王者不受私。"太尉乃跪上天子之玺符。代王谢曰："至代邸而议之。"遂驰入代邸。宗室、大臣、列侯、吏二千石皆伏固请。代王西向让者三，南向让者再，遂即天子位。即日夕入未央宫。三年，匈奴入北地，居河南为寇。辛卯，帝自甘泉之高奴，因幸太原，见故郡臣，皆赐之，举功行赏。十三年，齐太仓令淳于公有罪当刑，少女缇萦自伤泣，乃随其父至长安，上书“愿没入为官婢，赎父刑罪，使得自新。”书奏天子，天子怜悲其意，乃下诏曰：“夫刑至断支体、刻肌肤，终身不息，何其楚痛，岂称为民父母之意哉！其除肉刑。”

又曰：孝文皇帝从代来，即位二十三年，宫室苑囿狗马服御无所增益，有不便，辄弛以利民。尝欲作露台，召匠计之，直百金。上曰：“百金，中民十家之产，吾奉先帝宫室，常恐羞之，何以台为？”上常衣绨衣，所幸慎夫人，令衣不得曳地，帏帐不得文绣，以示敦朴，为天下先。治霸陵皆以瓦器，不得以金银铜锡为饰。吴王诈病不朝，就赐几杖。群臣如袁盎等称说虽切，常假借用之。群臣如张武等受赂遗金钱，觉，上乃发御府金钱赐之，以愧其心，弗下吏。专务以德化民，是以海内殷富，兴于礼义。后七年六月，帝崩于未央宫，遗诏无发民男女哭临，服大功十五日，小功十四，纤七日，释服。

《史记》太史公曰：孔子言“必世然后仁。善人之治国百年，亦可以胜残去杀。”诚哉是言也！汉兴，至孝文四十有馀载，德至盛也。

《汉书》曰：张苍免相，文帝以皇后弟窦广国贤有行，欲相之，曰：“恐天下以吾私广国。”乃以御史大夫申徒嘉为丞相。

又曰：武帝从容问东方朔曰：“吾欲化民，岂有道乎？”朔对曰：“愿近述孝文皇帝之时，当世耆老皆闻见之：贵为天子，富有四海，身衣弋绨，足履革舄，以韦带剑，莞蒲为席，兵木为刃，服虔曰：兵器如木而无刃。衣缊无文，集上书囊以为殿帷，以道德为丽，以仁义为准。于是天下望风成俗，昭然化之。”

又曰：贾捐之曰：“孝文皇帝，闵中国未安，偃武行文。”时有献千里马者，诏曰：“鸾旗在前，属车在后，吉行，日五十里，朕乘千里之马，独先安之！”于是还马，与道里费。

荀悦《汉纪》曰：韩信为左丞相，与曹参、灌婴击魏王豹。豹姬曰薄姬，许负相之，当生天子。豹猜此言而反。豹败，汉王纳薄姬，实生文帝。

又曰：以孝文之明，大朝之治，百僚之贤，而贾谊见排逐，张释之十年不见省，冯唐首白屈于郎，岂不惜哉！夫以绛侯之忠，功存社稷，而犹见疑，不亦痛乎！

《帝王世纪》曰：孝文即位二十三年，年四十七，葬霸陵，因山为体，庙名顾城。

桓子《新论》曰：汉太宗文帝，有仁智通明之德，承汉初定，躬俭省约，以惠休百姓，救赡困乏，除肉刑，灭律法，薄葬埋，损舆服，所谓达于养生送终之实者也。及始从代征时，谋议狐疑，能从宋昌之策，应声驰来即位，而偃武行文，施布大恩。欲息兵革，与匈奴和亲，总撮纲纪。故遂褒增隆为太宗也。而溺于俗议，斥逐材臣，又不胜私恩使嬖妾慎夫人与皇后同席，以乱尊卑之伦。所谓通而蔽也。

《风俗通》曰：孝成皇帝问刘向："世俗多传道，文皇帝少生于军，不知父所在，日祭于代城东门外。高帝数梦见一儿祭己，使使至代求之，果得文帝，立为伐王，后征到，后期不得立，日为再中，遂即位为天子。躬行至俭，集上书囊以为前殿帷。常居明光宫听政。为皇太子，治三年服。天下平，米升一钱，有此事不？"向对曰："文帝生而为王者子，常居宫阙内，不弃捐军中祭代东门外也。高后八年九月己酉夕即位，时已昏夜，日不再中也。文帝虽节俭，未央宫前殿至奢，雕文及五彩画，华欀、壁墙、轩槛、皆饰以黄金，其势不可以书囊为帷。又帝率听政宣室，不在明光宫也。薄太后，孝景二年薨，不持三年服也。匈奴数犯塞，侵扰边境，候骑至甘泉，烽火通长安。由是北边置屯，守战设备，胡兵连不解，转输骚扰，费积虚耗。因以年岁不登，百姓饥乏，谷粜尝至石五百，非一升一钱也。"上曰："临朝总政施号令何如？"未及对，上复谓向："校尉宗室师傅，耆旧洽闻，亲事先帝，历见三世得失，勿有所隐。"向曰："文帝尝过辇郎署呼郎中冯唐，问以赵将廉颇、李牧。唐言今虽有此人，不能用也。推辇而去，还归禁中，召责让唐：邓通以佞幸吮痈见爱，赐以蜀郡铜山，令得铸钱，通私家之富，侔于王者。邦君又为微行，数幸通家，衣麝袭旃从侍中近臣，常侍期门武骑猎渐台下，骑射狐兔。”上曰：“后世皆言文帝治天下，几致太平，其德偕周成王。此语何从生？”向曰：“文帝治礼，言者不伤其意；臣无以大小，至即从容言，上止辇听之，言事者多褒之，后人见其遗文，则以为然。世之毁誉莫能得实，审形者少，随声者多，然文帝之节俭约身以变天下，忍容言者含咽臣子之短，此过人难及也。”

《典论》曰：文帝慈孝，宽弘仁厚，躬修玄默，以俭帅下。奉生送终，事从约省。美声塞于宇宙，仁风畅于四海。

又曰：文帝思贤甚于饥渴，用人速于顺流。

班固《汉书述》曰：太宗穆穆，允恭玄默。化民以躬，帅下以德。我德如风，民应如草。国富刑清，登我汉道。

## 孝景皇帝

《史记》曰：孝景皇帝，孝文帝之中子也。母窦太后。文帝初在代，前后有三男。及窦太后行前，三子更死，故景帝得立。

《汉书》曰：孝景皇帝，讳启，字开。应劭曰：礼谥法，布义行刚曰景。文皇帝太子也。母窦太后。七年六月，文帝崩。丁未，太子即皇帝位。

又曰：孔子称“斯民三代之所以直道而行也”信哉！周秦之弊，网密文峻，而奸宄不胜。汉兴，扫除烦苛，与民休息。至于孝文，加之以恭俭，孝景遵业，五六十载之间，移风易俗，黎民醇厚。周言成、康，汉言文、景，美矣！

又曰：孝景帝即位，窦婴为太子詹事。帝弟梁孝王，母窦太后爱之。孝王朝，因宴昆弟饮。是时上未立太子，酒酣，上于是从容曰：“千秋万岁后传王。”太后大欣。婴引卮酒进上曰：“天下者，高祖天下也，父子相传，汉之约也，何以得与梁王！”太后由此憎婴。

《帝王世纪》曰：孝景帝即位十六年，年四十八。葬阳陵，庙名德阳。

班固《汉书述》曰：孝景莅政，诸侯放命。《尚书》放命圮族，鲧之恶坏其族类，吴、楚七国亦然也。克伐七国，王室以定。非怠非荒，务在农桑。著于甲令，民用宁康。

魏陈王曹植《汉景帝赞》曰：景帝明德，继文之则。肃清王室，克灭七国。省役薄赋，百姓殷昌。风移俗易，齐美成康。

## 孝武皇帝

《史记本纪》曰：孝武皇帝，《汉书音义》曰：讳彻也。孝景帝中子也。母曰王太后。孝景四年，以皇子为胶东王。七年，栗太子废为临江王，以胶东王为太子。孝景十六年崩，太子即位。为孝武皇帝。

《汉书·武帝纪》曰：后三年正月，景帝崩。甲子，太子即位。元朔四年冬，行幸甘泉。元狩元年冬十月，行幸雍，祠五畤，获白麟，乃作《白麟》之歌。元鼎四年冬十月，行自夏阳，东幸汾阴。十一月甲子，后土祠于汾阴脽之上。苏林曰：脽音虽。如淳曰：脽者河之东岸也。元封元年，应邵曰：始封太山，故改年也。行自云阳，北历上郡、西河、五原，出长城，登单于台，至于朔方，临北河。勒兵十八万骑，旌旗径千余里，威震匈奴。还，祠黄帝于桥山，乃归甘泉。遂东巡于海上。夏四月，上还，登封太山，王者功成治定，告成功于天，封岱宗也。助天高也。刻石记号，有金策玉函金泥玉检之封焉。降明堂。案《郊祠志》曰：初天子封太山，太山东北趾，古时有明堂也。行自太山，复东巡于海上，至碣石。文颖曰：在辽西絫县，今罢，属临榆，此石著海旁。韦昭《地理》曰：在古北平疆域西南也。二年冬十月，行幸雍，祠五畤。春，幸缑氏，遂至东莱。夏四月，还祠太山。至瓠子，服虔曰：瓠子堤名也。苏林曰：在鄄县以南，濮阳北西，广百步，深五丈。临决河，命从臣将军以下皆负薪塞河堤，作《瓠子》之歌。四年冬十月，幸雍，祠五畤。通回中道，应劭曰：回中在安定高平，有险阻，隶关在其北，通至长安也。孟康曰：回中在北池山险，有武帝故宫。如淳曰：《三辅黄图》云：回中宫在汧也。遂北巡萧关。如淳曰：《匈奴传》：匈奴入朝那萧关，在安定朝那县也。五年冬，南巡狩，至于盛唐，如淳曰：县名也。韦昭曰：南郡也。望祀虞舜于九疑。应劭曰：舜葬苍梧九疑山，今零陵营道也。祭灊天柱山，应劭曰：灊音潜，南岳霍山，灊，县名，属庐江。文颖曰：天柱山灊县南有祠。自寻阳浮江，亲射蛟江中，获之。舳舻千里。太初元年，应劭曰：用夏正，以正有为岁首，故改元为太初。行幸太山。十一月甲子朔旦，冬至，祀上帝于明堂。天汉三年，应劭曰：时频年苦旱，故改年为天汉以祈甘雨。晋灼曰：取云汉之诗，求雨之意也。初榷酒酤。三月，行幸泰山，修封，祀明堂，还幸北地，祠常山，瘗玄玉。夏四月，赦天下，行所过毋出田租。太始三年，行幸甘泉宫，飨外国客。二月令天下大酺。五月，行幸东海，获赤雁，作《朱雁》之歌。幸琅邪，礼日成山。孟康曰：礼日，祠日也。韦昭曰：成山在东莱界。四年夏五月，还幸建章宫。后元二年，朝诸侯王于甘泉宫，赐宗室。乙丑，立皇子弗陵为皇太子。张晏曰：昭帝也。后但名弗，以多难讳。丁卯，帝崩于五柞宫，案帝年十七即位，即位，五十四年，寿七十一岁也。张晏曰：有五柞之树，故因以名宫，在盩厔县也。葬于茂陵。

《汉书·赞》曰：汉承百王之弊，高祖拨乱反正，文景务在养民，至于稽古礼文之之事，犹多阙焉。孝武初立，卓然罢黜百家，表章《六经》。遂畴咨海内，举其俊民，与之立功。兴太学，修郊祀，改正朔，定历数，协章律，作诗乐，建封禅，礼百神，绍周后，号令文章，焕焉可述。后嗣得遵洪业，而有三代之风。如武帝之雄才大略，不改文景之恭俭以济斯民，虽诗书所称，何有加焉！

《汉书·宣帝纪》曰：本始三年，尊孝武帝庙为世宗庙，奏盛德之舞。武帝巡狩所幸郡国皆立庙。

荀说《汉纪》论曰：孝武皇帝，规矩万世之业，固后世之基地。内修文学，外耀武威，以延天下之士，先王之风粲然可考者矣。然犹好其文，未尽其实；发其始，不克其终。奢侈而无限，穷兵极武，百姓空竭，万民罢弊。当此之时，天下骚然，海内无聊，而孝文之业衰焉。

刘歆《宗庙议》曰：孝武皇帝愍中国罢劳，无安宁之时，乃遣大将伏波、楼船之属，灭百越七郡。北攘匈奴，降昆邪之众，置五属国，起朔方，以夺其肥饶之地。东伐朝鲜，起玄菟、乐浪以断匈奴之左臂。西伐大宛，并三十六国，结乌孙，起敦煌、酒泉、张掖，以隔氐羌，裂匈奴之右肩。单于孤将远遁汉北，四垂无事，斥地远境，起十馀郡。功业既定，乃封丞相为富民侯，以安天下，富实百姓，其规模可见。又招集天下贤俊，与协心同谋，兴制度，改正朔，易服色，立天地之祀。建封禅，殊官号，存周后，定诸侯之制，永无逆争之心，至今累世赖之。单于守蕃，百蛮百蛮服从，万世之基也。中兴之功，未有高焉者也。

《汉武故事》曰：汉景皇帝后妊身，梦日入其怀。景帝又梦见高祖谓己曰："王美人生子，可名为彘。"及生男日，因名之焉。武帝生于猗兰殿，年四岁，立为胶东王。数岁长主抱着其末膝上，问曰："儿欲得妇不？"胶东王曰："欲得妇。"长主指左右长御百馀人，皆云不用。末指其女，问曰："阿娇好不？"于是乃笑，对曰："好，若得阿娇作妇，当作金屋贮之也。"长主大悦，乃苦要上，遂定婚焉。胶东王为皇太子时年七岁。上曰："彘者，彻也。"因改曰"彻"。丞相周亚夫宴见，时太子在侧，亚夫失意有怨色，太子视之不辍，亚夫于是起。帝曰："尔何故视此人耶？"对曰："此人可畏，必能作贼。"帝笑曰："因此怏怏，非少主之臣也。"廷尉上囚防年，继母陈杀父，因杀陈。依律，年杀母大逆论，而帝疑之。诏问太子，太子对曰："夫继母，如母明其不及母也。缘父之爱，故比之于母耳。今继母无状，手杀其父，则下手之日，母恩绝矣。宜与杀人者同，不宜大逆论。"帝从之。年弃市刑，议者称善。时太子年十四，帝益以奇之。及即位，常晨往夜还，与霍去病等十馀人皆轻服为微行，且以观戏市里，察民风俗。尝至莲勺通道中行，行者皆奔避路。上怪之，使左右问之，云有持戟诈呵者数十人。时微行率不过二十人马七八匹，更步、更骑，衣如凡庶，不可别也。亦了无驺御，而百姓咸见之。又尝至柏谷，夜投亭宿，亭长不内，乃宿于逆旅。逆旅翁谓上曰："汝长大多力，当勤稼穑，何忽带剑众夜行此，不欲为盗，则淫耳。"上嘿然不应，因乞浆饮。翁答曰："吾止有溺，无浆也。"有顷，还内。上使觇之，见翁方与少年十馀人，皆持弓矢刀剑，令主人妪出，安过客，妪归，谓其翁曰："吾观此丈夫，非常人也，且亦有备，不可图也。”天寒，妪酌酒多与，夫及诸少年皆醉。妪自缚其夫，诸少年皆走。妪出，谢客，杀鸡作食。平旦，上去，是日还宫，乃召逆旅夫妻见之。赐妪千金，擢其夫为羽林郎。自是惩戒希复微行。上少好学，招求天下遗书，上亲自省校，使庄助、司马相如等以类分别之。好辭赋，每所行幸及奇兽异物，辄命相如等赋之。上亦自作诗赋数百篇，下笔即成。初不留思，相如造文迟，弥时而后成。上每叹其工妙，谓相如曰："以吾之速，易子之迟。可乎！"相如曰："于臣则可，未知陛下何如耳！"上大笑而不责也。然性严急，不贷小过，刑杀法令，殊为峻刻。汲黯每谏曰："陛下爱才乐士，求之无倦，比得人，劳苦神明未尽其用，辄已杀之。以有限之士，资无已之诛，臣恐天下贤才将尽于陛下，欲与谁为治乎？"黯言之甚怒，上笑而喻之。行幸河汾，中流与群臣饮宴乃自作《秋风》辞，顾谓群臣曰："汉有六七之厄，法应再受命，宗室子孙谁当应此者，六七四十二代汉者，当涂高也。"群臣进曰："汉应天受命，祚逾周殷，子子孙孙，万世不绝，陛下安得此亡国之言，过听于臣妾乎？"上曰："吾醉言耳。然自古以来，不闻一姓遂长王天下者，但使失之，非吾父子可矣。"行幸五祚宫，谓霍光曰："朕去死矣，可立钩弋子，公善辅之。"三月丙寅，上昼卧不觉，颜色不异，而身冷无气。明日，色渐变，闭目，乃发哀告丧。未央前殿朝晡上祭，若有食之者。常所幸御，葬毕悉居茂陵园，上自婕妤以下二百馀人，上幸之如平生，而傍人不见也。光闻之，乃更出宫人，增为五百人，因是遂绝。

始元二年，吏告民盗用乘舆御服者，案其题，乃茂陵中明器也，民别买得，光疑葬日监官不谨，容致盗窃，乃收将作以下系长安狱考讯。居岁馀，郿县又有一人于市货玉杯。吏疑其御物，欲捕之，因忽不见，县送其器推问，又茂陵中物也。光自呼吏问之，说市人形貌如先帝。光于是默然，乃赦前所系者。岁馀，上又见形，谓茂陵令薛平曰："吾虽失世犹为汝君，奈何令吏卒上吾陵上磨刀剑乎？"忽然不见。因推问，陵旁有方石，以为砺，吏卒常盗磨刀剑。甘泉宫恒自然有钟鼓声，候者时见从官卤簿似天子，自后转稀，至宣帝世乃绝。宣帝即位，尊孝武庙，奏乐之日虚中有唱善者，告祠之日白鹄群飞集后庭。西河立庙，神光满殿中，状如月。东莱立庙，有大鸟迹，意路上，白龙夜见河东。立庙告祠之日，白虎衔肉置殿前。又有一人骑马，马异于常马，持捉一札，赐将作丞曰："闻汝绩克成，赐汝金一斤。"因忽不见，札乃变为金，称之有一斤。广川告祠之明日，有钟磬音，房户皆开，夜有光，香气闻二三里。宣帝亲祠甘泉，有顷，紫黄气从西北来，散于殿前，肃然有风。空中有妓乐声，群鸟翔舞蔽天。宣帝既亲睹光怪，乃疑先帝有神，复招诸方士，冀得仙焉。

《帝王世纪》曰：孝武皇帝，庙名渊龙。

《幽明录》曰：汉武帝在甘泉宫，有玉女降，常与帝围棋相娱。女风姿端正，帝密悦，乃逼之，玉女因唾帝面而去，遂病疮经年。故《汉书》云"避暑甘泉宫"，此其时也。

刘歆《七略》曰：孝武皇帝敕丞相公孙弘，广开献书之路。百年之间，书积如丘山，故外有太常、太史、博士之藏，内有延阁、广内、秘室之府。

桓子《新论》曰：汉武帝才质高妙，有崇先广统之规，故即位而开发大志，考合古今模范，获前圣代故事，建正朔，定制度，招选俊杰，奋扬威怒，武义四加，所征者服，兴起六艺，广进儒术，自开辟以来，惟汉家最为盛图，故显为世宗，可谓悼尔绝世之主矣。然上多过差，既欲斥境广土，又乃贪利争物之无益者。闻西夷大宛国有名马，即大发军兵，攻取历年，士众多死，但得数十匹耳。又歌儿卫子夫因幸爱重，乃阴求陈皇后过恶而废退之。即立子夫其男为太子。后听邪臣之谮，卫后以忧死，太子出走灭亡，不知其处。信其巫蛊，多征会邪僻，求不急之方；大起宫室，内竭府库，外罢天下，百姓之死亡，不可胜数。此可谓通而蔽者。

《典论》曰：孝武帝承累世之遗业，遇中国之殷阜，府库馀钱帛，仓廪畜腐粟。因此有意平灭匈奴而廓清边境矣。故即位之初，从王恢之书，设马邑之谋。自元光以迄征和四五十载之间，征匈奴四十馀举，逾广汉，绝梓岭，封狼居，禅姑幕，梁北河，观兵瀚海。刈单于之旗，剿阏氏之首，采符离之窟，扫五王之庭，纳休屠昆耶之附，获祭天金人之宝，斩名王以千数，馘首虏以万计。既穷追其散亡，又摧破其积聚。虏不暇于救死扶伤，疲于孕重堕殰。元封初，躬执武节，告以天子自将，惧以南越之诛。彼时号为威震匈奴矣。

后汉班固《武帝述》曰：世宗晔晔，思弘祖业。畴咨熙载，髦俊并作。厥作伊何，百蛮是攘。恢我疆宇，外薄四荒。武功既抗，亦迪斯文。宪章六学，统一圣真。封禅郊祀，祭旅百神。协律改正，飨兹永年。

魏陈王曹植《汉武帝赞》曰：世宗光光，文武是攘。威震百蛮，恢拓土疆。简定律历，辨修旧章。封天禅土，功超百王。

周庾信《汉武帝聚书赞》曰：献书路广，藏书府开。秦儒出谷，汉简吹灰。芝泥即土，玉匣封来。坐观风俗，不出兰台。

陈沈炯《祭汉武帝陵文》曰：臣闻桥山虽掩，鼎湖之灵可祠；有鲁遂荒，大庭之迹不泯。伏惟陛下，降德猗兰，纂灵丰谷，汉道既登，神仙可望。射之枭于海浦，礼曰观而称功。横中流于汾河，指柏梁而高宴。何其甚乐，岂不然欤！既而运属上仙，道穷晏驾，甲帐珠帘，一朝零落。茂陵玉碗，遂出人间。陵云故基，与原田而膴膴；别风余趾，带陵阜而茫茫。羁旅之缧臣，岂不落泪！昔者承明见厌，严助东归，驷马可乘，长卿西返。恭闻故实，窃有愚衷。黍稷非馨，敢望徼福，爵台之荐，空怆魏君。雍丘之祠，未光夏后，瞻仰徽猷，伏增凄惧。

# 太平御览卷第八十九 皇王部十四

## 孝昭皇帝

《汉书·帝纪》曰：孝昭皇帝，讳弗之，字曰不。武帝少子也。母赵倢妤，本以有奇异得幸，服虔曰：婕妤有奇手，指不伸。案《外戚传》曰：望气者云，此有奇女天子气，故称奇异也。及生帝，有奇异，文颖曰：十四月乃生。遂立为太子，年八岁。武帝崩，太子即皇帝位。始元元年春二月，黄鹄下建章宫太液池中。如淳曰：谓之液者，天地和液之气所为池。案时汉用土德，服色尚黄。鹄色皆白，而今更黄，以为土德之瑞，故纪之也。言承阴阳津液以作之。公卿上寿，赐诸侯王、列侯、宗室金钱各有差。己亥，上耕于钩盾弄田。应劭曰：时帝年九岁，未能亲耕帝籍。钩盾宦者近署，故往试耕为戏弄也。案《西京故事》，弄田在未央宫中也。元凤元年九月，左将军上官桀、桀子骠骑将军安，与大将军霍光争权，欲害之，诈使人为燕王旦上书言光罪。时帝年十四，觉其诈，皆伏。虽后有谮光者，上辄怒曰："大将军国家忠臣，先帝所属，敢有譖毁者，坐之。"光由是得尽忠。元平元年夏四月，帝崩于未央宫。案帝九岁即位，在位十三年，寿二十二也。六月葬平陵。

《汉书赞》曰：昔周成王以孺子继位，而有管、蔡四国流言之变。孝昭幼年即位，亦有燕、盍、上官逆乱之谋。成王不疑周公，孝昭委任霍光，各因其时以成名，大矣哉！承孝武奢侈馀弊师旅 之后，海内虚耗，户口减半，光知时务之要，轻繇薄敛，与民休息。至始元、元凤之间，匈奴和亲，百姓充实，举贤良文学，问民所疾苦，议盐铁而罢榷酤，尊号曰"昭"，不亦宜乎！

后汉·班固《昭帝述》曰：孝昭幼冲，冢宰惟忠，燕盖诪张，实睿实聪，罪人斯得，邦家和同。

魏文帝《周成汉昭论》曰：或方周成王于汉昭帝，佥高成而下昭。余以为周成王体上圣之休气，禀贤妣之胎诲，周召为保傅，吕尚为太师，口能言，则行人称辞，足能履，则相者导仪，目厌威容之美，耳饱仁义之声。所谓沉渍玄流而沐浴清风者矣。犹有咎悔，聆二叔之谤，使周公东迁，皇天赫怒，显明厥咎，犹启《金縢》，稽诸国史，然后乃寤。不亮周公之圣德，而信《金縢》之教言，岂不暗哉！夫孝昭，父非武王，母非邑姜，养惟盖主，相则桀、光，体不承圣，化不胎育，保无仁孝之质，佐无隆平之治，所谓生于深宫之中，长于妇人之手，然而德与性成，行与体并。年在二七，早知夙达，发燕书之诈，亮霍光之诚，岂有启《金縢》、信国史而后乃寤哉！使夫成、昭均年而立，易世而化，贸臣而治，换乐而歌，则汉不独少，周不独多。

魏丁仪《周成汉昭论》曰：成王、昭帝俱以襁褓之幼，托于冢宰，流言谗兴，此其艰险相似者也。夫以发《金縢》然后垂泣，计日力便觉诈书，明之迟速既有差矣。且叔父兄子，非相嫌之处；异姓君臣，非相信之地。霍光罹人谤而不出，周公赖天变而得入。推此数者，齐本而论末，计重而量轻，汉昭之优于周成，甚明者也。成王秀而获实，其美在终；昭帝苗而不秀，其德在始。必不得已而论二主，余与夫始者也。

## 废帝海昏侯

《汉书》曰：昌邑哀王髆，天汉四年立，十一年薨，子贺嗣。立十三年，昭帝崩，无嗣，大将军霍光征王贺典丧。王乘传诣长安邸，夜漏未尽一刻，以火发书。其日中，贺发，晡时至定陶，行百三十五里，侍从者马死相望于道。郎中令龚遂谏王，令还郎谒者五十馀人。贺到济阳，求长鸣鸡，道买积竹杖。文颖曰：合竹作杖也。过弘农，使大奴善以衣车载女子。且至广明东都门也，遂曰："礼，奔丧望见国都哭。此长安东郭门也。"贺曰："我嗌痛，不能哭。"至城门，遂复言。贺曰："城门与郭门等耳。"且至未央宫东阙，遂曰："昌邑帐在是阙外驰道北，文颖曰：吊哭帐。未至帐所，有南北行道，马足未至数步，大王宜下车也，向阙西面伏，哭尽哀止。"王曰："诺！"到，哭如仪。王受皇帝玺绶，袭尊号。即位二十七日，行淫乱。大将军光与群臣议，白孝昭皇帝后，废贺归故国。初，贺在国时，数有怪。尝见白犬，高三尺，其颈似人，而冠方山冠；后复见熊，左右皆莫见。又大鸟飞集宫中，王知，恶之，辄以问郎中令龚遂，遂为言其故，后又血污王坐席，王问遂，遂叫然号曰："空宫不久，妖祥数至。血者，阴忧象也。宜畏慎自省。"贺终不改节。居无何，就征。既即位，后王梦青蝇之矢积西阶东，可五六石，以屋版瓦覆，发视之，青蝇矢。或曰：恶蛇矢也。以问遂而不用其言，卒至于废。大将军霍光更尊立孝武帝曾孙，是为孝宣帝。

《汉书》曰：昌邑王即位，好弄彘斗虎。召皇太后御小马车，使官奴骑乘，游戏掖庭之中。与孝昭帝宫人蒙等淫乱，诏掖庭令敢泄言腰斩。王受玺凡二十七日，有罪千一百二十七条。霍光乃即持其手，解脱其玺组，奏上太后，扶王下殿，出金马门，群臣随送。王西面拜，曰："愚戆不任汉事。"起就乘舆副车。大将军光送至昌邑邸。光谢曰："王行自绝于天，臣等驽怯，不能杀身以报德。臣宁负王，不敢负社稷。愿王自爱。"

《汉书》曰：王吉，字子阳。为昌邑中尉，上疏谏曰："大王不好书术而乐逸游，凭轼撙衔，服虔曰：撙，促也。或曰挂也。撙音子本反。驰骋不止，口倦乎叱咤，手苦于辔棰，身劳乎车舆，朝则冒霜露，昼则被埃尘，夏则为大暑之所暴炙，冬则为风寒之所偃薄。偃，靡也。遇疾风而靡也。薄，迫也。数以软脆之玉体，耎，柔。而究切。犯勤劳之烦毒，非所以全寿命之宗也，又非所以进仁义之隆也。夫广厦之下，细毡之上，明师居前，劝诵在后，上论唐虞之际，下及殷周之盛，学仁圣之风，习治国之道，忻忻焉发愤忘食，日新厥德，其乐岂不长哉！大王诚留意则心有尧舜之志，体有乔松之寿，美声誉发而上闻，则福禄具臻，而社稷安矣。"

## 中宗孝宣皇帝

《汉书·帝纪》曰：孝宣皇帝，讳询，字次卿。询之字曰谋。武帝曾孙，戾太子孙也。太子纳史良娣，生皇孙。纳王夫人，生宣帝，号曰皇曾孙。生数月，遭巫蛊事，太子、良娣、皇孙、王夫人皆遇害。曾孙虽在褓，犹坐系郡邸狱。邴吉为廷尉监，治巫蛊，怜曾孙之亡辜，使女徒乳养，私给衣食。至后元二年，望气者言长安狱有天子气，上遣使者皆杀之。内署令郭穰夜至郡邸狱，吉拒闭，使者不得入，曾孙赖吉得全。因遭大赦，吉乃载曾孙送祖母史良娣家。后有诏掖庭养视，上属籍宗正。时掖庭令张贺尝事戾太子，哀曾孙，奉养甚谨，以私钱供给教书。既壮，为取暴室啬夫许广汉女，曾孙因依倚广汉兄弟及祖母家，受诗于东海澓音馥。仲翁，高才好学，然亦喜游侠，斗鸡走马，具知闾里之奸邪，吏治得失。周遍三辅，常困于莲灼卤中。尤乐鄠、杜间，率常在下杜。劭应曰：下杜，杜陵之下。时会诸朝，舍长安尚冠里，身足下有毛，遍身及足下皆有毛。卧居数有光耀。每买饼，所从买家辄大售，亦以此自怪。元平元年，昭帝崩，无嗣。霍光征昌邑王贺，贺淫乱，废。七月，光奏遣宗正德至曾孙尚冠里舍，沐浴，赐御府衣。太仆以軨猎车奉迎曾孙，就齐宗正府，封为阳武侯。群臣上玺，即皇帝位。甘露三年，匈奴呼韩耶单于皆来朝赞，谒称藩臣而不名。黄龙元年，帝崩于未央宫，在位二十五年。

《汉书》曰：宣帝始立，谒见高庙，大将军光参乘，上内严惮之，若芒刺在背。后张安世代光参乘，天子从容肆意甚安。及光身死而宗族竟诛。故俗传之曰威震主者不畜，霍氏之祸萌于骖乘。

《汉书赞》曰：孝宣之治，信赏必罚，综核名实，政事文学法理之事咸精其能，至于伎巧工匠器械，自元、成间鲜能及之，亦足以知吏称其职，民安其业者也。遭值匈奴乖乱，推亡固存，李奇曰：宣帝能朝呼韩而固存，走郅支使远遁是推亡也。信威北夷，单于慕义，稽首称藩。功光祖宗，业垂后嗣，可谓中兴，侔德殷宗、周宣矣。

《东观汉记》曰：光武下诏曰："唯孝宣皇帝有功德，其上尊号曰中宗。"

《帝王世纪》曰：宣帝庙名"乐游"。

后汉班固《宣帝述》曰：中宗明明，寅用刑名。时举傅纳，听断惟精。柔远能迩，燀耀威灵。龙荒朔漠，莫不来庭。丕显烈祖，尚于有成。

## 孝元皇帝

《汉书·帝纪》曰：孝元皇帝，讳奭之，字曰盛。宣帝太子也。母曰共哀许皇后，宣帝昔微时生民间。八岁为太子。及即位，壮大，和仁好儒。见宣帝所用多文法吏，以刑名绳下，大臣杨恽等坐刺讥辞语为罪而诛，尝从容言："陛下持刑太深，宜用儒生。"宣帝作色曰："汉家自有制度，本以霸王道杂理之，奈何纯任德教，且俗儒不达时宜，好是古非今，使人眩于名实，何足任！"乃叹曰："乱我家者，太子也。"由是疏太子而爱淮阳王，曰："淮阳王明察好法，宜为吾子。"而王母张婕好尤幸。上欲用淮阳王代太子，然以少依许氏，故终不背焉。宣帝崩，太子即位。频年行幸甘泉，河东，郊祀泰畤，祠后土。幸长杨射熊馆，布车骑，大猎。竟宁元年，崩于未央宫。在位十六年，时年四十三。

班固《汉书赞》曰：臣外祖兄弟为元帝侍中，应邵曰：《元、成帝纪》皆固父彪所作，臣班彪自说也。外祖，言金敞也。语臣曰："元帝多才艺，善史书。鼓琴瑟，吹洞箫，自度曲，被歌声，分忖节度，穷极要妙。"少而好儒，及即位，征用儒生，委之以政，薛、贡、韦、匡迭为宰相。而上牵制文义，优游不断，孝宣之业衰矣。然宽弘尽下，出于恭俭，号令温雅，有古之风烈。

应劭《汉官仪》曰：孝武时，天子以下未有帻。元帝额上有壮发，不欲使人见，乃始进帻，群寮随焉。

《帝王世说》曰：孝元皇帝，庙名长寿。

## 孝成皇帝

《汉书·帝纪》曰：孝成皇帝，讳骜，字太孙。元帝太子。母曰王皇后，元帝在太子宫，生帝于甲观画堂，如淳曰：甲观，馆名；画堂，堂名。为世嫡皇孙。宣帝爱之，字曰太孙，常置左右。年三岁而宣帝崩，及为太子，好经书，为人宽博谨慎。初居桂宫，上尝急召，太子出龙楼门，不敢绝驰道，应邵曰：驰道，天子之道。西至直城门，晋灼曰：黄图西出南头第二门。

得绝乃度。上迟之，以状对。上于是大悦，乃著令，太子得绝驰道。其后幸酒宴乐，幸酒，好酒也。上不以为能。而定陶恭王有才，母傅昭仪又爱幸，上以故欲以恭王为嗣。赖侍中丹护太子家，辅助有功，上亦以先帝尤爱太子，故得无废。元帝崩，太子即位。频年幸甘泉、汾阴、郊祠。绥和二年，崩于未央宫。在位二十六年，时年四十五。

《汉书》曰：成帝好为微行，从其门郎，及私奴宫客，多至十馀人，皆带持刀剑，或乘小车，御者在道上，或皆骑，出入市里、郊野，远至旁县。谷永曰："今陛下弃万乘之富贵，乐家人之贱事，厌高美之尊称，好匹夫之卑字。如淳曰：称长放家人是卑字。买私田于民间，畜私奴、车马，北宫挺身，与群小晨夜相随，乌集杂会，醉饱吏民之家，乱服共坐，混淆无别。典门户奉宿卫之臣，执干戈，守空宫。公卿百僚不知陛下所在，积数年矣。"

《汉书赞》曰：臣之姑晋灼曰：班彪之姑。充后宫为婕妤，父子兄弟侍帷幄，数为臣言：成帝善修容仪，升车正立，不内顾，不疾言，不亲指，临朝渊嘿，尊严若神，可谓穆穆天子之容矣！博览古今，容受直辞。公卿称职，奏议可述。遭世承平，上下和睦。然耽于酒色，赵氏乱内，外家擅朝，言之可为于邑。建始以来，王氏始执国命，哀、平短祚，莽遂篡位，盖威福之所由来者久矣。

《帝王世纪》曰：成帝庙名池阳。

扬雄《酒赋叙》曰：汉孝成皇帝好酒，雄作《酒赋》以讽之。

## 孝哀皇帝

《汉书·帝纪》曰：孝哀皇帝，讳欣之，字曰喜。元帝庶孙，定陶恭王之子也。母曰丁姬。三岁立为王，长好文辞法律。入朝，上令诵诗，通习，能说，能说其义。帝称其才。时王祖母傅太后，私赂遗上所幸赵昭仪及帝舅曲阳侯王根。根及昭仪见上无子，亦欲预自结，皆劝帝以为嗣。乃立为太子。绥和二年三月，成帝崩。太子即帝位。建平二年夏，待诏夏贺良等言赤精子之谶，汉运中衰，当再受命，今宜改元易号。乃赦天下，以建平二年为太初元年。号曰陈圣刘太平皇帝，漏刻以百二十为度。八月诏曰："夏贺良等言，皆违经背古，不合时宜，甲子制书，非赦令也，皆蠲除之。"贺良等皆伏辜。元寿三年，帝崩于未央宫。在位六年，时年二十五。

《汉书》曰：孝哀皇帝，性不好音。及即帝位，下诏曰："孔子不云乎放郑声，郑声淫，其罢乐府官。郊祀乐及古之兵法武乐，在经法非郑卫之乐者，条奏别属他官。"

又曰：董贤少为太子舍人，美丽自喜。上即位，见幸。出则参乘，入侍左右，旬月之间，赏赐巨万，贵震朝廷。尝与上昼寝，藉上袖，上欲起，贤未觉，上不欲动摇之，乃断袖而起。又曰召贤女弟为昭仪，更名其舍为椒风，以配椒房。武库禁兵，尚方珍宝，上第尽在董氏，乘舆乃其副也。贤为大司马卫将军，年二十二。上置酒从容视贤曰："吾欲法尧禅舜，何如？"侍中王闳曰："天下乃高皇帝天下，非陛下天下也，统业至重，天子无戏言。"上乃默然不悦。

## 孝平皇帝

《汉书·帝纪》曰：孝平皇帝，讳衎之，字曰乐。元帝庶孙中山孝王之子也。年三岁时为王。哀帝崩，迎中山王即位。元始五年，为莽所鸩而崩。有司议曰："礼，臣不殇君。皇帝年已十四，宜以礼敛，加元服。"

《汉书赞》曰：孝平之世，政自莽出，褒善显功，以自尊盛。观其文辞，方外百蛮，无思不服，休征嘉应，颂声并作。至乎变异见于上，民人怨于下，莽亦不能文也。

## 少帝孺子

《汉书》曰：孝平皇帝崩，无子，嗣绝。宣帝曾孙有五人，王莽恶其长也。兄弟不得相为，后乃征宣帝玄孙广威侯婴，年二岁，记以卜相最吉。莽遂居摄，如周公故事，改曰居摄元年。三月立婴为皇太子，号曰孺子。建国元年乃策命孺子以为安定公。莽执孺子手流涕曰："今予迫皇天威命，不得如周公。”哀叹良久，孺子下殿，北面称臣，百僚莫不感恸。莽敕阿乳母不得与语，常在四壁中，至于长大，不能名六畜。后莽以女孙妻之。

《帝王世纪》曰：婴为孺子，三年而废为安定公，十五年而失国。更始二年，平陵方望等将婴聚众为天子，数月，更始乃杀之。

## 王莽

《汉书》曰：王莽字巨君，孝元皇后之弟子也。父及兄弟皆以元、成世封侯辅政，凡九侯，五大司马，唯莽父曼早死，不侯。五侯侈靡，莽独孤贫，因折节为俭。受《礼经》，勤身博学，事母及寡嫂，养孤兄子，行甚整。又外交英俊，内事诸父。世父凤疾，莽侍病乱发垢面，不解衣带连月。凤且死，以托太后及帝，拜黄门郎。永始中封为新都侯，游者为之谈说，虚誉隆洽。太后姊子淳于长为九卿，先进，在莽右，莽阴求其罪，因大司马根白之，长伏诛，莽以获忠直，遂擢为大司马，辅政。莽欲令名誉过前人，遂克己不倦。岁馀，成帝崩，哀帝即位，傅太后、丁姬皆称尊号，丞相朱博奏：“莽前不广尊尊之义，请免为庶人。”乃遣就国。杜门自守，吏民冤讼莽者以百数。元寿元年，征莽。岁馀，哀帝崩。莽为大司马。平帝即位。太后临朝，皆委政于莽。群臣奏莽定策安宗庙，赐号安汉公。莽以女配帝，欲擅权。帝母卫姬及舅并留中山。莽子宇恐帝大后见怨，与师吴章夜持血洒莽第，门吏发觉之，莽执宇送狱死。莽因作书八篇，以戒子孙。宜班郡国，令学官以著官簿，比《孝经》。吏人上书者八千馀人，咸曰：“伊尹为阿衡，周公为太宰。”帝采伊、周称号，加公为宰衡，位上公。又加九锡鸾辂龙旗。莽又增法五十条，犯者徙之四海。徙者以十万数，民始怨矣。平帝疾，莽作策，请命，愿以身代，藏策金縢。平帝崩，莽恶立长，乃选子婴，年三岁，托以卜相最吉。是月，前辉光谢嚣奏武功长孟通浚井得白石，下有丹书，文曰：“告安汉公莽为皇帝。”符命之兴，自此始矣。群臣奏安汉公居摄践祚，服天子韨冕，南面朝群臣，车服出入如天子，郊祀天地，赞者曰："假皇帝"，民臣谓之"摄皇帝"，自称曰"予"。改元曰居摄。二年，东郡太守翟义立严乡侯刘信为天子，移檄郡国，众十馀万。莽惶惧，抱孺子告祷郊庙，仿《大诰》作策，班于天下。莽既灭翟义，自谓威德已盛，遂谋即真之事矣。莽母功显君死，意不在哀，令太后诏议其服。莽奏太后下诏议其服，莽母太后称刘京上书言，七月中齐郡临淄县昌兴亭长辛尝梦曰："吾，天公使也，天公使我告亭长曰：摄皇帝当为真。即不信，此亭中当有新井。"旦起视亭中，诚有新井，入地且百尺。梓潼人哀章，即作铜匮，为两检，其上书言"莽为真天子。"昏时，衣黄衣，持匮至高庙，付仆射以闻。莽至高庙拜受金匮，还坐未央前殿，下书即真天子位，号曰"新"。以十二月癸酉为建国元年。莽按符命求得王盛从布衣登用，百官并改名。又改长安为常安，立祖庙五，亲庙四。又更作小钱，与前大钱为二品。百姓不便，农商失业，民人至涕泣于市道。遣五威将王奇等十二人班《符命》四十二篇，五威将乘乾文车，驾坤六马，背负鷩鸟之毛，服饰甚伟。长安狂女子碧呼道中，曰："高皇帝大怒，趣归我国。不者，九月必杀汝！"莽捕杀之。更名匈奴为降奴。是时有用方技待诏黄门者，或问莽形貌，待诏曰："莽所谓鸱目虎吻豺狼之声者也，故能食人，亦当为人所食。"问者告之，莽诛待诏，后常翳云母屏风，非亲近莫得见也。更名高句骊为下句骊。五年二月，文母皇太后崩，立庙长安，新室世世献祭。元帝配食，坐于床下。又明六管之令，犯禁者至死。临淮瓜田仪为盗贼，琅琊女子吕母亦起。莽之南郊，铸作威斗，若北斗，欲以厌胜众兵。莽见盗贼起，乃命令太史推三万六千岁历纪，六年一改元，布天下。大募天下丁男及死罪囚、吏民奴，名曰猪突狶勇，以为锐卒。莽见盗贼多，欲规为自安，遂营长安城南，提封百顷。亲举筑三千下，即言符命，黄帝以百二十女致神仙，乃遣分行天下，博采淑女。莽梦见长乐宫铜人起立，恶之，念铜人铭有"皇帝初兼天下"之文，使尚方工镌灭铜人膺文。又令虎贲武士入高庙，杖剑四面提击，桃汤赭鞭鞭洒屋壁。又言黄帝建华盖以登仙，乃造之。百官窃言"此似輀车，非仙物也。"莽知西方溃叛，乃遣使分行天下，除井田奴婢山泽六管之禁众制。会世祖与兄齐武王等功拔棘阳，立刘圣公为天子。莽愈恐。欲外视自安，乃染其发鬓，进所征天下淑女，立杜陵史氏女为皇后，聘黄金三万斤。遣王邑、王寻等兵百万，号曰："虎牙五威兵"。定山东，围昆阳。世祖来救昆阳，邑等大败。关中闻之震恐，命张邯称符命事，因曰："《易》言伏戎于莽，升其高陵，三岁不兴。""莽"，皇帝名；"升"，谓刘伯升；"高陵"谓高陵侯翟义封也。言刘升、翟义为伏戎之兵于新皇帝世，犹殄灭不兴。后莽兵败，莽忧懑不能食，但饮酒，啖鳆鱼，读军书倦，因凭几寐，不复就床矣。但为厌胜，遣使坏渭陵、延陵园门罘罳，曰："无使民复思汉也。"崔发言："《周礼》、《左传》，国有太灾，则哭以厌之。"莽乃至南郊，陈符命本末，仰天曰："皇天既命授臣莽，何不殄灭众贼？"因搏心大哭，气尽，伏而叩头。作告天策文千馀言。诸生小民甚悲哀，及能诵策文者除为郎。拜将军九人，为九虎将。邓晔开武关迎汉，汉丞相司直李松与邓晔共攻京师。晔以王宪为校尉，略地。至长门宫，而茂陵董喜等，并假以号，称汉将。长安旁兵四会城下，争欲先入城，贪立大功。莽分赦城内狱囚徒，皆授兵，杀豨饮其血，誓曰："大功莽分有不为新室者，社鬼记之！"众兵发掘莽妻子父祖冢，烧其棺椁及九庙明堂，火照城中。城中少年朱弟、张鱼等烧作室门，斫敬法闼，呼曰："反虏王莽，何不出降？"火及掖庭，莽避火宣室，火辄随之。宫人妇女啼呼曰："当奈何！"莽绀袀服，带玺韨，绀，深青。袀音弋句切，袀，纯也，言纯为绀服也。韨音弗。持虞帝匕首。天文郎案式于前，曰："时加某。"莽旋席随斗而坐，日："天生德于予，汉兵其如予何！"群臣扶掖莽，自前殿南下椒除，西出白虎门，就车，之渐台，欲阻池水，独把犹抱持符命、威斗，公卿大夫、从官尚千馀人随之。王邑昼夜战，罢极，入见其子侍中睦解衣冠欲逃，邑叱之令还，父子共守莽。军人入殿中，呼曰："反虏王莽安在？"有美人出房曰："在渐台。"众兵追之，围数百重。台上亦与战。莽入室下。晡时，众兵上台，台上商人杜吴杀莽，取其绶。校尉公宾就见吴问绶主所在。曰："室中西北陬间。"就识，斩莽首。军人争分裂莽身，支节肌皮脔分，争相杀者数十人。传莽首诣更始，悬于宛市中，百姓共提击之，或切食其舌。

应劭《汉官仪》曰：帻本无巾，如今半帻而已。王莽无发，因为施巾，故里语曰："王莽头秃施帻屋。"

《汉书赞》曰：王莽始起外戚，折节力行，以要名誉，宗族称孝，师友归仁。及其居位摄政，成、哀之际，勤劳国家，直道而行，动见称述。其窃位南面，处非所据，颠覆之势险于桀、纣，而莽晏然，自以黄虞复出。乃始恣睢，奋其威诈，滔天虐民，穷凶极恶，毒流诸夏，乱延蛮貊，犹未足逞其欲焉。是以四海之内，嚣然丧其乐生之心，中外愤怨，远近俱发，城池不守，支体分裂，遂令天下城邑为墟，丘垅发掘，害遍生民，辜及朽骨，自书传所载乱臣贼子无道之人，考其祸败，未有如莽之甚者也。昔秦燔《诗》、《书》以立私议，莽诵《六经》以文奸言，同归殊途，俱成灭亡。此皆亢龙绝气，非命之运，紫色𪓰音蛙声，馀分位，圣王之驱除云尔！非命，非天命也。紫，间色，𪓰，邪音。岁月之馀分为闰，言非正也。

# 太平御览卷第九十　皇王部十五

## 后汉世祖光武皇帝

《东观汉记》曰：光武皇帝，汉高帝九世孙也。出长沙定王发之后。

袁宏《汉纪》曰：孝景帝生长沙定王发。发中子买为舂陵节侯，买生郁林太守外，外生钜鹿都尉回，回生南顿令钦，钦生光武皇帝，讳秀，字文叔。

《东观汉记》曰：皇考初为济阳，有武帝行过宫，常封闭。上将生，皇考以令舍下湿，开宫后殿居之。建平元年十二月甲子夜上生时，有赤光，室中尽明。皇考异之，使卜者王长卜之，长曰："此善事，不可言。"是岁嘉禾生，一茎九穗，长大于凡禾，县界大丰熟，因名上曰"秀"。是岁凤凰来集济阳，故宫皆画凤皇。圣瑞萌兆，始形于此。上为人隆准，日角，大口，美须眉，长七尺三寸。仁智明远，多权略，乐施爱人。在家重慎畏事，勤于稼穑。兄伯升好侠，非笑上事田作，比之高祖兄伯升。年九岁而南顿君卒，随其叔公在萧，入小学，后之长安，受《尚书》经，师事卢江许子威。大义略举，因学世事。朝政每下，必先闻知，具为同舍解说。南阳大人往来长安，为之邸，暗稽疑议。尝讼逋租于大司马严尤，尤见而奇之。宛大姓李伯玉从弟轶数遣客求上，上欲避之。先是时伯玉同母兄公孙臣为医，伯升请呼难，伯升杀之。上恐其怨，故避之。使来者言李氏欲相见款诚无他意，上乃见之，怀刀自备，入见。固始侯兄弟为上言："天下扰乱饥饿，下江兵盛，南阳豪右云扰。"因具言谶文事，上殊不意，独内念李氏富厚，父为宗卿师，语言谲诡，殊非次第，尝疾毒诸家子数犯法令，李氏家富厚，何为如是，不然诺其言。诸李遂与南阳府掾史张顺等连谋。上深念良久，天变已成，遂市兵弩，绛衣赤帻。时伯升在舂陵亦已聚会客矣。上归旧庐，望见庐南若火光，以为人持火，呼之，光遂盛，赫然属天，有顷不见，异之。遂从南郭归宅，乃与伯升相见。初，伯升之起也，诸家子弟皆逃自匿，曰："伯升杀我。"及闻上至，绛衣大冠，将军服，乃惊曰："以为独伯升如此也，中谨厚亦如之。"皆合会，共劳飨新市、平林兵王凤、王匡等，因率舂陵子弟随之，兵合七八千人。上骑牛与俱，杀新野尉后乃得马。进围宛城。王莽遣大司徒王寻、大司空王邑将兵来征。更始立，以上为太常偏将军。时无印，得定武侯家丞印佩之。二公兵到颍川，严尤、陈茂与合。尤问城中出者，言上不敢取财物，但合会诸兵为之计策。尤笑言曰："是美须眉目者耶？欲何为乃如此？"初，莽遣二公，欲盛威武，以振山东。至驱虎豹犀象，奇伟猛兽，以长人巨无霸为垒尉，自秦汉以来师出未曾有也。上邀之于阳关。二公兵盛，汉兵反走，上驰入昆阳，诸将惶恐，各欲散归。与诸将议："城中兵谷少，宛城未拔，力不能相救。今昆阳即破，一日之间，诸将亦灭。不同力救之，反欲归守其妻子财物耶？"诸将怒曰："刘将军何以敢如此！"上乃笑，且去，唯王常是上计。会候骑还，言大兵已来，长数百里，望不见其后尾，前已至城北矣。诸将遽请上，上到，为陈相救之势。诸将素轻上，及迫急，上为画成败，皆从所言。二公兵已五六万到，遂环昆阳城作营，围之数重，云车十馀丈，瞰临城中，旗帜蔽野，尘熛连云，金鼓之声数十里，或为地突，或为冲车撞城，积弩射城中，矢下如雨，城中负户而汲。二公自以为功成漏刻。有流星坠营中，正昼有云气如坏山，直营而陨，不及地尺而散，吏士皆压伏。时汉兵在定陵郾者，闻二公兵盛，皆怖。上历说其意，为陈天命，请为前行诸部坚陈。上将步骑千余，前去大军四五里。二公遣步骑数千乘合战，上奔之，斩首数十级。诸部将喜曰："刘将军平生见小敌怯，今见大敌勇，甚奇怪也！"上复进，二公兵却，诸部乘之，斩首数百千级，连胜。遂令轻足将书与城中诸将，言宛下兵复到，而阳坠其书。二公得书读之，恐。上遂选精兵三千人，从城西水上奔阵。二公兵于是大奔北，杀司徒王寻，而昆阳城中兵亦出，中外并击。会天大雷风，暴雨下如注，水潦成川，滍水盛溢。二公大众遂溃乱，奔赴水溺死者以数万，滍水为之不流。王邑、严尤、陈茂轻骑乘死人渡滍水逃去。汉军尽获其珍宝辎重车甲，连月不尽。五月，齐武公拔宛城。六月，上破二公于昆阳。破宛后数日，收伯升部将刘稷，而伯升强争之。更始遂用谮诉，复收伯升，即日皆物故。上在父城，征诣宛，拜上为破虏大将军，封武信侯。更始欲北之雒阳，以上为司隶校尉，先到雒阳整顿官府，三辅官府吏东迎雒阳者见更始诸将过者已数十辈，皆冠帻，衣妇人衣，诸于绣拥䘿诸于，大掖衣也，如妇人之袿衣。䘿音屈。扬雄《方言》曰：襜褕其短者，自关之西谓之䘿。据此是诸于上加绣䘿，如今半臂也。人为长安所笑。知者或畏其衣，奔走入边郡。见司隶官属，皆相指视之，极望老吏或垂涕曰："粲然复见汉官威仪。"贤者蚁附。更始以上为大司马，遣之河北。十月，上持节度孟津，镇抚河北，安集百姓。赵王庶兄胡子立邯郸卜者王郎为天子，移檄购求公十万户。世祖引兵攻邯郸，连战，郎兵挫折。郎遣谏议大夫杜长威持节诣军门见公，据地曰："实成帝遗体子舆也。"公曰："正使成帝复生，天下不可复得也。况诈子舆乎！"长威请降得万户侯。公曰："一户不可得。"长威曰："邯郸虽鄙，君臣并力城守，尚可支一岁，终不君臣相率而降，但得全身也。"辞去。而郎少傅李立反郎，开城门。汉兵破邯郸，诛郎。入王宫收文书，得吏民谤毁公言可击者数千章，公会诸将烧之，曰："令反侧者自安也。更始遣使者即立公为萧王。诸将议上尊号，上不许。上发蓟，至中山，诸将复请上尊号。初，王莽时，上与伯升及姊婿邓晨、穰人蔡少公燕语，少公道谶言刘秀当为天子，或曰是国师刘子骏也。上戏言曰："何知非仆耶？"坐者皆大笑。时传闻不见《赤伏符》文军中所，上未信，到鄗，上所与在长安同舍诸生强华自长安奉《赤伏符》诣鄗与上会，群臣复固请，乃命有司设坛于鄗南千秋亭。六月己未，即皇帝位。改元为建武。十月，帝入雒阳，幸南宫，三年正月，益吴汉、邓禹等封。自汉草创德运，正朔服色未有所定，高祖因秦，以十月为正，以汉水德，立北畤而祠黑帝。至孝文，贾谊、公孙臣以为秦水德，汉当为土德。至孝武，倪宽、司马迁犹从土德。自上即位，案图谶，推五运，汉为火德。周苍汉赤，水生火，赤代苍，故上都雒阳，制郊祀于城南。行夏之时，牺牲尚黑，明火德之运，徽炽尚赤，四时随色。郊祀帝尧以配天，宗祀高祖以配上帝。上遣游击将邓隆与幽州牧朱浮击彭宠，隆军潞，浮军雍奴，相去百馀里。遣吏上奏言："宠破在旦暮。"上读檄未竟，怒曰："兵必败，比汝归可知。"吏还，未至隆军，果为宠兵掩击破。浮军远，至不能救，以兵走幽州。咸曰上神。三年十月，上幸舂陵，祠园庙，大置酒，与舂陵父老故人为乐。四年五月，上幸卢奴，为征彭宠故也。

自王莽末，天下旱霜连年，百谷不成。元年之初，耕作者少，民饥馑，黄金一斤易粟一石。至二年秋，天下野谷旅生，麻菽尤盛，或生瓜菜果实，野蚕成茧被山，民收其絮，采获谷果，以为蓄积。至是岁野谷生者稀少，而南亩亦益辟矣。六年二月，吴汉下朐城，天下悉定，唯独公孙述、隗嚣未平。上曰："取此两子置度外。"乃休诸将，置酒赏赐之。每幸郡国，下舆见吏辄问以数十百岁能吏次第，下至掾史。简练臣下之行，下无所隐其情，道数十岁事若案文书，吏民惊惶，不知所以，人自以见识，家自以蒙恩。远臣受颜色之惠，坐席之间，以要其死力。当此之时，贼檄日以百数，忧不可胜，上犹以馀间讲经艺，发图谶。制告公孙述，署曰："公孙皇帝"。嚣虽遣子入侍，尚持两心。嚣故吏马援谓嚣曰："到朝廷凡数十见，自事主未常见明主如此也。材直惊人，其勇非人之敌。开心见诚，与人语，好丑无所隐讳。图讲天下事，极尽下恩。兵事方略，量敌校胜。阔达多大节，与高帝等。经学博览，政事文辩，前世无比。"嚣曰："如卿言，胜高帝耶？"曰："不如也。高帝大度，无可无不可。今上好吏事，动如节度，不饮酒。"嚣大笑曰："如卿言，反复胜耶。"七年正月，诏群臣奏事无得言"圣人"。又旧制上书以青布囊素裹封书，不中式不得上。既上，诣北军待报，前后相尘，连岁月乃决。上躬亲万机，急于下情，乃令上书启封则用，不得引玺书，取具文字而已。奏诣阙，平旦上，其有当见及冤结者，常以日日出时，驺骑驰出召入，其余以俟中使者出报，即罢去，所见如神，远近不偏，幽隐上达，民莫敢不用情。追念前世，园陵至盛，王侯外戚，葬埋僭侈，吏民相效，浸以无限，诏有诰天下令薄葬。八年闰月车驾西征，河西大将军窦融与五郡太守步骑二万迎上。隗嚣士众震坏，皆降，嚣走入城。吴汉、岑彭追守之。九年正月，隗嚣饿，出城餐粮糗糒，腹胀死。十二年，吴汉引兵击公孙述，入犍为界，小县多城守未下。诏书告汉直拥兵到成都，据其心腹，后城营自解散。汉意难前，独言朝廷以为我缚贼手足矣。遣轻骑至成都，烧市桥，武阳以东小城营皆奔走降，竟如诏书。汉兵乘胜追奔，述距守。诏书又戒汉曰："成都十万人，不可轻也。且坚据广都城，去之五十里，待其即营攻城罢倦引去，乃首尾击之，勿与争锋。述兵不敢来，转营即之，移徙辄自坚。"十一月，众军至城门，述自将，背城而战。吴汉攻之，述军大破，刺伤述，扶舆入壁，其夜死。夷述妻子，传首于洛阳。纵兵大掠，举火燔烧。上闻之，下诏让吴汉副将刘禹曰："城降，婴儿老母，口以万数，一旦放兵纵火，闻之可为酸鼻。禹宗室子孙，故尝更职，何忍行此？仰视天，俯视地，观于放麑啜羹之义，二者孰仁矣。失斩将吊民之义。"又议汉杀述亲属太多。是时名都王国有献名马宝剑，直百金。马以驾鼓车，剑以赐骑士。苑囿池御之官废，弋猎之事不御。雅性不喜听音乐，手不持珠玉，衣服大绢而不重彩。征伐尝乘革舆羸马。公孙述故哀帝时，即以数郡备天子用。述破，益州乃传送瞽师、郊庙乐、葆车、乘舆物，是后乃稍备具焉。述伏诛之后，而事少闲，官曹文书减旧过半，下县吏无百里之繇，民无出门之役。

十九年，上幸南阳、汝南，至南顿止令舍，大置酒赐吏民，复南顿田租一岁，吏民叩头言："皇考居此日久，陛下识知寺舍，每来，辄加厚恩，但复一岁少薄，愿复十岁。"上曰："天下重宝大器，常恐不任，日慎一日，安敢自远期十岁。"复增一岁。二十年六月，上风眴黄瘅病发甚，以卫尉关内侯阴兴为侍中，兴受诏云台广室。二十六年正月，诏曰："前以用度不足，吏禄薄少，乃自益其俸。"自三公下至佐史各有差。四月，始营陵地于临平亭南。诏曰："无为山陵，陂池裁令流水而已。迭兴 之后，亦无丘垄，使合古法。今日月已逝，当豫自作。臣子奉承，不得有加。”乃令陶人作瓦器。

又曰：临平望平阴，河水洋洋，舟船泛泛，善矣夫！周公、孔子犹不得存，安得松乔与之而共游乎！文帝晓终始之义，景帝所谓孝子也。故遭反覆，霸陵独完，非成法耶！“上常自细书，一札十行，报郡县。旦听朝，至日晏，夜讲经听诵。坐则功臣特进在侧，论时政毕，道古行事，次说在家所识乡里能吏，次第比类。又道忠臣孝子，义夫节士，坐者莫不激扬凄怆，欣然和悦。群臣争论上前，尝连日。皇太子尝承间言：“陛下有禹、汤之明，而失黄、老养性之道。今天下大安，少省思虑，养精神。”上答曰：“我自乐此。”三十年，有司奏封禅。诏曰：“灾异连仍，日月薄食，百姓怨叹，而欲有事于太山，污七十二代编录，以羊皮杂貂裘，何强颜耶！”三十二年，群臣复奏宜封禅，遂登太山，勒石纪号。改元为中平。

二年二月戊戌，帝崩于南宫前殿，在位三十三年，时年六十二。遗诏曰：“朕无益百姓，如孝文皇旧制，葬务从约省。刺史二千石长吏皆无离城郭，无遣吏及因邮奏。”太子袭尊号为皇帝。群臣奏谥曰光武皇帝，庙曰世祖。三月，葬原陵。

《东观汉记》曰：上破王郎还，过邓禹营。禹进食炙鱼，上大餐啗。时百姓以上新破大敌，欣喜聚观，见上餐啗，劳勉吏士，威严甚厉，于是皆窃言曰：“刘公真天人也。”

《东观汉记》曰：隗嚣遣马援奏诣京都。上出，在宣德殿南庑下，引援入与相见。上曰：“卿遨游二帝间，见卿使人惭。”援曰：“今天下反覆，而盗贼自名字者，不可胜数也。陛下恢廓大度，同符高祖，乃知帝王自有真也。”

又曰：帝既有仁圣之明，气势形体天然之姿，固非人之敌。翕然龙举云兴，三两而济天下，荡荡人无能名焉！

《帝王世纪》曰：玄晏先生曰：“《左氏春秋》称夏少康之起，有田一成，有众一旅，若汉之再命，世祖不阶成旅之资，平暴反正，遂建中兴，与夏康同美矣。”

袁山松《后汉书》曰：前汉自成、哀已下，而天地纵横，巨猾窃命，刘氏旧泽虽在，而瞻乌之望殆绝。世祖以眇眇之胤，起于白水之滨，身屈无妄之力，位与群竖并列。于时怀玺者十馀，建旗者数百，高才者居之南面，疾足者为之王公。茫茫九州，瓜分脔切，泯泯苍生，尘消鼎沸。我扇之以仁风，驱之以大威，霜雪被而洪棘枯，纲维振而逆鳞扫。群才毕凑，人思与能，数年之间，廓清四海，虽曰中兴，与夫始创业者，庸有异乎？诚马生之言，固以寥廓大度，同符高祖，又资太宗之仁，兼孝宣之明，一人之体其殆乎同。故能享有神器，据乎万物之上矣。

《会稽典录》曰：上在长安中，与馀姚严遵俱共受学结好。建元元年，征遵，拜为谏议大夫。共上宿，遵以足加帝上，其夜客星犯帝座，太史以闻，上曰："昨与严子陵卧也。"

《续汉书》曰：昔羿浞篡夏数十年，少康生为仍牧正，能修德复夏，厥勋大矣。然尚有虑思及靡有鬲内外之助。至于光武，承王莽起自匹庶一民，尺土靡有凭焉。发迹于昆阳，以数千屠百万，非胆智之主，孰能堪之？讨贼平乱，克复炎汉，号称中兴者，无以加之矣。中国既定，柔远以德，爱慎人命，下及徭赋，武功既备，抗文德，修经术，勋绩弘矣。

薛莹《汉纪》曰：王莽之际，天下云乱，英雄并发，其跨州据郡僭制者多矣。人皆冀于非望，然考其聪明仁勇，自无光武俦也。弘宽博纳，计虑如神。是以任光、窦融望风景附，马援一见，睹颜识奇。故能以十数年间扫除群凶，清复海内，岂非天之所辅赞哉！古者师不内御，而光武命将皆授以方略，使奉图而进，其违失无不折伤，意岂文史之过乎？不然，虽圣人其犹人病诸！

## 更始

《东观汉记》曰：刘玄，字圣公，光武族兄也。弟为人所杀，圣公结客欲报之。客犯法，圣公避吏于平林。吏系圣公父子张。圣公诈死，使人持丧归舂陵，吏乃出子张，圣公因自逃匿。王莽末，南方饥馑，人庶群入野泽，掘凫茈而食，更相侵夺。新市人王匡、王凤为平理诤讼，遂推为渠帅，众数百人。诸亡命往从之，数月间至七八千人，号新市兵。平林人陈牧、廖湛复聚千馀人，号平林兵。圣公入平林中与伯升会，遂共围宛。圣公号更始将军。自破甄阜等，众庶来降十馀万。诸将立刘氏，南阳英雄皆归望于伯升。然汉兵以新市，平林为本，其将帅素习圣公，因欲立之。而朱鲔立坛城南淯水上，诣伯升。吕植通《礼经》，为谒者，将立圣公，为天子仪以示诸将。马武、王匡以为王莽未灭，不如且称王。张卬拔剑击地曰："称天公尚可，称天子何谓不可！"于是诸将军起，与圣公至于坛所，奉通天冠进圣公。于是圣公乃拜，冠，南面而立，改元为更始元年。上为太常偏将军。上破二公于昆阳城，而更始收刘稷及伯升，即日皆物故。上驰诣宛谢罪，更始大惭。长安中兵攻王莽，斩首，收玺绶诣宛。更始入便坐黄堂上视之，曰："莽不如此，当与霍光等。"更始韩夫人曰："莽不如此，帝那为得之？"更始北都洛阳，李松等自长安传舆服御物，及中黄门从官至洛阳。关中咸相望天子，更始遂西，居东宫，鼓钟帷帐，宫人数千，宫府闾里安堵如旧。更始上前殿，郎吏以次侍。更始顾，刮席与小常侍语，郎吏怪之。更始委政于赵萌，日在后庭与妇人耽饮，诸将军言事，更始醉不能见。韩夫人尤嗜酒，每侍饮，见常侍奏事辄怒曰："帝方对我饮，正用此时持事来乎？"起，掊音捧书案，破之。所置牧守交错，州郡不知所从。赵萌以私事捽才骨反。侍中。侍中曰："陛下救我。"更始言："大司马纵之。"萌曰："臣不受诏。"遂斩之。又所署官爵皆群小，被服不似，或绣面衣、锦裤、诸于、襜褕为百姓之所贱。长安中为之歌曰："灶下养，中郎将。烂羊胃，骑都尉。烂羊头，关内侯。"其冬，赤眉十馀万人入关，引兵入上林。更始骑出厨城门，诸妇女皆从后车呼更始，当下拜城。更始下马拜谢城，乃去，至高陵。上闻更始失城，乃下诏封更始为淮阳王，而赤眉刘盆子亦下诏以圣公为长沙王。更始仍许赤眉，求降，上玺绶，乃封为畏威侯。赤眉谢禄曰："三辅兵多欲得更始，一旦失之，合兵攻公，自灭之道也。"遂害更始。诏邓禹收葬于霸陵。

《帝王世纪》曰：更始名玄，字圣公。即位凡三年。

# 太平御览卷第九十一　皇王部十六

## 显宗孝明皇帝

《东观汉记》曰：孝明皇帝，讳阳，一名庄，世祖之中子也。母光烈皇后，初让尊位为贵人，故帝年十二以皇子立为东海公。三岁进爵为王，幼而聪明睿智，容貌壮丽，世祖异焉，数问以政议，应对敏达，谋谟甚深。温恭好学，敬爱师傅，所以承事兄弟，亲密九族，内外周洽。世祖愈珍上德，以为宜承先序。建武十七年十月，诏废郭皇后，立阴贵人为皇后，以上为皇太子，治《尚书》，备师法，兼通九经，略举大义，博观群书，以助术学，无所不照。中平二年二月，世祖崩，皇后太子即位。永平二年二月。上初临辟雍。行大射礼。十月，上幸辟雍，初行养老礼。甲子，上幸长安，祠高庙，遂有事十一陵。历览馆舍邑居旧处，会郡县吏，劳赐作乐。三年十月，上与皇太后幸南阳章陵，周观旧庐，召见阴、邓故人。上在于道所幸见吏，劳赐省事毕，步观行部署，不用辇。甲夜读众书，乙夜尽乃寐，先五鼓起，率常如此。五年十月，上幸邺，征赵王栩会邺，赐钱百万。八年十月，上临辟雍，养三老、五更。礼毕，上手书赦令，尚书仆射持节诏三公。十年闰月，行幸南阳，祠章陵。以日北至，复祠于旧宅。礼毕，召校官弟子作雅乐，奏《鹿鸣》，上自御埙篪和之，以娱嘉宾。至南顿劳飨三老、官属。是时天下安平，人无徭役，岁比登稔，百姓殷富，粟斛三十，牛被野。十三年二月，上耕籍田毕，赐观者食。有一诸生前举手曰："善哉！文王之遇太公也。"上书板曰："生非太公，予亦非文王也。"十五年二月，东巡狩。三月，幸孔子宅，祠孔子及七十弟子。御讲堂，命太子、诸王说经。幸东平王宫。上怜广陵侯兄弟，赐以服御之物。又以圣皇子舆马，悉赋予之。十七年春，甘露仍降，树枝内附，芝生前殿，神雀五色，翔集京师。是夜，上梦见先帝、太后，梦中喜觉，因悲不能寐。明旦上陵，百官胡客悉会，太常丞上言陵树华有甘露，上令百官采甘露。受赐毕，罢，上从席前伏御床，视太后镜奁音廉中物，流涕，敕易奁中脂泽妆具。自帝即位，尊奉建武之政，有加而无损。初，世祖闵伤前世权臣太盛，外戚预政，汉家中兴，唯宣帝取法。至于建武，朝无权臣，外族阴、郭之家，不过九卿，亲属势位，不能及许、史、王氏之半。至永平，后妃外家贵者，裁家一人备列将校尉，在兵马官，充奉宿卫阖门而已，无封侯预朝政者。自皇子之封，皆减旧制。诸王皆当略与楚、淮阳相比，什减三四，曰："我子不当与先帝子等。"又国远而小于王，善节约谦俭如此。八月，帝崩于东宫前殿，在位十八年，时年四十八，谥曰孝明皇帝，葬显节陵。十二月，有司奏上尊号曰显宗，庙与世宗庙同日而祠，祫祭于世祖之堂，共进《武德》之舞，如孝文皇帝祫祭高庙故事。孝明皇帝尤垂意于经学，即位，删定拟议，稽合图谶，封师太常桓荣为关内侯，亲自制作《五行章句》。每飨射礼毕，正坐自讲，诸儒并听，四方欣欣。是时学者尤盛，冠带搢绅游辟雍而观化者以亿万计。

又曰：建武四年五月甲申，皇子阳生，丰下锐上，颜赤色，有似于尧。上以赤色名之曰阳。至十三年通《春秋》，上循其头曰："吴季子。"阳对曰："愚戆无比。"及阿乳母以问师傅，曰："少推诚对。"师傅无以易其辞。

华峤《后汉书》曰：明帝性褊察，尝以事怒郎乐崧，以杖撞崧。崧走入床下，上怒甚，疾言曰："郎出，郎出！"崧曰："天子穆穆，诸侯皇皇，未闻人君自起撞郎。"上乃赦之。

又曰：世祖既以吏事自婴。帝尤任文法，总揽威柄，权不借下。值天下初定，四民乐业，户口衣食滋植，断狱得情，号居前世之十二。中兴已来追踪宣帝。夫以锺离意之廉法，谏诤恳切，以宽和为首。以此推之，斯亦难以德言者也。

薛莹《汉纪赞》曰：明帝自在储宫而听允之德著矣。及临万机，约身率礼，恭奉遗业，一以贯之。虽夏启、周成，继体持统，无以加焉。是以海内乂安，四夷宾服，断狱希少，有治平之风。号曰显宗，不亦宜乎。

《潜夫论》曰：明帝时，公车以反吏皆不受章奏。帝闻而怪曰："民废农，远来诣阙，而复拘以禁忌，岂为政之意乎？"于是遂蠲其制。

《后汉书》曰：明帝遵奉建武制度，无敢违者。后宫之家不得封侯与政。馆陶公主光武之女为子求郎，不许，而赐钱千万，谓群臣曰："郎官上应列宿，出宰百里。苟非其人，则人受其殃，是以难之。"故吏称其官，民安其业，远近肃服，户口滋殖焉。

《后汉书论》曰：帝善刑理，法令分明。日晏坐朝，幽枉必达。外内无幸曲之私，在上无矜大之色。断狱得情，号居前世之十二。故后之言事者，昔不先建武、永平之政。然而锺离意、宋均之徒，常以察慧为言，夫岂弘人之度未优乎？

## 肃宗孝章皇帝

《东观汉记》曰：孝章皇帝讳炟，孝明皇帝太子。永平三年二月，以皇子立为太子。年四岁，幼而聪达才敏，多识世事，动容进止，圣表有异。壮而仁明谦恕，温慈惠和，宽裕广博，亲爱九族，矜严方厉，威而不猛。既志于学，始治《尚书》，遂兼《五经》，周览古今，无所不观，于是上敬重之，每事咨焉。永平十八年，孝明皇帝崩，帝即位。

范晔《后汉书》曰：章帝建初元年，诏有司，明选举，进柔良，退贪猾，顺时令，理冤狱。又诏以上林池御田赋与贫人。四年，诏曰："盖三代导人，教学为本。汉承暴秦，褒显儒术，建立《五经》，为置博士。其后学者精进，虽曰承师，亦别名家。孝宣帝以为去圣久远，学不厌博，故遂立大、小夏侯《尚书》，后又立《京氏易》。至建武中，复置严氏、颜氏《春秋》，大、小戴《礼》博士。此皆所以扶进微学，广道艺也。孔子曰："博学而笃志，切问而近思，仁在其中矣。于戏，其勉哉！"于是下太常，将、大夫、博士、议郎、郎官及诸儒会白虎观，讲议《五经》同异，使五官中郎魏应承制问，侍中淳于恭奏，帝亲称制临决，如孝宣甘露、石渠故事，作《白虎议奏》。今《白虎通》也。元和二年正月，诏曰："人有产子者，复勿算三岁。今诸怀妊者，赐胎养谷三斛，复其夫，勿算一岁，著以为令。"又诏三公曰："方春生养，万物莩甲，宜助萌阳，以育时物。其令有司，罪非殊死，且勿案验。"章和元年八月，南巡狩，幸梁。遣使祠沛高原庙，丰枌榆社。二年正月，帝崩于章德前殿，在位十二年，时年三十一，遗诏无起寝庙，一如先帝法制。葬敬陵，庙曰肃宗。《论》曰："魏文称，明帝察察，章帝长者。帝素知人厌明帝苛切，事从宽厚。感陈宠之义，除惨狱之科。深元元之爱，著胎养之令。奉承明德太后，尽心孝道。割裂名都，以崇建周亲。平徭简赋，而人赖其庆。又体之以忠恕，文之以礼乐。故乃藩辅克谐，群后德让。谓之长者，不亦宜乎！"

《东观汉记》曰：序曰："孝乎惟孝，友于兄弟，圣之至要也。乾乾夕惕，寅畏皇天，帝王之上行也。明德慎罚，汤、文所务也。密静天下，容于小大，高宗之极致也。肃宗兼兹四德，以继祖考。臣下百僚，力诵圣德，纪述明诏。不能辩章，岂敢空言增广，以累日月之光。"

袁山松《后汉书》曰：孝章皇帝弘裕有馀，明断不足，闺房谗惑，外戚擅宠。惜乎！若明、章二主，损有馀而补不足，则古之贤君矣。

薛莹《汉纪》赞曰：章帝以继世承平，天下无事。敬奉神明，友于兄弟。息省徭赋，绥静兆民。除苛法，蠲禁锢，抑有仁贤之风矣。是以阴阳协和，而百姓安乐，众瑞并集，不可胜载，考之图籍，有征云尔。

《帝王世纪》曰：孝章皇帝以中元三年生于京师，其母姓秘不出，号其墓曰长信冢。

《三辅决录注》曰：何敞，字文高，为汝南太守。章帝南巡过郡，有刻镂屏风，为帝张设。诏命侍中黄香铭之曰："古典务农，雕镂伤民。忠在竭节，义在修身。"敞惧，礼贤命士，改修德化。

## 穆宗孝和皇帝

《东观汉记》曰：孝和皇帝讳肇，章帝之中子也。母曰梁贵人，早薨。上自岐嶷，至于总角，孝顺聪明，宽和笃仁。孝章由是深珍之，以为宜承天位。年四岁，以皇子立为太子，初治《尚书》，遂兼览书传，好古乐道，无所不照。章和二年春二月，章帝崩，太子即位。永元三年春正月，帝加元服。四年六月，大将军窦宪潜图弑逆。幸北宫，诏收捕宪党，使谒者收宪大将军印绶，遣宪及弟笃、景就国，到皆自杀。五年正月，宗祀五帝于明堂，遂登灵台，望云物，大赦天下。自京师离宫果园、上林广成囿，悉以假贫人，恣得收捕，不收其税。十三年春正月上日，上以《五经》义异书传意殊，亲幸东观，览书林，阅篇籍。朝无宠族，政如砥矢，惠泽沾濡，鸿恩茂笃。外忧庶绩，内勤经艺，自左右近臣，皆诵《诗》《书》。德教在宽，仁恕并洽。是以黎元宁康，方国协和，贞符瑞应八十馀品，帝让而不宣，故靡得而记。元兴元年十二月，帝崩于章德前殿，在位十七年，时年二十七。葬顺陵，庙曰穆宗。

《东观汉记》序曰：穆宗之嗣世，正身履道，以奉大业。宾礼耆艾。动式旧典。宫无嫔嫱郑卫之谳，囿无槃乐游畋之豫。躬履玄德，虚静自损。是以屡获丰年，远近承风云尔。

《后汉书》曰：自窦宪诛后，帝躬亲万机。每有灾异，辄延问公卿，极言得失。旧南海献龙眼、荔枝，十里一置，五里一堠，奔腾险阻，死者相继。时临武长汝南唐羌，县接南海，乃上书陈状。帝下诏曰："远国珍羞，本以荐奉宗庙。苟有伤害，岂爱人之本。其敕令太官勿复受献。"由是遂省焉。

《续汉书》曰：孝和年十四，能折外戚骄横之权，即昭帝毙上官之类矣。朝政遂一，民安职业，勤恤本务，苑囿希幸，远夷稽服，西域开泰。郡国言符瑞八十馀品，咸惧虚妄，抑而不宣云尔。

范晔《后汉书》曰：自中兴以后，逮于永元，虽颇有弛张，而俱存不扰，是以齐民岁增，辟土世广。偏师出塞，则漠北地空；都护西指，则通驿四方。岂其道远三代，术长前世？将服叛怀来，自有数也。

## 孝殇皇帝

《东观汉记》曰：孝殇皇帝讳隆，和帝之少子也。和帝皇子数十，生者辄夭，故殇帝养于民。元兴元年十二月，和帝崩。是日仓卒，殇帝时生百馀日，乃立以为皇太子。其夜即位，尊皇后邓氏为皇太后。帝在襁褓，太后临朝。延平元年八月，帝崩于崇德前殿，年二岁，葬康陵。

又曰：孝殇襁褓承统，寝疾不豫，天命早崩，国祚中绝，社稷无主，天下敖然，赖皇太后临朝。孔子称"有妇人焉"，信哉！

## 恭宗孝安皇帝

《东观汉记》曰：孝安皇帝讳祐，清河孝王第二子也。少聪明敏达，慈仁惠和，宽容博爱，好乐施予。自在邸第，数有神光赤蛇嘉应，照耀于室内，盘纡殿屋床第之间，孝王常异之。年十岁，善史书，喜经籍，和帝甚喜重焉，号曰："诸生"。数燕见在禁中，特加赏赐，下及玩弄之物，诸王子莫得与比。殇帝即位，邓后临朝，以帝幼小，诏留于清河邸，欲为储副。殇帝崩，以王青盖车迎，齐于殿中，拜为长安侯，乃即帝位。谦让恪勤，孜孜经学，志在供养，委政长乐宫。永初元年十一月，上始讲《尚书》，耽于典艺。二年春正月，帝加元服。延光四年三月，帝崩于叶县，在位十九年，时年三十二。御车所止，饮食、百官、鼓漏、起居、车骑、卤簿如故。及还宫，皇后与兄显，中常侍江京、樊丰等共与伪诈，不欲令群臣知上道崩，欲伪道得病，遣司徒等分诣郊庙社稷，告天请命，诬罔灵祇，以亡为存。其夕发丧，群寮百姓如丧考妣，塞外蛮夷致祭涕泣。葬恭陵。

范晔《后汉书》论曰：孝安皇帝虽称尊享御，而权归邓氏，至乃损彻膳服，克念治道。然令自房帷，威不逮远，始失根统，归成陵弊。遂复计金授官，移民逃寇，推咎台衡，以答天眚。《诗》云"哲妇"亦"惟家之索"矣。

薛莹《汉书赞》曰：安帝之初，委政太后，十有馀年。及亲万机，佞邪始进，阉官用事，宠加私爱，阿母主圣，势倾朝廷。遂树奸党，摇动储副，山陵未干，萧墙作难，兵交禁省，社稷殆危。

《典略》曰：安帝永初元年，以灾故免司空尹勤。凡以灾寇故辄免三公，多以卿为之，或再三退而还，复其故，桓、灵又甚，自此始也。

## 少帝北乡侯

《续汉书》曰：安帝崩，太子前已废，后无馀子，皇后与兄阎显谋以北乡侯续为帝嗣。三月，立北乡侯，皇太后临朝。十月辛亥，北乡侯薨，显及江京等征济北河间王子，欲以为嗣。中黄门孙程、王康等十九人，共讨京等，迎立济阴王。

《皇德传》曰：安帝崩，北乡侯即尊位。十月，北乡侯薨，以王礼葬。未即帝位不成君，故以王礼葬。

# 太平御览卷第九十二　皇王部十七

## 敬宗孝顺皇帝

《东观汉记》曰：孝顺皇帝讳保，孝安长子也。母早薨，追谥恭愍皇后。上幼有简厚之质，体有敦悫之性，宽仁温惠。始入小学，诵《孝经》章句，和熹皇后甚嘉之，以为宜奉大统。年六岁，永宁元年，为皇太子。受业《尚书》，兼资敏达。初，乳母王男、厨监邴吉为大长秋江京、中常侍樊丰等所谮诉，京惧有后害，遂共构太子，太子坐废为济阴王。安帝崩，北乡侯即尊位。王废绌，不得上殿临棺，而悲哀泣血，不下飡粥。北乡侯薨，车骑将军阎显等议："前不用济阴王，今用，怨人。"白阎太后复征，诸王子闭门发兵。中黄门孙程等十九人共讨贼臣，以迎济阴王，于德阳殿西钟下，即皇帝位。汉安元年八月，遣侍中杜乔、光禄大夫周举等八人分行州郡，颁宣风化，举实臧否。建康元年八月，帝崩于玉堂前殿，在位十九年，时年三十。遗诏无起寝庙，衣以故服，珠玉玩好皆不得下，务为节约。葬宪陵，庙曰敬宗。

《续汉书》曰：帝为太子四岁，避尝被疾，当阿母王圣第新治，乳母王男、厨监邴吉以为犯土忌，不可御，与江京、樊丰及圣二女永等相是非，圣永诬谮，男、吉皆物故，太子思恋男等，数为之叹息。圣永惧有后害，遂与京、丰等共构太子，坐废为王。

## 孝冲皇帝

《东观汉记》曰：孝冲皇帝讳炳，顺帝之少子也。年三岁，是时皇太子数不幸，国副未定，有司上言宜建圣嗣。建康元年四月，立为太子。顺帝崩，太子即帝位，尊皇后梁氏为皇太后。帝幼弱，太后临朝。永熹元年正月，帝崩于玉堂前殿，在位一年，葬怀陵。

《帝王世纪》曰：孝冲皇帝即位一年，年三岁。

## 孝质皇帝

《东观汉记》曰：孝质皇帝讳缵，章帝玄孙，千乘贞王伉之曾孙，乐安王孙，渤海王子也。年八岁，茂质纯淑，好学尊师，有闻于郡国。孝冲帝崩，征封建平侯，即皇帝位。本初元年闰六月，帝崩于玉堂前殿，在位一年，时方九岁，葬静陵。

《汉晋春秋》曰：帝初年幼小，闻梁冀专权于天下，每朝出，辄目之，曰："此跋扈将军。"冀闻而大惧，遂阴行鸩毒。始病，呼太尉李固入。固前问病，帝曰："食煮饼，令肠中闷，得水尚可活。"冀曰："不可。"语未绝而崩。

## 威宗孝桓皇帝

《东观汉记》曰：孝桓皇帝讳志，章帝曾孙，河间孝王孙，蠡吾侯翼之长子也。母曰匽夫人。年十四，袭爵，始入，有殊于人，梁太后欲以女弟妃之。太初元年四月，征诣雒阳。既至，未及成礼，会质帝崩，无嗣，太后密使瞻察威仪才明，任奉宗庙，遂与兄冀定策于禁中，迎帝即位，时年十五。改元建和。二年，大将军梁冀辅政，纵横为乱。帝与中常侍单超等五人共谋诛之，于是封超等为五侯。五侯暴恣日甚，毒流天下。白马令李云坐直谏诛。名臣少府李膺等并为阉人所谮，诬为党人，下狱死。在位二十一年崩，年三十六。

薛莹《汉纪赞》曰：汉德之衰，有自来矣。而桓帝继之以淫暴，封殖宫竖，群妖满侧，奸党弥兴，贤良被辜，政荒民散，亡征渐积，逮至灵帝，遂倾四海，岂不痛哉！《左传》曰："国于天地有与立焉，不数世淫不能弊也。"信矣。

## 孝灵皇帝

《续汉书》曰：孝灵皇帝讳宏，章帝玄孙，河间孝王曾孙，解渎亭侯淑之孙，苌之子也。母曰董姬。苌薨，上袭爵为侯。永康元年十二月，桓帝崩。先是，数有皇子夭昏不遂，太后与父窦武定策禁中。建宁元年正月征到，止夏门亭，以王青盖车迎入于殿，即皇帝位。太后临朝。四年正月，帝加元服。光和元年初，置鸿都门学生，本颇以经学相引，后试能为尺牍辞赋及以工书鸟篆者相课试，至千人，皆尺一敕州、郡、三公举用辟召，或典州郡，入为尚书侍中，封侯赐爵。四年，于后宫与宫人为列肆贩卖，使相偷盗争斗。上临视以为乐。又于西园令狗带绶，著进贤冠。中平元年初卖官，自关内侯以下至虎贲、羽林，入钱各有差。二年，税天下田，亩十钱，以治宫殿，发太原河东豫道林木，黄门常侍断截，州郡送林文召掌，主史谴呼，不中，退卖之。贵戚因缘贱买，十倍入官，其贵戚所入者，然后得中。宫室连年不成，州郡因增加调发，刺史二千石迁除皆责助治宫钱，大郡至二千万。诸诏所征，皆令西园驺密约，敕号曰“中使”，恐动州郡，多受财赂，天下骚动，起为盗贼矣。是岁，又于西园造万金堂，以为私藏，别司农金钱缯帛，积之于中。又还河间买田业，起第观。上本侯家，居贫，即位常曰：“桓帝不能作官家，曾无私钱。”故为私藏。复寄小黄门常侍家钱至数千万。又云张常侍是我翁，赵常侍是我母，由是宦官专朝日盛，奢僭无度，各起第宅，拟则宫室。上尝登永安侯台，黄门常侍恶其登高台见居处楼殿，乃使中大夫尚垣谏曰：“天子不当登高，登高则百姓虚。”自后遂不复登台榭矣。四年，又募买关内侯，假金紫入钱五百万。六年四月，帝崩于嘉德殿，在位二十二年，时年三十四，葬文陵。

《续汉书·五行志》曰：灵帝好胡服帐、胡床、胡饭、胡箜篌笛、胡舞，京都贵戚皆竞为之。其后董卓多纵胡兵掳掠，夜发掘园陵。帝又于宫中西园，驾四白驴，躬自操辔驱驰周旋以为大乐。于是公卿贵戚转相仿效，至相谋夺，驴价与马齐。

《献帝春秋》曰：初，黄巾贼起，灵帝建九重华盖，自称无上将军，身被介胄，练兵京城。先是，造作角钱犹五铢，而有四道连于边轮，百姓或有识者，以为妖征，窃言：“新钱有四道，京城将坏，而此钱四出，散于四方之外乎？”遂皆如言。

薛莹《汉纪赞》曰：汉氏中兴，至于延平而世业损矣。冲、质短祚，孝、桓无嗣，母后称制，奸臣执政。孝灵以支庶而登至尊，由藩侯而绍皇统，不恤宗绪，不祗天命。上亏三光之明，下伤亿兆之望。于时爵服横流，官以贿成，自公侯卿士，降于皂隶，迁官袭级，无不以货。刑戮无辜，摧仆忠贤，佞谀在侧，直言不闻。是以贤智退而穷处，忠良摈于下位。遂至奸邪蜂起，法防堕坏，夷狄并侵，盗贼糜沸，小者带城邑，大者连州郡，编户骚动，人人思乱。当斯之时，已无天子矣。会灵帝即世，则祸寻其后，宫室焚灭，郊社无主，危自上起，覃及华夏，使京室为墟，海内萧条，岂不痛哉！

《典略》曰：建宁二年，帝时年十三岁，宦官用事，排疾士人。熹平四年五月，帝自造《皇义》五十章。光和五年，帝幸太学，自就石碑作赋。

## 废帝弘农王

《献帝春秋》曰：孝灵皇帝，何皇后生太子辩。帝数失子，不敢正名，养于道人史子眇家，号曰“史侯”。

《后汉书》曰：中平六年四月丙辰，灵帝崩于南宫嘉德殿。戊午，皇子辩即皇帝位，年十七，太后临朝。八月，中常侍段珪等杀大将军何进，于是虎贲中郎将袁术烧东西宫，攻诸宦者。庚午，张让、段珪等劫少帝及陈留王，幸北宫。司隶校尉袁绍勒兵收伪司隶校尉樊陵及诸阉人，无少长皆斩之。让、珪等复劫少帝、陈留王，走小平津，尚书卢植追让、珪等，斩之，其馀投河而死。帝与陈留王协夜步逐萤光火行数里，得民家露车共乘之，还宫。九月，董卓废帝为弘农王。

《英雄记》曰：董卓在显阳苑，请官僚共议，欲有废立，谓袁绍曰：“刘氏之种，不足复遗。”袁绍曰：“汉家君天下四百许年，恩泽深渥，兆民戴之，恐众不从公议。”卓曰：“天下之事，岂不在我？我今为之，谁敢不从！”绍曰：“天下健者，不唯董公，绍请立观之。”横刀长揖而去，坐中皆惊愕。时卓新至，见绍大家，故不敢害之。卓于是遂策废皇太后，迁之永安宫，其夜崩。废皇帝史侯为弘农王，立陈留王为皇帝。卓闻东方州郡谋欲举兵，恐其以弘农王为主，乃置王阁上，荐之以棘，召王太傅责问之，曰："弘农王病困，何故不白？"遂遣兵迫守太医致药，即日弘农王及妃唐氏皆薨。

袁山松《后汉书》曰：董卓使弘农郎中令李孝儒鸩于弘农王曰："服此辟恶。"王曰："此必是毒也。"弗肯，强之。于是王与唐姬及宫人共饮酒。王自歌曰："天道易兮我何艰，弃万乘兮退守藩。逆臣见迫兮命不延，逝将弃尔兮适幽玄。"唐姬起舞歌曰："皇天崩兮后土颓，身为帝王兮命夭摧。死生路毕兮从此乖，悼我茕独兮中心哀。"因泣下，坐者嘘欷不自胜。王谓唐姬曰："卿故王者妃，势不复为吏民妻也。行矣，自爱。从此长辞。"遂鸩死。

## 孝献皇帝

《续汉书》曰：孝献皇帝讳协，灵帝少子也。母曰王美人，何皇后妒而害之。灵帝母永乐太后董氏收养焉，故号董侯。中平六年四月，灵帝崩，太子辩即尊位，年幼，皇太后诏封上为渤海王。七月，徙封陈留王。九月，董卓废天子，立陈留王，是日即皇帝位，年九岁，董卓秉政。初平元年二月，天子自雒阳迁都长安。兴平元年正月，帝加元服。二年十月，上自长安东迁。建安元年七月至雒阳。八月，上自雒阳迁都于许。二十五年十月，上禅位于魏，魏王即帝位，封上为山阳公。青龙二年三月薨，以天子礼葬禅陵。

《献帝春秋》曰：袁绍将兵入宫，诛诸黄门。张让等逼迫，以尺一诏开大夏门，将帝及陈留王出，不知所如。有萤火照道，到盟津河上，传国六玺不及自随，百僚分散，唯河南中部掾闵贡见天子出，率骑追之。比晓，到河上，天子饥渴，贡宰羊进之。厉声谓让曰："今不速死，吾射杀汝。"让等惶怖，叉手再拜叩头向天子辞曰："臣等死，陛下自爱。"遂投河而死。贡扶辇还宫，时董卓适至，屯显阳苑，闻帝当至，率兵迎帝于北邙。帝见卓兵，振喜不自胜。群公曰："有诏却兵。"卓曰："卿为大臣，不能匡辅国朝，至令幼主蒙尘播越，何却兵之有？"

遂俱入城。帝幸北宫，改年号曰昭宁。于阁上得六玺，失传国玺。

又曰：兴平元年，蝗虫起，百姓饥。谷一斛五六万钱，帝敕主者尽卖厩马二百馀匹及御府杂缯二万匹，赐公卿已下及贫民。车骑将军李傕不听，尽取以置其邸。李傕、郭汜有隙，傕使兄子副车中郎将李进勒兵数千，统宫使虎贲王曹等三百人，以轺车三乘载帝及伏后幸傕营，又迎宫人、公卿家属入坞，移御府诸署缯彩珍宝，上方在厩，车马乘舆器物尽置其邸。放兵烧府库及居民，被害者不可胜数。五月，或欲转乘舆幸黄白城，帝不肯。司徒赵温以帝当东归，而傕等方乱，以忠节责傕，傕怒，欲斩温，傕从弟上军校尉维故温掾请谏乃止。于是，闭温与帝同门，设反关校尉以监察之。十一月，车驾东幸到黄卷亭。庚午，乘舆到弘农，张济欲与董承、杨奉交质而留乘舆，承、奉不肯，白帝东行。到涧中，济，郭汜放兵欲留车驾，承、奉力战，乘舆得过，公卿妇女衣服悉见钞夺。不解带便斫刺，寒冻死者，不可胜计。天子得过，路次曹阳，乘舆到安邑。十二月，使侍中史跱、大仆韩融奉诏，诏张济悉遣宫人公卿以下妇女及乘舆服物车马诸见略者，皆诣安邑。建安元年七月，乘舆到洛，幸城西故中常侍赵忠舍，百官被荆棘依故丘墟间，侍郎以下皆出葬采，四方州郡各拥强兵，莫有至者。曹操白帝，迁都许。庚申，车驾出洛，轘辕而东，杨奉、韩暹引军追之。轻骑既至，曹操设伏兵要于阳城山峡中，大败之。九月，车驾到许，幸曹操营，设有司营宗庙社稷。自帝西迁，朝廷倾覆，王制节度于是始建。

《汉晋阳秋》曰：献帝都许，守位而已，宿卫近侍，莫非曹氏党旧恩戚。议郎赵彦尝为帝陈言时策，曹操恶而杀之，其馀内外多见诛。操后以事入见殿中，帝不任其忿，因曰："君能相辅则厚，不尔，幸垂恩相舍。"操失色，俯仰求出。旧仪三公辅兵入朝，令虎贲执刃挟之。操顾左右，汗流浃背，自后不敢复朝请。

袁山松《后汉书》曰：献帝崎岖危乱之间，飘薄万里之衢，萍流蓬转，险阻备经，自古帝王未之有也。观其天性慈爱，弱而神惠，若辅之以德，真守文令主也。曹氏始于勤王，终至陷夭，遂力制群雄，负鼎而趋，然因其利器，假而不反，回山倒海，遂移天日。昔田常假汤、武而杀君，操因尧、舜而窃国，所乘不同，济其盗贼之身一也。善乎！庄生之言：窃钩者诛，窃国者为诸侯，诸侯之门仁义在焉。信矣。

范晔《后汉书·论》曰：传称鼎之为器，虽小而重，故神之所宝，不可夺移。至今负而趋者，斯亦穷运之归乎！天厌汉德久矣，山阳其何诛焉！

# 太平御览卷第九十三　皇王部十八

## 魏太祖武皇帝

《魏志》曰：太祖武皇帝，沛国谯人，姓曹名操，字孟德，汉相国参之后。《曹瞒传》曰：太祖一名吉利，字阿瞒也。祖腾，汉桓帝时为中常侍大长秋，封费亭侯。养子嵩嗣，官至太尉，莫能审其生出本末。《曹瞒传》及郭颂《世语》并云：嵩夏侯氏子，夏侯敦之叔父，太祖于敦为从父兄弟也。嵩生太祖。太祖少机警，有权数，而任侠放荡，不治行业，故世人未之奇也；唯梁国桥玄、南阳何颙异焉。玄谓太祖曰："天下将乱，非命世之才不能济也，能安之者，其在君乎！"年二十，举孝廉为郎。除洛阳北部尉，迁顿丘令，征拜议郎。光和末，黄巾起。拜骑都尉，讨颍川贼，迁为济南相。国有十馀县，长吏多阿附贵戚，赃污狼籍，于是奏免其八九；禁断淫祀，奸宄逃窜，郡界整肃。久之，征还为东郡太守；不就，称疾归乡里。初平元年春正月，后将军袁术、冀州牧韩馥、兖州刺史刘岱、渤海太守袁绍、济北相鲍信等同时俱起，众各数万，推绍为盟主。太祖行奋武将军。董卓闻兵起，乃徙天子都长安。卓留屯洛阳，遂焚宫室。是时，卓兵强，绍等莫敢先进。太祖曰："举义兵以诛暴乱，大众已合，诸君何疑？向使卓闻山东兵起，倚王室之重，据二周之险，东向以临天下，虽以无道行之，犹足为患；今焚烧宫室，劫迁天子，海内震动，不知所归，此天亡之时也。一战而天下定矣，不可失也。"遂引兵西据成皋。到荥阳汴水，遇卓将徐荣，与战不利，士卒死伤甚多。太祖为流矢所中，乘马被疮，从弟洪以马与太祖得出。太祖兵少，乃与夏侯惇等诣扬州募兵，司徒王允与吕布共杀卓。青州黄巾众百馀万人，兖州刘岱欲击之，鲍信谏岱不从，遂与战，果为贼所杀。信乃迎太祖领兖州牧。遂进兵击黄巾，追至济北，乞降。冬，受降卒三十余万，男女百余万口，收其精锐者，号青州兵。天子拜太祖兖州牧。是岁，长安乱，天子东迁，败于曹阳，渡河幸安邑。太祖军临武，迎天子。天子假太祖节钺，录尚书事。《献帝记》曰：又领司隶校尉。洛阳残破，董昭等劝太祖都许。车驾出轘辕而东，以太祖为大将军，封武平侯。自天子西迁，朝廷离乱，至是宗庙社稷制度始立。时以袁绍为太尉，绍耻班在公下，不肯受。公乃固辞，以大将军让绍。天子拜公司空，行车骑将军。公围张绣于穰，刘表遣兵救绣以绝军后。公将引还，绣兵来追，公军不得进，连营稍前。公与荀彧书曰："贼来追吾，虽日行数里，吾策之，到安众，破绣必矣。"到安众，绣与表兵合守险，公军前后受敌。公乃夜凿险为地道，悉过辎重，设奇兵。会明，贼谓公为遁也，悉军来追。乃纵奇兵出夹攻，大破之。公还许，荀彧问公："前何以策贼必破？"公曰："虏遏吾归师，而与吾死地战，吾以是知胜矣。"袁绍既并公孙瓒，兼四州之地，众十馀万。诸将以为不可敌。公曰："吾知绍之为人，志大而智小，色厉而胆薄，忌刻而少威，兵多而分画不明，将骄而政令不一，土地虽广，粮食虽丰，适所以为吾奉也。"张绣率众降，公军官渡。刘备杀徐州刺史曹胄，举兵屯沛。五年，公自征备，诸将曰："与公争天下者袁绍也。今弃之东若何？"公曰："刘备，人杰也，今不击，必为后患。袁绍虽有大志，而见事迟，必不动也。"遂破备，备奔绍。绍遣郭圆淳于琼、颜良等攻刘延于白马，绍引兵至黎阳。公于是救延，荀攸说公曰："今兵少不敌，分其势乃可。"公从之，遂击破，斩良。绍骑将文丑与刘备将五六千骑前后至。公纵奇兵击，大破之，斩丑、良。丑、良皆绍名将，再战，悉擒，绍军大震。八月，绍连营稍前，进临官渡，起土山地道。公亦于内作之，以相应。绍射营中，矢如雨下，行者皆蒙盾，众大惧。时公粮少，与荀彧书，议欲还许。彧以为"绍悉众临官渡，欲与公决胜败。公以至弱当至强，若不能制，必为所乘，是天下之大机也。"公与绍相距连月，虽比战斩将，然众少粮尽，士卒疲乏。公谓运者曰："十五日为汝破绍，不复劳汝矣。"冬十月，绍遣车运谷，使淳于琼等五人将兵万馀人逆之，宿绍军营北四十里。绍谋臣许攸贪财，绍不能足，来奔，因说公击琼等。左右疑之，荀攸、贾诩劝公。公乃留曹洪守，自将步骑五千人夜往，会明至。琼等望见公兵少，出阵门外，公急击之，琼退保营，遂攻之。绍遣骑救琼。左右或言“贼稍近，请分兵距之”。公怒曰：“贼在背后，乃言！”士卒皆殊死战，大破琼等，皆斩之。绍初闻公击琼，谓长子谭曰：“就彼破琼等，吾攻拔其营，彼固无所归矣！”乃使张郃、高览攻曹洪。郃等闻琼破，遂来降。绍众大溃，绍及谭弃军走，渡河。追之不及，尽收其辎重图书珍宝，虏其众。公收绍书中，得许下及军中人书，皆焚之。绍自军破后，发病呕血死。少子尚代，谭自号车骑将军，屯黎阳。秋，公征之，连战。谭、尚数败退，固守。攻其郭，乃出战，击，大破之，谭、尚夜遁。谭、尚争冀州，谭为尚所败，走保平原。尚攻之急，谭遣辛毗乞降请救。诸将皆疑，荀攸劝公许之，公乃引军还到黎阳，为子整与谭结婚。袁尚闻公北，乃释平原还邺。公进军攻邺。尚惧，乞降，公不许，为围益急。尚夜遁，众大溃，尚走中山。尽获其辎重，得尚印绶节钺，邺定。公临祠绍墓，哭之流涕；慰劳绍妻，还其家人宝物，赐之杂缯絮，廪食之。天子以公领冀州牧，公让还兖州。公之围邺也，谭略取甘陵、安平、渤海、河间。尚败，还中山。谭攻之，尚奔固安，遂并其众。公遗谭书，责以负约，与之绝婚，女还，然后进军。谭惧，拔平原，走保南皮。公入平原，略定诸县。攻谭，破之，斩谭，诛其妻子，冀州平。袁熙大将焦触、张南等叛攻熙、尚，熙、尚奔三郡乌丸。触等举其县降，封为列侯。三郡乌丸承乱破幽州，略有汉民合十馀万户。初，袁绍皆立其酋豪为单于。西单于蹋顿尤强，为绍所厚，故尚兄弟归之，数入塞为害。公将征之，凿渠，呼陀入孤水，名平虏渠，引军出卢龙，塞外道绝不通，乃堑山堙谷五百馀里，经白檀，历平刚，涉鲜卑庭，东指柳城。未至二百里，虏乃知之。尚、熙与蹋顿、辽西单于楼班、右北平单于能臣抵之等将数万骑逆军。登白狼山，卒与虏遇，众甚盛。公车重在后，被甲者少，左右皆惧。公登高，望虏阵不整，乃纵兵击之，使张辽为先锋，虏众大崩，斩蹋顿及名王以下，胡、汉降者二十馀万口。初，辽东太守公孙康恃远不服。及公破乌丸，或说：“公遂征之，尚兄弟可擒也。”公曰：“吾方使康斩送尚、熙首，不烦兵矣。”公引军自柳城还，康即斩尚、熙及速仆丸等，传其首。诸将或问：“公还而康斩尚、熙，何也？”公曰：“彼素畏尚等。吾急之则并力，缓之则自相图，其势然也。”关中诸将疑公欲自袭，马超遂与韩遂、杨秋、李堪、成宜等反。公乃征之，与超夹关为军。乃与克日会战，先轻兵挑之，战良久，乃纵虎骑夹击，大破之，斩成宜、李堪等。超走凉州，杨秋奔安定，关中平。天子命公赞拜不名，入朝不趋，剑履上殿，如萧何故事。使御史大夫郗虑持节策命公为魏公，始建魏社稷宗庙。天子聘公三女为贵人，又命公置旄头，宫殿设钟虡。又命公承制封拜诸侯守相。冬十月，始置名号侯至五大夫，与旧列侯、关内侯凡六等，以赏军功。又进公爵为王，设天子旌旗，出入称警跸。王崩于洛阳，时年六十六，谥曰武王，葬高陵。

又曰：汉桓帝时，有黄星见于楚宋之分。辽东商馗善天文，言后五十岁当有真人起于梁沛之间，其锋不可当。至破袁绍之岁，凡五十年，天下莫敌矣。

《魏书》曰：汉末，太祖拒董卓命，归乡里，过故人成皋吕伯奢，伯奢不在，其子八人，备宾主之礼。太祖自以背卓，闻其食器声，以为图己，夜杀八人而去。既而叹曰：“宁我负人，无人负我！”遂行。

又曰：太祖自御海内，芟夷群丑，其行军用师，大较依孙、吴之法。而因事设奇，量敌制胜，变化如神。自作兵书十余万言，诸将征伐，皆以新书从事；临时又手为节度，从令者克捷，违教者负败。与虏对阵，意思安闲，如不欲战，然及至决机乘胜，气势盈溢，故每战必克。知人善察，难眩以伪，拔于禁、乐进于行阵之间，取张郃、徐晃于亡虏之中，皆佐命立功，列于名将。其余拔出细微，登为牧守者，不可胜数。是以创造大业，文武并施，御军三十余年，手不舍书，昼则讲军策，夜则思经传，登高必赋，及造新诗，被之管弦，皆成乐章。才力绝人，手射飞鸟，躬擒猛兽，尝于南皮一日射雉获六十三头。及造作宫室，缮治器械，无不为之法则，皆尽其意。雅性节俭，不好华丽，后宫不衣锦绣，侍御履不二彩，帷帐屏风，坏则补纳，茵蓐取温，无有缘饰。攻城拔邑，得靡丽之物，则悉以赐有功。勋劳宜赏，不吝千金，无功望施，分毫不与。四方献御，与群下共之。常以礼送终之制，袭称之数，繁而无益，俗又过之，故豫自为制终云：衣服四箧而已。

《帝王世纪》曰：黄初元年，追尊号谥曰武皇帝，庙号曰太祖。

《曹瞒传》曰：操少好飞鹰走狗，游荡无度。其叔父数言之于嵩，操患之，后逢叔父于路乃阳败面㖞口。叔父怪问其故，太祖曰："卒中恶风。"叔父以告嵩，嵩惊愕，呼操，而口貌如故，嵩问曰："叔父言汝中风，已差乎？"操曰："初不中风，但失爱于叔父，故见罔耳！"嵩乃疑焉。自后，叔父有所告，嵩终不复信，操于是益得肆意。及为洛阳北部尉，初入尉廨，缮治四门。造五色棒，悬门左右各十馀枚，有犯禁者，不问豪强皆棒杀。后数月，灵帝爱幸小黄门赛硕叔父夜行，即杀之。京师敛迹，莫敢犯者。近习宠臣咸疾之，然不能伤，于是共称荐操，故迁为顿丘令。操为人轻易，无威重，好音乐。倡优在侧，恒以日达夕，被服轻绡，身自佩小盘囊，以盛手巾细物。时或冠帢帽以见宾客。每与人谈论，戏弄言辞，尽无所隐，及悦大笑，至以头投杯案中，肴膳皆沾污巾帻，其轻易如此。然持法峻刻，诸将计画胜出己者，随以法诛之。及故人旧恶，亦皆无馀。其所刑杀，辄对之垂涕嗟痛之，终无所活。尝出军行经麦中，令士卒无败麦，犯者死。骑士皆下马，指麦以相付。时操马腾入麦中，敕主簿议罪，主簿对以《春秋》之义，罚不加尊。操曰："制法而自犯之，何以帅下！然孤为军帅，不可杀，请自刑。"因拔刀割发以置地。

《世语》曰：魏武将见匈奴使，自以形陋，不足雄远国，使崔季珪代，帝自捉刀立床头坐。既毕，令间谍谓曰："魏王何如？"匈奴使答曰："王雅望非常。然床头捉刀人，此乃英雄也。"魏王闻之，驰遣杀此使。

《博物志》曰：汉世安平崔瑗，瑗子实，弘农张芝，芝弟昶，并善草书，而太祖亚焉。桓谭、蔡邕善音乐，冯翊、山子道、王九真、郭凯等善围棋，太祖皆与埒能。又好养性法，亦解方药，招引方术之士。庐江左慈、谯郡华他、甘陵甘始、阳城郗俭无不毕至。又习啖野葛，至一尺，亦得少多饮鸩酒。

《世说》曰：魏武帝尝过曹娥碑下解，杨修从读碑背上题云："黄绢幼妇，外孙虀臼。"魏武谓修曰："卿解不？"答曰："解"魏武曰："卿未可言，待我思之。"行三十里，魏武曰："吾已得。"令修别记所知。修曰："黄绢，色丝也，于字为绝；幼妇，少女也，于字为妙；外孙，女子也，于字为好；虀臼，受辛也，于字为辞。所谓绝妙好辞。"武帝亦记之，与修言同，帝叹曰："我才不如卿，乃较三十里。"

《唐太宗皇帝祭魏武帝文》曰：夫大德曰生，资二仪以成化；大宝曰位，应五运而递昌。贵贱废兴，莫非天命。故龙颜日角，显帝王之符；电影虹光，表乾坤之瑞。不可以智竞，不可以力争。昔汉室三分，群雄并立。夫民离政乱，安之者哲人；德丧时危，定之者贤辅。伊尹之匡殷室，王道昏而复明；霍光之佐汉朝，皇纲否而还泰。立忠履节，爰在于斯。帝以雄武之姿，常艰难之运。栋梁之任，同乎曩时；匡正之功，异乎往代。观沉溺而不拯，视颠覆而不持，乖徇国之情，有无君之迹。既而三分，肇庆黄星之应，久彰五十启期，真人之运斯属，其天意也，岂人事乎？

## 文皇帝

《魏志》曰：文皇帝讳丕，字子桓，武帝太子。太祖崩，嗣位为丞相、魏王，延康元年十月升坛即祚，改延康为黄初。以荆杨江表八郡为荆州，孙权领牧故也。荆州江北诸郡为郢州。权破刘备于夷陵，初，帝闻备兵东下，与权交战，树栅连营七百馀里，谓群臣曰："备不晓兵，岂有七百里营可以拒敌者乎？"孙权叛，帝自许昌南征，诸军兵并进，权临江拒守。幸广陵故城，临江观兵，戎卒十馀万，旌旗数百里。是岁大寒冰，舟不得入江，乃引还。七年春，将幸许昌，许昌城南门无故自崩，帝心恶之，还洛阳宫。五月，帝崩于嘉福殿，时年四十。帝好文学，以著述为务，自所勒成垂百篇。又使诸儒撰集经传，随类相从，凡千余篇，号曰《皇览》。

《魏书》曰：帝生时，有云气青色而圆如车盖当其上，终日，望气者以为至贵之证，非人臣之气。年八岁，能属文。有逸才，遂博贯古今经传诸子百家之言。善骑射，好击剑。州举茂才，不行。

又曰：文帝初在东宫，疫疠大起，时人凋伤。帝深感叹，与素所善者大理王朗书曰："人生有七尺之形，死为一棺之土。唯立德扬名，可以不朽；其次莫如著篇籍。疫疠数起，士人凋落，余独何人，能全其寿？"故论撰所著论诗赋，盖百馀篇。集诸儒于肃成门内，讲论大义，侃侃无倦。

《吴志》曰：魏文帝出广陵，望大江曰："彼有人焉，未可图也。"乃还。

《博物志》曰：魏文帝善弹棋，能用手巾角。时有一书生，又能低头以所冠巾角撇棋。

《典论》曰：初平之元年，董卓弑帝鸩后，荡覆王室。时余年五岁，上以世方扰乱，教余学射，六岁而知射，又教余乘马，八岁而能骑射矣。以时之多难，故每征伐，余乘马常从。建安初，上南征荆州，至宛，张绣降；旬日而反，亡兄孝廉子修，从兄安民遇害。时余十岁，乘马得脱。夫文武之道，各随时而用，生乎中平之季，长于戎旅之间。是以少好弓马，于今不衰，逐禽辄十里，驰射常百步，日夕体倦，心每不厌，建安十年，始定冀州，秽貊献良弓，燕岱献名马。时岁之暮春，勾芒司节，和风扇物，弓燥手柔，草浅兽肥，与族兄弟同猎于邺西，终日，获獐鹿九，雉兔二十。后军南征，次曲蠡，尚书令荀彧奉使犒军，见余，谈论之末，彧言："闻君善左右射，此实难能。"余言："执事未睹夫项发口纵，俯马蹄而仰月支也。"彧喜笑曰："乃尔！"余曰："射有常径，的有常所，虽每发辄中，非至妙也。若夫驰平原，赴丰草，要狡兽，截轻禽，使弓不虚弯，所中必洞胸，斯则妙矣。"时军祭酒张京在坐，顾彧俱拊手曰："善。"余又好击剑，阅师多矣，四方之法各异，唯京师为善。余于他戏弄之事少所喜，唯弹棋略尽其巧，少为之赋。昔京师先上有马合乡侯、东方安世、张公子，常恨不得与彼数子者对。上雅好书籍，虽在军旅，手不释卷，每定省从容，常言人少好学则思专，长则忘，于长大而能勤学者，唯吾与袁伯业耳。余是以少诵《诗》《论》，及长而备历五经、四部、《史》、《汉》，诸子百家之言，靡不毕览。所著书论诗赋，凡六十篇。至若知而能愚，勇而知怯，仁以接物，恕以及下，以付后之良史。

# 太平御览卷第九十四 皇王部十九

## 烈祖明皇帝

《魏志》曰：明皇帝讳睿，字元仲，文帝太子也。生而太祖爱之，常今在左右。年十五，封武德侯，黄初二年为齐公，三年为平原王。以其母诛，故未建为嗣。七年夏五月，帝病笃，乃立为皇太子。丁巳，即皇帝位，诏太傅三公：以文帝《典论》刻石于庙门之外。青龙见郏之摩陂井中。丁酉，幸陂观龙，于是改元为青龙，摩陂为龙陂。二年三月，山阳公薨，帝素服发哀，使持节典护丧。追谥山阳公为汉孝献皇帝，葬以汉礼。孙权入居巢湖口，向合肥新城，又遣将陆议、孙韶各将万馀人入淮、沔。六月，征东将军满宠进军拒之。秋七月，帝亲御龙舟东征，权攻新城，将军张颖等拒守力战，帝军未至数百里，权遁走。群臣以为大将军方与诸葛亮相持未解，车驾可西幸长安。帝曰："权走，亮胆破，大将军必制之，吾无忧矣。"遂进军幸寿春，录诸将功，封赏各有差。八月，大耀兵，飨六军，遣使者持节犒劳合肥、寿春诸军。行还许昌宫。司马宣王与亮相持，连围积日，亮数挑战，宣王坚垒不应。会亮卒，其军退还。景初元年，泰山茌县言黄龙见。茌，仕俚反。于是有司奏，以为魏得地统，宜以建丑之月为正月，定历改年为孟夏四月。服色尚黄，牺牲用白，戎车乘黑首白马，建大赤之旗，朝会建太白之旗。改太和历为景初历。其春夏秋冬孟仲季月虽与正岁不同，至于郊祀、迎气、礿祠、蒸尝、巡狩、蒐田、分至启闭、班宣时令、中气早晚、敬授民事，皆以正岁斗建为历数之序。二年十二月，帝寝疾不豫。太尉宣王还至河内，帝驿马召到，引入卧内，执其手谓曰："吾疾甚，以后事属君，君其与爽辅少子。吾得见君，无所恨矣！"宣王顿首流涕。即日，帝崩于嘉福殿，年三十六。葬高平陵。

《魏书》曰：帝生数岁而有岐嶷之姿，武皇帝异之，曰："我基于尔三世矣。”每朝宴会同，与侍中近臣并列帷幄。好学多识，特留心于法理。容止可观，望之俨恪。即位之后，容受直言，听受吏民士卒上书，一月之中，至数十百封，虽文辞鄙陋，犹览省究，意无厌倦。

又曰：青龙三年，起太极诸殿，筑总章观，高十馀丈，建翔凤于其上，又于芳林园中起陂池，楫棹越歌；又于列殿之北立八坊，诸才人以次第序处其中，贵人夫人已上，转南附焉，其秩名拟百官之数。帝常游宴在内，乃选女子知书可附信者六人，以为女尚书，使典省外奏事，处分当画可。自贵人已下至尚保及给掖庭洒扫，习伎歌者，各有千数。通引穀水过九龙前，玉井绮栏，蟾蜍含受，神龙吐出。使博士马均作司南车，水转百戏。岁首建巨兽，鱼龙曼延，弄马倒骑，备如汉西京之制，筑阊阖诸门外罘罳。太子舍人张茂以吴、蜀数动，诸将出征，而帝盛兴宫室，留意于玩饰，赐与无度，帑藏空竭，乃上书谏之。

《魏氏春秋》曰：魏明帝天姿秀出，立发委地，口吃少言，而沉毅好断。初，诸公受遗辅导，帝皆以方任处之，政自己出。而优礼大臣，开容善直，虽犯颜极谏，无摧戮也。其君人之量如此之伟，然不思建德垂风，不固维城之基，至使大权偏据，社稷无卫，悲夫！

《魏略》曰：明帝欲平北邙，令登台见孟津，辛毗谏曰：“若九河溢涌，洪水为害，丘陵皆夷，何以御之？”帝乃止。

《魏末传》曰：初，帝为平原王，母甄后妒，文帝杀之，故不立为太子。尝从文帝猎，见鹿子母，文帝射杀鹿母，诏明帝射鹿子，明帝曰：“陛下已杀其母，臣不忍杀其子。”因涕泣。文帝即放弓箭，以此深奇之，而建树之意定矣。

## 废帝齐王芳

《魏志》曰：齐王讳芳，字兰卿。明帝无子，养王及秦王询；宫省事秘，莫有知其所由来者。《魏氏春秋》曰：或云任城王楷子也。青龙三年，立为齐王。景初三年正月，明帝病甚，乃立为皇太子。是月，即皇帝位。二月，西域重译献火浣布，诏大将军、太尉临试以示百僚。帝加元服，赐群臣各有差。大将军司马景王将谋废帝，以闻皇太后。太后今曰："皇帝芳春秋已长，不亲万机，耽淫内宠，沉漫女德，日延倡优，纵其丑谑；延六宫家人留止内房，毁人伦之叙，乱男女之节；恭孝日亏，悖傲滋甚，不可以承天叙，奉宗庙。遣芳归藩于齐，以避皇帝。"是日迁居别宫，时年二十三。使者持节送卫，营齐王宫于河内之重门，制度皆如藩国之礼。

《魏略》曰：景王将废帝，遣郭芝入白太后，后与帝对坐。芝谓帝曰："大将军欲废陛下，立彭城王据。"帝乃起去。太后不悦。芝曰："太后有子不能教，今大将军意已成，又勒兵在外以备非常，但当从旨，将复何言！"太后曰："我欲见大将军，口有所说。"芝曰："何可见耶？但当速取玺绶。"太后意折，乃遣傍侍御取玺绶著坐侧。芝出报景王，景王甚欢。又遣使者授齐王印绶，当出就西宫。帝受命，遂载王车，与太后别，垂涕，始从太极殿南出，群臣送者数十人，太尉司马孚悲不自胜，余多流涕。王出后，景王又使使者请玺绶。太后曰："彭城王，我之季叔也，今来立，我当何之！且明帝当绝嗣乎？吾以为高贵乡公者，文皇帝之长孙，明皇帝之弟子，于礼，小宗有后大宗之义，其详议之。"景王乃更召群臣，以皇太后令示之，乃定迎高贵乡公。是时，太常已发二日，待玺绶于温。事定，又请玺绶。太后令曰："我见高贵乡公小时，识之，明日我自欲以玺绶手授之。"

《魏世谱》曰：晋受禅，封齐王为邵陵公，年四十三，太始十年薨，谥曰："厉公"。

## 废帝高贵乡公

《魏志》曰：高贵乡公讳髦，字彦士，文帝孙，东海定王霖子也。正始五年，封郯县高贵乡公。少好学，夙成。齐王废，公卿议立公。十月，公至于玄武馆，群臣奏请舍前殿，公以先帝旧处，避止西厢；群臣又请以法驾迎，公不听。丙寅，公入于洛阳，群臣迎拜西掖门南，公下舆将答拜，傧者请曰："仪不拜"。公曰："吾人臣也。"遂答拜。至止车门下舆，左右曰："旧乘舆入。"公曰："吾被皇太后征，未知所为。"遂步至太极东堂，见于太后。是日即皇帝位，百僚陪位者欣欣焉。甘露元年夏四月，帝幸太学，问诸儒曰："圣人幽赞神明，仰观俯察，始作八卦，后圣重之为六十四，立爻以极数，凡斯大义，罔有不备，而夏有《连山》，殷有《归藏》，周曰《周易》，《易》之书，其故何也？"《易》博士淳于俊对曰："庖牺因燧皇之图而制八卦，神农演之为六十四，黄帝、尧、舜通其变，三代随时，质文各由其事。故《易》者，变易也；名曰《连山》，似山出纳云气连天地也；《归藏》者，万事莫不归藏于其中也。"帝又曰："若使庖牺因燧皇而作《易》，孔子何以不云燧人氏没庖牺氏作乎？"俊不能答。讲《易》毕，复命讲《尚书》。帝问曰："郑玄云稽古同天，言尧同于天也。王肃云尧顺考古道而行之。二义不同。何者为是？"博士庾峻对曰："先儒所执，各有乖异，臣不足以定之。然《洪范》称三人占，从二人之言。贾、马及肃皆以为顺考古道。以《洪范》言之，肃义为正。"帝曰："仲尼言唯天为大，唯尧则之。尧之大美，在乎则天，顺考古道，非其至也。今发篇开义，以明圣德，而舍其大，更称其细，岂作者之意耶？"峻对曰："臣奉遵师说，未喻大义，至于文质折中，裁之圣思。"复命讲《礼记》。帝问曰："太上立德，其次务施报。为治何由而教化各异，皆修何政而能致于立德，施而不报乎？"博士马照对曰："太上立德，谓三皇五帝之世以德化民，其次施报，谓三王之世以礼为治也。"帝曰："二者教化薄厚不同，将主有优劣耶？时使之然乎？"照对曰："诚由时有朴文，故化有薄厚也。"辛未，帝幸壁雍，会命群臣赋诗。侍中和逌音由。尚书陈骞等作诗赋稽留，有司奏免官，诏曰："吾以暗昧，爱好文雅，广延诗赋，以知得失，而乃尔纷纭，良用反侧。其原逌等。主者宣敕，自尔已后，群臣皆当玩习古义，修明经典，称朕意焉。"

《魏氏春秋》曰：公神明爽俊，德音宣朗。罢朝，景王私曰："上何如主也？"锺会对曰："才同陈思。武类太祖。"景王曰："若如卿言，社稷之福也。"又曰甘露元年二月，帝宴群臣于太极东堂，与侍中荀顗、尚书崔赞、袁亮、锺毓、中书令虞松等并讲述礼典，遂言帝王优劣之差。帝慕顗有立，因问顗等曰："有夏既衰，后相殆灭，少康收集夏众，复禹之绩，汉高祖拔起陇亩，驱帅豪俊，芟夷秦、项，包举宇内，斯二主可谓殊才异略，命世大贤者也。考其功德，谁宜为优？"顗等对曰："夫天下重器，王者天援，德应期运，然后能受命创业，至于阶缘前绪，兴复旧绩，造之与复，固难易不同。少康功德虽美，犹为中兴之君，与汉世祖同流可也。至如高祖，臣等以为优。"帝曰："自古帝王，功德言行，互有高下，未必创业者皆优，绍继者咸劣也。汤、武、高祖虽俱受命，贤圣之分，所觉悬殊。少康、殷宗中兴之美，夏启、周成守文之盛，论德校实，方诸汉祖，吾见其优，未闻其劣；顾所遇之时殊，故所名之功异尔。少康生于灭亡之后，降为诸侯之隶，崎岖逃难，仅以身免，能布其德而兆其谋，卒灭过、戈，克复禹绩，祀夏配天，不失旧物，非至德弘仁，岂济斯勋？汉祖因土崩之势，仗一时之权，专任智力以成功业，行事动静，多违圣检；为人子则数危其亲，为人君则囚系贤相，为人父则不能卫子；身没之后，社稷几倾，若与少康易时而处，或未能复大禹之绩也。推此言之，宜高夏康而下汉祖矣。"

《汉晋阳秋》曰：帝见威权日去，不胜其忿。乃召侍中王沉、尚书王经、散骑常侍王业，谓曰："司马昭之心，路人所知也。吾不能坐受废辱，今日当与卿自出讨之。"王经曰："昔鲁昭公不忍季氏，败走失国，为天下笑。今权在其门久矣，朝廷四方皆为之致死，不顾逆顺之理，非一日也。且宿卫空阙，兵甲寡弱，陛下何所资用？而一旦如此，无乃欲除疾而更深之耶！祸殆不测，宜见重详。"帝乃出怀中板投地，曰："行决矣。正使死，何所恨？况不必死耶！"于是入白太后，沉、业奔走告文王，文王为之备。帝遂帅僮仆数百，鼓噪而出。文王弟屯骑校尉伷音胄入，遇帝于东止车门，左右呵之，伷众奔走。中护军贾充又逆帝战于南阙下，帝自用剑，挥众欲退，太子舍人成济问充曰："事急矣！当云何？"充曰："今日之事，无所问也。"济即前刺帝，刃出于背。文王闻，大惊，自投于地曰："天下其谓我何！"太傅孚奔往，枕帝股而哭，哀甚，曰："杀陛下者，臣之罪也。"葬高贵乡公于洛阳西北三十里屈涧之滨下，车数乘，不设旌旐。百姓相聚而观之曰："是前日所杀天子也。"或掩面而泣，悲不自胜。

《帝王世纪》曰：高贵乡公为太子舍人成济所害。年二十，以公礼葬之。

## 陈留王

《魏志》曰：陈留王讳奂，字景明，武帝孙，燕王宇之子也。甘露三年，封安次县常道乡公。高贵乡公卒，公卿议迎立公。六月，入于洛阳，即皇帝位于太极前殿，大赦，改元。景元四年，诏伐蜀，命征西将军邓艾督帅诸军，趋甘松、沓中，雍州刺史诸葛绪督诸军趋武都、高楼，首尾踧讨。若擒姜维，便当东西并进，扫灭巴蜀也。又命镇西将军锺会由骆谷伐蜀，所至辄克。十一月，蜀主刘禅降，巴蜀皆平。咸熙二年，命晋王冕十有二旒，建天子旌旗。进王妃为王后，世子为太子。八月，相国晋王薨，太子炎绍封袭位，总摄百揆。十二月，禅位于晋，改次于金墉城，而终馆于邺，时年二十，在位六年。

《帝王世纪》曰：陈留王即位，禅晋，封陈留王，就国治邺，奉魏宗祀。

《魏世谱》曰：晋封帝为陈留王。年二十八，太安元年崩，谥曰："元皇帝"。

《魏志评》曰：古者以天下为公，唯贤是举。后代世位，立子以嫡；若胤嗣不继，则宜取旁亲明德，若汉之文、宣者，斯不易之常准也。明帝既不能然，情系私爱，抚养婴孩，传以大器，托付不专，必参枝族，终于曹爽诛夷，齐王替位。高贵公才惠夙成，好问尚辞，亦文帝之风流也；然轻躁肆忿，自陷大祸。陈留王恭已南面，宰辅统政，仰遵前式，揖让而禅，遂飨封大国，作宾于晋，比之山阳，班宠有加焉。

# 太平御览卷第九十五　皇王部二十

## 西晋宣帝

《晋书》曰：宣帝讳懿，字仲达，河内温县孝敬里人，姓司马氏。其先出自帝高阳之子重黎，为夏官祝融。历唐虞夏商，世序其职，及周，以夏官为司马。其后程伯休父，周宣王时以世官克平徐方，锡以官族，因而为氏。楚汉间，司马卬为赵将，与诸侯伐秦。秦亡，立为殷王，都河内。汉以其地为郡，子孙遂家焉。自卬八世，生征西将军钧，字叔平。钧生豫章太守量，字公度。量生颍川太守俊，字元异。俊生京兆尹防，字建公。帝即防之第二子也。少有奇节，聪明多大略，博学洽闻，伏膺儒教。汉末大乱，常慨然有忧天下心。南郡太守同郡杨俊有知人鉴，见帝，未弱冠，以为非常之器。尚书清河崔琰与帝兄朗善，亦谓朗曰："君弟聪亮明允，刚断英特，非子所及也。"汉建安六年，郡举上计掾。魏武帝为司空，闻而辟之。帝知汉运方微，不欲屈节曹氏，辞以风痹，不能起居。魏武使人夜往密刺之，帝坚卧不动。及魏武为丞相，又辟为文学掾，敕行者曰："若复盘桓，便收之。"帝惧而就职。于是使与太子游处，迁黄门侍郎，转议郎、丞相东曹属，寻转主簿。魏国既建，迁太子中庶子。每与大谋，辄有奇策，为太子所信重，与陈群、吴质、朱铄号为四友。迁为军司马，言于魏武曰："昔箕子陈谋，以食为首。今天下不耕而食者盖二十余万，非经国远筹也。虽戎甲未卷，自宜且耕且守。"魏武纳之，于是务农积谷，国用丰赡。及魏武薨于洛阳，朝野危惧。帝纲纪丧事，内外肃然。乃奉梓宫还邺。魏文帝即位，封河津亭侯，转丞相长史。魏文受汉禅，以帝为尚书。顷之，转督军、御史中丞，封安国乡侯。黄初二年，督军官罢，迁侍中、尚书右仆射，五年，天子南巡，观兵吴疆。帝留镇许昌，改封向县侯，转抚军大将军、假节，领兵五千，加给事中、录尚书事。帝固辞。天子曰："吾于庶事，以夜继昼，无须臾宁息。此非以为荣，乃为分忧耳。”六年，天子复大兴舟师征吴，命帝居守，临行，诏曰：“吾深以后事为念，故以委卿。曹参虽有战功，而萧何为重。使吾无西顾之忧，不亦可乎！”天子自广陵还洛阳，诏帝曰：“吾东，抚军当总西事；吾西，抚军当总东事。”于是留帝镇许昌。及天子疾笃，召帝与曹真、陈群等见于崇华殿之南堂，并受顾命辅政。诏太子曰：“有间此三公者，慎勿疑之。”明帝即位，改封舞阳侯。及孙权围江夏，遣其将葛瑾、张霸并攻襄阳，帝督诸军讨权，走之。进击，败瑾，斩张霸，并首级千馀。迁骠骑将军。太和元年六月，天子诏帝屯于宛，加督荆、豫二州诸军事。初，蜀将孟达之降也，魏朝遇之甚厚。帝以达言行倾巧不可任，骤谏不见听，乃以达领新城太守，封侯，假节。达于是连吴固蜀，潜图中国。帝以书谕之，达得书大喜，犹与不决。帝乃潜军进讨。上庸城三面阻水，达于城外为木栅自固。帝渡水，破其栅，直造城下。八道攻之，旬有六日，达甥邓贤，将李辅等开门出降。斩达，首传京师。俘获万馀人，振旅还于宛。乃劝农桑，禁浮费，南土悦附焉。时边郡新附，民无户名，魏朝欲加隐实。属帝朝于京师，天子访于帝。帝对曰：“贼以密网束下，故下弃之。宜弘以大纲，则自然安乐。”又问二虏宜讨，何者为先？对曰：“吴以中国不习水战，故敢散居东关。凡攻敌，必先扼其喉而舂其心。夏口、东关，贼之心喉。若为陆军以向皖音忠。城，引权东下，为水战；军向夏口，乘其虚而击之，此神兵从天而堕，破之必矣。”天子并然之，复命帝屯于宛。四年，迁大将军加大都督、假黄钺，与曹真伐蜀，军次丹口，遇雨，班师。明年，诸葛亮寇天水，围将军贾嗣、魏平于祁山。天子曰：“西方有事，非君莫可付者。”乃使帝西屯长安，都督雍、梁二州诸军事，统车骑将军张郃、后将军费曜、征蜀护军戴凌、雍州刺史郭淮等讨亮。遂进军隃式朱切。麋。亮闻大军直至，乃自帅众将芟上邽之麦。诸将皆惧，帝曰：“亮虑多决少，必安营自固，然后芟麦，吾得二日兼行足矣。”于是卷甲晨夜赴之，亮望尘而遁。进次汉阳，与亮相遇，帝列阵以待之。使将牛金轻骑诱之，兵才接而亮退，追至祁山。

亮屯卤城，据南北二山，断水为重围。帝攻之，拔其围，亮宵遁，追击破之，俘斩万计。天子使使劳军，增封邑。二年，亮又帅众十余万出斜谷，垒于郿之渭水南原。天子忧之，遣征蜀将军秦朗督步骑二万，受帝节度。诸将欲往渭北待之，帝曰："百姓积聚皆在渭南，此必争之地也。"遂引军而济，背水为垒。因谓诸将曰："亮若勇者，当出武功，依山而东。若西上五丈原，则诸军无事矣。"亮果上原，将北渡渭，帝遣将军周当屯阳遂以饵之。数日，亮不动。遂遣将军胡遵、雍州刺史郭淮共备阳遂，与亮会于积石，临原而战，亮不得进，还于五丈原。会有长星坠亮之垒，帝知其必败，遣奇兵掎亮之后，斩五百余级，获生口千余，降者六十余人。三年，迁太尉，累增封邑。蜀将马岱入寇，帝遣将军牛金击走之，斩千馀级。四年，辽东太守公孙文懿反，征帝诣京师。天子曰："此不足以劳君，事欲必克，故以相烦耳。君度其作何计？"对曰："弃城预走，上计也。据辽水以拒大军，次计也。坐守襄平，此成擒耳。"天子曰："其计将安出？"对曰："惟明者能深度彼我，乃能豫有所割弃，此非其所及也。今悬军远征，将谓不能持久，必先拒辽水而后守，此中、下计也。"天子曰："往还几时？"对曰："往百日，还百日，攻百日，以六十日休息，一年足矣。"景初二年，帅牛金、胡遵等步骑四万，发自京都。车驾送出西明门，诏弟孚、子师送过温，赐以谷帛牛酒，敕郡守典农已下皆往会焉。见父老故旧，宴饮累日。帝叹息，怅然有感，为歌曰："天地开辟，日月重光。遭遇际会，毕力遐方。将扫群秽，还过故乡。肃清万里，总齐八荒。告成归老，待罪舞阳。"遂进师，经孤竹，越碣石，次于辽水。文懿果遣步骑数万，阻辽隧，坚壁而守，南北六七十里，以拒帝。帝盛兵多张旗帜出其南，贼尽锐赴之。乃泛舟潜济以出其北，与贼营相逼，沈舟焚梁，傍辽水作长围，弃贼而向襄平。贼见兵出其后，果邀之。乃纵兵逆击，大破之，三战皆捷。贼保襄平，进军攻之。初，文懿闻魏师之出也，请救于孙权。权亦出兵，遥为之声援，遗文懿书曰："司马公善用兵，变化若神，所向无前，深为弟忧之。"会霖潦，大水平地数尺，贼恃水，樵采自若。朝廷闻师遇雨，咸谓召还，天子曰：“司马公临危制变，计日擒之矣。”既而雨止，遂合围。起土山地道，楯橹钓橦，发矢石雨下，昼夜攻之。文懿大惧，乃使其所署相国王建、御史大夫柳甫乞降，请解围面缚。不许，执建等，皆斩之。文懿复遣侍中卫演乞克日送亲。而守者曰：“军事大要有五，能战当战，不能战当守，不能守当走，馀二事惟有降与死耳。汝不肯面缚，此为决就死也，不须送任。”文懿攻南围突出，帝纵兵击败之，斩于梁又作沮水上。时有兵士寒冻，乞襦，帝弗之与。或曰：“幸多故襦，可以赐之。”帝曰：“襦者官物，人臣无私施也。”遂班师。天子遣使者劳军于蓟，增封食昆阳，并前二县。及齐王即位，迁侍中、持节、都督中外诸军、录尚书事，与曹爽各统兵三千人，共执朝政，更直殿中，乘舆入殿。爽欲使尚书奏事先由己，乃言于天子，徙帝为大司马。朝议以为前后大司马累薨于位，乃以帝为太傅，入殿不趋，赞拜不名，剑履上殿，如萧何故事。八年夏四月，曹爽用何晏、邓飏、丁谧之谋，迁太后于永宁宫，专擅朝政，兄弟并典禁兵，多树亲党，屡改制度。帝不能禁，于是与爽有隙。五月，帝称疾不与政事。九年春三月，黄门张当私出掖庭才人石英等一十一人，与曹爽为伎人。爽、晏谓帝疾笃，有无君之心，与当密谋，图危社稷，期有日矣。帝亦潜为之备，爽之徒属亦颇疑帝。会河南尹李胜将莅荆州，来候帝。帝诈疾笃，使两侍婢，持衣衣落，指口言渴，婢进粥，帝不能持杯饮，粥皆流出沾胸。胜曰：“众情谓明公旧风发动，何意尊体乃尔！”帝使声气才属，说“年老抱疾，死在旦夕。君当屈并州，并州近胡，善为之备。恐不获相见，以子师、昭弟兄为托”。胜曰：“当还忝本州，非并州也。”帝乃错乱其辞曰：“君方到并州。”胜复曰：“当忝荆州。”帝曰：“年老意荒，不解君言。今还本州，盛德壮烈，好建功勋！”胜退告爽曰：“司马公尸居馀气，形神已离，不足虑矣。”他日，又言曰：“太傅不可复济，令人怆然。”故爽等不复设备。嘉平元年春正月甲午，天子谒高平陵，爽兄弟皆从。是日，太白袭月。帝于是表奏永宁太后废爽兄弟。时景帝为中护军，将兵屯司马门。帝列阵阙下，经爽门。爽帐下督严世上楼，引弩将射帝，孙谦止之曰："事未可知。"三注三止，皆引其肘不得发。大司农桓范出赴爽，蒋济言于帝曰："智囊往矣。"帝曰："爽与范内疏而智不及，驽马恋短豆，必不能用也。"于是假司徒高柔节，行大将军事，领爽营，谓柔曰："君为周勃矣。"命太仆王观行中领军，摄羲营。帝亲帅太尉蒋济等勒兵出迎天子，屯于洛水浮桥，上奏曰："先帝诏陛下、齐王及臣升于御床，握臣臂曰：深以后事为念。今大将军爽背弃顾命，败乱国典，内则僭拟，外专威权。群官要职，皆置所亲；宿卫旧人，并见斥黜。根据槃互，纵恣日甚。又以黄门张当为都监，专共交关，伺候神器。天下汹汹，人怀危惧。陛下便为寄坐，岂得久安？此非先帝诏陛下及臣升御床之本意也。臣虽朽迈，敢忘前言！昔赵高极意，秦是以亡；吕、霍早断，汉祚永延。此乃陛下之殷鉴，臣授命之秋也。公卿群臣皆以爽有无君之心，兄弟不宜典兵宿卫；表皇太后，皇太后敕如奏施行。臣辄敕主者及黄门令罢爽、羲、训吏兵，各以本官侯就第。若稽留车驾，以军法从事。臣辄力疾将兵诣洛水浮桥，伺察非常。"爽不通奏，留车驾宿伊水南，伐树为鹿角，发屯兵数千人以守。桓范果劝爽奉天子幸许昌，传檄征天下兵。爽不能用，而夜遣侍中许允、尚书陈泰诣帝，以观望风旨。帝数其过失，事止免官。泰还以报爽，劝之通奏。帝又遣爽所信殿中校尉尹大目谕爽，指洛水为誓，爽意信之。桓范等援引古今，谏说万端，终不能从，乃曰："司马公正当欲夺吾权耳，吾得以侯还第，不失为富家翁。"范拊膺曰："坐卿，灭吾族矣！"遂通帝奏。既而有司劾黄门张当，并发爽与何晏等反事，乃收爽兄弟及其党与何晏、丁谧、邓飏、毕轨、李胜、桓范等诛之。二月，天子以帝为丞相，增封八县，邑二万户，奏事不名。固让丞相。冬十二月，加九锡之礼，朝会不拜。固让九锡。二年春正月，天子命帝立庙于洛阳，帝以久疾不任朝请，每有大事，天子亲幸第以咨访焉。三年，天子使兼大鸿胪、太仆庾嶷持节，册命帝为相国，封安平郡公，固让不受。六月，帝寝疾。八月崩于京师，时年七十三。武帝受禅，上尊号曰宣皇帝，陵曰高原，庙称高祖。

虞预《晋书》曰：上虽服膺文艺，以儒素立德，而雅有雄霸之量。值魏氏短祚，内外多难，谋而鲜过，举必独克，知人拔善，显外反陋。王基、邓艾、周秦、贾越之徒，皆起自寒门，而著绩于朝，经略之才，可谓远矣。

《异苑》曰：晋宣帝诛王陵后寝疾，日见陵逼，帝呼曰："彦云彦云，陵之字也。缓我。"身上便有打处。贾逵亦为祟，少日遂薨。初，陵既被执，过贾逵庙，呼曰："贾梁道，王陵魏之忠臣，唯尔有神知之。"故逵助焉。及永嘉之乱，有觋见帝，涕泗云："家国倾覆，是曹爽、夏侯玄诉怨得伸故也。"爽以势族致诛，玄从时望被戮。

# 太平御览卷第九十六　皇王部二十一

## 西晋景帝

《晋书》曰：景皇帝讳师，字子元，宣帝长子也。雅有风采，沉毅多大略。少流美誉，与夏侯玄、何晏齐名。晏常称曰："惟几也能成天下之务，司马子元是也。"魏景初中，拜散骑常侍，累迁中护军。为选用之法，举不越功，吏无私焉。宣帝之将诛曹爽，深谋秘策，独与帝潜画，文帝弗知之也，将发夕乃告之。既而使人觇之，帝寝如常，而文帝不能安席。晨会兵马司门，镇静内外，置阵甚整。宣帝曰："此子竟可也。"初，帝阴养死士三千，散在人间，至是一朝而集，众莫知其所出也。事平，以功封长平乡侯，食邑千户，寻加卫将军。正元元年春正月，天子与中书令李丰、后父光禄大夫张缉、七入反。黄门监苏铄音药。又书药切。等谋以太常夏侯玄代帝辅政。帝密知之，使舍人王羡以车迎丰。丰见迫，随羡而至，帝数之。丰知祸及，因肆恶言。帝怒，遣勇士以刀钚筑杀之。逮捕玄、缉等，皆夷三族。三月，乃讽天子废皇后张氏，因下诏曰："奸臣李丰等靖谮庸回，阴构凶慝。大将军纠虔天刑，致之诛辟。周勃之克吕氏，霍光之擒上官，曷以过之。其增邑九千户，并前四万。"帝让不受。天子以玄、缉之诛，深不自安。而帝亦虑难作，潜谋废立，乃密讽魏永宁太后。秋九月甲戌，太后下令遣使迎高贵乡公于元城而立之，改元曰正元。天子受玺惰惰，举趾高，帝闻而忧之。及将大会，帝训于天子曰："夫圣王重始，正本敬初，古人所慎也。明当大会，万众瞻穆穆之容，公卿听玉振之音。《诗》云：示人不佻，是则是效。《易》曰：出其言善，则千里之外应之。虽礼仪周备，犹宜加之以祗恪，以副四海颙颙式仰。"癸巳，天子诏帝登位相国，增邑九千，并前四万户；进号大都督、假黄钺，入朝不趋，奏事不名，剑履上殿，帝固辞相国。二年春正月，有彗星见于吴楚之分，西北竟天。镇东大将军毋丘俭、扬州刺史文钦举兵作乱，矫太后令移檄郡国，为坛盟于西门之外，各遣子四人质于吴以请救。二月，俭、钦帅众六万，渡淮而西。帝会公卿谋征讨计，朝议多谓可遣诸将击之，王肃及尚书傅嘏、中书侍郎锺会劝帝自行。戊午，帝统中军步骑十余万以征之。倍道兼行，召三万兵，大会于陈许之郊。甲申，次于隐桥，俭将史招、李续相次来降。俭、钦移入项城，帝遣荆州刺史王基进据南顿以逼之。帝深壁高垒，以待东军之集。诸将请进军攻其城，帝曰："诸君得其一，未知其二。淮南将士本无反志。且俭、钦欲蹈纵横之迹，习秦仪之说，谓远近必应。而事起之日，淮北不从，史招、李续前后瓦解。内乖外叛，自知必败，困兽思斗，速战更合其志。虽云必克，伤人亦多。且俭等欺诳将士，诡变万端，少与持久，诈情自露，此不战而克之也。"乃遣诸葛诞督豫州诸军自安风向寿春，征东将军胡遵督青、徐诸军出谯宋之间，绝其归路。帝屯汝阳，遣兖州刺史邓艾督太山诸军进屯乐嘉，示弱以诱之。钦进军将攻艾，帝潜军衔枚，径进乐嘉，与钦相遇。钦子鸯，年十八，勇冠三军，谓钦曰："及其未定，请登城鼓噪，击之可破也。"既谋而行，三噪而钦不能应，鸯退，相与引而东。帝谓诸将曰："钦走矣。三鼓而钦不应，其势已屈，不走何待？"钦将遁，鸯曰："不先折其势，不得去也。"乃与骁骑十余摧锋陷阵，所向皆披靡，遂引去。帝遣左长史司马琏督骁骑八千翼而追之，钦父子与麾下走保项城。俭闻钦败，弃众宵遁淮南。安风津都尉追俭，斩之，传首京都。钦遂奔吴，淮南平。初，帝目有瘤疾，使医割之。鸯之来攻也，惊而目出。六军大恐，蒙之以被，痛甚，啮被败而左右莫知焉。闰月疾笃，使文帝总统诸军。辛亥，崩于许昌，时年四十八。武帝受禅，上尊号曰景皇帝，陵曰峻平，庙称世宗。

## 文皇帝

《晋书》曰：文皇帝讳昭，字子上，景皇帝之母弟。魏景初三年，封新城乡侯。正元初，为洛阳典农中郎将。值魏明奢侈之后，帝蠲除苛碎，不夺农时，百姓大悦。转散骑常侍。大将军曹爽之伐蜀也，以帝为征蜀将军，副夏侯玄出骆谷，次于兴势。蜀将王林夜袭帝营，帝坚卧不动。林退，帝谓玄曰："费祎以据险拒守，进不获战，攻之不可，宜亟旋军，以为后图。"爽等引还，祎果驰兵趣三岭，争险乃得过。还，拜议郎。及诛曹爽，帅众卫二宫，以功增邑千户。高贵乡公之立也，以参定策，进封高都侯，邑二千户。毋丘俭、文钦之乱，大军东征，帝兼中领军，留镇洛阳。及景帝疾笃，帝自京都省疾，拜卫将军。景帝崩，天子命帝镇许昌，尚书傅嘏帅六军还京师。帝用嘏及锺会策，自帅军而还。至洛阳，进位大将军，加侍中，都督中外诸军、录尚书事，辅政，剑履上殿。固辞不受。甘露元年春，加大都督，奏事不名。夏六月，进封高都公，地方七百里，加九锡，假斧钺，进号大都督，剑履上殿。又不受。秋八月庚申，加假黄钺，增封三县。二年夏六月辛未，镇东大将军诸葛诞杀扬州刺史乐琳，以淮南作乱，遣子靓为质于吴以请救，议者请速伐之。帝曰："诞以毋丘俭轻疾倾覆，今必外连吴寇，此为变大而迟，吾当与四方同力，以全胜制之。"秋七月，奉天子及皇太后东征，征兵青、徐、荆、豫，分取关中游军，皆会淮北。师次于项城，假廷尉何祯节度，使淮南，宣慰将士，申明逆顺，示以诛赏。甲戌，帝进军丘头。因命合围。三年春正月，诸葛诞、文钦等出攻长围，诸军逆击，走之。初，诞、钦内不相协，及至穷蹙，转相疑贰。会钦计事于诞，忤，诞手刃杀钦。钦子鸯攻诞，不克，逾城降。以为将军，封侯，使鸯巡城市而呼。帝见城上持弓者不发，谓诸将曰："可攻矣！"二月乙酉，攻而拔之，斩诞，夷三族。四月，归于京师，魏帝令改丘头为武丘，以旌武功。五月，天子以并州太原、上党、西河、乐平、新兴、雁门、司洲之河东、平阳八郡，地方七百里，封帝为晋公，加九锡，进位相国，九让，乃止。景元元年夏四月，天子既以帝三世宰辅，政非己出，情不能安，又虑废辱，将临轩召百僚而行放黜。五月戊子夜，使宂从仆射李昭等发甲于凌云台，召侍中王沉、散骑常侍王业、尚书王经，出怀中黄素诏示之，戒严俟旦。沈、业驰告于帝，帝召护军贾充等为之备。天子知事泄，帅左右攻相府，称有所讨，敢有动者族诛。相府兵将止不敢战，贾充叱诸将曰："公畜养汝辈，正为今日耳！"太子舍人成济抽戈犯跸，天子崩于车中。帝召百僚谋其故，仆射陈泰不至。帝遣其舅荀顗舆致之，定于曲室，谓曰："玄伯，天下其如我何？"泰曰："唯腰斩贾充，征以谢天下。"帝曰："卿更思其次。"泰曰："但见其上，不见其次。"于是归罪成济而斩之。与公卿议，立燕王宇之子常道乡公璜为帝。二年秋八月甲寅，天子使太尉高柔授帝相国印绶，司空郑冲致晋公茅土九锡，固辞。三年夏四月，肃慎来献楛矢、石砮、弓甲、貂皮等，天子命归大将军府。四年夏，帝将伐蜀，征四方之兵十八万，使邓艾自狄道攻姜维于沓中，雍州刺史诸葛绪自祁山军于武街，绝维归路，镇西将军锺会帅前将军李辅、征蜀护军胡烈等自骆谷袭汉中。秋八月，军发洛阳，大赉将士，陈师誓众。将军邓敦谓蜀未可讨，帝斩以徇。九月，使天水太守王颀攻维营，陇西太守牵弘邀其前，金城太守杨欣趣其后。锺会分为二队，入自斜谷，使李辅围王含于乐城，又使部将易恺攻蒋斌于汉城。会直指阳安，护军胡烈攻陷关城。姜维闻之，引还，王颀追，败维于强川。维与张翼、廖化合军守剑阁，锺会攻之。冬十月，天子以诸侯献捷交至，诏加九锡，帝乃受命。十一月，邓艾帅万余人，自阴平逾绝险，至于江由，破蜀将诸葛瞻于绵竹，斩瞻首传道。进军雒县，刘禅降。天子命晋公以相国总百揆，于是上节传，去侍中、大都督、录尚书之号焉。咸熙元年春正月乙丑，帝奉天子西征，至于长安。遣护军贾充持节，督诸军，据汉中。锺会遂反于蜀，监军卫瓘、右将军胡烈攻会，斩之。丙辰，帝至自长安。三月己卯，进爵为王，增封并前二十郡。冬十月丙午，天子命中抚军新昌乡侯炎为晋世子。二年五月，天子命帝冕十有二旒，建天子旌旗，出警入跸，乘金根车，驾六马，备五时副车，置旄头云罕，乐舞八佾，设锺簴宫悬，位在燕王上。进王妃为王后，世子为太子，王女王孙爵命之号皆如帝者之仪。秋八月辛卯，帝崩于露寝，时年五十五。九月癸酉，葬崇阳陵，谥曰文王。武帝受禅，追尊号曰文皇帝，庙称太祖。

## 世祖武皇帝

《晋书》曰：武皇帝讳炎，字安世，文帝长子也。宽惠仁厚，沉深有度量。魏嘉平中，封北平亭侯，历给事中，奉车都尉，中垒将军，加散骑常侍，累迁中护军，假节。迎常道乡公于东武阳，迁中抚军，进封新昌乡侯。及晋国建，立为世子，拜抚军大将军，开府、副贰相国。初，文帝以景帝既宣皇之嫡，早世无后，以帝弟攸为嗣，特加爱异，自谓摄居相位，百年 之后，大业宜归攸。每曰："此景帝之天下也，吾何与焉。"将议立世了，属意丁攸。何曾等固争曰："中抚军聪明神武，有超世之才。发委地，手过膝，此非人臣之相也。"由是遂定。咸熙二年五月，立为晋王太子。八月辛卯，文帝崩。太子嗣相国、晋王位。十一月乙未，令诸郡中正以六条举淹滞。是时晋德既洽，四海宅心。于是天子知历数有在，乃使太保郑冲奉策曰："咨尔晋王：我皇祖有虞氏诞膺灵运，受终于陶唐，亦以命于有夏。惟三后陟配于天，而咸用光敷圣德。自兹厥后，天又辑大命于汉。火德既衰，乃眷命我高祖。方轨虞夏四代之明显，我弗敢知。惟王乃祖乃父，服膺昭哲，辅弼我皇家，勋德光于四海。格于上下神祇，罔不克顺，地平天成，万邦以乂。应受上帝之命，协皇极之中。肆予一人，祇承天序，以敬授尔位，历数实在尔躬。允执其中，天禄永终。於戏！王其钦顺天命。率修训典，底绥四国，用保天休，无替我二皇之弘烈。"帝初以礼让，魏朝公卿及何曾、王沉等固请，乃从之。太始元年冬十二月丙寅，设坛于南郊，百僚在位及匈奴南单于四夷会者数万人，柴燎告类于上帝。于是大赦，改元。赐天下爵，人五级。三年春正月癸丑，白龙二见于弘农、渑池。丁卯，立皇子衷为皇太子。九月甲申，诏曰："古者以德诏爵，以庸制禄，虽为下士，犹食上农，外足以奉公忘私，内足以养亲施惠。今在位者禄不代耕，非所以崇化之本也。其议增吏俸。"四年十一月已未，诏王公卿尹及郡国守相，举贤良方正直言之士。十二月，班五条诏书于郡国：一曰正身，二曰勤百姓，三曰抚孤寡，四曰敦本息末，五曰去人事。庚寅，帝临听讼，观录廷尉洛阳狱囚，亲平决焉。八年春正月癸亥，帝耕于籍田。二月乙亥，禁雕文绮组非礼法之物。诏内外群官举任边郡者三人。帝与右将军皇甫陶论事，陶与帝争言，散骑常侍郑徽表请罪之。帝曰："谠言謇谔，所望于左右也。人主常以阿媚为患，岂以争臣为损哉！徽越职妄奏，岂朕之意？"遂免徽官。咸宁四年十一月，太医司马程据献雉头裘，帝以奇伎异服非典礼，焚之于殿前。五年，大举伐吴，遣镇东将军、琅琊王伷出徐中，安东将军王浑出江西，建威将军王戎出武昌，平南将军胡奋出夏口，镇南大将军杜预出江陵，龙骧将军王濬、广武将军唐彬率巴蜀之卒浮江而下，东西凡二十余万。以太尉贾充为大都督，行冠军将军杨济为副，总统众军十万。太康元年春正月己丑朔，五色气冠日。癸巳，王浑克吴寻阳赖乡诸城，获吴武威将军周兴。二月戊午，王濬、唐彬等克丹阳城。庚申，又克西陵。壬戌，濬又克夷道乐乡城。甲戌，杜预克江陵。三月壬申，王濬以舟师至于建业之石头，孙皓大惧，面缚舆榇，降于军门。濬杖节解缚焚榇，送于京师。收其图籍，克州四，郡四十三，县三百一十三，户五十二万三千，吏三万二千，兵二十三万。男女二百三十万。其牧守以下皆因吴所置，降其苛政，示之简易，吴人大悦。乙酉，大赦，改元，赐酺五日，恤孤老困穷。九月，群臣以天下一统，屡请封禅，帝谦让弗许。泰熙元年春正月辛酉，改元。夏四月己酉，帝崩于含章殿，时年五十五，在位二十五年，葬峻阳陵，庙号世祖。

谢灵运论曰：世祖受命，祯祥屡臻，苛慝不作，万国欣戴。远至迩安，德足以彰，天启其运，民乐其功矣。反古之道，当以美事为先。今五等罔刑，井田王制，凡诸礼律，未能是正，而采择嫔媛，不拘华门者。昔武王伐纣，归倾宫之女，不以助纣为虐。而世祖平皓，纳吴妓五千，是同皓之弊。妇人之封，六国乱政。如追赠外曾祖母，违古之道。凡此非事，并见前书，诚有点于徽猷，史氏所不敢蔽也。

唐太宗《晋武帝纪论》曰：武皇承基，诞膺天命，握图御宇，敷化弘道，民以佚而代劳，世以治而易乱。绝缣纶之贡，去雕琢之饰，制奢俗以变约，俾浇风而反淳。雅好直言，留心采擢，刘毅、裴楷以质直而见容，嵇绍、许奇虽仇雠而不弃。仁以御物，宽而得众，宏略大度，有帝王之量焉。于时民和俗静，家给民足，聿修武用，思启封疆。决神算于深衷，断雄图于议表。马隆西伐，王濬南征，师不延时，獯虏削迹，兵无血刃，扬越为墟。通近代之不通，服前王之不服。祯祥显应，风教肃清，天地之功成矣，霸王之业大矣。虽登封之礼，让而不为，而骄泰之心，因期以起。见土地之广，谓万叶而无虞；睹天下之安，谓千年而永治。不知处广以思狭，则广可长存；居治而忘危，则治无常治。加之建立非所，委寄失才，志欲就于升平，行先迎于祸乱，是犹将适越者指沙漠而遵途，欲登山者涉舟航而觅路，所趣逾远，所向转难。南北倍殊，高下相反，求其至也，不亦难乎！况以新习易动之基，而无久安难拔之虑，故贾充凶竖，怀奸志而拥权，杨骏豺狼，包祸心以专辅。及乎宫车晚出，谅暗未周，藩翰变亲以成疏，连兵竞灭其本；栋梁回忠而起伪，拥众各举其威。曾未数年，纲纪大乱，以至海内版荡，宗庙播迁。帝道王猷，反居文身之俗；神州赤县，翻成被发之乡。弃所大以资人，掩其小而自托，为天下笑，其故何哉？良由失慎于前，所以贻患于后。且知子者贤父，知臣者明君；子不肖则家亡，臣不忠则国乱；乱国不可以安也，亡家不可以全也。是以君子防其始，圣人闭其端。而世祖惑荀勖之奸谋，迷王浑之伪策，心屡移于众口，事不定于己图。元海当除而不除，卒令扰乱区夏；惠帝可废而不废，终使倾覆洪基。夫全一人者德之轻，极天下者功之重，弃一子者忍之小，安社稷者孝之大；况乎资二世而成业，延三孽以丧身，所谓取轻德而舍重功，畏小忍而忘大孝。圣贤之道，岂若斯乎！虽则善始于初，而乖令终于末，所以殷勤史策，不能无慷慨焉。